집합건물법 대표판례평석

한국집합건물법학회 편 | 강혁신 외 40인 공저

Leading Case Commentaries on the Act on Ownership and Management of Aggregate Buildings

法 文 社

발 간 사

2008년 한국집합건물법학회가 창립된 이래, 우리 학회는 집합건물법이라는 새로운 학문적 지평을 개척하고 심화하기 위하여 한결같은 노력을 기울여 왔습니다. 주거와 상업, 나아가 도시 공동체의 삶의 양식이 집합건물이라는 공간적 토대 위에서 이루어지고 있는 오늘, 집합건물법은 단순한 사법의 한 영역을 넘어 사회적 삶의 법질서를 형성하는 근간으로 자리매김하고 있습니다. 이에 부응하여 우리 학회는 창립 이래 매년 4회의 학술대회를 통해 최신 쟁점을 논의하고, 등재학술지를 연 4회 발간함으로써 집합건물법학의 학문적 축적과 사회적 확산에 기여해 왔습니다.

이제 우리 학회는 새로운 전환점에 서 있습니다. 학회 역사상 최초의 단행본인 『집합건물법 대표판례평석』을 출간하게 된 것입니다. 본서는 집합건물법의 발전 과정에서 중추적 의미를 지니는 42개의 대표판례를 선별하고, 학계와 실무계를 아우르는 41명의 연구자가 심혈을 기울여 집필한 평석을 담아낸 결과물입니다. 각 판례에 대한 평석은 단순히 사실관계와 법리를 재현하는 것에 그치지 않고, 법리의 구조적 의의, 판시의 이론적 기반, 그리고 판례가 사회적·실무적으로 파급한 함의를 다각도로 조명하고자 하였습니다.

특히 판례평석 작업은 학문 공동체가 시대와 호흡하며 법현실과 학리의 긴장을 교차시키는 지적 행위입니다. 판례는 법이 현실과 만나는 장에서 형성되는 응축된 결실이자, 그 자체로 법적 담론을 이끌어가는 준거이지만, 동시에 그 의미는 시대적 맥락 속에서 재해석되고 확장되어야 합니다. 따라서 대표판례를 정리하고 심층적으로 평석하는 일은, 집합건물법의 체계적 이해와 해석론의 정교화를 도모할 뿐만 아니라, 향후 입법적 개선과 법정책적 발전에 방향성을 제시하는 중대한 학술적 과업이라 할 것입니다.

이번 단행본은 이러한 문제의식 속에서 기획되었으며, 연구자와 실무가, 그리고 학생들에게 모두 귀중한 지침서가 될 것입니다. 더 나아가 이 책은 집합건물법 연구의 초석 위에 새로운 학문적 성취를 쌓아 올리고, 나아가 학회가 사회적 책무를 다하는 데 있어서 중요한 이정표로 기능할 것입니다.

무엇보다도, 이번 발간은 우리 학회의 집단적 성취를 상징하는 결실입니다. 41인의 저자께서 바쁜 학문적·실무적 일정을 조율하면서도 성심을 다해 집필해 주신 헌신에 깊은 경의를 표합니다.

이번 단행본의 출간을 계기로, 한국집합건물법학회는 더욱더 학문적 깊이를 더하고 국제적 학술 교류를 확대하며, 학계와 실무를 잇는 가교로서 그 위상을 강화할 것입니다. 앞으로도 우리 학회는 집합건물법의 학문적 발전뿐만 아니라, 공동주거 문화와 도시공간의 법적 안정성 확보라는 사회적 책무를 충실히 감당해 나가고자 합니다.

2025년 10월

한국집합건물법학회 회장

강 혁 신

차 례

■ 구분소유권의 성립 시기 / 강혁신 1
대법원 2013. 1. 17. 선고 2010다71578 판결

■ 집합건물법상 상가의 구분소유권 문제 / 송재일 23
대법원 2010. 1. 14. 자 2009마1449 결정

■ 집합건물법상 채권적 대지사용권과 분리처분 금지 원칙 / 정구태 35
대법원 2023. 11. 9. 선고 2023다254816 판결

■ 집합건물 용도변경신고 반려처분 취소소송 / 이영창 45
대법원 2007. 6. 1. 선고 2005두17201 판결

■ 집합건물의 대지사용권 없는 구분소유자에 대한 대지소유자의 철거청구와 구분소유권 매도청구 / 변우주 61
대법원 2021. 7. 8. 선고 2017다204247 판결

■ 집합건물의 대지에 관한 공유물분할청구가 예외적으로 허용되는 경우 / 정의진 69
대법원 2023. 9. 14. 선고 2022다271753 판결

■ 집합건물법상 시공자의 하자담보책임과 소멸시효의 문제 / 김 화 83
대법원 2023. 12. 7. 선고 2023다246600 판결

■ 분양자의 하자담보책임 / 이준형 105
대법원 2011. 12. 8. 선고 2009다25111 판결

■ 분양자의 관리의무의 법적 성격 및 그와 관련하여 형성된 법률관계의 효력 / 유수완 129
대법원 2022. 6. 30. 선고 2020다229192, 229208 판결

■ 일부공용부분의 판단기준 / 이제우 137
대법원 2021. 1. 14. 선고 2019다294947(반소) 판결

■ 상가 입주자의 아파트 단지 지하주차장의 이용 여부 / 이춘원 153
대법원 2022. 1. 13. 선고 2020다278156 판결

■ 주상복합건물의 주차장 이용에 관한 법률문제 / 김봉수 173
대법원 2012. 12. 13. 선고 2011다89910, 89927 판결

■ 공용부분의 변경 / 김세준 193
대법원 1992. 4. 24. 선고 92다3151 판결

■ 집합건물의 증축에 따르는 대지사용권의 변동 여부 / 모승규 205
대법원 2017. 5. 31. 선고 2014다236809 판결

■ 구분소유자의 보존행위 / 손홍락 215
대법원 1999. 5. 11. 선고 98다61746 판결

■ 집합건물 공용부분에 대한 부당이득 / 서종희 223
대법원 2020. 5. 21. 선고 2017다220744 전원합의체 판결

■ 관리단집회 결의 없이 행한 공용부분 관리행위의 효력 / 오재욱 239
대법원 2024. 9. 27. 선고 2023다287861 판결

■ 집합건물인 대규모점포에서 공용부분의 관리권한 / 김영두 251
대법원 2018. 7. 12. 선고 2017다291517, 291524 판결

■ 집합건물 공용부분의 하자로 인한 사고의 책임 주체 / 진도왕 271
서울중앙지방법원 2018. 1. 30. 선고 2017나61067 판결

■ 집합건물 관리비 청구권의 법적 근거 / 이지은 281
대법원 2021. 9. 16. 선고 2016다260882 판결

■ 공용수입금 배분청구권 / 오민석 289
대법원 2024. 10. 8. 선고 2023다236337 판결

■ 구분소유권 특별승계인의 연체관리비에 대한 책임 / 박근웅 303
대법원 2001. 9. 20. 선고 2001다8677 전원합의체 판결

■ 구분건물 대지사용권의 처분일체성과 신탁재산의 독립성 / 권성환 321
대법원 2021. 11. 11. 선고 2020다278170 판결

■ 대지지분이 미등기된 집합건물 매수인의 대지 사용의 권원 / 김성욱 ……………… 333
대법원 2000. 11. 16. 선고 98다45652, 45669 전원합의체 판결

■ 집합건물법상 분리처분금지 원칙의 적용 / 이선희 ……………… 347
대법원 2013. 11. 14. 선고 2013다33577 판결

■ 관리단의 공용부분 무단점유자에 대한 시설물철거 및 대지인도청구, 부당이득 반환청구에 관하여 관리단집회의 결의가 필요한지 여부 / 김건호 ……………… 357
대법원 2022. 9. 29. 선고 2021다292425 판결

■ 구분소유자 아닌 대지 공유자와 적정 대지지분을 보유한 구분소유자 간의 부당이득반환 문제 / 김중길 ……………… 371
대법원 2022. 8. 25. 선고 2017다257067 전원합의체 판결

■ 관리인의 선임 / 김성은 ……………… 387
대법원 2006. 12. 8. 선고 2006다33340 판결

■ 집합건물법상 임시관리인의 선임 요건 / 김대경 ……………… 401
대법원 2024. 8. 19. 자 2024마6239 결정

■ 집합건물법의 관리위원회와 주택법의 입주자대표회의와의 법률적 지위 / 강혁신 ……………… 411
대법원 2014. 2. 21. 선고 2011다101032 판결

■ 분양계약서 또는 집합건물법 제28조의 관리단규약 등에서 업종제한조항을 두는 경우, 임차인 등의 제3자 사이의 합의에 의해 제한업종 변경이 가능한지 여부 / 권형필 ……………… 427
대법원 2005. 11. 10. 선고 2003다45496 판결

■ 상가건물의 업종제한약정을 위반한 경우 영업금지청구와 동종영업에 대한 승낙의 법적 성질 / 최민수 ……………… 443
대법원 2004. 9. 24. 선고 2004다20081 판결

■ 집합건물 점유자의 서면결의권 / 한재범 ……………… 461
대법원 2021. 7. 13. 자 2018마6179 결정

■ 집합건물법상 결의취소의 소의 도입과 취소사유 / 이재민 ……………… 469
대법원 2021. 1. 14. 선고 2018다273981 판결

■ 구분소유자의 경매청구권 / 고철웅 ········ 481
대법원 2009. 12. 24. 선고 2009다41779 판결

■ 집합건물법상 재건축결의 하자 치유 여부 / 김상헌 ········ 491
대법원 2006. 11. 23. 선고 2004다44537, 44544, 44551 판결

■ 집합건물법상 재건축결의 내용 변경을 위한 의결정족수 / 신국미 ········ 499
대법원 2005. 4. 21. 선고 2003다4969 전원합의체 판결

■ 재건축비용 분담에 관한 사항과 재건축결의 / 장병일 ········ 509
대법원 2005. 4. 29. 선고 2004다7002 판결

■ 재건축결의가 있은 후 재건축불참자에 대하여 매도청구권이 행사된 경우 매매 시가의 기준 / 박신욱 ········ 525
대법원 1996. 1. 23. 선고 95다38172 판결

■ 무효인 재건축결의 및 이에 기한 매도청구의 사후 추완 / 부종식 ········ 539
대법원 2000. 11. 10. 선고 2000다24061 판결

■ 집합건물법상 재건축결의와 조합설립행위의 분리 / 최영동 ········ 547
대법원 2006. 2. 23. 선고 2005다19552,19569 판결

■ 수탁자의 집합건물 관리비 납부의무 판결로 살펴본 신탁등기의 대항력의 의미 / 오상민 ········ 559
대법원 2025. 2. 13. 선고 2022다233164 판결

구분소유권의 성립 시기

– 대법원 2013. 1. 17. 선고 2010다71578 판결 –

강 혁 신*

Ⅰ. 서 론

구분소유권의 성립이 등기라는 절차적 외형을 통해 비토소 외부적으로 표현·완성되는 것인지, 혹은 구분소유자의 의사표시 및 건물의 구조상·이용상의 독립성과 같은 실질적 요건만으로 족한 것인지 여부는, 구분소유권의 발생 및 그에 따른 권리변동의 성립 요건을 어떻게 파악할 것인가에 대한 핵심적인 법적 쟁점을 구성한다.

구분소유권의 성립 또는 구분소유자가 그 권리를 확보하기 위해서는 건물의 구조상·이용상 독립성이 객관적 기준으로 법에 명시되어 있는바, 이에 더하여 건물에 대한 구분행위가 구분소유권의 최종적인 성립에 반드시 요구되는 절대적 요건인지에 대해서는, 여전히 판례상 논의의 여지가 남아 있는 것으로 보인다.

이에 본 평석은 2013년 대법원 전원합의체 판결을 중심으로, 구분소유권의 성립을 위해 집합건축물대장의 등록 또는 구분건물의 표시에 관한 등기가 필수적인 요건인지 여부에 관한 법적 쟁점을 검토하고자 한다.

* 조선대학교 법사회대학 법학과 교수, 법학박사

Ⅱ. 사안의 개요 및 소송의 경과

1. 사실관계

(1) 피고는 2001. 12. 14. 주식회사 세모로부터 서울 강남구 삼성동(지번 1 생략) 대 834.5㎡, 삼성동(지번 2 생략) 대 89.4㎡(이하 '이 사건 토지'라고 한다)를 매수하여 2002. 3. 12. 피고 명의로 소유권이전등기를 마치고, 2002. 4. 26. 준건설 주식회사와 사이에 이 사건 토지 지상에 지하 2층, 지상 12층 19세대(이하 생략) 아파트(이하 '이 사건 아파트'라고 한다)를 신축하기로 하는 공사도급계약을 체결하였다.

(2) 준건설 주식회사는 2002. 5. 1.부터 이 사건 아파트의 공사를 착공하였는데, 피고는 2002. 5. 15. 이 사건 아파트의 (호수 1 생략)에 관하여 분양계약을 체결한 것을 비롯하여 이 사건 아파트의 19세대에 관하여 분양계약을 체결하고 분양대금을 지급받기 시작하였다.

(3) 피고는 2003. 9. 4. 피고 주식회사 한국토지신탁(이하 '피고 한국토지신탁'이라고 한다)과 사이에 이 사건 토지에 관하여 우선수익자 주식회사 푸른이상호저축은행(이하 '푸른이상호저축은행'이라고 한다), 수익자 피고, 소외 1로 한 부동산담보신탁계약을 체결하고, 같은 날 피고 한국토지신탁에게 이 사건 토지에 관하여 신탁을 원인으로 한 소유권이전등기(이하 '이 사건 신탁등기'라고 한다)를 마쳐주었다.

(4) 한편, 푸른이상호저축은행은 2003. 9. 5. 피고에게 25억원을 대출하였는데, 이 사건 아파트에 대한 사용승인이 나지 않은 상태에서 위 대출금채권을 보전하기 위하여 2004. 7. 8. 서울중앙지방법원 2004카단90355호로 이 사건 아파트에 대한 가압류를 신청하였고, 위 법원의 가압류결정에 따라 2004. 7. 26. 이 사건 아파트의 각 구분건물에 관하여 피고 명의의 소유권보존등기와 푸른이상호저축은행의 가압류등기가 마쳐졌고, 같은 날 푸른이상호저축은행은 채권최고액 32억 5,000만원의 근저당권설정등기를 마쳤다.

(5) 푸른이상호저축은행은 2004. 11. 30. 위 근저당권에 기하여 서울중앙지방법원 2004타경44606호로 이 사건 아파트에 관하여 부동산임의경매를 신청하였고, 원고는 위 부동산임의경매절차에서 이 사건 아파트 중 별지2 목록 기재 부동산인 (호수 2 생략)의 전유부분을 낙찰받아 2006. 6. 28. (호수 2 생략)의 전유부분에 관

하여 소유권이전등기를 마쳤다. 위 부동산임의경매 당시 감정평가액은 건물부분과 토지의 대지권이 일체로 평가되었다.

(6) 한편 피고는 2008. 7. 8. 피고 한국토지신탁과 사이에 수익자는 피고, 신탁기간은 신탁계약체결일로부터 30년으로 변경하는 내용의 부동산담보신탁변경계약을 체결하였다.

(7) 이 사건 아파트 공사의 감리인 소외 2가 2003. 8. 25. 작성한 주간 감리진행사항에는, "옥탑층 콘크리트 타설, 5층 문틀(목공사), 2층 천정설치(금속공사)"라고 기재되어 있고, 2003. 9. 8. 작성된 감리진행사항에는, "담장 콘크리트 타설, 에어콘 배관, 창틀 반입, 2층 창유리 설치"의 공사를 실시하였다고 기재되어 있고, 한편 2003. 8. 18.경 이 사건 아파트의 공정률은 22.193%이었다.[1)]

2. 원고의 주장

원고는 이 사건 청구원인으로, 이 사건 신탁등기는 피고 1이 이 사건 아파트의 구분소유권자가 아닌 피고 한국토지신탁에게 분리하여 대지사용권을 처분하였으므로 「집합건물의 소유 및 관리에 관한 법률」(이하 '집합건물법'이라고 한다) 제20조에 위배되어 무효이므로 피고 한국토지신탁은 이 사건 신탁등기를 말소할 의무가 있고, 피고 1은 이 사건 아파트(호수 2 생략)의 구분소유자인 원고에게 전유부분 취득을 원인으로 한 이 사건 토지에 대한 지분소유권 이전등기절차를 이행할 의무가 있다고 주장한다.[2)]

3. 대상판결에서의 주된 쟁점

구분소유의 성립을 인정하기 위하여 반드시 집합건축물대장의 등록이나 구분건물의 표시에 관한 등기가 필요한지 여부.

4. 주된 쟁점에 대한 제1심의 판단(서울중앙지방법원 2009. 12. 10. 선고 2009가합14765 판결)

본 사건의 주된 쟁점인 '구분소유권의 성립을 인정하기 위하여 반드시 집합건축물대장의 등록이나 구분건물의 표시에 관한 등기가 필요한지 여부'에 관하여,

---

1) 서울고등법원 2010. 7. 16. 선고 2010나1915 판결[대지권지분이전등기등].
2) 서울중앙지방법원 2009. 12. 10. 선고 2009가합14765 판결[대지권지분이전등기등].

제1심은 집합건물에서 구분소유권이 성립하는 시점은 건물 전체가 완성되어 당해 건물에 관한 건축물대장에 구분건물로 등록된 시점에 비로소 구분소유권이 성립한다고 판단하고 있으며 나아가 당해 건물이 집합건물로서 독립하기 위한 요건으로 건물의 기둥, 벽체 등의 독립한 부동산으로서의 건물의 요건을 갖추어야 할 것과 각 세대별 구분건물 부분의 구조상·이용상 독립성 또는 개별성을 가져야 할 것으로 판단하였다.

그 판시는 다음과 같다. "집합건물의 구분소유자가 전유부분에 대한 대지사용권을 취득하는 시기는 집합건물의 성립시기와 일치한다고 할 것이고, 구분소유가 성립하는 시점은 원칙적으로 건물 전체가 완성되어 당해 건물에 관한 건축물대장에 구분건물로 등록된 시점이라고 할 것인바,[3] 결국 집합건물에서의 구분소유가 성립하기 위해서는 1동의 건물 전체가 기둥, 벽체, 지붕 등이 독립한 부동산으로서의 건물의 요건을 갖추어야 할 뿐만 아니라, 구분소유권의 목적인 각 세대별 구분건물 부분도 독립한 건물로 볼 수 있을 정도의 구조상·이용상 독립성이나 개별성을 갖춘 후에야, 비로소 집합건물로서 '독립한 건물'이라 할 것이다. 이 사건 신탁등기 경료 당시에는 이 사건 아파트에 대한 구분소유권의 목적인 각 세대별 구분건물 부분도 독립한 건물로 볼 수 있을 정도의 구조상·이용상 독립성이나 개별성을 갖추었다고 볼 수 없을 뿐만 아니라 건축물관리대장이 작성되지도 않았다고 할 것이므로 이 사건 아파트에 대한 구분소유권은 성립하지 않았다고 할 것이다."

5. 원심의 판단(서울고등법원 2010. 7. 16. 선고 2010나1915 판결)

쟁점에 대하여 원심은 집합건물로서 구분소유권의 성립 여부에 관하여는 각 구분건물의 구조상·이용상 독립성의 요건을 가지면 충분하다고 판단하고 있으며, 피고의 '구분소유권이 성립하는 시점은 원칙적으로 건물 자체가 완성되어 당해 건물에 관한 건축물대장에 구분건물로 등록된 시점이어야 한다.'는 주장에 대해서, 구조상·이용상의 독립과 구분행위가 있고 그 다음으로 가옥대장에 등록절차를 경료해야만 비로소 구분건물이 성립하는 것으로는 보기 어렵다는 판단을 하여 제1심 판결을 취소하였다.

---

3) 대법원 2006. 11. 9. 선고 2004다67691 판결 등 참조.

그 판시는 다음과 같다. “이 사건 신탁등기 당시 이 사건 아파트가 집합건물법의 적용대상이었는지 여부, 즉 집합건물로서 구분소유권이 성립하였는지 여부에 관하여 보건대, 독립된 부동산으로서의 건물이라고 하기 위해서는 최소한의 기둥과 지붕 그리고 주벽이 이루어지면 된다고 할 것이고,[4] 앞서 본 바와 같이 2003. 8. 25.경에는 이 사건 아파트의 옥탑층 콘크리트 타설 작업이 완료되었으므로 이 사건 아파트는 2003. 8. 25.까지 지하 2층부터 지상 12층까지 각층의 기둥, 주벽 및 천장 슬라브 공사가 이루어졌다고 봄이 상당하고, 따라서 2003. 8. 25.경에는 이 사건 아파트가 미완성상태이기는 하나, 원고가 낙찰받은 구분건물인 (호수 2 생략)를 포함하여 그 아래 각층의 콘크리트 골조 및 기둥, 주벽, 천장이 완공되어 이 사건 아파트 내부의 각 구분건물은 구조상 · 이용상 독립성의 요건을 갖추었다고 봄이 상당하다.”

“피고들은, 구분소유가 성립하는 시점은 원칙적으로 건물 전체가 완성되어 당해 건물에 관한 건축물대장에 구분건물로 등록된 시점이라고 할 것이므로,[5] 이 사건 신탁등기 당시 이 사건 아파트에 관하여 건축물관리대장이 작성되지 않은 이상 구분소유가 성립하지 않았다고 주장한다.” “살피건대 위 98다35020 판결은 가옥대장 등록시점을 기준으로 전유부분과 공유부분을 판단하여야 한다는 취지로 이해하여야 하고, 위 2004다67691 판결은 집합건물의 사업자가 변경된 경우 집합건물의 원시취득자를 결정하는 기준을 설시한 것으로 보아야 하며, 일반 원칙으로 구조상 · 이용상 독립과 구분행위가 있은 다음에 가옥대장에 등록함으로써 비로소 구분건물이 성립한다는 취지로 해석할 수는 없으므로, 피고들의 위 주장은 받아들이지 않는다.”

6. 대법원의 판단

대법원은 원심의 입장을 다수의견으로 지지하였다.

그 판시는 다음과 같다. “1동의 건물에 대하여 구분소유가 성립하기 위해서는 객관적 · 물리적인 측면에서 1동의 건물이 존재하고, 구분된 건물부분이 구조상 · 이용상 독립성을 갖추어야 할 뿐 아니라, 1동의 건물 중 물리적으로 구획된 건물부분을 각각 구분소유권의 객체로 하려는 구분행위가 있어야 한다. 여기서 구분

---

4) 대법원 2003. 5. 30. 선고 2002다21592, 21608 판결 참조.

5) 대법원 1999. 7. 27. 선고 98다35020 판결; 대법원 2006. 11. 9. 선고 2004다67691 판결 등 참조.

행위는 건물의 물리적 형질에 변경을 가함이 없이 법률관념상 건물의 특정 부분을 구분하여 별개의 소유권의 객체로 하려는 일종의 법률행위로서, 그 시기나 방식에 특별한 제한이 있는 것은 아니고 처분권자의 구분의사가 객관적으로 외부에 표시되면 인정된다. 따라서 구분건물이 물리적으로 완성되기 전에도 건축허가신청이나 분양계약 등을 통하여 장래 신축되는 건물을 구분건물로 하겠다는 구분의사가 객관적으로 표시되면 구분행위의 존재를 인정할 수 있고, 이후 1동의 건물 및 그 구분행위에 상응하는 구분건물이 객관적·물리적으로 완성되면 아직 그 건물이 집합건축물대장에 등록되거나 구분건물로서 등기부에 등기되지 않았더라도 그 시점에서 구분소유가 성립한다."

위의 다수의견에 대해 반대의견이 있었고 그 요지는 다음과 같다. "구분소유권은 물권의 기본적 성격인 배타성과 대세적 효력이 있으므로 그에 관한 법률관계는 이해당사자들이 쉽게 인식할 수 있도록 명확하게 정해져야 한다. 구분소유권이 성립하여 건물과 그 대지인 토지가 일체화되는 시기와 일체화된 법률관계의 내용을 명확하게 정하는 것은 거래의 안전에 매우 중요한 의미를 갖게 되며, 그러한 점에서 명료한 기준 설정의 필요성이 강력하게 요청된다. 법률관계의 명확성과 안정성을 담보하기 위해서는, 부동산 소유권의 내용을 변경시키는 법적 행위로서 구분행위가 부동산 물권변동에서 요구되는 공시방법인 등기에 준할 정도로 명료한 공시기능을 갖추는 것이 반드시 필요하다. 집합건축물대장의 등록은 1동의 건물이 독립한 부동산으로 존재하고 1동에 존재하는 전유부분이 구조상·이용상 독립성이라는 물리적 요건이 구비되었음을 전제로 건물의 소유자와 같이 처분권한 있는 자가 건물의 단독소유권을 구분소유권으로 변동시키는 구분행위의 필수적인 방식으로 보아야 하며, 이러한 확정적 구분행위인 집합건축물대장 등록이 이루어지기 전에 이루어진 건축허가신청, 분양계약 등의 행위에서 어떤 구분의사가 표시되었는지는 구분소유권의 성립에 영향을 미치지 않는다. 따라서 구분소유권은 대법원이 여러 차례 밝힌 바와 같이 원칙적으로 건물 전체가 완성되어 당해 건물에 관한 건축물대장에 구분건물로 등록된 시점에 성립하고, 다만 예외적으로 건축물대장에 등록되기 전에 등기관이 집행법원의 등기촉탁에 의하여 미등기건물에 관하여 소유권 처분제한의 등기를 하면서 구분건물의 표시에 관한 등기를 하는 경우에는 등기된 시점에 구분소유권이 성립한다."

Ⅲ. 평 석

1. 구분소유권이란 무엇인가

본 사건의 핵심 쟁점인 구분소유권의 성립 시점을 규명하기 위해서는, 무엇보다 구분소유권의 법적 성질에 대한 이해와 함께, 이를 규율하는 집합건물법이 어떠한 입법 목적과 사회적 배경하에서 제정되었는지를 고찰하는 것이 선행되어야 한다. 이는 구분소유권이 일반적인 소유권과는 구별되는 독특하고 복합적인 법적 성격을 지니며, 그 법리가 시민사회 내에서 충분히 체화되어 있지 않고, 또한 해당 법률의 입법 초기 단계에서부터 그 체계적 분석이나 권리구조에 대한 심층적 논의가 충분히 이루어지지 못하였다는 점에서 기인한다. 따라서 본 사안에서 구분소유권 성립 시점에 관한 법적 다툼이나 대법원의 해석을 분석하기에 앞서, 우선 구분소유권의 권리적 본질과 입법론적 배경에 대한 기초적 이해가 선행되어야 한다.

구분소유권은 무엇에 관한 권리인가.

집합건물법은 건물을 구분소유하는 것에 대해 "1동의 건물 중 구조상 구분된 여러 개의 부분이 독립한 건물로서 사용될 수 있을 때에는 그 각 부분은 이 법에서 정하는 바에 따라 각각 소유권의 목적으로 할 수 있다."(제1조 건물의 구분소유)고 규정하고 있고 구분소유권에 대해서는 '제1조 또는 제1조의2에 규정된 건물부분을 목적으로 하는 소유권'으로 규정하고 있다. 한편 '1동의 건물 중 구조상 구분된 여러 개의 부분이 독립한 건물로서 사용될 수 있을 때'와는 별개로 상가건물에 대해서는 '① 구분점포의 용도가 건축법 제2조 제2항 제7호의 판매시설 및 같은 항 제8호의 운수시설, ② 1동의 건물 중 구분점포를 포함하여 제1호의 판매시설 및 운수시설의 용도에 해당하는 바닥면적의 합계가 1천 제곱미터 이상, ③ 경계를 명확하게 알아볼 수 있는 표지를 바닥에 견고하게 설치, ④ 구분점포별로 부여된 건물번호표지를 견고하게 부착된 이상의 기준을 만족하는 경우에 있어서도 제1조의 예외 규정으로 구분소유권을 인정하고 있다.

따라서 법 제1조의2 규정의 예외성을 감안하고 살피어 볼 때, 구분소유권이라 함은 ① 1동의 건물, ② 구조상 구분된 2개 이상의 독립한 건물로 사용 가능, ③ 그 각 부분에 대한 소유를 목적으로 하는 권리로 정의할 수 있겠다.

그러나 구분소유권에 관한 법적 규정만을 중심으로 한 해석만으로는 그 권리의 실체적 본질을 총체적으로 파악하기에는 한계가 있으며, 규정적 해석은 구분소유권이 가지는 현실적 존재 기반과 작동 메커니즘을 온전히 반영하기에는 불충분하다고 보아야 한다.

따라서 구분소유권에 대한 이해는 단순히 법문상 요건의 충족 여부에 국한되어서는 안 되며, 오히려 구분건물의 소유자 또는 소유의사를 가진 자가 언제부터 소유권에 대한 주관적 인식을 갖게 되었는지, 그리고 그러한 인식이 실제로 어떠한 시점부터 구분소유권으로서의 권리행사로 나타나고자 하는지를 면밀히 고찰할 필요가 있다. 즉, 구분소유자의 권리 행사에 대한 인식과 그 실천의 시점을 중심으로 구분소유권의 실질적 성립과 작용을 분석함으로써, 해당 권리의 본질을 보다 정확하게 규명할 수 있을 것이다.

2. 전유부분에 있어서의 구분소유권의 성립 요건에 관해

(1) 구분소유권의 성립과 등기와의 관련성의 정도

일본 마루야마 교수에 따르면, 구분소유권의 성립에 관한 문제는 등기실무와 재판실무에서 각각 상이한 판단기준에 따라 다르게 다루어지고 있다고 한다. 즉, 등기실무에서는 구분소유권의 성립 자체가 등기의 전제가 되는 실체적 요건으로 문제되는 반면, 재판실무에서는 구분소유권의 성립이 소유권 귀속 및 관리상의 권리관계를 전제로 하여 분쟁의 발생과 연결되므로, 사건 유형에 따라 구분소유권의 성립 요건에 대한 해석기준이 달리 설정되어야 함을 지적한다.[6)]

한편, 구분소유권의 성립요건과 관련하여 일본의 입법관계자는, 해당 요건은 종래의 해석에 따라 사실상 인정되어 오던 법리를 명문화한 것에 불과하며, 기존 해석에 어떠한 실질적 변경도 가하지 않았다고 설명한 바 있다.[7)] 즉, 일본 입법례상 구분소유권의 성립요건은 기존의 판례 및 실무에서 축적되어 온 해석을 법문상 명문화한 것에 불과하며, 규범적으로 새로운 개념을 창설한 것은 아니라는 점에서 그 입법적 의의가 있다. 그렇다면 입법자가 이와 같은 태도를 취한 해석론적 배경은 무엇이며, 이를 통해 구분소유권의 성립요건이 가지는 실질적 의미는 어떻게 정립될 수 있는가에 대한 분석이 요청된다.

---

6) 丸山英気, 『区分所有建物の法律問題』, 三省堂, 1980, 36면 참조.
7) 丸山英気, 『区分所有建物の法律問題』, 三省堂, 1980, 44면.

이와 관련하여, 구분소유권 성립의 실체적 요건으로는 통상 두 가지 요소가 거론된다. 첫째, "하나의 건물 중 구조상 구분된 부분이 존재할 것"이라는 요건으로, 이는 이른바 건물의 구조상 독립성을 의미한다. 둘째, "그 구분된 부분이 독립하여 주거, 점포, 사무소 또는 창고 등 건물로서의 용도에 제공될 수 있을 것"이라는 요건으로, 이는 이용상 독립성을 의미하는바, 해당 공간이 단순히 구조적으로 분할되어 있을 뿐 아니라, 건축 목적상 자율적인 기능을 수행할 수 있어야 함을 전제한다.

이와 같은 구조상·이용상의 독립성을 구분소유권 성립의 요건으로 설정한 점은 우리의 집합건물법과도 기본적으로 동일한 입법 태도이다. 나아가 이러한 이중 요건이 구분소유권의 실체적 성립에 있어 어떠한 규범적 기능을 수행하며, 궁극적으로 어떠한 법적 효과를 발생시키는지를 분석하는 것은, 구분소유제도의 입법 목적과 실무적 적용을 연결짓는 핵심적 고찰의 대상이 된다.

마루야마 교수에 따르면, 구분소유권의 성립요건 중 구조상의 독립성은 물권으로서의 소유권이 전제하는 물적 지배 가능성과 직결되며, 이는 입법과정에서의 사고방식에도 반영되어 있다고 한다. 반면 이용상의 독립성은, 독립된 용도에 제공될 수 없는 건물의 부분에 대해서는 그 자체로 소유의 실익이 결여될 뿐만 아니라, 이를 구분소유의 대상으로 인정할 경우 법률관계를 불필요하게 복잡하게 하여 법적 혼란을 초래할 위험이 있다는 점에서 그 요건의 당위성이 확보된다고 설명한다.[8)]

관련한 일본 실무에서는, 전유부분 간 또는 전유부분과 공용부분 간에 존재하는 물리적 장벽의 실체와 성격이 구조상 독립성 요건 충족 여부를 판단하는 주요 기준이 된다. 예컨대, 1967년 9월 25일자 일본 법무성 민사국장 회답(昭和42年 民事甲第245号)은, 구분소유권의 성립과 관련하여 '장벽(障壁)'의 존재 여부 및 그 구조적 실질에 대한 등기 실무상의 판단 기준을 제시하였다.

실무상, 셔터는 일정한 고정성과 폐쇄성을 갖춘 구조물로 인정되어, 구조상 독립성을 충족하는 격벽(隔壁)으로 간주되고 있으며, 이는 일본 등기실무에서 이미 확립된 해석으로 평가된다. 반면, 합판과 같이 철거가 용이하고 구조물로서의 고정성이 결여된 요소에 대해서는, 구조상의 독립성을 인정하기 어렵다는 것이 일

8) 丸山英気, 『区分所有建物の法律問題』, 三省堂, 1980, 45면.

반적인 태도이다.[9)]

이와 관련하여 일본 등기실무에서는 장벽으로 기능하는 물리적 구조물의 철거의 용이성, 고정성, 그리고 건물 전체 구조에서의 구성 요소 여부 등을 종합적으로 고려하여 구조상 독립성의 유무를 판단하는 경향이 있다. 이러한 실무상 기준은 이른바 '장벽론(障壁論)'이라는 이름으로 논의되고 있으며, 나아가 실질적인 장벽이 존재하지 않는 경우, 즉 관념상의 경계만이 존재하는 상황에서도 구분소유권의 성립요건이 충족되는지를 둘러싼 문제가 제기되고 있다.

마루야마 교수는 이와 같은 문제를 '무벽격(無壁隔) 구분소유건물'이라는 개념을 통해 체계적으로 분석하고 있으며, 이는 구분소유권 성립요건의 해석과 적용에 있어 물리적 구조물의 존재 여부와 법률적 독립성의 기준 사이의 긴장을 보여주는 대표적인 사례로 평가된다.

실제로 건물의 구분소유를 성립시키기 위하여, 구조상 필수적이지 않음에도 셔터 등의 설비를 인위적으로 설치하는 사례가 증가하고 있으며, 이에 대해 건축기술적 관점에서도 기존의 설계를 불합리하게 왜곡하는 결과를 초래하고 있다는 비판이 제기된다. 마루야마 교수는 이러한 현상을 단순한 기술적 문제로 보지 않고, 구분소유제도의 기초에 내재한 사고방식의 문제로 분석하고자 한다.

마루야마 교수는 물권의 객체로서 구분소유의 적합성을 논하면서, "물권의 목적물은 특정한 독립된 물이어야 하며, 이는 물권이 그 목적물에 대하여 배타적이고 직접적인 지배를 전제로 하는 권리이기 때문"이라고 전제한다. 그는 이러한 원칙에 따라, 물의 일부 또는 구성부분에 대해서는 직접적인 지배의 실익을 확보하기 어렵고, 또한 그러한 부분에 대해 물권의 존재를 제3자에게 공시하는 것도 쉽지 않다는 점에서, 해당 부분을 물권의 대상으로 인정하기 어렵다고 설명한다. 나아가, 이러한 비공시성으로 인해 새로운 물권 취득자가 제3자로서 불이익을 입을 수 있다는 점 역시 지적하고 있다.[10)]

또한 마루야마 교수는, 물권의 객체는 독립된 물이어야 한다는 원칙에 입각하여, 물의 일부에 대해 별도의 물권을 설정할 필요성이나 사회적 실익이 충분히 존재하지 않으며, 설령 이를 인정하더라도 해당 권리의 외형적 표지로서 공시를 수행하는 것이 곤란하다는 점을 지적한다. 이는 구분소유의 대상이 되는 전유부

9) 丸山英気, 『区分所有建物の法律問題』, 三省堂, 1980, 48면.
10) 丸山英気, 『区分所有建物の法律問題』, 三省堂, 1980, 51면.

분이 공간적으로 명확하게 구획되고, 그 독립성이 제3자에게 인식 가능한 형태로 외부에 드러날 수 있어야 한다는 물권법적 요구와 밀접하게 연관된다. 다시 말해, 구분소유의 성립은 단지 구조상 분리 여부만이 아니라, 물권으로서의 공시 가능성과 권리 보호의 명료성을 동시에 충족시켜야 한다는 해석으로 이해된다.

이러한 관점에 비추어 볼 때, 이른바 무벽격(無壁隔) 구분소유를 인정하는 것이 타당한 경우는, 그 실익이 사회적 요구 또는 사용상의 필요성 측면에서 상당히 높으며, 기존 공시체계 또는 등기제도의 기준에 비추어 볼 때, 해당 구분소유의 인정이 제3자의 권리관계나 법적 안정성에 중대한 훼손을 초래하지 않는 경우에 한정될 수 있다. 즉, 일정한 요건하에서는 전통적 일물일권주의 원칙에도 불구하고, 명확한 구조적 독립성이 결여된 부분에 대하여서도 예외적으로 구분소유를 인정할 수 있는 가능성이 열려 있는 것이다.

우리 집합건물법의 입법 태도에 비추어 볼 때, 이른바 무벽격(無壁隔) 부분에 대한 구분소유권의 인정은 제1조의2의 규정을 통해 명문상으로 확립된 것으로 평가할 수 있다. 이 조항은 구조상 완전한 물리적 장벽이 없더라도, 일정 요건을 충족하는 경우 구분소유권의 성립을 인정할 수 있는 법적 근거를 제공하고 있으며, 이는 구분소유의 실질성과 사회적 실익을 중심으로 한 입법적 전환의 산물로 해석된다.

반면, 무벽격 구분소유에 관한 명문 규정이 존재하지 않는 일본의 현행 구분소유법 체계하에서는, 주로 이론적 해석을 통해 이러한 형태의 구분소유를 어떻게 이해할 것인가에 대한 논의가 전개되어 왔다. 특히 마루야마 교수의 논의 흐름을 중심으로 살펴보면, "구분건물의 전유부분에 대한 구분소유권의 성립은 등기에 의한 공시보다 선행하는 개념이다"라는 해석론적 입장을 도출할 수 있다.

물론 이에 대해서는 견해의 대립이 있을 수 있으며, 등기 없는 상태에서의 물권 성립을 긍정하는 데에는 이론적 부담이 존재한다. 그럼에도 불구하고, 실제로 공간적으로 명확히 독립된 건물 부분이 존재하고, 그러한 부분에 대하여 사회적으로 무리 없이 채권적 처분이 일반화되어 있으며, 나아가 당사자 사이에서뿐만 아니라 제3자의 관념에 있어서도 해당 부분이 구분소유의 객체로 인식되고 있다는 점은 주목할 만하다. 이러한 점에서 구분소유권의 성립은 법률상 등기라는 외형적 절차 이전에, 이미 실체적으로 일정한 독립성과 배타성을 전제하는 권리로서 사회적으로 기능하고 있음을 보여준다.

본 대법원 판결이 과연 이와 같은 구분소유권의 본질, 즉 '공시 이전의 권리로서의 실질적 성립'이라는 사고에 기초하여 판단을 내렸는지 여부는 판결문만으로는 명확히 파악하기 어렵다. 그럼에도 불구하고, 위와 같은 해석은 해당 사안에 대한 보다 기초적이고 이론적인 접근의 틀을 제공함으로써, 실정법 해석의 지평을 확장하고 구분소유제도의 구조적 이해를 심화시키는 데에 일정한 기여를 할 수 있을 것으로 기대된다.

마루야마 교수가 지적하듯, 구분건물은 일반적인 전통적 건축물과는 구조적·법적 성격에서 본질적인 차이를 가지므로, 이에 적합한 새로운 법개념의 형성이 요구된다. 그는 이를 "기성 개념의 탄력적 운용(既成概念の弾力的運用)"이라고 표현하며, 기존 물권법상 개념에 얽매이지 않고 구분건물의 특수성을 반영한 해석론의 전환 필요성을 강조한다.[11]

이와 같은 관점에 기초할 때, 구분소유권이 구분등기라는 외형적 공시 절차와는 무관하게, 또는 그보다 선행하여 실체법적으로 성립할 수 있다고 본다면, 그러한 구분소유권이 성립되기 위한 실질적 요건에 대한 보다 정밀한 검토가 필수적이다. 구체적으로는, 구분소유권의 성립을 가능케 하는, 첫째, 건물의 구조상 독립성, 둘째, 건물의 이용상 독립성이라는 이중 요건이 어떻게 평가될 수 있는가가 핵심적인 분석 대상이 된다.

이 두 요건은 단순한 형식적 기준을 넘어서, 건물의 실제 구조, 설계 방식, 이용 가능성, 공간적 자립성 등 복합적 요소를 종합적으로 고려하여 판단되어야 하며, 이는 구조상·이용상의 독립성을 판단하는 실무기준과 판례적 판단기준의 정합성 문제로도 이어진다. 따라서 다음에서는 이 두 요건이 구체적으로 어떠한 기준과 방식으로 평가되는지를 중심으로 고찰하고자 한다.

(2) 구조상의 독립성과 이용상의 독립성

한 동의 건물에서 구분소유권이 성립하기 위해서는, 해당 건물 부분이 다른 부분과 물리적으로 구획되어 있을 뿐만 아니라, 독립된 사용이 가능한 공간으로 기능할 수 있어야 한다. 전자는 통상 "구조상의 독립성"이라 불리며, 후자는 "이용상의 독립성"으로 개념화된다. 이러한 구조상 및 이용상 독립성은 구분소유권의 성립을 위한 실체적 요건으로서, 해당 권리의 독립성과 배타성을 보장하는 기능

11) 丸山英気, 『区分所有建物の法律問題』, 三省堂, 1980, 54면.

을 수행한다.

특히 주목할 점은, 구조상 및 이용상 독립성을 구분소유권 성립의 필요요건으로 설정하고 있는 입법적 태도는 한국의 「집합건물법」과 일본의 「건물의 구분소유 등에 관한 법률」에서 동일하게 채택되고 있다는 점이다. 이는 구분소유의 객체가 단순한 물리적 공간 단위가 아니라, 사회적·기능적으로 독립된 생활 또는 영업 공간으로서 실질적 의미를 갖추어야 함을 전제로 하고 있음을 보여준다.

우리 집합건물법은 “1동의 건물 중 구조상 구분된 여러 개의 부분이 독립한 건물로서 사용될 수 있을 때에는 그 각 부분은 이 법에서 정하는 바에 따라 각각 소유권의 목적으로 할 수 있다.”(제1조 건물의 구분소유)고 정하고 있다.

일본의 구분소유법도 마찬가지로 “한 동의 건물에 구조상 구분된 수 개의 부분으로 독립하여 주거, 점포, 사무소 또는 차고 그 외 건물로서의 용도에 공할 수 있는 것이 있는 때는 그 각 부분은 이 법률에서 정하는 바에 의해 각각의 소유권의 목적으로 할 수 있다.”(제1조 건물의 구분소유)고 정하고 있다.

양 법을 비교하여 볼 때 일본법이 우리법에 비해 다소 상세한 기술을 하고 있기는 하나, 건물에서 구분소유권의 목적되는 권리가 발생하기 위한 요건으로 구조상의 독립성과 이용상의 독립성의 두 개의 요건만을 제시하고 있는 것은 공통으로 동일하다.

1) 구조상의 독립성 – 일본법과의 비교를 중심으로

구분소유권 성립 요건 중 하나인 ‘구조상의 독립성’은 해당 건물 부분이 다른 부분으로부터 물리적으로 분리되어 있어야 함을 의미한다. 일본 「구분소유법」 제1조는 구조상·이용상 독립성을 구분소유권의 성립요건으로 명시하고 있는데, 이는 1962년 법 제정 이전부터 판례[12]에 의해 확립된 법리를 규범화한 것에 불과하다. 해당 조항의 입법 당시에도 구조상·이용상 독립성 요건의 도입에 대한 특별한 이론적 논쟁은 존재하지 않았다.

구체적으로 ‘구조상의 구분’이란, 건물의 특정 부분이 차폐 설비에 의해 다른 부분과 격리되어 있음으로써 성립된다. 이에 관하여 일본 카마노교수는 구조상 독립성을 충족하기 위한 요건으로 두 가지를 제시하고 있다. 첫째, 해당 부분은 벽·문·창문 등 차폐 가능한 설비를 갖추고 있어야 하며, 둘째, 이러한 설비는

12) 大判 大5.11.29. 民録22巻 2333頁.

건물의 본체 구조물(예: 천장, 바닥 등)과 고정된 상태로 연계되어 있어야 한다고 본다.[13] 이는 이동식 칸막이나 간이 설비처럼 구조체에 정착되어 있지 않은 단순 차폐는 구조상 독립성 요건을 충족하지 못한다는 점을 의미한다.

한편, 건물 부분에 구조상 격리 설비가 전혀 없는 경우, 예컨대 단순한 경계선이나 표식만이 존재하는 상태에서도 구분소유권이 성립할 수 있는지에 대한 문제가 제기된다. 일본법에는 이에 관한 명문 규정이 존재하지 않으므로, 주로 학설에 의하여 이론적 정립이 이루어지고 있다. 예컨대 타마다 교수는 이와 같은 경우 구분소유법상 구분소유권의 성립은 부정되지만, 민법상 공유물의 현물분할 또는 지분별 소유의 방식으로는 일정한 구분이 가능하다는 견해를 제시한다.[14]

이에 반해 마루야마 교수는 이른바 '무벽격(無壁隔)' 건물에 대하여도 일정한 사회적 실익과 이용상 필요성이 존재하는 경우, 일물일권주의 원칙에 구애받지 않고 구분소유권의 성립을 긍정할 수 있다는 입장을 보인다. 두 학자의 접근은 전제의 차이를 보이지만, 결과적으로는 '격리 설비가 없는 경우에도 일정한 요건 하에서 구분소유권의 성립이 가능하다'는 동일한 결론에 도달한다는 점에서 이론적 수렴이 발견된다.

이러한 논의를 우리 집합건물법과 비교해 보면, 우리법은 구조상·이용상 독립성 요건을 제1조의2에 명시함으로써, 경계선이나 경계 표식을 통해 물리적 격리가 미흡한 경우에도 일정 요건하에서 구분소유권의 성립을 인정할 수 있는 명문 규정을 두고 있다. 반면 일본법은 이에 관한 규정을 두고 있지 않으며, 마루야마 및 카마노 교수 등의 이론을 통해 학설적 기반 위에서 해당 논의를 전개하고 있다. 그럼에도 불구하고, 양국 법제 모두가 차폐설비가 없더라도 일정한 경계 인식과 사용의 독립성이 확보된 경우 구분소유권의 성립을 긍정할 수 있다는 점에서 공통된 입장을 형성하고 있다고 평가할 수 있다.

2) 이용상의 독립성

한편, 건물의 특정 부분이 다른 부분으로부터 격리되는 설비가 존재하는지, 즉 구조상의 독립성이 인정되는지에 관한 판단은, 그것이 해당 공간의 자율적 사용을 보장할 수 있는 설비인지 여부, 다시 말해 이용상의 독립성 확보를 위한 실질

13) 稲本洋之助・鎌野邦樹, 『コンメンタール マンション区分所有法』, 日本評論社, 2015, 8면.
14) 稲本洋之助・鎌野邦樹, 『コンメンタール マンション区分所有法』, 日本評論社, 2015, 9면.

적 기능을 수행하는지 여부와 불가분의 관계에 있다. 따라서 구조상의 독립성과 이용상의 독립성은 개별적으로 나뉘는 이질적 개념이라기보다는, 실질적으로 상호 긴밀한 기능적 연계성을 갖는 개념으로 이해되어야 한다.[15)]

또한 이용상의 독립성 요건에 대한 입법적 태도에서도 한·일 간 차이를 확인할 수 있다. 우리 집합건물법 제1조의2 제2호는 구분소유권의 성립 요건으로서 "독립하여 주거, 점포, 사무소 또는 창고 기타 이와 유사한 용도로 사용할 수 있을 것"이라고 규정하고 있으나, 일본 「건물의 구분소유 등에 관한 법률」은 "주거, 점포, 사무소 또는 차고 그 외 건물로서의 용도에 공할 것'이라는 보다 구체적인 문언을 사용하고 있다. 즉, 우리법이 개념적 간결성을 유지하고 있는 반면, 일본법은 보다 구체적이고 실정적인 용도 유형을 명시함으로써 규범의 명확성과 예측 가능성을 제고하고자 하는 입법정책적 접근을 취하고 있다.

이러한 일본법의 입법 태도는 1962년 법 제정 이전에 확립된 판례[16)]의 해석을 반영한 결과로 볼 수 있다. 위 판례는 구분소유권이 성립되기 위해서는 "독립한 건물과 동일한 경제상의 효용을 얻을 수 있는 경우에 한한다"고 판시함으로써, 이용상의 독립성을 판단함에 있어 단순한 물리적 격리 여부가 아닌 경제적 자립성 및 실질적 사용 가능성이라는 요소를 중시해야 한다는 해석론의 토대를 제시한 것이다.

(3) 구분소유의사의 외형적 발현

우리 「집합건물법」과 일본 「건물의 구분소유 등에 관한 법률」 제1조는 구분소유의 객체 요건으로 구조상·이용상의 독립성을 규정하고 있으나, 구분소유권의 성립 시기나 원인에 대해서는 명문 규정을 두고 있지 않다. 따라서 단지 건물이 물리적으로 구획되어 있다는 사실만으로는 구분소유권이 곧바로 성립한다고 보기 어렵다. 이에 대해 카마노 교수는 객관적인 건물 상태에 더해, 구분하여 소유하고자 하는 당사자의 의사 역시 구분소유권 성립의 요건이라고 지적한다.[17)]

구분소유권의 성립과 관련하여, 구분소유의 의사가 언제 외형적으로 발현되는지는 중요한 해석상 쟁점이 된다. 일반적으로 구분등기가 이루어진 경우에는 당사자의 구분소유 의사가 명확히 드러난 것으로 볼 수 있다. 그러나 미등기의 상

15) 稲本洋之助・鎌野邦樹, 『コンメンタール マンション区分所有法』, 日本評論社, 2015, 9면.
16) 大判 大5.11.29 民録22巻2333頁.
17) 稲本洋之助・鎌野邦樹, 『コンメンタール マンション区分所有法』, 日本評論社, 2015, 14면.

태에서는 그 의사의 존재를 어떻게 판단할 것인지가 문제된다.

우리의 당해 사안에 대한 대법원의 판례와 관련하는 내용으로, 일본에서의 법률 해석 등을 통해서 미등기의 구분건물에 구분소유의 의사를 인정한 사례를 확인할 수 있다. 미등기의 상태에서 건물의 양도가 이루어진 경우 및 처음부터 각자가 소유할 부분을 정하여 수 인이 당해 건물을 축조한 경우에도 구분소유의 의사가 인정된다고 하는 일본의 견해는 본 대법원의 사안과도 깊은 관련성을 가진다.

나아가 건물 전체가 1인의 소유에 속해 있는 상태에서라도, 해당 소유자가 아파트 분양광고 등 외부에 구분소유를 전제로 한 표시행위를 한 경우에는 구분소유권의 성립이 인정될 수 있다는 견해도 존재한다.[18)]

또한, 건물 전체가 1인의 소유에 속하면서도 구조상 및 이용상의 독립성을 갖춘 여러 부분으로 구성되어 이를 임대하는 이른바 '임대 아파트'의 경우에도, 구분소유의 의사 인정 여부가 문제될 수 있다. 이에 대하여 일본 최고재판소는, 임대인이 건물의 각 부분을 구분하여 소유하려는 의사, 즉 각 부분으로부터 개별적인 수익을 얻으려는 목적을 가지고 있다면, 구분소유권의 성립을 인정할 수 있다고 판시한 바 있다.[19)] 이는 구분소유의 성립이 단순한 등기 유무나 법률행위에 국한되지 않고, 당사자의 경제적 의사 및 건물 이용 방식에 따라 객관적으로 판단될 수 있음을 시사하는 판례로 평가된다.

그러나 구분소유권의 성립요건으로서의 구분행위에 관하여는 해석상 견해가 갈리고 있다. 일반적으로는 구분행위란 건물의 소유자가 당해 건물을 구분소유의 객체로 하고자 하는 의사를 외부에 표시하는 행위로 이해되며, 판례 역시 신축 건물이 구조상·이용상 독립성을 갖춘 경우, 구분행위만으로도 구분소유권이 성립한다는 입장을 취하고 있다. 특히 대법원은 건축허가 신청, 분양계약 등도 구분행위로 간주하며, 그 시점이 건물의 물리적 완성보다 선행하더라도 무방하다는 입장을 보여주고 있다. 이와 같이 판례는 구분행위를 물리적 요건에 부합하는 대외적 의사표시의 존재 정도로 간주하고, 그 실체적 확정성을 요구하지 않는 폭넓은 해석을 취하고 있다.

이에 대해 구분행위를 광범위하게 인정하는 태도는 구분소유의 객체를 불명확

---

18) 稲本洋之助・鎌野邦樹,『コンメンタール マンション区分所有法』, 日本評論社, 2015, 14면.
19) 最判平成7年1月19日, 判時1520号84頁.

하고 유동적으로 만들 수 있어 물권법의 기본 원리에 반한다는 비판을 제기한다. 즉, 물권의 기본 속성인 직접 지배성과 배타성을 보장하기 위해서는 외부로부터 명확하게 인식 가능한 공시가 필수적이며, 구분소유권 또한 그 성립 시기 및 귀속 주체가 객관적이고 명료하게 정해져야 한다는 비판도 가능하여 보인다.

그러나 대법원 판단에 대한 위의 비판적 견해는 구분소유권이 갖는 물권 일반의 추상적 성격에 과도한 비중을 두는 한계가 있다. 집합건물의 경우, 개별적 물리 공간에 대한 구조상 및 이용상 독립성의 확보와 그에 대한 소유자의 구분 의사가 외부에 일정 정도 드러난다면, 등기와 같은 절차적 요건이 완비되지 않더라도 구분소유권의 성립을 긍정할 수 있다고 보아야 한다. 이는 집합건물의 특수성과 사회적 거래 실태를 고려한 보다 현실적이고 기능주의적인 해석태도로 이해될 수 있다. 객체가 집합건물인 경우에는 당해 소유권에 대한 '구분의 확정'을 하기만 하면 되는 것이기 때문에 물권법적 변동을 가져오는 등기의 절차까지를 바라볼 필요 없이 구조상 및 이용상의 독립성과 그에 따른 구분하여 소유하고자 하는 인식, 즉 구분행위만 추가되면 당해 건물에 대한 구분소유권이 성립되는 것으로 보는 것이 타당할 것이다.

(4) 등 기

구분소유권의 성립과 관련하여 민법 제186조의 적용 여부는 논의의 핵심적 쟁점 중 하나이다. 민법 제186조는 "부동산에 관한 법률행위로 인한 물권의 득실변경은 등기하여야 그 효력이 생긴다."고 규정함으로써 부동산물권변동에 관하여 형식주의 원칙을 채택하고 있다. 그렇다면 집합건물의 구분소유권 역시 부동산물권으로서 위 조항의 적용 대상이 되는가의 문제가 제기된다.

이와 관련하여 구분소유권의 성립 요건에 대한 입법례 비교는 시사하는 바가 크다. 일본의 구분소유법은 구분소유권의 성립에 있어 구조상 · 이용상의 독립성 및 구분행위의 존재를 요건으로 할 뿐, 등기를 성립요건으로 명시적으로 요구하지 않는다. 이에 따라 일본에서는 등기 이전 단계에서도 구분소유권의 성립을 긍정하는 견해가 다수설을 이루고 있다.

반면 독일의 주거소유권법(Wohnungseigentumsgesetz, WEG) 제4조 제1항은 구분소유권의 성립을 위해 구분행위에 더하여 등기를 명문상 요건으로 규정하고 있어 일본과는 상이한 입법 태도를 보인다.

우리 집합건물법은 일본법의 입법례를 주로 참조하여 제정되었으며, 이에 따라 구분소유권의 성립과 관련하여 등기를 요건으로 명시하고 있지 않다. 제3조에서 규약에 의한 공용부분에 대하여만 그 내용을 등기할 수 있도록 규정하고 있을 뿐, 일반적인 구분소유의 성립에 관하여는 등기를 요하지 않는 입법구조를 채택하고 있다. 따라서 구분소유권은 민법 제186조의 등기요건과는 일정한 거리를 둔 특수한 성질의 물권으로 이해된다.

한편, 구분소유권의 성립에 있어 민법 제186조의 부동산물권변동에 관한 등기요건을 적용할 수 있는지에 대해서는 견해의 대립이 존재한다. 일부 견해는 이미 존재하는 1동의 건물을 수개의 구분소유건물로 구분할 경우뿐 아니라 처음부터 수인이 구분소유할 것을 전제로 신축한 경우에도 등기가 필요하다고 보며,[20] 다른 견해는 후자의 경우에는 등기 없이도 구분소유권이 성립하지만, 전자의 경우에는 등기를 요한다고 주장한다.[21]

곽윤직 교수는 민법 제186조의 적용범위를 '물권의 상대적 변동, 즉 권리의 주체가 이전되는 경우'로 한정하면서, 이 조항이 적용되는 형식적 물권변동의 개념은 구분소유권의 성립과는 본질적으로 차이가 있다고 설명한다.[22] 실제로 구분소유권의 성립은 소유권 자체의 객체를 구조상 및 이용상 독립된 부분으로 나누는 행위에 해당하며, 이는 권리주체의 변경이 없는 상태에서 권리 내용의 내적 분할 또는 설정이라는 성격을 가지므로 민법 제186조의 등기 요건과는 무관하다는 견해가 주류를 형성하고 있다.

따라서 정리하면, 구분소유권은 ① 건물의 구조상 독립성, ② 이용상 독립성, ③ 구분소유를 의도하는 구분행위 내지 의사표시가 존재하는 경우, 등기 이전의 단계에서도 성립 가능하다는 것이 실무와 학계에서 공통적으로 인정되는 해석이며, 이는 우리 법과 일본 법 모두에서 비교법적으로 유사한 입장을 취하고 있다고 평가할 수 있다.

---

20) 이홍권, 建物區分所有權의 成立과 消滅에 관한 몇 가지 問題", 「사법행정」 제380호, 한국사법행정학회, 1992, 54면.

21) 최종길, "집합주택(아파트)의 구분소유에 관한 비교법적 실태법적 고찰", 「서울대학교 법학」 제11권 제2호, 서울대학교 법학연구소, 1970, 23면.

22) 곽윤직, 『물권법』, 박영사, 1970, 49면.

Ⅳ. 결 론

구분건물에서의 구분소유권 성립 요건을 본격적으로 고찰하기에 앞서, 본 평석에서는 우선 구분소유권의 본질, 즉 구분소유권이 어떠한 법적 권리인가에 대한 이론적 접근을 시도하였다. 구분소유권의 실질을 이해함에 있어, 단순히 집합건물법의 규정적 해석만으로 그 전체적인 권리구조를 파악하는 데에는 한계가 있다. 물론 규범적 해석은 중요한 해석 방법의 하나이지만, 그것만으로는 오늘날의 구분건물 소유자가 당해 건물에 대해 가지는 실질적 사용 상태 또는 권리 인식의 현실을 충분히 반영하기 어렵다. 따라서 구분소유권의 법적 성립뿐만 아니라 실질적인 권리상(權利像)을 함께 고려한 접근이 요청된다.

구조상의 독립성과 이용상의 독립성은 구분소유권이 성립하기 위한 객관적 요건으로, 이들의 필요성에 대해서는 학설상 특별한 이견이 존재하지 않는다. 그러나 이와 별개로, 구분소유권의 성립을 위해 등기 여부가 필수적인가, 혹은 당해 건물에 대한 소유자(또는 예비 소유자)의 구분소유적 인식이나 권리 행사 의사가 어떤 시점에서 발현되는가와 같은 문제에 대해서는 견해의 대립이 존재한다. 결국 구분소유권은 물리적으로 구분된 건물부분이 존재하는 것만으로 자동적으로 성립하는 것이 아니라, 권리주체의 주관적 의사 및 그 외부적 표시와의 관계 속에서 등기 없이도 성립할 수 있는지를 둘러싸고 이론적 논의가 계속되고 있는 것이다.

이 문제와 관련하여 우리나라 및 일본의 견해와 판례 등을 비교 고찰한 결과, 소수 의견으로 구분소유권의 물권적 성질을 강조하여 해당 법률관계에 대한 외계에서의 용이한 인식, 법률관계의 명확성과 안정성을 담보하기 위해 부동산 물권변동의 공시절차의 완성의 필요 및 확정적 구분행위로서의 집합건물대장에서의 등록의 절차가 반드시 필요하다고 하는 견해와 구분소유권의 성립은 구조상의 독립과 이용상의 독립으로만 완성되는 것이 아니며 여기에 더하여 건물이 경제적인 효용에 대해 자체독립하여 건물이 가지는 기능을 온전히 발휘하는 경우를 추가하여 그 성립을 판단하는 견해에 대해서까지 확장하여 살펴보았다.

구분소유권의 성립 시점과 관련하여, 대법원은 2013. 1. 17. 선고 2010다71578 전원합의체 판결을 통하여 종래의 입장을 일정 부분 재정립하였다. 이 사건에서 쟁점은, 집합건물로서 구분소유권이 성립하기 위해서는 반드시 구분등기 또는 집합건축물대장의 등록과 같은 외부적 표시가 선행되어야 하는지, 아니면 구조상 및 이용상 독립 요건을 갖춘 사실관계만으로도 실체법상 구분소유권의 성립이 가능한지를 둘러싼 것이었다.

이 판결에서 다수의견은, 구분소유권의 성립은 기본적으로 집합건물법 제1조가 정한 구조상 및 이용상 독립 요건을 충족함으로써 가능하며, 구분등기는 공시의 수단일 뿐 구분소유권 성립의 본질적 요건은 아니라는 입장을 취하였다. 이에 따르면 구분등기나 대장 등록이 존재하지 않더라도, 해당 부분이 일정한 독립성과 용도 적합성을 갖추고 있는 경우에는 구분소유권이 성립할 수 있으며, 이는 사실상 마루야마 교수의 논지인 "공시 이전의 실체적 권리로서의 구분소유권" 개념과도 접점을 형성하는 해석이다.

반면 소수의견은, 구분소유권은 등기를 통해 비로소 외부에 공시되어야 제3자에 대한 효력이 발생할 수 있으며, 그 성립 자체가 등기와 분리되어 논의될 수 없다는 입장을 고수하였다. 이는 전통적인 물권법 이론, 특히 공시주의 및 일물일권주의에 충실한 해석이라고 평가된다.

구분소유권의 성립의 문제는 당해 건물에 첫째, 구조상의 독립성 둘째, 이용상의 독립성 셋째, 소유자의 구분소유의 의사(채권행위 등의)가 존재하는 경우에는 등기행위의 이전이라고 할지라도 구분소유권이 성립한다고 판단할 수 있다고 보아야 한다. 또한 구분소유에 대한 소유자 또는 소유하고자 하는 자의 그 인식에 관하여 살펴보면 부동산에 대한 소유의 의사는 일반적으로 외계에 잘 드러나지 않아 필연적으로 등기하여야만 소유권의 명시가 외계에 드러나는 물권법적 원칙에 대하여, 그 객체가 집합건물인 경우에는 당해 소유권에 대한 '구분의 확정'을 하기만 하면 되는 것이기 때문에 물권법적 변동을 가져오는 등기의 절차까지를 바라볼 필요 없이 구조상 및 이용상의 독립성과 그에 따른 구분하여 소유하고자 하는 인식, 즉 구분행위만 추가되면 당해 건물에 대한 구분소유권이 성립되는 것으로 보아야 할 것이다.

결국 본 판결은, 구분소유권의 성립을 단순히 등기의 존재 여부에만 의존하지 않고, 구조상·이용상 독립이라는 실체적 요건을 중심으로 판단할 수 있는 길을 열어주었다는 점에서, 구분소유제도의 실질적 기능과 사회적 현실을 반영한 유연한 해석이라 할 수 있다. 특히 무벽격 구분소유의 인정 가능성을 열어두었다는 점에서, 우리 집합건물법이 지향하는 바와도 맥락을 같이 한다.

이러한 점에서 볼 때, 본 전원합의체 판결은 구분소유권의 성립 요건에 관한 해석론적 분기점으로 기능하며, 구분소유제도의 실질적 운용과 관련된 법리의 진전을 보여주는 중요한 판례적 전환점으로 평가될 수 있다.

집합건물법상 상가의 구분소유권 문제

-대법원 2010. 1. 14. 자 2009마1449 결정-

송 재 일*

Ⅰ. 사안의 개요 및 소송의 경과

1. 사안의 개요

2008. 5. 6. 채권자인 항고인(주식회사 우리은행)은 채무자인 부동산 개발업체 D개발로부터 변제를 받기 위하여 채무자가 소유한 인천광역시 서구 왕길동 검단2지구 소재 상가건물 12층에 있는 일부 점포(7개소)에 대해 법원에 임의경매를 신청하였고, 집행법원 사법보좌관으로부터 원심결정에 첨부된 이 사건 부동산에 관하여 부동산임의경매개시결정(이하 '이 사건 경매개시결정'이라 한다)을 받았다.

이 사건 부동산은 인접한 다른 점포들과 벽체 등의 구분 없이 바닥에 경계선을 표시하거나 그 경계지점에 진열장 내지 칸막이 등을 세우는 방법으로 구별하고, 건물 내의 모든 점포들은 각별로 이용하는 경우도 있으며, 칸막이 등의 구별표지를 손쉽게 제거함으로써 여러 점포를 터 하나의 공간으로 이용하기도 하였다.

2008. 10. 6. 집행법원 사법보좌관은 이 사건 부동산이 이른바 '오픈상가'로서 구분소유권의 객체가 될 수 없음을 이유로 이 사건 경매개시결정을 취소하고, 항고인의 경매신청을 기각하였다.

2008. 10. 15. 우리은행 측은 경매신청 기각결정에 대하여 "① 이 사건 부동산이 구분건물임을 전제로 건축물관리대장이 작성되고 이에 기초하여 등기가 이루어진 점, ② 이 사건 부동산의 경계 내지 구획에 관한 식별표지는 얼마든지 특정

---

* 명지대학교 법학과 교수, 법학박사

및 복원이 가능한 점, ③ 위와 같은 상황을 전제로 이 사건 부동산에 관한 현실적인 거래가 이루어지고 있는 점, ④ 이 사건부동산에 관한 이해관계자들의 권리가 보호되어야 하는 점, ⑤ 이 사건 부동산과 유사한 오픈상가들에 관하여 다수의 경매가 이루어지고 있는 점 등을 들어 이 사건 항고를 제기하였다.

2009. 6. 1. 승계참가인(우리에스비제십일차유동화전문 유한회사)은 이 사건 경매개시결정의 기초인 채권 및 근저당권을 양수하였음을 이유로 항고인을 승계하여 이 사건에 참가하였다.

2. 소송의 경과

(1) 제1심 결정(인천지방법원 2008. 10. 15. 자 2008타경22148 결정) – 경매신청 기각

집행법원은 이 사건 부동산이 이른바 '오픈상가'로서 구분소유권의 객체가 될 수 없음을 이유로 이 사건 경매개시결정을 취소하고, 항고인의 경매신청을 기각하였다. 감정인의 감정서와 집행관의 현황조사결과 점포의 각 호실이 구분벽체 없이 하나로 이뤄져 있어 소유권의 배타적 지배범위를 확정할 만한 구조상·이용상 독립성을 갖추고 있지 않다고 판단하여 2008. 10. 15. 위와 같은 사법보좌관의 처분을 인가하였다.

(2) 항고심 결정(인천지방법원 2009. 7. 28. 자 2008라478 결정) – 항고 기각

1동의 건물의 일부분이 구분소유권의 객체가 될 수 있으려면 그 부분이 구조상으로나 이용상으로 다른 부분과 구분되는 독립성이 있어야 하고, 그 이용 상황 내지 이용 형태에 따라 구조상의 독립성 판단의 엄격성에 차이가 있을 수 있으나, 구조상의 독립성은 주로 소유권의 목적이 되는 객체에 대한 물적 지배의 범위를 명확히 할 필요성 때문에 요구된다고 할 것이므로 구조상의 구분에 의하여 구분소유권의 객체 범위를 확정할 수 없는 경우에는 구조상의 독립성이 있다고 할 수 없다. 그리고 구분소유권의 객체로서 적합한 물리적 요건을 갖추지 못한 건물의 일부는 그에 관한 구분소유권이 성립될 수 없는 것이어서, 건축물관리대장상 독립한 별개의 구분건물로 등재되고 등기부상에도 구분소유권의 목적으로 등기되어 있어 이러한 등기에 기초하여 경매절차가 진행되어 이를 낙찰받았다고 하더라도, 그 등기는 그 자체로 무효이므로 낙찰자는 그 소유권을 취득할 수 없다.[1)]

살피건대, 기록에 의하면, 이 사건 부동산은 인접한 다른 점포들과 벽체 등의 구분 없이 단지 바닥에 경계선을 표시하거나 그 경계지점에 진열장 내지 칸막이 등을 세우는 간이한 방법으로 구별되어 있는 점, 이에 이 사건 부동산을 포함한 이 사건 건물내의 모든 점포들은 각별로 이용되는 경우도 있으나 위와 같은 칸막이 등의 구별표지를 손쉽게 제거함으로써 여러 점포를 터 하나의 공간으로 이용되기도 하는 점 등을 알 수 있는바, 이에 비추어 보면 이 사건 부동산은 구분소유권의 객체가 될 수 있는 구조상 및 이용상의 독립성을 갖추지 못하여 이 사건 건물의 일부에 불과할 뿐 구분소유권의 객체가 될 수 없다고 봄이 상당하고, 달리 이 사건 부동산이 구분소유권의 객체가 될 수 있다고 볼 만한 아무런 자료가 없다. 결국, 비록 이 사건 부동산이 건축물관리대장상 독립한 별개의 구분건물로 등재되고 등기부상에도 그와 같은 구분소유권의 목적으로 등기되어 있다고 하더라도, 그러한 등기는 그 자체로 무효라 할 것이므로, 이 사건 부동산에 관한 경매를 불허한 원심결정은 정당하다.

한편, 위와 같이 이 사건 부동산이 당초 구분소유권의 객체가 될 수 없는 이상, 이와 다른 전제에 선 이 사건 부동산의 사용현황 및 거래실태 내지 거래안전의 보호 등에 관한 주장은 모두 더 나아가 살필 필요 없이 이유 없다(그와 같은 사정은 설령 그것이 모두 사실이라 하더라도, 이 사건 부동산이 구분소유권의 객체가 될 수 없는 사정상 불가피하게 발생하는 결과로서 모두 그 자체로 부적법하거나 부적절한 것으로 보일 뿐이다).

(3) 재항고심(대상 결정) – 재항고 기각

1동의 건물의 일부분이 구분소유권의 객체가 될 수 있으려면 그 부분이 이용상은 물론 구조상으로도 다른 부분과 구분되는 독립성이 있어야 하고, 그 이용 상황 내지 이용 형태에 따라 구조상의 독립성 판단의 엄격성에 차이가 있을 수 있으나, 구조상의 독립성은 주로 소유권의 목적이 되는 객체에 대한 물적 지배의 범위를 명확히 할 필요성 때문에 요구된다고 할 것이므로, 구조상의 구분에 의하여 구분소유권의 객체 범위를 확정할 수 없는 경우에는 구조상의 독립성이 있다고 할 수 없다. 그리고 구분소유권의 객체로서 적합한 물리적 요건을 갖추지 못한 건물의 일부는 그에 관한 구분소유권이 성립할 수 없는 것이어서, 건축물관리

1) 대법원 2008. 9. 11. 자 2008마696 결정 등 참조.

대장상 독립한 별개의 구분건물로 등재되고 등기부상에도 구분소유권의 목적으로 등기되어 있어 이러한 등기에 기초하여 경매절차가 진행되어 매각허가를 받고 매수대금을 납부하였다 하더라도, 그 등기는 그 자체로 무효이므로 매수인은 소유권을 취득할 수 없다.[2)]

한편, 「집합건물의 소유 및 관리에 관한 법률」(이하 '집합건물법'이라 한다) 제1조의2, 「집합건물의소유및관리에관한법률제1조의2제1항의경계표지및건물번호표지에관한규정」(이하 '경계표지및건물번호표지규정'이라 한다) 제1조, 제2조에서는 일정한 범위의 상가건물에 관하여는 구조상 독립성 요건을 완화하여 '경계를 명확하게 식별할 수 있는 표지를 바닥에 견고하게 설치하고 구분점포별로 부여된 건물번호표지를 견고하게 부착'함으로써 구분소유권의 객체가 될 수 있다고 규정하고, 집합건물법 제60조 제1항은 건축물대장 소관청은 관계 공무원의 조사 결과 그 건물의 현황이 제1조 또는 제1조의2의 규정에 부합하지 아니한다고 인정될 때에는 집합건축물대장의 등록신청을 거부하고 일반건축물대장에 등록하여야 한다고 규정하고 있다.

기록에 의하면, 이 사건 부동산은 구조상 독립성을 갖추지 못하였고, 집합건물법 제1조의2, 경계표지및건물번호표지규정 제1조, 제2조에 규정된 완화된 요건마저도 다 갖추지 못하였음을 알 수 있는바, 앞서 본 법리에 위와 같은 사정을 비추어 보면, 원심이, 이 사건 부동산이 비록 집합건축물관리대장에 독립한 별개의 구분건물로 등록되어 있고 부동산등기부상에도 구분소유권의 목적으로 등기되어 있다 하더라도 구분소유권의 객체가 될 수 없다고 판단한 것은 정당하고, 거기에 재항고이유의 주장과 같은 법리 오해 등의 잘못이나 그 밖에 재판에 영향을 미친 헌법·법률·명령 또는 규칙을 위반한 잘못이 없다.

Ⅱ. 평 석

1. 상가집합건물에서 구조상 독립성 요건 여부

집합건물로 평가되기 위한 요건으로서 구조상의 독립성과 이용상의 독립성은 상가점포의 경우에도 마찬가지로 요구되는가?

먼저 상가점포의 경우 2003년 개정 집합건물법으로 구조상의 독립성은 더 이

2) 대법원 2008. 9. 11. 자 2008마696 결정 등 참조.

상 필요하지 않다는 주장이 있다. 그 논거로서, 집합건물법 제1조의2는 "1동의 건물이 … 여러 개의 건물부분으로 이용상 구분된 경우 그 건물부분은 … 각각 소유권의 목적으로 할 수 있다."고 하여 이용상의 독립성만을 언급하고 있다는 점, 동법 제1조의2를 신설함에 있어 그 논의는 이용상의 독립성에 집중되었다는 점을 들고 있다.

그러나 비록 기존의 엄격한 구조상 독립성 요구를 완화하고 있다 하더라도 제1조의2 제1항 제3호, 제4호는 여전히 구조상 독립성을 요구하는 규정으로 보아야 할 것이다. 따라서 현행 명문규정하에서는 그 규정으로 인하여 상가건물의 경우에도 구조상 및 이용상 독립성이 요구됨은 부정할 수 없을 것이다.

상가점포의 경우에도 경계벽이 있어야 하는가의 문제가 있다. 주거용건물이나 사무실로 사용되는 건물에서는 문제되지 않는다. 왜냐하면 이와 같은 용도의 건물은 대부분 경계벽, 천장, 바닥 등에 의하여 건물의 다른 부분과 차단되는 구조로 되어 있기 때문이다. 문제는 하나의 계층에 여러 다양한 상점이 입주해 있는 상가와 같은 경우이나, 이 경우에도 최소한의 경계벽 내지 이와 유사한 것이 있어야 하며 건물의 이 부분과 저 부분이 구분될 정도면 충분하다는 주장도 있다. 이러한 '경계벽필요설'은 다음에 근거한다. 어떠한 구조물이 건물이기 위해서는 우리 판례는 기둥, 지붕(천장) 그리고 주벽이 있을 것을 요구하고 있다. 학설은 어떤 구조물이 건물이려면 구조물이 지상에 정착하고 있을 것(정착성), 재료를 사용하여 인공적으로 구축되었을 것(구축성), 주벽 등 외부구조에 의하여 외기를 분단하는 구조를 가질 것(외기분단성), 주벽 등 외부구조에 의하여 일정한 용도에 공여할 수 있는 생활공간이 내부에 형성되어 있을 것(용도성)의 4가지 성격을 갖추어야 한다. 즉 학설과 판례는 그 표현만 달리할 뿐 건물이기 위하여 요구되는 것은 같은 것이라는 점에 의견이 일치한다. 그 결과 학설이든 판례든 우리는 건물은 벽으로 이루어진다는 전제하에 서 있으며, 이것이 또한 경계벽필요설의 기초가 되어 있다.

그러나 독일 민법(BGB)과 주거소유권(WEG)의 주해서는 건물은 벽으로 이루어진다는 고정관념과 경계벽필요설에 부정적이다. 판례의 구조상 독립성에의 집착에 대하여도 대법원이 구조상의 독립성을 일관되게 요구하는 것은, 주로 소유권의 목적이 되는 객체에 대한 물적 지배의 범위를 명확히 할 필요성 때문이다. 대법원은 이러한 '객체에 대한 물적 지배의 범위를 명확히 할 필요성'을 '건물 부분이 구분소유권의 객체로서 적합한 물리적 요건을 갖출 것'과 결부시키고 있다. 그러나 이러한 연결이 반드시 논리필연적인 것은 아니며, 객체에 대한 물적 지배의 범위를 명확히 할 수 있는 별개의 수단이 있다면 그러한 연결은 그 의미를 상실할 것이다. 이 점에서 건물도면 및 각층의 평면도의 중요성은 간과될 수 없을 것이며, 독일 주거소유권법(WEG)도 또한 그 물적 지배범위는 건축도면에 기초하고 있다(WEG 제7조 제4항 참조).[3)]

따라서 상가점포의 경우 집합건물이 되기 위해서는 이용상의 독립성을 갖추고 있는 것으로 충분하며, 상가점포가 독립한 소유권의 객체이기 위하여 요구되는 특정성(내지 물적 지배의 명확성)은 등기부의 기재와 등기부에 첨부하는 도면의 작성 및 관리를 좀 더 엄격히 함으로써 달성될 수 있다고 생각한다.

판례는 구조상 독립성을 갖추지 못한 상가점포가 건축물관리대장 및 등기부에 독립한 별개의 구분건물로 등재 및 등기되어 있는 경우, 이러한 등기에 기초하여 경매절차가 진행되어 경락인이 이를 낙찰받았다고 하더라도 그 등기는 그 자체로 무효이므로 그 소유권을 취득할 수 없다고 한다. 그러나 이는 우리나라의 대형복합건물에 있어서 소규모의 다량의 점포가 경계벽 없이 연이어 위치하고 있은 현실에 반할 뿐만 아니라 거래의 안정성과 이해관계인의 권리 보호를 심각하게 해칠 우려가 있다. 각 점포의 경우 건물등기부 및 건축물대장에 첨부된 평면도나 배치도 등을 기초로 점포별로 위치가 특정되어 있어 측량을 통한 경계식별이 용이하다는 점도 참고하여야 할 것이다.

2. 구조상 독립성이 없는 구분건물에 설정된 담보권의 효력

독립성을 갖춘 구분건물에 대하여 구분등기가 이루어진 다음 1동의 건물 중 일부의 구분건물 사이에 구조상의 구분이 소멸되었는데, 말소등기 등이 이루어지지 않아 종전 전유부분에 저당권 등 담보권이 설정된 경우에 그 담보권의 효력이 문제된다. 생각건대 1동의 건물의 일부분이 구분소유권의 객체가 될 수 있으려면 그 부분이 이용상·구조상 다른 부분과 구분되는 독립성이 있어야 하고, 구조상의 독립성은 주로 소유권의 목적이 되는 객체에 대한 물적 지배의 범위를 명확히

---

3) 도면 등에 대해서는 집합건물법 제56조 제2항(건축물대장의 신규 등록신청), 제57조 제3항(건축물대장의 변경 등록신청), 제59조 제2항, 제3항(소관청의 직권조사), 제60조 제1항(조사 후 처리), 제65조 제2항(벌금) 참조.

할 필요성 때문에 요구된다. 따라서 구조상의 구분에 의하여 구분소유권의 객체범위를 확정할 수 없는 경우에는 소유권의 객체가 될 수 없으므로, 등기부상 구분소유권의 목적으로 등기되어 있더라도 이는 존재하지 아니하거나 멸실된 건물에 관한 등기와 다를 바 없어 무효이며, 그 무효인 등기에 터잡아 설정된 담보권등기는 역시 무효라고 보아야 한다.[4] 이는 담보권자가 소유권등기가 유효한 것으로 믿고 이에 기하여 담보권설정등기를 하였더라도 부동산등기에는 공신력이 인정되지 아니하므로 역시 무효이라고 할 것이다. 물론 경계구분이 일시 상실된 경우, 각 구분건물의 위치와 면적 등을 특정할 수 있고 사회통념상 그것이 구분건물로서의 복원을 전제로 한 일시적인 것일 뿐만 아니라 그 복원이 용이한 것이라면 그 등기는 구분건물을 표상하는 등기로서 유효하므로,[5] 그 등기에 터잡아 설정된 담보권등기도 유효하다고 할 것이다.

대상결정은 구분소유권의 소멸 원인 중 사실상 구분의 폐지에 해당한다. 현재 각 구분점포에서 경계벽이 제거되어 건물의 다른 부분과 전혀 차단되어 있지 아니하고 나아가 고정된 경계지표나 구분점 등과 같이 다른 부분과 구분할 수 있는 시설이 구비되어 있지 아니하므로 구조상의 독립성을 갖춘 것으로 볼 수 없고 각 점포 부분이 이용상의 독립성을 구비한 것으로 볼 수도 없다. 구조상, 이용상 독립성을 상실하고 하나의 건물로 된 것이다.

다만 사실상 구분의 폐지의 경우에도 그 독립성 상실이 일시적이고 복원가능성이 있는 경우에는 구분소유권은 소멸하지 않는다(예, 건물 내부 공사를 위해 잠시 경계벽을 헌 경우). 왜냐하면 그러한 경우는 사회통념상 경계벽을 제거한 자에 대한 원상회복청구를 하여 원상회복 가능성이 남아 있어서 건물의 합체도 보기 힘들고, 무엇보다 집합건물법 제50조 등을 토대로 구분건물 소유자가 복구권 또는 복원권을 가지고 있고 그 구분건물에 대한 배타적 지배나 종전의 권리관계가 여전히 유지되고 있기 때문이다.

한편 구조상 독립성을 갖추지 못한 구분건물에 대하여 구분등기가 되고 그 등기에 기초하여 저당권 등 담보권이 설정된 경우, 판례는 “구분소유권의 객체로서 적합한 물리적 요건을 갖추지 못한 건물의 일부는 그에 관한 구분소유권이 성립할 수 없는 것이어서, 건축물관리대장상 독립한 별개의 구분건물로 등재되고 등

---

4) 대법원 2009. 2. 26. 선고 2006다72802 판결.
5) 대법원 1999. 6. 2. 자 98마1438 결정.

기부상에도 구분소유권의 목적으로 등기되어 있어 이러한 등기에 기초하여 경매절차가 진행되어 매각허가를 받고 매수대금을 납부하였다 하더라도, 그 등기는 그 자체로 무효이므로 매수인은 소유권을 취득할 수 없다"고 한다.[6] 그런데 집합건물법 제1조의2의 요건을 갖추지 않고서 구분점포로 구분등기가 이루어진 경우에 구분소유권은 인정되지 않지만,[7] 동법은 구분점포의 구조상의 독립성을 완화하고 있고, 구분점포의 경계표가 견고하게 부착되어 있는지를 실질적으로 심사하여[8] 구분점포의 건축물대장 및 보존등기의 가능성을 여과해 주는 장치가 현행법상 없다.[9]

구분점포가 집합건물법 제1조의2의 요건을 갖추지 않고 구분점포로 구분소유권등기가 행해져도 그 등기는 무효이므로, 그 결과 구분점포의 분양회사가 원시적으로 구분점포로 분양한 집합건물의 소유권을 원시취득하게 될 뿐이고, 수분양자뿐만 아니라 전전 매수한 매수인도 소유권을 취득하지 못하게 된다. 반대로 수분양자나 매수인은 계약을 해제할 수 있다.[10] 만일 분양회사가 해산하고 없는 경우에 당해 집합건물의 소유권은 누구에게 귀속될 것인지, 이는 현행법 해석상으로는 무주물이 되고, 국유에 속하게 된다는 불합리한 결과가 발생하며, 설사 수분양자가 매수인이 취득시효를 주장하더라도 구조상 독립성이 없는 물건의 구성부분에 대해 취득시효가 인정될 것인지가 의문이다.[11]

따라서 구조상의 독립성은 물적 지배의 범위를 명확히 하기 위한 것인데, 구분

---

6) 대법원 2010. 1. 14. 자 2009마1449 결정; 대법원 2008. 9. 11. 자 2008마696 결정; 대법원 1999. 11. 9. 선고 99다46096 판결.

7) 대법원 1995. 6. 9. 선고 94다40239 판결 등.

8) 집합건물법 제60조 제1항은 건축물대장 소관청은 관계 공무원의 조사 결과 그 건물의 현황이 제1조 또는 제1조의2의 규정에 부합하지 아니한다고 인정될 때에는 집합건축물대장의 등록신청을 거부하고 일반건축물대장에 등록하여야 한다고 규정하고 있다.

9) 사동천, "물건개념의 완화와 이용권의 활성화–상가건물의 구분소유권 객체의 합체를 중심으로–", 「홍익법학」 제15권 제1호, 홍익대학교 법학연구소, 2014, 139면.

10) 서울서부지방법원 2014. 1. 17. 선고 2012가단32297 판결[부당이득금반환등]에서는 "이 사건 각 부동산은 구조상, 이용상 독립성이 없어 구분소유권이 성립할 수 없고, 설령 그에 관하여 구분등기가 마쳐졌다고 하더라도 등기는 그 자체로 무효이므로, 이 사건 분양계약은 분양계약 당시부터 이미 객관적으로 그 이행이 불능인 계약으로서 무효이다. … 이 사건 분양계약의 이행이 가능한지에 대하여 판단하여야 한다고 하더라도, 이 사건 각 부동산을 비롯하여 수분양자들에게 분양된 각 점포의 면적은 대부분이 4.6㎡로 협소하고, 일부 점포들 사이의 복도의 너비는 지나치게 좁고 반면 길이는 지나치게 길어 점포 사이의 이동이 현저하게 불편해 보일 뿐 아니라, 벽체와 출입구 등의 시공까지 고려한다면 구분소유권으로 구획하는 것이 기술적으로 어려워 보인다."고 판시하여 수분양자인 원고의 분양계약 해제를 인정하였다.

11) 사동천, 앞의 논문, 139면.

점포의 건축물대장·건물의 도면 등(동법 제53조)에 의하여 이를 명확히 할 수 있고 복원도 용이하다. 따라서 경계표지가 없는 구분점포의 등기도 허용하는 방안으로 판례의 변경이나 입법이 요망된다.[12)]

3. 보론: 구분점포의 용도변경

이후 판결례 중에는 구조상 독립성을 갖추지 못한 것에 더하여 용도가 판매시설에서 무도장으로 변경된 사안[13)]이 있다. 이 사안에서 대법원은 "점포들의 경계벽이 철거된 것이 사회통념상 복원을 전제로 한 일시적이라거나 그 복원이 용이하다고도 보기 어려워 구분건물로서 구조상 독립성이 없는 데다 집합건물법 제1조의2, 경계표지및건물번호표지규정 제1조, 제2조에 규정된 완화된 요건마저도 갖추지 못하여 위 점포들은 구분소유권의 객체가 될 수 없다"고 판시하였다.

구분점포를 건축물대장에 등록하는 경우, 구분점포의 용도에 해당하는 바닥면적의 합계를 포함하여 등록하도록 하고, 전유부분 용지의 구조란에는 경계벽이 없다는 뜻을 기재 하도록 하며,[14)] 구분점포에 대하여 신규로 건축물대장 등록신청을 하는 경우에는 건축사 또는 측량기술자가 작성한 평면도를 첨부하도록 하고 있다.[15)]

구분점포의 경우는 구조상 특수성을 가지므로 구조적 독립성을 갖추지 않는 경우에는 그 용도를 건축법 제2조 제2항 제7호의 판매시설 및 제8호의 운수시설로 제한하고 있는바, 위의 용도외의 다른 용도로 변경할 수 없도록 규정하고 있다.[16)] 구분점포의 경우 구조적 독립성을 갖추지 않기 때문에 그 용도를 제한하여 일정 용도 외의 다른 용도로 변경할 수 없도록 규정한 것으로 강행규정으로 볼 수 있다.[17)] 반대해석을 하면, 구분점포에 대해 전유부분 사이에 경계벽 설치 등으로 구획하여 판매시설에서 업무시설로 변경한 경우 구분점포인 전유부분마다 경계벽을 설치하는 등으로 구조적 독립성을 갖추고 집합건축물대장이나 건물등기부 등을

---

12) 같은 견해로 사동천, 앞의 논문, 139면; 양형우, "구분건물의 구조상 구분이 소결된 경우의 권리관계와 변경등기 – 대상판결: 대법원 2013. 3. 28. 선고 2012다4985 판결 –", 『민사법학』 제68호, 2014. 9, 387면.

13) 대법원 2011. 9. 29. 자 2011마1420 결정[매각허가결정취소신청 결정에 대한 즉시항고][미간행]

14) 집합건물법 제54조 제1항 제3호, 제6항.

15) 집합건물법 제56조 제2항.

16) 집합건물법 제57조 제4항.

17) 같은 견해로 김민주, 「건물에 대한 구분행위와 구분소유권에 관한 연구」, 아주대학교 박사학위논문, 2014, 125면 참조.

변경하면(제54조 제2항, 제6항), 해당 전유부분은 구분점포가 아닌 제1조의 적용을 받는 일반 전유부분으로 전환되므로 건축법에서 정하는 바에 따라 용도변경이 가능할 수도 있다.[18)]

4. 결 론

대상결정은 현행 법의 해석에 따른 타당한 결론이라고 보이며, 다만 거래실무에 따른 불편은 입법론으로 해결해야 할 것으로 생각한다. 상가점포의 경우 집합건물이 되기 위해서는 이용상의 독립성을 갖추고 있는 것으로 충분하며, 상가점포가 독립한 소유권의 객체이기 위하여 요구되는 특정성(내지 물적 지배의 명확성)은 등기부의 기재와 등기부에 첨부하는 도면의 작성 및 관리를 좀 더 엄격히 함으로써 달성될 수 있다고 생각한다.

대법원은 구조상 독립성을 갖추지 못한 상가점포가 건축물관리대장 및 등기부에 독립한 별개의 구분건물로 등재 및 등기되어 있는 경우, 이러한 등기에 기초하여 경매절차가 진행되어 경락인이 이를 낙찰받았다고 하더라도 그 등기는 그 자체로 무효이므로 그 소유권을 취득할 수 없다고 한다. 그러나 이는 우리나라의 대형복합건물에 있어서 소규모의 다량의 점포가 경계벽 없이 연이어 위치하고 있은 현실에 반할 뿐만 아니라 거래의 안정성과 이해관계인의 권리 보호를 심각하게 해칠 우려가 있다.[19)] 각 점포의 경우 건물등기부 및 건축물대장에 첨부된 평면도나 배치도 등을 기초로 점포별로 위치가 특정되어 있어 측량을 통한 경계식별이 용이하다는 점도 참고하여야 할 것이다.

참고로 당시 적용 법률과 현행 법을 비교한다.

집합건물의 소유 및 관리에 관한 법률 [법률 제9172호, 2008. 12. 26. 일부개정]	집합건물의 소유 및 관리에 관한 법률 [법률 제16919호, 2020. 2. 4. 일부개정]
제1조의2(상가건물의 구분소유) ① 1동의 건물 중 다음 각호에 해당하는 방식으로 수개의 건물부분이 이용상 구분된 경우에 그 건물부분(이하 "구분점포"라고 한다)은 이	제1조의2(상가건물의 구분소유) ① 1동의 건물이 다음 각 호에 해당하는 방식으로 여러 개의 건물부분으로 이용상 구분된 경우에 그 건물부분(이하 "구분점포"라 한다)은 이 법에

18) 김민주, 앞의 박사학위논문, 125면 참조.
19) 이러한 우려를 고려하여 2020. 2. 4. 집합건물법 개정을 통해 제1조의2 제2호를 삭제하였다. 국회 제개정 이유서에는 "소규모 집합건물의 이용 편의를 증진하기 위하여 구분점포의 성립에 요구되는 합계 1천제곱미터 이상의 바닥면적 요건을 삭제함(현행 제1조의2 제1항 제2호 삭제)"이라고 하였다.

법이 정하는 바에 따라 각각 소유권의 목적으로 할 수 있다. <개정 2008.12.26.>	서 정하는 바에 따라 각각 소유권의 목적으로 할 수 있다. <개정 2020.2.4.>
1. 구분점포의 용도가 「건축법」 제2조제2항제7호의 판매시설 및 같은 항 제8호의 운수시설(집배송시설은 제외한다)일 것	1. 구분점포의 용도가 「건축법」 제2조제2항제7호의 판매시설 및 같은 항 제8호의 운수시설일 것
2. 1동의 건물 중 구분점포를 포함하여 제1호의 판매시설 및 운수시설(이하 "판매시설등"이라 한다)의 용도에 해당하는 바닥면적의 합계가 1천제곱미터 이상일 것	2. 삭제 <2020.2.4.>
3. 경계를 명확하게 식별할 수 있는 표지를 바닥에 견고하게 설치할 것	3. 경계를 명확하게 알아볼 수 있는 표지를 바닥에 견고하게 설치할 것
4. 구분점포별로 부여된 건물번호표지를 견고하게 부착할 것	4. 구분점포별로 부여된 건물번호표지를 견고하게 붙일 것
② 제1항의 규정에 의한 경계표지 및 건물번호표지에 관하여 필요한 사항은 대통령령으로 정한다.	② 제1항에 따른 경계표지 및 건물번호표지에 관하여 필요한 사항은 대통령령으로 정한다.
[본조신설 2003.7.18.]	[전문개정 2010.3.31.]

집합건물법상 채권적 대지사용권과 분리처분 금지 원칙

– 대법원 2023. 11. 9. 선고 2023다254816 판결 –

정 구 태*

Ⅰ. 서 론

대법원 2023. 11. 9. 선고 2023다254816 판결(이하 '대상판결')은 「집합건물의 소유 및 관리에 관한 법률」(이하 '집합건물법')이 시행되기 전에 대한주택공사가 영세민 아파트 건설조합의 대표인 甲과 체결한 협정에 따라 甲 소유의 토지 위에 공동주택을 건설하여 甲이 선정한 조합원들에게 분양하였는데, 위 토지를 甲의 상속인으로부터 매수한 원고가 공동주택 수분양자 등(공동주택의 수분양자들 및 수분양자들로부터 공동주택의 전유부분을 양수한 사람들)인 피고를 상대로 공동주택의 철거 등을 청구한 사안에 관한 것이다. 이 사건의 주요 쟁점은 ① 집합건물법의 적용 범위와 ② 채권적 토지사용권에 기초한 대지사용권의 성립 여부, ③ 전유부분과 대지사용권의 일체성에 반하는 토지의 처분행위의 효력이다.

대상판결은 집합건물법이 시행되기 전 체결한 협정에 다른 토지사용승낙의 효력이 집합건물의 전유부분을 양수한 사람들에게도 미치며, 이러한 채권적 토지사용권은 집합건물법 제2조 제6호에서 정한 대지사용권이 될 수 있다고 판단하였다. "대지사용권이 반드시 대지에 대한 소유권과 같은 물권에 한정되는 것은 아니고, 등기가 되지 않는 채권적 토지사용권도 대지사용권이 될 수 있다."는 종래 법리를 따른 것이다. 다만, 등기부상으로 제3자도 쉽게 확인할 수 있는 물권과는 달리, 임차권이나 사용차권과 같은 채권적 용익권은 당사자나 이해관계자가 아닌 이상 제3자는 쉽게 알 수 없음에도 불구하고, 대상판결에 의하면 등기부상 드러

* 조선대학교 공공인재법무학과 교수, 법학박사

나지 않는 채권적 대지사용권을 제3자에게도 제한 없이 주장할 수 있게 되기 때문에, 채권적 토지사용권을 대지사용권으로 보아 집합건물법을 적용한 대상판결이 타당한지 검토할 필요가 있다.

Ⅱ. 사안의 개요 및 소송의 경과

1. 사안의 개요

1956. 10. 31. 甲과 乙은 관할 행정청과 이 사건 토지 및 구 주택에 관한 불하계약을 체결하였다. 1964. 4. 20. 甲은 관할 행정청에 이 사건 토지 및 구 주택에 관하여 귀속 재산매수자 명의변경을 신청하였다. 동시에 甲, 乙이 甲 본인을 포함한 32인의 양수인들에게 이 사건 토지 및 구 주택에 관한 권리의무 일체를 양도한다는 취지의 양도증서를 첨부하여 제출하였으나 관할 행정청은 위 귀속재산매수자 명의변경 신청을 반려하였다. 1964. 5. 15. 이 사건 토지는 甲과 乙의 명의로 1956. 10. 31.자 매매를 원인으로 한 소유권이전등기(각 1/2 지분 소유)가 마쳐졌다. 이후 1964. 6. 1. 乙의 소유지분은 甲 명의로 1957. 3. 7. 공유지분매매를 원인으로 한 공유지분이전등기가 마쳐졌다.

1964. 6. 10. 甲은 영세민 아파트 건설조합의 대표로서 대한주택공사와 이 사건 토지 지상에 30세대 규모의 국민주택을 건설하기로 하는 협정을 체결하였다. 이 사건 협정에는 대한주택공사가 이 사건 토지 지상에 이 사건 공동주택을 건설하여 甲이 선정한 조합원에게 분양하고, 甲은 대한주택공사에 이 사건 토지를 주택건설용지로서 사용하는 것을 승낙하며, 주택건설비용 중 대지대금과 조성비용은 甲이, 건축비용과 전기·급수 및 부대비용은 대한주택공사가 부담하되, 공동주택을 건설하기 위하여 사용되는 융자금 상환기간 만료 시까지 대한주택공사 명의로 지상권설정 및 대한주택공사가 지정하는 은행 앞으로 근저당권설정을 할 수 있도록 대한주택공사에 제반서류를 구비, 위임하는 내용이 포함되어 있었다.

1964. 7. 30. 甲은 이 사건 협정에 따라 이 사건 토지에 관하여 대한주택공사를 지상권자로 하여 '존속범위 전부, 존속기간 1964. 7. 16.부터 만 30년, 지료 없음'으로 된 지상권설정등기 및 채무자를 대한주택공사로, 근저당권자를 한국주택금고로 하는 근저당권설정등기를 각 마쳤다. 이후 위 지상권설정등기는 2007. 12.

17. 해지를 원인으로, 위 근저당권설정등기는 2009. 11. 26. 해지를 원인으로 각 말소되었다.

1965. 1. 6. 甲은 이 사건 공동주택의 입주예정자들과 호수 지정을 하였는데, 위 입주예정자들은 이 사건 양도증서에 기재된 양수인 32명 중 2명을 제외한 나머지 양수인들이다. 1965. 1. 11. 甲은 이 사건 공동주택의 입주예정자인 丙에게 "이 사건 토지는 아파트 건축관계로 편의상 본인(甲)의 단독명의로 소유권 등기가 되어 있으나 실제는 본인 외 29인의 공동소유로서 본인 소유권은 전부의 1/30밖에 되지 않으므로 그중 1/30은 귀하의 소유임이 확실하다."는 내용의 각서를 작성・교부하였다.

1965. 4. 19. 무렵 대한주택공사는 수분양자들과 이 사건 공동주택의 각 개별 호실에 해당하는 전유부분에 관한 주택분양계약(특수분양)을 체결하였고, 이 사건 토지 지상의 구 주택을 철거하고 신축한 지상 4층 규모의 이 사건 공동주택에 관하여 1965. 10. 28. 소유권보존등기를 마친 후 수분양자들에게 각 해당 전유부분에 관하여 소유권이전등기를 마쳐주었다. 다만 대한주택공사는 수분양자들과 이 사건 토지 중 전유부분의 면적비율에 상응하는 지분에 관한 계약을 체결하거나 이 사건 토지의 사용관계에 대하여 별도로 약정하지는 아니하였다.

2009. 9. 9. 甲의 상속인 丁은 이 사건 토지에 관하여 1979. 2. 17. 협의분할에 의한 상속을 원인으로 한 소유권이전등기를 마쳤고, 같은 날 이 사건 공동주택 개별호수에 관하여 1965. 6. 1. 매매를 원인으로 한 소유권이전등기를 마쳤다. 2019. 3. 24. 선정당사자와 선정자들은 丁으로부터 이 사건 토지를 매수하여 2019. 5. 20. 소유권이전등기를 마쳤다[각 1/5 지분 소유, 이하 선정당사자와 선정자들을 통틀어 '원고'라 한다]. 이후 원고는 이 사건 공동주택 개별 호실의 소유자인 피고들을 상대로 건물철거 및 토지인도와 부당이득반환을 구하는 소를 제기하였다.

2. 소송의 경과

(1) 원심(서울고법 2023. 5. 12. 선고 2021나2043218 판결)의 판단 – 청구 인용

"甲이 이 사건 공동주택의 수분양자들에게 이 사건 토지를 무상으로 사용・수익할 수 있는 권리를 부여하기로 한 약정은 채권적 계약에 불과하여 원고와 이 사건 공동주택의 구분소유자들에게 그 효력이 미치지 아니하고, 이 사건 공동주택의 구분소유자들이 이 사건 토지에 관하여 원고에게 대항할 수 있는 물권적 권리를 취득하지도 아니하였으며, 이 사건 지상권설정등기나 대한주택공사의 이 사건 공동주택에 관한 소유권보존등기가 마쳐진 시기는 집합건물법이 제정되기 전이므로 대한주택공사 또는 이 사건 공동주택의 수분양자들이 그 전유부분을 소유하기 위하여 이 사건 토지에 대한 대지사용권을 취득하였다고 볼 수 없다."

(2) 대상판결 – 파기환송

"甲은 영세민 아파트 건설조합의 대표로서 대한주택공사와 이 사건 토지 지상에 공동주택을 건설하여 조합원에게 분양하는 내용의 이 사건 협정을 체결하면서 이 사건 토지를 주택건설용지로 사용할 것을 승낙하였다. 이 사건 협정의 체결경위와 그 내용, 甲이 이 사건 공동주택의 입주예정자에게 작성·교부한 각서의 내용, 대한주택공사가 수분양자들과 체결한 주택분양계약의 내용 등을 종합하여 보면, 甲은 대한주택공사와 수분양자들에게 이 사건 공동주택이 존속하는 동안 이 사건 공동주택의 개별 호실에 해당하는 전유부분의 소유를 위하여 이 사건 토지를 무상으로 사용·수익할 것을 승낙하였고, 그러한 승낙의 효력은 수분양자들로부터 이 사건 공동주택의 전유부분을 양수한 사람들에게까지 미친다고 할 수 있다. 집합건물법이 1985. 4. 11. 시행됨에 따라 대한주택공사와 이 사건 공동주택의 수분양자들 및 수분양자들로부터 이 사건 공동주택의 전유부분을 양수한 사람들(이하 '수분양자 등')이 위 토지사용승낙을 기초로 취득한 이 사건 토지의 사용수익권은 이 사건 공동주택의 구분소유자들이 그 전유부분을 소유하기 위하여 건물의 대지에 대하여 가지는 채권적 토지사용권으로서 집합건물법 제2조 제6호에서 정한 대지사용권이 된다. 나아가 집합건물법 부칙(1984. 4. 10. 법률 제3725호) 제4조에 따라 집합건물법 제20조의 규정이 적용된 이후에 이 사건 공동주택의 전유부분과 대지사용권의 일체성에 반하는 이 사건 토지의 처분행위는 효력이 없다. 따라서 원고가 선의로 물권을 취득한 제3자에 해당한다는 등의 특별한 사정이 없는 한, 원고는 이 사건 공동주택 수분양자 등의 대지사용권의 목적이 되는 토지의 소유권을 취득함으로써 채권적 토지사용권의 부담이 있는 소유권을 취득하였다고 볼 여지가 있고, 공동주택 수분양자 등은 위 토지를 정당한 권원에 기하여 점유·사용하고 있다고 할 수 있어, 수분양자 등이 원고에 대하여 공동주택의 전유부분을 철거하거나 위 토지의 점유·사용으로 인한 부당이득을 반환할 의무를 진다고 보기 어려운데도, 수분양자 등이 가지는 토지사용권이 원고에게 효력이 미치지 아니한다고 단정한 원심판단에 법리오해 등의 잘못이 있다."

Ⅲ. 평 석

1. 채권적 토지사용권으로서 대지사용권의 성립

대상판결의 사안에 따르면 1964. 5. 15. 이 사건 토지는 甲과 乙의 명의로 소유권이전등기가 마쳐졌다가 1964. 6. 1. 乙의 소유지분 또한 甲의 명의로 이전되어 이 사건 토지의 등기부상 소유권은 甲에게 있다. 다만, 甲이 1964. 4. 20. 관할 행정청에 甲 본인을 포함한 32인의 양수인들에게 이 사건 토지 및 구 주택에 관한 권리 의무 일체를 양도한다는 취지의 양도증서를 첨부하여 제출하였으나 반려되었다는 사정을 상정한다면, 내부적으로는 위 토지 및 구 주택에 32인의 공유관계가 있었음을 알 수 있다. 이 사건 토지에 관하여 1964. 6. 10. 甲이 대한주택공사와 이 사건 공동주택을 건설하기로 하는 협정을 체결하며 주택건설용지로의 사용이 승낙되었고, 대한주택공사는 주택건설 및 분양자로서의 지위를 가지게 되었다.

이후 1964. 7. 30. 이 사건 토지는 존속범위 전부에 걸쳐 1964. 7. 16.부터 만 30년의 무상 지상권이 설정되었고, 대한주택공사를 지상권자 및 채무자로 한국주택금고를 근저당권자로 한 근저당권설정등기가 설정되었다. 당해 등기는 2007. 12. 17.과 2009. 11. 26.에 해지를 원인으로 각 말소되었다. 구분소유가 성립되기 전의 저당권설정이나 보전처분에 대해서는 집합건물법 제20조의 분리처분 금지 원칙이 적용되지 않으므로 그 효력이 구분소유자들에게도 미친다고 할 것이나, 위 사안에서는 종국적으로 모두 말소되었으므로 이에 해당하지 않는다.

甲과 입주예정자들(양도증서에 기재된 양수인 32명 중 30명)은 1965. 1. 6. 호수지정을 하였고, 1965. 1. 11. 甲은 입주예정자 중 한 명인 丙에게 이 사건 토지가 30인의 공동소유이고, 그중 1/30은 丙의 것임을 명시한 각서를 작성·교부하였다. 이는 이 사건 토지가 등기상으로는 甲의 명의이나 실제는 30인의 공동소유임을 수정(32인에서 30인으로)·재확인한 것으로 볼 수 있다.

대한주택공사가 수분양자들과 전유부분의 주택분양계약을 체결한 시기는 1965. 4. 19. 무렵으로, 甲은 대한주택공사와 그로부터 이 사건 공동주택의 개별호실을 분양받은 수분양자들에 대하여 이 사건 공동주택이 존속하는 동안 이 사건 토지를 무상으로 사용·수익할 수 있는 권리를 부여하기로 약정하였는데, 이는 존속기간을 이 사건 공동주택의 멸실 시까지로 정한 일종의 사용차권으로서, 계약당사자 사이에만 효력이 있고 등기되지 않아 대외적으로는 효력이 없는 채권적 토지사용권이다.

이러한 채권적 토지사용권은 1965. 4. 19. 대한주택공사와 수분양자들 간의 전유부분에 대한 분양계약에 의해 甲과 30인 입주예정자들의 구분소유권이 성립됨에 따라 집합건물법 제2조 제6호의 대지사용권이 된다. 이 사건 건물은 집합건물법 시행 전에 건축되었으나 집합건물법의 적용 범위에 포함되고, 구분소유권의 성립은 건물 1동과 분양계약이라는 구분행위만 있으면 충분하기 때문이다. 1984. 4. 10. 제정된 집합건물법 부칙 제2조에서는 이 법이 시행될 당시 현존하는 구분건물의 가옥대장 또는 건축물대장에 관하여 이 법 시행 후 1년 이내(1986. 4. 10.)에 이 법의 규정에 따른 양식의 대장으로 개제할 것을 명시하였고, 1984. 4. 10. 개정되어 1985. 4. 11.부터 시행된 부동산등기법 부칙 제2조에서도 같은 취지의 등기용지 개제를 명하고 있다는 점에서, 입법자의 의사는 집합건물법 시행 전에 건축되거나 구분된 건물에 관하여도 집합건물법이 적용되어야 한다고 보았음을 알 수 있다. 집합건물법 시행 전에 건축되었다는 사유로 집합건물법의 적용을 배제한다면, 전유부분과 대지사용권의 분리처분으로 대지 소유권자가 전유부분만을 소유한 자에게 철거를 요구하는 등 손실이 막중한 결과를 불러오게 될 것이다.

문제는 甲의 토지사용승낙의 효력이 계약당사자도 아닌, 수분양자들로부터 전유부분을 양수한 제3자에게까지 미친다고 볼 수 있는 근거가 무엇인지이다. 1985. 4. 11.부터 시행된 집합건물법 부칙 제4조에 따라 동법 제20조는 시행일로부터 2년이 경과한 날(1987. 4. 11.)로부터 시행되었는데, 1987. 4. 11. 이후에 양수한 사람들에게는 동법 제20조에 따라 전유부분의 처분에 의해 채권적 토지사용권도 집합건물법상 대지사용권으로서 일체로 이전되었다고 볼 수 있지만, 1987. 4. 11. 전에 양수한 사람들에게는 집합건물법만으로는 설명이 곤란하다.

생각건대, 그 근거는 법률행위 해석 일반으로 돌아가 토지사용승낙 약정에 나타난 甲의 의사로부터 구하는 수밖에 없을 것이다. 甲의 의사는 공동주택의 멸실

시까지 무상으로 토지사용을 승낙한다는 것인바, 철골·철근콘크리트조, 철골조의 모든 건물과 구축물의 평균 사용 수명이 40년에 달한다는 점을 고려하면, 甲과 대한주택공사 및 수분양자들 간에 전유부분의 처분을 금하는 특약이 없는 이상 공동주택이 멸실되기까지 40년의 기간 동안 전유부분의 소유권이 이전될 수 있음은 甲으로서도 얼마든지 예상할 수 있다. 그렇다면 甲의 의사는 단지 수분양자들만이 아니라 그들로부터 다시 전유부분을 이전받은 제3자의 토지사용까지도 승낙하는 것이라고 해석하는 것이 합리적이다.

2. 전유부분과 대지사용권의 일체성

대상판결의 사안에서 甲의 상속인 丁은 2009. 9. 9. 토지에 관하여 1979. 2. 17. 협의분할에 의한 상속을 원인으로 한 소유권이전등기를, 이 사건 공동주택 개별호수에 관하여는 1965. 6. 1. 매매를 원인으로 한 소유권이전등기를 경료하였고, 이후 2019. 3. 24. 丁으로부터 이 사건 토지를 매수한 원고(선정당사자)와 선정자들은 각 1/5 지분으로 2019. 5. 20. 소유권이전등기를 마쳤다. 이러한 丁의 행위는 집합건물법 제20조의 위반인가?

대법원 2019. 11. 14. 선고 2015다211685 판결은 토지소유자가 그 소유 토지를 건물의 부지로 제공하여 지상 건물소유자들이 이를 무상으로 사용하도록 허락하였다고 하더라도, 그러한 법률관계가 물권의 설정 등으로 토지의 특정승계인에게 대항할 수 있는 것이 아니라면, 채권적인 것에 불과하여 토지의 특정승계인이 그러한 채권적 법률관계를 승계하였다는 등의 특별한 사정이 없는 한 특정승계인의 그 토지에 대한 소유권 행사가 제한된다고 볼 수 없다고 하였다. 그러나 집합건물법 제20조에 따라 집합건물에서는 채권적 토지사용권이 대지사용권으로서 전유부분과 종속적 일체성을 가지므로, 이러한 판례는 대상판결의 사안에는 그대로 적용될 수 없다.

따라서 이 사건 공동주택의 전유부분과 대지사용권의 일체성에 반하는 丁의 이 사건 토지 처분행위는 무효이며, 원고가 집합건물법 제20조 제3항의 선의의 제3자에 해당하지 않는 한, 원고는 수분양자 등의 대지사용권의 목적이 되는 토지의 소유권을 취득함으로써 해당 토지의 교환가치밖에 확보하지 못한다고 할 것이다. 그렇다면, 이 사건에서 원고의 선의는 인정될 수 있는가?

이 또한 다음과 같은 이유에서 부정되어야 할 것이다. 1984. 4. 10. 개정되어

1985. 4. 11. 시행된 부동산등기법 부칙 제2조에서는 이 법 시행 당시 현존하는 집합건물법의 규정에 의한 전유부분에 대한 구분소유자가 이 법 시행일로부터 6월 이내에 그가 가지는 전유부분과 분리하여 대지사용권을 처분할 수 있음을 정한 규약을 등기소에 제출하지 않을 경우, 등기공무원이 직권으로 이 법 시행일로부터 2년 이내에 대지권 취지의 등기를 하여야 함을 명시하였는바, 이 규정에 따르면 적어도 1986. 4. 10.에는 이 사건 공동주택에 대한 대지사용권이 등기되었을 것이기 때문이다.

설령 채권적 토지사용권임을 이유로 대지권 등기가 되지 않았다고 하더라도 제1심 판결에서 인정된 사실관계에 의하면, 원고는 甲의 시누이라는 점, 이 사건 토지의 매매대금(6억원)이 감정가(14억원)보다 훨씬 저렴한 점, 무엇보다도 丁과 원고 간 매매계약의 특약사항으로 이 사건 토지가 이 사건 공동주택의 부지로 제공된 사실과 이 사건 공동주택의 현황이 구체적으로 기재된 점 등을 고려하면, 원고가 채권적 토지사용권의 존재를 알았거나 설혹 몰랐더라도 알 수는 있었다고 보아야 하므로(과실),[1] 이러한 점에서도 원고의 선의는 인정되기 어렵다.

결국 이 사건 공동주택 개별 호실의 소유자인 피고들을 상대로 한 원고의 건물철거 및 토지인도와 부당이득반환청구는 인정될 수 없으며, 이와 같은 취지로 원심을 파기한 대상판결의 판단에 찬동하는 바이다.

---

1) 대법원 2018. 12. 28. 선고 2018다219727 판결은 단지 집합건물 대지에 관하여 대지권 등기가 되어 있지 않다거나 그 일부 지분에 관해서만 대지권 등기가 되었다는 사정만으로는, 그 대지나 대지권 등기가 되지 않은 나머지 대지지분을 취득한 자를 선의의 제3자로 볼 수 없다고 하여 그 범위를 제한한다. 법정책적으로 전체건물이 사회통념상 독립한 부동산이라고 할 수 있을 정도로 구축이 되고 구분건물 부분도 구조상·이용상의 독립성을 갖춘 정도에 이르렀다면 그러한 외형 자체로 그 건물의 대지는 이미 집합건물의 대지로 편입되어 있다는 것을 알 수 있음에도 불구하고, 대지에 관한 물권을 취득한 제3자가 대지권 등기가 되어 있지 않다는 사정만을 근거로 '규약 등이 존재하는 것으로 오신하였다.'고 주장하는 것은 타당치 않다는 것이다. 생각건대, 집합건물법 제20조는 구분소유와 대지사용권의 분리를 최대한 방지하고자 입법되었으므로, 그 목적에 따라 선의의 범위를 제한하여 판례와 같이 무과실을 요하는 것으로 축소해석하는 것이 타당하다. 같은 취지로 김영두, "집합건물의 대지사용권의 수반성과 분리처분금지 －대법원 2018. 12. 28. 선고 2018다219727 판결－", 「일감부동산법학」 제19호(건국대학교 법학연구소, 2019), 47면. 실무에서는 이미 집합건물 등기를 할 때, 표제부에 대지사용권 등기를 함으로써 '분리처분을 금지하는 취지의 등기'가 이루어지기 때문에 분리처분이 금지된다는 것을 모르고 제3자가 물권을 취득하는 경우가 발생할 경우는 희박하다고 한다. 온주, 집합건물법 제20조(김영두 집필 부분).

Ⅳ. 결 론

그간 판례가 대지사용권으로 인정한 채권적 토지사용권은 구분건물로 추정되는 집합건물의 실체나 전유부분에 대한 전세권, 임차권의 등기, 혹은 등기에 준하는 신탁원부 등으로 제3자가 구분소유와 대지사용권 있음을 알 수 있었던 경우이다. 다시 말해 구분소유권이 공시 혹은 공시에 준하는 방법으로 존재하고, 제3자가 조금만 주의를 기울이면 알 수 있었으며, 지적 정리 지연이나 절차상 지연이 없었더라면 대지사용권에 대한 소유권이전등기가 경료되었을 것이 확실한 사안이었다. 반면, 대상판결은 순수한 채권적 토지사용권에 대하여 집합건물법상 대지사용권성을 정면으로 인정한 판례라는 점에서 의의가 있다. 이러한 태도는 집합건물법의 입법취지에 부합하는 해석으로서 기본적으로 타당하다.

다만, 당사자들만 알 수 있는 계약에 의하여 인정된 사용차권과 같이 등기가 되지 않는 채권적 토지사용권이 대지사용권이 된다면, 집합건물법 제20조의 분리처분 금지 원칙에 의해 전유부분의 처분에 따라 대지사용권도 일체로서 수반되므로, 자칫 거래의 안전을 해칠 우려가 크다. 따라서 선의의 제3자에 대해서는 채권적 대지사용권으로서 대항할 수 없다고 보아야 한다.

이에 따라 공동주택 수분양자 등의 채권적 토지사용권을 대지사용권으로 인정함으로써 이들이 이 사건 토지를 정당한 권원에 기하여 점유·사용하고 있다고 보아, 이 사건 토지의 특정승계인으로서 선의의 제3자에 해당하지 않는 원고 등에게 이 사건 공동주택의 전유부분을 철거하거나 이 사건 토지의 점유·사용으로 인한 부당이득을 반환할 의무를 진다고 볼 수 없다고 본 대상판결의 결론은 타당하다.

집합건물 용도변경신고 반려처분 취소소송

－대법원 2007. 6. 1. 선고 2005두17201 판결－

이 영 창*

Ⅰ. 서 론

현대 사회에서 집합건물은 주거 및 상업 활동의 보편적인 형태로 자리 잡았으며, 이에 따라 구분소유자 개인의 재산권 행사와 건물 전체의 관리 및 공동의 이익이 충돌하는 법적 분쟁이 빈번하게 발생하고 있다. 특히 건축물의 용도는 건축법상 안전, 기능, 환경 등과 직결되는 핵심적인 규제 사항으로, 용도변경 절차는 개인의 재산권 행사와 공공의 안전 확보라는 두 가지 가치가 교차하는 지점에 있다.

이 사건은 '근린생활시설'로 지정된 전유부분을 '교육연구 및 복지시설'로 용도변경하려는 것으로, 건축물의 안전과 공공복리를 규율하는 건축법상의 행정절차와 구분소유자 간의 사법적 권리관계를 규율하는 집합건물의 소유 및 관리에 관한 법률(이하 '집합건물법')이 교차하는 지점에 있다.

이 글에서는 구분소유자의 재산권 행사 범위와 다른 소유자들의 공동이익과 조화라는 두 가지 상충하는 가치 사이의 법적 문제를 분석하고자 한다. 먼저 사건의 구체적인 사실관계와 절차적 경과를 간략히 서술하고, 각급 법원의 판결요지를 상세히 비교・분석한다. 이후 대법원 판결의 법리적 의의를 ① 이 사건 처분을 전후한 건축법령상 용도변경규제의 변천, ② 건축법령상 처분의 적법 여부, ③ 집합건물법상 처분의 적법 여부, ④ 용도변경신고의 법적 성격과 처분성 여부의 주제들로 나누어 고찰하기로 한다.

---

* 서울고등법원 판사

Ⅱ. 사안의 개요 및 소송의 경과

1. 사실관계

(1) 원고는 2004. 12. 14. 울산지방법원의 부동산 임의경매 절차를 통해 울산 울주군 청량면 삼정리에 위치한 집합상가 건물(이하 '이 사건 집합건물'이라 한다) 내 3층 303호(전유면적 96.40㎡, 공용면적 포함 120.46㎡, 이하 '이 사건 건물 부분'이라 한다)의 소유권을 취득하였다.

(2) 위 소유권 취득 당시 이 사건 집합건물에는 이미 용도를 모두 '제2종 근린생활시설'로 하여 학원 7개가 운영되고 있었고 바닥면적의 합계는 1,153.38㎡이었다. 그런데 당시 시행 중인 관계 법령에 의하면, 동일 건축물 내 학원의 바닥면적 합계가 500㎡ 이상일 경우 그 용도는 '제2종 근린생활시설'이 아니라 '교육연구 및 복지시설'(강화된 건축기준이 적용된다)이어야 한다.

(3) 원고는 2004. 12. 24. 이 사건 건물 부분에서 학원을 운영할 목적으로, 피고(울산광역시 울주군수)에게 건축물대장상 용도를 '제2종 근린생활시설'에서 '교육연구 및 복지시설'로 변경해달라는 내용의 용도변경신고서를 제출하였다(이하 '이 사건 용도변경신고'라 한다).

(4) 피고는 2005. 1. 18. 원고에게 "이 사건 집합건물 안에서 그 일부를 학원으로 용도변경함으로써 학원으로 사용되는 부분의 바닥면적의 합계가 500㎡ 이상이 되는 경우, 기존의 제2종 근린생활시설인 학원들도 교육연구 및 복지시설 용도로 변경되어야 하므로 학원 소유자들 전원의 동의가 필요하다. 이 사건 건물 부분만의 용도변경은 불가능하다"고 회신하였다.

(5) 원고는 지속적으로 민원을 제기하였고, 피고는 2005. 2. 3. "이 사건 집합건물에서 학원으로 사용되는 부분의 바닥면적의 합계가 500㎡ 이상이므로 기존의 학원들 사용 부분 전체에 관하여 용도변경신고가 되어야 한다"는 이유로 원고의 용도변경신고서를 반려하는 처분을 하였다(이하 '이 사건 처분'이라 한다).

(6) 원고는 울산광역시장에게도 의무이행심판을 청구하였으나, 피고가 원고의 부적법한 용도변경신고를 수리할 의무가 없다는 이유로 2005. 3. 24. 각하재결을 받았다.

(7) 원고는 이 사건 처분의 취소를 구하는 행정소송을 울산지방법원에 제기하

였다.

2. 원고의 주장

원고 주장의 요지는 아래와 같다(절차위반 주장은 생략).

(1) 이 사건 집합건물은 그 용도를 교육연구 및 복지시설인 학원으로 함에 적합한 요건을 갖추고 있고, 원고의 용도변경신고는 관계 법령의 제한사유에 저촉되지 아니하므로 피고는 원고의 신고를 수리한 후 신고필증을 교부할 의무가 있다.

(2) 이 사건 집합건물의 위법상태는 바닥면적 500㎡를 초과할 당시의 학원 운영자들에 의한 것이고, 원고는 타인 소유 부분의 불법용도변경에 관하여 책임이 없을 뿐 아니라, 타인 소유 부분에 관하여 용도변경을 신고하도록 요구할 지위에도 있지 아니하므로, 이 사건 집합건물 중 학원으로 사용되는 전체 부분의 용도변경을 함께 신고할 수는 없다.

3. 제1심의 판단(울산지방법원 2005. 5. 18. 선고 2005구합801 판결)

제1심 법원은 아래와 같은 사유 등을 들어 원고의 청구를 기각하였다.

(1) 구 건축법(2005. 11. 8. 법률 제7696호로 개정되기 전의 것, 이하 같다)과 구 건축법 시행령(2006. 5. 8. 대통령령 제19466호로 개정되기 전의 것, 이하 같다)은 동일한 건축물 안에서 학원 용도에 쓰이는 바닥면적의 합계가 500㎡ 미만이면 '제2종 근린생활시설'로, 학원 용도로 쓰이는 바닥면적의 합계가 500㎡ 이상이면 '교육연구 및 복지시설'로 분류하고 있으므로, 하나의 건축물 내 학원들 중 일부가 '제2종 근린생활시설'로, 나머지는 '교육연구 및 복지시설'로 양립할 수는 없다.

(2) 이 사건 건물 부분은 공용면적을 포함하더라도 면적이 120.46㎡에 지나지 않아 그 자체로 건축법상 '교육연구 및 복지시설'의 해당요건을 갖추고 있다고 보기 어려운데, 원고는 그 부분에 관하여만 용도변경신고를 하였다.

(3) 제2종 근린생활시설과 교육연구 및 복지시설은 건축법령상 서로 다른 시설군에 속하므로 '제2종 근린생활시설'에서 '교육연구 및 복지시설'로 건축물의 용도를 변경하기 위해서는 행정기관의 허가가 필요하고, 건축물 용도변경에 허가가 필요한 경우, 건물 소유자가 용도변경을 희망한다고 하여 용도변경이 허가되는 것이 아니라, 지역과 지구의 용도규제에 적합한 용도변경인지 여부, 용도에 따른 내화구조, 피난시설 등을 갖춘 용도변경인지 여부에 따라 그 허가 여부가 결정된

다. 위와 같은 용도변경이 허가될 경우 그 용도에 따른 내화구조, 피난시설 등의 각 종 기준이 강화되므로, 만약 원고 혼자만의 용도변경신고가 받아들여진다면 다른 학원의 소유자들은 자신의 의사와는 무관하게 강화된 기준의 적용을 받게 된다.

(4) 건축법령 소정의 용도변경허가가 되어 있지 아니한 건물은 그 변경허가가 되지 아니한 용도로서는 불법건물임을 면할 수 없고, 그러한 건물에 대하여 변경허가가 되지 아니한 용도로서의 영업허가는 위법한 것이 된다. 관할 교육감은 이 사건 집합건물 중 바닥면적 합계 500㎡를 초과하는 부분에 관하여는 학원의 등록을 수리하여서는 안 되고, 만약 수리가 되었다면 교육감이 관련 법령에 근거하여 학원의 등록을 말소하는 등의 조치를 통하여 그 위법상태를 해소하면 된다. 따라서 기존의 불법적인 학원운영이 원고의 학원등록을 수리하여야 하는 근거가 될 수 없다. 만약 교육감이 기왕에 하여 준 학원등록을 말소할 수 없게 되는 사정이 있다 하더라도, 그러한 사정만으로 원고의 용도변경허가신고를 반려한 이 사건 처분이 평등의 원칙에 위반된다고 볼 수 없다.

4. **원심의 판단**(**부산고등법원** 2005. 11. 25. **선고** 2005**누**1824 **판결**)

원심은 제1심 판결을 취소하고 피고의 처분이 위법하다고 판단하였다. 주요 이유는 다음과 같다.

(1) 건축허가권자는 건축허가신청이 건축법, 도시계획법 등 관계 법규에서 정하는 어떠한 제한에 배치되지 않는 이상 당연히 같은 법조에서 정하는 건축허가를 하여야 하고, 관계 법령에서 정하는 제한사유 이외의 사유를 들어 거부할 수는 없는데, 이 법리는 건축법상의 용도변경의 경우에도 마찬가지로 적용된다. 그런데 이 사건 건물 부분은 이 사건 용도변경으로 강화되는 '교육연구 및 복지시설'의 건축기준에 적합한 것으로 보인다.

(2) 이 사건 용도변경신고는 '제2종 근린생활시설'에서 '교육연구 및 복지시설'로의 변경을 구하는 것으로 교육연구 및 복지시설 중 '학원'을 특정하여 용도변경을 구하는 것이 아니다. 원고가 학원을 운영할 계획으로 이 사건 용도변경을 신고하였으나, 원고는 이 사건 용도변경이 이루어진 후 학원 외에도 그 용도에 속하는 다른 시설을 운영할 수도 있다. 그럼에도 피고가 이 사건 집합건물의 사용현황과 원고의 운영계획에만 착안하여 이 사건 건물 부분이 기존의 학원 사용 부분과 같이 학원으로만 사용됨을 전제로 하여 위와 같은 처분사유를 내세운 것은

잘못이다.

(3) 이 사건 집합건물과 같은 상가건물의 전유부분에 관하여 용도변경을 신고함에 있어서 다른 전유부분 소유자들과 함께 신고하여야 한다거나 혹은 그들의 동의를 얻어야 한다는 법률 규정은 없다. 집합건물법 제5조 제1항 "구분소유자는 건물의 보존에 해로운 행위 기타 건물의 관리 및 사용에 관하여 구분소유자의 공동의 이익에 반하는 행위를 하여서는 아니 된다"고 규정하고 있으나, 건축기준의 차이가 있다고 하여 이 사건 용도변경신고행위를 '구분소유자의 공동의 이익에 반하는 행위'라고 보기 어렵고, 위 규정이 전유부분의 용도변경에 관하여 구분소유자들이 공동으로만 하여야 한다는 근거규정이 될 수는 없다. 따라서 기존의 학원 사용 부분의 바닥면적의 합계가 500㎡ 이상이 됨으로써 그 부분이 무단 용도변경에 해당하여 법적인 제재를 받거나 혹은 사후 용도변경을 통하여 추인 받는 것은 별론으로 치더라도, 원고에게 기존의 학원 사용 부분까지 포함하여 그 소유자들과 함께 용도변경신고를 할 것을 요구할 수는 없다.

(4) 수인이 구분소유하는 건물이 위반건축물인지를 가리는 데 있어서는 각 구분소유의 대상이 된 부분별로 건축 관계법에 위반되는 사항이 있는지를 판단함이 원칙이므로, 이 사건 집합건물 중 일부가 무단으로 용도변경되고 있으므로 이를 시정하지 아니하는 이상 원고의 용도변경신고를 수리할 수 없다는 것은 아무런 법률적 근거 없이 집합건물의 전유부분 소유자의 용도변경을 부당하게 제약하는 결과가 되어 위법하다.

5. 대법원의 판단

대법원은 아래와 같은 이유로 원심을 유지하고 피고의 상고를 기각하였다.

(1) 구 건축법 제14조의 규정 취지 등에 비추어 볼 때, 건축물의 용도변경신고가 변경하고자 하는 용도의 건축기준에 적합한 이상 행정청으로서는 관계 법령이 정하지 않은 다른 사유를 내세워 그 용도변경신고의 수리를 거부할 수 없다.

(2) 이 사건 용도변경신고의 내용은 이 사건 건물 부분의 용도를 '제2종 근린생활시설'에서 학원 외에도 학교, 교육원, 직업훈련소 등 그 용도에 속하는 다른 건축물로 사용할 수 있는 '교육연구 및 복지시설'로 변경하려는 것인데, 피고가 기존에 학원으로 사용되는 상가건물의 다른 부분까지 용도변경신고가 되어야 한다는 사유로 건축기준에 적합한 이 사건 용도변경신고를 반려한 것은 법률적 근

거 없이 상가건물 구분소유자의 용도변경을 제약한 것이어서 위법하다.

(3) 집합건물법 제5조 제1항의 취지가 집합건물인 상가건물의 구분소유자가 해당 전유부분에 대한 용도변경행위를 함에 있어 다른 구분소유자들과 함께 하여야 한다거나 그들의 동의를 얻어야 한다는 것까지 포함한다고 볼 수 없다.

Ⅲ. 평 석

1. 이 사건 처분을 전후한 건축법령상 용도변경규제의 변천

(1) 이 사건 처분 이전

1999. 2. 8. 법률 제5895호로 개정되기 전의 건축법은 용도변경을 원칙적으로 허가제로 운영하고 다만 대통령령이 정하는 경미한 사항의 용도변경은 신고함으로써 허가를 받은 것으로 보도록 규정하였다.

(2) 이 사건 처분 당시

구 건축법은 건축물의 용도변경을 원칙적으로 신고제로 하되(허가제 완전폐지), 건축물의 용도를 31종으로 분류하면서도 그 시설군을 6개로 대별하여 동일한 시설군에서의 용도변경이나 상위시설군(법 제14조 제3항 각호의 번호가 작은 것)에서 하위시설군(법 제14조 제3항 각호의 번호가 큰 것)에로의 용도변경인 경우 등에는 신고도 필요 없다고 규정하여 규제를 대폭 완화하였다.

1) 구 건축법

> 제2조(정의)
> ① 이 법에서 사용하는 용어의 정의는 다음과 같다.
> 2의2. "건축물의 용도"라 함은 건축물의 종류를 유사한 구조·이용목적 및 형태별로 묶어 분류한 것을 말한다.
> ② 제1항 제2호의2의 규정에 의한 건축물의 용도는 다음 각 호와 같이 구분하되, 각 용도에 속하는 건축물의 종류는 대통령령으로 정한다.
> 4. <u>제2종 근린생활시설</u>
> 8. <u>교육연구 및 복지시설</u>
> 제14조(용도변경)
> ① <u>건축물의 용도변경은 변경하고자 하는 용도의 건축기준에 적합하게 하여야 한다.</u>
> ② 제18조의 규정에 의하여 사용승인을 얻은 <u>건축물의 용도를 변경하고자 하는 자는 대통령령이 정하는 바에 의하여 시장·군수·구청장에게 신고하여야 한다.</u> 다만, 제3항의

규정에 의하여 동일한 시설군에 해당하는 건축물의 용도를 변경하는 경우 기타 대통령령이 정하는 경우에는 신고하지 아니하고 용도변경을 할 수 있다
③ 시설군은 다음 각 호와 같고, 각 시설군에 속하는 건축물의 용도는 대통령령으로 정한다.
1. 영업 및 판매시설군
2. 문화 및 집회시설군
3. 산업시설군
4. 교육 및 의료시설군
5. 주거 및 업무시설군
6. 기타 대통령령이 정하는 시설군

2) 구 건축법 시행령

제3조의4(용도별 건축물의 종류) 법 제2조 제2항 각호의 용도에 속하는 건축물의 종류는 별표 1과 같다.
[별표 1] 용도별 건축물의 종류(제3조의4 관련)
4. 제2종 근린생활시설
자. 사진관・표구점・학원(동일한 건축물 안에서 당해 용도에 쓰이는 바닥면적의 합계가 500㎡ 미만인 것에 한하며, 자동차학원 및 무도학원을 제외한다)・장의사・동물병원・독서실・총포판매소 기타 이와 유사한 것
8. 교육연구 및 복지시설
가. 학교(초등학교・중학교・고등학교・전문대학・대학・대학교 기타 이에 준하는 각종 학교를 말한다)
나. 교육원(연수원 기타 이와 유사한 것을 포함한다)
다. 직업훈련소
라. 학원(자동차학원 및 무도학원을 제외한다)
마. 연구소(연구소에 준하는 시험소와 계측계량소를 포함한다)
바. 도서관
사. 아동관련시설(아동복지시설・영유아보육시설・유치원 그 밖에 이와 유사한 것을 말한다) 및 노인복지시설과 다른 용도로 분류되지 아니한 사회복지시설 및 근로복지시설
제14조(용도변경)
① 법 제14조 제2항의 규정에 의하여 용도변경신고를 하고자 하는 자는 용도변경신고서와 건설교통부령이 정하는 설계도서를 시장・군수・구청장에게 제출하여야 한다.
② 법 제14조 제2항 단서에서 "대통령령이 정하는 경우"라 함은 다음 각 호의 1에 해당하는 경우를 말한다. (이하 생략)
③ 건설교통부장관은 법 제14조 제1항의 규정에 의한 용도변경을 하는 때에 적용되는 건축기준을 고시할 수 있다. 이 경우 다른 행정기관의 권한에 속하는 건축기준에 대하여는 미리 관계행정기관의 장과 협의하여야 한다.
④ 법 제14조 제3항 각호의 시설군에 속하는 건축물의 용도는 다음 각 호와 같다.
4. 교육 및 의료시설군

> 가. 교육연구 및 복지시설
> 6. 기타 시설군
> 나. 제2종 근린생활시설

(3) 이 사건 처분 이후

2005. 11. 8. 법률 제7696호로 개정된 건축법은 아래와 같이 용도변경을 건축허가와는 별도의 조문에서 규율하면서 상위시설군으로의 용도변경에 대하여 허가제를 부활하고, 하위시설군으로의 용도변경도 신고가 필요한 것으로 규정하였다.

> 구 건축법 제14조(용도변경)
> ② 제18조의 규정에 의하여 사용승인을 얻은 건축물의 용도를 변경하고자 하는 자는 다음 각 호의 구분에 따라 건설교통부령이 정하는 바에 의하여 시장·군수·구청장의 허가를 받거나 신고를 하여야 한다.
> 1. 허가대상: 제4항 각호의 어느 하나에 해당하는 시설군에 속하는 건축물의 용도를 상위군(제4항 각 호의 번호가 용도변경하고자 하는 건축물이 속하는 시설군보다 작은 시설군을 말한다)에 해당하는 용도로 변경하는 경우
> 2. 신고대상: 제4항 각호의 어느 하나에 해당하는 시설군에 속하는 건축물의 용도를 하위군(제4항 각 호의 번호가 용도변경하고자 하는 건축물이 속하는 시설군보다 큰 시설군을 말한다)에 해당하는 용도로 변경하는 경우.

2. 건축법령상 이 사건 처분의 적법 여부

(1) 제1심은 원고가 '제2종 근린생활시설'에서 '교육연구 및 복지시설'로 이 사건 건물 부분의 용도를 변경하기 위해서는 피고의 '허가'가 필요하다고 보았다. 그러나 이 사건 처분 당시 시행 중인 구 건축법 제14조 제2항에 의하여, 건축물의 용도변경 시 원고는 피고로부터 용도변경허가를 받아야 하는 것이 아니라, 피고에게 용도변경신고를 하면 되는 것이었다(이 사건 처분 전 '허가제'가 이 사건 처분 당시 '신고제'로 바뀐 것은 불필요한 규제를 줄여 국민의 재산권 행사를 용이하게 하려는 입법적 의도가 반영된 것으로 보인다). 따라서 제1심의 '허가'를 전제로 한 판단은 잘못되었다고 할 것이다.

또한 제1심은 이 사건 용도변경신고를 '제2종 근린생활시설'에서 '교육연구 및 복지시설인 학원'으로 용도를 변경하기 위한 것으로 보아 '학원'으로서의 용도변경에 관하여 판단하였다. 그러나 원고는 학원을 운영할 '계획'을 갖고서 이 사건 건

물 부분의 용도를 '교육연구 및 복지시설'로 변경하겠다고 신고한 것이지, '교육연구 및 복지시설' 중 '학원'만을 특정하여 이 사건 용도변경신고를 하지는 않았다.

즉 원고는 학원 외에도 학교, 교육원, 직업훈련소, 연구소, 도서관, 아동관련시설, 청소년수련시설 등의 용도로도 사용할 수 있는 '교육연구 및 복지시설'로 용도변경신고를 한 것이고, 위 학원 외의 시설들은 동일한 건축물 내에서 같은 용도로 쓰이는 전체 바닥면적의 크기에 따라 용도가 달라지지 않아 다른 구분건물들의 용도를 고려할 필요가 없다. 이와 같이 '학원' 외의 건축물로도 사용이 가능한 '교육연구 및 복지시설'로의 용도변경신고의 수리를 피고가 거절한 것이 정당하다고 볼 수 없으므로, 이 점에서도 제1심의 판단은 타당하지 않다.

(2) 이와 같이 이 사건에서 전체 바닥면적을 고려할 필요가 없다고 볼 경우, 결국 이 사건 용도변경신고의 적법 여부는 이 사건 집합건물 중 이 사건 건물 부분 만에 관하여 '교육연구 및 복지시설'로서 건축기준을 갖추었는지 여부가 된다.

원심은 ① 이 사건 용도변경이 지역·지구의 용도규제에 저촉되지 않는 점, ② 이 사건 용도변경으로 강화되는 건축기준으로는 건축법 제55조 및 같은 법 시행령 제87조 제3항에 의하여 장애인관련시설의 설치 정도인 사실이 인정될 뿐인데, 장애인관련시설의 설치 여부는 이 사건 처분사유에는 포함되어 있지 아니한 사항이어서 이를 기준으로 이 사건 처분의 적법성 여부를 판단할 수 없는 점, ③ 원고는 이 사건 집합건물에 장애인전용주차구역이 이미 존재하고 있다고 주장하면서 그에 관한 참고자료를 제출한 반면 피고는 아무런 주장을 하지 않은 점 등을 들어, 이 사건 집합건물이 '교육연구 및 복지시설'로서 건축기준을 충족하였다고 판단하였다. 피고가 이 부분을 상고이유로 삼지 않았던 것을 보면, 원심의 이 부분 판단은 타당한 것으로 보인다.

(3) 대법원은 원심의 판단을 수긍하여 "건축물의 용도변경신고가 변경하고자 하는 용도의 건축기준에 적합한 이상 행정청으로서는 관계 법령이 정하지 않은 다른 사유를 내세워 그 용도변경신고의 수리를 거부할 수 없는 것인데, 피고가 기존에 학원으로 사용되는 상가건물의 다른 부분까지 용도변경신고가 되어야 한다는 사유로 건축기준에 적합한 이 사건 용도변경신고를 반려한 것은 법률적 근거 없이 상가건물 구분소유자의 용도변경을 제약한 것이어서 위법하다"고 판단하였다.

국민의 권리를 제한하거나 의무를 부과하는 행정작용은 반드시 법률에 명확한 근거가 있어야 한다. 이 사건 처분은 원고의 이 사건 건물 부분에 대한 사용·수익권을 직접적으로 제한할 수 있는 것임에도 피고가 처분의 근거로 내세운 이 사건 집합건물 내 학원들에 관한 공동 용도변경신고의무란 것은 건축법령 어디에도 존재하지 않는다. 그렇다면 이 사건 처분은 피고의 행정편의 또는 자의적 판단에 의한 것이라고 하겠고, 따라서 대법원의 이 부분 판단은 지극히 타당하다.

3. 집합건물법상 이 사건 처분의 적법 여부

(1) 집합건물법 제5조 제1항 및 구 주택법 제42조

이 사건 처분 당시 시행 중이었던 구 집합건물법(2003. 7. 18. 법률 제6925호로 개정된 것, 이하 같다) 제15조(공용부분의 변경) 제1항은 "공용부분의 변경에 관한 사항은 구분소유자 및 의결권의 각 4분의 3 이상의 다수에 의한 집회결의로써 결정한다. 다만, 공용부분의 개량을 위한 것으로서 과다한 비용이 드는 것이 아닐 때에는 통상의 집회결의로써 결정할 수 있다", 제2항은 "제1항의 경우에 공용부분의 변경이 다른 구분소유자의 권리에 특별한 영향을 미칠 때에는 그 구분소유자의 승낙을 얻어야 한다"고 각 규정하였다.

그러나 구 집합건물법은 전유부분에 관하여는 위와 같은 규정을 두지 않았고, 다만 제5조 제1항에서 "구분소유자는 건물의 보존에 해로운 행위 기타 건물의 관리 및 사용에 관하여 구분소유자의 공동의 이익에 반하는 행위를 하여서는 아니된다"고 규정하였다(현행 집합건물법도 동일).

반면 구 주택법(2005. 1. 14. 법률 제7335호로 개정된 것, 이하 같다), 같은 법 시행령(2005. 1. 5. 대통령령 제18670호로 개정된 것, 이하 같다)은 전유부분 등에 관하여 아래와 같이 규정하고 있었다.

> 구 주택법 제42조(공동주택의 관리 등)
> ② 공동주택의 입주자·사용자 또는 관리주체가 다음 각 호의 행위를 하고자 하는 경우에는 대통령령이 정하는 기준(허가 또는 신고와 관련한 입주자 등의 동의비율을 포함한다)·절차 등에 따라 시장·군수·구청장의 허가를 받거나 신고를 하여야 한다.
> 1. 공동주택을 사업계획에 따른 용도 외의 용도에 사용하는 행위

> 구 주택법 시행령 제47조(행위허가 등의 기준 등)
> ① 법 제42조 제2항 각호의 행위에 대한 허가 또는 신고의 기준은 [별표 3]과 같다.
> [별표 3] 공동주택의 행위허가 또는 신고의 기준(제47조 제1항 관련)

구분		허가기준
1. 용도변경	공동주택	법령의 개정이나 여건의 변동 등으로 인하여 주택건설기준 등에 관한 규정에 의한 주택의 건설기준에 부적합하게 된 공동주택의 전유부분을 동 규정에 적합한 시설로 용도변경을 하고자 하는 경우로서 전체 입주자 2/3 이상의 동의를 얻은 때

(2) 용도변경신고에 다른 구분소유자들의 동의가 필요한지 여부

구 주택법 및 구 주택법 시행령은 공동주택의 전유부분 용도변경에 관하여 전체 입주자 2/3 이상의 동의를 요구하는 등의 규제를 규정하고 있으나, 이는 공동주택에만 적용되는 것이고, 이 사건 집합건물과 같은 상가건물에는 적용되지 않는다.

이 사건 집합건물에는 집합건물법만이 적용되는데, 집합건물법은 제5조 제1항과 같이 포괄적인 규정만을 두고 있을 뿐, 전유부분의 용도변경과 관련하여 구체적인 제한규정을 두고 있지 않으므로, 집합건물법에서 각 구분소유자의 용도변경 행위를 직접적으로 규제할 법적 근거, 더욱이 동의를 요구할 법적 근거는 없다고 할 것이다.

(3) 용도변경신고가 공동의 이익에 어긋나는 행위에 해당할 수 있는지 여부

(1) 피고는 집합건물법 제5조 제1항을 근거로 이 사건 용도변경이 다른 소유자들의 이익에 반한다고 주장하였고, 제1심 법원은 '제2종 근린생활시설'에서 '교육연구 및 복지시설'로 건축물의 용도를 변경하기 위해서는 지역과 지구의 용도규제에 적합하여야 하고, 용도에 따른 내화구조, 피난시설 등을 갖추어야 하는 등 각종 기준이 강화되므로, 이 사건 용도변경신고가 받아들여진다면 다른 학원의 소유자들은 자신의 의사와는 무관하게 강화된 기준의 적용을 받게 되어 그들의 이익에 반할 우려가 있다는 취지로 판단하였다.

(2) 집합건물법 제5조 제1항의 '공동의 이익에 반하는 행위'는 구분소유자 여러 명의 이익에 영향이 있는 사항에 관하여 그 구분소유자의 이익에 어긋나는 것으로 되는 행위를 말하고, 이러한 가능성이 있는 한 현실적으로 이익을 침해당하는 구분소유자는 1명이라도 무방하다.[1)]

---

1) 이원, 『주석 민법(물권 제2권)』(제5판), 편집대표 김용덕, 한국사법행정학회, 2019, 174면.

구분소유자 공동의 이익에 어긋나는 행위의 유형은, ① 건물의 보존에 해로운 행위, ② 건물 등의 부당사용행위, ③ 주거용 전유부분의 다른 용도 사용행위, ④ 다른 구분소유자에 대한 생활방해행위로 나누기도 하고[2], ㉠ 부당훼손행위, ㉡ 부당사용행위, ㉢ 뉴이산스 내지 사생활의 침해, ㉣ 부당외관변경행위로 나누기도 한다.[3]

(3) 건축물대장상 용도변경 자체가 그 형태나 내용상 위에서 든 행위태양들 중 어디에도 해당되지 않음은 명백하다. 또한 이 사건 집합건물에서 용도변경을 하려는 해당 전유부분인 이 사건 건물 부분은 변경하고자 하는 용도인 '교육연구 및 복지시설'의 건축기준에 적합하게 하여야 하지만 상가건물의 다른 부분들까지 그러한 건축기준의 제한을 받을 필요가 없다는 것은 앞서 판단한 바와 같으므로, 이 역시 공동의 이익에 반한다고 보기 어렵다.

일반적으로도 전유부분의 용도변경이 구분소유자의 공동의 이익에 반하는 행위에 해당한다고 볼 경우를 상정하기 어려우므로, 이 사건 용도변경신고가 집합건물법 제5조 제1항을 위반하는 행위라고는 볼 수 없고, 따라서 이 부분 원심과 대법원의 판단 역시 타당하다고 하겠다.

4. 보론: 용도변경신고의 법적 성격과 처분성 여부

(1) 이 사건 용도변경신고의 법적 성격

앞서 본 것처럼 이 사건 처분 당시의 구 건축법은 이 사건 용도변경신고의 수리에 대하여 특별한 규정을 두고 있지 않았으므로, 신고권자가 적법한 요건을 갖춘 신고만 하면 자유로이 용도변경행위를 할 수 있고, 행정청의 수리처분 등 별도 조치를 기다릴 필요가 없다고 보아야 한다. 즉 이 사건 용도변경신고는 강학상 '수리를 요하지 않는 신고'에 해당한다고 볼 수 있다.

(2) '수리를 요하지 아니하는 신고'와 '수리를 요하는 신고'의 비교

신고란 사인이 행정청에 대하여 일정한 사항(사실 또는 관념)을 통지함으로써 공법적 효과가 발생하는 행위를 말한다. 신고는 '수리를 요하지 아니하는 신고'와 '수리를 요하는 신고'로 구분할 수 있다. '수리를 요하지 아니하는 신고'는 그 자체

---

2) 위의 책, 174－176면.

3) 박태신, 『최신 집합건물법 해설』, 정성 D&M, 2006, 133－136면.

가 행정기관에 도달한 때에 관계 법령이 정하는 법적 효과가 발생하므로 자기완결적 공법행위 또는 자체완성적인 사인의 공법행위로 볼 수 있다. 반면 '수리를 요하는 신고'는 관계 법령상 행정청에 신고요건을 심사하여 수리 여부를 결정할 수 있는 권한이 부여되므로, 실질적으로는 완화된 허가제와 같은 의미를 가진다.

'수리를 요하는 신고'의 경우, 그 수리나 거부처분은 항고소송의 대상이 되는 행정처분에 해당한다. 반면 '수리를 요하지 아니하는 신고'는 원칙적으르 그것이 행정청에 도달된 때에 효력을 발생하고, 행정청은 실체적 사유에 기하여 그 신고수리를 거부할 수 없다. 따라서 그에 대한 거부처분은 신고인의 법률상 지위에 직접적으로 아무런 법률적 변동을 일으키지 않으므로, 항고소송의 대상이 되는 행정처분이 아니어서 형식적인 요건의 흠결에 대한 다툼도 불수리처분 또는 거부처분의 취소소송이 아니라 신고의 존재·부존재를 전제로 한 소송형식을 취할 수 밖에 없다.

판례도 일반적으로 건축법상의 건축신고는 행정청의 수리를 요하지 아니하여 그 신고가 행정청에 도달된 때에 효력을 발생하는 것이고, 만일 행정청이 실체적 사유에 기하여 그 신고수리를 거부하였다고 하더라도 그 거부처분이 신고인의 법률상 지위에 직접적으로 아무런 법률적 변동을 일으키지 아니하므로 항고소송의 대상이 되는 행정처분이 아니라고 한다.[4)]

(3) 피고의 이 사건 용도변경신고 반려행위의 처분성 유무

이 사건 용도변경신고가 '수리를 요하지 아니하는 신고'인 이상, 신고를 받은 피고로서는 이 사건 용도변경신고가 구 건축법 및 구 건축법 시행령 등 관계 법령에 규정된 요건, 즉 신고만으로 용도변경행위를 할 수 있는 경우에 해당하는지 여부 및 그 구비서류 등이 갖추어져 있는지 여부만을 심사하여 형식적 하자가 없으면 이를 수리하여야 하고, 위 법령에 정하지 아니한 실체적인 사유를 이유로 신고수리를 거부할 수는 없다고 해석하여야 한다.

그렇다면 이 사건 용도변경신고에 대한 피고의 반려를 처분성이 없다고 보아 원고의 소를 각하했어야 하는 것이 아닐까가 문제가 된다.

그러나 체육법상 신고체육시설업의 신고의 성격을 '수리를 요하지 아니하는 신고'로 볼 수 있음에도 판례는 신고수리거부를 행정처분으로 보았다.[5)] 또한 판례는

4) 대법원 1998. 9. 22. 선고 98두10189 판결 등 참조.

유선업의 경영신고는 이른바 '강학상의 사인의 공법행위로서의 신고'에 해당하므로, 그 신고를 받은 행정청은 위 법과 시행령 소정의 형식적(절차적) 요건에 하자가 없는 한 이를 수리하여야 할 것이라고 판단하면서도, 그에 대한 반려처분이 행정처분임을 전제로 본안에 나아가 판단하였다.[6] 구 주택법 제42조 제2항, 구 주택법 시행령 제47조 제1항 [별표 3]에 해당하는 입주자 공유가 아닌 복리시설에 대한 용도변경신고에 대하여, 용도변경신고가 관계 법령이 정한 설치기준에 적합한 이상 행정청으로서는 관계 법령이 정하지 않은 다른 사유를 내세워 용도변경신고의 수리를 거부할 수 없다고 판시하면서, 용도변경신고에 대한 수리거부가 행정처분임을 전제로 본안에 나아가 판단한 사례도 있다.[7]

이 사건에서 이 사건 처분의 처분성 유무가 다투어지지 않았던 점, 행정청으로부터 공식적인 반려통보를 받은 경우 국민의 권리행사에 사실상·심리상 상당한 제약이 발생할 수밖에 없는 점, 위법한 행정작용에 대하여는 사법심사의 범위를 확대할 필요가 있는 점, '수리를 요하지 아니하는 신고'의 수리거부나 반려에 대한 대법원의 기존 입장들 등을 고려할 때, 이 사건 용도변경신고 반려행위에 대하여 본안판단을 하여 그 취소를 명한 원심의 판단과 이를 유지한 대법원의 입장을 수긍할 수 있다.

Ⅳ. 결 론

대법원과 원심의 결론(이 사건 건물 부분의 용도변경이 이루어져야 한다는 것)이 타당함은 앞서 살펴본 바와 같다.

다만 위 결론과 관련하여 다음과 같은 의문이 남을 수 있을 것이다. 만약 원고가 이 사건 건물 부분에 대하여 '제2종 근린생활시설'에서 '교육연구 및 복지시설'로 적법하게 용도변경을 한 후 그곳에서 바닥면적의 제한이 없는 업종을 운영하는 것이 아니라, 당초 계획대로 '학원'을 운영하고자 할 경우 어떻게 될 것인가이다.

이에 관하여 서울고등법원 2003. 8. 14. 선고 2002누15916 판결(확정)은 다음과 같이 판단을 내린 바 있다.

---

5) 대법원 1996. 2. 27. 선고 94누6062 판결 등.
6) 대법원 1992. 5. 8. 선고 91누5655 판결.
7) 대법원 2006. 10. 26. 선고 2004두6006 판결.

① '교육연구 및 복지시설'로 규정되어 있는 학원에는 학원용도로 쓰이는 바닥면적의 합계가 500㎡ 이상인 것은 물론 그 미만인 것도 포함된다.

② 하나의 집합건물 안에서 '교육연구 및 복지시설로서의 학원'과 '근린생활시설로서의 학원'은 양 시설을 통틀어 학원으로 이용되는 바닥면적의 총 합계가 500㎡ 미만인 경우에는 분리, 존속할 수 있다. 하지만 이를 초과하는 경우에는 그 전체가 '교육연구 및 복지시설'인 경우에 한하여 학원으로 이용이 가능하다.

③ 따라서 하나의 집합건물 내 기존 학원 부분의 바닥면적 총 합계가 500㎡ 이상인 상태에서 구분소유자 1인(학원설립·운영등록 신청인)이 자신의 전유부분에서 추가로 학원을 운영하기 위해서는 자신의 전유부분만을 '교육연구 및 복지시설'로 변경하는 것으로는 부족하고 기존의 학원이 들어선 부분 모두를 '교육연구 및 복지시설'로 변경하여야 하고, 해당 부분의 소유자들이 위와 같은 용도변경에 동의하지 않아 사실상 용도변경이 불가능하다는 사정은 결론에 영향을 미치지 않는다.

④ 따라서 행정청이 신청인에 대하여 '용도변경 보완요구 불이행'을 이유로 학원설립·운영등록신청을 반려한 처분은 적법하다.

위 판단에 의한다면, 이 사건에서 원고가 승소하기는 하였으나, 이 사건 건물 부분에서 실제로 학원을 설립, 운영하기 위해서는 기존 학원 부분들에 대하여도 '교육연구 및 복지시설'로 용도변경이 이루어지게 해야 할 것인데, 그것이 어렵다면 용도변경에도 불구하고 애초의 계획대로 학원을 운영하기는 용이하지 않을 것이다.

집합건물의 대지사용권 없는 구분 소유자에 대한 대지소유자의 철거청구와 구분소유권 매도청구

－대법원 2021. 7. 8. 선고 2017다204247 판결－

변 우 주*

Ⅰ. 사안의 개요 및 소송의 경과

1. 사안의 개요

(1) 사실관계

피고는 1982. 7. 14. 대지권 없이 이 사건 건물 중 지상 2층에 있는 별지 목록 제1항 기재 구분건물(이하 '이 사건 구분건물'이라 한다)에 관하여 1982. 7. 5. 매매를 원인으로 한 소유권이전등기절차를 마친 소유자이다.

한편, 이 사건 구분건물의 대지권에 상응하는 이 사건 토지 지분(56.63/343.2, 이하 '이 사건 계쟁 지분'이라 한다)에 관하여는 ① 1980. 11. 28. 사단법인 C(이하 '소외 조합'이라 한다) 명의로 소유권보존등기가 이루어지고, ② 1985. 5. 14. D 명의로 1980. 11. 20. 매매를 원인으로 한 소유권이전등기가 이루어진 후 ③ 1988. 5. 18. 피고의 아들인 E 명의로 1988. 4. 5. 경락을 원인으로 한 소유권이전등기가 마쳐졌다.

피고는 E가 이 사건 계쟁 지분을 취득한 이후 E에게 대지사용료를 지급하지 아니하고 이 사건 구분건물을 사용, 수익하여 왔다.

이후 이 사건 계쟁 지분에 관하여 임의경매절차가 개시되어 원고가 경락받아 2014. 6. 13. 매각대금을 지급하고 소유권을 취득하게 되었다(소유권이전등기일은 2014. 6. 18.이다).

---

* 동아대학교 법학전문대학원 교수, 법학박사

(2) 원고의 주장

원고는 이 사건 계쟁 지분의 소유자로서, 피고가 권원 없이 이 사건 토지 위에 구분건물을 소유하고 있다고 주장하며 피고 소유의 구분건물을 철거하고 토지를 인도할 것을 청구하였다.

또한 피고가 대지사용권 없이 토지를 점유함으로써 얻은 임료 상당의 부당이득을 반환할 것을 주장하였다.

2. 1심 법원의 판단(서울중앙지방법원 2016. 4. 1. 선고 2014가합558412 판결)

원고의 주장에 대하여 피고는 다음의 쟁점에 대하여 항변하였으며, 이에 대하여 법원은 아래와 같이 판단하였다.

(1) 구분건물 철거 및 토지 인도 청구에 관한 판단

1) 법정지상권의 성립 여부

피고는, D는 이 사건 계쟁 지분(토지)과 구분건물을 모두 소유하고 있었고, 이후 경매로 구분건물의 소유권이 J 등에게 이전되면서 법정지상권이 성립한다고 주장하였다. 또한 피고는 J 등으로부터 구분건물을 매수했으므로 이를 대위하여 주장할 수 있으며, 이후 아들 E와 영구적 사용권에 합의했으므로 원고에게도 대항할 수 있다고 주장하였다.

이에 대해, 법원은 토지구획정리사업법상 환지처분 전 체비지 처분 법리에 따라, D가 이 사건 계쟁 지분의 소유권을 취득한 시점은 환지확정처분 공고 다음날인 1980년 12월 9일이라고 판단하였다. 반면, 이 사건 구분건물의 경매 절차에서는 경락인이 경락허가 결정과 동시에 소유권을 취득한다는 구 경매법을 적용하여, J 등이 구분건물 소유권을 취득한 시점은 경락허가기일인 1980년 12월 8일이라고 판단하였다. 결국, D는 1980. 12. 8. 이 사건 구분건물의 소유권을 상실하였고, 이 사건 계쟁 지분의 소유권은 1980. 12. 9. 비로소 취득하였으므로 D가 이 사건 구분건물과 이 사건 계쟁 지분을 동시에 소유한 적은 없으므로, D가 이 사건 계쟁 지분에 대하여 법정지상권을 취득하였음을 전제로 하는 피고의 법정지상권 항변은 모두 이유 없다고 보았다.

또한 피고의 아들 E와의 영구적 사용권 합의 주장에 대해서는, 이는 공시되지 않은 채권적 권리에 불과하여 소유권을 새로 취득한 원고에게는 대항할 수 없다고 판단하였다.

2) 구분건물 철거의 물리적 불가능성 여부

피고는 지상 3층 건물 중 중간층인 2층 구분건물만을 철거하는 것은 물리적으로 불가능하며, 건물 전체의 안전에 영향을 줄 수 있으므로 철거 청구가 허용되어서는 안 된다고 주장하였다.

이에 대해, 법원은 피고의 주장만으로는 철거가 물리적으로 불가능하다고 단정할 수 없으며, 설령 사실상 불가능하더라도 이는 집행개시의 장애 사유일 뿐이지 원고의 철거 청구를 기각할 사유는 아니라고 판단하였다.

3) 원고의 권리남용 또는 신의칙 위반 여부

피고는 구분건물을 철거하면 건물 전체의 효용가치가 크게 감소하고, 원고도 토지 전체를 사용하지 못하므로, 원고의 철거 청구는 사회·경제적 손실을 초래하는 권리남용에 해당한다고 주장하였다.

이에 대해, 법원은 철거로 인해 건물 전체의 효용가치가 감소하더라도, 원고가 얻을 이익이 명목상 이익에 불과하다고 단정할 수 없다고 보았다.

또한, 소유권에 기한 방해제거 청구가 주관적으로 피고에게 고통을 줄 목적이 있거나 객관적으로 사회질서에 위반된다고 보기 어려우므로, 권리남용이나 신의칙 위반에 해당하지 않는다고 판단하였다.

(2) 부당이득 반환 청구에 관한 판단

피고는, 원고가 소유한 이 사건 계쟁 지분은 이 사건 구분건물을 포함한 집합건물이 존재하는 이 사건 토지의 일부 공유지분에 불과한데, 건물 없는 나대지 임료를 기준으로 부당이득을 산정하는 것은 부당하며, 2층 구분건물의 가치를 1층과 동일하게 보아 면적에 비례하여 임료를 산정하는 것도 부당하다고 주장하였다.

이에 대해, 법원은 타인 소유의 토지 점유로 인한 부당이득금액 산정 시, 특별한 사정이 없는 한 토지 위에 건물이 소재함으로 인하여 토지의 사용권이 제한을 받는 사정은 참작할 필요가 없으며,[1)] 또한 집합건물 구분소유자의 대지에 대한 점유는 관념적인 점유이므로, 그 사용이익은 실제 이용가치와 상관없이 구분건물의 면적에 비례하는 것으로 보는 것이 타당하므로 피고의 주장을 배척하였다.

3. 항소심 법원의 판단(서울고등법원 2016. 12. 13. 선고 2016나2031167 판결)

항소심 법원은 제1심의 결론을 그대로 인용하면서 일부 사실관계와 법리 판단을 보강하였다. 주요 쟁점별 판결 내용은 다음과 같다.

(1) 법정지상권 성립 여부

근저당권이 설정된 시점인 1979. 10. 17.에 구분건물 소유자인 D는 아직 이 사건 토지의 소유권을 취득하지 않았으며, 구분건물 소유권은 1978. 12. 14.에 D에게 이전되었다.[1] 반면, 이 사건 토지의 소유권은 환지확정처분 공고 다음 날인 1980. 12. 9.에야 D에게 귀속되었으므로, 저당권 설정 당시 동일인 소유에 속하던 토지와 그 지상건물이 경매로 인하여 각기 그 소유자가 다르게 되었다고 볼 수 없으므로, 민법 제366조의 법정지상권 성립 요건을 충족하지 못하였다.

(2) 관습법상의 법정지상권 성립 여부

관습법상의 법정지상권은 매매 등으로 소유자가 달라진 경우에 성립하는 것이므로, 경매로 인해 소유자가 달라진 이 사건 구분건물을 위한 관습법상의 법정지상권이 발생하였다는 피고의 주장은 그 자체로 이유가 없다.

(3) 영구적 사용권 주장에 대한 판단

피고가 아들 E로부터 부여받았다는 영구적 사용권은 등기 등 공시가 되지 않은 채권적 권리에 불과하므로, 이 사건 계쟁 지분의 소유자인 원고에게 대항할 수 없으므로, 피고의 주장은 이유 없다고 판단하였다.

4. 상고심 법원의 판단(대법원 2021. 7. 8. 선고 2017다204247 판결)

[판시사항]

[1] 집합건물 대지의 소유자가 대지사용권 없이 전유부분을 소유하는 구분소유자에 대하여 전유부분의 철거를 구할 수 있는지 여부(적극) / 일부 전유부분만을

---

1) 대법원 1989. 8. 8. 선고 88다카18504 판결 등 참조.

철거하는 것이 사실상 불가능하다는 사정이 철거 청구를 기각할 사유에 해당하는지 여부(소극)

[2] 집합건물 대지의 소유자가 대지사용권을 갖지 아니한 구분소유자에 대하여 전유부분의 철거를 구하는 것이 권리남용에 해당하는지 여부(소극)

대상판결인 상고심은 원심(항소심)의 판단을 모두 받아들이고 피고의 상고를 기각하였다. 상고심에서 제기된 쟁점들은 다음과 같다.

(1) 법정지상권에 관한 주장(상고이유 제1점)

대법원은 근저당권 설정 당시인 1979. 10. 17. 토지와 건물의 소유자가 동일인이 아니었으므로, 민법 제366조의 법정지상권의 성립 요건을 충족하지 못한다고 판단한 원심의 결론에 문제가 없다고 확인하였다.

또한, 저당권에 기한 경매로 인해 토지와 건물의 소유자가 달라진 경우에는 관습법상 법정지상권이 성립할 수 없다는 원심의 판단 역시 법리에 어긋나지 않는다고 보았다.

(2) 전유부분의 철거가 불가능하다는 주장(상고이유 제2점)

대법원은 원심의 결론(철거 청구 인용)은 정당하지만, 그 판단 과정에는 일부 부적절한 부분이 있었다고 지적하였다. 즉, 원심이 이 사건 건물 중 이 사건 구분건물만의 철거가 물리적으로 가능하다고 판단한 것은 적절하지 않으나, 원고의 철거 청구를 받아들인 원심의 결론은 정당하다.

(3) 권리남용에 관한 주장(상고이유 제3점)

대법원은 대지사용권 없이 전유부분을 소유하며 대지를 무단 점유하는 구분소유자에 대하여, 대지 소유자가 전유부분의 철거를 구할 수 있으며, 일부 전유부분의 철거가 사실상 불가능하더라도 이는 집행 개시의 장애요건일 뿐이므로 권리남용에 해당한다고 볼 수 없다는 관련 법리를 들어 원심의 판단을 수긍하였다.

(4) 부당이득금에 관한 주장(상고이유 제4점)

대법원은 피고가 반환해야 할 부당이득금을 건물이 없는 나대지 상태를 기준으로 산정하고, 원고가 소유권을 취득한 날부터 토지 인도 완료일까지 지급을 명한 원심의 판단은 관련 법리에 어긋나지 않는다고 보아 피고의 주장을 기각하였다.

Ⅱ. 평 석

대상판결은 종래 대지사용권 없는 집합건물의 구분소유자에 대하여 대지소유자가 당해 집합건물의 전유부분에 대하여 철거청구권을 가지는지 여부에 대하여 논란을 정리한 판결이라는 점에서 의의가 있다.

특히 집합건물은 일반건물과 달리 건물의 특성상 철거판결을 받더라도 그 집행이 사실상 어렵다는 문제가 있었다. 이와 관련하여 집합건물법 제7조와 관련하여 구분소유권 매도청구권에 대한 검토가 필요하다.

즉, 집합건물법 제7조는 '구분소유권 매도청구권'이라는 표제하에, "대지사용권을 가지지 아니한 구분소유자가 있을 때에는 그 전유부분의 철거를 청구할 권리를 가진 자는 그 구분소유자에 대하여 구분소유권을 시가로 매도할 것을 청구할 수 있다"고 규정하고 있다.

1. 집합건물법 제7조의 취지

집합건물의 구분소유자가 자기의 전유부분을 소유하기 위하여 필요한 건물의 대지에 대한 권리인 대지사용권을 가지지 아니한 경우, 그 대지의 권리자는 해당 구분소유자에 대하여 그 전유부분의 철거를 청구할 수 있다. 다만, 집합건물에 있어서 구분소유자의 전유부분은 1동의 건물의 일부이기 때문에 그 부분의 철거가 물리적으로 불가능하거나 철거가 가능하다고 할지라도 국민경제에서 볼 때 커다란 손실이 아닐 수 없다.

이와 관련하여 동법 제7조에서는 철거를 청구할 수 있는 권리를 가진 자에게 그 전유부분의 철거청구에 갈음하여 그 구분소유권을 자기에게 시가로 매도하도록 청구할 권리를 인정하고 있다. 이는 집합건물에 있어서 전유부분과 대지사용권이 서로 다른 사람에게 귀속되지 않도록 하여 일체성(집합건물법 제20조 제2항)을 확보하기 위한 것이다.

2. 구분소유권 매도청구권

구분소유권 매도청구권은 그 청구권자가 구분소유자에 대하여 매도청구권을 행사하게 되면 그 의사표시가 상대방에 도달한 때에 당사자 사이에 시가에 의한 매매계약이 성립하는 것으로서 그 법적 성질은 형성권으로 해석된다.

(1) 매도청구권의 행사 주체

매도청구권자는 해당 구분소유자에게 전유부분의 철거를 청구할 수 있는 권리자로서, 먼저 ① 대지사용권이 소유권인 경우, 대지의 소유자 또는 공유지분권자가 매도청구권자가 된다. 가령, 구분소유자 중 1인이 경매 등으로 토지에 대한 공유지분만 잃게 되면, 그 지분을 취득한 자는 원칙적으로 대도청구권을 가지게 된다. 또한 ② 대지사용권이 물권(지상권, 전세권 등)인 경우, 지상권자나 전세권자 또는 그 준공유자도 철거청구권을 가지므로 매도청구권자가 될 수 있다.

한편, ③ 대지사용권이 지상권이나 임차권의 준공유인 경우, 구분소유자가 지료 또는 차임을 연체함으로 인하여 지상권소멸청구 또는 임대차계약해지에 의하여 대지사용권을 잃게 되면, 토지 소유자 등은 연체한 구분소유자에게 매도청구권을 행사할 수 있다.

(2) 매도청구권 행사의 상대방

매도청구권 행사의 상대방은 대지사용권을 가지지 않은 구분소유자로서, 원칙적으로 등기명의자를 상대방으로 한다. 다만, 등기가 무효인 경우와 같이 등기명의자에게 처분권이 없다면 실제 소유자를 상대방으로 하여 행사해야 한다.

한편, 전유부분의 면적에 못 미치는 대지사용권만 가진 구분소유자에게는 매도청구권을 행사할 수 없다. 이는 대지사용권의 비율과 관계없이 모든 구분소유자는 별도의 규약이 존재하는 등의 특별한 사정이 없는 한 그 건물의 대지 전부를 용도에 따라 사용할 수 있는 적법한 권원이 있기 때문이다. 다만, 대지사용권 성립 이전에 여러 개의 전유부분을 소유하다가 대지사용권 성립 후 그중 일부 전유부분에 해당하는 비율의 대지사용권만 취득한 경우, 그 외의 나머지 전유부분에 대해서는 매도청구권 행사의 대상이 된다.

(3) 매도청구권 행사의 객체

구분소유권 매도청구권의 객체는 대지사용권을 가지지 아니한 구분소유자의 구분소유권이다. 이때의 구분소유권은 집합건물법 제1조 또는 제1조의2에서 규정된 요건을 갖춘 건물부분을 목적으로 하는 소유권을 말한다(집합건물법 제2조 제1호).

한편, 공용부분은 전유부분의 구성부분은 아니므로 구분소유권 자체에는 포함되지 않지만, 구분소유자는 그가 가지는 전유부분의 면적 비율에 따라 공용부분에 대한 공유지분을 가지고(집합건물법 제12조 제1항), 그 공유지분은 전유부분의 처분에 따르므로(집합건물법 제13조 제1항), 공용부분에 대한 공유지분에도 구분소유권 매도청구에 의한 매매의 효과가 미친다.

(4) 매도청구권 행사의 효과

구분소유권 매도청구권은 형성권이므로, 대지소유자 등의 매도청구권 행사의 의사표시가 구분소유자에게 도달함으로써 당사자 사이에 해당 전유부분의 구분소유권에 관하여 시가에 따른 매매계약이 성립한다.[2] 이에 따라 매도청구권 행사의 상대방은 매도청구권자에 대하여 해당 전유부분에 관한 이전등기의무와 인도의무를 지게 되고, 청구권자는 상대방에 대하여 시가에 따른 대금지급의무를 지게 된다. 또한 이때의 쌍방의 의무는 동시이행의 관계에 있다(민법 제568조). 한편, 구분소유권 매도청구는 당해 구분소유권을 '시가'로 매도할 것을 청구할 수 있으므로 그 매도가격은 시가이다. 또한 매도청구권 행사의 의사표시가 상대방에게 도달함으로써 매매성립의 효과가 생기므로, 그 기준시는 매도청구권 행사의 의사표시가 상대방에게 도달한 시점이다.

3. 소 결

대상판결은 이 사건의 경우와 같이 집합건물의 일부 전유부분에 대한 철거가 물리적으로 불가능하다고 하더라도, 이는 집행개시의 장애요건에 불과하여 철거청구권 자체는 인정될 수 있고 또한 이를 기초로 구분소유권 매도청구권을 행사할 수 있는 근거가 된다는 것을 확인함으로써, 종래 판결에 비해 보다 구분소유권 매도청구권에 대한 구체적인 이론적 근거를 제시하고 있다는 점에서 의의를 찾을 수 있다.

---

2) 대법원 2009. 5. 28. 선고 2008다93100 판결.

집합건물의 대지에 관한 공유물분할 청구가 예외적으로 허용되는 경우*

– 대법원 2023. 9. 14. 선고 2022다271753 판결 –

정 의 진**

Ⅰ. 서 론

집합건물법 제8조는 "대지 위에 구분소유권의 목적인 건물이 속하는 1동의 건물이 있을 때에는, 그 대지의 공유자는 그 건물의 사용에 필요한 범위의 대지에 대하여는 분할을 청구하지 못한다"고 규정하고 있다. 즉, 집합건물 대지에 대해서는 공유물분할이 제한되는 것을 원칙으로 정하고 있는데, 이는 민법상 공유관계에서 공유자가 언제든지 공유물분할을 청구할 수 있는 원칙과 명확히 구별된다.

그러나 집합건물의 대지라 하더라도 현실적으로 공유물분할이 필요한 경우가 있다. 이때 분할청구자는 분할의 합리성을 입증함과 동시에, 그러한 분할이 집합건물의 존립 안정성을 도모하는 집합건물법의 취지에 반하지 않음을 설득력 있게 논증해야 한다.

본 판결은 이러한 논증에 성공하여 예외적으로 집합건물 대지에 대한 공유물분할이 인정된 사례를 다루고 있다. 본 평석은 집합건물법 제8조의 입법 취지를 고찰하고, 동조에서 규정하는 '건물의 사용에 필요한 범위의 대지'의 의미를 구체적으로 해명하는 것을 목적으로 한다. 더 나아가, 이와 같은 원칙에도 불구하고 구분소유자가 아닌 대지 공유자가 존재하는 예외적인 상황에서, 그들에게 공유물분할청구가 허용되어야 하는 법리적 근거를 중심으로 논지를 전개하고자 한다.

---

* 본고는 필자가 기발표한 논문 "구분소유자가 아닌 대지 공유자에 의한 집합건물 대지의 공유물분할 문제", 「사법」 제69호, 2024를 재구성한 것임을 밝힌다.

** 이화여자대학교 법학전문대학원 조교수

Ⅱ. 사안의 개요 및 소송의 경과

1. 사실관계

(1) 피고 1, 피고 2의 지분 취득

1988년 이 사건 제1토지(53㎡)와 제2토지(20㎡)(이하 이 사건 제1, 2토지를 통틀어 '이 사건 각 토지'라 한다)가 여러 명의 공유로 소유되던 중, 5/8 지분이 1999년 피고 1에게 상속되었다. 이후 피고 1은 2015년 소외 2로부터 나머지 3/8 지분을 매수하여 이 사건 각 토지의 단독소유자가 되었다. 그런데 피고 2가 2016년 피고 1로부터 제1토지 일부 지분(15.13/53)과 제2토지 전부를 매수함으로써, 제1토지는 피고 1과 피고 2의 공유상태에 있고 제2토지는 피고 2의 단독소유에 속하게 되었다.

(2) 건물의 신축과 대지권 등기

피고 1은 1993년경부터 이 사건 각 토지 위에 건물을 건축하여 사용해 왔고, 이후 위 토지와 인근 토지를 포함한 부지에 집합건물(이하 '이 사건 집합건물')이 새로 건축되었다. 2016년 피고 1은 이 사건 집합건물 중 일부 전유부분에 대해 보존등기를 마치면서 이 사건 제1토지 지분에 대지권 등기를 완료하였고, 피고 2는 다른 전유부분에 대해 보존등기를 마치면서 이 사건 제1토지 일부 지분과 제2토지, 그리고 다른 토지에 대해 대지권 등기를 완료하였다.

(3) 원고들의 지분 취득

원래 소외 2의 3/8 지분은 소외 1이 1989년 경매로 매수하였으나 등기를 마치지 않은 상태에서 소외 1이 사망한 것이었고, 이에 그 상속인인 원고들이 2017년에 이르러서야 등기 마치게 되었다. 그래서 이 사건 각 토지는 원고들과 피고 1, 피고 2의 공유 상태가 되었다. 원고들이 피고들을 상대로 대지권등기 말소청구를 하여 2017년 피고 1, 피고 2의 대지권 지분이 원고들의 지분을 제외한 범위로 변경되었다. 한편 이 사건 소송계속 중 피고 승계인수인이 피고 2로부터 피고 2 소유의 전유부분을 매수하여 피고 2를 대신하는 당사자가 되었다(이하 피고 1과 피고 승계인수인을 일컬어 '피고들'이라 한다).

(4) 권리관계 요약

정리하자면, 원고들은 집합건물의 구분소유자가 아니면서 대지 공유자의 지위에 있고, 피고들은 대지공유자이면서 동시에 그 지상에 있는 집합건물의 구분소유자이기도 한 지위에 있다. 원고들과 피고들의 이 사건 각 토지에 대한 지분 현황은 다음과 같다.

	원고들	피고 1	피고 승계인수인
이 사건 제1토지	3/8	23.66875/53	9.45625/53
이 사건 제2토지	3/8	0	5/8

2. 당사자들의 주장

원고들은 다음과 같이 주장하였다. 이 사건 각 토지를 원고들, 피고, 피고들이 공유하고 있으나, 당사자들 사이에 토지 분할에 관한 협의가 이루어지지 않았다. 원고들은 지상 집합건물의 구분소유자가 아니므로, 집합건물의 구분소유자인 피고들이 원고들의 공유지분을 취득하고 그 대가를 지급하는 전면적 가액보상 방식으로 이 사건 각 토지에 대해 공유물분할을 해줄 것을 청구한다(원고들은 피고들을 상대로 부당이득반환청구도 하였으나 이는 평석의 범위에서 제외한다).

이에 대해 피고들은 원고들의 청구는 집합건물 부지에 대한 공유물분할을 원칙적으로 금지하는 집합건물법 제8조에 위반될 뿐만 아니라, 피고들에게 과도한 경제적 부담을 지워 실질적 형평에도 어긋난다고 주장하였다.

3. 대상판결에서의 주된 쟁점

집합건물법 제8조의 입법취지가 무엇인지, 집합건물의 대지에 관한 공유물분할청구가 예외적으로 허용되는 경우는 언제인지

4. 제1심의 판단 – 공유물분할청구 기각
(서울북부지방법원 2020. 12. 22. 선고 2018가단130463 판결)

1심은 이 사건 각 토지가 집합건물법 제8조에서 정한 '건물의 사용에 필요한 범위의 대지'에 해당하므로, 현물분할이나 경매분할 방식의 공유물분할청구는 허

용될 수 없다고 판단하였다.

또한 전면적 가액보상에 의한 현물분할 가능성에 관해 보더라도, 원고들이 뒤늦게 공유자로 등기된 것은 피상속인의 장기간 등기 지연 때문으로 피고들이 대지권등기 당시 이를 알기 어려웠고, 원고들의 지분 비율도 작지 않으나, 피고들로 하여금 원고 지분을 강제 매수하게 하면 예상치 못한 경제적 부담을 지우게 된다고 하였다. 원고들의 권리행사 제한은 등기 지연에 기인한 측면이 있고, 부당이득반환으로 구제 가능하므로, 특별한 사정이 있다고 볼 수 없어 전면적 가액보상 방식의 분할도 허용되지 않는다고 하였다.

이와 같은 이유로 원고들의 공유물분할청구를 기각하였고, 원고들은 위 판결에 대해 항소하였다.

5. 원심의 판단 – 공유물분할청구 인용
(서울북부지방법원 2022. 8. 18. 선고 2021나30892 판결)

원심은 먼저 원고들의 공유물분할청구가 집합건물법 제8조에 위반되는지 여부를 검토하였다. 원심은 이 사건에서 집합건물 대지권의 목적이 된 대지라 하더라도, 그 대지가 집합건물의 사용에 필요한 범위를 넘어서는 경우에는 공유물분할이 가능하다고 판단하였다. 우선, 금지규정을 반대해석하면 이러한 경우까지 절대적으로 분할을 금지하는 취지가 아님이 명확하고, 원고들은 소수지분권자로서 자신의 지분 범위에 해당하는 부당이득반환을 청구하는 것 외에는 대지를 실질적으로 이용할 방법이 없다는 점을 지적하였다. 또한, 이 사건 각 토지의 원고 지분을 전면적 가액보상 방식으로 현물분할하여 피고 측에 귀속시키면, 구분소유자들이 해당 토지에 대해 대지권을 확보하게 되어 집합건물의 존립 기반과 공동생활관계 보호라는 입법취지에 부합하는 결과가 된다고 하였다. 나아가, 이러한 사정을 종합하면, 금지규정을 이유로 공유물분할을 전면적으로 배제하는 것이 오히려 규정이 의도한 목적에 반하는 결과가 되므로, 이 사건에서는 특별한 사정이 인정되어 전면적 가액보상 방식의 현물분할이 허용된다고 보았다.

다음으로 원심은 분할 방법에 대해 다음과 같이 판단하였다. 원고와 피고들 사이에 토지 분할 합의가 없고, 원고들은 집합건물 소유자가 아님에도 대지권의 목적인 일부 토지 지분을 상속으로 취득하여 사실상 사용할 수 없는 반면, 집합건물 구분소유자들은 해당 토지 지분을 취득하지 못한 상황을 지적하였다. 원고들의 지분은 과반에 미치지 않아 집합건물법 제7조의 매도청구권 행사도 불가능하고, 일반적인 현물분할이나 대금분할은 집합건물법 제8조에 직접 반하므로 적절하지 않다고 보았다.

한편 피고 1은 이 사건 집합건물이 신축되기 전 무권리자인 소외 2로부터 이 사건 제1토지의 원고들 공유지분에 해당하는 공유지분을 대수한 바, 피고 1도 이 사건 제1토지에 관한 원고들의 지분을 취득할 의사가 있었던 것으로 보인다고 하였다. 나아가 이 사건 각 토지는 앞으로도 집합건물 대지로 계속 이용될 것이 확정적이므로, 피고들이 지분을 취득하지 않으면 부당이득 반환의무가 지속될 수 있다고 보았다. 또한 여러 정황상 피고들은 이 사건 각 토지의 일부 공유지분이 원고들의 피상속인의 소유임을 알 수 있었을 것이라고 판단하였다.

이러한 사정을 종합하여 보면 전면적 가액보상에 의한 분할이 실질적 공평을 해치거나 불합리한 결과를 초래한다고 보기 어렵다고 하였다. 원고들은 처음부터 해당 분할방법을 원했으며, 담보물권도 설정되지 않아 상호보상 문제가 없으므로, 토지를 피고들 소유로 하고 원고들에게 적정 가격을 배상하는 전면적 가액보상 방식의 현물분할이 타당하다고 판단하였다.

결국 원심은 피고들에게, 원고들로부터 원고들 보유 지분에 관한 소유권이전등기절차를 이행받음과 동시에, 변론종결일을 기준으로 한 시가 상당의 금원을 원고들에게 지급하라고 판결하였다. 이에 피고들이 상고하였다.

6. 대상판결 – 상고 기각

대법원은 다음과 같은 일반론을 설시하였고, 원심의 판단에 잘못이 없다며 상고를 기각하였다.

“집합건물법 제8조는 "대지 위에 구분소유권의 목적인 건물이 속하는 1동의 건물이 있을 때에는 그 대지의 공유자는 그 건물 사용에 필요한 범위의 대지에 대하여는 분할을 청구하지 못한다."라고 규정하고 있다. 위 법률 규정의 입법 취지는 1동의 건물로서 개개의 구성부분이 독립한 구분소유권의 대상이 되는 집합건물의 존립 기초를 확보하려는 데 있는바, 집합건물의 대지는 그 지상의 구분소유권과 일체성 내지 불가분성을 가지는데 일반의 공유와 같이 공유지분권에 기한 공유물분할을 인정한다면 그 집합건물의 대지사용관계는 파탄에 이르게 되므로 집합건물의 공동생활관계의 보호를 위하여 분할청구가 금지된다.

따라서 집합건물 대지의 공유자가 청구한 대지의 분할청구가 허용되는지 여부를 판단함에 있어서는 집합건물법 제8조의 입법 취지가 우선 고려되어야 하는바, 집합건물의 대지를 집합건물의 구분소유자인 공유자와 구분소유자가 아닌 공유자가 공유하고 있고, 당해 대지를 집합건물의 구분소유자인 공유자에게 취득시키고 구분소유자가 아닌 다른 공유자에게는 그 지분의 가격을 취득시키는 것이 공유자 간의 실질적인 공평을 해치지 않는다고 인정되는 특별한 사정이 있어 그와 같이 공유물을 분할하는 것이 허용되는 경우에는, 그러한 공유물에 대한 분할청구는 집합건물법 제8조의 입법 취지에 비추어 허용된다고 보는 것이 타당하다."

Ⅲ. 평 석

1. 집합건물법 제8조와 입법취지

로마법 시대부터 공유는 '분쟁의 원인(Communio est mater rixarum)'으로 여겨져 왔으며, 이에 따라 공유자들이 비교적 용이하게 공유관계를 해소할 수 있는 것이 원칙이었다. 우리나라 민법 또한 공유자는 언제든지 자유롭게 분할을 청구할 수 있도록 규정하고 있으며(민법 제268조 제1항), 이는 공유를 합유나 총유와 구별하는 핵심적 표지이다.

그런데 집합건물법 제8조는 집합건물의 대지에 대해 일반적인 공유관계와 다른 법리가 적용됨을 보여준다. 집합건물법 제8조는 "대지 위에 구분소유권의 목적인 건물이 속하는 1동의 건물이 있을 때에는 그 대지의 공유자는 그 건물 사용에 필요한 범위의 대지에 대하여는 분할을 청구하지 못한다."고 정한다.

집합건물 대지에 대해 공유물 분할을 인정하게 되면 대지와 전유부분이 분리되는 결과가 발생할 수 있고, 이는 전유부분과 대지를 일체화하여 집합건물의 법률관계를 안정화하고자 하는 집합건물법의 입법 취지에 어긋나기 때문이다. 대법원도 "집합건물의 대지에 대한 분할청구를 금지하는 집합건물의 소유 및 관리에 관한 법률 제8조의 입법 취지는 1동의 건물로서 개개의 구성부분이 독립한 구분소유권의 대상이 되는 집합건물의 존립 기초를 확보하려는 데 있는바, 집합건물의 대지는 그 지상의 구분소유권과 일체성 내지 불가분성을 가지는데 일반의 공유와 같이 공유지분권에 기한 공유물 분할을 인정한다면 그 집합건물의 대지사용관계는 파탄에 이르게 되므로 집합건물의 공동생활관계의 보호를 위하여 분할청구가 금지된다."라고 하고 있다.[1)]

집합건물법 제8조는 우리나라 집합건물법 입법에 큰 영향을 준 일본은 물론 다른 국가들에서도 찾아볼 수 없는 조문이다. 참고로 일본의 하급심은 분리처분금지의 원칙이나 권리남용금지의 원칙을 근거로 대지에 대한 분할청구를 금지하고 있다.[2)]

집합건물법 제8조의 존재 의의에 대해서는 다음과 같은 의문이 제기된다. 일단, 공유물분할청구 소송의 특성에 비추어 볼 때 이 조문의 필요성에 대한 의문이 있다. 공유물분할청구는 처분권주의가 적용되지 않는 형식적 형성의 소로, 법원은 원고의 청구에 기속되지 않고 분할방법에 대한 재량을 행사할 수 있다. 따라서 집합건물법 제8조가 존재하지 않더라도 법원이 집합건물의 존립을 위태롭게 하는 방식으로 토지분할을 명할 가능성은 크지 않다. 또한 집합건물법 제8조가 없더라도 집합건물법은 전유부분과 대지의 분리처분금지원칙을 정하고 있어, 이러한 원칙만으로도 집합건물 대지의 무분별한 분할을 방지할 수 있을 것으로 보인다.

그럼에도 집합건물법 제8조가 입법된 것은 두 가지 측면에서 이해할 수 있다. 첫째, 집합건물 대지에 대한 공유물분할을 제한적으로만 허용하겠다는 입법자의 의지를 명확히 천명한 것으로 볼 수 있다. 즉, 일반적인 공유물분할청구권과는 달리 집합건물 대지에 대해서는 엄격한 제한을 가한다는 점을 강조함으로써, 법원과 당사자들로 하여금 집합건물의 안정성을 우선적으로 고려하도록 하는 규범적 지침을 제시한 것이다. 둘째, 조문의 문언상 '건물의 사용에 필요한 범위의 대지'라는 표현을 통해 반대해석의 여지를 남겨둔 것으로도 이해된다. 즉, 집합건물의 존립과 사용에 필요하지 않은 여분의 대지 부분에 대해서는 분할이 가능할 수 있다는 점을 암시한 것이다. 이는 집합건물법이 무조건적인 분할금지를 의도한 것이 아니라, 집합건물의 기능과 안정성을 해치지 않는 범위 내에서의 예외적 분할 가능성을 열어둔 것으로 해석될 수 있다. 그렇다면 예외적으로 공유물 분할이 가능한 범위인 '건물 사용에 필요한 범위의 대지'가 구체적으로 무엇인지 문제된다.

---

1) 대법원 2007. 12. 27. 선고 2005다66374, 66381 판결.

2) 東京地判平成20年2月27日, 東京地判平成23年3月22日.

2. '건물 사용에 필요한 범위의 대지'의 의미

'건물 사용에 필요한 범위의 대지'의 의미에 대하여 대법원 2007. 12. 27. 선고 2005다66374, 66381 판결은 "집합건물 대지의 공유자가 분할을 청구하는 부분이 집합건물법 제8조 소정의 '건물의 사용에 필요한 범위 내의 대지'에 해당하는지 여부를 판단함에 있어서는 위 제8조의 입법 취지가 우선 고려되어야 하고, 나아가 집합건물법상 '건물의 대지'에 관한 정의(같은 법 제2조 제5호, 제3조 제3항, 제4조 참조), 그리고 분할청구 부분 및 집합건물, 전체 대지와의 상호 이용관계 등이 유기적으로 함께 고려될 수 있을 것이다. 한편, '건물의 사용'이라는 개념과 관련하여, 집합건물과 분할청구 토지 부분 및 전체 대지 등의 분할청구 당시 현황은 물론 이들의 과거 이용관계와 장래 예상되는 상호관계, 또한 대지의 분할이 이루어질 경우 집합건물의 사용자들이나 그 분할된 토지 부분 및 나머지 토지 부분 등에 미치는 영향, 그 분할이 향후 전체 대지의 이용가치 내지 경제적 가치에 미치는 효과 등도 그 판단 기준이 될 수 있다고 본다. 이러한 점에 기초하여 볼 때 집합건물의 사용에 필요한 범위 내의 대지에 해당하는지 여부에 관하여는, 대지 전체 및 분할청구 부분의 각 위치, 형상, 면적 및 물리적·공간적 현황, 집합건물의 용도 및 이용 형태, 분할청구 부분 및 그 지상에 설치된 시설물의 이용관계, 분할청구 부분과 전체 대지의 법률적·사실적 상호관계, 분할이 향후 전체 대지의 이용관계 및 대지 공유자들의 재산권에 미치는 영향 등을 종합하여 판단하여야 한다."라고 하였다.

구체적으로 살펴보면, 집합건물이 소재하는 토지(법정대지)는 광대한 일필지로 형성되어 있는 등의 특별한 사정이 없는 한 원칙적으로 분할이 허용되지 않는다고 보는 것이 타당하다. 집합건물이 직접 소재하지 않는 규약대지나 간주규약대지의 경우에도, 해당 토지가 건물 소재지인 법정대지와 일체적으로 관리·사용되고 있다면(예를 들어 주차장, 정원, 부속건물의 대지 등으로 사용되는 경우) 분할이 제한되어야 할 상당한 이유가 있다.

집합건물법 제8조에 관한 하급심 판례의 경향을 보면, 동조의 예외를 인정하여 공유물분할이 인정된 사례를 찾기 어렵다.[3] 특히 동일 집합건물(단지)의 구분소유

3) 하급심 판례 분석에 대해서는 정의진, "구분소유자가 아닌 대지 공유자에 의한 집합건물 대지의 공유물분할 문제", 「사법」 제69호, 2024, 210－211면 참조.

자가 다른 집합건물(단지)의 구분소유자를 상대로 제기한 공유물분할청구에서 청구가 인용된 사례는 거의 없다. 대상판결과 같이 구분소유자 아닌 대지공유자가 있는 경우에 공유물분할이 인정된 사례가 일부 발견될 뿐이다.

이는 집합건물법 제8조의 문언이 원칙적 금지규정으로 되어 있는데다가, 법원이 대지와 전유부분의 일체성을 유지한다는 집합건물법의 취지를 중시하여 '건물의 사용에 필요한 범위의 대지'라는 개념을 상당히 넓게 해석해온 것으로 이해할 수 있다.

3. 공유물분할청구가 예외적으로 허용되는 경우

(1) 허용되는 요건 – 구분소유자 아닌 대지공유자의 존재

집합건물법 제8조의 입법취지가 집합건물의 공동생활관계 보호에 있음을 고려할 때, 대지에 대한 공유물분할이 이러한 입법취지에 반하지 않거나 오히려 부합하는 상황에서는 분할청구가 가능하다고 볼 수 있다. 특히 집합건물의 대지에 구분소유자가 아닌 대지공유자가 있는 경우라면, 예외적으로 공유물분할이 허용될 가능성이 높다.

구분소유자 아닌 대지공유자란, 집합건물에 전유부분을 소유하고 있지 않으면서 대지지분을 가진자를 의미한다. 사실 집합건물법을 볼 때 이들의 존재는 대단히 예외적이다. 집합건물법은 분리처분금지 원칙(제20조)과 매도청구권(제7조) 등을 통해 구분소유권과 대지사용권의 일체성을 유지하고, 구분소유자가 아닌 대지공유자의 출현을 억제하거나 그들의 입지를 축소하는 방향으로 규율이 설계되어 있기 때문이다. 따라서 집합건물법의 취지와 그 규율에 의하면 원칙적으로 대지공유자와 구분소유자는 소유자 및 지분–전유부분 면적 비율이 정확히 일치해야 한다.

그럼에도 구분소유자가 아닌 대지공유자가 출현하는 경위는 다양하다. 가장 대표적인 사례는 집합건물 신축 이전에 토지에 설정된 저당권이 실행되는 경우이다. 집합건물 완공 후에도 기존 저당권에 따른 경매가 진행되면, 그 경매로 인한 소유권 변동에는 분리처분금지 원칙이 적용되지 않아 전유부분과 대지지분이 분리되어 처분될 수 있다.[4] 이는 판례상 가장 빈번하게 확인되는 경위이다. 이 외에

4) 대법원 2010. 5. 27. 선고 2010다6017 판결.

도 집합건물법이 시행되기 이전에 이미 분리 처분된 경우도 여기에 해당한다. 이처럼 구분소유자가 아닌 대지공유자들은 집합건물법의 규율의 공백을 통해 발생한다.

그런데 구분소유자가 아닌 대지공유자는 대지 위에 집합건물로 인하여 실질적으로 자신의 대지지분을 사용·수익할 수 없는 상황에 놓인다. 반면 구분소유자들은 전유부분의 면적에 상응하는 대지지분을 확보해야 하지만, 구분소유자가 아닌 대지공유자가 보유한 지분으로 인해 충분한 대지지분을 확보하지 못하게 된다. 결국 구분소유자가 아닌 대지공유자와 구분소유자 모두가 서로의 존재로 인해 각자의 권리행사에 제약을 받는 상황이 발생한다. 나아가 구분소유자 아닌 대지공유자들은 구분소유자들을 상대로 부당이득반환청구를 제기하거나 재건축결의 등 중요한 공동 의사결정에서 혼란을 초래하는 등 집합건물에서 다양한 법적 갈등을 유발할 수 있다.

따라서 공유물분할을 통해 대지에서 구분소유자가 아닌 대지공유자를 배제하는 것은 집합건물 공동체의 안정성 확보라는 집합건물법의 취지에 더욱 부합할 수 있다. 대상판결의 원고들 역시 구분소유자 아닌 대지 공유자들인바, 원고들이 이 사건 각 토지에서 배제된다면 구분소유자들인 피고들은 자신의 전유부분에 상응하는 적정한 대지지분을 확보할 수 있게 되고, 원고들은 그간 실질적으로 활용하지 못하던 자신의 지분에 대한 경제적 가치를 실현할 수 있는 기회를 얻게 된다.

(2) 분할의 방법

1) 공유물분할 방법의 일반론

구분소유자 아닌 대지 공유자가 있는 경우에 공유물분할이 가능하다 하더라도 적절한 공유물분할 방법이 문제된다.

민법 제269조 제2항은 현물분할과 대금분할을 규정하고 있다. 그러나 대법원은 그 외에도 특정 공유자에게 지분에 상응하는 가액보상만을 하여 그를 공유물에서 배제하고, 다른 공유자로 하여금 공유물 전부를 취득하게 하는 방식인 이른바 '전면적 가액보상' 방식을 현물분할의 한 형태로 인정하였다.[5]

대법원은 이러한 분할방식이 인정되기 위한 요건으로 ① 상당성과 ② 공평성을 제시하였다. 즉, "공유관계의 발생원인과 공유지분의 비율 및 분할된 경우의

---

5) 대법원 2004. 10. 14. 선고 2004다30583 판결.

경제적 가치, 분할방법에 관한 공유자의 희망 등의 사정을 종합적으로 고려하여 당해 공유물을 특정한 자에게 취득시키는 것이 상당하다고 인정되고, 다른 공유자에게는 그 지분의 가격을 취득시키는 것이 공유자 간의 실질적인 공평을 해치지 않는다고 인정되는 특별한 사정이 있는 때"에 허용될 수 있다고 판시하였다.

한편 전면적 가액보상 판결을 하게 되면 공유관계에서 탈퇴하는 자들은 금전채권을, 피고들은 물권인 지분을 가지게 되어 형평에 어긋날 수 있으나, 소유권의 이전과 동시에 매매대금을 지급하라는 내용의 상환이행판결을 함으로써 이러한 형평성 문제를 조정할 수 있고, 대상판결의 원심도 그와 같은 결론을 취하였다.

구분소유자가 아닌 대지 공유자가 있는 경우, 현물분할과 대금분할 중 어느 것이 적절한지는 구체적인 사안에 따라 달라진다. 먼저 대금분할의 경우 적절하지 않은 경우가 많을 것이다. 경매를 위해 건물과 별도로 토지만 따로 매각하는 것은 분리처분금지 원칙(집합건물법 제20조)상 불가능하기 때문이다. 다라서 협의의 현물분할을 할 것인지, 아니면 전면적 가액보상을 할 것인지의 문제가 남는데, 이는 토지의 면적, 이용상황, 구분소유자가 아닌 대지 공유자의 지분 등을 종합하여 판단해야 할 사항이다. 만일 집합건물 부지가 건물의 바닥이 차지하는 면적에 비해 넓고, 구분소유자가 아닌 대지 공유자의 지분이 그다지 크지 않다면 협의의 현물분할이 적절할 여지도 있다. 그러나 대지와 건물의 바닥 면적이 거의 일치하고 구분소유자 아닌 대지 공유자의 지분이 작은 편이라면 전면적 가액보상을 고려해 볼 수 있다.

2) 이 사안의 경우 적절한 공유물분할 방법 – 전면적 가액보상

먼저 현물분할의 가능성을 살펴보면, 이 사건 토지의 면적이 73㎡에 불과하고, 원고들의 지분이 3/8에 이르러 비록 과반수에 이르지는 못하기는 하나 결코 적다고 볼 수 없는 점을 고려할 때, 원고들의 지분에 상응하는 부분을 현물로 분할할 경우 집합건물의 존립에 문제가 생길 수 있다고 보인다. 따라서 협의의 현물분할 방식은 적절한 분할방법으로 보기 어렵다.

다음으로 전면적 가액보상의 요건을 갖추었는지 살펴본다. 먼저 상당성 요건에 관하여 보면, 이 사건 원고들은 현실적으로 토지를 사용·수익할 수 있는 방법이 없어 이들의 지분은 사회·경제적으로 유휴상태에 놓여 있다. 따라서 이들을 공유관계에서 배제하고 피고들이 그 지분을 취득하게 한다면 피고들의 전유부분 가치가 상승할 수 있다. 또한 원고들의 지분이 피고들의 것에 비해 소수이고, 원고들이 소를 제기할 때부터 전면적 가액보상에 의한 분할방식을 원하고 있다는 점도 고려되어야 한다.

공평성 요건의 경우 분할의 결과 당사자에게 미치는 경제적 효과가 불균등하지 않은지, 특히 가액보상을 받아야 하는 자의 상대방이 그 가액을 지급하기에 충분한 자력이 있는지 등 여러 구체적 상황을 면밀히 고려해야 한다. 먼저 피고들의 경우 원고들에게 금전을 지급하는 것이 공평하지 않다고 주장하고 있으나, 피고들은 한편으로 원고들의 지분을 매수함으로써 앞으로 부당이득반환의무로부터도 면할 수 있어 전유부분의 법률관계를 안정화시킬 수 있다는 이익이 있다. 또한 원고들은 이 사건 각 토지를 집합건물의 부지로 인식하고 취득한 것이 아니라, 피상속인이 이 사건 건물이 건축되기 이전부터 보유하고 있던 권리를 상속받은 자들이다. 이러한 원고들에게 부당이득의 관점에서만 이 사건 토지의 사용·수익가치를 누리도록 요구하는 것은 타당하지 않다.

(3) 구분소유자 아닌 대지 공유자가 대지 위에 일반 건물을 소유한 경우

그러나 구분소유자가 아닌 대지지분권자가 청구하는 경우라고 하여 항상 전면적 가액보상 방식만이 유일하게 합리적인 해결책이라고 단정할 수는 없다. 만약 해당 지분권자가 대지 위에 집합건물이 아닌 상가 등 일반 건물을 보유하고 있다면, 집합건물과 일반 건물을 구분하여 협의의 현물분할을 하는 것이 오히려 당사자들의 이해관계에 부합하는 타당한 분할방식이 될 수 있다.

한편 공유물분할에 있어 법원은 상당한 재량을 발휘할 수 있는바, 이때 이루어지는 분할이 집합건물 구분소유자들의 통행권이나 기타 기존의 이용관계를 방해하지 않도록 세심한 배려가 필요하다. 또한 현물분할로 인해 발생할 수 있는 경제적 가치의 과부족 문제는 금전으로 조정함으로써 실질적 공평성을 확보할 수 있을 것이다.

4. 대상판결의 의의

구분소유자가 아닌 대지공유자와 구분소유자는 본질적으로 이질적인 존재로서, 대지에서 서로의 권리행사를 제약하며 '불편한 동거'를 하고 있다. 집합건물법 제8조에 따라 원칙적으로 금지되는 공유물분할의 예외를 인정하여 구분소유자가 아닌 대지공유자의 출구를 마련해 준 대상판결은 집합건물법의 입법취지에 부합하는 타당한 판결이다. 대상판결은 집합건물법 제8조의 입법취지를 명확히 하고, 전면적 가액보상을 통한 공유물분할이 타당한 경우의 기준도 제시하였는바, 이는 향후 유사 사안에서 법적 예측가능성을 제고하는데 기여할 것으로 평가된다.

집합건물법상 시공자의 하자담보책임과 소멸시효의 문제

– 대법원 2023. 12. 7. 선고 2023다246600 판결 –

김 화*

Ⅰ. 들어가며

집합건물은 우리나라 건축실무에 있어서 매우 중요한 의미를 가지고 있다. 좁은 국토를 최대한 효율적으로 활용하기 위하여 토지를 최대한 수직적으로 이용하려는 사회적 필요가 커질 수밖에는 없었고, 따라서 1동의 건물을 높게 건축하고, 이를 구조적으로 구분하여서, 여러 개의 독립적인 부분으로 이용하는 형태, 즉 집합건물의 형태로 많은 건물들이 건축될 수밖에는 없었다. 따라서 집합건물과 관련된 문제는 다수의 건물형태에서 발생하는 문제이며, 이는 어쩔 수 없이 중요한 사회적 문제가 될 수밖에는 없다.

집합건물의 경우 1동의 건물이 구조상, 이용상 독립되어 기능하는 수 개의 건물부분, 즉 구분건물로 구성되어 있고, 이러한 구분건물에 대하여 각각의 소유권을 인정하고 있기 때문에, 집합건물에 대한 여러 소유자들 사이의 권리, 의무와 관련하여 복잡한 법적인 문제가 발생할 수밖에는 없고, 이러한 문제를 해결하기 위하여 「집합건물의 소유 및 관리에 관한 법률」(이하 '집합건물법'이라고 한다)이 제정되게 되었다. 집합건물법은 집합건물과 관련된 법적인 문제를 구분소유자들의 사적 자치만에 맡겨 두지 않고, 오히려 집합건물에 있어서 발생할 수 있는 여러 법적 문제들에 대하여 적극적으로 개입하고 이를 해결하고자 하고 있다.[1] 집합건

* 이화여자대학교 법학전문대학원 교수

1) 이는 결국 1동의 건물에 대하여 여러 명의 소유권자들이 존재한다는 집합건물의 본질에서 연유한다고 보아야 하며, 집합건물과 관련하여 발생하는 문제는 이와 관련된 사람들이 다수일 수밖에는 없기 때문에 이를 합리적이며 또한 신속하게 해결해야 할 사회적 필요성이 높다는 것에 기인한다

물법은 집합건물법 제9조에서 분양자와 시공자가 구분소유자에 대해서 민법 제667조 및 제668조에 따른 담보책임을 진다는 점을 직접 규정하여 두고 있다. 이러한 규정은 비교법적으로도 비슷한 규정을 찾아보기 힘든데[2] 다른 법제들의 경우에는 이를 집합건물법을 통해서가 아니라, 각 계약당사자들 사이의 계약관계에 따른 프레임으로 해결하기 때문이다. 즉, 분양자와 수분양자 사이에 있어서 집합건물의 하자와 관련된 문제는 당사자들 사이에 체결된 매매계약의 프레임으로, 분양자와 시공자 사이에 있어서 집합건물의 하자와 관련된 문제는 마찬가지로 도급계약에 따른 프레임으로 해결하면 되기 때문에, 집합건물의 하자와 관련하여서는 특별한 법률규정을 필요로 하지 않는다.[3] 그러나 우리 집합건물법은 제9조에서 집합건물의 하자에 대한 특별규정을 마련하고 이에 따라서 관련 책임주체에 대해서 집합건물법 제9조에서 직접 하자담보책임을 부과하고 있기 때문에 집합건물의 하자의 경우에 계약관계에 따른 프레임, 즉 건물매매계약, 건축도급계약에 기초한 담보책임이 집합건물법 제9조에서 인정하고 있는 담보책임과 어떠한 관계에 있는지 여부를 밝히는 것이 매우 중요한 의미를 가지게 되었다. 대상판결인 대법원 2023. 12. 7. 선고 2023다246600 판결은 시공자의 분양자에 대하여 도급계약에 따라 인정되는, 즉 양 당사자 사이에 계약관계에 따른 프레임으로 부여되는 담보책임과 집합건물법 제9조에 따라 구분소유자에 대하여 직접 시공자가 지는 담보책임이 어떠한 법적 관계를 맺고 있는지를 잘 보여주는 판결이라는 점에서 앞으로 이와 관련한 문제들에 있어서 집합건물법 제9조에 따른 담보책임의 본질과 성격을 밝히는 중요한 의미를 가지고 있다.

고 보아야 한다.

2) 이준형, "집합건물법상 하자담보책임규정의 개정 필요성과 그 성과", 「민사법학」 제64호(2013), 92쪽.

3) 이러한 의미로 이준형, "집합건물법상 하자담보책임규정의 개정 필요성과 그 성과", 「민사법학」 제64호(2013), 93쪽.

Ⅱ. 대상판결의 정리 및 사안의 경과[4)]

1. 사실관계

당해 사안에서 문제가 된 것은 남원시에 있는 이 사건 아파트였다. 당해 아파트는 2016. 9. 2. 사용검사를 받았고, 그 무렵 이 사건 아파트의 전유부분이 각 구분소유자들에게 인도되었다. 당해 사안에서 원고는 이 사건 아파트를 관리하기 위하여 입주자들에 의하여 구성된 자치관리기구인 입주자대표회의이며, 피고는 이 사건 아파트를 신축하여 분양한 분양자인 건양디앤씨 주식회사와 이 사건 아파트를 건축한 시공사인 양우건설이다.

원고는 이 사건 아파트 총 357세대의 구분소유자 전원으로부터 피고들인 건양디앤씨 주식회사, 양우건설에 대하여 가지는 하자보수에 갈음하는 손해배상채권 등을 양수하고 통지권한을 위임받아 피고들에게 채권양도통지를 하였다. 하자보수에 갈음한 손해배상채권은 피고들이 이 사건 아파트의 신축공사를 함에 있어서 시공하여야 할 부분을 시공하지 아니하거나, 부실시공하거나 또는 준공도면과 다르게 변경하여 시공함으로써 이 사건 아파트의 공용부분과 전유부분에 균열, 누수, 들뜸 등의 하자가 발생하여 이 사건 아파트에 기능상, 미관상 또는 안전상의 지장이 초래되었음을 이유로 하는 것으로, 집합건물법 제9조에 따른 분양자 및 시공자의 담보책임을 근거로 하는 것이었다.

2. 1심의 판단[5)]

이 사건 제1심은 피고 건양디앤씨 주식회사에 대하여 원고의 집합건물법 제9조에 따른 청구를 인용하면서, 다만 집합건물법 제9조에 따른 분양자에 대한 담보책임은 담보책임의 존속기간을 공사의 종류별로 2년, 3년, 5년 또는 10년으로 구분하고 있고 이는 제척기간에 해당되므로, 원고의 청구 중 당해 하자에 관하여 제척기간인 2년이 경과한 부분에 대한 청구에 대해서는 이를 기각하는 판결을 하

---

4) 대상판결의 사실관계 등과 관련해서는 대상판결의 1심 판결인 서울남부지방법원 2021. 12. 24. 선고 2019가합104465 판결의 판시내용과 김상헌, “집합건물 시공자의 하자담보책임 – 대법원 2023. 12. 7. 선고 2023다246600 판결을 중심으로–”, 「집합건물법학」 제52집(2024), 45쪽 이하를 참조하여 재구성하였다.

5) 서울남부지방법원 2021. 12. 24. 선고 2019가합104465 판결.

였다.

그러나 피고 양우건설에 대한 청구에 관해서는 집합건물법 제9조 제1항, 제3항에 의하면, 시공자는 분양자에게 회생절차개시 신청, 파산 신청, 해산, 무자력 또는 그 밖에 이에 준하는 사유가 있는 경우에만 민법 제667조 제2항에 따른 하자보수에 갈음하는 손해배상책임을 구분소유자에 대하여 직접 부담하게 되는데, 당해 사안에서 분양자인 피고 건양디앤씨 주식회사가 무자력 상태에 있다고 볼 수 없다는 점을 이유로 원고를 청구를 받아들이지 않았다.

3. 원심의 판단[6)]

원심에서 피고 건양디앤씨 주식회사에 대한 집합건물법 제9조에 따른 담보책임의 인정 여부는 구체적인 액수산정의 문제와는 달리 법리상으로는 크게 문제되지 않았다. 오히려 문제가 된 것은 피고 양우건설의 집합건물법 제9조에 따른 책임 부분이었다. 당해 사안에서 원심은 1심의 사실판단과 달리 분양자인 피고 건양디앤씨 주식회사의 무자력을 인정하였다. 이를 통해서 피고 양우건설에 대한 집합건물법 제9조에 따른 청구가 가능하게 된 것이다. 다만 문제가 된 부분은 분양자인 피고 건양디앤씨 주식회사가 시공자인 피고 양우건설에 대해서 갖는 도급계약상 담보책임에 따른 손해배상청구권이 시효가 완성되어 소멸되었는가, 만약 소멸되었다면 이러한 사실은 시공자인 피고 양우건설이 집합건물법 제9조에 따라서 구분소유자들에 대해서 직접 부담하는 담보책임에는 어떠한 영향을 미칠 수 있는가에 관한 것이었다.

이에 대하여 원심은 분양자인 피고 건양디앤씨 주식회사가 시공자인 피고 양우건설에 대해서 갖는 도급계약에 따른 손해배상채권에는 상사시효인 5년이 적용되어 소멸시효가 완성될 수 있음을 인정하면서도, 원고의 피고 건양디앤씨 주식회사에 대한 소제기로 인하여서, 구분소유자들이 집합건물법 제9조에 따라 피고 양우건설에 대해 가지는 손해배상채권도 함께 시효중단이 될 수 있다고 보았다. 즉, ① 집합건물법 제9조는 분양자 내지 시공자로 하여금 견고한 건물을 짓도록 유도하고 부실하게 건축된 집합건물의 소유자를 두텁게 보호하기 위하여 집합건물의 분양자 내지 시공자의 담보책임에 관하여 민법상의 도급인의 담보책임에 관한 규

---

6) 서울고등법원 2023. 5. 10. 선고 2022나2003484 판결.

정을 준용하도록 함으로써 분양자 내지 시공자의 담보책임의 내용을 명확히 하는 한편, 이를 강행규정화한 것으로서 집합건물의 분양자 내지 시공자가 집합건물의 현재의 구분소유자에 대하여 부담하는 법정책임이라는 점, ② 이와 같이 집합건물법 제9조에서 구분소유자가 직접 시공자에게 민법 제667조 소정의 하자보수 내지 하자보수에 갈음하는 손해배상청구를 할 수 있도록 규정한 취지는, 구분소유자가 시공자에 대하여 채권자대위권을 행사하는 방법으로 책임을 묻는 것만으로는 구분소유자의 권리 보호가 불충분하고 권리 행사방법도 쉽지 않은 실정임을 고려하여 분양자 외에 시공자도 구분소유자에 대하여 직접적 담보책임을 지도록 하여 구분소유자가 분양자를 거치지 아니하고도 시공자에 대하여 직접 하자보수나 손해배상청구를 할 수 있게 함으로써 구분소유자의 권리를 두텁게 보호하고 권리 행사에 따르는 시간과 비용을 절감할 수 있도록 하되, 시공자의 책임이 지나치게 확대되는 것을 막기 위하여 시공자의 담보책임 범위를 시공자가 분양자에게 지는 담보책임 범위로 한정한 것인 점, ③ 집합건물법 제9조 제1항에 따른 구분소유자의 시공자에 대한 하자보수에 갈음하는 손해배상청구권은 그 소송물이 분양대상 건물의 하자보수에 갈음하는 손해배상청구로서, 실질적으로 분양자의 시공자에 대한 하자보수에 갈음하는 손해배상청구와 그 내용이 동일하고, 구분소유자가 시공자로부터 배상을 받는 경우 그 범위에서 시공자의 분양자에 대한 배상의무도 소멸하게 되는 점, ④ '구분소유자가 분양자를 대위하여 시공자에게 하자보수에 갈음하는 손해배상을 구하는 경우'뿐만 아니라 '구분소유자가 집합건물법 제9조 제1항에 따른 직접청구권의 행사로서 시공자에게 하자보수에 갈음하는 손해배상을 구하는 경우'에도 그 권리가 발생한 구분소유건물 등의 시공ㆍ분양이라는 동일한 법률관계를 기초로 하여 집합건물법에 의한 청구를 하는 경우에 해당하여 그로써 시공자에 대한 하자보수에 갈음하는 손해배상청구라는 권리 실행의 의사를 표명한 것으로 볼 수 있는 점 등을 종합하여 보면, 구분소유자가 집합건물법 제9조에 따라 시공자에 대하여 직접청구권을 재판상 행사한 경우 분양자의 시공자에 대한 손해배상채권의 소멸시효도 중단된다고 봄이 타당하다고 판단하였다.

4. 대법원의 판단[7)]

대법원의 판단에서 주된 쟁점이 된 부분은 원심과 동일하게 건양디앤씨 주식회사와 양우건설 사이의 도급계약에 의하여 수급인인 양우건설이 부담하게 되는 민법 제667조에 따른 담보책임이 상사시효가 완성됨에 따라서 소멸하는 경우, 이러한 수급인의 도급인에 대한 담보책임에 따른 권리가 소멸하였다는 점이 이와는 별개의 규정인 집합건물법 제9조에 따라 시공자인 수급인이 구분소유자들에 대해서 직접 부담하는 담보책임에 어떠한 영향을 주는가, 즉 양자는 법률상 어떠한 관계에 있다고 보아야 하는가에 관한 것이었다. 이에 대한 대법원의 판단은 다음과 같다.

즉, 집합건물법 제9조에 따라서 시공자는 구분소유자에게 하자보수를 갈음하는 손해배상채무를 부담하는데, 집합건물법 제9조 제2항은 "제1항에도 불구하고 시공자가 분양자에게 부담하는 담보책임에 관하여 다른 법률에 특별한 규정이 있으면 시공자는 그 법률에서 정하는 담보책임의 범위에서 구분소유자에게 제1항의 담보책임을 진다."라고 규정하고 있다. 따라서 다른 법률에 시공자의 분양자에 대한 담보책임 범위를 제한하거나 면제하는 등의 규정이 있다면 시공자는 구분소유자에게 그 범위에서만 하자보수를 갈음하는 손해배상채무를 부담하게 된다. 집합건물법 제9조 제3항은 "제1항 및 제2항에 따른 시공자의 담보책임 중 민법 제667조 제2항에 따른 손해배상책임은 분양자에게 회생절차개시 신청, 파산 신청, 해산, 무자력 또는 그 밖에 이에 준하는 사유가 있는 경우에만 지며, 시공자가 이미 분양자에게 손해배상을 한 경우에는 그 범위에서 구분소유자에 대한 책임을 면한다."라고 규정하고 있고, 이에 따라 시공자의 구분소유자에 대한 담보책임은 분양자의 무자력 등 일정한 사유가 있는 경우에만 발생하고, 시공자가 분양자에게 하자보수를 갈음하는 손해배상채무 등 분양자에 대한 손해배상채무를 이행하면 그 범위에서 시공자의 구분소유자에 대한 담보책임도 소멸하게 된다. 그러나 시공자의 구분소유자에 대한 집합건물법 제9조를 근거로 하는 채무와 시공자의 분양자에 대한 도급계약을 근거로 하는 채무는 엄연히 별도의 채무이기 때문에, 시공자의 분양자에 대한 도급계약을 근거로 하는 채무의 소멸시효가 완성되었다고 하여

7) 대법원 2023. 12. 7. 선고 2023다246600 판결.

시공자의 구분소유자에 대한 집합건물법 제9조를 근거로 하는 채무가 이를 이유로 당연히 소멸한다고 할 수 없다. 나아가 집합건물법 제9조 제2항, 제3항에 따라서 양 채무가 서로 일정하게 관련되어 있음을 인정할 수는 있지만, 그렇다고 이러한 규정들로부터 시공자의 분양자에 대한 도급계약을 근거로 하는 채무의 시효소멸로 인하여 시공자의 구분소유자에 대한 집합건물법 제9조를 근거로 하는 채무가 소멸된다는 점을 도출할 수는 없다.

Ⅲ. 대상판결에 대한 검토

1. 문제의 소재 – 집합건물의 하자에 있어서 계약관계에 따른 프레임과 집합건물법 제9조에 따른 담보책임 사이의 관계

집합건물법 제9조는 집합건물의 하자에 대하여서 분양자, 시공자가 구분소유자에 대하여지는 특별한 담보책임을 규정하고 있다. 그러나 이러한 특별규정이 없다고 하더라도, 집합건물에 하자가 존재한다면 이러한 하자에 대해서는 각각의 계약관계에 따라서 그 책임이 인정될 수 있다. 그러나 집합건물법은 제9조에서 집합건물의 하자에 대하여 특별한 담보책임 규정을 마련하고 있고 이를 통해 현재의 구분소유자는 분양자 또는 시공자에 대해서, 그 사이에 존재할 수 있는 계약관계를 뛰어넘어 직접 담보책임을 물을 수 있다. 나아가 그 담보책임의 내용도 각 계약관계의 내용이 무엇인가와 상관없이 도급계약에 따른 하자담보책임의 규정 내용에 따르도록 하고 있다. 이러한 특별법상의 규정을 통해서 집합건물의 하자를 신속하게 제거하고, 집합건물이 하자 없는 상태로 유지될 수 있도록 하는 것에 대한 사회적 필요성은 충분히 인정될 수 있을 것이다. 그러나 대상판결에서도 주된 쟁점으로 나타나고 있는 바와 같이, 집합건물에 있어서 발생한 하자의 신속한 제거와 이를 통한 집합건물의 하자 없는 상태의 보장이라는 목적을 구분소유자의 사권(私權)의 행사라는 방법을 통해서 달성하고자 하였다는 점에서 여러 복잡한 법적 문제가 태생적으로 발생할 수밖에는 없게 되었다. 즉, 다분히 공적인 목적을 달성하기 위한 수단으로서 집합건물법이 구분소유자들에게 계약관계에 따른 프레임을 뛰어넘는 특별한 사적 권리를 부여하였기 때문에, 계약관계에 따른 프레임에 따라서 각 계약당사자들이 집합건물의 하자와 관련하여서 가지고 있는 권리와 집합건물법 제9조에 따라 부여되는 권리가 어떠한 법률적 관계에 있는 것인지가 문제가 될 수밖에는 없게 되었다.[8] 결국 집합건물법 제9조에 따른 담보책임의 인정에 있어서 계약관계에 따른 프레임은 얼마나 영향을 미치는가 또는 고려되어야 하는가에 대한 법적인 해명이 필요하게 된 것이다.

2. 집합건물법 제9조에 따른 분양자의 담보책임과 계약관계에 따른 프레임

(1) 집합건물법 제9조의 개정과 분양자의 담보책임

집합건물법 제9조에 따른 담보책임은 분양자와 시공자를 모두 담보책임의 주체로 규정하고 있다. 그러나 담보책임의 주체로 분양자뿐 아니라 시공자가 들어간 것은 2012년 집합건물법의 개정에 따라 집합건물법 제9조에 따른 담보책임의 주체로 시공자를 추가하였기 때문이다. 따라서 2012년 개정 전 집합건물법(이하 '구 집합건물법'이라고 한다) 제9조에서는 분양자만이 담보책임의 주체였으며, 현행 집합건물법 제9조가 담보책임의 청구권자가 구분소유자임을 명시적으로 규정하고 있는 것과 달리, 구 집합건물법 제9조는 하자담보책임에 따른 권리자에 대해서는 명시적으로 규정하고 있지 않았다.[9] 구 집합건물법 제9조와 달리 현행 집합건물법 제9조에 담보책임의 주체로서 시공자도 포함되도록 한 것은 구 집합건물법상으로는 시공자에 대해서는 분양자의 시공자에 대한 담보책임상의 권리를 대위행사하는 방법으로만 책임을 물을 수 있었기 때문에, 구분소유자의 권리보호에 불충분한 면이 있었고, 이를 보완하기 위해 시공자 역시 구분소유자와의 관계에서 직접 담보책임을 부담하는 것으로 개정되었다고 한다.[10] 따라서 현행 집합건물법 제9조에 따른 시공자의 담보책임, 그리고 이러한 담보책임과 계약관계에 따른 프레임과의 상관관계를 이해하기 위해서는 구 집합건물법 제9조에서 인정하고 있던

8) 공동주택의 경우 공동주택관리법 제36조에서도 공동주택의 하자와 관련된 내용과 그에 대한 담보책임을 규정하고 있지만, 이는 집합건물법 제9조에 비해서 다분히 공법적 성격을 띄는 것이며, 또한 그러한 공적 목적에서 규정된 것이라고 할 수 있다. 집합건물법과 공동주택관리법과의 관계에 대해서는 전경근, "집합건물에 대한 담보책임", 「아주법학」 제11권 제4호(2018), 273쪽 이하 참조.

9) 다만 현행 집합건물법 제9조 제4항과 같이, 구 집합건물법 제9조 제2항에서도 동조 제1항상의 분양자의 담보책임에 관하여 민법에 규정된 것보다, 매수인에게 불리한 특약은 효력이 없다 라고 규정함으로써 간접적으로 매수인을 청구권자로 명시하고 있었다.

10) 온주 집합건물의 소유 및 관리에 관한 법률(2022), 제1조(이재민 집필부분). 이러한 개정이유에 대한 상세에 대해서는 이준형, "집합건물의 소유 및 관리에 관한 법률 개정안 해설", 「법조」 제61권 제3호(2012), 12쪽 이하 참조.

분양자의 담보책임에 대한 내용을 살펴볼 필요가 있다.

(2) 분양계약의 성격과 분양자의 담보책임과의 관계

분양계약이란 분양자가 신축 예정이거나 신축 혹은 신축된 집합건물의 각 세대별 구분소유권을 수분양자에게 이전하고 수분양자는 이에 대한 대가로 분양대금을 분양자에게 지급할 것을 약정하는 계약이라고 일반적으로 보고 있다.[11] 집합건물법 제9조에 따른 담보책임은 분양자에 대해서도 도급계약상의 담브책임의 규정을 준용하도록 규정하고 있으므로, 분양계약의 본질이 도급계약이라고 본다면 적어도 분양자가 수분양자에 대해서 집합건물법에 따라서 도급계약의 내용에 따른 담보책임을 부담하는 것은 이러한 계약관계에 따라 도출되는 자연스러운 내용이라고 할 수 있을 것이다. 그러나 분양계약의 본질이 매매계약이라고 본다면 계약관계에 따른 프레임으로는 집합건물법 제9조에 따른 담보책임의 내용을 설명할 수 없고, 집합건물법 제9조에 따른 분양자의 담보책임은 법률의 규정에 의해서 특별히 부과되는 담보책임이라고 보아야 할 것이다. 분양계약의 성격에 대해서는 학설상 매매계약설, 도급계약설, 혼합계약설 등이 주장되고 있지만,[12] 집합건물법 제9조가 도급계약에 따른 담보책임을 분양자에 대하여 적용하도록 한 것에 대해서 우리 판례는 다음과 같이 해석하고 있다. 즉, 구 집합건물법 제9조 제1항이 분양자의 담보책임에 관하여 수급인에 관한 민법 제667조 내지 제671조의 규정을 준용하도록 규정한 취지는 건축업자 내지 분양자로 하여금 견고한 건물을 짓도록 유도하고 부실하게 건축된 집합건물의 소유자를 두텁게 보호하기 위하여 집합건물의 분양자의 담보책임에 관하여 민법상 수급인의 담보책임에 관한 규정을 준용하도록 함으로써 분양자의 담보책임의 내용을 명확히 하는 한편 이를 강행규정화한 것으로서 분양자가 부담하는 책임의 내용이 민법상 수급인의 담보책임이라는 것이지 그 책임이 분양계약에 기한 것이라거나 아니면 분양계약의 법률적 성격이 도급이라는 취지는 아니라고 보고 있다.[13] 이를 통해서 우리 판례는 적어도 분양

11) 김상헌, “집합건물 시공자의 하자담보책임 – 대법원 2023. 12. 7. 선고 2023다246600 판결을 중심으로 –”, 「집합건물법학」 제52집(2024), 49쪽.

12) 전경근, “집합건물에 대한 담보책임”, 「아주법학」 제11권 제4호(2018), 259쪽 이하. 이러한 분양계약의 법적 성격을 구별하는 것은 앞서 언급한 바와 같이 각 계약유형에 따라 적용될 수 있는 담보책임의 내용이 달라지기 때문이다(신미연, 「집합건물의 하자담보책임에 관한 연구 – 하자소송에서의 주된 쟁점을 중심으로 –」, 연세대학교 대학원 법학과 박사학위논문(2019), 9쪽).

13) 대법원 2003. 11. 14. 선고 2002다2485 판결.

자와 수분양자와의 계약관계가 도급계약인 것은 아니며,[14] 따라서 분양자와 수분양자 사이의 계약관계에 따른 프레임이 집합건물법 제9조에 따른 담보책임에 있어서 고려된 것은 아니라는 것을 알 수 있다.[15]

집합건물법 제9조에 따른 분양자의 담보책임의 성격을 법정책임으로 보고 있는 판례의 판시사항에서 언급하고 있는 바와 같이 구 집합건물법 제9조 제2항, 현행 집합건물법 제9조 제4항에서 담보책임을 지는 주체들이 매수인과 당해 법률 그리고 민법에서 규정된 것보다 매수인과 불리한 약정을 맺을 수 없다고 규정하고 있다는 점도 주목할 필요가 있다. 담보책임은 기본적으로 급부와 반대급부 사이의 주관적 등가성을 유지하기 위하여 인정되는 제도이므로, 담보책임과 관련된 규정은 임의규정으로 보아야 하고, 따라서 담보책임을 배제하거나 경감하는 내용의 특약도 유효하다.[16] 그러나 집합건물법에서는 이러한 계약관계에 따른 프레임이 동법 제9조에 따른 담보책임에 영향을 미칠 수 없도록, 매수인에게 유리한 특약만을 허용하는 편면적 강행규정으로 규정하고 있다. 이는 분양자와 수분양자 사이의 담보책임에 관한 특약의 내용과 관계없이 적어도 집합건물법 제9조에서 규정하고 있는 담보책임이 분양자가 부담하는 담보책임의 최소한으로서 기능하도록 하며, 집합건물법 제9조에 따른 담보책임이 계약관계에 따른 프레임의 영향에서 벗어나 법률상 특별히 부과되는 법정책임의 성격을 가지도록 하고 있다고 볼 수 있다.

(3) 담보책임의 청구권자와 분양자의 담보책임

현행 집합건물법 제9조는 담보책임에 대한 청구권자를 구분소유자로 명시하고 있으나, 구 집합건물법 제9조에서는 담보책임에 대한 청구권자를 특별히 명시해 두고 있지 않았다. 특히 본조 제2항에서 분양자의 담보책임에 관하여 민법에 규정된 것보다, 매수인에게 불리한 특약은 효력이 없다 라고 하여, 그 청구권자를

14) 특히 구 집합건물법 제9조 제2항에서 제1항에 따른 분양자의 담보책임에 관하여 민법에 규정된 것보다, 매수인에게 불리한 특약은 효력이 없다고 규정하고 있는 점을 근거로 분양계약이 매매계약이라고 보는 견해가 존재한다. 이에 대해서는 신미연, 「집합건물의 하자담보책임에 관한 연구 – 하자소송에서의 주된 쟁점을 중심으로 –」, 연세대학교 대학원 법학과 박사학위논문(2019), 13쪽.

15) 이러한 분양자의 담보책임에 대한 규정은 집합건물법 제정 초기부터 존재하였던 것으로, 이러한 규정의 신설취지상으로도 분양자와 수분양자 사이의 계약관계는 매매계약으로 보고 있었다(이준형, "집합건물법상 하자담보책임규정의 개정 필요성과 그 성과", 「민사법학」 제64호(2013), 101쪽 이하).

16) 송덕수, 『신민법강의』(제18판, 2025), 1226쪽.

매수인, 즉 수분양자로 볼 수 있는 규정을 마련해 두고 있었기 때문에 구 집합건물법 제9조에서는 담보책임을 물을 수 있는 자가 누구인가가 문제가 되었다.[17] 계약관계에 따른 담보책임을 묻는 경우 계약관계가 존재하는 자신의 계약상대방에게만 청구할 수 있으며, 자신과 계약관계를 맺고 있지 않은 자에 대해서는 계약관계에 기한 책임은 물을 수 없는 것이 원칙이다.[18] 그러나 일반적으로 집합건물의 하자제거와 관련하여서 가장 이해관계가 큰 당사자는 현재 구분건물의 소유자인 구분소유자이며, 이미 자신의 구분소유권을 양도한 전 소유자로서는 당해 집합건물의 하자에 대해서는 일반적으로 큰 관심이 없기 때문에 분양자와 직접적인 계약관계가 없는 구분소유권의 양수인도 구 집합건물법 제9조를 근거로 하여 분양자에 대하여 담보책임에 따른 청구권을 행사할 수 있는가, 그렇다면 수분양자가 가지던 담보책임상의 권리는 어떻게 되는가가 구 집합건물법상에서는 문제가 되었다. 이에 대해서 판례는 집합건물법 제9조에 따른 분양자의 책임은 분양계약에 기한 책임을 의미하는 것은 아니기 때문에 집합건물법 제9조의 담보책임에 따른 권리가 반드시 분양계약을 직접 체결한 수분양자에게 속한다고 할 것은 아니고, 오히려 집합건물법 제9조에 의한 하자담보추급권은 집합건물의 수분양자가 집합건물을 양도한 경우 양도 당시 양도인이 이를 행사하기 위하여 유보하였다는 등의 특별한 사정이 없는 한 현재의 집합건물의 구분소유자에게 귀속한다고 보아야 할 것이다 라고 판시하며 또한 이러한 해석이 집합건물에 관한 수분양권 또는 소유권이 양도된 경우 일반적으로 양수인이 하자담보추급권을 가지고 있다고 여기는 거래관행 및 거래현실에도 부합한다고 보았다.[19] 당해 판결에서 주목해야 할 부분 중의 하나는 현재 구분소유자가 구 집합건물법 제9조에 따른 담보책임의 권리자라는 법리의 예외에 해당되는 부분이라고 생각된다. 당해 판결에서는 예외를 인정할 수 있는 특별한 사정을 언급하고 있는데, 이는 집합건물의 양도와 관련하여서 양도 당시 구 집합건물법 제9조에 따른 하자담보추급권을 행사

17) 그러나 현행 집합건물법에서도 제9조 제4항에서 분양자와 시공자의 담보책임에 관하여 이 법과 민법에 규정된 것보다 매수인에게 불리한 특약은 효력이 없다라고 규정하고 있어서 제9조 제1항에 따라서 담보책임을 물을 수 있는 자로서 구분소유자를 규정한 것과 관련해서 이를 어떻게 해석해야 할지는 여전히 의문이 남는다고 할 수 있다.

18) 이를 계약의 상대적 효과라고 말할 수 있을 것이다(이준형, “건물의 양도시 하자담보추급권자 – 프랑스 법으로부터의 시사와 집합건물법 제9조의 적용 확대 가능성 –”, 「비교사법」 제15권 제3호 (2008), 260쪽). 따라서 계약관계를 뛰어넘어 계약관계가 없는 다른 자에게도 책임을 인정한다면 이를 위해서는 일정한 근거가 필요하다고 본다.

19) 대법원 2003. 2. 11. 선고 2001다47733 판결.

하기 위하여 양도인이 이를 유보하였다는 사정을 말한다. 이는 결국 구 집합건물법 제9조에 따른 담보책임에 대하여도 구분소유권의 매매계약에 있어서 당해 계약 내용이라는 이른바 계약관계에 따른 프레임이 구 집합건물법 제9조에 따른 담보책임에도 영향을 미칠 수 있다는 것을 의미한다. 즉, 판례의 법리에 따르면 구 집합건물법 상으로는 구분소유권의 양도를 통해서 현재 구분소유권을 가지고 있지 않은 전 소유자라고 하더라도, 구분소유권의 매매계약 당시에 자신이 집합건물의 하자와 관련하여서 하자담보추급권을 행사할 것이라는 점을 매수인과 합의하였다면, 여전히 전 구분소유권자가 분양자에 대해서 하자담보추급권을 행사할 수 있는 것이고, 현 구분소유권자는 집합건물의 하자에도 불구하고 집합건물법상의 하자담보추급권을 가질 수 없다고 보아야 할 것이다.[20] 이러한 경우라면 전 구분소유자만이 구 집합건물법 제9조에 따른 하자담보추급권을 분양자에 대해서 행사하는 것이 가능하고, 이에 따라서 자신만이 하자보수에 갈음한 손해배상 또는 하자로 인한 손해배상을 청구할 수 있게 될 것이다.[21] 결국 이러한 청구를 통하여서 전 구분소유자만이 분양자에게 손해배상청구를 통한 금전적 보상을 받게 되고, 현 구분소유자는 구 집합건물법 제9조에 따른 청구를 분양자에게 할 수 없으며, 이는 당해 구분소유권이 전전양도되는 경우에도 동일하다고 보아야 할 것이다.[22]

현행 집합건물법 제9조는 하자담보추급권을 행사할 수 있는 자를 구분소유권자로 명시적으로 규정하고 있지만, 앞서 언급한 바와 같은 특별한 사정이 있는 경우에 집합건물법 제9조에 따른 하자담보추급권자를 누구로 보아야 할 것인가는

---

20) 이러한 경우로 상정할 수 있는 사례는 전 구분소유자인 매도인이 매수인인 현 구분소유자에게 구분건물에 하자가 있음을 이유로 매매가액을 낮게 설정하고, 대신 당해 하자에 대해서는 매도인인 전 구분소유자가 자신이 직접 분양자에 대해서 하자보수에 갈음한 손해배상청구를 할 것임을 유보한 경우를 들 수 있을 것이다. 구 집합건물법 제9조는 도급계약에 따른 하자담보책임을 준용하기 때문에 구분소유자로서는 하자보수를 우선적으로 청구해야 하는 것이 아니라, 하자보수청구권이 인정되는 경우라면 민법 제667조 제2항에 따라서 하자보수에 갈음한 손해배상청구를 함으로써 자신이 금전적 이익을 취득하는 것도 가능하다.

21) 집합건물법 제9조가 준용하는 민법 제667조 제2항에 따른 손해배상은 하자보수에 갈음한 손해배상, 즉 하자보수청구권에 대한 금전적 등가물로서의 손해배상도 가능하지만, 하자보수가 불가능하거나 또는 하자보수청구권이 민법 제667조 제1항에 따라서 인정되지 않는 경우라도 하자보수와 무관한 손해배상으로서 일반적으로는 대상 목적물의 가치감소분을 손해배상으로 청구할 수 있다(『주석 민법』 제5판(2021), 채권각칙 4, 851쪽(이준형 집필부분)).

22) 전 구분소유자가 하자보수에 갈음한 또는 하자로 인한 손해배상이 아닌 실제적인 하자보수를 청구하는 경우도 상정할 수 있겠지만, 하자보수의 경우에는 하자제거를 통한 실질적 이익이 언제나 현재의 구분소유자에게 귀속된다는 점에서 누가 그러한 청구를 하는가는 크게 문제가 되지 않는다.

현행 집합건물법에서도 여전히 문제가 될 수 있다. 이는 결국 현행 집합건물법 제9조의 내용을 구분소유권의 양도인과 양수인의 특별한 합의에 의해서 변경시킬 수 있는가라는 문제로 귀결될 수 있을 것이다. 이러한 계약관계에 따른 프레임이 집합건물법상의 특별한 법정담보책임에도 영향을 미칠 수 있는가와 관련해서는 이를 긍정해야 할 것으로 생각된다. 현행 집합건물법 제9조의 취지는 집합건물의 하자의 경우에 분양자가 담보책임을 지도록 한다는 것을 규정하기 위해서 존재하는 것이지, 어느 구분소유자에게 담보책임을 져야만 하는가를 정하기 위한 목적을 가지는 것은 아니라고 보이기 때문이다. 이러한 관점은 다음과 같은 결론으로 이어질 수 있다. 즉, 분양자는 구분소유권이 전전양도되는 경우에 모든 구분소유자들에게 집합건물법 제9조에 따른 담보책임을 지는 것이 아니라, 어느 구분소유권자에게 담보책임을 지는 것이라고 해석되어야 한다는 것이다.[23)]

3. 집합건물법 제9조에 따른 시공자의 담보책임과 계약관계에 따른 프레임

(1) 집합건물법 제9조의 개정에 따른 시공자의 담보책임

앞서 살펴본 바와 같이 분양자의 담보책임은 구 집합건물법에서도 인정되고 있었던 반면에 시공자의 담보책임은 2012년 집합건물법의 개정을 통하여서 새롭게 들어오게 된 것이다.[24)] 집합건물법의 개정을 통하여서 시공자가 집합건물법 제9조에 따른 담보책임의 주체로 명시적으로 규정되기 전에도, 구 집합건물법 제9조에 따른 담보책임을 분양자 외에 시공자도 부담하는가에 대해서는 문제가 되었고, 이에 대하여 판례는 구 집합건물법 제9조에서는 집합건물 분양자의 하자담보책임에 관하여 규정하고 있을 뿐이기 때문에, 집합건물의 시공자는 그가 분양계약에도 참여하여 분양대상인 구분건물에 대하여 분양에 따른 소유권이전의무를 부담하는 분양계약의 일방 당사자로 해석된다는 등 특별한 사정이 없는 한, 구

23) 당연하게도 현행 집합건물법 제9조 제1항은 분양자와 시공자는 구분소유자에 대하여 담보책임을 진다고 규정하고 있을 뿐, 구분소유자들에 대해서 담보책임을 진다고 규정하고 있지 않다.

24) 분양자 외에도 시공자를 담보책임의 주체로 포함시킨 것은 분양이 끝나면 분양자가 아예 존속하지 않거나 존속하더라도 무자력이 되는 경우가 많아서 이러한 우연한 사정으로 시공자가 책임을 면하는 것은 부당하고, 나아가 분양자와 수분양자 사이의 분양계약에서 분양자가 시공자에 대하여 갖는 도급계약상의 하자담보추급권을 수분양자에게 명시적으로 양도하는 경우는 많지 않지만, 그러한 하자담보추급권의 양도가 있다고 해석하는 것이 합리적이기 때문이라고 한다(이준형, "집합건물의 소유 및 관리에 관한 법률 개정안 해설", 「법조」 제61권 제3호(2012), 12쪽).

집합건물법 제9조에 의한 하자담보책임을 부담하지 않는다고 보았다.[25] 이를 통해서 구 집합건물법 제9조에 따른 책임은 법정책임으로서 명문의 규정 없이는 그 책임주체의 범위를 해석만으로 확장하는 것은 어렵고, 나아가 수분양자와 시공자 사이에는 어떠한 직접적인 계약관계도 없기 때문에 시공자의 담보책임을 인정하기 어렵다는 것을 판례가 간접적으로 보여주었다고 할 수 있을 것이다.[26] 결국 구 집합건물법 상으로는 구분소유자가 시공자에게 담보책임을 묻기 위해서는 채권자대위권의 행사를 통해서만 가능하였다. 그러나 이 경우 분양자의 시공자에 대한 하자담보추급권의 대위행사는, 피대위권리인 하자담보추급권이 상사채권으로서 5년의 소멸시효가 적용됨으로써 구분소유권자로서는 이러한 채권자대위권을 통해서는 시공자에게 책임을 물을 수 없는 경우가 자주 발생한다는 점이 문제가 되었다.[27] 따라서 이러한 점을 고려하여서 집합건물법의 개정을 통해 시공자도 집합건물법 제9조에 따라 구분소유자에 대해서 직접 담보책임을 지는 주체로 규정하게 된 것이다. 그러나 앞서 분양자의 담보책임과 관련하여서 살펴본 바와 같이 집합건물법 제9조가 계약관계에 따른 프레임을 뛰어넘어 시공자에게도 직접 담보책임을 부담하게 규정함으로써 이러한 시공자의 집합건물법 제9조에 따른 담보책임에 대하여, 계약관계에 따른 프레임을 어느 정도로 고려해야 하는지가 문제가 되게 되었다. 왜냐하면 집합건물법 제9조에서 시공자에게 직접 담보책임을 지우는 것으로 구분소유자와 시공자 사이의 책임관계는 이러한 법개정을 통하여서 일응 정리되었다고 할 수 있지만, 이를 통해서 구 집합건물법상으로는 문제가 되지 않았던 분양자와 시공자 사이의 건설도급계약에 따른 담보책임이 문제가 되기 때문이다. 즉, 시공자는 분양자에 대해서는 도급계약에 따라서 집합건물에 발

---

25) 대법원 2011. 12. 8. 선고 2009다25111 판결. 당해 판결에 대한 설명으로 김미리, “집합건물의 시공자가 구 집합건물의 소유 및 관리에 관한 법률 제9조에 의한 분양자의 하자담보책임을 부담하는지 여부 및 상행위인 건설도급계약에 기한 수급인의 하자담보책임의 소멸시효기간”, 「대법원판례해설」 제89호(2012), 515쪽 이하.

26) 그러나 앞서 언급한 대법원 2003. 2. 11. 선고 2001다47733 판결에서는 구 집합건물법 제9조에 따라서 담보책임을 청구할 수 있는 주체를 분양자와 계약관계가 있는 수분양자만이 아니라, 현재의 구분소유권자라고 봄으로써 계약관계를 뛰어넘어 분양자의 담보책임을 인정한 바 있다. 이러한 관점에서 당해 대법원 2011. 12. 8. 선고 2009다25111 판결을 비판하는 견해로 이준형, “집합건물 신축시공자에 대한 구분소유자의 하자담보책임 추급가능성”, 「집합건물법학」 제21집(2017), 20쪽 이하.

27) 대법원 2011. 12. 8. 선고 2009다25111 판결에서도 피대위권리인 도급인인 분양자의 수급인인 시공자에 대한 하자담보추급권에 대하여서 건설공사에 관한 도급계약이 상행위에 해당된다는 점을 이유로 5년의 상사시효에 걸리는 것으로 보았다.

생한 하자에 대해서 책임을 지게 되고, 동시에 집합건물법 제9조에 따라서 구분소유자에게 동일한 하자에 대해서 직접 담보책임을 지는 관계에 놓이게 되었기 때문에, 이러한 도급계약관계에 따른 프레임은 집합건물법상 인정되는 시공자의 담보책임에 어느 정도 고려되어야만 하는가라는 새로운 문제가 발생하게 된 것이다.

(2) 도급계약에 따른 시공자의 분양자에 대한 담보책임과 집합건물법에 따른 시공자의 담보책임간의 관계

앞서 살펴본 바와 같이 현행 집합건물법에서는 시공자는 서로 다른 주체, 즉 분양자와 구분소유자에 대해서 동일한 집합건물의 하자에 대해서 담보책임을 지게 되었기 때문에 양자의 관계에 대해서 해명할 필요가 있게 되었다. 이러한 관계를 살펴보기 위해서는 명시적으로, 시공자와 분양자 사이의 관계를 기초로 집합건물법 제9조에 따른 구분소유자와 시공자 사이의 담보책임의 관계를 규정한 집합건물법 제9조 제3항의 내용을 살펴보아야 한다. 또한 명시적으로 양자의 관계를 규정한 것은 아니지만 편면적 강행규정성을 규정한 집합건물법 제9조 제4항도 검토할 필요가 있다. 조문상으로 잘 들어나 있지는 않지만 집합건물법 제9조 제4항도 시공자와 분양자 사이의 계약관계에 따른 프레임이 집합건물법상의 담보책임에 어떻게 영향을 미칠 수 있는지를 규정하고 있다. 집합건물법 제9조 제4항은 분양자와 시공자의 담보책임에 관하여 집합건물법과 민법에 규정된 것보다 매수인에게 불리한 특약은 효력이 없다고 규정함으로써 계약관계에 따른 프레임을 통한 담보책임의 면제 내지 축소가 적어도 집합건물법에 따른 담보책임에는 영향을 미치지 못하는 것으로 규정하였다. 구 집합건물법 제9조와 달리 현행 집합건물법 제9조에서는 시공자도 담보책임의 주체가 되었고, 집합건물법 제9조 제4항은 분양자와 시공자의 담보책임과 관련하여서 매수인에게 불리한 특약은 효력이 없다고 규정하고 있을 뿐, 이러한 특약이 누구와 맺은 특약인지 여부는 제한하고 있지 않기 때문에, 매수인에게 불리한 특약이라면 시공자와 분양자 사이에 맺은 특약이라고 하더라도 무효가 된다고 보아야 할 것이다. 즉, 시공자와 분양자 사이에 시공자의 담보책임을 면책 또는 경감하는 내용의 특약을 맺었다고 하더라도 이를 이유로 구분소유자의 시공자에 대한 하자담보추급권의 행사가 제한되는 것은 아니라고 보아야 한다. 이를 통해서 시공자와 분양자 사이의 계약관계에 따른 프레임이 집합건물법에 따른 시공자의 담보책임에 영향을 미치지 못하도록 하고 있다.

시공자와 분양자 사이의 계약관계와 구분소유자의 시공자에 대한 담보책임 사이의 관계에 대해서 좀더 직접적으로 규정하고 있는 것은 집합건물법 제9조 제3항이라고 할 수 있다. 집합건물법 제9조 제3항의 규정은 첫째로 시공자의 담보책임 중 민법 제667조 제2항에 따른 손해배상책임에만 적용된며, 둘째로 이러한 구분소유자의 시공자에 대한 손해배상책임에 대해서는 분양자가 1차적 책임을 지고, 시공자의 손해배상책임은 2차적 책임 내지 보충적 책임으로 구성되어 있다. 시공자의 담보책임을 분양자에게 회생절차개시 신청, 파산 신청, 해산, 무자력 등의 사유가 있는 경우에만 인정하는 2차적 책임으로 규정한 것에 대해서는 집합건물을 분양한 분양자가 수분양자에 대하여 분양계약에 따른 담보책임의 1차적 부담자이기 때문이라는 견해가 있다.[28] 그러나 앞서 살펴본 바와 같이 집합건물법 제9조에 따른 담보책임은 분양계약이라는 계약관계에 따른 프레임을 전제로 인정되는 것은 아니므로 그러한 방식의 설명으로는 충분하지 않다고 생각된다. 오히려 주목해야 할 부분은 집합건물법 제9조 제3항이 시공자의 손해배상책임, 즉 실제적인 하자보수가 아닌 금전지급을 통한 보상만을 대상으로 하고 있다는 점이다.[29] 따라서 구분소유자가 시공자에 대해서 집합건물법 제9조에 따라서 실제적인 하자보수를 청구하는 경우에는 분양자에게 회생절차개시 신청, 파산 신청, 해산, 무자력 등의 사유가 존재하지 않아도 시공자에 대한 하자보수청구가 가능하다.[30] 이러한 차이는 구분소유자의 하자보수청구권의 행사를 통해서는 하자가 직접적으로 제거되는 결과를 낳게 되지만, 손해배상청구권의 행사는 금전의 지급을 목적으로 하기 때문에 이를 통해서 존재하는 하자의 제거가 담보되는 것은 아니

28) 최상진, 「공동주택 시공자의 하자담보책임에 관한 연구」, 광운대학교 건설법무학과 박사학위논문(2023), 205쪽.

29) 물론 이는 다분히 구 집합건물법에서 구분소유자가 분양자에 대한 하자보수에 갈음한 손해배상채권을 피보전채권으로 하여서 분양자의 시공자에 대한 도급계약에 따른 하자보수에 갈음한 손해배상채권을 대위행사하려는 경우에 이러한 채권자대위권 행사의 요건으로서 분양자의 무자력을 요구된다는 실무례가 집합건물법 개정에 있어서 반영된 것이라고 생각된다.

30) 따라서 집합건물법 제9조 제3항에서 규정하고 있는 민법 제667조 제2항에 따른 손해배상책임이란 하자보수에 갈음한 손해배상을 말하는 것이 아니라 하자보수와 무관한 하자로 인한 손해배상만을 의미하는 것이라는 견해가 주장된다(이준형, "집합건물 신축시공자에 대한 구분소유자의 하자담보책임 추급가능성", 「집합건물법학」 제21집(2017), 54쪽). 그러나 오히려 강조되어야 할 부분은 하자보수청구권의 이행을 통해서는 집합건물의 하자가 실제로 제거되는 결과를 낳는 반면에 손해배상을 통해서는 존재하는 하자가 직접적으로 제거되는 것은 아니라는 점에 있다고 생각된다.

라는 점에 기인한다고 생각된다. 따라서 집합건물법 제9조가 지향하는 1차인 목적인 집합건물에 존재하는 하자가 제거되어 집합건물이 하자 없는 상태로 유지되도록 한다는 점과 관련해서는 하자보수의 실제적 능력이 있는 시공자에게 구분소유자가 직접 당해 하자의 제거를 청구할 수 있고 이를 손해배상의 경우와 같이 2차적 책임으로 구성할 필요가 없을 것이다. 그러나 손해배상의 경우는 그것이 비록 하자보수에 갈음한 손해배상이라고 하더라도 이를 통한 금전적 이익은 구분소유자에게 귀속되는 것이고, 이러한 손해배상이 있다고 해서 반드시 하자보수가 이루어지리라는 보장이 있는 것은 아니다.[31] 따라서 이러한 손해배상의 경우에는 분양자가 실제적으로 구분소유자에 대해서 손해배상을 할 수 없는 사유가 발생하는 경우에만 시공자가 배상책임을 지도록 규정해 둔 것이라고 볼 수 있다. 구분소유자의 하자보수청구에 의하여서 시공자가 실제로 하자보수를 하는 경우에는 구분소유자의 분양자, 시공자에 대한 하자담보추급권의 원인이 되는 하자가 제거되는 것이기 때문에 이를 통해서 집합건물법 제9조에 따른 분양자, 시공자의 담보책임의 문제는 종료되게 된다. 그러나 이러한 하자 자체가 제거되는 경우가 아닌 손해배상을 받는 것을 통해서는 구분소유자의 하자담보추급권의 근거가 되는 하자가 여전히 존재할 수 있으므로 문제가 될 수 있다.

집합건물법 제9조 제3항이 손해배상에 대해서는 시공자의 책임을 2차적 책임으로 규정하고 있기 때문에 구분소유자가 시공자에 대하여 집합건물법 제9조에 따른 손해배상을 청구하는 경우는 분양자에 대하여서 실제적으로 손해배상을 받기 어려운 경우이므로 시공자에 대한 손해배상청구를 통해서만 구분소유자는 하자와 관련한 손해에 대하여 배상을 받을 수 있다. 문제가 되는 것은 현행 집합건물법 제9조에서 담보책임의 주체로 시공자를 추가함으로써 시공자의 담보책임과 관련하여서 시공자와 분양자 사이의 건설도급 계약관계에 따른 프레임을 고려해

31) 공동주택관리법 제36조 이하에서도 분양자 내지 시공자를 포함한 사업주체의 하자담보책임을 규정하고 있지만, 동법 제37조 제1항에서 사업주체는 하자를 보수해야 한다고 규정하고 있고, 동법 시행령 제38조 제3항에서 사업주체는 하자보수를 청구받은 날로부터 15일 이내에 하자를 보수하거나 또는 하자보수계획을 통보하고 그 계획에 따라 하자를 보수해야 한다고 규정하고 있기 때문에 집합건물법과 달리 하자담보책임의 행사를 통해서 하자보수를 통한 공동주택에서의 실제적인 하자제거를 지향하고 있다고 보아야 할 것이다. 이러한 의미에서 공동주택관리법 제36조 제2항에서 사업주체는 공동주택의 하자에 대하여 하자발생으로 인한 손해를 배상할 책임이 있다고 규정하고 있고, 이러한 손해배상책임에 관해서는 민법 제667조를 준용한다고 규정하고 있는데, 여기서 말하는 손해배상은 하자보수에도 불구하고 남은 손해의 배상을 의미하는 것으로 최대한 좁게 해석되어야 할 것이다.

야 할 필요성이 발생하게 된 것이다. 결국 이는 시공자가 서로 다른 두 주체에 대하여서 집합건물의 동일한 하자에 대하여 동일한 내용의 담보책임을 부담해야 할 지위에 놓이게 되었다는 것을 의미한다. 집합건물법 제9조가 구분소유자의 집합건물법 제9조에 따른 담보책임과 분양자의 도급계약에 따른 담보책임의 순위나 우열관계 등을 규정하고 있지 않기 때문에, 분양자가 구분소유자에 앞서서, 시공자와의 도급계약을 근거로 하자보수에 갈음한 손해배상을 청구할 수 있고, 분양자가 이러한 손해배상을 받은 후에도 당해 손해배상을 통해서 하자 자체를 제거하는 것이 아닌 경우에는 구분소유자가 시공자에 대해서 집합건물법 제9조를 근거로 손해배상을 청구할 수 있는 가능성이 열려져 있을 수 있다. 이러한 구조 하에서는 시공자의 이중배상이 가능할 수 있기 때문에, 이러한 시공자, 분양자 사이의 계약관계에 따른 프레임을 고려하여서 집합건물법 제9조 제3항 후단에서는 시공자가 이미 분양자에게 손해배상을 한 경우에는 그 범위에서 구분소유자에 대한 책임을 면한다고 규정하고 있는 것이다.[32] 이를 통해서 알 수 있는 것은 집합건물법 제9조에서 시공자의 담보책임을 직접 규정하고 있으며 이러한 책임은 시공자, 분양자 사이의 계약관계에 따른 프레임을 기초로 하거나 또는 이에 영향을 받지 않는 것을 원칙으로 하고 있으나, 민법 제667조 제2항은 하자보수청구를 하지 않고, 하자보수에 갈음한 손해배상 또는 하자로 인한 손해배상을 우선적으로 청구할 수 있으므로 이를 통해서 발생할 수 있는 시공자의 이중배상의 문제를 해결하기 위하여서 시공자, 분양자 사이의 계약관계에 따른 프레임이 구분소유자의 시공자에 대한 집합건물법에 따른 하자담보추급권에 예외적으로 영향을 미칠 수 있도록 해둔 것이라는 점이다.

(3) 도급계약에 따른 시공자의 분양자에 대한 담보책임이 시효로 소멸된 경우 집합건물법에 따른 시공자의 담보책임

앞서 설명한 바와 같이 집합건물법 제9조에 따른 시공자의 구분소유자에 대한 담보책임은 시공자, 분양자 사이의 계약관계에 따른 프레임을 기초로 하여서 인정되는 것은 아니며, 특히 하자보수청구권의 경우에는 손해배상청구권의 경우와 달리 시공자의 하자보수에 대한 책임이 보충적 책임으로 규정되어 있지도 않다.

32) 이러한 의미로 김상헌, "집합건물 시공자의 하자담보책임 – 대법원 2023. 12. 7. 선고 2023다246600 판결을 중심으로 –", 「집합건물법학」 제52집(2024), 66쪽.

구분소유자의 시공자에 대한 하자담보추급권 행사의 거의 유일한 예외는 시공자가 분양자와의 건설도급계약에 따라서 자신이 시공한 집합건물의 하자에 대해서 분양자에게 이미 손해배상을 한 경우이며,[33] 여기서 손해배상을 한 경우란 시공자가 분양자에 대해서 집합건물의 하자에 대한 손해배상을 함으로써 집합건물의 하자와 관련된 모든 위험이 분양자에게 이전된 경우를 의미한다고 보아야 할 것이다. 결국 집합건물법 제9조에 따른 시공자의 구분소유자에 대한 담보책임과 관련하여서는 시공자, 분양자 사이의 계약관계에 따른 프레임이 필요최소한도만으로, 즉 시공자가 이미 집합건물의 하자와 관련된 손해배상을 분양자에 대하여 이행하였기 때문에, 다시 구분소유자에 대해서 하자담보추급권의 이행을 청구받는 경우 시공자의 이중배상이 되는 경우만을, 예외적으로 그 담보책임의 면책사유로 인정하고 있는 것이다.

대상판결에서 문제가 되는 점은, 분양자의 시공자에 대한 도급계약에 따른 하자담보추급권이 시효로 소멸된 경우가 집합건물법 제9조 제3항 후단에서 말하는 시공자가 분양자에 대해서 하자와 관련된 손해배상을 이미 이행한 경우에 비견될 수 있는 것인가일 것이다. 이는 앞서 언급한 바와 같이 집합건물법 제9조에 따른 시공자의 구분소유자에 대한 담보책임과 관련하여서는 시공자와 분양자 사이의 계약관계에 따른 프레임이 최소한도로만 영향을 미치도록 구성하였다는 점, 특히 소멸시효완성으로 인한 시공자의 담보책임의 면책은 시공자의 재산출연이 기초가 되는 것은 아니므로 이를 시공자가 분양자에 대해서 이미 하자와 관련된 손해배상을 이행한 경우와 같은 선상에서 볼 수는 없다는 점,[34] 소멸시효가 완성된 이후에도 소멸시효의 이익은 자유롭게 포기할 수 있으므로[35] 소멸시효 완성만으로 시공자와 분양자 사이의 하자담보책임의 관계가 완전히 종료되었다고 볼 수도 없는 점 등을 고려하면 분양자의 시공자에 대한 도급계약에 따른 하자담보추급권이 시효로 소멸된 경우가 집합건물법 제9조 제3항 후단에서 말하는 시공자가 분양자

33) 집합건물법 제9조 제2항에서 시공자가 분양자에게 부담하는 담보책임에 관하여 다른 법률에 특별한 규정이 있으면 시공자는 그 법률에서 정하는 담보책임의 범위에서 구분소유자에게 제1항의 담보책임을 진다 라고 규정하고 있지만, 여기서 말하는 다른 법률로 상정할 수 있는 것은 건설산업기본법 정도가 될 수 있으므로(전경근, "집합건물에 대한 담보책임", 「아주법학」 제11권 제4호(2018), 276쪽), 당해 규정이 적용될 수 있는 영역은 크지 않을 것이다.

34) 시효완성으로 인한 손해배상청구권의 소멸은 시공자의 비출연사유라는 점을 강조하는 견해로 김상헌, "집합건물 시공자의 하자담보책임 – 대법원 2023. 12. 7. 선고 2023다246600 판결을 중심으로 –", 「집합건물법학」 제52집(2024), 66쪽.

35) 송덕수, 『신민법강의』 제18판(2025), 261쪽.

에 대해서 하자와 관련된 손해배상을 이미 이행하여서 구분소유자에 대해서도 집합건물법에 따른 담보책임이 면책되는 경우에 비견될 수 있다고 보기는 어렵다고 생각된다.

Ⅳ. 결 론

앞서 살펴본 바와 같이 집합건물법 제9조에 따른 시공자의 구분소유자에 대한 담보책임은 시공자와 분양자 사이의 건설도급 계약관계에 따른 프레임을 기초로 하여서 인정되는 것이 아니며, 오히려 어쩔 수 없이 문제가 되는 시공자와 분양자 사이의 계약관계에 따른 프레임이, 구분소유자의 시공자의 담보책임에 따른 하자추급청구권에 최소한도로만 영향을 미칠 수 있도록 규정하고 있다는 점을 알 수 있다. 그러한 면에서 대상판결의 결론 자체는 적절하다고 볼 수 있지만, 그 판시 이유에서 단순히 시공자의 구분소유자에 대한 집합건물법 제9조를 근거로 하는 채무와 시공자의 분양자에 대한 도급계약을 근거로 하는 채무가 별도의 채무라는 점만을 지적할 것이 아니라, 이러한 시공자와 분양자 사이의 건설도급 계약관계에 따른 프레임이 구분소유자의 시공자에 대한 하자담보추급권의 행사에 어떠한 영향을 미치는 것인지, 또한 이러한 시공자와 분양자 사이의 계약관계에 따른 프레임이 구분소유자의 시공자에 대한 하자담보추급권에 영향을 미치는 것으로 규정하고 있는 집합건물법 제9조 제3항 후단의 경우와 분양자의 시공자에 대한 도급계약에 따른 하자담보추급권이 시효완성으로 소멸되는 경우와의 차이점은 무엇인지 등을 상세하게 판시하는 것이 필요하지 않았는가 하는 아쉬움이 남는다. 대상판결에서는 분양자의 시공자에 대한 하자담보추급권이 시효완성으로 소멸한 경우가 문제가 되었지만, 이와 유사하게 분양자의 시공자에 대한 하자보수에 갈음한 손해배상청구에 대하여서 시공자가 분양자에 대하여 가지는 별개의 금전채권으로 상계를 한 경우가 앞으로 문제가 될 수 있으리라 생각되기 때문이다. 이러한 상계항변의 경우 소멸시효의 완성으로 인한 손해배상청구권의 소멸과 달리 출혈적 항변이므로 이러한 내용의 시공자의 분양자에 대한 상계권 행사의 경우에는 집합건물법 제9조 제3항 후단에서 말하는 시공자가 이미 분양자에게 손해배상을 이행한 경우에 비견될 수 있는 경우라고 생각된다. 입법론적으로도 현행 집합건물법 제9조의 내용은 여러 가지로 아쉬움이 남는다. 집합건물법 제9조에 따라 구분소유자에 대하여 시공자, 분양자가 계약관계에 따른 프레임과 관련 없이 직접 담보책임을 부담하는 이유가 집합건물에 대하여 발생하는 하자를 제거하여서 하자 없는 집합건물의 상태가 유지 또는 보장될 수 있는 것이라면 그 하자담보추급권의 내용도 단순히 민법상 도급계약에 따른 담보책임의 내용을 준용하여서 하자보수청구권과 하자보수에 갈음한 또는 하자에 따른 손해배상청구권을 동등한 지위에서 청구할 수 있도록 하는 것이 아니라 하자보수청구권이 1차적 구제수단으로 행사될 수 있도록 구성하는 것도 필요하다고 생각된다. 이러한 점은 이미 집합건물법의 개정을 통하여서 집합건물법 제9조의2에 따라 시공자, 분양자의 담보책임에 대해서는 집합건물법상 독자적인 제척기간 규정을 가지게 되고 단순히 도급계약에 따른 담보책임의 제척기간 규정을 준용하는 형식으로 규정하지 않았다는 점을 통해서도 충분히 고려해 볼 수 있었던 문제라고 생각된다. 나아가 앞서 논의한 바와 같이 시공자와 분양자 사이의 계약관계에 따른 프레임이 분양자, 특히 시공자의 구분소유자에 대한 담보책임에 있어서 어떻게 영향을 미칠 수 있을지, 양자의 관계를 어떻게 합리적으로 규정할 수 있는가의 문제도 동시에 충분히 고려되었어야 하는 것이 아닌가라는 입법론상의 아쉬움이 남는다.

분양자의 하자담보책임*

– 대법원 2011. 12. 8. 선고 2009다25111 판결 –

이 준 형**

Ⅰ. 서 론

「집합건물의 소유 및 관리에 관한 법률」(2012. 12. 18. 법률 제11555호로 개정되기 전의 것, 이하 '구 집합건물법'이라고 한다) 제9조는 '담보책임'이란 표제 아래 다음과 같이 규정하고 있었다. "① 제1조 또는 제1조의2의 건물을 건축하여 분양한 자의 담보책임에 관하여는 「민법」 제667조부터 제671조까지의 규정을 준용한다. ② 제1항의 분양자의 담보책임에 관하여 「민법」에 규정된 것보다 대수인에게 불리한 특약은 효력이 없다." 이처럼 동조 제1항에 따르면 하자담보책임을 지는 자는 "건물을 건축하여 분양한 자"인데, 분양자는 시공자에 비하여 영세하거나 일시적 사업자인 경우가 적지 않아 분양 후 하자담보책임이 문제되는 때에 분양자가 자력이 부족하거나 아예 존재하지 않아서 구분소유자 등이 시공자를 상대로 하자담보책임을 묻는 경우가 적지 않다.

여기서 살펴볼 판결(이하 '대상판결'이라 함)에서도 원고는 이 사건 시공자가 단순한 분양자(도급인)의 수급인에 그치지 아니하고 건설·분양을 공동으로 시행한 공동사업주체로서 주도적으로 분양 과정을 지배한 실질적 분양자라고 주장하였으나, 대법원은 시공자가 소유권이전의무를 인수하는 등의 특별한 사정이 없는 한 동조의 담보책임은 분양자만이 부담한다고 보고 상고를 기각하였다.

---

* 이 글은 원래 2016. 1. 민사판례연구회에서 발표하고 그 후 「집합건물법학」 제21호, 한국집합건물법학회, 2017, 3–60면과 『민사판례연구』 제39권, 박영사, 2017, 183–236면에 실린 글을 약간의 가필을 거쳐 게재한 것임을 밝혀둔다.

** 한양대학교 법학전문대학원 교수, 법학박사

본 평석에서는 대판 2003. 2. 11, 2001다47733에서 대법원이 보여준 적극적 태도가 대상판결에서는 나타나지 않았음을 지적하면서 구분소유자가 시공자를 상대로 담보책임을 물을 수 있는 가능성을 살펴보았다. 먼저 실무에서 인정되고 있는 대위청구에 위 2001다47733 판결의 법리를 투영하여 분양자가 시공자와 사이의 도급계약에 기하여 원시적으로 취득하는 하자담보추급권은 분양자와 분양계약을 체결한 수분양자와 그의 승계인들에게 소유권과 함께 승계된다고 볼 수 있고, 그러한 관점이 기존의 논의에 어떠한 변화를 가지고 올지를 검토하였다.

Ⅱ. 사안의 개요 및 소송의 경과[1)]

1. 사실관계

(1) 이 사건의 원고와 피고

원고는 소외 부광종합건설 주식회사(이하 '시행사')가 분양한 부산 금정구 소재 2개동 476세대 규모의 금강부광아파트(이하 '이 사건 아파트')의 입주자대표회의이고, 피고1은 시행사와 1997. 5. 19. 2건의 의무하자보수보증계약(이하 '이 사건 각 보증계약')[2)]을 체결한 대한주택보증 주식회사(이하 '주택보증'), 피고2는 시행사로부터 이 사건 아파트 공사를 1993. 12. 3. 도급받아 1997. 4. 30.경 이를 완공한 주식회사 케이씨씨건설(이하 '시공사')이다.

(2) 사용검사 및 입주

시행사는 주택보증이 발급한 보증서를 사용검사권자에게 제출하고 1997. 5. 30. 사용검사를 받았다. 그 무렵 이 사건 아파트에 주민들이 입주하였고, 그 후 이 사건 아파트에 입주자대표회의인 원고가 결성되자 보증채권자 명의는 원고로 변경되었다.

보증대상(보증기간 동안 발생한 하자[3)])에 대하여 주채무자(시행사)가 관계법령[4)]

1) 대상판결에 대한 재판연구관의 검토보고서인 것으로 짐작되는 김미리, "집합건물의 시공자가 구 집합건물의 소유 및 관리에 관한 법률 제9조에 의한 분양자의 하자담보책임을 부담하는지 여부 및 상행위인 건설도급계약에 기한 수급인의 하자담보책임의 소멸시효기간", 「대법원판례해설」 제89호(2001년 하반기), 법원도서관, 2012, 516－520면 [사건의 개요] 부분도 참조.

2) 이 사건 각 보증계약의 보증기간은 사용검사일부터 3년간과 10년간이다.

3) 따라서 사용검사일 이전에 발생한 하자는 보증대상에서 제외된다.

4) 당시 관계법령은 공동주택관리령이다.

에 따라 그 하자보수이행을 청구받았음에도 불구하고 이를 이행하지 아니함으로써 보증채권자(원고)가 입은 손해에 대하여 보증서 및 약관의 기재내용에 따라 보증금액을 한도로 주택보증이 보상하기로 한다.

한편 사용검사일이 1997. 5. 30.로 정해짐에 따라 이 사건 각 보증계약의 보증기간은 2000. 5. 29.까지(3년짜리), 2007. 5. 29.까지(10년짜리)로 정해졌다.

(3) 하자의 발생과 하자보수의 실패

부실시공 등으로 많은 하자가 발생하여 원고가 시행사에게 그 책임을 추궁하였으나, 시행사는 주민들이 입주한 뒤 얼마 지나지 않아 부도가 났다. 이에 원고는 1999. 6. 12.부터 2002. 3. 7.까지 여러 차례 시공자에게, 그리고 2001. 2. 9.부터 2002. 1. 22.까지 여러 차례 주택보증에 하자보수를 요청하였다.

시공사의 일부 하자보수에도 불구하고 이 사건 아파트에는 사용검사일 이전에 발생하였거나 사용검사일로부터 3년 이내에 발생한 하자가 여전히 존재하고, 그 보수에는 상당한 비용이 소요된다.

(4) 소송계속 중 권리양도 및 청구변경

원고는 당초 자신이 직접 시행사에 대하여 구「집합건물의 소유 및 관리에 관한 법률」(2003. 7. 18. 법률 제6925호로 일부 개정되기 전의 것, 이하 '집합건물법')상 하자보수에 갈음하는 손해배상청구권을 가진다는 전제 아래 2003. 1. 10. 이 사건 소를 제기하였는데, 그 소송 도중에 자신이 그 권리의 귀속주체가 아니라는 법리가 분명하여지자, 원심 소송계속 중 이 사건 아파트의 구분소유자들 중 일부(총 476세대 중 357세대)로부터 하자보수에 갈음하는 손해배상청구권 일체를 양도받은 후 청구원인을 양수금으로 변경하는 준비서면을 2006. 4. 4. 원심법원에 처음으로 제출하였다.

(5) 이 사건 청구의 내용

원심에서는 ① 먼저 시공사(피고2)에 대한 주위적 청구로서는 원고가 구분소유자들로부터 양수한, 집합건물법상 시공자에 대한 하자보수에 갈음하는 손해배상청구권에 기한 양수금을 청구하고,[5] ② 시공사(피고2)에 대한 예비적 청구로서는

5) 원래 제1심에서의 주위적 청구는 '원고가 이 사건 아파트의 입주자대표회의의 지위에서 직접 시공사에 대하여 집합건물법상 하자보수에 갈음하는 손해배상청구권을 가지고 있음을 전제로 한 손해

구분소유자들이 분양자(시행사)에 대하여 가지는 집합건물법상 하자보수에 갈음하는 손해배상청구권을 양수한 원고가, 시행사에 대한 대위채권자의 지위에서 양수한 권리를 피보전채권으로 하여 채무자(시행사)가 이 사건 아파트의 신축을 도급준 피고2(시공사)에 대하여 가지는 피대위권리인 도급계약에 기한 하자보수에 갈음하는 손해배상청구권을 대위행사하는 채권자대위청구를 하였다.[6] 그리고 끝으로 ③ 주택보증(피고1)에 대한 청구로는 이 사건 각 보증계약에 기한 보증금 지급청구가 있었다.

2. 원심의 판단(서울고등법원 2009. 2. 18. 선고 2004나58309 판결)[7]

원심은 ① 먼저 시공사(피고2)에 대한 주위적 청구에 대해서는, 피고2(시공사)가 집합건물법상 하자담보책임을 부담하는 '건축하여 분양한 자'에 해당하지 않는다는 이유로 청구를 기각하였고, ② 시공사(피고2)에 대한 예비적 청구에 대해서는, 원고의 당초 채권자대위청구는 대위채권자의 지위에 있지 아니한 무권리자의 청구로서 그로 인하여 피대위권리에 대한 시효중단의 효력이 생길 수 없다 할 것이고, 특별한 사정이 없는 한 피보전채권을 양도받아 정당한 대위채권자의 지위에서 권리를 행사한 준비서면 제출일(2006. 4. 4.)에 비로소 피대위권리(시행사의 시공사에 대한 도급계약에 기한 하자보수에 갈음하는 손해배상청구권)에 대하여 재산상 청구에 따른 시효중단의 효과가 발생한다. 그런데 원고가 정당한 대위채권자의 지위에서 제3채무자인 피고2(시공사)를 상대로 피대위권리를 행사하기 시작한 날(2006. 4. 4.)은, 피대위권리(시행사의 시공사에 대한 도급계약에 기한 하자보수에 갈음한 손해배상청구권)와 관련하여 그 도급계약에 따른 담보책임의 대상으로 약정한

배상청구'였으나 그와 같은 청구가 불가능함을 확인한 후 원심에는 본문의 내용과 같이 청구를 교환적으로 변경하였다.

6) 이 또한 원래 제1심에서는 '원고가 이 사건 아파트의 입주자대표회의의 지위에서 직접 분양자(시행사)에 대하여 가지는 집합건물법상의 하자보수에 갈음하는 손해배상청구권을 가지고 있음을 전제로, 시행자에 대한 원고의 권리를 채권자대위의 피보전채권으로 하여, 채무자(시행자)가 이 사건 아파트의 신축을 도급 준 시공사(피고2)에 대하여 가지는 피대위권리인 도급계약에 기한 하자보수에 갈음하는 손해배상청구권을 대위행사하는 채권자대위청구'였으나 위 주 5)와 같은 사정으로 원심에서 청구를 교환적으로 변경한 것이다.

7) 그 밖에도 피고2(시공사) 측은 원고의 주위적, 예비적 청구에 대하여 "원고와 위 구분소유자들 사이의 채권양도양수는 법률상 금지된 소송신탁에 해당되므로, 위 각 청구가 받아들여져서는 안 된다"고 주장하였으나, 원심법원은 "양도 경위, 방식, 시기, 양도인인 구분소유자들과 양수인인 원고의 관계, 하자보수의 효율성 등 제반 사정을 종합해 보면, 구분소유자들로부터 원고에게 한 손해배상채권의 양도는 소송행위를 하게 하는 것이 주목적이라고는 볼 수 없으므로, 피고 회사의 위 주장은 이유 없다"고 판단하였다.

하자의 발생기간 만료일(2000. 5. 30.)로부터 기산하더라도[8] 5년의 상사소멸시효 기간이 이미 모두 도과하였음이 역수상 명백하여 그 소멸시효가 완성하였다는 이유로 역시 그 청구를 기각하였다. ③ 끝으로 주택보증(피고1)에 대한 청구에 대해서는, 피고1은 원고(보증채권자)에게 이 사건 각 보증계약에 따라 그 보증금액의 범위 내에서 그 보증대상(하자발생기간 내에 발생한 하자)에 대하여 하자보수보증금을 지급할 의무가 있다고 보고 이를 일부 인용하였다.

3. 원고 측 상고이유 요지[9]

(1) 시공사(피고2)에 대한 주위적 청구관련 상고이유 제1점

원고는 시공자가 집합건물법상 하자담보책임을 부담하는 주체인 '건축하여 분양한 자'에 해당한다고 주장하면서 다음 두 가지 근거를 제시하였다.

㈎ 시행사와 피고2(시공사)는 단순한 도급인과 수급인의 관계에 그치는 것이 아니라 구 주택건설촉진법령에 의하여 이 사건 아파트 건설·분양사업을 공동으로 시행한 공동사업주체의 지위에 있다고 볼 수 있다.

㈏ 피고2(시공사)는 시행사를 형식상의 분양자 내지 시행사로 내세우고 이 이면에서 이 사건 아파트의 신축 및 분양과정을 주도적으로 지배하여 온 실질적 개발·분양주체 내지 실질적인 분양자라고 할 수 있다.

---

8) 원래는 하자보수에 갈음하는 손해배상청구권의 소멸시효 기산점은 (목적물의 인도를 전제로) 원칙적으로 하자발생시점으로 보는 것이 대법원판례의 태도로서 대판 2009. 2. 26, 2007다83908(公 2009上, 407)에 따르면 '각 하자가 발생한 시점부터 별도로 진행'한다{학설로서는 이미 진무성, "집합건물 하자담보책임과 관련한 법률적 쟁점", 「인권과 정의」 제356호(2006년 4월), 대한변호사협회, 177면이 이러한 견해를 주장하였다}. 이러한 판례는 학설의 지지를 받는 듯하다(손병원, "집합건물의 하자담보책임", 「재판과 판례」 제19집, 대구판례연구회, 2010. 12, 249면에 따르면 '소멸시효는 권리를 행사할 수 있는 때부터 당연히 진행하며 하자가 발생한 사실을 몰랐다는 점은 법률적 장애라 할 수 없으므로'라고 설명한다).
그러나 원심은 소멸시효의 기산점을 도급계약에서 약정한 하자발생기간 만료일로 보았다. 이에 대하여 대상판결은 아무런 지적도 하고 있지 않은데, 이는 "하자발생기간의 만료일은, 그 권리가 성립할 수 있는 대상하자의 발생시점으로 약정된 최후의 시점이므로, 구태여 번거롭게 그 권리가 성립한 개별적·구체적 하자발생시점으로부터 시효기간을 기산해야 할 아무런 이유가 없"고 "권리의 소멸시효 기산점에 관한 원심의 위와 같은 법리오해의 잘못은 이 사건의 판결결과에 아무런 영향이 없다 할 것이고, 이 부분에 관하여 당사자가 상고이유로 다투고 있는 것도 아니"기 때문이다 {김미리(주 1), 519의 주 1}.

9) 그 밖에도 피고1(주택보증)에 대한 상고이유 제3점으로 원심의 조치 내지 판단(원심 감정인에 대한 원고의 사실조회신청을 기각하는 한편, 제1심 감정결과를 별다른 설시 없이 배척하고 원심 감정결과만을 근거로 하자보수보증금의 액수를 산정)에 대한 심리미진, 자유심증주의 및 채증법칙 위배 등의 잘못을 지적하였다.

(2) 시공사(피고2)에 대한 예비적 청구관련 상고이유 제2점

원고는 비록 시공사와 시행사 사이의 이 사건 도급계약이 상행위에 해당한다고 하더라도 그에 대하여는 5년의 상사시효가 아니라 10년의 민사시효가 적용되는 것으로 보아야 한다고 하면서, 그 이유로서 도급계약에 기한 하자보수에 갈음하는 손해배상청구권은 일반 상거래관계에 있어서와 같이 정형적으로나 신속하게 해결할 필요가 있다고 볼 수 없다고 주장하였다.

4. 대법원의 판단[10)]

(1) 상고이유 제1점(시공자가 분양자의 하자담보책임을 부담하는지 여부)에 대하여

대법원은 먼저 집합건물법 제9조는 집합건물 '분양자'의 하자담보책임에 관하여 규정하고 있을 뿐이므로, 집합건물의 시공자는 그가 분양계약에도 참여하여 분양대상인 구분건물에 대하여 분양에 따른 소유권이전의무를 부담하는 분양계약의 일방 당사자로 해석된다는 등의 특별한 사정이 없는 한 집합건물법 제9조에 의한 하자담보책임을 부담하는 것으로 볼 수 없다고 하면서 이를 물리쳤다.

(2) 상고이유 제2점(상행위인 건설도급계약에 기한 하자담보책임의 소멸시효기간)에 대하여

다음으로 대법원은 건설공사에 관한 도급계약이 상행위에 해당할 경우는 그 도급계약에 기한 수급인의 하자담보책임은 상법 제64조 본문에 의하여 원칙적으로 5년의 소멸시효에 걸린다고 보았다.

---

10) 그 밖에도 상고이유 제3점(위의 주 8 참조)에 대해서는 "증거신청의 채택 여부는 법원의 합리적 재량에 속하는 사항이고, 채택된 증거방법에 대한 증거조사 결과에 관한 가치판단 역시 논리와 경험칙에 반하지 아니하는 한 사실심법원의 전권에 속하는 사항인바, 원심이 그 감정인에 대한 원고의 사실조회신청을 기각하는 한편으로 제1심 감정 결과를 별다른 이유설시 없이 배척하고 원심 감정 결과만을 근거로 하자보수보증금의 액수를 산정하였다고 하더라도, 이러한 사정만으로 위와 같은 원심의 조치 내지 판단에 심리미진, 자유심증주의 위배 등의 잘못이 있다고 할 수 없다."

Ⅲ. 평 석

1. 문제의 소재

(1) 집합건물의 하자는 대부분 분양받은 건물을 인도받고 난 다음에야 이를 확인할 수 있는데, 영세한 분양자는 그 시점에서 더 이상 존재하지 않거나 존재하더라도 자력이 충분하지 않은 경우가 많다. 또 영세 여부와 상관없이 아예 처음부터 분양자의 소멸이 예정되어 있는 경우도 없지 아니한데(가령 재건축조합),[11] 주택건설사업과 같이 특정 사업 운영을 목적으로 설립된 특수목적법인에 대해서는 세제혜택을 주기 때문에[12] 대부분의 주택사업이 이러한 프로젝트 금융투자회사에 의하여 시행되곤 하는데, 이들 회사는 집합건물이 준공되어 분양이 완료되면 이익을 분배한 후 해산하도록 법에서 정하고 있어서 사업주체의 재산이 零(0)이 되는 것은 이미 분양 이전부터 예정되어 있다고 할 수 있다.

부담하는 분양자인 사업주체(시행사)가 대부분 집합건물을 건축하여 분양할 목적으로 설립되어 목적 달성시까지만 한시적으로 존립하는 특수목적법인이거나 재건축조합인 경우는 구분소유자들이 집합건물법 제9조에 따라 하자담보추급권을 행사할 시점이면 더 이상 그 실체가 존재하지 아니하는 문제점이 있다.

따라서 그러한 경우에 집합건물법 제9조의 하자담보책임을 묻고자 하는 구분소유자로서는 보통은 시공자를 상대로 책임을 물을 수밖에 없다[13]. 집합건물을 당장 사용해야 하는 현재의 구분소유자는 물론이지만, 자신의 전유부분을 다른 사람에게 매도한 구분소유자 역시도 매도인으로서 하자에 대한 담보책임(제580조)을 져야 하기 때문에 하자의 제거에 이해관계가 절실한데도, 분양계약의 상대방인 시행사가 無資力이거나 존재하지 않은 경우(존재하지만 비협조적인 경우도 사실상 유사한 상황이 된다), 시공사가 버젓이 존재하더라도 구분소유권의 양도인은 하자의 제거를 요구할 아무런 법적인 권리가 없다면 양수인에 대하여 오롯이 하자담

11) 시행사가 법인이든 조합이든(다만 도시 및 주거환경정비법 제38조 제1항 참조) 청산단계에 접어든 때에는 하자담보책임의 이행은 청산사무에 해당한다고 볼 수 있다(동법 제86조의2 제5항 참조).

12) 법인세법 제51조의2 제1항 제6호, 조세특례제한법 제104조의31 제1항 같은 법 시행령 제104조의28 참조.

13) 물론 주택법이 적용되는 경우는 하자보수보증금의 지급의무자인 주택보증 또는 건설공제조합을 상대로 보증채무의 이행을 청구할 수 있지만 이는 어디까지나 보증계약상의 책임을 묻는 것이다. 그 처리절차의 개요는 윤재윤, 『건설분쟁관계법: 건설소송의 쟁점과 실무』{제9판(개정증보판)}, 박영사, 2025, 395－396면 참조.

보책임을 부담하여야 한다.

(2) 이렇게 시공사에 대한 직접 추급이 불가능하다면, 구분소유자로서는 다음으로 간접적인 추급 방법을 모색하게 된다. 즉, 분양자인 시행사와 시공사 사이에는 도급계약이 체결되어 있으므로 도급인인 시행사가 수급인인 시공사에 대하여 부실시공으로 인한 수급인의 담보책임을 추급하여 하자보수 또는 손해배상을 청구할 수 있고(제667조 제1항 및 제2항), 이를 전제로 구분소유자는 시행사에 대한 집합건물법상의 하자담보추급권을 피보전채권으로 하여 시행사의 시공사에 대한 도급계약상의 하자담보추급권을 피대위권리로 행사함으로써(제404조 제1항 본문) 시공사를 상대로 하자보수 또는 손해배상을 받고자 할 것이다. 물론 위 (1)에서 언급한 것처럼 분양자인 사업주체(시행사)가 분양, 준공 후 청산에 이른 다음에는 대위청구 자체가 현실적으로 어렵게 된다는 문제점이 있지만, 여기에서는 순전히 법리적으로 이러한 대위청구가 가능한지만 살펴보기로 하자. 일단 하자담보추급권이 피보전채권과 피대위권리가 될 수 있는지가 문제되겠지만,[14] 과거 법원의 실무는 그를 대체로 긍정하는 듯하였다. 대상판결의 원심의 판결요지를 보더라도 {앞의 [사실관계 및 소송의 경과] 3.의 ② 참조}, 적어도 원고(입주자대표회의)가 피보전채권(구분소유자의 시행사에 대한 분양계약에 기한 하자보수에 갈음하는 손해배상청구권)을 양도받은 후에는 피대위권리(시행사의 시공사에 대한 도급계약에 기한 하자보수에 갈음하는 손해배상청구권)를 적법하게 행사할 수 있다고 보고 있다.

과거 필자는 대판 2003. 2. 11, 2001다47733(集51-1, 民1)(이하 '[판결1]'이라 함)에 대한 평석에서 이러한 대법원의 결론에 동의하면서도 그 근거를 분양자 → 수분양자 → 중간전득자 → 현소유자 사이의 하자담보추급권의 연쇄적인 묵시적 양도[15]와 이에 대한 분양자의 포괄적 사전승낙[16]에서 찾고자 하였다. 즉, 분양자가 시공자에 대한 하자담보추급권을 원시적으로 취득하고, 그 후 분양자의 소유권 승계인들(수분양자부터 현소유자까지)은 하자담보추급권을 법정승계하는 것이라고

---

14) 손해배상채권의 경우는 금전채권으로 채무자의 무자력을 요건으로 하지만, 하자보수(청구)권의 경우는 특정채권, 즉 비금전채권으로서 채무자가 무자력이 아니더라도 보전의 필요성이 인정된다고 볼 수 있을 것이다.

15) 윤재윤, "집합건물의 하자담보책임에 관한 실무상 쟁점", 「저스티스」 제73호, 한국법학원, 2003. 6., 59면; 이준형, "집합건물법 제9조에 따른 구분소유자의 하자담보추급권", 「민사판례연구」 제28권, 박영사, 2006, 37-76면, 특히 52-54면.

16) 이준형(주 15), 37-76면; 같은 판결에 대한 또다른 평석으로는 임성근, "집합건물이 양도된 경우 하자담보추급권의 귀속관계", 「판례연구」 제15집, 부산판례연구회, 2003, 335-370면도 있다.

보고, 구분소유자가 분양자의 시공자에 대한 추급권을 '자신의 이름으로 행사'하는 것은 대위가 아닌 양도의 법리에 따라야 한다고 주장하였다.

(3) 현행 집합건물법 제9조는 제1항에서 "분양자"뿐 아니라 "시공자"도 "구분소유자에 대하여 담보책임을 진다."고 규정하여 위 2001다47733 이래 대상판결을 포함한 일련의 판례에서 나타난 문제점들에 대하여 입법적으로 해결을 도모하였다. 동조는 2012. 12. 18. 개정되어 2013. 6. 19.부터 시행에 들어간 것이기 때문에 대상판결 당시에는 구 집합건물법 제9조가 적용되었는데, 그 조문은 다음과 같았다. "① 제1조 또는 제1조의2의 建物을 建築하여 分讓한 者의 擔保責任에 관하여는 民法 第667條 내지 第671條의 規定을 準用한다. ② 第1項의 分讓者의 擔保責任에 관하여는 民法에 規定하는 것보다 買受人을 不利하게 한 特約은 그 效力이 없다."

다만, 흥미롭게도 대상판결의 해설에 "최근 2011. 8. 10. 입법예고된 집합건물법 개정안 또한, 종래의 집합건물법 제9조의 하자담보책임 주체에 시공자가 포함되어 있지 않다는 이해를 전제로, 기존의 책임주체인 '분양자' 외에 새로이 … '시공자'도 본조의 하자담보책임을 부담하도록 규정함으로써, 그 책임부담주체를 추가·확대하는 내용을 담고 있다는 점도 주목하여야 할 것이다."고 쓰여 있는 것을 보면 대상판결 당시에 대법원은, 한편으로는 구 집합건물법 제9조에 따른 책임은 시공자가 원칙적으로 지지 않는다고 보면서도 다른 한편으로 이를 입법자가 법률의 개정으로써 고치려 한다는 점을 분명히 인식하고 있었던 것으로 보인다. 따라서 오늘날 대상판결을 재검토하는 의의는 집합건물 분양자 등의 하자담보책임의 내용이 지난 2013년 개정 전후로 어떻게 변화하였는지를 확인함으로써 그 내용을 보다 분명히 한다는 데에서 찾을 수 있을 것이다.

2. 대상판결과 [판결1]의 비교

(1) [판결1]의 적극적 태도

(1) 제정 이래 2013년 개정 전까지 줄곧 집합건물법은 제9조 제1항에서 "[집합]건물을 건축하여 분양한 자의 담보책임에 관하여는 「민법」 제667조부터 제671조까지의 규정을 준용한다"고 규정했었다. 그리고 그 입법취지는 [판결1]의 설시처럼 "건축업자 내지 분양자로 하여금 견고한 건물을 짓도록 유도하고 부실

하게 건축된 집합건물의 소유자를 두텁게 보호하기 위하여 집합건물의 분양자의 담보책임에 관하여 민법상의 도급인의 담보책임에 관한 규정을 준용하도록 함으로써 분양자의 담보책임의 내용을 명확히 하는 한편 이를 강행규정화한 것"이라는 것이 실무의 확고한 입장이고, 학설 가운데에도 異見을 찾아볼 수 없었다.

위 규정에 따른 담보책임은 일정한 계약관계(분양계약의 유효한 성립)를 전제로 특별히 법률이 정한 책임이다. 이에 관해서는 다음과 같이 ① 책임의 성질, ② 책임추급의 권리자, ③ 책임부담의 의무자라는 3가지 점이 문제될 수 있는데, 대법원은 [판결1]에서 이 중 ①과 ②에 대하여 대단히 적극적인 태도를 보였다는 사실에 주목할 필요가 있다.

(2) 2013년 개정 이전의 집합건물법 제9조 제1항의 담보책임은 유효한 분양계약을 전제로 한 책임이지만[17] 분양계약이 책임의 근거가 되는 것은 아니다. 여기서 책임의 근거는 법률의 규정 그 자체이고 따라서 부당이득이나 불법행위와 마찬가지로 그 내용이 법률의 규정에 의하여 정해지는 법정채권관계이다. 원래 분양의 법률적 의미는 '사업자가 건축하는 건축물의 전부 또는 일부를 2인 이상에게 판매하는 것'을 말하므로(건축물의 분양에 관한 법률 제2조 2호), 당연하게 매매의 성질을 갖는다. 물론 현실에서 특히 신축건물의 先분양의 경우 도급의 요소가 두드러지게 나타나지만, 임대 후 분양전환이나 기존 단독건물의 분양과 같이 도급의 요소를 찾아보기 어려운 경우도 분양에 해당하기에 최소한의 기본적 요소는 매매라고 할 것이다.[18] 그럼에도 불구하고 모든 분양에 대하여 수급인의 담보책임을 준용하도록 하였는바, 이 또한 책임의 내용이 분양계약 자체가 아니라 법률의 규정에 따른 것임을 보여준다. [판결1] 역시 '분양자가 부담하는 책임의 내용이 민법상의 수급인의 담보책임이라는 것이지 그 책임이 분양계약에 기한 책임이라는 것은 아니'라고 판시하였다. 나아가 원래 민법상 증여자, 매도인, 수급인의 담보책임은 모두 임의규정이지만(제584조, 제672조 참조), 집합건물법 제9조 제2항

---

17) 따라서 분양계약이 무효 또는 취소되면 담보책임은 처음부터 문제가 되지 아니한다. 이와 관련하여 과거에 윤재윤, 『건설분쟁관계법: 건설소송의 쟁점과 실무』{제5판(전면보증판)}, 박영사, 2014, 339면에서는 "분양자와 수분양자 사이의 분양계약을 전제로 하여 분양계약상의 하자담보책임을 강화한 것으로 보는 것이 더 낫지 않을까?"라고 하기도 하였다.

18) 손금주, "住宅法施行令 제59조 제1항의 瑕疵補修責任期間에 관한 研究", 「건설재판실무논단」, 서울중앙지방법원 건설실무연구회, 2006, 94면: "분양계약의 법률적 성격에 관해서 그 체결 시기가 공동주택의 완공 전인지 후인지를 불문하고, 적어도 신축 중이거나 신축된 공동주택의 재산권을 취득케 하는 계약이라는 점에서 매매의 성질을 갖고 있다는 데 이론이 없어 보인다." 분양계약의 법적 성질에 관한 논의의 정리는 손금주, 같은 글, 94-96면 참조.

은 "담보책임에 관하여 「민법」에 규정된 것보다 매수인에게 불리한 특약은 효력이 없다"고 못 박음으로써 담보책임의 근거가 되는 법률규정이 강행법규임을 분명히 하였다.

(3) 둘째, 담보책임을 물을 수 있는 권리자에 관하여 구 집합건물법 제9조 제1항은 정면에서 이를 규정하지 않고 제667조 내지 제671조를 '준용'하는 데 그쳤으나, 동조 제2항은 이를 '매수인'이라고 명시하였다. 이 '매수인'을 분양계약의 당사자인 매수인, 즉 수분양자로 좁게 해석할 수 있고 또 실제로 과거에 그와 같이 보는 것이 일부 하급심의 해석이었으나,[19] 2003. 2. 11. 대법원의 선례 이후 오늘날에는, 집합건물 양도 당시 양도인이 하자담보추급권을 행사하기 위하여 유보하였다는 등의 특별한 사정이 없는 한, 분양계약의 당사자가 아닌 현재의 구분소유자를 권리자로 보는 것이 확고한 실무이고, 학설도 대체로 그러한 결론을 지지한다.[20] 법률이 협소하게 규정하고 있음에도 불구하고 실무가 타당하게도 '明文에 반하는 해석'으로써 이를 확대한 것이다. 다만, 여기서 문제는 '하자'의 기준을 어떻게 볼 것인가 하는 점인바, 실무는 아직 명확하지 않으나, 적어도 분양자에 대한 책임추급의 경우는 분양자와 수분양자가 체결한 분양계약이 기준이 된다고 보아야 할 것이다.

(2) 대상판결의 소극적 태도

(1) 담보책임을 부담하는 의무자에 대하여 원래 집합건물법 제9조 제1항은 '[집합]건물을 건축하여 분양한 자'라고 하면서도 동조 제2항에서는 '제1항의 분양자의 담보책임'이라 하여 서로 상이한 표현을 사용하고 있었다. 前者인 '건축하여

---

19) 가령 앞의 주 13에서 인용한 판결의 원심인 부산고판 2001. 6. 15. 2000나9802(미공가)는 원고들(구분소유권의 승계인)이 그 피승계인들로부터 소유권 외에 하자에 따른 손해배상청구권까지 함께 승계하였다는 점을 인정할 아무런 증거가 없고, 원고들이 양수받을 당시 그 전소유자들과의 사이에 하자보수 또는 손해배상청구권 또한 함께 이전하기로 하는 약정 내지 의사가 있었다거나 피고(분양자)가 수분양자들과의 분양계약시 그들뿐만 아니라 그 특정승계인들에 대하여도 수분양자에 대한 것과 동일한 하자담보책임을 질 약정을 하였다거나 그러한 의사가 있었다고 볼 아무런 증거가 없으며, 공동주택의 매매 등 거래에 있어 그러한 사회통념이 존재한다고 볼 수도 없다고 판단하여 원고들의 하자담보책임 추급을 배척하였다. 학설로는 윤인태, "집합건물 분양자의 하자담보책임: 특히 아파트를 중심으로", 「판례연구」 제12집, 부산판례연구회, 2001, 188면이 수분양자인 최초의 구분소유자만을 의미한다는 입장을 취하였다.

20) 이준형(주 15), 37－76면; 임성근(주 16), 335－370면; 이준형, "건물의 양도시 하자담보추급권자: 프랑스 법으로부터의 시사와 집합건물법 제9조의 적용 확대 가능성", 「비교사법」 제15권 제3호(통권 제42호), 한국비교사법학회, 2008. 9, 259－294면.

분양'은 다음과 같이 몇 가지로 해석할 수 있는바, 먼저 이를 (ⅰ) '건축하고 분양'으로 보면 문언 자체에는 충실한 해석이라 하겠지만, 분양자가 시행과 시공을 모두 한 경우만을 가리키게 되어 지나치게 협소하고 따로 규정을 마련한 취지에도 맞지 않는다. 반면에 (ⅱ) '건축하여' 문구를 무시하고[21] '분양'만으로 충분하다고 보면 임대 후 분양전환이나 기존 단독건물의 분양까지 포함시킬 수 있어 규율의 공백은 줄일 수 있고,[22] 비록 제1항의 문언에는 반하지만 적어도 제2항의 문언에는 부합하는 해석이 되지만, 앞서 보았듯이 분양자에 대한 추급이 현실적으로 어려운 경우에는 구제수단이 없게 된다. 끝으로 (ⅲ) '건축 또는 분양'으로 해석하면 단순분양자뿐만 아니라 시공자에 대해서까지도 책임을 물을 수 있어 구제의 공백을 줄일 수 있고, 시공자에게 하자보수의무(예외적으로 손해배상의무)를 인정하는 주택법(2016. 1. 19. 법률 제13805호로 전부개정되기 전의 것) 제46조의 규율태도와도 부합하며, 또한 하자의 궁극적인 원인제공자는 결국 시공자란 점에서도 타당하지만, 이러한 해석은 집합건물법 제9조 제1항 및 제2항 어느 쪽의 문언과도 합치하지는 아니한다.

⑵ 그런데 바로 이 점에 대하여 법원은 앞서 첫 번째, 두 번째 점(위 1)의 ⑵, ⑶)과는 달리 계약 패러다임에 충실한, 어떻게 보면 다소 형식논리적인 접근방식을 취하였다. 대상판결 이전의 판결 중에는 대판 2003. 11. 14, 2002다2485(公2003, 2329)(이하 '[판결2]'라 함)처럼 시공자의 지위와 분양자의 지위가 준별됨으로 전제로, 다만 "이 사건 상가분양계약상 피고[시공자]가 계약해제권을 갖는 한편 계약해제시 기납부 분양대금의 반환책임 역시 피고가 부담하며, 피고 명의로 상가에 관한 소유권보존등기를 경료하도록 한 점 등에 비추어 보면, 피고는 단순한 시공자 겸 공급대행자의 지위를 넘어 [시행자인 재건축조합과 공동으로] 실질적인 분양자의 지위에 있다고 판단"한 원심의 판단을 수긍한 것이 있는가 하면 대판 2009. 1. 30, 2008다12507(未刊行)(이하 '[판결3]'라 함)처럼 "{시공자 등의 하자보수의무만을 규정한 주택법(2016. 1. 19. 법률 제13805호로 전부개정되기 전의 것) 제46조 제1항, 내력구조부에 중대한 하자가 발생한 경우 시공자 등의 손해배상의

21) 김미리(주 1), 523면의 주 6은 "위 '건축하여'라는 부분은 집합건물 분양자의 전형적인 경우를 지칭하는 것으로 이해할 수 있을 것"이라고 설명한다.

22) 김미리(주 1), 523면의 주 6도 "非適用說을 채택하는 경우에는 '매도 후 분양'이나 '임대 후 분양' 방식을 통하여 이러한 집합건물법에 의한 하자담보책임을 회피하는 탈법이 조장될 우려가 있다"고 한다.

무를 규정한 같은 조 제3항, 집합건물법 제9조} 각 조항을 근거로 시공자에게도 하자보수에 갈음한 손해배상의무가 있다고 보기는 어렵고, 달리 이를 인정할 근거가 없다"고 한 원심의 판단을 그대로 인정함으로써 (iii)의 해석을 명시적으로 배척하고 (ii)의 해석을 채택하였음을 분명히 한 것이 있었다.

한편 대상판결의 원심판결이 ① 시공자가 도급계약에서 주택건설사업의 승인 및 승인된 사항을 변경할 때 적극 협조하기로 한 점, 감리자선정비용 및 감리비용을 부담하고 설계기준도 분양자와 협의하여 결정하기로 한 점, 분양자가 임의로 분양처리하고 그 수입금을 임의로 사용하면 시공자가 공사를 중지하고 계약해제를 할 수 있도록 한 점, 시공자가 분양대행과 관련된 권리를 행사하고 분양수입금관리도 담당하기로 한 점, 시공사는 보고한 기성금 범위 내에서 분양자에 대한 통보만으로 바로 분양수입금으로 기성금에 충당할 수 있는 등 분양수입금의 인출에서도 분양자보다 주도권을 가진 점 등만으로는 시공자를 분양자와 공동사업주체라고 할 수 없고, ② 하자담보책임을 부담하는 사업주체의 범위에 시공자도 포함시킨 주택법(2016. 1. 19. 법률 제13805호로 전부개정되기 전의 것) 제46조 제1항은 2005. 5. 26. 개정으로 신설된 것인데, 그 소급적용을 규정한 주택법 부칙 제3항이 헌법위반으로 무효가 되었으므로 이 사건에는 적용이 없다고 한 것은 각각 [판결2]와 [판결3]의 위 판시사항을 다분히 의식한 이유설시라고 볼 수 있다.

(3) 드디어 대상판결에 이르러 "집합건물 '분양자'의 하자담보책임에 관하여 규정하고 있을 뿐이므로, 집합건물의 시공자는 그가 분양계약에도 참여하여 분양대상인 구분건물에 대하여 분양에 따른 소유권이전의무를 부담하는 분양계약의 일방 당사자로 해석된다는 등 특별한 사정이 없는 한, 구 집합건물법 제9조에 의한 하자담보책임을 부담하는 것으로 볼 수 없다"고 하여 (ii)설의 입장을 다시금 분명히 하면서 여기에 담보책임의 의무자=분양계약의 당사자(소유권이전의무 및 계약해제시 대금반환의무를 부담하는 자[23])라는 기준을 새롭게 제시하였다. 대상판결의 이러한 입장은 다음 2가지 차원에서 평가할 수 있다.

첫째, 분양계약의 要素를 소유권이전의무와 대금지급의무로 이해했다는 점에서 분양계약이 기본적으로 매매라는 입장을 취한 것으로 해석할 수 있다. 특히 [판결2]는 이 사건의 시공자가 실질적인 분양자의 지위를 함께 갖는다는 전제에서 그

23) 김미리(주 1), 523면 참조.

를 상대로 분양계약을 해제할 수 있다고 판시하였다. 즉, "집합건물의 분양계약에 있어서는 민법 제668조 단서가 준용되지 않고 따라서 수분양자는 [매수인과 마찬가지로] 집합건물의 완공 후에도 분양 목적물의 하자로 인하여 계약의 목적을 달성할 수 없는 때에는 분양계약을 해제할 수 있다."

둘째, 대상판결에서 분양이 계약이라는 사실에 대한 새삼스러운 강조는 [판결1]이 성취하였던 성과(부실건축 집합건물 소유자의 두터운 보호를 위한 법정책임)와 조화되기 어렵다.[24] [판결1]과 대상판결의 논리를 종합하면 담보책임의 권리자는 분양계약의 당사자가 아니어도 되지만, 그 의무자만은 분양계약의 당사자이어야만 한다는 결론에 이르기 때문이다. 법정책임의 의무자는 입법의 취지를 고려한 법률의 해석에 의해서 정하면 되는 것이지 이를 다시 "계약해석에 따라 결정된다"고 할 필요는 없다.[25] 실제로 [판결1]을 보면 "집합건물법 제9조는 건축업자 내지 분양자로 하여금 견고한 건물을 짓도록 유도하고"라고 하여 명시적으로 건축업자를 분양자와 나란히(그러나 별도로) 언급하였다.

(4) 한편 대상판결의 기준(담보책임의 의무자를 분양계약상 소유권이전의무자로 제한)에 따르면 "분양의 전 과정에 상당부분 관여하여 어찌 보면 '분양을 주도한 자'로 볼 수 있거나 분양자와 서로 분양수익을 나누어 갖는 관계 등에 있어 '내부적으로는 공동분양자 내지 내적 조합원'이라고 하더라도 … '분양자'가 아니"고, 다만 "수분양자나 구분소유자 또는 기타 제3자에 대하여 불법행위책임을 부담할 수 있음은 별개의 문제"라고 한다.[26]

시공자의 부실시공으로 인한 제3자(수분양자나 구분소유자 이외의 자)가 손해를 입었다면 피해자는 도급인이 아닌 시공자를 상대로 직접 제750조의 불법행위책임을 물을 수 있다(제757조 본문 참조). 그런데 시공자의 부실건축으로 인하여 수분양자나 구분소유자가 시공자를 상대로 직접 제750조의 불법행위책임을 물을 수

24) 反對 김미리(주 1), 523면: "위 책임은 이를 굳이 권리자와 의무자 사이에 어떤 직·간접의 분양계약관계나 그에 기초한 채권채무관계가 존재할 것을 전제로 하는 책임으로 이해할 필요는 없다고 보는 견해에서도, 본조가 그 책임주체에 관하여 '건축하여 분양한 자' 내지 '분양자'라고 규정하고 있는 이상, 집합건물의 '분양자'라는 최소한의 요건을 갖추지 아니한 단순 시공사가 본조의 하자담보책임을 부담하고 보기는 어렵다고 하겠다."

25) 그러나 김미리(주 1), 523면의 주 7은 이렇게 주장하면서 "당사자의 명의나 신용이 특별히 중시되는 부동산양도계약의 특성에 비추어, 통상적으로는 계약명의자가 분양계약의 당사자라고 보아야 할 것이다"고 하고, 일반적인 부동산매매계약의 사안인 대판 1997. 5. 16, 95다29116; 2003. 9. 5, 2001다32120 등을 인용한다.

26) 김미리(주 1), 523-524면.

있는가는 (적어도 지금까지의 판례와 학설의 상황에 비추어볼 때에) 반드시 명확하다고는 할 수 없다. 이에 관한 검토는 대상판결의 판례평석의 범위를 벗어나는 것으로 여기에서는 생략하지만, 만약 이를 긍정한다면 나아가 이 역시도 [판결1]에서 말하는 '부실건축 집합건물 소유자의 두터운 보호를 위한 법정책임'이라고 보지 못할 이유는 없다는 입론도 불가능하지 않을 것이다(물론 '담보책임'이란 명칭을 여기에 부여할 수 있는지 하는 문제는 남는다).

3. 구분소유자에 의한, 분양자 · 시공자 사이의 도급계약상의 책임추급

(1) 출발점으로서 [판결1] 법리의 확장

분양자가 건축공사를 스스로 진행하지 않고(대부분의 경우가 스스로 진행하지 않는다) 전문건설업자에게 이를 맡기는 경우, 분양자는 도급인의 지위를 갖게 된다. 그리고 완성된 목적물에 하자가 있으면 분양자는 공사를 한 자를 상대로 하자담보책임을 물을 수 있는데, 이 때 분양자가 완성된 목적물의 소유권을 취득하는 것은 매매가 아니라 도급계약에 기한 것이므로 매수인으로서가 아니라 도급인으로서 담보책임을 물을 수 있다. 분양자가 그 후 분양계약에 따라서 수분양자에게 목적물을 양도하면 수분양자는 분양자의 승계인으로서 목적물의 소유권을 취득하는데, 그 과정은 수분양자가 다시 그 목적물을 제3자에게 양도하고 그 제3자가 수분양자의 승계인으로서 목적물의 소유권을 취득하는 것과 다르지 아니하다. 하자담보추급권을 대물적 권리로 파악하여 소유권의 종된 권리로 보는 입장에 따르면[27] 본래 수분양자의 하자담보추급권은 원시적인 것이 아니라 그가 분양자(도급인)의 시공자에 대한 하자담보추급권을 승계적으로 취득하는 것이다. [판결1]에서 B(분양자) → C(수분양자) → D(현소유자)라는 '소유권이전' 관계를 전제로 하여 설시한 법리를 A(시공자) → B(분양자) → C(수분양자) → D(현소유자)라는 '목적물인도' 관계로 확대하여 보면 하자담보추급권의 원시적 취득자는 C가 아니라 B라는 점이 분명해진다(물론 다음 2. (1)에서 보듯이 C가 처음 취득하는 하자담보추급권도 있으나 양자는 그 내용을 달리한다).

이하에서는 [판결1]의 법리를 시공자와 분양자 사이에도 확대할 수 있는지, 있다면 기존 논의에 어떠한 변화가 있을지를 살펴본다. 한편 설계 · 시공자는 수분

27) 이에 관해서는 이준형(주 15), Ⅲ. 3.(64-71면) 참조.

양자의 입장에서 보면 도급인(분양자)의 이행보조자에 해당하여 그의 급부로 인한 결과(하자)에 대하여는 본인이 직접 책임을 지기보다는 채무자인 분양자가 책임을 지는 것이 원칙이겠으나, 보통의 이행보조자자와 마찬가지로 채무자와 별도로 불법행위책임(민법 제750조 이하)을 부담하는 것도 가능하다.

(2) 법정승계 구성의 근거

⑴ 일단 분양계약의 본질이 매매임에도 불구하고 분양자의 담보책임의 내용에 수급인의 담보책임에 관한 민법의 규정을 준용하는 것이 쉽게 설명이 된다. 그리고 승계취득이기 때문에 수분양자가 분양자와의 분양계약에서 취득하는 매수인으로서의 권리(가령 하자로 인하여 계약목적을 달성할 수 없을 경우의 해제권)는 별도의 것이므로 양자는 병존도 가능하다. 다만 양자는 근거와 상대방에 있어 서로 구별되기 때문에 수분양자는 시공자에 대해서는 승계취득한 권리, 즉 수급인의 담보책임(하자보수)을, 그리고 분양자에 대해서는 원시취득한 권리, 즉 매도인의 담보책임(계약해제)을 각각 물을 수 있다. 그런데 계약해제권은 계약당사자의 지위와 대단히 밀접하게 결부되어 있는 권리로서 양도나 대위와 친하지 않는 권리이다. 또한 실제의 필요성이란 측면에서 보더라도 양도나 대위를 인정해야 하는 필요성도 거의 없다. 예를 들어 집합건물의 인도가 A(시공자) → B(분양자) → C(수분양자) → D(현재 구분소유자)의 순으로 이루어진 경우에 하자로 인하여 계약의 목적을 달성할 수 없었다면 C는 B와의 분양계약을, D는 C와의 매매계약을 해제하면 되지 굳이 다른 계약의 해제를 주장할 필요가 없다. 이렇게 보면 [판결1]에서 구분소유권의 승계인이 직접 계약관계에 없는 분양자에게 행사할 수 있는 '하자담보추급권'은 하자보수 내지 그에 갈음하는 손해배상의 권리로 제한되며, 이는 도급인인 분양자가 수급인에 대하여 행사할 수 있는 권리, 즉 승계취득한 권리에 해당한다는 결론에 이른다.

⑵ 건물의 하자제거에 보다 절실한 이해관계를 가진 쪽은 양도인이 아니라 양수인이다. 더 이상 건물을 소유하지 않은 양도인에게 하자담보추급권을 인정하면 그는 그 권리를 낮은 가격으로라도 환가하려는 유혹에 빠지기 쉽고, 그리하여 의무자가 낮은 비용을 지급하고 면책을 받으면 그로 인한 손해는 고스란히 양수인과 사회 전체의 몫이 된다. 그런 점에서 [판결1]은 논리 여하를 떠나서 결론에 있어 타당한데, 생각해보면 이러한 논리는 최초의 소유자인 도급인과 그 직접승계

인 사이에서도 적용된다. 즉, 도급인이 목적물의 하자에도 불구하고 제값을 받고 이를 다른 사람에게 처분한 경우, 수급인에 대하여 갖는 하자담보추급권은 원칙적으로 소유권과 함께 새로운 소유자에게 이전한다고 보는 것이 여러 모로 타당하다.[28] 시공자의 입장에서도 목적물이 부동산인 건물로 제자리에서 그 용법에 따라 사용되고 있는데도 단지 도급인의 교체라는 우연한 사정을 내세워서 자신이 본래 부담하기로 한 책임의 消長을 주장할 수 있다고 하기는 어려울 것이다. 도급계약에서 상대방이 누구인가는 일반적으로 계약의 중요한 부분이 아니기 때문이다. 결국 이렇게 보면, 오히려 하자담보책임의 시원적 의무자는 하자 있는 목적물을 인도한 분양자가 아니라 하자 있는 목적물을 만들어낸 시공자이다.

(3) 대위 또는 법정승계의 요건('하자')과 효과

(1) 그런데 도급인과 수급인 사이에는 도급계약이 있었으나 도급인과 그 승계인, 그리고 그 승계인과 다음 승계인 사이에는 모두 매매계약이 체결되었는데, 동일한 목적물에 대한 이러한 이질적인 계약의 중첩은 담보책임의 대상인 '하자'의 해석에서 고려하여야 한다.

일단 도급인이 수급인에게 담보책임을 물을 수 있는 하자와 도급인의 승계인이 매도인인 도급인에 대하여 담보책임을 물을 수 있는 하자는 각 해당 계약에서 하자판정의 기준이 되는 성상과 용도에 대한 명시적 혹은 묵시적 합의 여부 및 그 내용에 따라서 정해진다.

그러나 도급인의 승계인과 수급인 사이에는 아무런 계약관계가 없다. 그럼에도 불구하고 前者가 後者를 상대로 건물의 하자를 이유로 책임을 물을 수 있다고 본다면 그 때의 하자는 무엇을 기준으로 판정할 것인지가 문제된다.

먼저 생각해볼 수 있는 것은 (ⅰ) '건물로서의 기본적인 안전성'이다(아래 Ⅲ.에서 인용하는 일본 최고재판소 판결 내용 참조). 여기에는 건축법 등 관계법령에서 정하는 건물로서의 '최소한의' 안정성 기준은 당연히 포함되는바, 이에 미달하는 건축물은 위법한 건축물로서 시정명령, 대집행 등의 대상이 될 운명에 있기 때문이다. 또한 '일반적으로 승인된 기술규칙'에 따라 시공하겠다는 약정은 그 이상의 책임을 제한하겠다는 의미라기보다는 최소한 기술적으로 그보다 낙후된 시공을

28) 실제로 독일 등에서는 부동산개발업자(Bauträger)가 구분행위를 하면서 수급인인 시공업체에 대한 하자담보추급권을 소유권과 함께 양도하는 것이 관행이라고 한다.

하지 않겠다는 의미로서 이해하여야 한다.[29] 그런데 이들 건축법령 또는 일반기술수준에 따른 기준은 그 자체로서 도급계약 혹은 분양계약의 일부에 포함된다기보다는 당사자의 묵시적 약정 내지 합리적 기대를 통하여 계약내용의 일부가 된다고 보는 것이 타당한데, 왜냐하면 강행규정이 아닌 한 명시적 약정으로 배제할 수 있기 때문이다(다만 그와 같은 명시적 배제약정이 예외적으로 있는 경우는 승계인에 대하여 이를 고지하여야 할 신의칙상 의무를 원칙적으로 인정하여야 할 것이다). 특히 건물의 설계 또는 시공 단계에서 이미 공동주택, 구분점포 등과 같이 그 '용도'가 정해져 있는 경우는 당해 용도의 건물로서의 기본적인 안정성도 추가로 갖추어야 함은 물론이다.

다음으로 (ii) 수급인이 도급계약에서 도급인과 합의한 특별한 성상 또는 용도의 내용도 도급인의 승계인과의 관계에서 하자의 기준이 될 수 있지 않을까 한다. 그와 같은 성상 또는 용도의 합의는 목적물 자체에 관한 것이기 때문에 굳이 상대방이 누구인지가 중요하지 않고, 또 목적물의 양도가 있었는지 여부에 따라서 책임 유무가 달라진다는 것은 어색하기 때문이다. 실제로 신축된 공동주택에서 입주가 시작되고 하자가 발생한 경우에 시공자는 미분양 부분뿐만 아니라 분양부분에 대한 하자보수도 동일하게 하고 있고, 여기서 추급권자가 도급인(분양자)이냐, 도급인의 승계인(구분소유자) 혹은 그 대리인(관리인)이냐는 법률구성의 문제에 불과하다. 계약상 제3자를 급부의 수익자에 포함시키는 법률구성은 우리 법상 분명히 허용된다.

이에 반하여 (iii) 분양계약에서 도급인(분양자)과 그 승계인(수분양자)이 합의한 특별한 성상 또는 용도의 내용은 원칙적으로 시공자가 도급인의 승계인에게 책임 있는 하자가 아니다(그러나 이것은 어디까지나 대위책임 혹은 법정승계의 관점에서 그러하다는 것이고, 시공자의 불법행위책임까지 전적으로 배제되는 것은 아니다).

(2) 도급인이 수급인에 대하여 행사할 수 있는 권리로 제667조는 하자보수 및 손해배상을 규정하고 있다.

하자보수청구권의 법적 성질이 청구권인가, 형성권인가는 다툼이 있을 수 있다. 양자의 차이는 하자보수채무의 이행기 및 이행가능시기와 관련하여 나타난다. 청구권으로 보면 서로 대립하는 하자보수채권과 하자보수채무는 하자가 존재하면

29) 이 점에 관해서는 이준형, "수급인의 하자담보책임에 있어 하자의 개념", 「민사법학」 제25호(2004. 3.), 105면의 서술을 참조.

즉시 성립하기 때문에 수급인의 하자보수의 제공을 도급인이 거절하면 수령지체가 되지만, 형성권으로 보면 처음에는 하자보수청구권만 있고 권리자가 이를 선택 행사하여야 하자보수의 채권채무가 비로소 성립하기 때문에 선택 이전에는 수령지체의 문제가 발생할 여지가 없다. 또한 청구권으로 보면 소멸시효 하나로 충분하지만, 형성권으로 보면 제척기간과 소멸시효 양쪽을 필요로 한다.[30] 독일민법과 같이 하자보수청구권을 다른 모든 구제수단보다 우선하여 행사해야 하는 권리로 보는 법체계에서는 하자가 있으면 당연히(권리자의 별도의 의사표시 없이) 성립하는 청구권이라고 보겠지만, 우리 민법과 같이 도급인이 하자보수청구권과 손해배상청구권 중 하나를 자유롭게 선택할 수 있도록 한 법체계에서는 오히려 권리자의 의사표시를 요구하여야 하지 않을까 한다.

이에 반하여 손해배상은 (ⅰ) 대금감액적 손해배상, (ⅱ) 하자보수에 갈음하는 손해배상, (ⅲ) 하자보수와 함께 하는 손해배상의 3가지 성격을 가질 수 있는바, 간단하게 각각을 설명하면 다음과 같다. (ⅰ)은 제580조(제575조)에서와 다찬가지로 '손해배상'이란 이름을 사용하고 있지만 그 실질은 제572조 제1항·제574조에서 규정하는 대금감액청구권과 동일하므로 그 내용은 등가관계의 유지를 목적으로 하는 신뢰이익(하자가 없으리라 믿었음으로 인한 손해)의 배상이다. 그 법적 성질은 일부해제로 보는 것이 보통이고, 따라서 권리자의 일방적 의사표시를 통하여 행사할 수 있는 형성권으로서 권리만 있을 뿐 그에 대응하는 의무는 따로 없으며, 다만 이를 행사하면 새로운 채권채무관계(감액된 대금채무, 기지급분 중 일부대금의 반환채권 등)가 성립한다. 다음으로 (ⅱ)는 하자보수청구권의 변형태(금전적 등가물)이므로 그 법적 성질은 하자보수청구권의 법적 성질과 동일하게 보아야할 것이며, 그 내용은 하자제거비용의 배상이다. (ⅰ)(ⅲ)의 손해배상과 달리 도급에 특유한 유형이다. 끝으로 (ⅲ)은 '하자보수를 하더라도 남는', 다시 말해서 하자보수와 상관없는 손해배상으로서 하자 그 자체 이외의 법익에 대한 추가적인 손해의 배상, 즉 하자확대손해의 배상을 가리키고 따라서 통상의 채무불이행에 기한 손해배상(제390조)에 다름 아니다. 따라서 (ⅰ)(ⅱ)와는 달리 채무자의 고의 과실을 요하고, 하자의 존재만으로 당연히(권리자의 별도의 의사표시 없이) 성립하는 전

30) 가령 김도균, "아파트 분양자의 하자담보책임과 대한주택보증 주식회사의 하자보수보증", 「실무연구 Ⅲ」, 서울지방법원 남부지원, 2003. 2., 237－284면은 제척기간 내에 권리를 행사하면 하자보수청구권이 '보전'되고(이 점에서 하자보수청구권을 형성권으로 보는 견해와 차이가 나긴 하지만) 일단 보전된 권리는 그때부터 소멸시효가 진행한다고 본다.

형적인 청구권이며, 이행이익의 배상을 원칙으로 한다. 이상의 3가지 손해배상을 예를 들어서 설명하자면, 가령 도급인이 수급인에게 2억원의 대금을 미리 지급하고 공사를 맡겼으나 완성된 목적물에 하자가 있었다면, 먼저 도급인은 수급인을 상대로 하자보수를 청구하거나, 아니면 제3자에게 하자보수공사를 맡길 요량으로 그 예상소요비용 5천만원을 하자보수에 갈음하는 손해배상으로 청구할 수 있다. 아니면 대금감액적 손해배상을 청구하여 5천만원의 반환을 청구할 수도 있다. 그런데 하자보수로 인하여 목적물의 이용이 늦어져 그로 인하여 1천만원의 손해가 있었다면 수급인이 고의 과실 없음을 입증하지 못하는 한 그 손해는 하자보수와 함께 하는 손해배상으로 청구할 수 있다.

도급인(분양자)이 수급인에 대하여 원시적으로 취득하는 하자담보추급권 가운데 도급인(분양자)의 승계인에게 당연히 승계적으로 이전되는 하자담보추급권은 하자보수 및 그에 갈음하는 손해배상의 권리이다. 나머지 권리인 계약해제권, 대금감액적 손해배상, 하자보수와 함께 하는 손해배상은 계약당사자의 지위와 밀접하게 결부된 권리로서 양도의 대상이 아니거나(계약해제권, 대금감액권), 권리자 개개인에게 발생한 하자확대손해(하자 자체의 손해 이외의 추가적 법익에 대한 손해)에 대한 대인적 권리로서 따로 명시적 양도행위를 요하기(하자보수와 함께 하는 손해배상) 때문에 당연승계의 대상이 아니다.

시공자는 목적물의 양도라는 우연한 사정으로 이득을 얻어서는 안 되지만, 그렇다고 불이익을 얻어서도 안 되므로 승계인에 대한 그의 책임기간 역시 애초에 도급계약에서 정한 기간, 즉 특약이 없는 한 건물의 경우는 인도 후 5년 또는 10년의 제척기간(제671조)이 된다고 할 수 있다.[31] 그러나 하자보수에 갈음하는 손해배상청구권은 이행기의 정함이 없는 채무로서 이행청구를 받은 때로부터 지체책임이 있다고 보고 '소멸시효'에 걸리며[32] 그 기산점은 목적물을 '인도'한 때부터

31) 대판 1990. 3. 9, 88다카31866(集38－1, 民121) 등 확고한 판례는 제671조의 기간을 제척기간 중에서도 재판상 또는 재판 외의 권리행사기간으로 보고 재판상 청구를 위한 출소기간으로 보지 아니한다.

32) 『주석 민법』 채권각칙(제4판) 제667조(이준형 집필부분), 한국사법행정학회, 2016 중 V. 2. 가. 및 나. 참조. 김진우, "청구권에 관한 제척기간과 소멸시효", 「재산법연구」 제26권 제3호, 2010. 2., 22면은 소멸시효와 제척기간이 경합할 수 있다면 양 제도를 달리 파악할 필요성이 있는지 의문이라고 하면서 김진우, "도급계약에서의 담보책임기간", 「민사판례연구」 제34권, 2012. 2., 492면은 2008다12439를 수급인의 담보책임에 관하여 처음으로 그러한 경합을 인정한 판결로 인용하였다. 이에 대하여 구태희, "입주자대표회의가 한 하자보수청구와 구분소유자에게 귀속하는 하자보수에 갈음한 손해배상청구권의 제척기간과의 관계", 「민사판례연구」 제34권, 2012. 2., 451－452

가 아니라 "각 하자가 발생한 시점부터 별도로 진행한다."[33]

또한 수급인이 하자의 존재를 알고도 고지하지 않은 경우(오시공이나 미시공의 경우는 이러한 경우가 많을 것이다)는 제척기간이 도과한 때에도 수급인의 면책주장은 신의칙에 반한다고 보아야 한다. 판례는 제672조를 담보책임면제특약뿐 아니라 책임기간을 단축하는 약정에도 적용하여, 가령 수급인이 설계도에 PC판으로 시공하도록 되어 있던 부분을 합판으로 시공하였기 때문에 도급계약에서 약정한 2년의 하자담보책임기간이 경과한 후에 합판이 부식되어 기와가 함몰되는 손해가 발생하였다면 도급인과 수급인 사이에 하자담보책임기간을 준공검사일부터 2년간으로 약정하였다 하더라도 수급인이 그와 같은 시공상의 하자를 알고 도급인에게 고지하지 않은 이상 책임기간의 도과만으로 면책을 주장할 수 없다고 보았는 바,[34] 사안에 따라 그와 같은 취지는 법정책임기간의 도과에 따른 면책주장에도 적용될 수 있다고 보기 때문이다.

(3) 끝으로 건물건축공사에 참가하는 자로는 시공자 외에도 건축사(설계자·공사감리자), 건축기사, 자재공급업자, 중기운전자 등 다양한 직업군이 존재하는데, 이들과 도급인 사이에 체결되는 계약은 획일적이지 않고, 이들이 하자발생에 기여하는 형태도 제각각이기에 개별적인 검토가 필요하다. 여기에서는 건설현장에서 가장 많이 등장하는 건축사의 예를 들어 설명한다.

전통적으로 건축사는 변호사와 의사 등과 마찬가지로 전문적 노무를 제공한다고 보아 이를 목적으로 하는 계약을 위임으로 보는 것이 일반적이지만, 설계와 공사감리는 건물이라는 유형의 결과완성을 직접적인 목적으로 하는 것이므로 도급과 마찬가지로 담보책임(제667조 이하)을 인정하는 것도 생각해볼 수 있다. 그렇게 보지 않으면 위임계약의 불이행으로 인한 책임이 10년의 소멸시효에 걸리는데 반하여(제162조 제1항), 수급인의 하자담보책임은 5년 또는 10년의 제척기간에 걸리기 때문에 後者의 기간을 도과한 도급인으로서는 수임인의 불이행책임을 물

면의 주 33은 同 판결의 선고경위(2005. 5. 26. 개정주택법의 전면 적용으로 민법상 제척기간의 적용이 배제된다는 전제하에 5년의 상사소멸시효를 적용하는 하급심판결이 다수 선고되는 과정에서 대법원에서 소멸시효에 관한 판시가 이어진 것이라는 사정)에 관하여 보면 이해할 수 있다고 반박한다.

33) 대판 2009. 2. 26, 2007다83908(公2009上, 407)

34) 대판 1999. 9. 21, 99다19032(公1999, 2196). 그 해설로는 김창보, "수급인이 알고 고지하지 아니한 사실에 대하여는 담보책임을 면하지 못한다는 민법 제672조의 규정이 담보책임기간단축약정의 경우에도 유추적용되는지 여부", 「대법원판례해설」 제33호(1999년 하반기), 법원도서관, 2000. 5., 11－18면.

을 수밖에 없다. 그런데 도급인에게 배상의무를 이행한 수임인의 경우, 만약 그 하자에 수급인의 책임도 있는 때에는 수급인에게 구상을 할 수 있어야 하는데, 수급인이 이러한 구상요구에 대하여 담보책임기간의 도과를 내세워 거절할 수 있다면 수임인은 부담부분 이상의 손해를 입게 된다. 실제로 1911년 스위스채무법 개정으로 신설된 제371조 제2항은 건축수급인에 대한 하자담보추급권의 '소멸시효'[35]를 '건축을 위하여 노무를 제공한' 건축사 내지 건축기사에도 적용하도록 하였는데, 이는 건축사 등의 계약책임에 적용되는 시효기간이 건축수급인의 하자담보책임기간보다 길어지는 것을 막음으로써 당시의 통설에 따라서 수임인의 구상권이 수급인의 시효완성 주장으로 차단되는 사태를 방지하기 위해서였다고 한다.[36] 우리의 경우는 공동불법행위자 중 1인의 손해배상채무가 시효로 소멸한 후에 다른 공동불법행위자 1인이 피해자에게 자기의 부담 부분을 넘는 손해를 배상하였을 경우에도 그 공동불법행위자는 다른 공동불법행위자에게 구상권을 행사할 수 있다는 판례[37]가 있기는 하지만, 권리자가 다른 의무자 사이에서 구체적으로 하자추급권을 행사하지 않은 상태로 제척기간이 도과하여 권리 자체가 소멸한 경우에도 동일하게 볼 수 있는지는 좀 더 검토를 요한다.

Ⅳ. 결 론

현행 집합건물법 제9조 제1항이 구법과 달리 담보책임의 추급권자를 '구분소유자'라고 명백히 밝힌 것은 적극적으로 구분소유자의 권리라고 선언하였던 [판결1]의 조문화임은 의문의 여지가 없다. 또한 동 조항에서 분양자 외에 '시공자'를 추가한 것은 소극적으로 시공자의 담보책임을 부정하였던 [판결3] 및 대상판결에 대한 입법적 개입임도 이견이 없을 것이다.

조문만 보면 한편으로 시공자에 대한 책임추급은 무자력의 경우로 한정된 것처

---

35) 스위스와 독일에서는 우리법과 달리 수급인의 담보책임은 제척기간이 아닌 소멸시효에 걸리는 것으로 규정한다.

36) 그 개정의 배후에 스위스 건축기사 및 건축사 협회의 끈질긴 로비가 있었음은 Botschaft vom 3. 3. 1905, BBl 1905 Ⅱ, S. 41 및 Nachtrag vom 1. 6. 1909, BBl 1909, Ⅲ, S. 752; StenBull Nationalrat XIX 1909, S. 708 f.; Ständerat XX 1910, S. 228 참조. 그런데 스위스 연방대법원은 그 후에 나온 선례적 판결에서 기존의 통설과는 반대로 공동배상의무자 중 1인의 구상청구는 구상채무자의 책임이 외부관계에서 소멸시효가 완성된 때에도 원칙적으로 가능하다고 밝힘으로써(BGE 133 Ⅲ 31, E 5. 4) 同조항 신설의 의의는 축소되었다.

37) 대판 1997. 12. 23, 97다42830(公1998, 380).

럼 보이지만(현행 집합건물법 제9조 제3항), 그것은 어디까지나 시공자에게 직접 책임을 묻는 경우에 그러하다는 것이고, 분양자의 시공자에 대한 권리를 대위행사하는 때에는 일반적인 채권자대위권의 법리에 따라서 하자보수청구권과 같은 특정채권의 경우는 – 구법 당시와 마찬가지로 – 무자력 등 보존의 필요성을 요하지 아니한다고 보아야 한다.[38] 뿐만 아니라 성수대교나 삼풍백화점의 붕괴 사고에서처럼 건물의 안정성을 훼손하는 결함으로 피해가 발생한 때에는 집합건물법 제9조의2가 아닌 민법 제766조의 기간 안에 시공자의 불법행위 책임을 물을 수 있음은 물론이다.[39]

38) 현행 제3항 후단을 보면 "시공자가 이미 분양자에게 손해배상을 한 경우에는 그 범위에서 구분소유자에 대한 책임을 면(免)한다."고 되어 있는데, 이처럼 금전채권(즉, 비특정채권)의 경우에만 무자력 등 보존의 필요성이 요구되고, 가령 시공자가 이미 분양자에게 하자보수를 한 경우에도 구분소유자는 – 적어도 하자의 입증에 성공하는 한 – 시공자에 대한 하자보수는 분양자의 자력 유무와 관계없이 가능하다는 입장도 현행법상 불가능하지 아니하다고 생각한다.

39) 이를 정면에서 긍정한 일본 최고재판소 판결로는 最判 平成19(2007년). 7. 6. 民集 61卷 5号 1769頁＝判時 1984号 34頁, 그리고 청구를 다시 기각한 환송항소심인 福岡高判 平成21(2009년) 2. 6. 判時 2051号 74頁＝判タ 1303号 205頁과 이를 또다시 파기환송한 그 재상고심 판결인 最判 平成23(2011년). 7. 21. 判時 2129号 36頁＝判タ 1357号 81頁 및 그 환송항소심인 福岡高判 平成24(2012년). 1. 10. 判時 2158号 62頁＝判タ 1387号 238頁도 참조.
먼저 상고심판결에 관해서는 升田純, 「建物の設計者、施工者及び工事監理者が建築された建物の瑕疵につき不法行為責任を負う場合の注意義務・要件(最高裁平成19.7.6第二小法廷判決)」, Lexis判例速報 22号(2007), 47－53頁이 논점을 간략하게 정리하였고, 秋山靖浩, 「缺陥建物・最高裁判決とその意義」, 法学セミナー 637号(2008. 1.), 42－45頁은 주택정책의 관점에서 그 의의를 논하였다. 또한 松本克美, 「建物の瑕疵と建築施工者等の不法行爲責任」, 立命館法学 313号(2007), 774－805頁은 판결에서 나타난 이론상의 문제점들을 분석하였고, 幸田雅弘, 「缺陥住宅訴訟 – 施工業者の責任を認める」, 法学セミナー 638号(2008. 2.), 18－21頁은 원고 측 변호사가 사건을 직접 해설한 글이다. 끝으로 鎌野邦樹, 「判批」, NBL 875号(2008. 2. 15.), 4－17頁은 건물의 하자에 대한 법적 책임 일반과 관련하여 이 판결의 민사책임상 위상이 어떠한지를 검토하였다.
재상고심판결에 관해서는 松本克美, 「建物の安全性確保義務と不法行為責任: 別府マンション事件・再上告審判決(最判2011(平23)・7・21)の意義と課題」, 立命館法学 337号(2011), 1373－1430頁, 笠井修, 「判批」 NBL 963号(2011), 42－49頁, 新井弘明, 「建物としての基本的な安全性を損なう瑕疵」, 白鴎法学 19巻 1号(2012年), 89－101頁, 石橋秀起, 「判批」 速報判例解説(民法［財産法］Nα52), TKCローライブラリー(2011年), 権敬殷, "瑕疵ある建物に関する諸問題", 「경북대학교 법학논고」, 2014. 5., 285－314면이 있다.
한편 정다영, "건물 시공자의 매수인에 대한 불법행위 책임", 「민사법학」 제82호, 한국민사법학회, 2018. 2., 203－254면은 오염물질을 토양에 누출하고 이를 그대로 유통시킨 토지소유자에게 불법행위책임을 원칙적으로 긍정한 대판(전) 2016. 5. 19, 2009다66549를 위 일본 최고재판소판결과 비교하였다.

분양자의 관리의무의 법적 성격 및 그와 관련하여 형성된 법률관계의 효력

– 대법원 2022. 6. 30. 선고 2020다229192, 229208 판결 –

유 수 완*

Ⅰ. 서 론

집합건물은 다수의 구분소유자들이 공동으로 건물과 대지를 사용·관리하는 특성상, 초기 분양단계에서부터 안정적이고 투명한 관리체계가 확립되는 것이 매우 중요하다. 이를 위하여 「집합건물의 소유 및 관리에 관한 법률」(이하 '집합건물법'이라 한다) 제9조의3은 분양자에게 일정 시점까지 집합건물을 관리할 의무를 부과하는 한편, 일정 요건이 충족되면 관리단이 관리권을 행사하도록 규정하고 있다.

위와 같은 집합건물법 규정에도 불구하고 실제 분양과정에서는 분양자가 장기간 관리권을 행사하거나, 분양자가 지정한 위탁관리회사가 관리단 구성 이후에도 계속 관리업무를 수행하려는 사례가 적지 않아 분쟁이 빈번하게 발생하고 있다.

대법원 2022. 6. 30. 선고 2020다229192, 229208 판결(이하 '대상판결'이라 한다)은 이러한 분쟁 상황에서 분양자의 관리의무의 법적 성격과 그 존속기간, 그리고 분양자가 집합건물을 관리하며 형성한 법률관계가 관리단에 미치는 효력 범위를 명확히 한 사례이다. 본 평석에서는 대상판결의 사실관계와 판시사항을 살펴보고, 구 집합건물법 제9조의3의 입법취지에 비추어 대상판결의 의의와 시사점을 분석하며, 아울러 분양자의 권한남용을 방지하기 위한 입법적 보완의 필요성에 대하여 논의하고자 한다.

---

* 법무법인 트라이원스 파트너 변호사

Ⅱ. 사안의 개요 및 소송의 경과

1. 사안의 개요

(1) 2017. 1. 2. 주식회사 가온엠에스(당시 주식회사 에이지개발)은 이 사건 집합건물의 분양자인 주식회사 안강개발과 사이에 관리위탁계약을 체결하고, 같은 해 2월경부터 이 사건 집합건물의 시설관리, 경비, 미화 등의 관리업무를 수행하였다. 같은 기간 주식회사 가온엠에스는 이 사건 집합건물의 구분소유자 192세대 중 124세대와 종합관리용역 도급계약도 체결하였다.

(2) 한편 분양자인 안강개발은 각 수분양자와 체결한 분양계약서 제12조 제1항에 '입주지정일 이후에는 안강개발이 지정한 관리업체가 최초 5년간 관리운영하며 수분양자는 이에 이의를 제기하지 않는다'는 내용을 포함하였고, 수분양자들로부터 '안강개발이 지정한 위탁관리업체의 관리위탁계약에 동의한다'는 취지의 관리동의서를 징구하였다.

(3) 2017. 7. 27. 이 사건 집합건물의 구분소유자들은 관리단집회를 개최하여 E를 관리인으로 선임하고, 2017. 10. 26. 관리단 명의로 새로운 위탁관리업체인 우리관리 주식회사와 도급계약을 체결하였다.

(4) 관리단 같은 해 10. 27. 안강개발에 관리업무의 인계를 요청하였고, 11. 15.에는 주식회사 가온엠에스에게 관리권을 인계하라고 통보하였다. 그러나 주식회사 가온엠에스는 여전히 자신이 적법하게 관리권한을 보유하고 있다고 주장하며 관리행위를 지속하였고, 그 과정에서 일부 구분소유자로부터 관리비를 수령하였다.

(5) 관리단은 2017. 11.경 서울남부지방법원에 업무방해금지가처분을 신청하였으며, 2018. 7. 3. 법원은 주식회사 가온엠에스에게 관리업무 중단을 명하는 가처분 결정을 내렸다. 이후 주식회사 가온엠에스는 관리행위를 중단하였다.

(6) 주식회사 가온엠에스는 관리단을 상대로 2018년도 4월부터 2018년도 7월까지 발생한 용역대금을 청구하는 소(이하 '본소'라 한다)를 제기하였고, 이에 관리단은 주식회사 가온엠에스에 대하여 주식회사 가온엠에스가 2017. 11. 15. 이후 징수한 관리비의 반환을 청구하는 반소(이하 '반소'라 한다)를 제기하였다.

2. 소송의 경과

(1) 원심(서울남부지법 2019. 5. 29. 선고 2017가단251018 판결)의 판단 – 본소 및 반소 모두 기각

원심 재판부는 '원고의 관리행위는 분양자인 안강개발 및 일부 구분소유자와의 계약에 따른 것이고, 피고 관리단은 원고와 직접 계약관계에 있지 않으므로, 원고가 피고에게 용역비를 청구할 수 없으며, 피고도 원고에게 관리비 반환을 청구할 수 없다'는 취지로 원고의 본소와 피고의 반소를 모두 기각하였다.

(2) 항소심(서울남부지법 2020. 4. 23. 선고 2019나57617 판결)의 판단 – 항소기각

항소심 재판부는 '관리단이 관리인 선임 등 실질적인 조직을 갖추고 관리업무를 개시한 이상, 분양계약서와 관리규약의 내용만으로는 원고를 관리인으로 볼 수 없다. 구분소유자들의 묵시적 동의도 관리인 선임에 해당하지 않는다'는 취지로 원고의 항소와 피고의 항소를 모두 기각하였다.

(3) 대상판결(대법원 2022. 6. 30. 선고 2020다229192 판결) – 상고 기각

대법원은 구 집합건물의 소유 및 관리에 관한 법률(2020. 2. 4. 법률 제16919호로 개정되기 전의 것, 이하 '구 집합건물법') 제9조의3의 입법 취지를 들어, 분양자가 관리단이 관리를 개시할 때까지 한시적으로 집합건물을 관리할 의무를 부담할 뿐이며, 관리단이 구성되어 관리업무를 개시한 이후에는 분양자의 관리권한은 소멸되고, 관리단이 법률상 관리권한을 행사하게 된다고 판단하였다.

이에 따라 분양자가 체결한 관리위탁계약의 효력은 관리단에게 미치지 않으며, 원고는 더 이상 관리비 징수 등 집합건물 관리업무를 수행할 수 없다고 보았다. 또한, 분양계약서에 '입주지정일 이후 5년간 분양자가 지정한 업체가 관리한다'는 조항이 있고, 수분양자들로부터 관리동의서를 제출받았다고 하더라도, 이는 분양자가 관리권을 행사하는 한시적 기간에 관한 동의로 해석할 뿐이며, 관리단이 구성되어 관리인이 선임된 이후까지도 해당 위탁계약의 효력을 존속시키겠다는 서면 합의로는 볼 수 없다고 판단하였다.

대법원은 나아가, 원고가 관리권한이 없어진 2018년도 4월부터 2018년도 7월까지 수행한 관리행위에 기초하여 피고 관리단에 용역비를 청구할 수 없다고 보았으며, 피고가 관리단으로서 법적으로 원고와 계약관계가 없고, 관리비 지급의무도 없으므로 부당이득 또는 사무관리 청구도 인정되지 않는다고 판시하였다. 반면, 피고가 반소로 청구한 관리비 반환청구에 대하여도, 원고가 수령한 관리비는 구분소유자들과의 개별 계약에 따라 수령한 것이므로, 이를 피고에게 반환할 의무는 없다고 하였다.

결론적으로, 대법원은 항소심의 판단이 법리오해나 사실오인 등의 위법이 없다고 보고, 원고의 상고와 피고의 상고를 모두 기각하였다.

Ⅲ. 평 석

1. 구 집합건물법 제9조의3 규정의 목적 및 취지

구 집합건물법 제9조의3은 분양자에게 일정 시점까지 집합건물을 관리할 의무를 부과하는 한편, 일정 요건이 충족되면 관리인에게 관리권한이 이전되도록 함으로써, 분양자에게 일정한 기간 동안 관리 책임을 부여하여 초기 관리 공백을 방지하고, 일정 시점 이후에는 관리단집회 결의를 통해 선임된 관리인이 관리의 주체로 전환되도록 유도함으로써 분양자가 장기간 독단적으로 건물을 관리하는 폐해를 막기 위한 규정이다.

한편 구 집합건물법에서 예정된 매수인의 2분의 1 이상이 이전등기를 마친 날로부터 3개월 이내에 구분소유자가 집회를 소집하지 않는 경우 분양자가 지체 없이 집회를 소집하도록만 규정하였던 것에 비해, 현 집합건물법 제9조의3 제3항은 "예정된 매수인의 2분의 1 이상이 소유권 이전등기를 마친 경우, 분양자는 규약 설정 및 관리인 선임을 위한 관리단집회를 소집할 수 있도록 구분소유자에게 통지"하여야 하며, 이때 "통지받은 날로부터 3개월 이내에 집회를 소집하라는 내용을 명시해야 한다."고 규정하여 통지 절차와 구분소유자의 우선적 소집 기회를 명확히 함으로써 권한 이전 절차를 보다 체계화하였다.

2. 분양자의 관리의무의 기한과 법적 성격

대상판결은 구 집합건물법 제9조의3에 따라 분양자에게 부과된 집합건물에 대한 관리의무의 기한과 법적 성격에 대해 명확히 판시하였다. 우선, 분양자의 관리의무는 관리단이 관리인 선임 등 실질적인 조직을 갖추어 집합건물의 관리를 개시할 때까지 한시적으로 존속하는 것으로, 관리단이 실제로 관리업무를 시작하면 분양자의 관리권한은 종료된다고 보았다. 이와 함께 분양자의 관리권한에는 관리비 징수권한 등 실질적인 관리행위 전반이 포함되며, 관리단이 관리를 개시한 이후에는 더 이상 분양자가 이를 행사할 수 없다고 하였다.

또한, 이러한 관리의무는 법률이 직접 분양자에게 부과한 강행규정상의 의무로서, 분양계약서나 관리규약 등을 통해 임의로 연장하거나 배제할 수 없는 의무로 이해하였다. 따라서 분양계약서에 '분양자가 지정한 자가 일정 기간 동안 관리한다'는 내용이 포함되어 있거나, 수분양자들이 분양자의 위탁관리계약에 동의했다는 취지의 문서가 존재하더라도 이는 분양자가 구 집합건물법 제9조의3에서 정한 관리의무를 이행하는 기간에 한하여 유효할 뿐이며, 관리인이 선임된 이후에는 이러한 약정의 효력은 소멸된다고 판시하였다.

더 나아가, 위탁관리회사가 분양자와 체결한 계약의 효력을 관리단에게 주장할 수 없으며, 관리단이 별도로 체결한 관리위탁계약이 우선한다는 점도 명확히 하였다.

결국 대상판결은 분양자의 관리의무가 구체적인 관리단이 구성되기 전까지의 한시적인 의무에 불과하다는 점을 강조하며, 분양자가 관리단의 설립 이후에도 계속해서 관리행위를 하거나 관리비를 징수하는 것은 무권한 행위로서 인정될 수 없다고 판시한 것이다.

다만, 위와 같은 무권한 행위에 따라 징수된 관리비는 원칙적으로 구분소유자에게 반환되어야 할 뿐이고, 관리단에 대한 손해배상이나 부당이득 반환의무는 인정되지 않는다고 보아 '분양자의 사후 관리행위로 인해 관리단이 직접 피해를 입었다'는 관리단의 주장은 받아들여지지 않았다.

3. 분양자가 집합건물을 관리하며 형성된 법률관계의 효력

대상판결은 위와 같은 법리의 연장선상에서, 분양자가 집합건물을 관리하는 기간 중 형성한 법률관계의 효력이 관리단에게 당연히 승계되는 것은 아니라고 판시하였다. 즉, 분양자가 위탁관리회사와 체결한 관리위탁계약은, 특별한 사정이 없는 한, 관리단이 관리를 개시한 이후에는 그 효력을 유지할 수 없으며, 관리단에게 그 계약의 효력을 주장할 수 없다는 것이다. 이는 분양자가 체결한 위탁관리계약이 오로지 분양자의 관리권한이 존속하는 기간 동안에만 유효함을 전제로 한다.

또한 대상판결은 설령 분양계약서에 '분양자가 지정한 자가 일정 기간 집합건물을 관리한다'는 내용이 포함되어 있고, 수분양자들이 분양자와 위탁관리회사 간의 계약에 동의한다는 취지의 문서를 작성하였다고 하더라도, 이는 어디까지나 분양자의 관리기간 내에서 효력을 가지는 부수적 약정에 불과하므로, 관리단이 공식적으로 관리업무를 개시한 이후까지 그 효력이 존속한다고 볼 수는 없다고 하였다. 따라서 그러한 약정을 근거로 하여 분양자가 체결한 위탁관리계약의 효력을 관리단에게 주장하거나, 관리단의 고유한 관리권한을 제한할 수는 없다고 명확히 판시하였다.

결국 대상판결에 따르면, 집합건물법 제9조의3은 관리인이 선임되기 전까지의 한시적이고 예외적인 상황에서만 분양자의 관리행위를 허용하는 것으로, 그 기간 동안 분양자가 형성한 법률관계는 관리인 선임 이후에는 관리단의 명시적 승계가 없는 한 더 이상 존속하지 않으며, 이는 구 집합건물법 제9조의3의 입법취지를 충실히 반영하여 분양자의 관리위탁계약의 효력이 관리단에게 당연히 이전되지 않는다는 점이 분명하게 확인된다.

한편 관리인 선임 이후 분양자가 형성한 법률관계의 효력이 소멸하는 것과 별개로, 대법원이 집합건물의 분양자와 관리위탁계약을 체결하고 집합건물의 관리업무를 수행하던 위탁관리업체(이하 '기존 위탁관리업체'라 한다)의 부당이득반환 청구를 인정한 사례도 존재한다.[1)]

해당 사안에서는 기존 위탁관리업체가 관리업무를 진행하던 중 집합건물의 관리단이 새롭게 관리를 개시하면서 다른 업체를 관리업체로 선정하여 기존 위탁관리업체에 업무의 인계를 요청하였는데, 기존 위탁관리업체는 미납된 용역비를 정산받을 때까지 인계할 수 없다며 관리업무를 계속하였다. 이에 관리단은 기존 위탁관리업체를 상대로 관리행위의 금지를 구하는 가처분신청을 제기하였고, 그 신청을 인용하는 결정이 확정되자, 기존 위탁관리업체는 관리업무를 중단한 다음 관리단을 상대로 위탁용역비 상당의 부당이득반환을 구하였다. 대법원은 관리단

---

1) 대법원 2022. 8. 11. 선고 2022다233560 판결 [용역비].

이 관리업무 종료를 통보했음에도 분양자 위탁관리업자가 필수적인 관리업무를 수행하여 관리단이 이득을 얻었다면 관리인력 인건비 상당의 부당이득 반환청구는 인정될 수 있다고 판시하였다.

위 판결에서 대법원은 관리단이 관리업무의 종료를 요청하여 기존 위탁관리업체와 분양자 사이에 체결된 관리위탁계약의 승계를 명시적으로 거부하여 위 관리위탁계약은 그때 효력이 상실되었음에도, 기존 위탁관리업체가 아무런 계약관계가 없는 상황에서 관리업무를 계속 수행한 점, 기존 위탁관리업체가 소속 관리인력을 통하여 관리업무를 중단할 때까지 수행한 업무 중에는 집합건물 공용부분의 멸실·훼손을 방지하고 그 현상을 유지하는 데 필요한 가장 기본적이고 필수적인 업무가 포함된 점, 기존 위탁관리업체 위와 같은 업무를 수행하는 과정에서 관리단이 피해를 보거나 관리단이 집합건물의 관리와 관련하여 별도로 비용을 부담하였다고 볼 자료가 없는 점 등을 근거로 기존 위탁관리업체의 부당이득반환청구권을 인정하였다.

4. 분양자의 권한남용 방지를 위한 입법의 필요성

대상판결은 분양자가 집합건물을 관리하던 중 관리단이 관리인을 선임하고 실질적인 관리업무를 개시하면, 그 시점부터 분양자의 관리권한은 종료되고 분양자가 형성한 관리위탁계약 등 법률관계의 효력도 관리단에게 당연히 승계되지 않는다고 판시하였다.

이는 집합건물법 제9조의3의 취지에 부합하는 정당한 해석으로, 구분소유자의 자치적 관리권을 보호하고 분양자의 장기적 관여를 제한함으로써 집합건물 관리의 적법성과 투명성을 확보하는 데 기여하는 판단이라고 본다.

다만, 현행 법체계하에서는 분양자가 소집한 관리단집회에서 관리인이 선임되지 못한 경우, 관리단이 실질적인 관리 기능을 수행할 수 없게 되어 분양자가 관리인이 선임되어 사무를 개시할 때까지 계속해서 관리권한과 관리의무를 유지하게 되는 문제가 있다. 이로 인해 분양자가 해당 집합건물의 모든 구분소유권을 이미 이전한 이후에도 계속하여 관리행위를 하는 경우가 발생할 수 있으며, 이러한 구조는 분양자의 관리권 남용이나 구분소유자의 관리권 침해, 관리비 집행의 불투명성 등 다양한 분쟁을 유발하는 원인이 된다.

결국, 관리인이 선임되지 않은 상태가 장기간 지속될 경우 분양자의 관리권이 사실상 무기한 연장되는 결과를 초래할 수 있으므로, 이에 대한 입법적 보완이 반드시 필요하다. 구체적으로는, 예정된 매수인의 2분의 1 이상이 이전등기를 하여 관리단집회 소집이 구분소유자들에게 통지되었음에도 관리단집회가 소집되지 않을 경우 분양자 또는 구분소유자가 법원에 임시관리인을 신청할 의무를 부과하는 방안이 있다.

이러한 입법적 개선은 분양자의 장기적인 관리 독점을 방지하고, 구분소유자의 실질적 관리 참여를 실현하며, 집합건물 관리의 적법성과 투명성을 높이는데 기여할 것이다. 집합건물의 관리 체계가 실질적으로 작동하고, 분양자와 관리단 사이의 불필요한 분쟁이 예방되기 위해서는 관리인 부재 상황에서 관리주체의 권한 범위 설정 및 조속한 관리의무의 이전방안이 뒷받침되어야 한다.

일부공용부분의 판단기준

– 대법원 2021. 1. 14. 선고 2019다294947(반소) 판결 –

이 제 우*

Ⅰ. 서 론

구분소유자가 다수인 집합건물의 공동이용을 규율하는 것은 쉬운 일이 아니다. 특히 집합건물의 공용부분 중 전체공용부분과 일부공용부분을 구분하는 것이 용이하지 않은데, 「집합건물의 소유 및 관리에 관한 법률」(이하 '집합건물법')상 규정이 존재함에도 일부공용부분의 판단기준이 명확하지 않은 탓에 구분소유자 간 분쟁이 많이 발생한다.

아래에서는 일부공용부분의 판단기준이 쟁점인 대상판결을 자세히 검토하면서 어떤 경우에 특정 건물부분이 구분소유자 전원이 아닌 일부만의 공용부분에 제공된 것으로 인정되는지 살펴보기로 한다.

Ⅱ. 사안의 개요 및 소송의 경과

1. 사실관계

(1) 원고(반소피고)와 피고(반소원고)는 서울 강남구 소재 같은 아파트(이하 '이 사건 아파트') 내 서로 다른 동의 구분소유자이고, 피고는 등시에 이 사건 아파트의 입주자대표회의(이하 '입주자대표회의') 회장이다.

(2) 2015. 2. 2. 입주자대표회의(이 당시 피고는 아직 입주자대표회의 회장을 역임하기 전이었다)는 옥상텃밭 자생단체를 모집하고자 관련 공고를 하였고 원고는 입

* 경기대학교 법학과 부교수, 법학박사

주민 30여 명을 회원으로 하는 텃밭모임을 구성한 후 이 모임의 회장으로서 관리사무소에 신청서를 제출하였다. 이에 입주자대표회의는 이 사건 아파트 412동을 비롯한 3개동의 옥상에서 텃밭사업의 실시를 결정하였고 2015. 2. 23. 강남구청에 원고의 옥상텃밭모임에 대한 공모사업을 신청하였다. 원고의 옥상텃밭모임은 강남구청 공모사업에서 탈락하였으나 이 무렵부터 원고는 이 사건 아파트 412동 옥상에서 채소 등의 경작을 시작하였다.

(3) 이로부터 3개월 가량이 지난 2015. 5.부터 일부 입주민들이 누수, 옥상 출입 등 옥상텃밭과 관련하여 문제제기를 하였고 2017. 3. 31. 이 사건 아파트의 관리사무소장이 안전과 옥상 하자 보수공사 등을 이유로 옥상문의 폐쇄와 옥상에서의 경작 금지를 내용으로 하는 안내문을 공고하였다. 또한 원고에게는 2017. 4. 11. 원고가 무단으로 경작하기 이전에 식재되어 있던 잔디를 원상복구하고 농장물과 개인 용품을 철거하라는 취지의 내용증명을 발송하였으며, 2017. 4. 16. 그 내용을 담은 공고문을 이 사건 아파트의 인터넷 홈페이지에 게시하였다.

(4) 이후 2017. 4. 18. 입주자대표회의가 옥상 출입 제한에 관한 결정을 내리고, 2017. 6. 30. 관리사무소장이 옥상 출입금지에 관한 재공고를 하였다. 그러나 다른 옥상 경작자들과 달리 원고는 경작을 멈추지 않았고 오히려 경작 방해와 훼손 등을 이유로 손해배상을 청구하겠다는 취지의 내용증명을 관리사무소장에게 보냈다. 이에 입주자대표회의는 옥상에 대한 원상회복비용의 5%를 2017. 11.부터 매달 부과한다는 결정을 내린 후 2017. 11. 20. 이에 관하여 원고에게 내용증명을 보냈다.[1)]

2. 피고(반소원고)의 주장

피고는 이 사건 아파트 412동 옥상이 전체 세대의 공용부분으로서 원고와 같은 412동 주민만의 공용부분이 아님을 주장하였다. 또한 피고는 이 사건 아파트의 주민이자 공유부분에 대한 지분권자로서 원고에게 공유물의 보존행위의 일환으로 점유 부분의 인도와 농작물의 철거를 청구하였다.

1) 서울중앙지방법원 2018. 11. 26. 선고 2018가단5011186, 2018가단5011179 판결[손해배상(기) · 공유물인도청구] 참조.

3. 대상판결에서의 주된 쟁점

이 사건 아파트 412동 옥상이 412동 구분소유자들만의 일부공용부분에 해당하는지 여부, 그리고 집합건물의 일부공용부분에 관한 판단기준.

4. 쟁점에 대한 제1심의 판단

[서울중앙지방법원 2018. 11. 26. 선고 2018가단5011179(본소), 2018가단5011186(반소) 판결]

1심 법원은 "집합건물법 제10조 제1항[이] "공용부분은 구분소유자 전원의 공유에 속한다. 다만, 일부의 구분소유자만의 공용에 제공되는 것임이 명백한 공용부분은 구분소유자의 공유에 속한다."고 규정하고 있는바[...], 집합건물의 어느 부분이 전유부분인지 공용부분인지 여부는 구분소유가 성립한 시점[...]을 기준으로 판단하여야 하고, 그 후의 건물 개조나 이용상황의 변화 등은 전유부분인지 공용부분인지 여부에 영향을 미칠 수 없으며(대법원 1999. 9. 17. 선고 99다1345 판결 등 참조), 집합건물의 어느 부분이 구분소유자 전원 또는 일부의 공용에 제공되는지 여부는 소유자들간에 특단의 합의가 없는 한 그 건물의 구조에 따른 객관적인 용도에 의하여 결정되어야 한다(대법원 1989. 10. 27. 선고 89다카1497 판결, 1995. 2. 28. 선고 94다9269 판결 등 참조)."고 판시하였다. 또한 "아파트의 옥상은 안전상의 문제로 평상시 입주민들의 출입이 용이하지 않고, 더욱이 아파트의 입주민이라고 하더라도 자신이 거주하고 있는 동이 아닌 다른 동의 옥상을 출입하기 위해서는 해당 동의 1층 또는 지하에 있는 출입문에 대한 출입권한까지 별도로 부여받아야" 하며, "입주자대표회의에서 이 사건 아파트의 몇 개동의 옥상에서 텃밭사업을 실시하기로 결정하여 다른 동의 입주민들이 출입을 하며 텃밭으로 사용하였다고 하더라도, [...] 그와 같은 사정에 따라 아파트의 옥상이 전체공용부분, 일부공용부분 중 어느 것에 해당되는지 여부가 달라지는 것은 아니다(더욱이 피고의 주장에 의하더라도 2017. 4. 입주자대표회의에서 옥상텃밭을 금지하기로 결정하였다는 것이다)."고 판시하였다.

5. 원심의 판단

[서울중앙지방법원 2019. 11. 6. 선고 2019나134(본소), 2019나141(반소) 판결]

피고의 항소에 대해서 원심은 "건물의 구조에 따른 객관적 용도를 고려하더라도 이 사건 아파트 각 동의 옥상이 해당 동 구분소유자들만의 공용에 제공된 것으로 볼 수 없다."고 하면서 제1심판결 중 피고의 반소청구에 대한 부분을 취소하였다.

원심은 "이 사건 아파트의 경우 옥상에 잔디밭을 조성하여 전체 조경면적에 포함시켰을 뿐만 아니라 이 사건 아파트 26개 동 중 7개 동의 옥상에는 이동통신사의 중계기가 설치되어 있는데, 이와 같이 '아파트의 조경 개선' 및 '이동통신의 음영지역 제거'라는 편익은 반드시 해당 옥상이 위치한 동의 구분소유자에게만 귀속되는 것이 아니라 이 사건 아파트 단지 구분소유자 전체에게 귀속된다고 보아야 한다. 이와 같이 이 사건 아파트 옥상에 무엇을 설치하는지에 따라 그로 인한 편익이 전체 구분소유자에게 미칠 수 있는 이상, 이 사건 아파트 각 동의 옥상이 당해 동의 구분소유자만의 공용에 제공된 것으로 볼 수는 없다."고 하였다. 또한 "이 사건 아파트 각 동의 옥상에 접근하기 위하여는 각 동에 설치된 출입구를 통과하여야 하기는 하나, 다른 동 구분소유자라 하더라도 관리사무소의 승인을 통하여 출입이 가능하므로 다른 동 구분소유자의 옥상에 대한 물리적 접근 자체가 금지되었다고 볼 수 없을 뿐만 아니라, 전항에서 본 바와 같이 옥상의 용도를 기능적으로 파악할 경우 반드시 그 이용이 물리적 접근을 전제한다고 볼 수도 없다. 따라서 다른 동 구분소유자의 옥상 출입에 일정한 제한이 있다는 사정만을 들어 옥상의 구조에 따른 객관적인 용도가 해당 동 구분소유자들만을 위한 것임이 명확한 경우에 해당한다고 볼 수도 없다."

이어서 원심은 "이 사건 아파트의 관리규약 제5조 제2항은, '주거공용부분'을 "동 건물의 복도·계단·현관·승강기 등 공동주택의 지상층에 있는 동 건물을 해당 동의 입주자가 공동으로 사용하는 시설"로 정하고 있는 반면, '그 밖에 공용부분'을 "제1항의 주거공용부분을 제외한 지하층 … 등 공동주택단지 안의 전체 입주자 등이 공동으로 사용하는 시설"(이하 '기타 공용부분'이라 한다)로 정하고 있으므로, 한 동의 건물 중 전유부분을 제외한 지상층 부분은 전체 구분소유자가 아닌 해당 동의 구분소유자가 공동으로 사용하는 시설로 정하였다고 해석될 여지가 전혀 없지 아니하고", "만약 원고 주장과 같이 각 동의 지상층의 전유부분을 제외한 건물 부분 모두를 해당 동 구분소유자들의 일부공용부분으로 본다면, 각 동 구분소유자의 지분율을 산정함에 있어서 단순히 전유부분의 면적 비율에 의할 것이 아니라 집합건물법 제12조 제2항에 따라 주거공용부분의 면적을 해당 동 구분소유자의 전유부분 면적의 비율에 따라 배분한 다음 이를 전유부분의 면적에 가산하여 이들의 지분율을 산정하여야 하고, 이를 기준으로 기타공용부분의 면적이 배분되어야" 하는데, "이 사건 아파트의 집합건축물대장에 의하면, 위 표 기재와 같이 각 동의 복도·계단 등의 면적을 고려하여 다시 산정한 면적을 기준으로 지분율을 산정하지 아니하고 일률적으로 전유부분 면적만을 기준으로 지분율을 산정한 다음 단지 전체의 주거공용부분과 그 밖의 공용부분의 면적을 합산하여 지분율에 따라 나누어 배분한 면적을 기재"하고 있으므로, "이 사건 아파트 관리규약의 취지가 주거공용부분이 각 동 구분소유자들만을 위한 일부공용부분임을 전제로 규정한 것이라고 보기 어렵다."고 판시하였다.

이 밖에 원심은 "집합건물법 제17조는, 각 공유자는 규약에 달리 정한 바가 없으면 그 지분의 비율에 따라 공용부분의 관리비용과 그 밖의 의무를 부담하며 공용부분에서 생기는 이익을 취득하도록 규정하고 있는데, 이 사건 아파트 관리규약 제5조 제1항 별표 2는 관리대상인 공용부분에 관하여 건물부분, 부대시설, 복리시설로 정하고, 제81조 [별표5]는 일반관리비, 청소비, 수선유지비 등의 관리비를 주택공급면적에 따라 각 세대에 배분하도록 규정하고 있을 뿐이고, 각 동 건물 중 전유부분을 제외한 나머지 주거공용부분과 기타공용부분을 관리비 부담에 있어서 달리 취급하거나 주거공용부분의 관리에 소요되는 비용을 해당 동 구분소유자에게만 배분하도록 하는 내용의 규정을 전혀 두고 있지 아니하다."고 하였다.

결국 원심은 "이 사건 아파트 ○○○동의 옥상은 일부공용부분임이 명백한 경우에 해당한다고 볼 수 없어서 이를 전체공용부분으로 보아야 하므로, ○○○동이 아닌 △△△동 구분소유자인 피고로서도 집합건물법 관련규정에 따라 ○○○동 옥상을 그 용도대로, 자신의 지분비율에 따라 사용할 수 있다고 보아야 한다."고 판시하였다.

6. 대법원의 판단

대법원은 원심판결을 파기하면서 다음과 같이 판시하였다.

"건물의 어느 부분이 구분소유자의 전원 또는 일부의 공용에 제공되는지는 소유자들 사이에 특단의 합의가 없는 한 구분소유가 성립될 당시 건물의 구조에 따른 객관적인 용도에 의하여 결정되고(대법원 2016. 5. 27. 선고 2015다77212 판결, 대법원 2018. 10. 4. 선고 2018다217875 판결 등 참조), 구분소유가 성립될 당시 건물의 구조에 따른 객관적인 용도에 비추어 일부공용부분인 부분의 구조나 이용 상황을 그 후에 변경하더라도, 그 부분을 공유하는 일부 구분소유자 전원의 승낙을 포함한 소유자들의 특단의 합의가 없는 한, 그러한 사정만으로 일부공용부분이 전체공용부분이 되는 것은 아니다." 그런데 "○○○동 구분소유자는 이 사건 옥상과 일체를 이루는 지붕을 건물의 안전과 외관 유지라는 기본적 용도대로 이용할 뿐 아니라 이 사건 옥상을 능동적으로 이용하는 데에 건물의 구조상 아무런 장애가 없는 반면, 다른 동의 구분소유자는 ○○○동 출입구에 의하여 이 사건 옥상에의 접근이 차단되고, 다만 입주자대표회의 등의 결정을 집행하는 관리사무소의 승인을 얻어 이 사건 옥상에 접근할 수 있을 뿐이므로, 건물의 구조에 따른 이 사건 옥상의 이용 가능성에서 ○○○동 구분소유자와 ○○○동 구분소유자 아닌 이 사건 아파트 단지 구분소유자는 본질적인 차이가 있다고 할 것이다. 따라서 이 사건 옥상은 ○○○동 구분소유자만의 공용에 제공되는 것임이 명백한 일부공용부분으로서 ○○○동 구분소유자만의 공유에 속한다고 보아야 하고, 이 사건 아파트의 구분소유가 성립한 후에 이 사건 옥상 등을 어느 용도로 이용한 데 따른 반사적 이익의 귀속이나 ○○○동 구분소유자 전원의 승낙을 포함한 구분소유자들의 특단의 합의가 아닌 입주자대표회의의 결정을 고려하여 이 사건 옥상 소유권의 귀속주체를 달리 볼 수 없다."

Ⅲ. 평 석

1. 일부공용부분에 관한 기본이론

집합건물은 구분소유권의 목적이 되는 전유부분과 구분소유자의 공용에 제공되는 공용부분으로 구분된다. 공용부분은 그 인정 범위에 따라 다시 전체공용부분과 일부공용부분으로 나뉘는데, 전체공용부분이 구분소유자 전원의 공용에 제공되는 건물부분(법 제10조 제1항 본문)이라면 일부공용부분은 "일부의 구분소유자만이 공용하도록 제공되는 것임이 명백한 공용부분"(법 제10조 제1항 단서)으로서 구분소유자 전원이 아닌 일부만의 공유에 속하는 건물부분이다. 한편, 공용부분은 그 성질에 따라 구조상공용부분과 규약공용부분으로 구분되는데 이는 일부공용부분에 대해서도 그대로 적용이 가능하기 때문에 일부공용부븐을 구조상 일부공용부분과 규약 일부공용부분으로 나눌 수 있다. 구조상 일부공용부분은 건물의 구조라는 객관적인 요인에 기하여 일부 구분소유자의 공용에 제공되는 건물부분이며 이를 법정 일부공용부분이라고 한다. 이에 반해 규약 일부공용부분은 구분소유자의 의사라는 주관적인 요인에 기하여 일부 구분소유자의 공용에 제공되는데, 건물부분이 갖는 특성이 아니라 구분소유자의 합의에 따라 그 범위가 정해진다는 점에서 이를 약정 일부공용부분이라고 한다. 규약 공용부분의 경우 공용부분이라는 취지를 등기하여야 하므로(법 제3조 제4항) 이는 규약 일부공용부분의 경우에도 마찬가지다.

일부공용부분과 전체공용부분의 구분은 지분권, 사용권, 의결권 등 공유자로서 구분소유자에게 귀속되는 권리와 공용부분에 대해서 부담하는 의무에 현저한 영향을 미친다. 무엇보다도 특정 건물부분이 일부공용부분일 경우 이를 구분소유자 전원이 아닌 일부만 그 용도에 따라 사용(법 제11조)할 수 있기 때문에 일부공용부분은 전유부분과 공용부분의 중간적 개념으로서 이를 공용하는 일부 구분소유자의 입장에서 사실상 전유부분에 준하는 것으로 볼 수 있다.[2] 또한 일부공용부분을 공용하는 구분소유자는 일부공용부분의 면적을 전유부분의 면적 비율에 따라 자신의 전유부분 면적에 포함(법 제12조 제2항)시킬 수 있고 각 공유자의 부담과 수익이 지분의 비율에 따라 결정(법 제17조)되기 때문에 이들은 일부공용부분을 공용하지 않는 구분소유자에 비해 더 많은 권리와 의무를 가질 수 있다.

이와 같은 상황을 고려할 때 일부공용부분의 범위가 명확하지 않은 경우 집합건물의 구분소유자 간 분쟁이 발생하는 것은 결코 이상한 일이 아니다.

2. 일부공용부분의 판단기준

(1) 입법 태도

일부공용부분의 인정 여부 및 그 범위를 정확하게 파악하는 것이 중요함에도

---

2) 서울고등법원 1998. 8. 25. 선고 97나20016 판결 참조.

현행법에는 전체공용부분으로부터 일부공용부분의 구분을 위한 기준이 구체적으로 규정되어 있지 않다. '공용부분'이라는 표제 아래 구조상공용부분과 규약공용부분을 구분하는 집합건물법 제3조는 구조상공용부분이 전원 또는 일부 구분소유자의 공용에 제공된다(제1항)는 사실만 언급하고 있다. 한편, '공용부분의 귀속 등'이라는 표제를 갖는 집합건물법 제10조의 경우에는 그 문언("공용부분은 구분소유자 전원의 공유에 속한다. 다만, 일부의 구분소유자만이 공용하도록 제공되는 것임이 명백한 공용부분[...]은 그들 구분소유자의 공유에 속한다.")(제1항)을 통상적인 의미에 따라 해석하더라도 전체공용부분과 일부공용부분을 구분하기 위한 실질적인 기준을 도출할 수 없고, 단지 공용부분이 일부 구분소유자만의 공용에 제공된 것이 명백할 것만을 규정하고 있다.

결국 현행법의 문리해석에 기한 전체공용부분과 일부공용부분의 구분에 관해서는 다음과 같이 정리할 수 있다.

첫째, 집합건물의 공용부분은 원칙적으로 전체공용부분이다. 그 결과 전유부분에 해당하지 않는 건물부분은 집합건물의 구분소유자 전원의 공용에 제공됨이 추정되므로 일부공용부분에 해당한다는 사실에 대한 증명책임은 이를 주장하는 자, 즉 건물부분을 배타적으로 공유하고자 하는 일부 구분소유자에게 있다.

둘째, 일부공용부분이라는 점이 명백하지 않은 한 특정 건물부분이 구분소유자 일부만의 공용에 제공됨을 쉽게 인정할 수 없다는 입법 태도가 집합건물법 제10조 제1항 단서를 통해서 분명히 드러난다. 다만 법해석론적으로는 일부공용부분의 성립을 위한 명백성 요건이 언제 충족되는지 알기 어렵기 때문에 판례를 통해 대법원의 태도를 확인하는 것이 중요하다.

(2) 판례의 태도

일부공용부분의 판단기준을 처음으로 다룬 1989년 판결(대법원 1989. 10. 27. 선고 89다카1497 판결)부터 대상판결을 비롯한 가장 최근의 판결까지 관련 판례를 살펴보면, 대법원이 전체공용부분과 일부공용부분을 구분하기 위해서 공통적으로 제시하는 핵심 기준은 두 가지이다: '건물의 구조에 따른 객관적인 용도'와 '소유자들 간 특단의 합의 여부'. 이 밖에 판례에서 다양한 사정이 고려되지만 이들은 위의 두 기준을 적용하기 위한 참고의 대상이 될 뿐이다.

1) 건물의 구조에 따른 객관적인 용도

'건물의 구조에 따른 객관적인 용도'는 구분소유권의 목적이 되는 전유부분과 전유부분에 속하는 건물의 부속물을 제외한 건물부분이 구조적으로 집합건물의 일부 구분소유자만의 공용에 제공되었는지 여부를 판단하기 위해서 적용하는 객관적인 기준이다. 이 기준은 건물의 구조 그 자체만이 아니라 건물의 이용관계나 이용상황을 비롯하여 설계도면, 집합건축물대장, 등기기록, 분양계약서 등을 종합적으로 고려하여 적용된다. 다만 여기서 주의할 것은 위의 여러 사정이 동일한 비중을 갖지 않는다는 점이다.

① 건물의 구조

건물의 구조는 건물의 물리적 형태를 가리키는 것으로서 '건물의 구조에 따른 객관적인 용도'를 판단하는 데 결정적인 의미를 갖는다. 건물의 구조는 그 외부 형태를 비롯하여 건물(부분)의 기능적 측면까지 고려하는 것으로 이해할 수 있다. 공용부분의 귀속에 관한 판례에서 대법원이 건물의 구조를 파악하기 위한 세부 기준을 구체적으로 밝히는 경우가 거의 없으나 일부 판례를 통해서 대법원의 접근방법을 확인할 수 있다. 가령, 건물의 외벽이 전원 또는 일부의 공용에 제공되는 부분인지가 쟁점이었던 판결에서 대법원은 "그것이 1동 건물 전체의 안전이나 외관을 유지하기 위하여 필요한 부분인지에 따라 결정되어야"[3] 한다고 판시하였다. 또한, 집합건물의 창고와 공작실의 공용 주체 범위가 쟁점이었던 판결에서 대법원은 (원심의 판단이 정당하다고 보면서도) 원심이 공용부분의 귀속에 관하여 판단하는 데 창고와 공작실의 위치, 구조, 용도 등을 살펴보지 않은 잘못이 있음을 지적하였다.[4]

한편, 건물의 구조에 관한 판단을 할 때 건물부분의 물리적 접근성의 차단 여부가 절대적인 의미를 갖지는 않는다. 다시 말해, 건물의 구조상 어떤 건물부분이 일부 구분소유자에게는 접근이 가능하고 나머지 구분소유자에게는 물리적으로 차단되어 있는 경우에만 일부공용부분이 인정되는 것은 아니다. 가령, 지상 6층의 집합건물 중 지상 4층에서 6층 사이 주차장을 연결하는 주차경사로가 저층 구분소유자들에게 물리적으로 차단되어 있지 않음(즉, 자유롭게 이동이 가능한 경우)에

---

3) 대법원 2024. 3. 12. 선고 2021두58998 판결.
4) 대법원 1995. 2. 28. 선고 94다9269 판결.

도 지상 4층에서 6층 사이의 주차경사로는 고층(4~6층) 구분소유자들의 일부공용부분에 해당한다고 인정된 바 있다.[5] 물론 반대의 경우, 즉 건물의 구조상 일부 구분소유자만 접근이 가능하고 나머지 구분소유자는 물리적으로 차단되어 있는 경우에는 특별한 사정이 없는 한 접근성을 갖는 일부 구분소유자의 일부공용부분으로 인정될 여지가 크다.

② 건물의 이용관계, 이용상황

건물의 이용관계나 이용상황은 '건물의 구조에 따른 경제적인 용도'를 파악하기 위해서 고려할 필요가 있지만 그 의미가 절대적이지 않다. 우선 건물의 이용관계나 이용상황이 반드시 건물의 구조에 부합하는 방식으로 확립되지는 않는다. 건물의 구조상 특정 부분이 일부 구분소유자만의 공용에 제공되는 것이 아님에도 전유부분과의 근접성으로 인해 일부 구분소유자가 이를 배타적으로 사용하는 경우가 얼마든지 존재하기 때문이다.[6] 그러나 이보다 더 중요한 문제가 존재한다. 건물의 구조에 따른 객관적인 용도는 원칙적으로 구분소유가 성립될 당시를 기준으로 판단한다. 그런데 구분소유가 "구분행위의 존재를 인정할 수 있고, 이후 [...] 구분행위에 상응하는 구분건물이 객관적·물리적으로 완성되면"[7] 성립하는 점을 고려한다면 구분소유 성립 당시에는 파악할 수 있는 건물의 이용관계나 이용상황 자체가 존재하기 어렵다. 결국 건물의 구조에 따른 객관적인 용도를 파악하기 위해서 참고할 수 있는 것은 사실상 구분소유의 성립 이후 사후적으로 형성되는 구분소유자들의 실질적인 이용관계이므로 고려 대상으로서 건물의 이용관계 등이 갖는 한계는 분명하다. 게다가 기존에 형성되었던 건물의 이용상황 등이 바뀌는 경우 구분소유자 전원에 의한 특단의 합의가 없는 한 공용부분의 유형이 (전체공용부분에서 일부공용부분으로, 또는 그 반대로) 변경될 수 없다는 점[8]까지 고려하면 일부공용부분 여부를 판단하는 데 건물의 이용관계 등이 갖는 의미는 상당히 제한적이다.

---

5) 대법원 2018. 10. 4. 선고 2018다217875 판결.

6) 대법원 2020. 5. 21. 선고 2017다220744 전원합의체 판결. 건물 1층에 위치한 상가를 골프연습장으로 운영하는 구분소유자가 같은 층 복도와 로비 일부에 카운터 등의 시설물을 설치하여 내부공간처럼 사용한 사건에서 대법원은 해당 부분을 일부공용부분으로 볼 수 없다고 한 원심의 판단을 수긍하였다

7) 대법원 2013. 1. 17. 선고 2010다71578 전원합의체 판결.

8) 대법원 2007. 7. 12. 선고 2006다56565 판결.

③ 설계도면과 건축물대장

설계도면(사업승인도면인 '착공도면'과 사용검사도면인 '준공도면'을 모두 포함)이나 건축물대장의 공용부분 등재 내용은 설계를 하는 시점부터 공적장부에 등재될 때까지 건물이 어떤 구조로 건축이 되었는지 파악하기 위한 중요한 사항이다. 그러나 설계도면이나 건축물대장은 실무상 정확하게 기재되지 않는 경우가 있는 관계로 일부공용부분의 판단기준으로서 불완전하다.[9] (이런 면에서 분양계약서도 마찬가지다. 특히 우리나라에서 '선분양 후시공'이 일반적이고 실제 시공 결과가 분양계약서의 내용과 달라지는 경우가 많은 점을 고려하면 분양계약서가 갖는 의미는 더 제한적일 수밖에 없다.) 그러므로 설계도면이나 건축물대장에 일부공용부분에 관한 기재사항이 없다고 해서 특정 건물부분이 전체공용부분으로 설계 또는 건축되었다고 볼 수 없다. 반대로 설계도면이나 건축물대장에 일부공용부분에 관한 사항이 적극적으로 기재되어 있는 경우에도 그 자체로서 확정적인 의미를 갖지는 않겠지만 건물의 구조를 파악하는 데 결정적인 근거가 될 수는 있다.[10]

④ 등기기록

등기는 공시방법임에도 위의 다른 사항과 마찬가지로 '건물의 구조에 따른 경제적인 용도'를 판단하기 위한 참고의 대상으로서 절대적이지 않다. 일단 구조상 공용부분은 등기의 대상이 되지 않는다. "구분건물에 있어서 민법 215조 소정 공유로 추정하는 공용부분에 관해서는 구분된 전용부분 또는 구분소유자의 특약에 의해서 공유로 된 구분건물부분을 제외하고는 건물의 구조상 구분소유자의 공용으로 된 건물부분에 대하여는 현행 부동산등기법상 등기능력을 인정할 수 없다."[11] 다만 일부공용부분의 경우는 그 면적을 전유부분의 면적에 합산하여 등기하는 방법(등기선례 제7-490호 참조)이 있기 때문에 등기정보에 기하여 일부공용부분 여부를 판단하는 것이 가능하다. 그러나 실제 실무에서 합산면적이 기재되어 등기를 경료하는 경우가 거의 없다.[12] 그러므로 일부공용부분 여부의 판단 시 현 등

9) 김영두, "집합건물의 일부공용부분의 요건과 공시", 「집합건물법학」 제25집, 한국집합건물법학회, 2018. 2., 35면 이하.

10) 흔치 않게 준공도면과 건축물대장에 건물부분이 일부공용부분으로 기재되어 있던 사건에서 법원(항소심)은 해당 부분이 전체공용부분이라는 원고의 주장을 받아들이지 않았다. 서울고등법원 2017. 1. 24. 선고 2016나5643 판결 참조. 상고심 대법원 2020. 10. 29. 선고 2017다6238 판결에서는 상고가 기각되어 원심이 그대로 확정되었다.

11) 대법원 1976. 4. 27. 선고 74다1244 판결.

12) 김영두, "집합건물의 일부공용부분의 요건과 공시", 「집합건물법학」 제25집, 한국집합건물법학회,

기제도가 갖는 이러한 특수성을 주의할 필요가 있다.

⑤ 소결

이상의 내용을 정리하자면 대법원은 공용부분의 귀속을 위한 판단기준으로서 '건물의 구조에 따른 객관적인 용도'를 적용할 때 건물의 이용관계 등의 사항을 고려할 수 있지만 결국 건물의 구조가 결정적인 의미를 갖는다. 이처럼 '건물의 구조에 따른 객관적인 용도'는 가장 엄격한 의미에서 '객관적인' 기준이기 때문에 구조상 일부공용부분의 판단기준만 될 수 있을 뿐 규약 일부공용부분을 판단하는 데에는 적용되지 않는다. 규약 일부공용부분은 전유부분 또는 전체공용부분에 해당하는 건물부분을 구분소유자의 합의에 따라 일부 구분소유자의 공용으로 제공하기 때문에 건물의 구조와 무관하게 인정된다. (게다가 명시적으로 규약을 통해서 일부공용부분의 범위가 구체적으로 결정되고 등기로서 이를 공시한다는 점까지 고려하면 애당초 규약 일부공용부분을 판단하는 데 불확실성이 발생할 여지가 사실상 없다.)

대상판결을 살펴보면 대법원은 이 사건 아파트 412동 옥상이 일부공용부분에 해당하는지를 판단하기 위해서 '건물의 구조에 따른 객관적인 용도'를 엄격하게 판단하였다. 대법원은 ① 원고가 채소 등을 경작한 "옥상은 412동 건물의 지붕과 일체를 이루도록 설치"되어 있는 점과 ② 원고와 같은 412동 구분소유자는 412동 옥상에 접근하는 것이 용이하지만 "다른 동의 구분소유자는 412동 출입구에 의하여 이 사건 옥상에의 접근이 차단되고, 다만 입주자대표회의 등의 결정을 집행하는 관리사무소의 승인을 얻어 이 사건 옥상에 접근"할 수밖에 없는 점을 고려하여, 구조적으로 옥상이 412동 구분소유자의 공용에만 제공되는 일부공용부분이라고 판시하였다. 이는 원심이 ① 다른 동의 구분소유자가 옥상을 출입하는 데 일정한 제한이 있다는 사정만으로 옥상의 구조에 따른 경제적인 용도가 일부 구분소유자만을 위한 것이라고 보기 어렵다고 한 점, ② 아파트의 조경 개선을 위해 일부 동의 옥상에 잔디밭을 조성한 것이나 다른 일부 동 옥상에 이동통신사의 중계기를 설치한 사실을 고려할 때 특정 동의 편익이 반드시 해당 동의 구분소유자에게만 귀속되지 않는다는 점, ③ 건축물대장에 의하면 모든 구분소유자에 대해서 일률적으로 전유부분 면적에 전체공용부분과 그 밖의 공용부분 면적을 합산하여 지분율을 기재한 점 등을 종합적으로 고려하여 412동 옥상이 일부공용부분

2018. 2., 50면.

임이 명백한 경우에 해당하는 것으로 볼 수 없다고 한 판단을 뒤집은 것이다.

대법원이 취한 태도가 부적절하고 오히려 원심의 태도가 합리적이라고 하는 견해[13)]도 존재하지만 원심과 달리 기존에 확립되어 있던 '건물의 구조에 따른 객관적인 용도' 기준을 엄격하게 따른 대법원의 입장이 더 타당해 보인다.

대법원은 이 사건 아파트 412동의 옥상이 갖는 구조적 특성, 즉 412동 구분소유자만 접근할 수 있게 건축된 점을 기초로 해당 옥상이 일부공용부분이라고 판단하였다. 원심이 중요한 사정으로 고려한 옥상의 잠재적 이용 가능성, 즉 관리사무소의 승인을 받은 후 412동의 출입구를 이용하여 옥상에 접근하는 방법이 있다는 사실은 대법원의 판단에 영향을 미치지 않았다. 이는 대법원이 공용부분의 귀속 문제를 다루는 데 철저하게 건물의 물리적 형태를 중심으로 하는 접근을 취하였음을 보여준다. 건물의 구조만으로도 그 객관적인 용도가 분명하다고 본 대법원의 태도는 집합건물법 제10조 제1항 단서에 명백성 요건을 분명하게 규정한 입법자의 태도에도 부합한다. 게다가 옥상에 텃밭을 설치한 것은 구분소유의 성립 당시가 아닌 한참 뒤의 일이라는 점을 고려하면 원심이 내세우는 사정, 즉 일부동 옥상에서의 조경 개선 또는 이동통신사의 중계기 설치를 통해서 구분소유자 전원이 편익을 누린다고 하는 사실은 건물의 구조에 따른 객관적인 용도를 판단하는 데 무의미하다.

물론 건물의 구조만으로 건물의 객관적인 용도를 판단하는 것이 용이하지 않다면 기타 사정이 중요하게 고려될 수밖에 없겠지만 이 경우에도 이런 여러 사정이 갖는 제도적 한계에 주의할 필요가 있다.

2) '소유자들 간 특단의 합의 여부'

앞서 논의한 바와 같이 대법원은 일부공용부분 여부를 판단할 때 '건물의 구조에 따른 객관적인 용도'를 핵심 기준으로 적용해 왔지만, 이는 '소유자들 간 특단의 합의'가 없음을 전제로 한다. 그러므로 특정 건물부분이 구분소유자의 전원 또는 일부의 공유에 제공되는지 여부를 판단하는 데 '소유자들 간 특단의 합의 여부'를 검토하여야 한다.

13) 김판기, "집합건물의 일부공용부분 판단에 관한 고찰 – 대법원 2021. 1. 14. 선고 2019다294947 판결을 중심으로 –", 「법학연구」 제32권 제1호, 충북대학교 법학연구소, 2021. 1., 205면 이하.

① 소유자들

집합건물법에 의하면 “일부공용부분에 관한 사항으로써 구분소유자 전원에게 이해관계가 있지 아니한 사항은 구분소유자 전원의 규약에 따로 정하지 아니하면 일부공용부분을 공용하는 구분소유자의 규약으로써 정할 수 있다”(법 제28조 제2항). 일부공용부분의 설정은 일부 구분소유자만의 공용에 대한 배타적 제공으로서 구분소유자 전원에게 이해관계가 있는 사항이므로 일부공용부분의 성립을 위한 합의 주체는 구분소유자 전원이 된다. 그러므로 ‘소유자들’이라 함은 구분소유의 성립과 동시에 구분소유자 전원을 구성원으로 하여 당연설립되는 관리단을 의미한다. 한편, 집합건물법이 아닌 주택법에 기하여 구성되는 입주자대표회의는 그 구성원의 성격과 범위가 관리단과 다르기 때문에 특별한 사정이 없는 한 관리단의 성격을 겸하지 않는다.[14)]

② 합의

‘합의’라 함은 관리단집회가 집합건물법에서 규정하는 절차에 따라 결의한 것을 의미한다. 그러므로 공용부분의 귀속 범위에 관한 규약의 설정을 위해서는 관리단집회에서 구분소유자의 4분의 3 이상 및 의결권의 4분의 3 이상의 찬성이 요구된다(법 제29조 제1항).[15)] 그런데 집합건물법은 건물의 사용 등에 관한 구분소유자 사이의 사항 중 집합건물법에서 규정하지 않는 사항을 “규약으로서 정할 수 있다”(법 제28조 제1항)고 규정함으로써 집회결의를 통한 규약의 설정을 임의적인 것으로 보고 있으며, 이로 인해 절대적으로 규약에 기재하지 않으면 안 되는 사항(즉, 절대적 기재사항)이 존재하지 않는다.[16)] 이런 상황에서 건물의 사용에 관한 사항을 관리단집회의 결의로서 결정하였다면 강행법규에 반하거나 절차상 하자가 있지 않는 한 규약의 구속력이 구분소유자에게 미치겠지만, 반대로 규약에 구체적으로 기재가 되어 있지 않은 사항의 경우에는 이를 어떻게 해석할지와 관련하여 불확실성이 존재할 수 있다. 이런 이유에서 일부공용부분 여부를 판단하는 데

---

14) 대법원 2017. 9. 21. 선고 2015다47310 판결.

15) 관리단이 설립되기 전에는 이에 대한 예외가 인정될 여지가 없지 않다. 관리단이 설리되기 전 집합건물 전부를 1인이 소유하는 경우 이러한 소유자가 공정증서로서 건물의 특정부분을 공용부분으로 정할 수 있다(법 제3조 제3항). 그러나 실무에서 건물 전부를 소유하고 있는 자가 공정증서로서 일부공용부분을 정하는 경우는 거의 없기 때문에 관리단집회를 전제로 ‘합의’를 이해하는 데 무리가 없다.

16) 편집대표 김용덕, 『주석 민법』 물권 2(제5판), 한국사법행정학회, 2019, 302면(이재근 집필부분).

소유자들 간 '특단의' 합의 여부가 중요하다.

③ '특단의' 합의

'특단의' 합의란 무엇을 의미할까? 일부공용부분에 관한 판례는 어떠한 합의가 '특단의' 합의에 해당하는지 밝히고 있지 않다. 일반적으로 판례에서는 '특단의'가 '특별한'을 의미하는 것으로 이해할 수 있다(가령, '특단의 사정'은 법규정 또는 법리상 특정 원칙에 대한 예외를 인정하기 위해 특별히 고려되어야 하는 사정, 즉 '특별한 사정'을 의미하는 것이 보통이다). 그러므로 일반 판례에 기하여 판단하건대, 일부공용부분에 관한 특단의 합의 여부는 '소정의 절차에 따른 관리단집회의 일부공용부분에 관한 특별한(또는 구체적인) 결의'가 존재하는지의 문제로 이해하는 것이 가능하다.

앞서 언급한 바와 같이 규약의 설정이 임의적 성격을 띠는 점, 실무에서 아파트 관리규약에 모든 사항이 다 구체적으로 기재되지 않는 점, 특히 아파트 관리규약에 일부공용부분에 관한 사항을 두는 경우가 많지 않은 점 등을 종합적으로 고려하면, 관리단집회가 일부공용부분에 관한 사항에 대해서 구체적으로 결의를 하지 않고 이를 규약에 기재하지 않았다는 사실에 기초하여, 특정 공용부분을 일부공용부분으로 인정하지 않겠다고 하는 관리단의 '특단의 합의'를 발견하는 것은 무리이다. 그러므로 우리나라의 제도가 갖는 현실을 고려할 때 일부공용부분과 관련하여 관리단의 구체적인 합의를 발견하기 어려운 상황에서는 적어도 관리단이 건물의 특정부분을 전체공용부분으로 설정하겠다는 특단의 합의를 하지 않은 것으로 보는 것이 적절하다.

④ 소결

대상판결에서 원심은 아파트 관리규약에 412동 옥상의 관리비를 412동의 구분소유자에게만 부과하는 내용이 없는 점 등에 기하여 해당 옥상이 일부공용부분임이 명백한 경우에 해당하는 것으로 볼 수 없다고 판단하였다. 대법원은 원심판결을 파기하면서도 따로 이와 관련해서는 직접적인 판단을 하지 않았는데 이는 412동 옥상을 일부공용부분으로 설정하고자 하는 '소유자들 간 특단의 합의'를 인정할 별다른 근거가 없다고 본 결과로 보인다. 결국 관리규약에 일부공용부분에 관한 내용이 적극적으로 기재되는 경우가 아닌 한 대법원은 관리단의 집회결의에 대해서 원칙적으로 특별한 의미를 부여하지 않는다고 볼 수 있다.

Ⅳ. 결 론

일부공용부분 여부를 판단하는 것과 관련하여 이상의 내용을 살펴본 결과 대상판결에서 대법원이 취한 입장은 타당한 것으로 평가할 수 있다. 다만 대법원이 판결이유를 조금 더 상세하게 설시하지 않은 것은 아쉽다. 공용부분의 귀속과 관련하여 법적 불확실성이 존재하는 상황에서 대법원이 결론에 이른 법적 추론과정을 충분히 밝혀주었더라면 집합건물 구분소유자 사이에서 일부공용부분 여부가 쟁점인 분쟁을 상당 부분 방지하는 데 기여하였을 것이다. 그러나 이런 아쉬움에도 불구하고 대상판결을 통해서 대법원이 공용부분의 귀속에 대해서 취하는 분명한 태도를 확인할 수 있다는 점은 긍정적으로 볼 수 있다. 한편, 집합건물의 공용부분과 관련된 법적 불확실성을 완전히 해소하기 위해서는 무엇보다도 일부공용부분 여부를 용이하게 확인할 수 있는 제도의 확립이 중요하다. 앞에서 살펴본 바와 같이 '건물의 구조에 따른 객관적인 용도'를 판단할 때 고려하는 사정이나 자료로서 설계도면, 건축물대장과 등기기록, 그리고 관리단의 집회결의로서 '소유자들 간 특단의 합의'를 파악하기 위해서 확인하는 관리규약 모두 현재로서는 그 기재 내용의 정확성을 보장할 수 없다. 이런 문제점을 제도적으로 해결하지 않고서는 법원이 아무리 상세한 판단기준을 제시하더라도 법적 불확실성을 완전히 해소하기 어렵다. 무엇보다도 공용부분의 주체 범위에 따라 그 권리와 의무가 달라짐에도 구분소유자들이 소를 제기하고 상고심까지 다퉈보지 않고서는 공용부분의 귀속 여부를 정확하게 알 수 없다는 것은 심각한 문제가 아닐 수 없다. 오래전부터 학계와 실무계에서 요구하고 있듯이 일부공용부분 여부의 판단을 위한 제도적 기반이 조속히 마련되어야 한다. 그리고 그전까지는 판례에 의존할 수밖에 없으므로 대법원은 일부공용부분의 판단기준을 상세하게 제시하는 것이 필요하다.

상가 입주자의 아파트 단지 지하 주차장의 이용 여부*

– 대법원 2022. 1. 13. 선고 2020다278156 판결 –

이 춘 원**

[사실관계]

A 아파트 단지는 공동주택 용도의 아파트 10개동(1,036세대), 근린생활시설 용도의 상가 1개동, 그 밖에 관리사무소, 주민공동시설, 경로당, 보육시설과 지하주차장 등으로 구성된 집합건물 단지이다. 지하 2층 규모의 지하주차장은 1,650대의 자동차를 주차할 수 있으며, 상가의 후면에 16대의 자동차를 주차할 수 있는 지상주차장이 있다.

지하주차장의 자동차 진출입로는 아파트 단지의 정문과 후문 2곳에 설치되어 있고 후문은 진입이 제한되고 진출만 가능하다. 지하주차장 진출입로에 자동차 번호판을 인식할 수 있는 차단기를 설치하고 사전에 번호를 등록한 입주자와 목적을 밝힌 방문자의 자동차만 출입이 허용되고, 상가에 입점한 상인이나 고객 등의 자동차 출입은 제한되고 있다. 지상주차장은 아파트 단지 정문 옆에 상가로 연결된 진출입로를 통해 누구나 이용할 수 있도록 하고 있다.

[원고의 청구 및 하급심의 판단]

상가의 구분소유자와 임차인이 「집합건물의 소유 및 관리에 관한 법률」(이하 '집합건물법'이라 한다) 제51조에 의한 아파트의 공용부분 관리 등을 하는 단지관리단을 상대로 지하주차장의 이용을 방해하는 행위를 금지하고 위자료의 지급을 청구하는 소를 제기하였다. 이에 대하여 원심법원은 원고의 청구를 기각하였으며,

---

* 이 평석은 「집합건물법학」 제41집에 수록된 논문을 수정 보완한 것임.

** 광운대학교 법학부 교수, 법학박사

원고는 상고하였다.

[대법원의 판단]

대법원은 대법관의 일치된 의견으로 상고를 기각하고, 상고 비용을 패소자가 부담하도록 하였다. 즉, 대법원은 이 사건 지하주차장을 아파트 구분소유자만을 위한 일부공용부분으로 판단하여, '단지관리단을 상대로 지하주차장의 이용을 방해하는 행위를 금지하고 위자료의 지급을 청구하는 상가의 입주자들의 소'를 기각한 원심 판결을 유지하였다.

[쟁점]

대법원은 이 사건에서 아파트 단지 내 지하주차장에 대한 상가 입주민의 사용권의 인정 여부와 관련하여, ① 건물의 특정 부분이 구분소유자 전원 또는 일부의 공용에 제공되는지 판단하는 기준과 ② 아파트 단지 내 지하주차장이 아파트 구분소유자들의 일부 공용부분에 해당하는지 여부에 관하여 판단하였다.

Ⅰ. 서

자동차의 증가로 인하여 주차장 사용에 있어서 갈등이 빈번히 발생하는데, 특히 아파트 단지 내 상가가 있는 경우에 아파트 입주자와 상가건물 이용자 사이의 갈등이 빈번히 발생하고 있다. 이러한 현상은 용도가 서로 다른 유형의 건물이 집합건물법상 하나의 단지관리단을 구성함으로써 주차장 사용에 있어서 이해관계가 대립되기 때문이다. 일반적으로 갈등은 아파트 입주자 단체가 아파트 거주자의 주차공간 부족, 보안 등을 이유로 상가 이용자의 주차를 제한하면서 발생한다. 아파트 단지를 건축할 당시부터 상가건물 이용자의 주차를 제한하거나 건축 당시에는 자유롭게 이용하다가 사후에 주차난 등으로 차단기를 설치함으로써 제한하기도 한다. 아파트 구분소유자보다 상가건물 구분소유자의 인원이 적다 보니, 아파트 입주자 단체가 상가건물 입주자의 의사를 반영하지 않고 차단기 설치 등을 일방적으로 결정하기도 한다. 법원은 아파트 단지 내의 상가건물 입주자와 아파트 입주자 사이의 주차장 분쟁과 관련하여 아직 명확한 법리를 정립하지 않고 사안별로 분쟁을 해결하고 있다. 아파트와 상가건물이 한 단지를 구성한 경우에 있어서 아파트 입주와 상인 사이의 주차 분쟁을 법원은 종전부터 집합건물법상 대지사용권 또는 공용부분의 사용에 관한 법리로 해결하여 왔는데, 법원은 구체적 사안의 해결에 있어서 집합건물법의 문리적 해석에 치중하여 현실과 다소 괴리감이 있는 판단을 하는 경우도 있었다.

대법원 2022. 1. 13. 선고 2020다278156 판결에서는 아파트 단지내 지하 주차장을 아파트 입주민만의 일부공용부분으로 판단하여 상가건물의 구분소유자 및 임차인의 주차장 사용을 인정하지 않는 판단을 하였다. 집합건물의 공용부분 중 일부 구분소유자의 공용에 사용되는 부분을 일부 공용부분이라고 하는데, 아파트 단지 내의 지하주차장이 상가건물의 구분소유자를 배제하고 아파트 구분소유자만을 위한 공용부분인지를 판단하는 기준이 무엇인지 분명히 제시하지 않고 있다. 공용부분은 법정 공유부분과 규약상 공용부분이 있는데, 대법원 2022. 1. 13. 선고 2020다278156 판결에서는 법정 공용부분인지 규약상 공용부분인지를 명확히 밝히지 않고 양자를 혼용하여 판단하고 있는데, 이에 대한 명확한 검토가 필요하다. 이하에서는 집합건물의 공용부분과 아파트 단지 내에 소재하는 주차장에 대한 상가건물의 구분소유자 및 임차인의 사용권을 살펴보고, 해당 판결을 검토하기로 한다.

Ⅱ. 집합건물의 공용부분

1. 집합건물의 구성

집합건물법상 구분소유자의 물적 권리는 전유부분에 대한 구분소유권, 공용부분에 대한 공유지분, 대지사용권으로 구성되어 있다. 이 중에서 대지사용권은 집합건물의 부지에 대한 권리로서 프랑스, 독일 등과 달리 우리 집합건물법에서는 구분소유의 본질적인 권리가 아니다. 일본과 마찬가지로 우리 민법은 건물과 토지를 별개의 부동산으로 취급하는 까닭으로, 집합건물법은 집합건물을 중심으로 규율하고 대지사용권으로 부차적인 권리로 구성하고 있기 때문이다. 통설적 견해[1)]는 집합건물에 있어서 1동의 건물은 전유부분과 공용부분의 2종류의 건물부분으로 나누어진다고 한다. 1동의 집합건물에서 구분소유가 될 수 없거나, 구분소유가 가능함에도 불구하고 구분소유를 하지 않는 부분이 존재하게 된다. 이러한 부

1) 채규성, “건물의 구분소유와 전유부분 및 공용부분”, 「대법원판례해설」 제19호(1993), 266면; 곽윤직 등 편, 『민법주해(Ⅴ)』, 270면[김황식].

분은 공유로 남게 된다. 구분소유자는 이러한 부분에 대하여 공유지분을 가지게 된다. 이 공유부분은 특정 구분소유자가 전속적 사용할 수 있는 부분과 다른 구분소유자와 공동으로 사용하는 부분으로 나누어진다. 즉, 공유부분은 다시 각 구분소유자가 전속적 사용권을 가지는 부분과 공용부분으로 나눌 수 있다. 공용부분에 대하여 구분소유자는 공동으로 사용권능을 가진다. 공용부분은 원칙적으로 구분소유자 전원의 공유에 속하며, 다만 일부 공용부분은 그 구분소유만의 공유로 된다. 그리고 이러한 공용부분에 대해서는 집합건물법 제11조로부터 제18조의 규정에 의하도록 하고 있다. 따라서 이러한 공용부분에는 민법 제262조 이하의 공유에 관한 규정은 거의 적용될 여지가 없게 된다. 한편 공용부분 중에서 각 구분소유자에게 전속적인 사용권이 인정된 전속적 사용부분에 대하여는 집합건물법은 달리 규정을 두고 있지 않고 있다. 따라서 이를 어떻게 볼 것인가는 학설에 의할 수밖에 없다.

집합건물법 제2조 4호에서 공용부분을 전유부분 외의 건물부분, 전유부분에 속하지 아니하는 건물의 부속물 및 규약(제3조 제2항) 및 공정증서(제3조 제3항)에 의하여 공용부분으로 된 부속의 건물을 들고 있다. 즉 집합건물법 제2조 4호는 1동의 건물 중 '전유부분 이외의 건물의 부분'은 모두 공용부분이라고 하였지만, '전유부분 이외의 건물의 부분'이 무엇인가를 적극적으로 정의하지는 않고 있다. 집합건물법 제3조 1항은 우선 "구조상 구분소유자의 전원 또는 그 일부의 공용에 제공되는 건물 부분"은 "구분소유권의 목적으로 할 수 없다."고 하여 공용부분으로 밖에 될 수 없다는 것을 분명히 하고 있다. 그러한 구조상 공용부분은 규약에 의해도 전유부분으로 하지 못하는 것을 규정하고 있다. 다음으로 집합건물법 제3조 제2항은 제1조 또는 제1조의2에 규정된 구분소유권의 목적으로 할 수가 있는 건물의 부분도 규약으로 공용부분으로 할 수가 있는 것을 규정하고 있다. 이와 같이 구조상 공용부분은 규약에 의해서도 전유부분으로 할 수 없지만, 이용상 공용부분은 규약에 의해서 전유부분으로 할 수가 있는지가 문제 된다(예컨대, 전유부분의 출입구인 현관문의 외측부분 등을 말하는데, 성질상 공용부분이라는 용어는 稲本洋之助＝鎌野邦樹가 사용하므로 그대로 따르기로 한다).[2]

이에 대하여 각 전유부분의 현관문 바깥에 있어서 구조상 이유가 아니고 다른

---

2) 稲本洋之助＝鎌野邦樹, 『コンメンタールマンション区分所有法』, 日本評論社, 第2版, 2004, 36頁.

이유에 의해 공용부분으로 된 것에 대해서는 규약에 의해서 전유부분으르 할 수 있다는 견해[3)]가 있다. 그러나 구조상 공용부분이 아닌 이용상 공용부분은 규약으로 일부 구분소유자에게 독점적 사용권이 부여되더라도 전우부분으로 되는 것이 아니라, 전용사용권이 부여된 공용부분으로 보아야 한다. 따라서 규약으로 공용부분을 전유부분으로 변경하지는 못한다고 할 것이다.

공용부분은 구조상 독립성이 없어 공용부분이 될 수밖에 없는 경우와 구조상으로는 전유부분이 될 수 있으나 규약에서 공용으로 제공된 경우인 규약상 공용부분이 있다. 전자를 법정 공용부분, 후자를 규약상 공용부분이라고 한다. 이하에서는 법정 공용부분과 규약상 공용부분에 대하여 살펴보기로 한다.

2. 법정 공용부분과 규약상 공용부분

(1) 법정 공용부분

집합건물에서 '구조상 구분소유자의 전원 또는 그 일부의 공용에 제공되는 건물부분'은 구조상 독립성이 없으므로 전유부분이 될 수 없고, 구분소유자들의 의사와 관계없이 법률상 당연히 공용부분으로 여겨진다. 이를 강학상 '법정 공용부분', '당연 공용부분', '구조상・성질상 공용부분' 등으로 부르고 있다. 법정 공용부분인지 여부는 그 위치・구조만이 아니고 이용상의 관점도 고려된다.[4)] 여기서 공용될 수 있는 상태에 있으면 되고 현실적으로 공용되고 있을 필요는 없다.[5)] 이러한 법정 공용부분은 규약에 의하여도 구분소유권의 목적으로 할 수 없다.

한편 '구조상 … 공용에 제공되는 건물의 부분'은 건물부분 또는 부속건물을 의미한다는 견해[6)]가 있지만, 부속건물은 규약에 의해서만 공용부분으로 할 수 있다고 생각된다(같은 견해로는, 稲本洋之助＝鎌野邦樹).[7)] 즉 부속의 건물은 구분소유건물과는 별개의 부동산이지만, 집합건물법 제3조 제2항에 의하여 공용부분으로 할 수 있는 것이다. 나아가 A동의 건물의 부분을 규약에 의하여 B동의 공용부분으로 하는 것이 가능하다.

---

3) 稲本洋之助＝鎌野邦樹, 前掲書, 36頁.
4) 稲本洋之助,「区分所有権」, 青林書院, 1974, 171頁; 丸山英気,「共用部分」, 玉田弘毅＝森泉章＝半田正夫[編],『建物区分所有権法』, 一粒社, 1975, 75頁.
5) 稲本洋之助＝鎌野邦樹, 前掲書, 31頁.
6) 小沼進一,「区分所有法 第4条, 第11条」, 水本浩＝遠藤浩＝丸山英気編,『基本法コンメンタール・マンション法』, 日本評論社, 1994, 15頁.
7) 稲本洋之助＝鎌野邦樹, 前掲書, 31頁.

집합건물법 제3조 제1항에서는 공용부분으로서 "여러 개의 전유부분으로 통하는 복도, 계단"을 예시하고 있다. 이것 이외에도 건물의 안전이나 외관을 유지하기 위하여 필요한 기둥, 내력벽, 지붕, 외벽, 기초공작물 등 건물의 기본적 구성부분도 법정 공용부분이다. 이들은 그 성질에 비추어 볼 때 2개 이상의 전유부분의 안전이나 건물의 외관을 유지하기 위하여 필요한 것이고 구분소유권의 목적이 될 수 없는 것이기 때문이다.

복도나 계단이더라도 특정 전유부분만으로 통하는 것은 법정 공용부분이 되지 않는다.[8] 이에 대하여 특정 구분소유자의 전용에 이용되는 복도나 계단은 공용부분이 아니라 그 구분소유자에게 속하는 구분소유권의 목적물 일부를 구성하는 전유부분이 된다는 견해[9]가 있다. 그러나 1인의 구분소유자의 전용에 제공되는 복도나 계단은 반드시 법정 공용부분이 되지 않는다는 것이지, 전유부분이 된다고는 할 수 없다. 이러한 부분은 현실적으로 공용부분인 경우가 많으며, 다만 특정 구분소유자에게 전용사용권이 부여된 경우가 많다.

법정 공용부분에 해당되는지 여부는 그것이 실제 어떻게 사용되고 있는가에 의하여 결정되는 것이 아니라 그 형상, 위치, 배관이나 배선의 상황 등 객관적인 상황으로 보아 구분소유자의 공용에 제공될 것으로 설계되어진 건물부분이라고 인정되는가 여부에 의하여 판단하여야 한다.[10] 즉, 법정 공용부분 여부는 객관적인 용도에 따라 결정되어야 한다. 판례[11]도 "집합건물에 있어서 수개의 전유부분으로 통하는 복도, 계단 기타 구조상 구분소유자의 전원 또는 그 일부의 공용에 제공되는 건물부분은 공용부분으로서 구분소유권의 목적이 되지 않으며, 건물의 어느 부분이 구분소유자의 전원 또는 일부의 공용에 제공되는지의 여부는 소유자들 간에 특단의 합의가 없는 한 그 건물의 구조에 따른 객관적인 용도에 의하여 결정되어야 할 것이다"라고 하여 객관적인 용도를 기준으로 하고 있다.

공용 복도·계단, 공용 출입구, 엘리베이터, 옥상, 외벽, 건물 몸체(기초, 격벽, 바닥슬라브), 테라스, 발코니, 베란다, 필로티, 지하 또는 건물내 주차장, 전기·기계실, 공용화장실, 관리 사무소 등이 일반적으로는 법정 공용부분이다. 그러나 이러한 명칭으로 불려지더라도 당연히 법정 공용부분인 것으로 되는 것은 아니며,

8) 稻本洋之助＝鎌野邦樹, 前揭書, 31－32頁.
9) 이태운, 『주석민법』, 물권 2, 141면(박준서 등 편, 2000).
10) 이태운, 위의 책, 141면.
11) 대법원 1995. 2. 28. 선고 94다9269 판결.

구체적 상황에 따라 개별적으로 판단하여야 한다.[12)]

관리사무소는 일반적인 전유부분과 다른 구조로 되어 있어도, 당연히 공용부분이 되는 것은 아니며, 집합건물법 제3조 제2항에 따라 규약으로 공용부분으로 되는 것이다. 전기 또는 보일러실 등 기계실(엘리베이터 기계실은 제외)도, 상황에 따라 규약상 공용부분이 되는 경우도 있다.

개별 전유부분에 붙어있는 발코니나 베란다 같이 그 전유부분 이용자가 아니면 다른 구분소유자 등은 이용할 수 없는 부분에 대해서는 ① 사용상 엄격한 제한이 존재하는 전유부분으로 볼 것인지, ② 구조상 공용부분으로 볼 것인가에 관해서는 논란이 있다. 이러한 부분에 대한 판단은 정책적 관점에서 하여야 한다는 견해가 있다.[13)] 구체적인 경우에 따라 다르겠지만 우리나라에서 발코니나 베란다의 경우에는 공용부분으로 보는 것이 일반적이었다. 즉, 공동주택에 1958년경부터 설치되기 시작한 발코니는 초기에는 건물 외벽 밖으로 돌출되고 외부에 개방되어 있어 공용부분으로 보는 것이 일반적이었다. 그러나 아파트 등 공동주택이 널리 확산·보급됨에 따라 발코니의 크기도 확대되고 있으며, 발코니 좌·우측 또는 그 중간에도 본체와 일체로 기둥 겸 내력벽 역할을 하는 철근콘크리트 벽체를 설치하는 한편 그 외곽으로 상당한 높이의 철근콘크리트 또는 조적 벽체를 세우고 창호를 설치하는 것이 일반화됨으로써 본체와 유사한 내부공간으로 변모되기도 한다. 이와 같이 공동주택의 발코니가 초기와는 달리 본체와 유사한 내부공간이 되어 더 이상 건축법령상 건축물 외부에 노출된 바닥형태의 구조물을 의미하는 '노대'의 범주에 포섭될 수 없게 되었으므로 건축법령상 바닥면적에서 제외될 수 없게 되었음에도 건축 관련 행정청은 공동주택의 건축에 관하여 구 주택건설촉진법(2003. 5. 29. 법률 제6916호 주택법으로 전부개정되기 전의 것)에 의한 사업계획승인이나 건축법에 의한 인·허가를 발코니 부분의 면적이 제외된 바닥면적으로 산정한 전용면적 및 연면적을 기준으로 결정하여 왔다.[14)] 최근에 확장공사 등으로 발코니가 전유부분과 명확하게 구분되지 않는 형태로 변모되기도 하는데, 이러한 경우에는 관련법령, 관련 정부정책, 발코니의 형태 등을 고려하여 판단할 필요가 있다.

---

12) 稲本洋之助＝鎌野邦樹, 前揭書, 32頁.

13) 稲本洋之助, 「区分所有権」, 遠藤浩編, 『実務法律大系 第1巻 マンション・建売住宅』, 青林書院, 1985, 172頁.

14) 대법원 2010. 9. 9. 선고 2009두23419 판결.

공용부분인 건물 부분이 관리 내지 사용에 있어서 어떤 제한을 받을 것인가는 일률적으로 정할 수 없지만, 집합건물법은 구조상 공용부분을 제외하고는 그 외 부분은 규약으로 정할 수 있도록 하고 있다. 따라서 규약에서 어떻게 정한 것인지가 의미를 가지며, 집합건물법의 규정으로 규약의 내용에 대하여 유효한 컨트롤을 할 수 있는 것은 아니다.

집합건물의 지하층을 구조상 공용부분으로 보아야 하는지 또는 구분소유권의 대상이 될 수 있는 것인지에 대하여는, 대법원 판례는 일률적으로 판단하지 않고 있다. 대법원 1976. 4. 27. 선고 74다1244 판결, 대법원 1981. 1. 13. 선고 80다2445 판결은 지하층을 공용부분으로 보아 전유부분과 분리해서 처분의 대상으로 할 수 없다고 보았으나, 대법원 1984. 2. 14. 선고 82다카1014 판결은 지하층이 준공당시부터 이미 구조상으로나 이용상으로나 지상층인 주택부분과는 하등 현실적이며 실용적인 관련 없이 독립된 건물로 인정되고 또한 이용되어 왔다면, 독립하여 구분소유의 대상이 될 수 있다고 보고 있다. 그 후 지하층도 구분소유의 대상이 될 수 있다는 취지의 대법원 판례가 이어져 나왔는데, 대법원 1992. 4. 10. 선고 91다46151 판결, 대법원 1993. 3. 9. 선고 92다41214 판결, 대법원 1995. 3. 3. 선고 94다4691 판결, 대법원 1995. 12. 26. 선고 94다44675 판결 등이 이에 속한다. 생각건대 이 문제는 일률적으로 정할 것이 아니라 그 구조와 이용상황 및 분양자의 의사를 종합적으로 고려하여 개별적으로 판단하여야 할 것이다.[15) 지하실이라고 하여 지상층 부분과 달리 볼 것은 아니며, 지상층과 마찬가지로 구조와 이용상황 및 구분소유자의 의사 등기 등을 종합적으로 고려하여 판단하여야 할 것으로 생각된다.

당해 건물부분이 전유부분인가 아니면 법정 공유부분인가 하는 것은 구분소유가 성립하는 때를 기준으로 하여 판단하여야 하고, 그 후의 사정(개조나 이용상황의 변화)을 판단의 기초로 삼을 수는 없다는 견해[16)가 있다. 판례[17)도 "집합건물의 어느 부분이 전유부분인지 공용부분인지 여부는 구분소유가 성립한 시점, 즉 원칙적으로 건물 전체가 완성되어 당해 건물에 관한 건축물대장에 구분건물로 등록된 시점을 기준으로 판단하여야 하고, 그 후의 건물 개조나 이용 상황의 변화

15) 같은 견해로 김황식, "집합건물의 공용부분에 관한 등기", 「재판자료」 제44집, 415면 이하; 안갑준, "건물의 구분소유와 그 등기절차", 「법무사」 제348호(1996년), 36－37면.

16) 高柳輝雄, 「区分所有の對象」, 『現代民事裁判の課題 第6巻』, 新日本法規出版, 1990, 683－684頁.

17) 대법원 1999. 9. 17. 선고 99다1345 판결.

등은 전유부분인지 공용부분인지 여부에 영향을 미칠 수 없다."고 하여 같은 입장을 취하고 있다. 생각건대 법정공용부분이 결정되는 시기는 집합건물이 건축물대장에 등록되는 시점이라는 판례의 태도는 정당하다. 왜냐하면 건축물 대장이 그 건물의 구조, 면적 등의 사실관계를 공시하기 때문에 건축물 대장에 등록할 때 구조적으로 전유부분이 될 수 없다면 그 후에도 전유부분이 될 수 없기 때문이다. 그러나 구분소유관계의 성립시점은 판례와 달리 등기시로 보는 것이 타당하다고 생각한다.

(2) 규약상 공용부분

전유부분이 될 수 있는 건물부분은 일반적으로 구분소유권의 목적이 되어 전유부분이 되지만, 규약으로 공용부분으로 할 수 있다. 예컨대 주거용 집합건물에서 특정 전유부분을 형태를 가진 부분을 공동 집회실로서 이용하거나, 독립된 부속건물을 경노당이나 주차타워로 이용하는 경우이다. 집합건물법 제3조 2항은 규약으로 이러한 것들을 공용부분으로 할 수가 있다는 취지를 규정하고 있다. 이것을 '규약상 공용부분'이라고 한다. 구조상의 독립성을 갖추지 못한 전유부분 일부만을 규약상 공용부분으로는 할 수 없다.[18]

규약으로 공용부분으로 할 수 있는 것은 '제1조 및 제1조의2에 규정하는 건물부분', 즉 전유부분이 될 수 있는 부분(구조상・이용상 독립성을 가지는 건물부분)과 '부속의 건물'이다. 규약으로 공용부분이 될 수 있는 건물 부분은 현실적으로 구분소유자의 공용에 제공되는 것을 필요로 하지는 않는다. 따라서 예를 들면, 전유부분 등의 형태를 취한 구분소유 주택을 규약으로 공용부분으로 하여, 이것을 제3자에게 임대하고 그 임대료를 구분소유자가 공동으로 수수하는 것도 가능하다.[19] 공용부분으로 할 수 있는 부속 건물은 집합건물의 수 개의 전유부분에 대해서 공동으로 종물적인 관계에 있을 것을 필요로 하지만, 그 외의 요건은 필요로 하지 않는다.[20] 다만, 구분소유자의 공유에 속하는 부속의 건물이 있더라도, 그러한 건물은 그것만으로는 단순한 독립한 공유건물에 지나지 않으며 규약의 정함이 없으면 구분소유관계에 들어가지 않는다.[21] '규약상 공용부분으로 되는 부속

18) 稲本洋之助＝鎌野邦樹, 前掲書, 36頁.
19) 川島一郎, 「建物の区分所有に關する新法律の解說(中)」, 1050頁.
20) 川島一郎, 前掲論文, 1050頁.
21) 稲本洋之助, 「区分所有権」, 遠藤浩編, 『実務法律大系 第1巻 マンション・建売住宅』, 173頁.

의 건물'로서 현실적으로 볼 수 있는 것은 공용부분의 운용·관리 등에 필요한 자재의 창고, 집회실, 레크리에이션실 등이다. 또 이미 존재하는 집합건물 내부에서는 더 이상 공간이 없는 경우, 공동시설을 확보하기 위해서 집합건물과 연장선상에서 후에 건축되는 경우도 적지 않다. 또한 규약상 공용부분이 되는 부속의 건물은 그 건물의 전부일 필요는 없고, 건물의 구조상 구분되는 일부이어도 무방하다. 예컨대 A동의 건물의 일부가 B동의 부속의 건물이 될 수 있다.[22)]

전유부분이 될 수 있는 건물의 부분 또는 부속의 건물을 공용부분으로 하기 위해서는 규약으로 그 취지를 정하는 것이 필요하다. 규약의 규정 방식은 집합건물법 제28조 이하에 규정하고 있지만, 원칙적으로 구분소유자 및 의결권의 각 4분의 3이상의 다수에 의한 집회의 결의를 필요로 한다(집합건물법 제29조 1항). 덧붙여 건물의 전유부분 전부 또는 부속건물을 소유하는 자는 공정 증서로써 3조 2항의 규약에 상당하는 것을 정할 수 있다(집합건물법 제3조 3항).

규약으로 정해야 할 사항은 건물의 어느 부분 또는 어느 부속의 건물을 공용부분으로 하는가 하는 것만으로 충분하지만, 그 외 ① 그 공용부분의 용도, ② 그 공용부분을 공용해야 할 구분소유자의 범위, ③ 그 공용부분에 대한 각 구분소유자의 공유지분 등을 정해도 된다. 이러한 사항을 정했을 때는 그 규정은 구분소유자를 구속하게 된다.[23)]

규약상 공용부분으로 정한 규약이 폐지(집합건물법 제29조 참조)되면 규약상 공용부분은 공용부분이 아닌 전유부분으로 변경된다.[24)]

전유부분이 될 수 있는 건물 부분이나 부속의 건물을 규약에 의하여 공용부분으로 정하여도, 구분소유자는 그 취지의 등기를 하지 않으면, 이것을 가지고 제3자에게 대항할 수가 없다. 공용부분이 되면 법률상 독립하여 처분할 수가 없게 되지만, 외관상으로 구조상·이용상의 독립성을 갖추는 건물의 부분 등에 대해서는 거래의 안전을 꾀할 필요가 있다.

일본 建物の区分所有等に関する法律 제4조 제2항에 따르면 규약에 의한 공용부분인 취지의 등기가 이루어지지 않는 이상 제3자에게 대항할 수 없다고 하였다. 이에 대하여 우리 집합건물법 제3조 제4항은 '… 공용부분이라는 취지를 등기

22) 稲本洋之助＝鎌野邦樹, 前掲書, 21頁.
23) 川島一郎, 前掲論文, 1051頁.
24) 川島一郎, 前掲論文, 1058頁; 小沼進一, 「区分所有法 第4条, 第11条」, 水本浩＝遠藤浩＝丸山英気 編, 『基本法コンメンタール・マンション法』, 16頁.

하여야 한다'고 규정하고 있다. 여기서 문제는 등기를 하지 않으면 제3자에게 대항할 수 없는 것인지 아니면 규약상 공용부분으로 효력이 생기지 않는 것인지가 문제된다. 즉, 이 경우의 등기가 효력요건인지 아니면 대항요건인지가 문제 된다. 이에 대하여, 대항요건으로 해석하는 견해[25]가 있다. 이 견해는 규약상 공용부분이라는 취지의 등기를 하지 않으면 공용부분이 됨에 따라 생기는 법적 효과(집합건물법 제10조, 제13조 등)를 제3자에게 대항할 수 없도록 하여 거래안전을 도모하기 위한 것이라고 한다.

(3) 전용사용권이 인정된 공용부분

공용부분에 대하여 특정 구분소유자만이 사용할 수 있도록 하는 '전속적 사용권'을 인정할 수 있는지 문제 된다. 독일에서는 전용사용권과 관련한 명문규정(§3, §5, §10 Wohnungseigentumsgesetz)을 두고 있다. 독일과 달리 일본은 법규정에서 전용사용권에 관한 규정은 없으나 판례는 전용사용권을 인정하고 있다.[26] 일본 판례를 보면, 분양회사가 A, B, C에게 구획부분에 인접한 토지를 팔고 양 구획부분의 중앙에 설치된 주차장을 B에 파는 것은 문제가 없다. 만일 중앙을 B와 C의 공유토지로 하고 그곳을 B를 위한 주차장으로 정한 경우(즉, A가 주차장을 B에 파는 것이 아니라 소유권은 B와 C에 공동으로 귀속시키고, '전용사용권'만을 B에 귀속시키는 처분을 하는 경우)도 가능한지가 문제 되었다. 이와 관련하여, 최고재판소는 이것도 가능하다고 하였다.[27] 표준관리규약에서도 그러한 취지의 규정을 다련하고 있다. 즉, 標準管理規約[単棟型]에서는 발코니, 현관문, 창틀, 유리창, 1층에 접하는 뜰, 옥상 테라스 등에 관하여 공용부분으로 한 다음에 각 구분소유자에게 전용사용권을 인정하고 있다.

우리나라에서도 주차장과 관련하여 1990년대 후반부터 전용사용권을 인정하고 있다. 공용부분에 전용사용권을 설정하는 것은 공용부분의 변경 또는 관리에 해당하므로 이를 규약으로 정하거나 공용부분의 변경 또는 관리에 관한 집합건물법 제15조 또는 제16조의 절차를 거쳐야 한다.

---

25) 이태운, 앞의 책, 148면.

26) 稲本洋之助＝鎌野邦樹, 前掲書, 83頁以下.

27) 最判 平10・10・22 民集 52−7−1555.

(4) 일부공용부분

일부 공용부분이란 일부의 구분소유자만이 공용하도록 제공되는 것이 명백한 공용부분을 말한다(집합건물법 제3조 제1항 및 제10조). 예컨대 저층이 상가이고, 고층이 주거용 아파트인 주상복합아파트의 경우에 상가로만 출입할 수 있는 입구나 에스컬레이터와 같은 것은 일부 공용부분이라고 할 수 있다. 이러한 일부 공용부분은 그들 구분소유자만이 이용하기 때문에 그것을 관리하기 위한 별도의 관리단이 구성될 수 있다(집합건물법 제23조 제2항). 다만 일부 공용부분의 관리가 구분소유자 전원에게 이해관계가 있는 경우에는 구분소유자 전원의 집회에서 결정하여야 한다(집합건물법 제14조).

집합건물법 제10조 제1항에서는 일부 공용부분은 그들 구분소유자들의 공유에 속하는 것으로 규정하고 있다. 그러나 반대로 일부 구분소유자의 공유에 속하는 부분이 일부 공용부분인 것으로 보기는 어렵다.

Ⅲ. 아파트 단지 주차장의 상가건물 입주자의 사용권

1. 노상주차장

아파트 단지 내에 있는 노상주차장이나 별개의 건물로 된 주차타워 등은 집합건물로 보기 어렵기 때문에 법정 공용부분으로 되기 어렵다. 노상주차장과 관련하여서는 종전부터 법원은 대지사용권의 내용으로 파악하고 있다. 이러한 노상주차장에 대하여 판례는 구분소유자는 대지사용권의 내용으로 원칙적으로 공유지분과 관계없이 대지 전부를 용도에 따라 사용할 수 있다고 한다.[28] 나아가 법원은 "1필의 토지 위에 축조된 아파트와 상가의 구분소유자들이 그 대지를 공유하고 있고 위 상가가 일반에게 분양된 복리시설인 경우, 아파트의 입주자대표회의는 별도의 약정이 없는 한 상가의 구분소유자들을 배제한 채 일방적으로 그 대지의 관리에 관한 사항을 결정할 수 없다"고 한다.[29] 즉 법원은 노상주차장의 사용권은 대지사용권의 내용으로 상가건물의 구분소유자들도 노상주차장을 사용할 적

28) 대법원 2012. 12. 13. 선고 2011다89910, 89927 판결; 대법원 2013. 3. 14. 선고 2011다58701 판결 등.
29) 서울동부지방법원 2004. 8. 20. 선고 2003가합3469 판결.

법한 권한이 있으며, 다수의 노상주차장 관련 분쟁에서 상가 입주자들에게 유리한 판단을 하였다. 다만 주차장 관리에 관한 세부적인 사항에 관하서는 제반 사정을 고려하여 판단하고 있다. 예컨대 경기도 김포시의 한 입주자대표회의가 아파트 내 불법주차 문제가 심각해지자 주차장에 차단기를 설치하고 상가와 아파트 사이 계단 통로에 펜스를 설치한 뒤 상가 이용 차량은 관리사무소로부터 방문증을 받아 상가에서 도장을 받아 오는 경우에 이용할 수 있도록 조치하자 상가 소유자들이 주차장 차단기와 펜스 등을 철거하고 피해 상가 소유자들에게 200만원씩 손해를 배상하라고 소를 제기한 사안에서, 법원은 위 입주자대표회의의 조치가 상가 소유자들의 대지사용권 등을 부당하게 침해하는 것으로 볼 수 없다고 판단하였다.[30)]

법원은 차단기와 펜스의 설치는 신원 확인을 할 수 없는 불특정 다수가 아파트에 출입하는 것을 제한하여 아파트 단지 내 보안을 강화하는 것을 목적으로 하는 것이고 방문 목적의 확인은 그에 필요한 적절한 방법으로 보이는 점, 펜스 바로 앞은 지하주차장 출입로로서 차량의 출입이 빈번한 곳인데 이 부분 외부통로를 막음으로써 보행자와 주차장 출입차량 사이 교통사고 유발요인을 제거하는 실질적 효과가 있는 점, 차단기 설치로 상가방문 차량을 비롯한 외부 차량의 출입이 원천적으로 모두 금지된 것이 아니고, 상가의 방문 목적이 확인되면 상가방문증을 발급하고 출입할 수 있도록 하여 적절한 출입방법을 마련한 점, 펜스 설치로 상가로 통하는 일부 통로가 막혔더라도 아파트에서 상가로 가는 주된 통로가 막힌 것이 아니고 달리 아파트 입주민들의 전체적인 상가 진입 경로가 바뀌었다고 볼 수도 없어 상가 구분소유자나 아파트 입주민들에게 미치는 영향이 아주 크다고 보이지 않는 점 등을 종합적으로 고려해 판단하였다.

생각건대 노상 주차장 이용을 단순히 대지사용권으로 파악하여 규율하는 판례의 태도는 과거 차량이 많지 않아 주차공간이 넉넉하였던 때에 적합하였으나, 오늘날처럼 차량 대비 주차공간이 협소하여 별도로 관리규약으로 주차장 이용에 관한 사항을 정한 경우에는 규약이 우선한다고 보아야 한다.

주차타워 등 주차장이 별개의 건물로 구성된 경우는 아파트 단지의 경우에 아직 그 예를 찾아 볼 수 없어 관련 판례도 찾을 수 없다. 이 경우에는 별도의 관리

---

30) 인천지방법원 2018. 1. 17. 선고 2017나55773 판결.

규약이 존재하는 것이 예상되므로 관리규약으로 규율하면 될 것이다.

2. 지하주차장

지하주차장은 대지사용권의 대상이 아니므로, 대지사용권이 있다고 하여 지하주차장을 사용할 수 있는 것은 아니다.[31] 따라서 지하주차장은 집합건물 중 전유부분 또는 공용부분으로 취급된다. 전유부분인지 공용부분인지는 구조상, 이용상 독립성 여부를 고려하여 결정한다. 일본 판례 중에는 구조상으로 구분된 경우에 이용상 독립성이 있으면, 공용설비가 존재하는 지하주차장도 배타적 사용으로 공용설비에 지장을 주지 않는 전유부분으로 할 수 있다고 한다.[32] 2대의 주차공간을 다른 구분소유자와 공동으로 사용하는 경우에 구조상 독립성이 있으면 2명의 구분소유자가 공유하는 관계(전유부분의 공유)로 보기도 한다.[33] 1동 건물의 지하 또는 건물 내의 주차장이 구조상으로 구분되지 않았거나, 이용상으로 독립성을 가지지 않는 경우에는 전유부분으로는 볼 수 없고 공용부분으로 된다.[34] 다만 주차장에 있어서 특정 구분소유자에게 전용사용권이 부여되는 경우가 있다. 1층 필로티 부분이나 지하에 주차장을 설치하여 특정 구분소유자만 사용할 수 있게 하는 경우가 있는데 이러한 경우에 이를 전유부분으로 볼 것인지 아니면 공용부분으로 한 다음에 각 구분소유자에게 전용권(전용 사용권)을 인정하는 것으로 할 것인지가 문제된다. 전용사용권이 인정되는 주자장과 관련하여 일본의 예를 보면 임대방식(분양 후에 관리조합과 주차장이용자간의 임대차계약에 기하여 사용료를 지급하는 형태), 분양방식(분양시에 주차장의 일구획을 분양받는 형태), 유보방식(분양업자나 등가교환방식의 전 地主의 동의하에 주차장이용권이 유보되어 분양업자와도 관리조합과도 직접적인 금전의 수수가 되지 않은 형태)의 3가지 유형이 있다.[35] 지하주차장등도 구분소유의 대상이 될 수 있으므로 지하주차장을 구획하여 분양을 한 경우에는 그 부분은 전유부분에 포함시켜야 할 것이며, 임대방식이나 유보방식의 경우에는 공유부분으로 하고 전용사용권이 부여된 것으로 보아야 할 것으로 생각된

31) 대법원 2022. 1. 13. 선고 2020다278156 판결.
32) 最判 昭56・6・18 民集35－4－798; 最判 昭56・7・17 民集35－5－977.
33) 稲本洋之助＝鎌野邦樹, 前揭論文, 34頁.
34) 공용부분으로 보는 일본 판례로서 神戸地判 昭和44・5・26 判時591－85; 大阪高判 昭55・2・29 判タ421－90; 東京地判 平成12・7・21 判タ1109－256.
35) 山上知裕,「マンションの 駐車場専用使用権裁判例の検討(1)」, NBL 620号, 33頁.

다. 분양 당시에 특정 부분을 각 구분소유자에게 할당하고 그 부분의 면적으로 전유부분의 면적에 포함시켜 분양하였다면 전유부분으로 될 수도 있으나, 집합건물법 제1조의 구조상 이용상 독립성을 어떻게 해석할 것인지의 문제가 있다.

일반적으로 볼 수 있는 구조상 이용상 독립성이 없는 지하주차장은 전유부분이 될 수 없고 공용부분으로 보아야 한다. 여러 집합건물의 지하에 형성된 단지형 아파트에서 지하주차장은 특정 집합건물의 일부로 볼 수 없고, 그 단지 전체의 공용부분으로 볼 수 있다. 따라서 상가건물의 구분소유자는 주차장을 그 용도에 따라 사용할 권리가 있고 상가건물의 임차인 및 방문객도 지하주차장을 용도에 따라 사용할 수 있으며, 입주자대표회의는 상가건물의 임차인 및 방문객의 지하주차장 출입을 방해하여서는 아니 된다.[36] 다만 구조적으로 "일부의 구분소유자만이 공용하도록 제공되는 것이 명백한 경우"에는 집합건물법 제10조에 따라 일부 공용부분이 될 수 있다. 또한 관리규약으로 일부 구분소유자를 위한 일부 공용부분으로 정할 수 있다. 지상 또는 지하주차장을 막론하고 주차장의 관리에 관한 구체적인 사항은 관리단의 관리에 관한 사항으로 규약 또는 관리단의 의결에 따라 관리할 수 있다. 대법원은 "아파트 단지를 관리하는 단체가 외부차량의 아파트 단지 내 출입을 통제하는 행위가 아파트 단지 내 상가건물 구분소유자들의 대지사용권을 방해하는 침해행위가 되는지 여부는 아파트 단지 내 상가건물과 그 부속주차장의 위치 및 이용관계, 아파트 단지 안으로의 출입 통제 방법, 아파트 및 상가건물 부근의 지리적 상황, 아파트 입주자들과 상가건물의 소유자 또는 이용자의 이해득실 기타 제반 사정을 참작하여 사회통념에 따라 판단하여야 한다."라고 하면서 아파트 차량 출입구에 차단기를 설치하는 것은 "아파트 단지 내의 불법주차와 도난사고 및 과속으로 인한 교통사고를 막기 위한 조치로서 아파트 입주자들뿐만 아니라 상가건물의 구분소유자인 원고들에게도 이익이 될 수 있는 점, 아파트 입주자들과 원고들을 포함한 상가건물의 구분소유자들은 자동차를 이용한 아파트 단지 내외로의 출입을 위하여 자동카드를 받아 이용하고 있는데, 상가건물의 구분소유자들에게는 2개의 카드가 교부된 점, 상가건물의 지상주차장은 8대의 차량만이 주차할 수 있을 뿐이고, 상가건물 내에 설치된 지하주차장은 현재 폐쇄되어 이용할 수 없는 점, 이 사건 차단기 옆에 설치된 경비실에는 경비원

36) 대구지방법원 2020. 1. 9. 선고 2019가합207213 판결.

이 24시간 교대로 근무하면서 차량을 이용하여 이 사건 상가건물을 방문하는 이용자의 차량번호를 확인하는 절차만 거칠 뿐 실질적으로 아무런 제한 없이 출입을 허용하고 있는 점, 차단기 바로 옆에 설치되어 있는 간이경비실 상단에는 "아파트 상가 방문 환영"이라고 기재되어 있어 상가를 방문하는 사람들이 심리적인 거부감을 느낄 가능성이 거의 없는 점 등 사정"을 고려하여 차단기의 설치가 원고들의 수인한도를 넘어 그 대지사용권을 침해하였다고 단정할 수 없다"고 하였다.[37] 다만 아파트 입주민과 상가 입주자의 관리에 관한 사항은 양 주체가 포함되는 관리단에서 결정하여야 하며, 단순히 아파트 입주자대표회의에서 일방적으로 정할 수는 없다고 할 것이다. 법원도 "1필의 토지 위에 축조된 아파트와 상가의 구분소유자들이 그 대지를 공유하고 있고 위 상가가 일반에게 분양된 복리시설인 경우, 아파트의 입주자대표회의는 별도의 약정이 없는 한 상가의 구분소유자들을 배제한 채 일방적으로 그 대지의 관리에 관한 사항을 결정할 수 없다"고 하였다.[38]

아파트 단지내 상가의 구분소유자들이 동 아파트 재건축정비사업을 시행하고 있던 주택재건축정비사업조합과 "상가용 지하주차장은 지정대수와 상관없이 아파트 주차장을 공용으로 사용하기로 한다."는 내용으로 합의하였는데, 재건축된 후 아파트 입주자대표회의가 아파트 단지 내에 신축된 상가의 수분양자 및 상가 임차인들의 주차장 사용을 방해하였다. 이에 상가 구분소유자 등이 아파트 입주자대표회의를 상대로 지하주차장 사용에 대한 방해행위의 금지를 청구하였다. 이에 대하여 법원은 "지하주차장은 상가 및 아파트의 공용부분임이 인정되는데, 집합건물의 소유 및 관리에 관한 법률 제10조, 제11조에 따라 위 지하주차장은 상가 및 아파트 구분소유자 전원의 공유에 속하고, 따라서 상가의 구분소유자 등은 지하주차장을 용도에 따라 사용할 권리가 있으며 이러한 권리에 터 잡아 상가 구분소유자와 임대차계약을 체결한 상가 임차인들 및 상가방문객들 역시 지하주차장을 용도에 따라 사용할 수 있으므로, 입주자대표회의에게는 상가구분소유자 및 임차인들이 상가에 출퇴근 또는 방문하기 위하여 사용하거나 상가에 방문하는 사람이 사용하는 승용자동차, 화물자동차, 이륜차의 주차를 방해하는 일체의 행위를 하여서는 안 될 의무가 있다"고 하였다.[39]

---

37) 대법원 2009. 12. 10. 선고 2009다49971 판결.
38) 서울동부지방법원 2004. 8. 20. 선고 2003가합3469 판결.

판례는 집합건물법 제11조는 강행규정으로 규약으로도 공유자에 대한 공용부분의 사용을 금지하거나 지분비율에 따라 사용횟수, 기간을 제한할 수 없다고 한다.[40]

생각건대 집합건물법 제11조는 법정 공용부분에 한하여 적용되며, 구약상 공용부분에 대하여는 그 공용부분의 사용에 관하여 규약으로 달리 정할 수 있다고 하여야 한다.

Ⅳ. 사안의 검토 및 결어

이 사건 지하주차장과 관련하여 대법원은 아파트 입주자만의 일부 공용부분으로 판단하고 있다. 즉, 아파트 단지의 지하주차장을 아파트 구분소유자만을 위한 집합건물법 제3조, 제10조 제1항의 일부공용부분으로 판단하여 상가건물의 구분소유자의 사용권을 부정하고 있다.

앞서 살펴본 것처럼 아파트 지하주차장은 전유부분 또는 공용부분이 될 수 있으나, 우리나라에서 흔히 볼 수 있는 아파트 단지 내의 지하주차장은 구조상 및 이용상 독립성이 없어 전유부분이 될 수 없고 공용부분이 될 뿐이다. 이 사안에서 분쟁의 쟁점은 아파트 지하주차장이 아파트 구분소유자만의 일부공용부분이냐 아니면 상가건물의 구분소유자를 포함한 전체 구분소유자의 공용부분이냐의 판단이다. 일부 공용부분은 ① '공용부분'이라는 것을 전제로 하여 ② '일부 구분소유자만이 공용하도록 제공되는 것이 명백'하여야 한다. 첫째로 ① 공용부븐이라는 점에 대하여는 원고와 피고의 주장 사이에 다툼이 없으며, 대법원 판결의 내용도 이점을 분명히 하고 있다.

쟁점은 아파트 지하주차장이 아파트 구분소유자만의 일부 공용부분인지에 대한 판단이다. 집합건물법상 공용부분은 원칙적으로 구분소유자 전원의 공유에 속하지만, 일부 구분소유자의 공용에만 제공되는 일부공용부분은 그들 구분소유자의 공유에 속한다(집합건물법 제3조, 제10조 제1항). 원심(부산고등법원 2020. 9. 24. 선고 (창원)2019나13707 판결)은 ① 이 사건 단지의 대로변에 의치하고 단지의 부속 상가로 건축되었으나, 아파트 10개동과 상가는 별개의 건물로 신축·분양되고 구

39) 서울중앙지방법원 2018. 6. 7. 선고 2016가합577431 판결.
40) 대법원 2018. 12. 28. 선고 2018다260138 판결.

조나 외관상 분리·독립되어 있으며 기능과 용도가 다르다는 점 ② 지하주차장은 구조에 따른 객관적 용도에 비추어 아파트 구분소유자만의 공용에 제공되는 점 ③ 아파트 구분소유자는 지하주차장 전체 면적 중 전유부분 면적에 비례하여 분할·산출한 면적을 공용부분으로 분양받았다는 점(아파트의 집합건축물대장에는 지하주차장에 대해 아파트 구분소유자만이 공유하고 위와 같이 분양받은 면적이 공용부분 면적으로 기재되어 있다. 이러한 공용부분 면적을 계산할 때 상가의 연면적은 고려되지 않았다. 반면 상가의 분양계약서와 건축물대장에는 지하주차장이 분양면적이나 공용부분으로 기재되어 있지 않았다)을 들어 지하주차장이 아파트 구분소유자만의 공용에 제공되는 일부공용부분이라고 보아 원고의 청구를 배척하였다.

또한 동 판결에서 대법원은 "지하주차장은 대지사용권의 대상이 아니므로, 대지사용권이 있다고 하여 지하주차장을 사용할 수 있는 것은 아니다"라는 점을 확인하고 있다.

①과 관련하여서는 대부분의 아파트 단지에서 상가는 별개의 건물로 구성되고 기능과 용도가 다르다는 점에서 설득력이 약한 논거이다. ②와 관련하여서 대법원의 판단의 설시는 지하주차장을 구조상으로 일부 공용부분으로 판단하고 있는 것 같다. 그 근거로 이 사건 지하주차장이 정문의 출입구로만 들어갈 수 있고 차단기가 설치되어 아파트 입주민과 방문자만 출입할 수 있다는 점과 지하주차장에는 아파트 10개동의 승강기로 직접 연결되는 출입문이 있고 출입문에는 해당 아파트 동의 입주민만 들어갈 수 있는 출입통제장치가 있으나, 지하주차장과 상가는 직접 연결되어 있지 않는 점을 설시하고 있다. 그런데 이러한 사실만으로 지하주차장이 구조상 일부공용부분이라고 볼 수 있는지는 의문이다. 구조상 일부공용부분은 규약으로도 구분소유자 전원의 공용부분으로 할 수 없는데, 만일 이 아파트 관리규약으로 지하주차장에 대하여 상가 구분소유자의 사용권을 인정하는 결의를 하면 상가 구분소유자가 사용권을 인정할 수 없는지 의문이다. 따라서 이 사건 아파트 지하주차장은 구조상 공용부분으로 보기 어렵다. 구조상 공용부분과 관련하여 대법원 2018. 12. 28. 선고 2018다260138 판결을 보면 "집합건물의 복도, 계단 등과 같은 공용부분은 구조상 이를 점포로 사용하는 등 별개의 용도로 사용하거나 그와 같은 목적으로 타에 임대할 수 있는 대상이 아니므로 특별한 사정이 없는 한 구분소유자 중 일부가 아무런 권원 없이 이를 점유·사용하였다고 하더라도 이로 인하여 다른 구분소유자에게 임료 상당의 이익을 상실하는 손해가

발생하였다고 볼 수 없다"고 하는데,[41] 구조상 일부 공용부분을 판단할 때에 경청할 만한 기준이다. 이러한 기준에 의할 때 이 사건 지하주차장은 구조상 일부 공용부분으로 판단하기는 어렵다고 할 것이다.

③과 관련하여 아파트 구분소유자는 지하주차장 전체 면적 중 전유부분 면적에 비례하여 분할 산출한 면적을 공용부분으로 분양받았다는 점을 들어 지하주차장을 아파트 구분소유자만의 일부 공용부분으로 보고 있다. 이러한 사실은 일부 공용부분으로 인정할 수 있는 간접사실로는 인정될 수 있으나 이러한 사실만으로는 반드시 일부 공용부분이라고는 할 수 없다.

대법원 2018. 12. 28. 선고 2018다260138 판결을 보면 전체 4세대(I호, H호, M호, O호)로 건축된 빌라에서 주차장에는 3대만 주차할 수 있었는데, 시공 분양한 N과 피고 B 사이에 작성된 I호 매매계약서의 목적물란에 "전용면적 약 44평, 지하주차장 약 10평"으로 기재되어 있는 사실, I호, H호, O호의 거주자들만 비용을 부담하여 출입문을 설치하는 등으로 주차장을 관리하며 사용해 온 사실, 원고는 N이 거주하던 M호에 관하여 임의경매절차를 통해 1996. 5. 22. 소유권을 취득한 이후 20년 가까이 주차장 관리비용을 부담한 적이 없는 사실, 2014. 10. 28. 다른 사람에게 임대하기 전까지 원고의 부모, 누나 내외 등이 M호에 거주하였으나 주차장을 사용하지 않았고, 원고는 I호, H호, O호 거주자들만 주차장을 사용하였던 사안에서 동 주차장을 일부 공용부분으로 인정하지 않고 구분소유자 전원이 주차장을 공용으로 사용할 수 있다고 판단하였다. 이러한 종전의 대법원의 입장을 고려하면 ③의 근거도 다소 빈약하다고 할 것이다.

대법원 2022. 1. 13. 선고 2020다278156 판결 사건 아파트는 재건축아파트로서 2017년 6월에 준공되었는데, 건축 당시부터 구조적으로 지하주차장은 아파트 입주민의 이용을 위하여 설계된 사실 등을 고려하면, 판결의 결론은 어느 정도 수긍이 가지만 판결 이유만으로는 원고의 주장을 배척하기에는 설득력이 약하다고 할 것이다.

주차장 관련 분쟁을 미연에 방지하기 위해서는 정책적으로 아파트 단지 내 상가, 유치원 등 부지는 별개의 필지로 분할하는 것이 바람직하다. 이미 건축된 아파트 단지의 경우에는 지금은 폐지되었으나 공유토지분할에 관한 특례법이 한시

41) 대법원 2011. 4. 28. 선고 2010다26097 판결 등.

법으로 적용되어 아파트 구분소유자들의 동의를 얻어 분할한 예가 있었다.[42] 또한 이러한 분쟁을 막기 위해서는 표준관리규약에서 주차장 이용에 관한 내용을 포함시켜 원시규약으로 채택되도록 하는 것도 대안이 될 수 있을 것이다.

42) 이춘원, "공유토지 분할에 관한 특례법의 개선방향: 아파트 단지 내 유치원 부지의 분할을 중심으로", 「부동산 법학」 제22권 제2호(2018) 참조.

주상복합건물의 주차장 이용에 관한 법률문제

－대법원 2012. 12. 13. 선고 2011다89910, 89927 판결－

김 봉 수*

Ⅰ. 사안의 개요 및 소송의 경과

1. 사안의 개요

광주시에 소재한 X아파트 단지는 1986년 8월 27일에 준공된 아파트 단지로서 대지 위에 아파트와 그 부대시설, 그리고 상가동을 포함한 복리시설이 건축되어 있었으며, 아파트 7개동의 대표로 구성된 입주자대표회의가 이를 운영·관리해 오고 있었다. X아파트와 상가건물은 별개의 건물로서 구조나 외관상 분리·독립되어 있었다. 그리고 상가건물 내 개별 상가(점포)별로 아파트 단지의 대지 전체에 대한 일부 공유지분을 대지권으로 하는 등기가 마쳐져 있었다. 그리고 X아파트 단지 내에는 차량 546대가 주차할 수 있는 지상주차장이 설치되어 있었다. A(원고)는 2008년 5월 7일에 X아파트 단지 내에 위치한 상가건물의 개별 상가(점포)를 취득하였고, 그는 점포의 전용부분의 소유권 이외에 아파트 단지 전체 대지에 대해 일부 대지권을 가지고 있었다. A는 Y회사를 설립하여 화물운송업을 하던서 해당 상가를 점유·사용하고, 아울러 아파트 단지 내 지상주차장을 사용해 왔다.

X아파트 단지의 입주자대표회의는 A 소유의 차량들이 단지 내 주차장을 이용하는 것을 통제하였고, 2009년 4월 24일 입주자대표회의는 A를 포함한 상가건물 전체의 입주자들이 단지 내 주차장을 이용하는 것을 금지하는 결의를 하였다. 그리고 이후부터 입주자대표회의는 아파트 관리사무소 직원과 아파트 경비원을 동

* 대구가톨릭대학교 법학과 교수, 법학박사

원하여 접착식 주차위반스티커를 붙이는 방법으로 A 소유의 차량들이 단지 내 주차장에 출입·통행 및 주차하는 것을 통제하였다.

X아파트 단지 입주자대표회의의 주차장 출입제한조치에 대해 Y회사를 실질적으로 운영하는 B(원고 A의 남편)는 입주자대표회의를 상대로 광주지방법원에 주차방해금지 가처분신청을 하였고, 법원은 2009년 7월 1일 "B(소외인)가 입주자대표회의(피고)를 위하여 담보로 10,000,000원을 공탁하거나 위 금액을 보증금액으로 하는 지급보증계약 체결문서를 제출하는 것을 조건으로, 입주자대표회의는 이 사건 주차장에서 B가 지정하는 차량 1대의 주차행위를 방해하여서는 아니 된다. 입주자대표회의가 위 명령을 위반할 경우 위반일수 1일당 100,000원을 B에게 지급하라"는 내용의 가처분결정을 하였다. 이후 B는 광주지방법원에 입주자대표회의가 2009년 7월 1일자 가처분결정을 위배하여 위 결정 정본을 송달받은 2009년 7월 3일부터 같은 달 9일까지 7일간 B의 차량에 주차위반스티커를 붙이는 방법으로 주차방해 행위를 하였다는 이유로 청구금액을 700,000원으로 하여 입주자대표회의의 △△은행에 대한 채권에 대한 채권압류 및 전부명령 신청을 하였고, 이에 대해 법원은 2009년 12월 24일 신청을 인용하였다.

X아파트 단지의 입주자대표회의는 2009년 7월 1일자 광주지방법원의 가처분결정 이후에는 B가 지정하는 1대의 차량에 대하여 X아파트의 주차스티커를 발급하였으나, 이 차량을 제외한 Y회사의 영업활동을 위한 다른 차량들에 대해서는 단지 내 주차장의 출입·통행 및 주차를 통제하였다. 이에 A는 입주자대표회의에 대하여 주차방해금지 및 주차장 이용제한에 따른 영업손실 등에 대한 손해배상을 청구하는 소를 제기하였다.

2. 소송의 경과

(1) 1심 판결: 광주지방법원 2010. 11. 5. 선고 2010가합59, 2010가합5146 (병합) 판결

1동의 건물의 구분소유자들이 그 건물의 대지를 공유하고 있는 경우 각 구분소유자는 별도의 규약이 존재하는 등의 특별한 사정이 없는 한 그 대지에 대하여 가지는 공유지분의 비율에 관계없이 그 건물의 대지 전부를 용도에 따라 사용할 수 있는 적법한 권원을 가지고, 이러한 법리는 1필의 토지 위에 축조된 수동의 건물의 구분소유자들이 그 토지를 공유하고 있는 경우에도 마찬가지로 적용된다고 보아야 한다. 따라서 이 사건 아파트 단지의 대지에 건축되어 있는 아파트와 상가의 각 구분건물마다 아파트 단지 대지 전체에 대한 일부 공유지분을 대지권으로 하는 등기가 마쳐졌으므로, 원고는 상가의 구분소유자로서 아파트 단지 대지 전부에 대한 대지사용권을 가진다. 따라서 원고는 영업활동을 위하여 사용하는 원고 소유의 차량들을 이 사건 주차장에 출입, 통행 및 주차할 수 있는 권리를 가진다고 할 것이고, 피고는 위 차량들이 이 사건 주차장에 출입, 통행 및 주차하는 것을 방해하는 일체의 행위를 하여서는 아니 될 의무가 있다.

피고는 이 사건 아파트 단지 대지 위에 축조된 아파트와 상가 중 아파트의 동별 대표자들로만 구성되어 있고, 관리규약 및 주차장운영내구는 아파트의 입주자들만의 합의로 제정・개정되었으며, 관리규약은 그 관리대상을 아파트와 아파트 입주자의 공동소유인 부대시설 및 복리시설과 그 대지 및 부속물로 한정하고, 관리규약의 수범자를 이 사건 아파트의 입주자와 사용자로 한정하고 있다. 따라서 아파트 단지의 상가 소유자들이 관리규약 또는 주차장운영내규의 적용을 받는다거나 이를 준수할 의무를 부담한다고 볼 수 없고, 그 밖에 원고가 관리규약 및 주차장운영내규를 따르기로 약정하였음을 인정할 아무런 증거가 없으므로 원고에게 관리규약이나 주차장운영내규를 따를 의무가 있음을 전제로 한 피고의 위 주장은 이유 없다. 그리고 피고가 2009년 4월 24일자로 상가 입주자들이 단지 내 주차장을 이용하는 것을 금지하는 결의를 하였다고 하더라도, 그러한 결의를 원고가 승인하였다는 등의 특별한 사정이 없는 한, 이는 구분소유자로 하여금 공용부분을 용도에 따라 사용할 수 있도록 한 집합건물법 제11조 및 전유부분과 공용부분에 일체성을 규정한 동법 제13조의 취지에 반하는 것으로서 무효라고 보아야 한다.

원고가 이 사건 주차장에 원고 소유의 차량들을 주차할 수 있는 권리는 원고의 대지사용권에 속하는 것이므로 별도의 규약이 존재하지 않는 한 이를 제한할 수 없다고 할 것이고, 앞서 본 바와 같이 관리규약과 주차장운영내규는 원고에게 적용되지 않는다. 따라서 원고의 이 사건 주차장 사용을 제한할 수 있는 규약 등이 존재하지 아니하므로, 아파트 1세대당 주차장에 주차 가능한 차량은 0.8대에 불과하고, 원고의 차량들을 단지 내 주차장에 제한 없이 주차하도록 허용하는 것은 형평의 원칙에 반한다고 주장한다는 피고의 주장은 이유 없다. 그리고 원고는 이 사건 대지에 대하여 가지는 공유지분의 비율에 관계없이 그 대지 전부를 용도에 따라 사용할 수 있는 적법한 권원을 가진다 할 것이어서 원고는 그 소유의 차량 수의 제한 없이 이 사건 주차장을 사용할 수 있는 권리가 있다 할 것이다. 따라서 구분소유자 1인이 이 사건 주차장을 임의로 사용할 수 있도록 한다면 부당한 결과가 발생하기 때문에 피고인 입주자대표회의가 단지 내 주차장의 사용방법을 어느 정도 제한할 수 있으므로 피고가 원고 소유차량 1대만을 이 사건 주차장에 주차하게 하였다고 하더라도 원고의 대지사용권을 침해하였다고 볼 수 없다는 피고의 주장은 이유 없다. 그리고 원고는 대지사용권으로서 단지 내 주차장을 사용할 권리가 있으므로 원고가 상가 주차장을 축소한 상가 구분소유자로부터 이 사건 점포를 양수하였다는 사정만으로 그가 단지 내 주차장을 사용할 권리가 있다고 주장하는 것이 신의성실의 원칙에 위반된다고 볼 수 없다.

피고는 원고 및 원고의 피용자·점유보조자가 영업활동을 위하여 사용하는 원고 소유의 차량들이 이 사건 주차장에 출입, 통행 및 주차하는 것을 방해하는 일체의 행위를 하여서는 아니되고, 피고는 원고에게 위자료 2,000,000원 및 이에 대하여 원고가 구하는 대로 소장송달일 다음날인 2009. 6. 10.부터 피고가 이행의무 및 존부에 관하여 항쟁함이 상당한 판결선고일인 2010. 11. 5.까지는 민법이 정한 연 5%의, 그 다음날부터 갚는 날까지는 소송촉진 등에 관한 특례법이 정한 연 20%의 각 비율에 의한 지연손해금을 지급할 의무가 있으므로, 원고의 이 사건 청구는 위 인정범위 내에서 이유 있어 이를 인용하고, 나머지 청구는 이유 없어 이를 기각한다.

(2) 2심 판결: 광주고등법원 2011. 9. 23. 선고 2010나6900, 2010나6917(병합) 판결

이 사건 대지에 건축되어 있는 이 사건 아파트나 이 사건 상가의 각 구분건물은 모두 이 사건 대지 전체에 대한 일부 공유지분을 대지권으로 하는 등기가 마쳐진 사실은 앞서 본 바와 같으므로, 원고는 이 사건 상가의 구분소유자로서 일응 이 사건 대지 전부에 대한 대지사용권을 가진다. 그리고 아파트 단지를 관리하는 단체가 외부차량의 아파트 단지 내 출입을 통제하는 행위가 아파트 단지 내 상가건물 구분소유자들의 대지사용권을 방해하는 침해행위가 되는지 여부는, 아파트 단지 내 상가건물과 그 부속주차장의 위치 및 이용관계, 아파트 단지 안으로의 출입 통제 방법, 아파트 및 상가건물 부근의 지리적 상황, 아파트 입주자들과 상가건물의 소유자 또는 이용자의 이해득실 기타 제반 사정을 참작하여 사회통념에 따라 판단하여야 한다.[1)]

피고는 주택법상 이 사건 아파트의 관리주체로서 복리시설인 이 사건 주차장의 관리를 책임지고 있는 점, 피고가 위와 같은 관리책임에 기하여 주차장운영내규를 제정하고 일정한 기준 아래 이 사건 주차장의 주차를 통제하는 것은 심각한 주차난을 해소하기 위한 조치로서 아파트 입주자들뿐만 아니라 원고와 같은 상가건물의 입주자들에게도 이익이 될 수 있는 점, 원고로서도 이 사건 아파트의 입주자들의 대지사용권을 침해할 정도에 이를 때까지 자신의 대지사용권만을 우선적으로 주장할 수는 없는 점, 위 주차장운영내규에 의하면 주차스티커를 발급받지 않은 이 사건 상가의 출·퇴근 직원이나 방문자의 경우라도 주·정차가 절대 금지된 것이 아니라 한시적 정차는 가능하고, 주차스티커가 있는 입주자가 우선 주·정차한 후에 주·정차를 할 수 있도록 규정되어 있는 점 … [중략] … 상가의 경우 영업에 차량이 이용되는 경우가 많고 방문객의 차량도 늘 있게 마련이어서 이 사건 아파트의 입주자들에 비하여 주·정차의 필요성이 조금 더 필요하다고 보이는 점 등을 종합하면, 피고가 상가건물의 입주자인 원고에게 1대의 차량만 지정 주차스티커를 발급하여 주어 이 사건 주차장의 사용을 제한하는 것은 원고의 수인한도를 넘어 대지사용권을 침해할 정도에 이른 것으로 판단된다. 그러나 한편, 앞서 본 사정에 비추어 볼 때 원고가 대지사용권을 가진다 하여도 이를 무제한으로 행사할 수는 없는 것이므로, 원고의 대지사용권에 기한 이 사건 주차장 사용은 승용 및 승합차를 기준으로 지정된 2대는 주차스티커를 발급받고 나머지 차량은 주차장운영내규에 따라 방문차량으로 통행, 출입, 주·정차하는 정도에 그쳐야 하는 것으로 봄이 상당하다.

피고는 이 사건 대지 위에 축조된 이 사건 아파트와 이 사건 상가 중 이 사건 아파트의 동별 대표자들만으로 구성되어 있는 사실, 관리규약 및 주차장운영내규는 이 사건 아파트의 입주자들만의 합의로 제정·개정된 사실, 관리규약은 그 관리대상을 이 사건 아파트와 이 사건 아파트 입주자의 공동소유인 부대시설 및 복리시설과 그 대지 및 부속물로 한정하고, 관리규약의 수범자를 이 사건 아파트의

1) 대법원 2009. 12. 10. 선고 2009다49971 판결 참조.

입주자와 사용자로 한정하고 있는 사실을 인정할 수 있는바, 위 인정사실에 비추어 볼 때, 이 사건 상가 소유자들이 관리규약 또는 주차장운영내규의 적용을 받는다거나 이를 준수할 의무를 부담한다고 볼 수는 없고, 그 밖에 원고가 관리규약 및 주차장운영내규를 따르기로 약정하였음을 인정할 아무런 증거가 없으므로, 원고에게 그 준수의무가 있음을 전제로 한 피고의 위 주장은 이유 없다. 그리고 피고가 2009. 4. 24.자 입주자대표회의에서 원고를 포함한 이 사건 상가 입주자들이 이 사건 주차장을 이용하는 것을 금지하는 결의를 하였음은 앞서 본 바와 같으나, 비록 피고가 위와 같은 결의를 하였다고 하더라도, 그러한 결의를 원고가 승인하였다는 등의 특별한 사정이 없는 한, 이는 구분소유자로 하여금 공용부분을 용도에 따라 사용할 수 있도록 한 집합건물의 소유 및 관리에 관한 법률 제11조와 전유부분과 공용부분에의 일체성을 규정한 동법 제13조의 취지에 반하는 것으로서 무효이므로, 피고의 위 주장도 이유 없다.

피고는, 이 사건 아파트 1세대당 이 사건 주차장에 주차 가능한 차량은 0.8대인데, 원고의 차량들을 이 사건 주차장에 제한 없이 주차하도록 허용하는 것은 형평의 원칙에 반한다고 주장한다. 살피건대, 원고가 대지사용권을 가진다 하여 이를 무제한으로 행사할 수는 없는 것이고, 원고의 대지사용권에 기한 이 사건 주차장 이용은 승용 및 승합차를 기준으로 2대를 지정 아파트 차량 확인스티커를 발급받고 나머지 차량은 주차장운영내규에 따라 방문차량으로 통행, 출입 및 주·정차하는 정도에 그쳐야 하는 것으로 봄이 상당함은 앞서 본 바와 같으므로, 피고의 위 주장은 그 범위 내에서 일부 이유 있다.

원고는 대지사용권으로서 이 사건 주차장을 사용할 권리가 있으므로 원고가 상가 주차장을 축소한 상가 구분소유자로부터 이 사건 점포를 양수하였다는 사정만을 들어 원고가 이 사건 주차장을 사용할 권리가 있다고 주장하는 것이 신의성실의 원칙에 위반된다고 볼 수는 없다. 또한 을 제16, 34호증의 각 기재만으로는, 원고가 차고지 사용승낙서를 위조하여 화물운수업 영업허가를 취득하였다는 피고의 주장을 인정하기에 부족할뿐더러 … [중략] … 원고가 그 영업을 위하여 이 사건 주차장을 사용할 것을 주장하는 것이 권리남용에 해당한다거나 신의성실의 원칙에 위반된다고 할 수는 없다.

피고는 원고 및 원고의 피용자·점유보조자가 사용하는 차량들이 별지 기재와 같은 기준("원고는 승용 및 승합차를 기준으로 2대를 지정하여 피고로부터 아파트 차량

확인스티커를 발급받아 단지 내 주차장에 주차할 수 있고, 단지 내 주차는 주차 면수의 범위 내에서 할 수 있으며, 빈 주차 면이 없을 경우 부득이 단지 외에 주차함을 원칙으로 하고, 아파트 차량 확인스티커를 부착하지 않은 차량은 한시적 정차는 허용하나 주차는 할 수 없고, 방문차량은 입주자 우선 주·정차 후 주·정차할 수 있다")에 따라 광주 서구 소재 현대아파트 단지 내 주차장에 출입, 통행 및 주차하는 것을 방해하여서는 안 된다. 피고는 원고에게 위자료 1,000,000원 및 이에 대하여 원고가 구하는 광주지방법원 2010가합5146 손해배상(기) 사건의 소장 송달일 다음날인 2009. 6. 10.부터 이 판결 선고일인 2011. 9. 23.까지는 민법에 정한 연 5%의, 그 다음날부터 다 갚는 날까지는 소송촉진등에관한특례법에 정한 연 20%의 각 비율에 의한 지연손해금을 지급할 의무가 있으므로, 원고의 이 사건 청구는 위 인정 범위 내에서 이유 있어 이를 인용하고 나머지 청구는 이유 없어 이를 기각할 것인바, 제1심 판결은 이와 결론을 달리하여 부당하므로 피고의 항소를 일부 받아들여 제1심 판결을 위와 같이 변경하기로 하여, 주문과 같이 판결한다.

(3) 대법원 판결: 대법원 2012. 12. 13. 선고 2011다89910, 89927 판결

1동 건물의 구분소유자들이 건물의 대지를 공유하고 있는 경우, 각 구분소유자는 별도의 규약이 존재하는 등 특별한 사정이 없는 한 대지에 대하여 가지는 공유지분의 비율에 관계없이 건물의 대지 전부를 용도에 따라 사용할 수 있는 적법한 권원을 가진다. 이러한 법리는 한 필지 또는 여러 필지의 토지 위에 축조된 여러 동 건물의 구분소유자들이 토지를 공유하고 있는 경우에도 마찬가지로 적용된다.

여러 필지의 대지에 건축되어 있는 아파트와 상가의 각 구분건물에 관하여 대지 전체에 대한 일부 공유지분을 대지권으로 하는 등기가 마쳐져 있는데 상가 구분소유자 원고가 아파트입주자대표회의를 상대로 주차방해금지 등을 구한 사안에서, 원고는 상가 구분소유자로서 별도의 규약이 존재하는 등 특별한 사정이 없는 한 대지에 대하여 가지는 공유지분의 비율에 관계없이 대지 전부를 용도에 따라 사용할 수 있는 적법한 권한을 가지고, 이러한 대지사용권에 기하여 원고 소유 차량들을 대지 일부인 주차장에 통행, 출입 및 주·정차시킬 수 있는 권리를 가짐에도, 원고가 대지사용권을 무제한으로 행사할 수 없다는 전제하에 원고의 대지사용권에 기한 주차장 사용이 승용 및 승합차를 기준으로 지정된 2대는 주차스티커를 발급받고 나머지 차량은 주차장운영내규에 따라 방문차량으로 통행, 출입, 주·정차하는 정도에 그쳐야 한다고 본 원심판결에 구분소유자의 대지사용권에 관한 법리오해의 위법이 있다.

Ⅱ. 평 석

1. 대상판결의 경과와 쟁점

대상판결의 사안은 아파트와 상가건물 등으로 건축된 X아파트 단지의 입주자대표회의가 관리규약, 주차장운영내규, 결의 등을 통하여 아파트 단지 내 상가건물의 점포소유자인 A의 단지 내 주차장 이용을 제한하였고, 이에 A가 자신의 대지사용권에 근거하여 입주자대표회의를 피고로 하여 주차금지 방해배제를 청구한 사안이다. 원고 A의 청구에 대하여 1심 법원은 상가건물의 구분소유자인 원고 A의 아파트 대지에 관한 공유지분의 비율에 상관없이 A는 아파트 대지 전체를 사용할 권리(대지사용권)를 가지며, 아파트 입주민만으로 구성된 입주자대표회의가 개정한 관리규약·주차장내규는 물론이고 주차자이용에 관한 결의는 상가소유자인 A에게 효력을 가지지 않는다는 점 등을 들어 원고 A의 청구를 인용하였다. 2심 법원도 원고 A에게 아파트 대지 전체에 대한 대지사용권이 있다고 판단하면서도, A의 대지사용권도 제반사정에 따라 제한될 수 있다고 본 점에서는 1심과 차이가 있다. 즉, A와 같은 아파트 및 상가건물의 구분소유자의 대지사용권도 제반사정을 참작하여 사회통념상 적합한 수준에 따라 제한될 수 있고, 이런 한도에서는 그들의 대지사용권의 침해가 아닐 수 있다고 본 것이다. 이런 관점에서 2심 법원은 A와 같은 상가점포소유자의 주차권이용의 제한에 대한 일정한 기준을 제시하였고, 원고 A의 손해배상액도 감액조정하였다. 반면 대법원은 2심 법원이 원고 A가 대지사용권을 무제한적으로 행사할 수 없다는 전제에서 상가이용 관련한 주차장이용의 기준을 제시한 것은 위법하다고 보아 원심을 파기환송하였다.

대상판결에서 다루어진 쟁점은 우선 아파트 단지 내 건축된 상가건물의 개별상가(점포) 소유자가 그 대지에 대해 공유지분을 보유하고 있는 경우, 상가소유자가 지분의 비율대로 대지를 사용할 수 있는지 아니면 대지 전체를 그 용도에 따라서 사용할 수 있는가이다. 이 문제는 집합건물 내지 공동주택의 구분소유자가 그 대지에 대하여 공유지분을 가지고 있는 경우, 그 이용에 관하여 민법의 공유 규정에 따라 그 지분의 비율대로 사용할 수 있는지(제262조, 제264조), 아니면 집합건물법에 따라 그 용도에 따라 대지 전체를 사용할 수 있는지(동법 제11조)에 관한 것이다. 다음으로 단일용도의 집합건물의 주차장의 이용관계는 해당 건물의 관리단을 통해서 정해지는데 반해, 대상판결과 같이 주상복합건물(아파트)에서 다수를 점하는 입주자대표회의가 주차장이용관계를 관리규약 등을 통해서 정할 수 있는지가 문제된다. 복합건물의 경우도 원칙적으로는 전체 건물의 구분소유자로 구성된 관리단을 통해서 주차장의 이용관계가 정해져야 하지만, 실제 주상복합건물의 경우 아파트 입주민으로 구성된 입주자대표회의가 그에 관한 사항을 결정하는 경우가 많고, 이 과정에서 상가건물의 구분소유자들이 배제되는 문제가 있다. 끝으로 주상복합아파트와 같은 복합건물에서 구분소유자들이 대지 전체 대한 사용권을 가진다고 하더라도 그러한 대지사용권이 무제한적으로 허용되는 것인지, 아니라면 어떤 기준에서 합리적인 제한이 가능한지가 문제된다.

2. 단일용도의 집합건물의 주차장의 이용관계

(1) 의무관리대상인 공동주택 주차장의 이용관계

공동주택의 관리에 대해서는 「공동주택관리법」과 「집합건물의 소유 및 관리에 관한 법률」(이하 '집합건물법')이 적용된다. 따라서 공동주택의 주차장을 비롯한 공동주택의 관리에 관한 사항은 양 법에 따른 기관과 규정에 따라서 정해지게 된다. 다만 공동주택의 세대수 기준 등에 따라 공동주택관리법상 '의무관리대상 공동주택'에 해당하지 않는 경우 공동주택의 관리주체는 집합건물법에 따른 관리단이 되지만, 주택의 세대수가 300세대 이상이거나 150세대 이상으로서 승강기가 설치된 경우 등과 같이 공동주택관리법상 '의무관리대상 공동주택'에 해당하는 경우라면, 공동주택의 관리에 대해서는 공동주택관리법에 따른 입주자대표회의와 집합건물법에 따른 관리단이 관리의 주체가 된다. 하지만 의무관리대상 공동주택의 관리에 관한 입주자대표회의의 근거가 되는 공동주택관리법과 집합건물의 관리단의 근거가 되는 집합건물법은 그 입법취지와 목적, 적용대상에 있어서 차이가 있는 법률이다.[2] 따라서 공동주택 중에서 의무관리대상인 공동주택의 주차장의 이용관

2) 김봉채, "관리단과 입주자대표회의의 관계", 「집합건물법학」 제7집, 한국집합건물법학회, 2011, 41쪽 이하.

계를 살펴보기 위해서 이에 대해 먼저 살펴보기로 한다.

공동주택관리법과 집합건물법의 체계와 규정을 고려할 때, 의무관리대상 공동주택에서 공용부분인 주차장의 설치 및 운영·관리에 관한 사항은 집합건물법상 관리단과 그에 준하는 단체의 집회를 통해서 결정되어야 한다. 하지만 의무관리대상 공동주택에서 관리단이 집회를 개최하고, 그에 따라 관리인선임, 단지관리위원의 구성하여 공동주택을 관리하는 경우도 있지만, 다수의 공동주택에서는 입주자대표회의가 관리단을 대신하여 역할을 하는 경우가 일반적이다.[3] 실제 대다수의 공동주택에서 주차장의 운영 및 관리에 관한 사항은 입주자대표회의를 통해서 결정되고 있는 것이 현실이다. 그렇다면 집합건물법상 관리단이 아닌 공동주택의 입주자대표회의가 주차장의 설치 및 운영에 대한 사항을 결정하는 것은 법적으로 유효한 것인가 문제가 된다.[4] 이는 결국 입주자대표회의가 집합건물법상 관리단의 지위를 겸할 수 있는지 혹은 관리단으로 간주될 수 있는지에 관한 문제이다. 이에 대해 대법원은 원칙적으로 입주자대표회의의 구성 및 그 절차 등의 사정을 고려할 때 입주자대표회의는 원칙적으로 관리단으로서의 성질을 겸하지 않는다고 보고 있다. 왜냐하면 다수의 입주자대표회의의 경우 그 구성원인 동별 대표자에 공동주택의 구분소유자가 아닌 자도 포함될 수 있기 때문이다. 따라서 입주자대표회의 동별 대표자들이 전체 구분소유자 중 일부 일원에 불과한 경우라면 그러한 입주자대표회의는 관리단의 성격을 겸할 수는 없다.[5] 그리고 입주자대표회의가 관리규약을 통해 관리단의 권한을 행사할 수 있다고 규정 또는 위임한 경우도 마찬가지이다. 다만 대법원은 구분소유자로 구성되어 있는 단체로서 집합건물법 제23조 제1항의 취지에 부합하는 것이면 그 존립형식이나 명칭에 불구하고 관리단으로서의 역할을 수행할 수 있으며, 구분소유자와 구분소유자가 아닌 자로 구성된 단체라 하더라도 구분소유자만으로 구성된 관리단의 성격을 겸유할 수도 있다고 보고 있다.[6] 따라서 입주자대표회의의 구성과 역할에 따라서는 관리단의 지위를 겸하는 예외가 인정될 수 있는 것이다. 이런 관점에서 일부 하급심에서는

---

3) 김남근, "집합건물의 관리에 관한 법제의 개선방안", 「집합건물법학」 제6집, 한국집합건물법학회, 2010, 111-112쪽; 송호열, "집합건물법상의 관리단과 주택법상의 입주자대표회의의 법률적 관계의 재정립", 「동아법학」 제46호, 동아대학교 법학연구소, 2010, 246쪽.

4) 김영두, "대규모집합건물의 관리에 관한 관련법제의 개선방향", 「집합건물법학」 제21집, 한국집합건물법학회, 2017, 30쪽.

5) 대법원 2017. 9. 21. 선고 2015다47310 판결.

6) 대법원 1996. 8. 23. 선고 94다27199 판결; 대법원 2017. 9. 21. 선고 2015다47310 판결 등.

공동주택의 입주자대표회의가 집합건물법상 관리단의 역할을 수행하고 있다고 보기도 한다.

의무관리대상 공동주택에서 현재 대다수의 공동주택에서 주차장의 설치 및 운영·관리에 관한 사항은 동별 대표자로 구성되는 입주자대표회의에서 결정하고 있다. 그럼에도 불구하고 공동주택은 주거용도라는 단일한 용도를 가진 구분소유자들이 거주하는 것이므로, 주차장의 이용과 관련하여 상가가 병존하는 주상복합건물과 같은 첨예한 이익갈등상황은 발생하지 않는다. 또한 입주자대표회의에서 결정된 사항에 대하여 입주민 등이 받아들이는 것이 일반적이므로 입주자대표회의가 주차장의 이용·관리에 관한 사항을 관리규약이나 개별적인 결의를 통해서 결정하더라도 실제 이에 대하여 법적인 문제로까지 비화되는 경우는 많지 않다고 생각된다.[7)]

(2) 상가건물 주차장의 이용관계

상가용도로만 활용되는 상가건물에 관해서는 집합건물법이 적용되므로, 상가건물의 주차장의 이용관계도 동법을 통해서 정해진다. 상가건물의 주차장은 개별 상가(구분점포)의 구분소유자의 전원 또는 일부에 공용으로 제공되는 건물부분으로서 법정공용부분이 되거나(집합건물법 제3조 제1항) 혹은 규약으로서 정해진 공용부분이 되는 것이 원칙이다(집합건물법 제3조 제2항, 제4조 제1항). 공용부분에 해당하는 상가의 주차장은 상가구분소유자 전원의 공유에 속하게 되고(동법 제10조 제1항 본문), 그 지분은 상가구분소유자의 전유부분의 면적 비율에 따라 정해진다(동법 제12조 제1항). 그리고 상가점포의 분양시 전유부분인 점포 이외에 주차장에 대하여 상가구분소유자들에게 공유지분을 이전한 경우에도, 주차장은 공용부분과 동일하게 다루어진다(동법 제19조). 이와 달리 상가건물의 분양시 주차장을 특정 구분소유자의 소유권의 목적인 전유부분으로 등기를 한 경우, 주차장용지를 분양받아 주차장전용건축물을 건축한 경우 주차장부분을 상가의 구분소유자가 아닌 자의 소유로 등기한 경우들도 있다.

상가의 공용부분인 주차장의 사용·관리·변경은 집합건물법에 따라 정해지는데, 우선 상가의 구분소유자는 주차장의 보존·관리 및 사용에 관하여 다른 구분

7) 김봉수, "주상복합건물의 주차장 이용에 관한 법률문제", 「집합건물법학」 제35집, 한국집합건물법학회, 2020, 45－50쪽.

소유자의 공동의 이익에 어긋나는 행위는 해서는 안 된다(동법 제5조 제1항). 그리고 공용부분인 상가의 주차장 또는 공유지분으로 등기가 된 상가의 주차장은 모든 상가구분소유자들이 공유하는 것이 되고, 이에 대해서는 민법상 공유규정(제262조 이하) 아닌 집합건물법 제11조 내지 제18조가 적용이 된다(동법 제10조 제2항). 이에 따라 상가의 각 구분소유자는 주차장의 공유자로서 공유지분의 비율이 아닌 공용부분 전체를 그 용도에 따라서 사용할 수 있다(동법 제11조). 따라서 과반수의 지분권자라도 주차장을 일반적으로 사용·관리할 수 없고, 관리의 필요성이 있는 경우에는 관리단집회(내지 관리위원회)의 결의를 거쳐야만 한다. 상가건물의 관리단은 별도의 설립절차 없이도 당연히 설립하는 조직체로서(동법 제23조), 주차장을 비롯한 상가건물의 관리에 대한 사항을 결정하는 주체가 된다. 법원은 집합건물법상 관리단의 명칭이나 요건을 갖추지 않는 경우, 예를 들어 상가번영회, 공동재산관리위원회와 같은 경우에도 구분소유자로 구성되어 있는 단체로서 집합건물법 제23조 제1항의 취지에 부합하는 것이면 그 존립형식이나 명칭에 불구하고 관리단으로서의 역할을 수행할 수 있으며, 구분소유자와 구분소유자가 아닌 자로 구성된 단체라 하더라도 구분소유자만으로 구성된 관리단의 성격을 겸유할 수도 있다고 한다. 그리고 공용부분의 '관리'에 관해서는 관리단집회의 통상적인 의결방법인 구분소유자의 과반수 및 의결권의 과반수로서 의결하게 된다(동법 제15조 제1항 단서, 제38조 제1항). 그리고 공용부분의 '변경'에 대해서는 특별의결방법인 구분소유자의 4분의 3 이상 및 의결권의 4분의 3 이상의 결의로서 결정하게 된다(동법 제15조 제1항 본문).

상가건물의 구분소유자로서 주차장에 대하여 과반수 지분권자라고 하더라도 관리단집회의 결의 없이 임의로 주차장의 사용 및 관리방법을 정할 수는 없다(동법 제11조, 제15조, 제38조). 또한 상가의 소수지분권자라도 주차장을 상가용도에 따라 제한 없이 사용할 수 있는 것이 원칙이다(동법 제11조). 그리고 주차장의 설치 및 운영에 따른 부담은 규약에서 정한 바가 있으면 그에 따르고, 그렇지 않으면 지분의 비율에 따라 이익을 취득하거나 비용을 부담하게 된다(동법 제17조). 다만 상가건물의 주차장의 관리방법을 지정하는 것을 공용부분의 '관리'로 보아 관리단집회의 통상의 의결사항으로 볼 것인지, 아니면 공용부분의 '변경'으로 보아 특별의결사항으로 볼 것인지에 대해서는 해석의 여지가 있다고 생각된다. 즉, 주차장의 시설(예: 주차차단기, 주차단말기, 주차구획의 변경, 출입차량의 제한 등)의 설치 및 관리를 공용부분의 변경으로 보게 되면, 특별의결방법인 구분소유권자의 4분의 3 및 의결권의 4분의 3 이상의 동의가 필요하지만, 이를 공용부분의 관리라고 보게 되면 통상의결방법에 따라 구분소유권자의 과반수 및 의결권의 과반수의 동의가 필요하게 될 것이다. 이에 대해 주차장의 설비의 설치 및 주차장운영방법의 결정 등은 "공용부분의 개량을 위한 것으로서 지나치게 많은 비용이 드는 것이 아닐 경우"(동법 제15조 제1항 제1호)에 해당하는 것이므로, 공용부분의 '관리'에 관한 사항으로 보는 것이 타당하고, 그에 관한 의결은 통상의 의결방법에 따라는 것이 적절하다고 판단된다. 다만 주차장의 설치 및 운영 등에 관한 사항을 통상의 의결방법에 따른다고 보게 되더라도 구분소유권자의 과반수 및 의결권의 과반수로써 결정하게 되는데, 이때 의결권은 규약에서 달리 정한 바가 없으면 지분의 비율에 따르게 된다(동법 제37조 제1항). 따라서 상가건물에 소규모 다수의 상가구분소유자와 대규모 소수의 상가구분소유자가 존재하고, 이들 간에 주차장에 관한 이견이 있다면 위와 같은 방법을 통해서 적절한 해결을 도모하기 어려울 수도 있다.[8)]

3. 주상복합건물의 주차장의 이용관계

(1) 주상복합건물의 개념과 주차장에 대한 구분소유자들의 이해관계

건물의 1동 또는 단지형 건물에 있어서 용도를 달리하는 구분소유의 목적물이 존재하는 것을 주상복합건물이라고 할 수 있다. 주상복합건물에 대한 법률적인 정의나 학문적 정의가 존재하는 것은 아니고, 지금까지는 주로 주상복합아파트라는 용어가 널리 사용되고 있다. 하지만 주상복합아파트는 (공동)주택과 주택 이외의 시설이 동일 건축물 내에 존재하는 것을 말하는 것이다.[9)] 이와 달리 대상판결의 사안은 단지형 아파트에서 상가건물이 별도로 존재하는 경우인데, 이 경우는 동일 대지(단지) 위에 공동주택과 상가가 병존하는 경우로서 주상복합아파트와는 차이가 있다. 이와 같이 동일 건축물 내에서 공동주택과 상업시설이 존재하거나(주상복합아파트) 또는 동일한 단지 내에 공동주택과 상업시설(주상복합아파트단지)

---

8) 김봉수, "주상복합건물의 주차장 이용에 관한 법률문제", 「집합건물법학」 제35집, 한국집합건물법학회, 2020, 50－54쪽.

9) 김서기, "공동주택으로서 주상복합아파트의 법적 정의와 성립요건", 「집합건물법학」 제20집, 한국집합건물법학회, 2016, 41－43쪽.

이 존재하는 경우를 포괄하는 것을 '주상복합건물'이라고 할 수 있다.

공동주택과 상가가 동일 건축물 내에 또는 단지 내에 존재하는 주상복합건물에 대해서는 공동주택관리법과 집합건물법이 동시에 적용된다.[10)] 따라서 주상복합건물에서 부대시설인 주차장의 설치 및 이용, 관리에 관해서는 공동주택관리법상 입주자대표회의와 집합건물법상 관리단에 의해서 결정될 수 있다. 하지만 앞서 살펴 본바와 같이 주상복합건물에서 주택과 상가의 전체 구분소유자로 구성되는 관리단을 설치·운영하는 예를 많지 않고, 입주자대표회의를 통해서 주차장을 관리하는 것이 일반적이다. 일부의 경우는 공동주택의 입주자대표회의와 별도로 상가구분소유자들이 상가협의회 등을 구성해서 운영하기도 하지만, 그런 경우조차 주상복합건물의 구분소유자의 다수를 점하고 있는 입주자대표회의가 주도적으로 주차장을 관리하고 있다.

주상복합건물은 용도가 다른 건물과 그에 대해 이해관계를 가지는 구분소유자들이 존재한다. 즉, 공동주택을 소유한 입주민들과 상가를 소유한 점포주들은 건물의 목적에 있어서 상당한 차이가 있다. 이것이 주상복합건물에서 주차장과 관련한 분쟁이 자주 발생하는 주된 이유이다. 주상복합아파트를 비롯한 주상복합건물의 시공사례마다 주차장의 면적이 달라 주상복합건물의 구분소유자들 간의 이해관계도 개별 사례마다 다르다. 주상복합건물을 시공함에 있어서 법정주차면적 이외에 충분한 주차공간이 확보된 경우라면 이들 간에 주차장분쟁이 발생할 우려가 적을 것이다. 혹은 주차공간의 설계 및 시공단계에서 공동주택과 상가의 주차장의 입구를 별도로 분리하여 설치하고, 분리하여 관리하는 경우라면 주차장분쟁은 발생하지 않는다. 하지만 대상판결의 사안과 같이 단지 내에 아파트와 상가가 동일한 주차공간을 사용하도록 건축되었거나 동일 건축물 내에 아파트와 상가가 주차장을 함께 사용하도록 건축되고, 주차공간이 부족한 경우라면 구분소유자들 간에 주차장을 둘러싼 분쟁의 소지가 상존하게 된다.

상가의 구분소유자에 있어서 주차장의 사용 및 활용은 상가취득의 중요한 고려요소이고, 상가의 운영 및 활성화에 있어서 필수적인 사항이다. 우선 상가소유자는 상가의 영업 등을 위해서 자신 또는 임차인이나 그 보조자 등의 차량을 정차·주차할 공간이 확보되어야 정상적인 영업이 가능하다. 또한 자동차가 널리

10) 법무부, 『집합건물법 해석사례집 2015』, 진한앰앤비, 2016, 80쪽.

보급된 현실을 고려할 때 상가이용객들의 편리한 주차장이용이 가능해야만 상가의 원활한 운영이나 수익창출을 기대할 수 있다. 반면 아파트의 구분소유자를 비롯한 입주민등은 세대마다 일정 대수의 차량만을 이용하므로, 다수의 상가 관련 차량이 주차장을 이용하는 것을 꺼려하게 된다. 그 이유는 주로 한정된 주차공간으로 인해 발생하는 불편함 때문이다. 또한 입주민등은 불특정다수인들이 아파트 주차장을 사용하게 되는 경우 보안상·안전상 문제를 야기할 수도 있다는 점에서 상가관련 차량을 가능한 한 제한 내지 통제할 필요가 있다고 생각한다. 그리고 주차장의 이용빈도, 이용시간대와 요일 등에 있어서 아파트와 상가의 구분소유자들 간의 차이도 크고, 상가 관련 차량으로 인해 주차장의 관리비용도 증가될 수 있다. 이러한 이유에서 아파트와 상가건물의 구분소유자들 간에 주차장의 사용 및 관리에 관한 원만한 합의가 도출되기 어려운 상황이다.[11] 애초에 아파트와 상가의 주차장이 분리해서 독립적으로 운영될 수 있도록 건축되지 않은 경우, 이들 간의 이해조정은 쉽지 않다.

(2) 주상복합건물의 구분소유자의 주차장의 사용권

주상복합건물에서 전유부분의 면적은 다수를 점하고 있는 아파트의 구분소유자가 절대적으로 많이 가지고 있다. 반면 상가건물의 구분소유자는 상대적으로 적은 전유부분의 면적을 가지고 있다. 이로 인해 아파트의 구분소유자들이 아파트의 공용부분에 해당하는 주차장의 지분권 중 절대 다수를 보유하게 된다(집합건물법 제12조). 하지만 상가구분소유자가 주차장을 사용하는 것은 공용부분인 대지사용권 또는 건물 내 설치된 공용부분인 주차장사용권에 해당하는 것으로서 집합건물법에 따라서 그들의 '지분비율'에 따르지 않는다. 즉, 상가의 구분소유자들은 그 지분비율과 상관없이 건물 내 설치된 주차장이나 건물 이외에 단지 내 설치된 주차장의 '전체'를 그 용도에 따라서 사용할 수 있다(동법 제11조).

판례도 "1동의 건물의 구분소유자들이 그 건물의 대지를 공유하고 있는 경우 각 구분소유자는 별도의 규약이 존재하는 등의 특별한 사정이 없는 한 그 대지에 대하여 가지는 공유지분의 비율에 관계없이 그 건물의 대지 전부를 용도에 따라 사용할 수 있는 적법한 권원을 가진다할 것이고, 이러한 법리는 1필의 토지 위에

11) 김봉수, "주상복합건물의 주차장 이용에 관한 법률문제", 「집합건물법학」 제35집, 한국집합건물법학회, 2020, 54-57쪽.

축조된 수동의 건물의 구분소유자들이 그 토지를 공유하고 있는 경우에도 마찬가지로 적용된다고 보아야 할 것이다",[12] "각 구분소유자는 별도의 규약이 존재하는 등의 특별한 사정이 없는 한 그 대지에 대하여 가지는 공유지분의 비율에 관계없이 그 건물의 대지 전부를 용도에 따라 사용할 수 있는 적법한 권원을 가지는바, 이때 '건물의 대지'는 달리 특별한 사정이 없는 한 집합건물이 소재하고 있는 1필의 토지 전부를 포함한다"[13]고 보고 있다. 그리고 판례는 아파트 단지를 관리하는 단체가 외부차량의 아파트 단지 내 출입을 통제하는 행위가 단지 내 상가건물 구분소유자의 대지사용권을 침해하는지는 "상가건물과 그 부속주차장의 위치 및 이용관계, 아파트 단지 안으로의 출입 통제 방법, 아파트 및 상가건물 부근의 지리적 상황, 아파트 입주자들과 상가건물의 소유자 또는 이용자의 이해득실 기타 제반 사정을 참작하여 사회통념에 따라 판단"한다고 보아, 원칙적으로 상가건물 관련 차량의 통제를 하는 것을 인정한다.[14] 이 경우는 상가건물 구분소유자의 대지사용권 자체를 배제하는 것이 아니기 때문이다. 아파트 단지 내 상가건물 구분소유자들의 대지사용권을 방해하는 침해행위가 되지 않는다고 본 것이다. 하지만 주상복합건물의 구분소유자 중 상가건물의 구분소유자가 배제된 입주자대표회의가 비록 주차장의 '관리'에 관한 사항이라고 하더라도 그에 대한 결정권한을 인정하는 것은 문제가 있다.

(3) 주상복합건물의 주차장의 이용 및 관리

주상복합건물의 운영 및 관리에 관련된 법적인 단체로는 공동주택법상 입주자대표회의와 집합건물법상 관리단이 존재한다. 그러나 공동주택법상 입주자대표회의는 아파트 구분소유자 전원이 참여하는 단체도 아니고, 상가 구분소유자가 그 구성원이 되지 않으므로 입주자대표회의는 주상복합건물의 관리에 대한 주체가 될 수는 없다.[15] 앞서 살펴 본 바와 같이 대상판결을 비롯한 판례는 이러한 입주자대표회의의 구성상 한계에 근거하여 입주자대표회의가 주상복합건물과 그 주차장의 이용관계에 대한 결정권한을 가지지 못한다고 보고 있다. 따라서 아파트와

---

12) 대법원 1995. 3. 14. 선고 93다60144 판결.
13) 대법원 2002. 12. 27. 선고 2002다16965 판결.
14) 대법원 2009. 12. 10. 선고 2009다49971 판결.
15) 김영두, "주상복합아파트와 집합건물의 하부관리단", 「집합건물법학」 제24집, 집합건물법학회, 2017, 185쪽; 박종두, "관리단의 법적지위에 관한 재검토", 「집합건물법학」 제4집, 집합건물법학회, 2009, 80쪽.

상가 구분소유자가 각각 존재하는 주상복합건물과 그 주차장의 관리 및 변경 등에 대한 결정권한은 집합건물법상 관리단이 행사하게 되는데, 문제는 주상복합아파트나 주상복합아파트단지에서 이러한 관리단이 운영되고 있는 경우도 있지만 그렇지 않은 경우가 일반적이라는 점이다.

주상복합건물의 관리현황에 대해서는 ① 주상복합건물에서 아파트와 상가 구분소유자로 구성된 관리단이 운영되고 있는 경우, ② 아파트 관리단과 상가관리단이 분리 운영되고 있는 경우, ③ 아파트 입주자대표회의가 존재하고 상가관리단이 운영되고 있는 경우, ④ 아파트의 입주자대표회의만 존재하고 상가관리단이 운영되지 않고 있는 경우, ⑤ 아파트와 상가 모두 관리단이 실제 운영되고 있지 않는 경우로 나누어볼 수 있다. ①의 경우는 주상복합건물 전체관리단에서 관리규약이나 결의를 주차장의 관리·변경에 관한 결정하는 원칙적인 경우이고, ⑤의 경우는 전체관리단을 운영하는 것이 원칙인데, 이에 대해서는 아래에서 다시 설명하기로 한다. 반면 ②의 경우는 전체관리단이 존재하지 않아 분리 운영되는 아파트와 상가 관리단만으로는 주차장 등에 대한 유효한 결정을 내릴 수는 없다. 그리고 이 경우 각각의 관리단이 주상복합건물 전체 관리단의 하부관리단인지도 불분명하다. 다만 ②와 ③의 경우 아파트 관리단이나 입주자대표회의와 별도로 상가관리단이 독자적으로 주차장에 관한 관리를 할 가능성은 존재한다. 즉, 상가주차장이 구조적으로 아파트주차장과 분리 건축되는 등의 이유로 상가관련 차량만 사용되는 '일부공용부분'에 해당하는 경우라면, 이때 상가관리단이 그 상가주차장에 대해서는 독자적으로 관리·변경에 대한 권한을 가지기 때문이다. ④와 같이 주상복합건물에서 아파트 입주자대표회의만 존재하는 경우, 주차장의 이용 등에 관한 사항을 집합건물의 '관리'에 관한 사항으로 보더라도 주차장에 관한 입주자 대표회의가 정한 관리규약이나 결의가 상가 구분소유자에게 효력을 미치지 않는다. 따라서 이때 상가 구분소유자는 입주자 대표회의에 대하여 관리단집회를 거치지 않고 소유권에 기한 방해배제를 청구할 수 있을 것이다. 따라서 이 경우는 사실상 ⑤의 경우와 동일하게 다루어져야 한다.

주상복합건물에 설치된 주차장이 동일 건물 내에 설치된 주차장이나 단지 내에 설치된 (옥외)주차장은 특별한 사정이 없는 이상 공용부분에 해당하는 것이므로, 집합건물법에 따라 아파트 구분소유자에 비하여 공유지분이 적은 상가구분소유자들도 주차장 전체를 주차의 용도에 따라서 사용할 수 있는 것이 원칙이다(집합건물법 제11조). 그리고 집합건물법에 따라 주상복합건물의 주차장의 이용 및 관리에 관해서 전체관리단이 그에 대한 권한을 가진다는 점은 법률상 분명하다(동법 제28조, 제29조, 제31조). 하지만 위 ①·⑤와 같이 주상복합건물 전체관리단이 제정한 관리규약이나 관리단집회의 결의에 따라 주상복합건물의 주차장의 이용관계를 정하게 되면, 구분소유자의 절대 다수, 그리고 전유부분의 절대 다수 면적을 차지하는 아파트 구분소유자들의 의도대로 관리단집회가 운영될 수밖에 없다. 예를 들어 주상복합건물의 아파트의 구분소유자의 전유면적과 공용부분의 지분이 전체의 95%를 차지하고, 상가구분소유자의 전유면적은 5%에 불과한 경우, 전체관리단집회에서 다수인 아파트 구분소유자들은 주차상 불편, 보안 및 안전상의 문제, 주차장의 관리비용 등의 이유를 들어 상가 구분소유자들에게 불리한 관리규약을 두거나 결의를 할 가능성이 높다. 하지만 관리규약이나 결의를 통해서 주상복합건물의 전체관리단이 상가 관련 차량의 입출입이나 주차를 지나치게 제한하는 것은 상가건물 구분소유자의 대지사용권에 대한 중대한 침해가 될 수 있다. 이와 같이 상가 구분소유자의 소유권을 부당하게 침해 내지 제한하는 관리규약이나 결의는 무효가 될 수 있다.[16] 따라서 주상복합건물에서 주차장의 이용 및 관리에 대해서는 집합건물법에 따른 원칙적인 입장을 고려하면서도 아파트와 상가건물 구분소유자 간의 관계를 조정할 수 있는 방안을 검토할 필요가 있다.[17]

(4) 소결: 주상복합건물의 주차장의 효율적인 이용을 위한 방법

집합건물법과 판례에 따라 주상복합건물에서 상가구분소유자들의 주차장 전체에 대한 사용권은 원칙적으로 인정되어야 하고, 주차장의 사용·관리·변경은 주상복합건물의 구분소유자들의 재산의 관리에 관한 사항에 해당하므로 사법적 규율을 담고 있는 집합건물법에서 이를 규율하는 것이 타당하다. 따라서 주상복합건물의 전체관리단집회에서 관리규약 또는 결의를 통해서 주차장의 사용·관리·변경에 대한 사항을 결정하는 것이 타당하다. 다만 다수의 주상복합건물의 전체관리단이 운영되지 않고 있고, 아파트의 입주자대표회의를 통해 주상복합건물이 관리되고 있는 현실을 고려하여 관련 당사자들 간의 이해관계를 조정할 수 있는 현실적인 방안이 모색되어야 한다. 주상복합건물에서 입주자대표회의만 존재하는

16) 대법원 2009. 4. 9. 선고 2009다242 판결; 대법원 2004. 5. 13. 선고 2004다2243 판결 등 참조.
17) 김봉수, "주상복합건물의 주차장 이용에 관한 법률문제", 「집합건물법학」 제35집, 한국집합건물법학회, 2020, 59－62쪽.

경우라면, 공용부분의 '관리'에 해당하는 주차장의 이용에 관한 사항에 대해 상가 관리단 내지 그에 준하는 단체의 협의를 전제로 입주자대표회의의 관리권한을 인정하는 것을 생각해 볼 수 있다.

다음으로 주상복합건물의 아파트와 상가의 전체관리단이 운영되는 경우, 전체 관리단은 주차장의 이용·관리·변경 등에 관한 사항을 관리규약이나 결의를 통해서 정할 수 있다. 이때 주차장의 이용 및 관리에 관해서는 관리단의 등상의결방법(전체 구분소유권자의 과반수 및 의결권의 과반수의 동의)에 따라, 주차장시설 등의 변경에 대해서는 특별의결방법(구분소유권자의 4분의 3 및 의결권의 4분의 3 이상의 동의)을 거쳐야 한다. 하지만 이 경우 주상복합건물의 구분소유자의 다수 및 전유부분의 다수 면적을 보유한 아파트 구분소유자의 의사에 따라 상가건물의 구분소유자의 주차장의 사용권이 침해될 우려가 크다. 전체관리단이 그 필요에 따라 주차자의 이용·관리·변경 등에 관한 사항을 결정할 수 있는 있지만, 이 경우에도 상가건물 구분소유자의 대지사용권을 본질적으로 침해해서는 안 된다. 이때 상가건물 관련 차량의 출입통제 및 이용제한에 관한 전체관리단이 정한 관리규약이나 결의의 적법성은 주상복합건물의 주차장에 관한 제반사정을 고려해서 판단할 수밖에 없다. 다만 이러한 주차장의 관리 및 제한 기준으로서 주차장의 관리에 있어서 공용부분인 주차장의 공유지분권을 고려하는 것을 생각해 볼 수 있다. 즉, 상가분양계약을 통해서 상가구분소유자가 취득한 주차장면적과 아파트 분양계약에서 정해진 입주자의 주차장면적을 고려하는 것이다. 다만 상가분양계약에 있어서 공용부분에 해당하는 주차장에 관한 합의사항은 사례별로 차이가 있는데, 상가의 전용부분 이외에 주차장면적을 별도로 기재하여 분양하는 경우도 있고, 이와 달리 상가의 전용부분과 대지지분에 관한 사항만을 합의하고 상가를 분양하는 경우도 있다. 이러한 경우 상가구분소유자가 분양받은 주차장면적이나 대지지분(중 일부)을 상가관련 차량을 위한 최소 주차면적으로 인정하는 하는 것을 고려할 수 있다. 이러한 면적을 초과하는 주차장의 사용을 위해서는 상가건물 구분소유자와 아파트 구분소유자들이 협의를 하는 것을 생각해볼 수 있다.[18]

18) 김봉수, "주상복합건물의 주차장 이용에 관한 법률문제", 「집합건물법학」 제35집, 한국집합건물법학회, 2020, 63-65쪽.

Ⅲ. 결 론

대상판결과 1심 판결은 집합건물법과 종래 대지사용권에 대한 판례의 입장에 따른 것으로서 현행 집합건물법과 공동주택법의 규정과 이론적인 관점에서만 보면 수긍할 수 있다. 하지만 대상판결은 상가구분소유자들의 대지사용권에 입각한 주차장의 사용권의 범위, 즉 주상복합건물에서 상가건물 구분소유자가 단지 내 주차장 전체를 사용할 수 있다는 것만을 확인하였을 뿐, 원심과 같이 주상복합건물의 당사자인 아파트의 구분소유자와 상가건물의 구분소유자들 간의 주차장의 이용관계를 어떻게 조절할 수 있는지, 그것이 가능한 경우 어떤 방법과 기준에서 가능한지에 대해서는 판단하지 않았다. 대상판결의 문구만을 보면 대법원은 상가구분소유자들의 주차장에 대한 무제한적인 사용권을 전제한 것으로 보이는데, 이것은 주상복합건물의 주차장을 둘러싼 당사자의 이해관계의 조정에 적합하지 않다. 다만 대상판결의 사실관계에서 알 수 있듯이 주상복합건물의 전체관리단이 아닌 아파트 입주자대표회의가 상가건물 관련 출입차량을 일방적으로 통제하였고, 이에 대해 상가건물 구분소유자가 동의한 바 없고, 상가건물 구분소유자인 원고 A가 입주자대표회의에 대하여 주차방해금지를 청구한 것이므로 그에 대한 결정만을 한 것이라고도 볼 수 있다. 이러한 점에서 주상복합건물의 주차장의 이용관계와 관련하여 원고 A와 같은 상가건물 구분소유자의 대지사용권을 인정하는 전제에서 일정한 기준에 따라 상가건물 구분소유자의 주차장의 이용에 대한 권리가 제한될 수 있다는 원심판결이 더 타당하다고 생각한다. 주상복합건물의 주차장의 이용분쟁에 대해서는 입법적으로 주상복합건물의 이원적 관리상황(입주자대표회의와 전체관리단)을 해결하는 것이 근본적인 해결책이 되겠지만, 그 이전이라도 주상복합건물의 주차장의 둘러싼 아파트와 상가건물 구분소유자들 간 이해관계를 조정할 수 있는 기준과 절차에 대한 법해석적·입법적 대책이 필요하다고 생각한다.

공용부분의 변경

－대법원 1992. 4. 24. 선고 92다3151 판결－

김 세 준*

Ⅰ. 대상판결의 개요

1. 사실관계

① 안양시 주소생략 외 3필지 소재 지상 7층, 지하 2층 건물의 지하 1층에 위치하면서 "지하 1층 349.85평방미터 판매시설"로 그 전유부분 표시가 된 건물(이하 '이 사건 건물'이라 함)에 관하여 1990. 3. 29.자로 피고 한국기독교장로회 ○○○○교회(이하 '피고 교회'라고 함) 명의로 소유권보존등기가 경료되고, 이어 기하여 같은 해 5. 1.자로 피고 4를 근저당권자로 한 근저당권설정등기 및 피고 2, 피고 3을 가등기권자로 한 소유권이전청구권보전을 위한 가등기가 순차로 경료되었다.

② 이 사건 건물과 같은 지하 1층에 위치하면서 그 전유부분 표시가 "지층 1호, 531.875평방미터, 근린생활시설(창고, 방앗간, 수퍼마켓)"로 된 건물(이하 '이 사건 지층 1호 건물'이라 함)이 원고들 소유로 등기되어 있다.

③ 이 사건 건물과 이 사건 지층 1호 건물 등을 포함한 1동의 전체건물은 피고 교회가 신축하여 1987. 2. 25. 준공검사를 받은 것인데, 피고 교회는 같은 해 4. 7. 가옥대장의 신규등록신청을 함에 있어 위 건물의 지하 1층 도합 1099.165평방미터 중 531.875평방미터는 그 용도를 근린생활시설(창고, 방앗간, 수퍼마켓)로 하여 전유부분으로, 그 나머지 567.29평방미터는 그 용도를 화장실, 계단실, 복도, 기타시설로 하여 이를 공용부분으로 각 구분하여 신청함으로써 그대로 가옥대장

---

* 성신여자대학교 법과대학 교수

에 등록되었고, 이어 같은 해 4. 17. 위 전유부분 531.875평방미터는 이 사건 지층 1호 건물로 등기부상 등재되었으나 위 공용부분 567.29평방미터는 따로 등기되지 아니하였다.

④ 이 사건 지층 1호 건물의 소유권은 소외 주식회사 화신유통에게 이전되었다가 원고들이 임의경매절차를 통하여 경락받아 1990. 1. 15. 원고들 명의로 소유권이전등기를 마쳤으며, 피고 교회는 위 지하 1층 중 567.29평방미터에 관하여 건축법에 의한 용도변경허가를 받아 그중 349.85평방미터를 판매시설로 용도변경한 다음 가옥대장변경등록절차를 거쳐 1990. 3. 29. 위와 같이 그의 전유부분의 것으로 소유권보존등기를 마쳤다(지하 1층의 전체면적 중 이 사건 지층 1호 건물과 이 사건 건물부분을 제외한 나머지 217.44평방미터는 공용부분으로 등록되어 있음).

2. 원심의 판단요지

원심(서울고등법원 1991. 12. 6. 선고 91나256 판결)은 "공용부분은 구분소유자의 공유에 속하는 것이므로 이 사건 건물을 전유부분으로 변경하여 피고 교회의 소유로 귀속시키려면 공용부분의 변경절차에 관하여 규정한 집합건물법 제15조 소정의 관리단집회의 결의 및 이로 인하여 특별한 영향을 받게 될 구분소유자인 원고들의 승낙을 얻었어야 함에도 이와 같은 절차를 거치지 아니하였으므로 이 사건 건물은 여전히 구분소유자 전원의 공유에 속하는 공용부분으로 남아 있는 것이어서, 이 사건 건물을 전유부분으로 등재하고 있는 피고 교회 명의의 소유권보존등기 및 이에 터잡아 경료된 나머지 피고들 명의의 근저당권설정등기 및 가등기는 모두 무효의 등기"라고 판시하였다.

3. 대상판결의 판단요지

대상판결(대법원 1992. 4. 24. 선고 92다3151 판결)은 구분소유건물의 공용부분을 전유부분으로 변경함에 필요한 요건에 관하여, "구분소유의 목적인 건물의 일부를 전유부분으로 볼 수 있기 위하여는 그 건물부분이 구조상으로나 이용상으로 다른 부분과 독립되어 있을 것을 요하고, 한편 구분소유건물의 공용부분을 전유부분으로 변경하기 위하여는 위와 같은 요건을 갖추는 외에 집합건물의소유및관리에관한법률 제15조에 따른 구분소유자들의 집회결의와 그 공용부분의 변경으로 특별한 영향을 받게 되는 구분소유자의 승낙을 얻어야 한다"고 하면서, "이 사건 건물은 그 준공 당시의 구조 및 이용상태로 보거나 가옥대장 등 공부에 기재된 내용으로 보아 구분소유자들의 공용부분이었음이 분명한데도 피고 교회가 이를 전유부분으로 변경하면서 위 법률 제15조에 따른 집회결의 등의 절차를 거치지 아니하였을 뿐 아니라(피고들 주장과 같이 이 사건 건물에 관한 건축법상의 용도변경 허가 당시 구분소유자들의 동의서가 그 첨부서류로 작성, 제출되었다 하더라도 이를 이 사건 건물부분을 전유부분으로 변경하여 피고 교회에 귀속시키는 데 관한 구분소유자들의 서면 집회결의로는 볼 수 없다), 변경 당시로서도 이 부분을 위 전체건물 지하 1층의 다른 부분과 격리시킬 수 있는 설비 등 전유부분이 될 수 있기 위한 구조상 및 이용상의 요건을 갖추었다고 볼 수 없으므로, 이 사건 건물은 여전히 구분소유자들의 공용부분으로 남아 있는 것이라 아니할 수 없고, 따라서 이에 관한 피고 교회 명의의 소유권보존등기 및 이에 터잡은 나머지 피고들 명의의 위 각 등기는 무효의 등기라 할 것이"라고 하였다.

그러나 다음과 같은 이유에서 원고의 상고를 기각하였다.

"원고들의 이 사건 청구권원이라 할 수 있는 지층 1호 건물에 관한 소유권 취득 여부에 관하여 보건대, 갑 제3호증의 7(감정평가서)의 기재와 제1심과 원심의 현장검증결과 및 원심증인 1의 증언 등을 종합하면, 원고들이 경락받아 소유권을 취득하였다는 전유부분인 이 사건 지층 1호 건물 역시 이 사건 건물과 마찬가지로 이를 공용부분인 지하 1층의 나머지 부분과 구분, 격리시킬 수 있는 아무런 시설이 처음부터 또는 적어도 원고들이 이를 경락받을 당시에는 존재하지 않은 상태에서 지층 1호 건물을 전유부분으로 분양받은 주식회사 화신유통이 지하 1층 전체를 판매시설로 사용하고 있었고, 이에 대한 경매절차에서도 감정인은 지층 1호 건물과 면적은 같으나 위치는 전혀 다르게 구획된 부분을 경매목적물로 삼아 시가감정을 하고 이에 기초하여 경매절차가 진행되어 원고들에게 경락되기에 이른 사실을 인정할 수 있는바, 그렇다면 지층 1호 건물 역시 적어도 원고들이 경락받은 시점에서는 구분소유의 목적이 될 수 있는 구조상 및 이용상의 독립성을 갖추지 못한 건물의 일부에 불과한 것이어서 이에 관한 구분소유권은 존재할 수 없는 것이고, 등기부상 이것이 구분소유권의 목적으로 등기되어 있었다 하더라도 이는 존재하지 아니하거나 멸실된 건물에 관한 등기와 다를 바 없어 그 자체로 무효이므로, 원고들은 그 소유권을 취득하였다고 할 수 없다."

즉 피고 교회 명의의 소유권보존등기 및 이에 터잡아 경료된 나머지 피고들 명의의 근저당권설정등기 및 가등기가 모두 무효인 것은 맞지만, 원고들이 이 사건 지층 1호 건물에 관한 소유권을 취득하지 못한 이상 그 소유권을 전제로 공용부분인 이 사건 건물에 대하여까지 배타적 소유권이 있다는 취지로 주장할 수는 없다고 하였다.

Ⅱ. 평 석

1. 「집합건물의 소유 및 관리에 관한 법률」 제15조에 따른 공용부분의 변경

「집합건물의 소유 및 관리에 관한 법률」(이하 '집합건물법'이라 함) 제15조는 "공용부분의 변경"이라는 표제하에 다음과 같이 규정한다. 공용부분의 변경에 관한 사항은 관리단집회에서 구분소유자의 3분의 2 이상 및 의결권의 3분의 2 이상의 결의로써 결정한다(동조 제1항 본문). 다만, '공용부분의 개량을 위한 것으로서 지나치게 많은 비용이 드는 것이 아닐 경우' 또는 '「관광진흥법」 제3조 제1항 제2호 나목에 따른 휴양 콘도미니엄업의 운영을 위한 휴양 콘도미니엄의 공용부분 변경에 관한 사항인 경우' 중 어느 하나에 해당하는 경우에는 제38조 제1항에 따른 통상의 집회결의(구분소유자의 과반수 및 의결권의 과반수로써 의결)로써 결정할 수 있다(동조 제1항 단서). 또한 공용부분의 변경이 다른 구분소유자의 권리에 특별한 영향을 미칠 때에는 그 구분소유자의 승낙을 받아야 한다(동조 제2항).

(1) 의 의

수인이 한 채의 건물을 구분하여 각각 그 일부분을 소유한 때에는 건물과 그 부속물 중 공용하는 부분은 그의 공유로 추정한다(민법 제215조 제1항). 공유자는 다른 공유자의 동의 없이 공유물을 변경하지 못하므로(민법 제264조), 민법 제215조 제1항에 의하여 공유로 추정되는 부분의 변경을 위해서는 원칙적으로 공유자(구분소유자) 전원의 합의가 있어야 한다. 그런데 전원의 합의에 의하여 공용부분을 변경할 수 있도록 하는 것은 현실적으로 불가능에 가까우므로 집합건물법은 특칙을 마련하여 특별다수결의를 도입하고 있다.[1] 이것이 집합건물법 제15조의

1) 강혁신 집필부분, 『온주 집합건물의 소유 및 관리에 관한 법률』, 집필대표 김영두, 온주편집위원회, 2022, 제15조, 방주1).

입법취지이다.

(2) 요 건

1) 원 칙

원칙적으로 공용부분의 변경을 위해서는 관리단집회에서 구분소유자의 3분의 2 이상 및 의결권의 3분의 2 이상의 결의(소위 '특별다수결의')가 필요하다. 특별다수결의를 요구하고 있는 경우의 일반적인 예시에는, 집합건물 공용부분에 엘리베이터를 설치하는 경우, 또는 복도 일부분을 창고로 개조하여 사용하는 경우 등이 해당된다.[2)]

그런데 이는 과거 공용부분의 변경에 관하여 관리단집회에서 구분소유자의 4분의 3 이상 및 의결권의 4분의 3 이상의 결의를 통해 결정하도록 하던 것을 2020년 2월 개정한 것이다. 공용부분의 변경에 있어서 그 결의에 관한 정족수 완화에 대해서는 이미 2012년부터 법무부 주관 집합건물법 개정을 위한 제2차 개정위원회(이하 '개정위원회'라 함)에서 논의되어 온 바 있다. 처음 개정위원회에서 공용부분의 변경에 관한 정족수 완화가 제안된 이유는 다음과 같다. 첫째, 「주택법」상 공동주택 리모델링조합 설립인가 규정(주택법 제11조 제3항)과의 정합성을 고려하기 위함이다. 즉 집합건물의 사용 연한에 따라 노후 건물의 사회적·물리적 수명 연장이 필요한 경우 그것을 위한 방법으로 집합건물에 대한 보존행위 및 변경행위가 주요 방안으로 활용되었는데, 이때 「주택법」에서 공동주택의 리모델링에 관하여 규정하고 있는 내용이 비교대상이 되었다. 「주택법」 제11조 제3항에서는 주택을 리모델링하기 위하여 주택조합을 설립함에 있어서, "주택단지 전체를 리모델링하고자 하는 경우에는 주택단지 전체의 구분소유자와 의결권의 각 3분의 2 이상의 결의 및 각 동의 구분소유자와 의결권의 각 과반수의 결의", 그리고 "동을 리모델링하고자 하는 경우에는 그 동의 구분소유자 및 의결권의 각 3분의 2 이상의 결의"를 요구하고 있다. 둘째, 개정위원회는 리모델링이 불가능하거나 곤란한 건물에 대하여 공용부분의 변경을 용이하게 하는 방안도 검토하였다. 리모델링 과정에서 마주치는 문제 중에는, 가령 리모델링에 찬성하는 구분소유자와 찬성하지 않는 구분소유자 사이에서 매도청구권을 행사하는 경우 분쟁과 사업 비용부담

---

2) 강혁신 집필부분, 『온주 집합건물의 소유 및 관리에 관한 법률』, 집필대표 김영두, 온주편집위원회, 2022, 제15조, 방주4).

등이 뒤따르게 됨에 따라 구분소유자 간의 합의가 도출되기 어려운 문제점 등이 있다. 이에 리모델링 사업의 진행이나 완료가 쉽지 않은 현실적 상황하에서 공용부분의 변경이라는 방식을 통하여 건물이 물리적·사회적 수명을 연장할 수 있는 가능성을 열어둘 필요가 있음을 검토하였다. 이러한 점들을 바탕으로 종래 구분소유자 및 의결권의 각 4분의 3 이상의 다수에 의한 집회결의 요건을 3분의 2 이상으로 완화하자는 것이었다.[3] 이러한 쟁점은 2015년 제3차 개정위원회에서도 집합건물법의 개정을 위한 주요 안건으로 재논의되었고, 2020년 개정법 제15조를 통해 완화된 정족수가 적용되어오고 있다.[4] 결과적으로 집합건물 공용부분 변경에 관한 규정의 개정, 즉 요건의 완화는 노후된 건물이 원활하게 수선되고 변경되어 사회·경제적 이익에도 기여하도록 하는 데 의미가 있다.

한편 구분소유자의 4분의 3 이상 및 의결권의 4분의 3 이상이 서면이나 전자적 방법 또는 서면과 전자적 방법으로 합의하면 관리단집회를 소집하여 결의한 것으로 본다(집합건물법 제41조 제1항 본문).

2) 예 외

공용부분의 변경 중 경미한 변경의 경우 관리단집회의 통상결의로써 결정할 수 있다. 집합건물법 제38조 제1항에 의하면 관리단집회의 의사는 이 법 또는 규약에 특별한 규정이 없으면 구분소유자의 과반수 및 의결권의 과반수로써 의결한다. 경미한 변경이란, 공용부분의 변경에는 해당하나 공용부분의 개량을 위한 것으로서 지나치게 많은 비용이 드는 것이 아닐 경우로서 이때는 공용부분의 관리에 관한 사항에 포함된다고 볼 수 있고, 따라서 공용부분의 관리에 관하여 통상의 집회결의로써 결정한다고 정하고 있는 집합건물법 제16조와의 균형을 유지하기 위한 예외로 규정하는 것이다.[5] 이 경우에도 구분소유자의 4분의 3 이상 및 의결권의 4분의 3 이상이 서면이나 전자적 방법 또는 서면과 전자적 방법으로 합의하면 관리단집회를 소집하여 결의한 것으로 본다(집합건물법 제41조 제1항 본문).

한편 2008. 12. 26. 개정 집합건물법은 공용부분의 변경을 중대한 사항과 경미

3) 강혁신, "집합건물의 공용부분 변경에 관한 몇 가지 문제", 「법학논총」 제19집 제3호, 조선대학교 법학연구원, 2012, 221면.

4) 강혁신 집필부분, 『온주 집합건물의 소유 및 관리에 관한 법률』, 집필대표 김영두, 온주편집위원회, 2022, 제15조, 방주5).

5) 이원 집필부분, 『주석 민법: 물권법』 제5판, 편집대표 김용덕, 한국사법행정학회, 2019, 후주1: 집합건물의 소유 및 관리에 관한 법률, 제15조.

한 사항으로 나누어 이원적으로 규율하던 종래의 태도를 유지하면서도, 관리단집회의 통상결의로써 변경할 수 있는 사항으로 관광진흥법 제3조 제1항 제2호 나목에 따른 휴양 콘도미니엄업의 운영을 위한 휴양 콘도미니엄의 공용부분 변경을 추가하였다.[6] 휴양 콘도미니엄의 공용부분 변경 시 통상의 결의로 가능하도록 하고 있는 이유는 다음과 같다. 즉 휴양 콘도미니엄은 일반적인 공동주택 및 상가건물과는 달리 사용자의 이용이 항시적이지 않고, 건물 관리의 상당 부분을 관리자에게 위탁하고 있기 때문에 건물 관리 등에 관한 판단을 해당 관리자에게 그에 상응하여 의탁하고 있기 때문이다. 따라서 결국 공용부분의 변경 사유가 발생하는 경우 변경에 관한 판단에 있어서 그 결의가 되도록 용이하게 이루어지게 함으로써, 휴양 콘도미니엄 건물의 물리적 및 효용의 기능이 일정 수준으로 지속되어야 한다는 점과 건물이 가지는 재산적 가치의 훼손성이 최소화하도록 하여야 한다는 점이 고려된 것이다.[7] 한편 휴양 콘도미니엄의 공용부분 변경의 경우에는 구분소유자 및 의결권의 과반수가 서면이나 전자적 방법 또는 서면과 전자적 방법으로 합의하면 관리단집회를 소집하여 결의한 것으로 본다(집합건물법 제41조 제2항 제1호).

(3) 요건을 갖추지 못한 경우의 효과

공용부분의 변경에 대한 요건이 갖추어지지 않았음에도 불구하고 공용부분을 변경하는 것은 다른 구분소유자의 공용부분에 대한 지분권을 침해한 것이므로 위법하다. 따라서 요건을 갖추지 않은 채 공용부분을 변경한 구분소유자에게 다른 구분소유자들은 원상회복을 청구할 수 있다.[8] 이때 만일 원상회복에 응하지 않는 경우에는 공용부분을 임의로 손상시킨 자에게 원상회복에 필요한 수리비 상당액을 손해배상으로 청구할 수 있다.[9]

---

6) 이원 집필부분, 『주석 민법: 물권법』, 제5판, 편집대표 김용덕, 한국사법행정학회, 2019, 후주1: 집합건물의 소유 및 관리에 관한 법률, 제15조.
7) 강혁신 집필부분, 『온주 집합건물의 소유 및 관리에 관한 법률』, 집필대표 김영두, 온주편집위원회, 2022, 제15조, 방주4).
8) 김영두, 『집합건물법연구』, 진원사, 2008, 84면.
9) 대법원 1996. 9. 10. 선고 94다50380 판결; 이원 집필부분, 『주석 민법: 물권법』, 제5판, 편집대표 김용덕, 한국사법행정학회, 2019, 후주1: 집합건물의 소유 및 관리에 관한 법률, 제15조.

(4) 공용부분의 전유부분화 관련 문제

1) 공용부분의 변경과 처분의 관계

공용부분의 변경이란 그 형상 또는 효용에 대하여 확정적인 변경이 발생하는 경우를 의미한다. 여기서 공용부분의 형상을 변경하는 행위는 외관 또는 구조에 실질적인 변화를 초래하는 경우를 말한다. 예를 들어 건물의 공용부분에 해당하는 옥상이나 복도의 일부를 관리사무소 또는 기계실로 개조하는 경우 혹은 공용공간에 창고나 차고를 설치하는 경우 등은 모두 공용부분의 형상을 변경하는 행위에 해당한다고 볼 수 있다. 한편 공용부분의 효용을 변경하는 경우는 해당 공간의 기능 내지 용도를 전환하는 경우를 말하며, 예컨대 구분소유자 공동의 이용을 위하여 설치된 집회실을 없애고 그 공간을 임대용 점포로 사용하는 경우 등이 공용부분의 효용에 대한 본질적 변경에 해당한다.[10)]

이와 같이 본다면 건물의 옥상 등 공용공간을 철거한 후에 이를 전유부분으로 전환하여 제3자에게 분양하는 행위는 단순한 공용부분의 변경이라고 볼 수는 없으며, 오히려 공용부분의 처분에 해당하는 것으로 보아야 할 것이다.[11)] 이때 이러한 처분행위가 정당화되기 위해서는 해당 공용부분이 구조적 또는 이용상으로 독립성을 갖추고 있어야 한다는 요건이 충족되어야 한다. 이에 관하여 판례는 구분소유자 전원의 공용에 제공된 건물 부분의 지분을 전유부분과 분리하여 처분할 수 있는지 여부에 대하여, 지상 주택의 구분소유자 전원의 공용에 제공된 건물 부분은 구분소유자 전원의 공유에 속한 것이기는 하나 공유자는 그가 가지는 전유부분과 분리하여 이에 대한 지분을 처분할 수 없다고 하고 있으며, 구분소유건물의 공용부분을 전유부분으로 변경하기 위한 요건에 있어서는 그 건물 부분이 구조상으로나 이용상으로 다른 전유부분과 독립되어 있을 것을 요한다고 한다.[12)]

2) 전용사용권과의 구별

공용부분에 대한 전용사용권과 공용부분의 전유부분화는 효과 측면에서는 유사하다. 그러나 전용사용권은 어디까지나 공용부분을 전제로 인정되는 권리이며 그

---

10) 강혁신, “집합건물의 공용부분 변경에 관한 몇 가지 문제”, 「법학논총」 제19집 제3호, 조선대학교 법학연구원, 2012, 219면.
11) 강혁신, “집합건물의 공용부분 변경에 관한 몇 가지 문제”, 「법학논총」 제19집 제3호, 조선대학교 법학연구원, 2012, 219면.
12) 대법원 1995. 3. 3. 선고 94다4691 판결.

권리의 객체가 전유부분으로 되는 것은 아니다. 즉 관리에 해당하는 것이지 처분은 아니라는 점에서 차이가 있다. 또한 전유부분화와 같은 처분을 위하여 대상판결을 비롯한 판례에서 요구하는 구조상의 독립을 반드시 요구하지는 않는다는 점에서도 차이가 있다.[13)]

(5) 검 토

대상판결은 두 가지 이유에서 공용부분의 변경에 대한 효과를 부정한다.

첫째, 이 사건 건물은 구분소유자들의 공용부분이었음이 분명함에도 피고가 이를 전유부분으로 변경하면서 집합건물법 제15조에 따른 집회결의 등의 절차를 거치지 아니하였다고 하였다. 동시에 구분소유자들의 동의서가 서류로 작성 및 제출되었다고 하더라도 이것을 이 사건 건물부분을 전유부분으로 변경하여 피고에 귀속시키는 데 관한 구분소유자들의 서면 집회결의로 볼 수도 없다고 하였다. 이 부분에 관해서는 집합건물법상 공용부분 변경 요건의 흠결에 관해 대상판결이 정확하게 지적 및 판단하고 있다.

둘째, 대상판결은 구분소유의 목적인 건물의 일부를 전유부분으로 볼 수 있으려면 그 건물부분이 구조상으로나 이용상으로 다른 부분과 독립되어 있음을 요한다고 한다. 그런데 이 사건에서 변경 당시 해당 부분이 전체건물 지하 1층의 다른 부분과 격리시킬 수 있는 설비 등 전유부분이 될 수 있기 위한 구조상 및 이용상의 요건을 갖추었다고 볼 수 없기 때문에 이 사건 건물은 여전히 구분소유자들의 공용부분으로 남아 있는 것이라고 하였다.

위 두 번째 이유에서 지적하는 독립성에 관하여 판례는 원칙적으로 건물부분이 격벽 등의 고정된 시설에 의하여 차단되어 있어야 한다는 입장에 있는 것으로 보이나, 차단성보다는 경계의 명확성을 더욱 중요한 고려요소로 보는 것으로 이해된다. 즉 "건물의 구조가 철근콘크리트 외벽에 반달형의 패널 지붕이 덮혀 있고 내부는 바닥만이 콘크리트로 포장되어 있을 뿐 각 점포의 경계나 특정을 위한 칸막이나 차단시설 등이 설치되어 있지 않고 다만 바닥에 페인트로 선을 그어 장방형으로 된 500개의 점포와 통로로 구획되어 있다면, 이 건물이 어시장으로 사용되고 있다는 이용상의 특성을 감안하여도 각 점포가 구조상의 독립성을 갖추었다

---

13) 김세준, "집합건물 공용부분의 배타적 사용관계", 「토지법학」 제40권 제2호, 한국토지법학회, 2024, 259면.

고 볼 수 없고, 그 밖에 각 점포주들이 그 경계선상에 드럼통을 쌓는 등으로 경계를 확실히 하여 이를 각 배타적으로 사용하고 있다거나 각 점포가 등기부상으로도 구분된 개개의 소유권의 객체로 등재되어 있으며 시장부지의 공유지분권과는 별개로 독립하여 거래되어 왔다는 사정이 있다 하더라도 각 점포를 독립한 소유권의 객체로 인정할 수 없다"[14]고 하는데, 이는 차단성 때문이 아니라 경계의 명확성을 흠결하여 구분소유권 또는 전유부분을 부정한 것으로 보인다. 또 다른 판례[15] 역시 경계의 명확성은 엄격하게 요구하면서도 차단성은 상대적으로 엄격하게 요구하지 않고 있다. 이렇게 보면 판례는 상가건물 등의 전유부분 혹은 구분소유권의 성립에 관해 차단성을 엄격하게 요구하지 않고 있으며 오히려 경계의 명확성을 기준으로 판단하는데, 일부 견해가 판례는 차단성을 이유로 구분소유권을 부정하는 태도를 취한다고 하고 있는 것에 관하여 그것은 경계의 명확성과 차단성을 구별하지 못하는 데서 기인한 오해로 파악하는 입장이 있다.[16] 그런데 판례는 차단성과 경계의 명확성을 엄격하게 분리하여 별개의 요소로 판단하고 있지는 않은 것으로 보인다. 건물의 일부분이 전유부분이 되기 위해서는 그 건물부분이 구조상 독립성, 즉 구분 혹은 경계의 명확성이 있어야 하는데, 이때 구조상 독립성 있는 구분이란 연립주택이나 아파트의 각 호실 등과 같이 건물의 구성부분인 벽, 문, 계층(천정과 마루바닥) 등에 의하여 다른 건물부분과 완전히 차단되는 것을 말한다.[17] 이를 뒷받침하는 판례로, 건물부분을 커텐이나 합판, 단순한 바닥에 표시한 선으로 구획된 것은 구조상 독립성이 없다는 사례,[18] 견고한 셔터와 유리문으로 구획되어 구획의 고정성과 안정성이 유지되는 경우에는 구조상 독립성이 인정된다는 사례[19] 등이 있다. 대상판결에서도 차단성과 경계의 명확성을 엄격하게 구별하여 판단하지 않고, 다른 부분과 격리될 수 없는 상태로서 경계가 명확하지 않은 경우 다른 부분으로부터 차단되지 않은 것으로 보아 독립성이 없다고 판단한 것으로 보아야 할 것이다.

---

14) 대법원 1995. 6. 9. 선고 94다40239 판결.
15) 대법원 1993. 3. 9. 선고 92다41214 판결.
16) 이기용·이춘원, "區分所有의 成立에 관한 考察", 「성균관법학」 제17권 제2호, 성균관대학교 비교법연구소, 2005, 262-263면.
17) 송호열, "집합건물에서 구분소유의 성립에 관한 고찰", 「토지법학」 제24-1호, 한국토지법학회, 2008, 162면.
18) 대법원 1992. 4. 24. 선고 92다1390 판결.
19) 대법원 1983. 6. 4. 선고 81다317 판결.

2. 구조상 및 이용상의 독립성을 갖추지 못한 건물의 일부에 대한 구분소유권의 취득 여부

대상판결은 원고들이 경락받은 전유부분(이 사건 지층 1호) 역시 그 경락 당시 구분소유의 목적이 될 수 있는 구조상 및 이용상의 독립성을 갖추지 못하였고, 단지 건물의 일부에 불과하였기 때문에 이에 관한 구분소유권이 존재할 수 없다고 하였다. 그 결과 원고의 전유부분으로 등기된 이 사건 지층 1호가 등기부상 구분소유권의 목적으로 등기되어 있었다 하더라도 그 부분을 다른 건물부분과 독립한 것으로 볼 수 없는 이상, 이는 존재하지 아니하거나 멸실된 건물에 관한 등기와 다를 바 없어 그 자체로 무효이고 원고들은 그 소유권을 취득하였다고 할 수 없다고 하였다.

판례는 동일한 취지로 일관되게 판단하고 있다. 즉 구분소유권의 객체로서 적합한 물리적 요건을 갖추지 못한 건물의 일부는 그에 관한 구분소유권이 성립할 수 없는 것이므로, 건축물관리대장상 독립한 별개의 구분건물로 등재되었을 뿐만 아니라 등기부상에도 구분소유권의 목적으로 등기되어 있어 그 등기에 기초하여 경매절차가 진행되어 매각허가를 받고 매수대금을 납부하였다고 하더라도, 그 등기가 그 자체로 무효인 이상 매수인은 소유권을 취득할 수 없다고 한다.[20)]

한편 집합건물의 구분소유관계에서 구분폐지가 된 경우 역시 마찬가지로 보아야 한다. 처음부터 구조상・이용상의 독립성이 없는 구분건물에 설정된 저당권등기는 무효이나, 구분건물이 사후에 구분폐지된 경우 기존의 그 구분건물에 설정되었던 저당권등기는 구분폐지된 건물에 대한 공유지분 의의 저당권등기로서는 유효할 것이어서 이론적으로는 경매에서 그 절차나 효과에 관해 두 경우를 구별하여 취급하여야 하는 것이 원칙일 것이다. 그러나 현실적으로 집행법원이 구조상・이용상의 독립성이 저당권 성립 당시부터 존재하지 않았는지, 아니면 저당권 성립 후에 소멸하였는지 규명하는 것은 결코 쉬운 일이 아니며 또한 현행 부동산등기법상 구분폐지된 구분건물 등기를 공유지분등기로 변경하는 것이 불가능하므로, 처음부터 구조상・이용상의 독립성이 없는 구분건물에 설정된 저당권등기와 구분폐지된 건물에 설정되었던 저당권등기의 효력을 구별할 필요는 없을 것이다.[21)] 판례 역시 "근저당권의 목적으로서 경매대상인 종전 구분건물들이 증・개

---

20) 대법원 1999. 11. 9. 선고 99다46096 판결; 대법원 2010. 1. 14. 자 2009마1449 결정 등.

축 및 합체로 새로운 구분건물들로 변경된 사안에서, 근저당권자가 그 근저당권을 증·개축 및 합체로 생긴 부동산 중 위 경매대상 부동산이 차지하는 비율에 상응하는 공유지분에 관한 것으로 등기부의 기재를 바로 잡아 이에 관하여 경매를 신청하는 것은 별론으로 하고, 종전의 건물에 대한 경매를 신청하거나 그 경매절차를 계속할 수는 없다"고 한다.[22)]

이렇게 본다면 대상판결이 원고의 소유권 취득을 부정하는 취지로 판시하는 것은 타당하다고 할 것이다.

Ⅲ. 결 어

대상판결은 집합건물의 공용부분을 전유부분으로 변경하고자 하는 경우 요구되는 두 가지 요건, 즉 구조상 및 이용상 독립성 요건과 관리단집회의 특별결의 요건의 충족 여부에 관해 판단하고 있다.

우선 대상판결에서는, 공용부분을 전유부분으로 변경하는 것이 본질적으로는 처분에 해당하는 것임에도 변경에 관한 집합건물법 제15조의 특별결의요건을 요구하고 있는 점이 주목된다. 즉 피고 교회가 이 사건 건물의 일부를 용도변경하여 자신 명의로 소유권보존등기를 마친 행위는 집회결의 등 절차를 거치지 않은 점에서 요건상의 흠결이 있다고 보았다.

그리고 또 다른 요건으로, 공용부분이 전유부분 혹은 구분소유의 객체가 되기 위해서는 해당 건물부분이 구조상 및 이용상 독립성을 갖추어야 함을 명확히 하였다. 독립성이란 다른 건물부분과 경계가 명확하여 차단된 상태를 의미하는데, 이 사건에서 피고 교회가 소유권보존등기를 마친 건물부분은 변경 당시 이러한 독립성을 갖추지 못하였다고 판단하였다. 또한 대상판결은 구분소유권이 등기되어 있더라도 그 객체의 독립성에 관한 실질적 요건을 갖추지 못한 경우에는 구분소유권 자체가 부정될 수 있다는 점 역시 확인하고 있다.

---

21) 허명욱, "구분건물의 사실상 구분폐지와 관련한 몇 가지 법률적 문제", 「집합건물법학」 제12집, 한국집합건물법학회, 2013, 25면.

22) 대법원 2010. 3. 22. 자 2009마1385 결정.

집합건물의 증축에 따르는 대지 사용권의 변동 여부

－대법원 2017. 5. 31. 선고 2014다236809 판결－

도 승 규*

Ⅰ. 서 론

「집합건물의 소유 및 관리에 관한 법률」(이하 '집합건물법'이라 한다)은 공용부분에 대하여는 제2절에서 귀속(제10조), 사용 및 부담(제11조 및 제17조), 지분의 비율 및 일체성(제12조 및 제13조), 관리 및 변경(제15조 및 제16조) 등 자세한 규정을 두고 있지만, 대지사용권에 대하여는 제3절에서 일체성(제20조) 및 둘 이상의 전유부분을 소유할 경우 대지사용권의 비율(제21조)에 관한 규정을 두고 있을 뿐, 대지 지분의 비율 및 변경에 관한 규정을 두고 있지 아니하다. 따라서 집합건물을 수직증축하여 전유부분이 새롭게 생성되는 경우 대지사용권이 변경되는지 여부에 대해서는 결국 해석론적으로 접근할 수밖에 없다.

대법원 2017. 5. 31. 선고 2014다236809 판결은, 구분소유권이 이미 성립한 집합건물이 증축되어 새로운 전유부분이 생긴 경우, 건축자의 대지소유권은 기존 전유부분을 소유하기 위한 대지사용권으로 이미 성립하여 기존 전유부분과 일체불가분성을 가지게 되었으므로 규약 또는 공정증서로써 달리 정하는 등의 특별한 사정이 없는 한 새로운 전유부분을 위한 대지사용권이 될 수 없다고 판시하였다.

본 글에서는 집합건물법의 입법취지, 대지사용권의 개념, 기존 판례의 태도 등을 종합적으로 고려하여 본 판결을 비판적으로 검토하고자 한다.

---

* 법제처 사무관, 법학박사

Ⅱ. 사안의 개요 및 소송의 경과

1. 사안의 개요

주식회사 ○○○는 자기 소유의 대지에 4층 규모의 건물을 건축하여 2008. 6. 27. 이 사건 건물에 대한 소유권보존등기를 마쳤다. ○○○는 이 사건 건물을 구분건물로 등록하였고, 2008. 7. 2. 이 사건 건물의 각 전유부분에 대한 등기부가 작성되었다. 이에 따라 103호에 관하여도 대지권종류 소유권대지권, 대지권비율 912분의 18.1255로 하는 대지권등기가 마쳐졌다.

그 후 ○○○는 이 사건 건물의 5층부터 10층까지 증축하였고, 2009. 3. 23. 그 증축된 각 전유부분에 대하여도 ○○○명의로 소유권보존등기를 마쳤으나, 증축된 각 전유부분에 대한 대지권등기는 마치지 아니하였다. 그러한 상태에서 2011. 3. 10. 대구지방법원 2011타경6199호로 이 사건 건물(증축된 부분 포함)의 각 구분건물에 대한 임의경매개시결정이 내려졌다.

위 경매절차에서의 매각 등을 거쳐, 위 103호는 원고들에게, 증축된 부분인 501호 등은 피고들이 소유하게 되었다.

2. 소송의 경과

(1) 원심(대구지방법원 2014. 11. 26. 선고 2013나303168 판결)의 판단 – 항소 기각

이 사건에서 원고들은 피고들에게 위 각 부동산의 소유자들로서 대지권 없이 위 각 부동산을 소유함으로써 법률상 원인 없이 대지 사용으로 인한 이득을 얻고 있으므로, 그 부당이득의 반환으로 피고들은 이 사건 건물 부지에 대한 대지권자인 원고들에게 피고들 소유 전유부분의 비율에 따른 대지사용액 및 그에 대한 지연손해금을 지급할 의무가 있다고 주장하였다.

이에 대해 원심에서는 다음과 같이 판시한다. 집합건물의 건축자가 그 소유의 대지 위에 집합건물을 건축하고 전유부분에 관하여 건축자 명의의 소유권보존등기가 마쳐진 경우, 건축자의 대지소유권은 집합건물법 제2조 제6호 소정의 구분소유자가 전유부분을 소유하기 위하여 건물의 대지에 대하여 가지는 권리인 대지사용권에 해당한다. 그리고 집합건물에서 구분소유자의 대지사용권은 규약으로써 달리 정하는 등의 특별한 사정이 없는 한 전유부분과 종속적 일체불가분성이 인정되어 전유부분에 대한 경매개시결정과 압류의 효력은 종물 또는 종된 권리인 대지사용권에도 미치는 것이므로(집합건물법 제20조 제1항, 제2항), 건축자의 대지소유권에 관하여 부동산등기법에 따른 구분건물의 대지권등기가 마쳐지지 않았다 하더라도 전유부분에 관한 경매절차가 진행되어 그 경매절차에서 전유부분을 매수한 매수인은 전유부분과 함께 대지사용권을 취득한다(대법원 2012. 3. 29. 선고 2011다79210 판결 등).

위 법리에 비추어 보건대, ○○○가 자기 소유의 대지 위에 집합건물인 이 사건 건물을 건축 및 증축하고 각 전유부분에 관한 소유권보존등기를 마친 사실이 있고, ○○○의 대지소유권은 집합건물법 제2조 제6호 소정의 구분소유자가 전유부분을 소유하기 위하여 건물의 대지에 대하여 가지는 권리인 대지사용권에 해당하므로, 비록 증축된 전유부분에 관하여는 대지권등기가 마쳐지지 않았다 하더라도 경매절차에서 그 전유부분을 매수하였거나 경매절차에서 그 전유부분을 매수한 자로부터 다시 그 전유부분을 매수한 피고들 또한 전유부분과 함께 대지사용권을 취득하였다고 봄이 상당하다. 따라서 피고들에게 이 사건 건물의 부지를 사용할 수 있는 권리가 없음을 전제로 하는 원고들의 주장은 더 나아가 살펴볼 필요 없이 이유 없다고 하여 원고의 항소를 모두 기각하였다.

(2) 대상판결 - 파기환송

집합건물법은 제20조에서 구분소유자의 대지사용권은 그가 가지는 전유부분의 처분에 따르고(제1항), 구분소유자는 규약 또는 공정증서로써 달리 정하지 않는 한 그가 가지는 전유부분과 분리하여 대지사용권을 처분할 수 없다고 규정(제2항, 제4항)하고 있다. 집합건물의 건축자가 그 소유인 대지 위에 집합건물을 건축하고 전유부분에 관하여 건축자 명의로 소유권보존등기를 마친 경우, 건축자의 대지소유권은 집합건물법 제2조 제6호에서 정한 구분소유자가 전유부분을 소유하기 위하여 건물의 대지에 대하여 가지는 권리인 대지사용권에 해당한다.

따라서 전유부분에 대한 대지사용권을 분리처분할 수 있도록 정한 규약이 존재한다는 등의 특별한 사정이 인정되지 않는 한 전유부분과 분리하여 대지사용권을 처분할 수 없고, 이를 위반한 대지지분의 처분행위는 효력이 없다. 그러므로 구분소유권이 이미 성립한 집합건물이 증축되어 새로운 전유부분이 생긴 경우에는,

건축자의 대지소유권은 기존 전유부분을 소유하기 위한 대지사용권으로 이미 성립하여 기존 전유부분과 일체불가분성을 가지게 되었으므로 규약 또는 공정증서로써 달리 정하는 등의 특별한 사정이 없는 한 새로운 전유부분을 위한 대지사용권이 될 수 없다고 판시하였다.

즉, 증축된 전유부분에 대지사용권을 부여하기 위해서는 기존 구분건물의 대지지분 중 각 일부에 대한 분리처분이 필수적이라 할 것이므로 반드시 규약 등으로 이를 정해놓았어야 하고, 이는 ○○○가 증축된 부분을 포함한 이 사건 건물의 각 구분건물 전체를 소유하고 있었다고 하더라도 달리 볼 것은 아니라고 하여 원심판결을 파기환송하였다.

Ⅲ. 평 석

1. 대지사용권의 개념, 비율 및 대상판결의 관점

(1) 대지사용권의 개념 및 비율

우리 법제는 "지상물은 토지에 따른다(Superficies solo cedit)"라는 서구의 입법례를 따르지 않고 건물과 토지를 별개로 취급하여 이를 각 거래의 객체로 허용하고 있어, 건물과 그 토지가 전혀 다른 소유자에게 귀속되는 것이 가능하다. 대지사용권은 이러한 배경에서 구분소유자가 전유부분을 소유하기 위하여 건물의 대지에 대하여 가지는 권리를 의미한다.

집합건물법은 공용부분과 대지사용권을 구분하여 규율하며, 공용부분에 대한 지분 비율은 그가 가지는 전유부분의 면적비율(또는 규약)에 따르는 것으로 규정하지만(제10조 제2항 및 제12조), 대지사용권의 비율은 집합건물법상 특별한 규정을 두고 있지 않으므로 계약 또는 민법의 원리에 따라 정해진다. 일본 카마노 교수의 글에 따르면 만약 대지사용권의 비율을 규약으로 정한다고 할지라도 그 규약은 계약의 내용을 확인하는 의미만을 가지게 된다고 한다.[1)]

한편, 집합건물법은 구분소유자가 둘 이상의 전유부분을 소유한 경우에는 각 전유부분의 처분에 따르는 대지사용권은 제12조에 규정된 비율(전유부분의 면적비

---

1) 稲本洋之助・鎌野邦樹, 「コンメンタールマンション標準管理規約」, 日本評論社, 第1版, 2012, 46면.

율)에 따르는 것으로 규정(제21조 제1항)하여, 구분소유자가 수 개의 전유부분을 소유할 때의 각 전유부분에 관련된 대지사용권의 비율을 규정하고 있다.

(2) 전유부분과 대지사용권의 일체성 원칙 및 대상판결의 관점

집합건물법 제20조에서는 구분소유자의 대지사용권은 전유부분의 처분에 따르며(제1항), 규약 또는 공정증서로 달리 정하지 않는 한 전유부분과 분리하여 대지사용권을 처분할 수 없다고 규정한다(제2항). 본 조는 전유부분과 대지사용권의 일체성 원칙을 정한 규정으로, 원심과 대상판결은 이 사안을 집합건물법 제20조를 근거로 판단하고 있기는 하지만 그 결론은 사뭇 다르다.

우선 우리 기존 판례의 태도에 따르면, 소유권 취득의 실질적 요건은 갖추었지만 전유부분에 대한 소유권이전등기만 경료받고 대지지분에 대하여는 소유권이전등기를 받지 못한 경우에도 매수인은 매매계약의 효력으로써 건물의 대지를 점유・사용할 권리를 갖는다.[2] 원심의 경우 증축으로 새롭게 생겨난 전유부분에도 당연히 그에 대응하는 대지사용권이 있는 것을 전제로, 대지사용권은 전유부분과 종속적 일체불가분성이 인정되므로 전유부분에 관한 경매절차가 진행되어 그 경매절차에서 전유부분을 매수한 매수인은 전유부분과 함께 대지사용권을 취득한 것으로 보고 있다. 그러나 대상판결에서는 기존의 전유부분이 아닌 증축으로 새롭게 생겨난 전유부분에는 원칙적으로 대지사용권은 없는 것이며, 이를 부여하기 위해서는 기존 대지지분 중 일부에 대한 분리처분이 필수적이므로 이를 위해 규약이나 공정증서가 필요하다고 하여 원심과 대상판결 모두 집합건물법 제20조의 규정을 언급하고 있다.

2. 증축 시 대지사용권 변동에 대한 대상판결의 비판

(1) 대상판결의 '분리처분' 개념에 대한 비판

대상판결은 증축된 전유부분에 대지사용권을 부여하는 것을 '기존 대지사용권의 분리처분'으로 보았고, 분리처분을 하기 위해서는 반드시 규약이 필요하다고 판단하고 있다. 이러한 대상판결에 대해 법적 안정성 등을 이유로 찬동하는 견해[3]도 있으나, 건물은 토지와는 달리 입체적인 공간 설정이 가능하며, 새로운 공

---

2) 대법원 2000. 11. 16. 선고 98다45652, 45669 전원합의체 판결.

3) 이진관, "구분소유권이 이미 성립한 집합건물이 증축되어 새로운 전우부분이 생긴 경우, 새로운 전

간을 창출하고 이를 분양하게 될 경우 이에 따르는 대지사용권이 당연히 수반되어야 하는 것이라는 견해[4]도 있다.

생각건대 집합건물법 제20조는 전유부분과 대지사용권을 분리하여 처분하는 것을 금지한 것이지, 기존 대지사용권의 비율을 고정·불변한 것으로 보아 새로운 전유부분에 대지사용권을 부여하지 않겠다는 취지는 아니다. 판례의 논리대로라면 규약이 없는 한 수직증축을 할 경우 대지사용권이 없는 전유부분이 발생할 수밖에 없는데 이는 오히려 전유부분과 대지사용권의 일체성을 규정한 집합건물법 제20조의 입법취지에 반하는 결과를 초래한다. 물론 집합건물법은 대지사용권을 가지지 않는 구분소유자에 대해서는 그 전유부분의 철거를 청구할 권리를 가지는 자가 그 구분소유권을 시가로 매수하는 것이 가능하다고 하여(제7조), 양자가 동일인에 귀속할 수 있도록 하는 구조를 가지고 있지만, 애초에 대지사용권이 없는 전유부분이 발생하지 않도록 하기 위한 규정이 집합건물법 제20조이다. 따라서 집합건물법 제20조를 근거로 대지사용권이 없는 전유부분이 발생하는 것으로 판시하는 것은 본 조의 입법취지를 잘못 이해한 측면이 있다.

(2) 1인이 여러 전유부분을 소유할 경우의 대지사용권

민법은 제262조에서 "물건이 지분에 의하여 수인의 소유로 된 때에는 공유로 한다."라고 규정하는데, 공유(共有)의 법률적 성질에 관하여는 일반적으로 1개의 소유권이 분량적으로 나누어 쪼개져서 여러 사람에게 속하는 것이라고 설명하는 것이 일반적이다.[5] 이것을 양적 분할설이라고 하며 판례도[6] 공유의 법적 성격을 이와 같이 이해하고 있다. 따라서 여러 개의 전유부분을 가지고 있는 구분소유자는 여러 개의 공유지분을 가진 각각의 지분권자가 되는 것이 아니라 1개의 공유지분을 분량적으로 나누어 가진 것으로 볼 수 있다.

한편 집합건물법 제21조 제1항에서는, 구분소유자가 둘 이상의 전유부분을 소유한 경우에는 각 전유부분의 처분에 따르는 대지사용권은 제12조에 규정된 비율에 따르는 것으로 규정하고 있고, 이와 유사한 규정인 일본 구분소유법 제22조

유부분을 위한 대지사용권이 인정되는지 여부", 「대법원판례해설」 제111호, 법원도서관, 2017.

4) 모승규, "집합건물의 증축에 따르는 대지사용권의 변동 여부 – 대법원 2017. 5. 31. 선고 2014다236809 판결 –", 「집합건물법학」 제26권, 한국집합건물법학회, 2018.

5) 곽윤직·김재형, 『물권법』, 민법강의Ⅱ, 제8판, 2015, 283면 등.

6) 대법원 1964. 12. 15. 선고 64다824 판결; 대법원 1995. 4. 25. 선고 94다17956 전원합의체 판결 등.

제2항에 대해서 일본 카마노교수는 구분소유자가 수 개의 전유부분을 소유할 때는 당연히 각 전유부분에 대응하는 복수의 대지이용권이 존재하는 것이 아니라 수 개의 전유부분 전체에 대응하는 하나의 공유지분 또는 준공유지분이 있는데 불과한 것이므로, 수 개의 전유부분을 따로 처분할 경우 그 처분하는 전유부분과 일체적으로 처분되는 대지이용권의 비율이 정해져 있어야 한다고 설명하고 있다.[7)]

이와 같은 관점에서 보면, 집합건물법 제21조 제1항도 일본 구분소유법에서와 같이 수 개의 전유부분을 가진 구분소유자가 그 전유부분의 일부를 처분할 경우에 그 일부의 전유부분과 일체적으로 존재하는 대지사용권의 비율을 새롭게 나누어야 할 필요가 있기 때문에 규정한 것이라고 볼 수 있다. 만약 이와 달리 1인이 수 개의 전유부분을 가질 경우 각각의 전유부분에 대응하는 공유지분으로 대지사용권이 존재한다고 이해할 경우에는 집합건물법 제21조 제1항을 구태여 규정한 이유를 알기 어렵다.

즉 집합건물법상 대지에 대한 '지분'은 각 공유자가 공유물에 대해 가지는 소유의 비율을 의미하는 것으로 공유를 '주체별로 파악한 것'이라면, 1인이 수 개의 전유부분을 가질 경우에는 하나의 공유지분 또는 준공유지분이 1인이 소유한 수 개의 전유부분에 관한 대지사용권으로 인정되는 것으로 보아야 한다. 따라서 본 사안과 같이 1인이 여러 전유부분을 가지고 있는 사안에서 각각의 전유부분이 다른 소유자에게 매각된 것이라면 대지사용권이 있는 전유부분과 그렇지 않은 전유부분으로 구분된다고 볼 수 없고, 집합건물법 제21조 제1항의 규정에 다라 대지지분이 나뉘어야 하는 것으로 보아야 한다. 따라서 본 대상판결은 집합건물법 제21조 제1항의 규정이 있음에도 이를 간과했다는 점에서 비판해볼 수 있다.

3. 수직증축 시 대지사용권 변동의 결의 요건

(1) 수직증축에 관한 결의요건

대상판결에서는 증축에 대한 의사결정(결의요건 충족 여부)이 있었는지 여부에 대한 판단을 한 것은 아닌데, 이는 이 사건 각 구분건물 전체를 한 사람이 소유하고 있어 별다른 결의요건이 필요 없었기 때문인 것으로 보인다. 하지만 다수의

7) 稲本洋之助・鎌野邦樹, 「コンメンタールマンション標準管理規約」, 日本評論社, 第1版, 2012, 132면.

구분소유자가 존재하는 일반적인 집합건물에 있어서는 증축 및 대지사용권 변경 여부에 대한 의사결정 절차는 필요하게 된다. 여기서는 다수의 구분소유자가 있는 집합건물에 전유·공용부분이 생성되는 수직증축을 결의할 경우에 대지사용권이 변경되는지에 대해 유형별로 분석하기로 한다.

우선 대지사용권의 변동이 없는 수직증축을 생각할 수 있다. 예를 들어 기존 건물의 가치를 높이기 위해 공용부분(예: 체육시설, 수영장)을 증축하는 경우, 이는 공용부분의 총면적만 늘리는 것으로 대지사용권에 변동을 일으키지 않는다. 따라서 이 경우에는 대지사용권의 변동을 위한 결의요건은 필요 없다. 하지만 기존 옥상부분에서 새롭게 생기는 공간으로의 물리적 변경이 이루어지게 되는 것이므로 집합건물법 제15조에서 규정하는 공용부분의 변경에 해당하므로, 구분소유자 및 의결권 각 3분의 2 이상(서면결의의 경우 각 4분의 3 이상)의 동의만으로 충분하다고 볼 수 있다.

반면 수직증축을 통해 새로운 전유부분을 만들고 이에 대한 대지사용권을 부여하는 경우, 이는 기존 구분소유자들의 대지사용권에 대한 처분(변경)을 초래한다. 과거 대법원 판결[8]에서는 "공용부분에 집합건물을 증축하여 전유부분을 새로 만듦으로써 증축된 전유부분에 관한 대지사용권의 성립 등으로 구분소유자들의 기존 전유부분에 관한 대지사용권 등에 변동을 가져오거나 구분소유자들에게 증축된 전유부분에 관한 지분을 새로이 취득하게 하고 관련 공사비용을 부담하게 하는 것과 같이, 공용부분의 용도 및 형상의 변경이 이용관계의 단순한 변화를 넘어서서 집합건물의 구조를 변경하여 구분소유자의 전유부분에 대한 소유권의 범위 및 대지사용권의 내용에 변동을 일으키는 경우에는 공용부분의 변경에 해당하지 않고, 이에 대하여는 민법상 일반적인 공유물의 처분·변경과 마찬가지로 구분소유자 전원의 동의 등이 필요하다."는 취지로 판시한 바 있다. 그러나 그 후 집합건물법은 2021. 2. 5. 법률 제16919호로 일부개정되어 건물의 노후화 억제 또는 기능향상 등을 위한 권리변동 있는 공용부분의 변경에 관한 사항은 관리단집회에서 구분소유자 및 의결권의 각 5분의 4 이상의 결의로써 결정할 수 있게 되었으므로(제15조의2 신설), 현행 법령상 전유부분을 수직증축하는 경우에 있어서는 구분소유자 전원의 동의가 아닌 재건축의 경우(제47조)와 동일한 정도의 결의

8) 대법원 2014. 9. 4. 선고 2013두25955 판결.

요건만으로 가능한 것으로 보아야 한다.

(2) 대지사용권 변동에 관한 결의요건

집합건물법 제15조의2의 요건을 충족하여 전유부분을 증축하는 내용의 결의를 할 경우 당연히 대지사용권의 변동도 결의한 것으로 볼 수 있는가? 집합건물법은 수직증축시 대지사용권의 변동 자체에 대해서는 특별한 요건을 규정하고 있는 것은 아니므로 이와 같은 의문을 제기할 수 있다. 관점에 따라서는 증축어 동의하더라도 자신의 대지사용권이 변경되어 그 권리가 축소되는 것을 인식하지 않을 수 있다고 하여 증축 자체에 대한 결의와 대지사용권 변동에 대한 결의를 다르게 이해하는 견해[9]도 있을 수 있지만, 집합건물법 제15조의2가 '권리변동 있는 공용부분의 변경'에 관한 결의요건을 규정하고 있는 것이므로 본 조에 규정한 결의요건을 충족한 경우 증축한 전유부분에는 당연히 대지사용권이 있는 것을 내재하고 있는 내용의 결의요건으로 이해할 수도 있다. 또 한편으로는 집합건물법 제15조의 요건만을 갖추어 대지사용권이 없는 전유부분을 증축하여 만드는 것이 가능하지 않을까 하는 의문도 제기할 수 있지만, 집합건물법의 입법취지에 비추어 볼 때 대지사용권이 없는 전유부분의 발생을 억제하는 방향으로 해석론이나 입법론을 전개해야 할 필요가 있다고 생각된다.

즉 집합건물법의 구조 및 취지 등을 볼 때, 구분소유의 대상이 되는 집합건물을 증축할 때 기존 전유부분의 대지사용권이 증축과 동시어 당연히 해당 증축 부분(새로운 전유부분)의 대지사용권이 되어야 할 것으로 생각되나, 이렇게 해석할 경우 기존 전유부분의 소유자들 권리가 침해되거나 그들의 의사에 반할 수 있고 이에 따른 법률관계도 매우 복잡다기하게 전개될 것이라는 견해[10]도 충분히 경청해야 할 것으로 생각된다. 따라서 증축 시(증축 신고 시) 새로운 전유부분에 대지사용권이 수반되도록 하는 규정도 필요할 것으로 보인다.

---

9) 이진관, "구분소유권이 이미 성립한 집합건물이 증축되어 새로운 전유부분이 생긴 경우, 새로운 전유부분을 위한 대지사용권이 인정되는지 여부", 「대법원판례해설」 제111호, 법원도서관, 2017, 33면.

10) 최우진, "2010년대 물권법 판례의 경향과 흐름", 「안암법학」 제63호, 2021, 107면.

Ⅳ. 결 론

본 대상판결과 관련하여서는 다음의 세 가지 논점을 생각해볼 필요가 있다.

첫째, 구분소유자가 기존 건물을 증축하여 전유부분을 생성하기로 한 것이라면 대지사용권의 변동까지도 의도한 것으로 볼 여지가 있다. 만에 하나 이러한 판단과는 달리, 구분소유자들이 수직증축에 동의하더라도 자신의 대지사용권이 변경되어 그 권리가 축소될 것이라는 것을 당연히 이해하고 있다고 보기 어렵다는 반론도 충분히 경청해볼 수 있으나, 적어도 대상판결과 같이 수직증축에 있어서 대지사용권이 없는 전유부분이 반드시 발생하는 것으로 집합건물법이 명문의 규정을 마련한 것으로 판단하기는 어렵다.

둘째, 대상판결의 사안과 같이 구분소유건물이 1인에 속하는 경우에는 그 구분소유자는 여러 개의 전유부분을 소유하기 위해 1개의 대지사용권(소유권) 전체를 가지는 것이다. 이때 여러 전유부분 중 일부의 처분이 있는 경우에는 "구분소유자가 둘 이상의 전유부분을 소유한 경우에는 각 전유부분의 처분에 따르는 대지사용권은 제12조에 규정된 비율에 따른다."고 규정한 집합건물법 제21조가 적용되어 동조에 규정된 비율에 따라 대지사용권이 각 전유부분에 부여되는 것으로 보아야 한다.

셋째, 집합건물법 제20조는 등기부의 혼란이라는 부동산등기법상의 문제 해결 및 분리처분으로 인하여 발생하는 부조합을 해소하기 위한 실체법상의 문제를 해결하기 위해 규정을 둔 것이다. 여기에서 말하는 분리처분이란 전유부분만을 처분하는 것이나, 대지사용권만을 처분하는 것, 그리고 전유부분과 대지사용권을 각각 다른 사람에게 처분하는 것으로 이해할 수 있을 뿐, 새롭게 전유부분을 만들어 그에 상응하는 대지사용권을 부여하는 것을 집합건물법 제20조에서 금지한 것으로 볼 수는 없다. 오히려 대지사용권이 없는 전유부분을 만드는 것이 집합건물법 제20조의 취지에 반하여 무효라고 판단될 여지가 있다.

구분소유자의 보존행위

－대법원 1999. 5. 11. 선고 98다61746 판결－*

손 홍 락**

Ⅰ. 사안의 개요 및 소송의 경과

1. 사안의 개요

이 사건 상가아파트는 1천 3백여 개 점포와 아파트로 구분되어 각 점포가 독립된 건물로 사용되고 있는 집합건물이다. 원고는 1층 11호 구분소유자이다.

소송의 목적물인 이 사건 건물 부분은 이 사건 상가아파트 3층 엘리베이터 박스 옆 계단 내지 복도의 일부였는데 1981년경 이 사건 상가아파트 3층 입주자들이 원래 아파트인 3층 부분을 상가로 전면 개조하면서 이 부분도 점포로 개조하였고상가 개조 비용을 마련하기 위해 이 사건 건물 부분을 甲에게 보증금 1백만원에 임대하였다.

이 사건 상가아파트의 구분소유자들로 구성된 관리단인 상가자치관리위원회는 1981. 9. 29. 이 사건 상가아파트 관리사무소 직원으로 근무하였던 乙에게 그동안의 공로 및 퇴직금 명목으로 이 사건 건물 부분을 5년간 무상 사용하도록 결의하였다.

이후 乙은 1982. 8. 2. 이 사건 건물 부분을 甲으로부터 경도받으면서 그에게 보증금으로 1백만 원, 개조비 및 권리금으로 450만원, 합계 550만원을 지급하였다.

---

* 대상판결에 대한 평석으로, 이현종, “집합건물 구분소유자의 보존행위에 관하여”, 『민사판례연구』 제33－1권, 박영사, 2011, 315－351면.

** 동아대학교 법학전문대학원 조교수

상가자치관리위원회 회장이 원고에서 丙으로 바뀌고 난 이후인 1984. 12. 10. 상가자치관리위원회는 그동안 乙이 이 사건 건물 부분에 투자한 부분을 고려하여 乙로 하여금 이를 영구히 사용하도록 결의하였고, 이 같은 내용의 동의서를 작성하여 乙에게 교부하였다.

乙은 이 사건 건물 부분을 점유하면서 사용해 오다가 1989. 3. 31. 이 사건 건물 부분의 사용권을 丁에게, 丁은 1989. 5. 31. 戊에게, 戊는 1990. 6. 22. 己에게 순차로 사용권을 양도하였고, 피고들은 己로부터 이 사건 건물 부분을 임차하여 현재까지 사용하고 있다.

이 사건 상가아파트에는 각 층별로 이 사건 건물 부분과 같은 용도로 사용되고 있는 점포가 10개 정도 있고, 이들 또한 이 사건 건물 부분과 같이 개인에게 영구적인 사용권이 부여되어 순차적으로 양도되어 왔는데 원고나 상가자치관리위원회에서는 위와 같이 사용권이 전전 양도되어 사용되어 온 것에 대해 본건 소송을 제기하기까지 아무런 이의도 제기하지 않았다.

2. 소송의 경과

(1) 제1심판결(서울지방법원 1997. 11. 28. 선고 96가단217840 판결)의 판단 – 원고 청구 인용

원고의 피고들에 대한 이 사건 건물 부분 명도 청구에 대하여 제1심법원은 원고 청구 인용판결을 선고하였다.

(2) 원심(서울지방법원 1998. 1. 4. 선고 97나56173 판결)의 판단 – 제1심판결 취소, 원고 청구 기각

"이 사건 상가아파트는 1동의 건물 중 구분된 수개의 부분이 독립한 건물로서 사용될 수 있는 이른바 집합건물이고 이 사건 건물 부분은 원래 위 집합건물의 계단 또는 복도로 사용되었던 이 사건 상가아파트의 공용부분이라 할 것이므로 위 상가아파트의 구분소유자인 원고로서는 특별한 사정이 없는 한 보존행위로서 위 상가아파트의 공용부분인 이 사건 건물 부분을 점유하고 있는 피고들에게 그 명도를 구할 수 있다.

피고들은 이 사건 상가아파트의 각 구분소유자들이 이 사건 건물 부분의 사용권을 乙에게 양도하였고 乙로부터 순차적으로 양수한 己가 이를 피고들에게 임대하였으므로 피고들은 이 사건 건물 부분을 점유할 정당한 권원이 있다고 주장한다. 인정사실에 의하면 이 사건 상가아파트의 구분소유자들로 구성된 상가자치관리위원회가 전체 입주자들을 대표하여 이 사건 건물 부분의 사용권을 乙에게 영구적으로 부여하였다고 보아야 하므로 乙로부터 그 사용권을 순차적으로 양수한 己로부터 이 사건 건물 부분을 임차한 피고들은 이를 점유할 정당한 권원이 있다"고 판시하며 제1심판결을 취소하고 원고 청구를 모두 기각하였다.

(3) 대상판결 – 파기환송

"집합건물의 구분소유자들이 공용부분 중 일부에 대하여 제3자에게 무상사용권을 부여한 경우, 이는 민법상 사용대차의 성질을 갖는 것으로 보아야 할 것이고 사용대차에 있어서 차주의 권리를 양도받은 자는 그 양도에 대한 대주의 승낙이 없으면 대주에게 대항할 수 없다. 한편 집합건물의 구분소유자는 집합건물의 소유 및 관리에 관한 법률(이하 '집합건물법' 또는 '법') 제16조 제1항에 의하여 공용부분에 대한 보존행위를 단독으로 할 수 있고, 그 보존행위의 내용에는 지분권에 기한 방해배제청구권과 공유물의 반환청구권도 포함된다.

乙의 이 사건 건물 부분에 대한 사용권은 입주일인 1982. 8. 2.부터 5년간의 무상사용권으로서 민법상 사용대차에서의 차주가 갖는 채권적 사용권이라고 보아야 할 것이며, 乙이 부여받은 사용권을 물권이라고 볼 자료는 없다. 그런데 피고들은 위 사용권의 양도에 대하여 상가자치관리위원회의 승낙을 받았다는 점에 대한 주장·증명을 하지 아니하였으므로 피고들에게 이 사건 건물 부분을 점유할 권원이 있다는 피고들의 항변은 인용될 수 없다.

원심이 乙의 사용권을 영구적인 사용권이라고 하면서 그 성질에 대하여는 아무런 판단도 함이 없이 마치 물권이 전전 양도된 양 피고들이 이 사건 건물 부분을 점유할 권원이 있다고 하여 피고들의 항변을 인용한 데에는 채증법칙을 위배하고 乙의 사용권의 성질을 오해하였거나 아니면 그 사용권의 양도에 관한 승낙의 점에 대한 심리를 다하지 아니함으로써 판결에 영향을 미친 위법이 있다"고 판시하고 사건을 원심법원으로 환송하였다.[1)]

---

1) 환송 후 원심(서울지방법원 99나43324호)에서는 항소취하간주로 종결되었다.

Ⅱ. 평 석

1. 들어가며

대상판결 쟁점 중 집합건물 구분소유자의 보존행위(특히 인도청구)를 중심으로 관련 논의만을 살피기로 한다.

민법 제262조에서 수인의 지분에 의하여 하나의 물건을 공동소유하는 소유형태로 공유를 규정하고, 공유물 처분·변경에는 다른 공유자의 동의를 받도록 하고(민법 제264조), 공유물 관리에 관한 사항은 지분의 과반수로 결정하되(민법 제265조 본문), 공유물에 대한 보존행위는 각자 단독으로 할 수 있도록 정하고 있다(같은 조 단서). 한편 집합건물법은 공용부분을 구분소유자 전원 또는 일부의 공유에 속하도록 규정하고(법 제10조 제1항), 집합건물법상 공유에 관하여는 같은 법 제11조부터 제18조까지의 규정에 따른다고 하여(같은 조 제2항) 일부공용부분, 공용부분의 관리·변경 등에 관한 특칙을 규정하고 있다.

한편 집합건물은 단독소유인 구분소유권의 목적이 되는 전유부분과 구분소유자의 공유에 속하는 공용부분으로 구분되는데 전유부분이란 구분소유권의 목적인 건물부분을 말하고(집합건물법 제2조 제3호), 공용부분은 전유부분 외의 건물부분, 전유부분에 속하지 아니하는 건물의 부속물 및 제3조 제2항 및 제3항에 따라 공용부분으로 된 부속의 건물을 말하므로(같은 조 제4호) 법정공용부분과 약정공용부분으로 나눌 수 있고, 그 소유권 귀속관계는 그 전유부분의 구분소유자의 공유가 된다.

집합건물의 구분소유자가 아닌 대지 공유자가 구분소유자를 상대로 대지의 사용·수익에 따른 부당이득반환을 청구하는 것이 문제된 대법원 2022. 8. 25. 선고 2017다257067 전원합의체 판결에서 대법원이 명시적으로 설시한 바와 같이, 집합건물에서 공유관계에는 일반적인 공유관계와 다른 특수성이 존재하므로 민법상 공유물에 관한 일반법리가 그대로 적용될 수는 없다.

2. 보존행위

공유물의 보존행위는 공유물의 멸실, 훼손을 방지하고 그 현상을 유지하기 위하여 행하는 사실적·법률적 행위를 말한다. 보존행위 판단은 행위 자체의 객관적 성질에 따라 결정되는 것이 아니라 법률판단의 문제라 할 수 있다. 보존행위는 긴급을 요하는 경우가 많고 다른 공유자에게도 이익이 되기에 이를 공유자 단독으로 할 수 있도록 규정한 것인데, 특히 소수지분권자가 다른 소수지분권자를 상대로 보존행위를 이유로 공유물의 인도청구를 할 수 있는지 여부에 관하여 그동안 치열한 논의가 계속되어왔다.

종래 무조건적으로 인도청구를 허용한 판례에 반대하는 학계 견해가 주류적으로 계속되었고, 이에 대법원 1994. 3. 22. 선고 93다9392, 9408 사건에서 전원합의체에 회부되었으나, 다수의견과 반대의견이 7:6으로 갈렸다(이하 '94년 전합 판결'). 다수의견 중 6인은 원피고 각 지분을 1/4로 인정하고 보존행위를 이유로 건물 전체에 대한 인도청구를 인정하였고, 다수의견 중 1인(보충의견2)은 소수지분권자의 공유물인도청구의 경우 그 청구이유를 살펴서 보존행위 해당 여부를 판단하여야 한다는 입장을 밝히면서 피고는 원고에게 3/4 지분을 주장할 수 있어서 과반수지분권자로서 건물인도를 구할 수 있다고 보아 다수의견과 결론을 같이하였다. 반대의견 6인은 소수지분권자에게 보존행위를 이유로 다른 소수지분권자를 상대로 한 건물인도청구를 인정할 수 없다는 입장이었다. 결과적으로 7인이 무조건적으로 인도청구를 긍정해 온 종래판례에 반대하는 입장이었지만 절충적 입장을 취한 1인이 이 사건의 다른 쟁점인 피고 지분에 관한 판단을 달리하면서 다수의견에 동조하여 판례변경이 이루어지지 못하였다.[2)]

이에 종래와 같이, 공유자 1인 또는 제3자가 공유물을 점유하고 있는 경우에 다른 공유자 1인이 그 점유자를 상대로 공유물 전부의 인도 또는 방해배제 청구를 하는 경우, 공유자 1인 또는 제3자 명의로 원인무효인 소유권이전등기가 경료되어 그 등기전부 말소를 청구하는 경우 이를 모두 보존행의로 보아 이를 긍정하다가, 대법원 2020. 5. 21. 선고 2018다287522 전원합의체 판결(이하 '2020년 전합 판결')에 이르러 다시금 이 법리에 대한 판단이 이루어졌고, 소수지분권자의 다른 소수지분권자에 대한 보존행위를 근거로 한 인도청구를 허용하지는 않고 다만 자신의 지분권에 기초하여 공유물에 대한 방해 상태를 제거하거나 공동점우를 방해하는 행위의 금지를 청구할 수 있다고 선언하였다.

정리하면, ① 제3자가 공유물을 무단점유하는 경우에는, 학설과 판례는 모두

2) 대상판결이 이 쟁점을 직접 다룬 것은 아니지만, 대상판결이 선고될 당시에는 1994년 전원합의체 판례법리가 유효하게 적용되고 있었다.

공유자 단독으로 인도청구 및 방해배제청구가 가능하다고 보되, 다만 그 인정 근거를 달리할 뿐이다.[3] ② 공유자가 다른 공유자를 상대로 공유물인도 및 방해배제를 청구하는 경우, 그 공유자가 과반수지분권자라면 이는 공유물의 관리를 위한 것으로 그 정당성이 시인될 것이고, 반대로 소수지분권자가 과반수지분권자를 상대로 그 인도 및 방해배제를 구할 수는 없다. ③ 소수지분권자가 다른 소수지분권자를 상대로 인도 및 방해배제를 청구하는 경우, 2020년 전합 판결에 의하면, 소수지분권자가 공유물 전체를 무단으로 독점적으로 점유사용하는 상태는 위법하지만 그 위법상태를 배제하는 수단으로 원고의 단독점유라는 결과를 초래하는 공유물인도청구를 인정할 수는 없고 지분권에 근거한 방해배제청구권을 통하여 이를 구현할 수 있을 뿐이다.

한편 과반수지분권자로부터 특정 부분의 사용·수익을 허락받은 제3자의 점유는 과반수지분권자의 공유물관리권에 터잡은 적법한 점유이다. 반면 소수지분권자는 다른 소수지분권자에 대해 인도 청구를 할 수는 없고, 그로부터 임차한 임차인에 대해서도 임차인의 점유는 소수지분권자의 점유로부터 파생된 것이므로 그 임차인에게도 인도 청구는 불가능하다고 하겠다.

3. 집합건물법상 구분소유자의 보존행위

(1) 집합건물 공용부분 보존행위는 각 공유자가 단독으로 할 수 있다(법 제16조 1항 단서). 다만 규약으로 달리 정할 수 있어서(법 제16조 제2항) 구분소유자 3/4 이상 및 의결권의 3/4 이상의 찬성이 있으면(법[4] 제29조 제1항) 공유자는 단독으로 보존행위를 할 수 없다. 또한 건물과 대지 또는 부속시설의 관리 또는 사용에 관한 구분소유자들 사이의 사항 중 집합건물법에서 규정하지 않는 사항은 규약으로써 정할 수 있고, 이로써 구분소유자의 권리를 침해할 수 있으므로(법 제28조

---

3) ① 보존행위설: 민법 제265조 단서의 공유물 보존을 위한 행위라는 입장, 대법원 1966. 7. 19. 선고 66다800 판결 등 대법원 판례의 입장, ② 불가분채권유추적용설: 민법 제409조를 유추적용하여 공유자는 단독으로 공유물 전부에 대한 물권적 청구권을 행사할 수 있다는 입장, ③ 지분권설: 지분권은 1개 독립의 소유권 성질을 가지고 민법 제263조에 따라 각 공유자는 공유물전부를 지분비율로 사용수익할 권능이 있으므로, 그 권능이 침해되었을 때 각 공유자는 지분권에 기해 침해행위 전부의 금지를 청구할 수 있다는 입장.

4) 이 사건 판결 당시 적용되던 집합건물법[법률 제3725호, 1984. 4. 10, 제정되어 법률 제10204호, 2010. 3. 31, 일부개정되기 전의 것]의 규정에 따른 기재이고, 현행 법률[법률 제10204호, 2010. 3. 31, 일부개정된 것] 제29조 제1항 본문은 '규약의 설정·변경 및 폐지는 관리단집회에서 구분소유자의 4분의 3 이상 및 의결권의 4분의 3 이상의 찬성을 얻어서 한다.'고 규정하고 있다.

제1항, 제3항) 규약 내용에 따라 구분소유자의 보존행위에 관한 권한은 제한될 수 있다.

아울러 집합건물에 대한 구분소유관계가 성립되면 구분소유자 전원을 구성원으로 하여 건물과 그 대지 및 부속시설의 관리에 관한 사업 시행을 목적으로 하는 관리단이 당연설립되고(법 제23조 제1항), 그 관리업무에는 집합건물의 보존에 관한 사항도 포함되므로 집합건물의 공용부분에 관한 보존행위는 관리단 업무에 속하게 되며, 관리단은 관리단집회의 특별결의로써 공용부분의 변경에 관한 사항까지 결정할 수 있으므로(법 제15조 제1항 본문)[5] 구분소유자의 보존행위에 관한 권한과 관리단의 관리업무 사이의 관계가 문제될 수도 있다.

마찬가지로 구분소유자가 10인 이상일 때에는 관리단을 대표하고 관리단의 사무를 집행할 관리인을 선임하여야 하고(법 제24조 제1항), 관리인은 공용부분의 보존행위를 할 권한과 의무를 가지므로(법 제25조 제1호) 구분소유자의 공용부분에 관한 보존행위와 관리인의 공용부분 보존행위 권한과의 관계도 문제될 수 있다.

관리단은 관리행위뿐만 아니라 보존행위를 할 수 있으나, 구분소유자는 모든 구분소유자에게 이익이 되는, 구분소유자 사이에 이해충돌이 발생하지 아니하는 행위, 즉 보존행위만을 할 수 있을 뿐이고 그 행위의 실질이 관리행위라면 관리단 결의가 필요하다.

한편 구분소유자와 관리단의 권리가 병행적으로 규정되어 있어 양 권리 사이의 관계가 다양한 관점에서 논의될 수 있어 보인다. 그럼에도 불구하고 숙고하지 못한 지나친 단순화일지 모르겠으나, 적어도 내재된 보존행위 개념의 원류를 상기하면 구분소유자 개인이건 단체로서 관리단이건 긴급하게 그 위법 상태를 배제하는 행위를 하면 구분소유자 모두에게 이익이 되는 것이 보존형위이므로 어느 누구든 신속하게 그 위법상태 배제행위를 하는 것이 중요할 뿐이고, 그밖에 다른 요소를 고려하는 상황 논의는 보존행위와는 다른 평면의 논의가 아닐까 생각된다.

(2) 전유부분을 멸실, 훼손, 현상 변경하는 행위에 대한 보존행위는 당해 전유부분의 구분소유자가 행사할 수 있고, 제3자 뿐만 아니라 다른 구분소유자도 보존행위의 상대방이 될 수 있다. 전체공용부분의 경우, 제3자에 대하여는 특별한 사정이 없는 한 구분소유자 전원이 각자 단독으로 보존행위를 할 수 있겠으나 구

5) 한편 공용부분의 변경이 다른 구분소유자의 권리에 특별한 영향을 미칠 때에는 그 구분소유자의 승낙을 받아야 한다(법 제15조 제2항).

분소유자 상호 사이에서는 보존행위로서 인도청구를 할 수 없다고 하겠다. 그 인도 청구는 적어도 현재 점유하고 있는 구분소유자에게 이익이 되는 행위가 되지 않을 것이기에 모든 공유자에게 이익이 되는 행위라 볼 수는 없기 때문이다. 따라서 관리단 내지 관리인이 그 관리권에 근거하여 이를 배제하는 행위를 할 수 있다고 보아야 하고, 관리단 내지 관리인이 공용부분에 대한 관리권을 근거로 공용부분을 배타적으로 점유하고 있는 구분소유자를 상대로 그 인도를 요구하는 경우 그 구분소유자는 구분소유자의 공용부분 사용권(법 제11조)을 근거로 이를 좌절시킬 수는 없다고 하겠다.

한편 일부공용부분의 경우, 그 일부공용부분을 공용하는 구분소유자에 한하여 보존행위가 가능하고, 이를 공용하지 아니하는 구분소유자의 보존행위는 인정되지 않는다.

4. 결 론

만약 이 사건 건물 부분이 3층 입주자들에게만 공용으로 제공된 일부공용부분이라면 그리고 3층 입주자가 아닌 원고라면 그 공용부분을 공용하지 않는 구분소유자이므로 보존행위를 할 수 없다고 볼 수도 있겠으나, 이 사건 건물 부분은 3층 엘리베이터 박스 옆 계단 내지 복도의 일부이므로 설치 위치와 무관하게 계단 내지 복도는 전체 구분소유자의 공용에 제공되는 전체공용부분으로 보는 것이 온당하다.

한편 乙은 구분소유자들을 구성원으로 하여 설립된 상가자치관리위원회로부터 이 사건 건물 부분 사용을 허락받았고, 그 사용 허락을 내용으로 하는 관리단 결의가 적법하다면 이는 관리단의 적법한 관리권의 행사라 할 것이어서, 乙의 점유는 특별한 사정이 없는 한 정당한 점유이다. 다만 그 결의의 내용이 乙에게 무상의 사용권을 부여하는 것인 이상 乙로부터 전전하여 그 점유를 승계받은 피고들의 점유가 乙에 대한 위 결의만으로 적법하게 된다고 보기 어렵고 달리 정당한 점유 권원을 인정하기 어렵다. 따라서 구분소유자인 원고는 보존행위로서 피고들에게 이 사건 건물 부분의 인도를 청구할 수 있다고 하겠다.

집합건물 공용부분에 대한 부당이득

– 대법원 2020. 5. 21. 선고 2017다220744 전원합의체 판결 –

서 종 희*

Ⅰ. 서 론

집합건물 구분소유자들은 공용부분을 공유하며, 공유는 물건을 사용·수익·처분할 수 있는 소유권의 속성을 지니므로 집합건물 구분소유자는 공용부분 공유자로서 그 부분을 그 용도에 따라 사용할 수 있고(집합건물법 제11조) 규약에 달리 정한 바가 없으면 그 지분비율에 따라 공용부분에서 생기는 이익을 취득한다(집합건물법 제17조). 그런데 공유자 중 1인이 공용부분을 배타적으로 무단사용하면 그 범위에서 다른 공유자들에게 할당된 법적 이익으로서의 사용·수익권이 그 무단사용 공유자에게 귀속되는 듯한 왜곡 상태가 발생하고 이로써 다른 공유자들의 사용·수익권이 침해된다. 이러한 침해상태를 부당이득법상 손해를 바로 구성할 수 있는지는 민법 제741조의 '손실(손해)'의 의미를 어떻게 이해해야 할 것인지와 밀접한 관계를 가진다. 이하에서는 대법원 2020. 5. 21. 선고 2017다220744 전원합의체 판결(이하 '대상판결')를 통해 구분소유자 중 1인에 의한 집합건물 공용부분에 대한 배타적 사용이 다른 구분소유자들에 대한 부당이득이 되는지에 대해 검토한다.[1)]

---

* 연세대학교 법학전문대학원 교수, 법학박사

1) 이 판결에 대한 평석으로는 김성욱, "집합건물 공용부분의 무단점유와 부당이득 – 대법원 2020. 5. 21. 선고 2017다220744 전원합의체 판결", 「집합건물법학」 제38집, 2021; 박신욱, "구분소유자의 공용부분 사용에 따른 부당이득의 성립에 관한 검토", 「재산법연구」 제38권, 2021; 이계정, "집합건물 공용부분 무단사용자에 대한 관리단의 부당이득반환청구 가부 – 대법원 2020. 5. 21. 선고 2017다220744 전원합의체 판결 –", 「법조」 제745호, 2021; 박설아, "집합건물 공용부분의 무단점유에 따른 부당이득의 성립 여부", 「사법」 제53호, 2020 등 참조.

Ⅱ. 사안의 개요 및 소송의 경과

1. 사실관계

이 사건 건물은 지하 4층, 지상 9층의 상가건물로서 18개의 점포로 구성된 집합건물이다. 원고는 「집합건물의 소유 및 관리에 관한 법률」(이하 '집합건물법'이라 한다) 제23조에 따라 이 사건 건물의 구분소유자 전원으로 구성된 관리단이다.

피고는 이 사건 건물의 전유부분인 상가 101호 등을 매수하여 소유권이전등기를 마친 다음 2012. 7. 31.부터 골프연습장을 운영하였다. 피고는 2012. 7. 31.경 이 사건 건물 1층의 복도와 로비 477.19㎡(이하 '이 사건 복도와 로비'라 한다)에 퍼팅연습시설 등을 설치하고 골프연습장 내부공간처럼 배타적으로 사용하였다. 원고는 피고에게 1층 복도와 로비를 전유부분처럼 이용하는 것은 규약에 위배된다면서 그 이용 중단을 요구하였으나 피고는 이를 거절하였다. 원고는 피고를 상대로 1층 복도와 로비 인도 및 부당이득반환을 구하는 소를 제기하였다.

2. 소송의 경과

(1) 1심 및 원심판결

1심은 청구 전부 인용의 무변론 판결을 선고하였다(청주지방법원 2013. 10. 11. 선고 2013가단155743 판결). 이에 피고가 항소하였고 원심은 피고에게 이 사건 복도와 로비를 인도할 의무가 있다고 판단하는 한편, "집합건물의 복도, 계단 등과 같은 공용부분은 구조상 이를 점포로 사용하는 등 별개의 용도로 사용하거나 그와 같은 목적으로 타에 임대할 수 있는 대상이 아니므로 특별한 사정이 없는 한 구분소유자 중 일부가 아무런 권원 없이 이를 점유·사용하였다고 하더라도 이로 인하여 다른 구분소유자에게 임료 상당의 이익을 상실하는 손해가 발생하였다고 볼 수 없(다)."라는 전제에서, 이 사건 복도와 로비가 구조상 별개의 용도로 사용하거나 그와 같은 목적으로 타에 임대할 수 있는 대상임을 인정할 만한 증거가 없다는 이유로 부당이득반환청구를 기각하였다. 원심은 공용부분의 일부를 구분소유자가 배타적으로 점유·사용한 것만으로는 다른 구분소유자에게 손해가 발생한 것으로 볼 수 없다는 이유에서 원고의 청구를 기각한 것인데 이는 종래 판례[2)]

2) 대법원 2018. 12. 28. 선고 2018다260138 판결 및 대법원 1998. 2. 10. 선고 96다42277, 42284

를 따른 것이다.

(2) 대상판결

대법원의 다수의견은 종전 판례를 변경하였다. 이에 대해서는 대법관 이기택의 보충의견(이하 '제1 보충의견'이라 한다) 및 대법관 김재형의 보충의견(이하 '제2 보충의견'이라 한다)이 있었으며, 대법관 박상옥의 반대의견이 있었다.

1) 다수의견

다수의견은 다음과 같은 세 가지 이유를 논거로 하여 "구분소유자 중 일부가 정당한 권원 없이 집합건물의 복도, 계단 등과 같은 공용부분을 배타적으로 점유·사용함으로써 이익을 얻고, 그로 인하여 다른 구분소유자들이 해당 공용부분을 사용할 수 없게 되었다면, 공용부분을 무단점유한 구분소유자는 특별한 사정이 없는 한 해당 공용부분을 점유·사용함으로써 얻은 이익을 부당이득으로 반환할 의무가 있다. 해당 공용부분이 구조상 이를 별개 용도로 사용하거나 다른 목적으로 임대할 수 있는 대상이 아니더라도, 무단점유로 인하여 다른 구분소유자들이 해당 공용부분을 사용·수익할 권리가 침해되었고 이는 그 자체로 민법 제741조에서 정한 손해로 볼 수 있다."라고 판단하였다.

첫째, 구분소유자 중 일부가 정당한 권원 없이 집합건물의 복도, 계단 등과 같은 공용부분을 배타적으로 사용하는 경우 다른 구분소유자들은 해당 공용부분을 사용할 수 없게 되는 불이익을 입게 된다. 즉 다른 구분소유자들의 해당 공용부분에 대한 사용권이 침해되는 것이다. 이는 해당 공용부분을 구조상 별개 용도로 사용하는 것이 불가능하거나 다른 목적으로 임대할 수 없더라도 마찬가지이다. 구분소유자 중 일부가 집합건물법에서 정한 절차를 거치지 않고 정당한 권원 없이 공용부분을 배타적으로 사용하였다면 해당 공용부분에 대한 다른 구분소유자들의 사용·수익권을 침해하여 그에 해당하는 손해를 가한 것이다.

둘째, 정당한 권원 없이 집합건물의 공용부분을 배타적으로 점유하여 사용한 자는 부동산의 점유·사용 그 자체로 부당한 이익을 얻게 된다. 이로 인하여 다른 구분소유자들은 해당 공용부분을 사용할 수 있는 가능성이 원천적으로 봉쇄되는 손해를 입었으므로 이로써 민법 제741조에 따른 부당이득반환의 요건이 충족

판결 등.

되었다고 볼 수 있다. 그 외에 해당 공용부분에 대한 별개 용도로의 사용 가능성이나 다른 목적으로 임대할 가능성이 추가적으로 요구된다고 볼 수 없다.

셋째, 공용부분을 정당한 권원 없이 배타적으로 점유·사용한 자가 그로 인한 이익을 누렸는데도, 해당 공용부분이 구조상 별개의 용도로 사용하거나 다른 목적으로 임대할 수 있는 대상이 아니라는 이유로 다른 구분소유자들에게 손해가 없다고 한다면, 이는 공용부분을 배타적으로 사용한 자로 하여금 점유·사용으로 인한 모든 이익을 보유하도록 하는 것으로서 부당이득반환제도의 취지인 공평의 이념에도 반한다.

2) 반대의견

반대의견은 다음과 같은 두 가지 이유를 논거로 하여 "집합건물의 복도, 계단 등과 같이 집합건물 전체의 유지와 관리를 위하여 필수적인 공용부분은 구조상 이를 점포 등 별개의 용도로 사용하거나 그와 같은 목적으로 임대할 수 있는 대상이 아니므로 구분소유자 중 일부나 제3자가 점유·사용하였더라도 이로 인하여 다른 구분소유자에게 차임 상당의 이익을 상실하는 손해가 발생하였다고 볼 수 없다."라고 판단하였다.

첫째, 공용부분의 무단사용으로 차임 상당의 부당이득이 성립하기 위해서는 구분소유자들이 차임 상당 이익 내지 소득을 얻을 수 있었는데도 이를 얻지 못한 손해를 입었다는 것을 전제로 하여야 한다. 그러나 필수적 공용부분을 특정인에게 임대하여 배타적으로 사용하게 하는 것은 집합건물법 제11조에서 정한 공유자의 사용권을 침해하여 허용될 수 없으므로 구분소유자는 물론 구분소유자 전원을 구성원으로 하는 관리단에도 해당 공용부분에 대한 차임 상당의 이익이나 소득이 발생할 수 있는 여지가 없다.

둘째, 이 사건에서는 복도와 로비의 무단점유가 문제되고 있으므로 다른 구분소유자들과 일반인의 통행이 허용되는 제한된 범위에서 해당 공용부분을 통행하거나 일시적으로 머물 수 있는 권리, 즉 통행권이나 일시적 점유권 정도가 침해된 것을 손해로 볼 수 있을 것이다. 그런데 이 사건 원고는 차임 상당의 이익을 상실하는 손해가 발생하였다고 주장하였을 뿐 위와 같은 손해를 주장하였다고 볼 수 없다. 게다가 이러한 제한된 형태의 사용이익 상실을 손해로 보아 이를 금전적으로 평가하는 마땅한 방법을 찾기도 어렵다.

Ⅲ. 평 석

부당이득반환을 청구하기 위해서는 i) 수익자의 이익, ii) 손실자의 손해, iii) 이익과 손해 사이의 인과관계, iv) 법률상 원인의 결여라는 요건을 갖추어야 한다.

대상판결에서 문제된 부분은 공용부분의 별개 용도로의 사용 가능성이나 제3자에게 임대할 가능성이 없는 공용부분인 경우에도 손해의 발생을 인정하여 부당이득을 인정할 것인지이다.

1. 종래 판례의 태도

대법원 1998. 2. 10. 선고 96다42277, 42284 판결(이하 '대판 96다42277') 등에서는 "공용부분은 별개의 용도로 사용하거나 임대할 수 없으므로 권원 없이 점유하더라도 부당이득이 성립하지 않는다."라고 보았다. 대판 96다42277은 피고가 집합건물의 옥상에 무허가로 건물을 짓고 주차장까지 만들어서 혼자 사용하였고, 위와 같은 시설들로 인해 건물에 금이 가는 등 손해가 발생하자, 구분소유자들이 보수공사비, 위자료, 부당이득반환의 청구를 한 사안에 관한 것이다. 원심은 보수공사비 및 위자료 상당의 손해배상을 인정하면서도, 임대료 상당 부당이득반환청구는 옥상이라는 사정을 감안하여 이를 기각하였고, 대법원 또한 원심과 같은 이유로 원고의 상고를 기각하였다. 요컨대 원심과 대법원은 "옥상 부분은 원래 건물의 지붕으로써의 기능을 하는 것일 뿐 그 위에 다른 건물을 축조하거나 주차장으로 사용하는 등 별개의 용도로 사용하거나 그와 같은 목적으로 타에 임대할 수 있는 대상이 아니므로, 피고가 아무런 권원 없이 이를 점유 사용하였다 하더라도 이로 인하여 원고들에게 임료 상당 이익을 상실하는 손해가 발생하였다고 볼 수는 없다."라는 이유로 원고들의 위 주장을 배척하였다. 생각건대 판시 내용에 비추어 보면 대판 96다42277 자체는 옥상이라는 특수성을 반영하여 손해를 부정한 것으로 판단된다. 따라서 위 판결이 공용부분에 대한 부당이득의 성립을 전면적으로 부정하려는 취지는 아니었던 것으로 보인다. 옥상과 같은 성질을 가지는 공용부분에 한하여 부당이득을 부정한 판결로 사정범위를 좁혀 해석하는 것이 타당할 것이다. 판례 또한 대법원 2005. 6. 24. 선고 2004다30279 판결 등에서[3] "집

3) 대법원 2005. 6. 24. 선고 2004다30279 판결; 대법원 2006. 5. 12. 선고 2005다36779 판결; 대법

합건물의 복도, 계단 등과 같은 공용부분은 구조상 이를 점포로 사용하는 등 별개의 용도로 사용하거나 그와 같은 목적으로 타에 임대할 수 있는 대상이 아니므로 특별한 사정이 없는 한 구분소유자 중 일부가 아무런 권원 없이 이를 점유·사용하였다고 하더라도 이로 인하여 다른 구분소유자에게 임료 상당의 이익을 상실하는 손해가 발생하였다고 볼 수 없다(밑줄은 필자가 첨가).”고 본다. 반대해석상 “구조상 별개의 용도로 사용할 수 있거나 제3자에게 임대할 수 있는 공용부분”이라면 종래 판례 또한 부당이득을 청구할 수 있다고 볼 것이다.

2. 대상판결

대상판결은 **해당 공용부분이 구조상 이를 별개 용도로 사용하거나 다른 목적으로 임대할 수 있는 대상이 아니더라도, 정당한 권원 없이 집합건물의 공용부분을 배타적으로 점유하여 사용한 자는 부동산의 점유·사용 그 자체로 부당한 이익을 얻으며 이로 인하여 다른 구분소유자들은 해당 공용부분을 사용할 수 있는 가능성이 원천적으로 봉쇄되는 손해를 입었다**고 보아 부당이득반환요건을 모두 충족한 것으로 본다. 대상판결은 이러한 법리는 구분소유자가 아닌 제3자가 집합건물의 공용부분을 정당한 권원 없이 배타적으로 점유·사용하는 경우에도 마찬가지로 적용된다고 보았다.

3. 검 토

대상판결은 종래 판례를 변경하고 공용부분에 대한 부당이득반환청구를 인정하였다. 이 사건에서는 여러 부당이득 유형 중 침해부당이득이 문제된다. 침해부당이득 또한 불법행위와 마찬가지로 ‘손해’의 발생을 요건으로 한다.

(1) 불법행위에서의 ‘손해’

불법행위를 이유로 법원이 손해배상을 명하기 위해서는 손해가 현실적으로 발생하여야 한다. 현실적으로 손해가 발생하였는지는 사회통념에 비추어 객관적이고 합리적으로 판단하며,[4] 이는 사회통념에 비추어 규범적으로 판단해야 한다. 대

원 2011. 4. 28. 선고 2010다26097 판결; 대법원 2013. 11. 14. 선고 2011다86423 판결; 대법원 2014. 7. 24. 선고 2014다202608 판결; 대법원 2015. 11. 26. 선고 2014다31684 판결; 대법원 2018. 12. 28. 선고 2018다260138 판결 등 다수.

4) 대법원 1998. 8. 25. 선고 97다4760 판결; 대법원 2003. 4. 8. 선고 2000다53038 판결; 대법원

법원 2012. 12. 26. 선고 2011다 59834 판결에서 "위자료로 배상할 만한 정신적 손해가 발생하였는지는 유출된 개인정보의 종류와 성격이 무엇인지, 개인정보 유출로 정보주체를 식별할 가능성이 발생하였는지, 제3자가 유출된 개인정보를 열람하였는지 또는 제3자의 열람 여부가 밝혀지지 않았다면 제3자의 열람 가능성이 있었거나 앞으로 열람 가능성이 있는지, 유출된 개인정보가 어느 범위까지 확산되었는지, 개인정보 유출로 추가적인 법익침해 가능성이 발생하였는지, 개인정보를 처리하는 자가 개인정보를 관리해온 실태와 개인정보가 유출된 구체적인 경위는 어떠한지, 개인정보 유출로 인한 피해 발생 및 확산을 방지하기 위하여 어떠한 조치가 취하여졌는지 등 여러 사정을 종합적으로 고려하여 구체적 사건에 따라 개별적으로 판단하여야 한다."라고 하면서, 이 사건에서는 "언론보도 직후 개인정보가 저장된 저장매체 등을 소지하고 있던 사건 관련자들로부터 저장매체와 편집 작업 등에 사용된 컴퓨터 등이 모두 압수, 임의제출되거나 폐기된 점, 범행을 공모한 자 등이 개인정보 판매를 위한 사전작업을 하는 과정에서 위와 같이 한정된 범위의 사람들에게 개인정보가 전달 또는 복제된 상태에서 범행이 발각되어 개인정보가 수록된 저장매체들이 모두 회수되거나 폐기되었고 그 밖에 개인정보가 유출된 흔적도 보이지 아니하여 제3자가 개인정보를 열람하거나 이용할 수는 없었다고 보이는 점, ... 개인정보 유출로 인하여 신원확인, 명의도용이나 추가적인 개인정보 유출 등 후속 피해가 발생하였음을 추지할 만한 상황이 발견되지 아니하는 점 등 제반 사정에 비추어 볼 때, 개인정보 유출로 인하여 ... 위자료로 배상할 만한 정신적 손해가 발생하였다고 보기는 어렵다"고 판단하였다. 위 대법원 판결은 기본적으로 "개인정보 유출로 인한 개인정보 자기결정권 침해=정신적 손해 발생"의 공식을 인정하지 않은 것이다.[5] 침해의 정도가 일정 수준을 넘어야 손해의 발생을 인정하며 침해만으로 손해가 곧바로 인정되지 않는다.

(2) 침해부당이득의 성립과 손해의 발생

독일의 할당(내용)설(Lehre vom Zuweisungsgehalt)에 따르면 침해부당이득은 법질서에 의해 배타적으로 할당된 타인의 권리나 이익이 침해된 경우에 성립한다.[6]

2004. 11. 26. 선고 2003다58959 판결 등.

5) 고홍석, "개인정보 유출로 인하여 위자료로 배상할 만한 정신적 손해의 발생 여부", 「BFL」, Vol.66, 2014, 78면.

6) v. Caemmerer, Bereicherung und unerlaubte Handlung, FS Rabel Bd. 1(1954), S. 353.

할당설은 권리의 할당내용이 권리자 이외의 자에게 귀속된 경우 그 재화의 회복을 도모하는 것을 침해부당이득의 본질로 파악한다. 우리의 학설 또한 할당설과 궤를 같이 한다. 손해라는 요건의 기능은 "부당이득반환채권자와 반환채무자 사이의 관계를 확정하고, 소극적으로 그 범위의 확대를 방지하려는 데 있다."라고 보는 견해,[7] 침해부당이득에서 손해는 권리영역에 대한 침해가 있으면 되고 재산상의 결손까지 있을 필요가 없다는 견해,[8] 타인이 법률상 원인 없는 침해행위로 이득을 얻었다면 그 사실 자체로부터 손해 요건이 충족된다고 보는 견해,[9] 및 침해부당이득에서 이득과 손해는 동전의 양면 또는 물체와 그 거울상(mirror image)의 관계에 있다고 보는 견해[10] 등은 구체적 손해 발생 여부가 독자적인 의미를 가지지 않는다고 본다. 요컨대 통설은 침해부당이득에서의 손해는 배타적으로 할당된 법적 이익의 침해 상태 그 자체로 이해한다.

(3) 반대의견이 가지는 문제점

먼저 반대의견에서 주장하는 제3자에 대한 임대 가능성 등은 손해를 산정하기 위한 고려 요소는 될 수 있으나 그 자체가 손해 발생 여부를 판단하는 요소가 될 수 없다. 차임 상당액은 반환되어야 할 '부동산의 사용이익'의 가액을 산정하기 위한 기준이 될 뿐, 임대 가능성이 손해의 발생을 판단하는 기준이 될 수는 없다.

다음으로 집합건물 공용부분의 배타적 점유·사용이 문제되는 대부분의 사안에서 피고가 부당하게 이익을 얻었다는 점은 분명하다. 그런데도 반대의견과 같이 원고에게 손해가 인정되지 않는다는 이유로 부당이득반환청구를 기각하는 것은 집합건물의 공용부분을 선점하여 배타적으로 사용하는 자가 모든 이익을 독식하게 된다는 부당한 결과를 가져온다. 부당이득 성립 요건으로서 손해란 권리자에게 발생한 구체적·현실적 손해를 말하는 것이 아니라 사회관념상 그 이익이 권리자에게 당연히 귀속되어야 할 것이라고 생각되는 한 손해는 있다고 보아야 한다. 공용부분이 배타적으로 사용됨으로써 발생하는 기본적인 손해는 다른 구분소

---

7) 김형배, 180면 이하.

8) 안춘수, 355면 이하.

9) 양창수·권영준, 『민법Ⅱ 권리의 변동과 구제』, 박영사(2017), 502면; 윤진수, "부당이득법의 경제적 분석", 「서울대학교 법학」 제55권 제3호(2014), 6면 이하; 이계정, "부당이득에 있어서 이득토출책임의 법리와 그 시사점-반환범위에 있어 손해중심에서 이득중심으로의 전환", 「저스티스」 통권 제169호(2018), 383면.

10) 권영준, "2020년 민법 판례 동향", 「서울대학교 법학」 제62권 제1호(2021), 284면.

유자들은 해당 공용부분을 그 용도에 따라 사용할 권리를 침해당한다. 즉, 피고가 공용부분인 복도와 로비를 독점적으로 사용함으로써 얻은 이익이 있다면 그것으로 부당이득의 요건이 충족되고 그 사용이익을 반환하도록 하는 것이 부당이득제도의 취지에 부합한다.

(4) 대상판결의 의의

구분소유자 중 1인이 공용부분을 배타적으로 무단사용하면 그 범위에서 다른 구분소유자들에게 할당된 법적 이익으로서의 사용·수익권(제11조 및 제17조)은 침해되는 것이며 이는 그 사용·수익권이 무단사용자에게 귀속되게 결과를 가져온다. 즉 정당한 권원 없이 집합건물의 공용부분을 배타적으로 점유하여 사용한 자는 부동산의 점유·사용 그 자체로 부당한 이익을 얻게 된다. 따라서 구분소유자 중 일부가 정당한 권원 없이 집합건물의 복도·계단 등과 같은 공용부분을 배타적으로 점유·사용함으로써 이익을 얻고 그로 인하여 다른 구분소유자들이 해당 공용부분을 사용할 수 없게 되었다면 공용부분을 무단점유한 구분소유자는 특별한 사정이 없는 한 해당 공용부분을 점유·사용함으로써 얻은 이익을 부당이득으로 반환하게 해야 한다. 설사 해당 공용부분이 구조상 이를 별개 용도로 사용하거나 다른 목적으로 임대할 수 있는 대상이 아니더라도 무단점유로 인하여 다른 구분소유자들이 해당 공용부분을 사용·수익할 권리가 침해되었다면 침해자는 해당 공용부분을 점유·사용함으로써 얻은 이익을 부당이득으로 반환하게 해야 한다. 따라서 대상판결이 구분소유자가 공용부분을 사용할 수 있는 가능성 자체가 봉쇄되어 침해되었다면 다른 공유자들에게 실제로 손해가 발생하였는지, 목적물을 제3자에게 임대하여 차임을 얻을 수 있었는지를 별도로 따질 필요가 없이 침해가 바로 손해가 된다고 보아 피고의 부당이득 반환의무를 인정한 것은 타당하다.

대상판결은 정당한 권원 없이 공용부분을 배타적으로 사용할 경우 해당 부분의 인도뿐만 아니라 부당이득반환까지 가능하도록 함으로써 무분별한 공용부분의 무단사용 문제를 해소하고 분쟁의 공평한 해결에 기여하며, 부당이득 법리의 올바른 이해에도 중요한 지침이 될 것이다.[11] 더 나아가 대상판결은 부당이득의 성립요건인 손해의 의미를 좀 더 명확하고 구체적으로 규명하면서 특히 유형론의 연

11) 박설아, 875면.

장선상에서 침해부당이득의 본질을 더욱 잘 이해하는 데 도움이 되는 선례로서의 가치를 가진다고 할 수 있다.[12)]

Ⅳ. 결 론

이하에서는 결론에 갈음하여 반대의견이 문제 제기한 관리단이 부당이득반환청구권자가 될 수 있는지 여부와 부당이득반환범위에 대해 고찰해 보고자 한다.

1. 부당이득반환청구권자에 대한 판단

반대의견은 설령 부당이득반환청구권이 인정되더라도 그 권리는 구분소유자들에게 분할 귀속되는 것인데 다수의견은 왜 구분소유자들이 아닌 관리단이 이를 행사할 수 있는지를 밝히지 않는다고 비판한다.

(1) 부당이득반환청구권자: 구분소유자와 관리단이 모두 청구권자에 해당하는지 여부

대법원 2003. 6. 24. 선고 2003다17774 판결(이하 '대판 2003다17774') 등에서는 "집합건물에 있어서 공용부분이나 구분소유자의 공유에 속하는 건물의 대지 또는 부속시설을 제3자가 불법으로 점유하는 경우에 그 제3자에 대하여 방해배제와 부당이득의 반환 또는 손해배상을 청구하는 법률관계는 구분소유자에게 단체적으로 귀속되는 법률관계가 아니고 공용부분 등의 공유지분권에 기초한 것이어서 그와 같은 소송은 1차적으로 구분소유자가 각각 또는 전원의 이름으로 할 수 있고, 나아가 집합건물에 관하여 구분소유관계가 성립하면 동시에 법률상 당연하게 구분소유자의 전원으로 건물 및 그 대지와 부속시설의 관리에 관한 사항의 시행을 목적으로 하는 단체인 관리단이 구성되고, 관리단집회의 결의에서 관리인이 선임되면 관리인이 사업집행에 관련하여 관리단을 대표하여 그와 같은 재판상 또는 재판외의 행위를 할 수 있다."고 보았다. 즉 판례는 구분소유자와 관리단 모두 관리단집회의 결의나 규약에서 정한 바에 따라 집합건물의 공용부분이나 대지를 정당한 권원없이 점유하는 사람에 대하여 부당이득의 반환에 관한 소송을 할 수 있다고 본다. 그러나 기존의 판결에서는 관리단이 부당이득반환청구를 할 수 있는 법

12) 권영준, 287면.

률적 근거가 무엇인지, 관리단이 부당이득반환청구를 할 수 있는 경우에도 구분소유자가 반환청구를 할 수 있다는 것인지, 구분소유자와 관리단이 모두 청구하였을 때 중복제소, 기판력, 재소금지의 문제 등에 대해서는 구체적인 판단이 없었다.

1) 관리단이 관리행위로서 부당이득반환을 청구할 수 있는지 여부

관리단은 집합건물에 대하여 구분소유 관계가 성립되면 건물과 그 대지 및 부속시설의 관리에 관한 사업의 시행을 목적으로 당연히 설립된다. 관리단은 건물의 관리 및 사용에 관한 공동이익을 위하여 필요한 구분소유자의 권리와 의무를 선량한 관리자의 주의의무로 행사하거나 이행하여야 하고, 관리인을 대표자로 하여 관리단집회의 결의 또는 규약에서 정하는 바에 따라 공용부분의 관리에 관한 사항에 관련된 재판상 또는 재판 외의 행위를 할 수 있다(제16조, 제23조, 제23조의2, 제25조 참조). 따라서 관리단은 관리단집회의 결의나 규약에서 정한 바에 따라 집합건물의 공용부분이나 대지를 정당한 권원 없이 점유하는 사람에 대하여 관리행위로서 부당이득의 반환에 관한 소송을 할 수 있다. 대법원 2022. 6. 30. 선고 2021다239301 판결에서도 관리행위로서 관리단이 부당이득반환을 청구할 수 있다고 본다. 관리단이 공용부분 무단점유자에 대한 부당이득반환청구권을 행사하는 것은 공유물을 사용·수익하는 것에 대한 구체적인 방법을 정하는 것이라 할 수 있으므로 공유물에 대한 관리행위의 성격이 강하다. 관리단이 집합건물의 공용부분 무단점유자에 대하여 부당이득반환청구를 하는 것은 모든 구분소유자를 대신하여 공유지분에 대한 사용·수익 권한의 행사를 하는 것으로 구분소유자들이 공유물 사용·수익에 관하여 정한 구체적인 방법을 관리단이 구분소유자들을 위하여 행사하는 것이라고 볼 수 있다. 또한 관리단이 공용부분 무단점유자에 대하여 부당이득반환청구를 하는 것은 공용부분을 임대하고 차임을 받는 것과 그 성격이 유사하다. 공용부분을 임대하고 차임을 받는 것을 공용부분에 대하여 적극적인 사용·수익 방법을 정하는 것으로 본다면, 공용부분 무단점유자에 대하여 부당이득반환청구권을 행사하는 것은 소극적으로 상실한 사용·수익 반환에 관한 방법을 정한 것으로 볼 수 있다. 공용부분의 임대와 차임 수령이 공유물의 관리행위라면, 공용부분 무단점유자에 대한 부당이득반환청구권 행사도 공유물의 관리행위로 보는 것이 논리적이다. 판례 또한 관리단의 부당이득반환청구권 행사를 '공용부분의 관리와 밀접하게 관련된 것'으로 판단하였는바, 관리단의 관리행위에

가깝게 본 것이라 할 수 있다. 한편 관리단의 공용부분 무단점유자에 대한 부당이득반환청구권 행사를 공유물의 관리행위라면, 관리단이 부당이득반환청구권을 행사하기 위해서는 '규약에서 정함'이나 '관리단집회의 결의'의 요건을 충족하여야 한다. 다만 제16조 제3항은 제1항에서 규정하는 사항(관리단집회 결의의 원칙)에 대하여 규약으로 다시 정할 수 있다고 정하고 있으므로 규약에서 특정 공유물 관리행위에 관하여 관리단집회 결의가 없더라도 관리단이나 관리인이 할 수 있도록 정하면, 관리단이나 관리인은 그러한 사항에 대해서는 관리단집회 결의 없이 행사할 권한을 취득할 수 있을 것이다.

2) 관리단이 부당이득반환청구를 할 수 있는 경우에도 구분소유자가 반환청구를 할 수 있는지 여부

먼저 구분소유자가 공용부분을 무단으로 점유한 자에 대하여 부당이득반환을 구하는 것은 공유물의 사용·수익행위라고 할 수 있다. 집합건물의 공용부분은 집합건물 구분소유자의 공유이므로 집합건물의 구분소유자는 공용부분에 대해서 지분비율에 따라 사용·수익할 수 있다. 그러한 공용부분을 어떤 사람이 무단으로 점유하여 배타적으로 사용·수익한다면 공용부분의 공유자인 구분소유자가 지분비율에 따른 사용·수익을 하지 못하게 되는 결과가 발생한다. 구분소유자가 공용부분 무단점유자에 대하여 자신의 지분비율에 따른 사용·수익 상당 부당이득의 반환을 구하는 것은 공유물을 사용·수익하지 못한 것을 사후적으로 구제받아 실현하는 것이라 할 수 있다. 반면에 공용부분을 무단으로 점유한 자에 대하여 부당이득반환을 구하는 것은 관리행위로서 하는 것이다. 관리단이 관리행위를 하는 것과 구분소유자가 사용·수익권에 기하여 권리구제를 주장하는 것은 다르다. 따라서 관리단이 관리행위로서 부당이득반환청구가 가능하다는 것이 논리필연적으로 구분소유자의 사용·수익권에 기한 부당이득반환청구를 저지할 수는 없다.

구분소유자가 공용부분에 대해 가지는 공유자로서의 사용·수익권은 소유권을 기초로 한 권리라는 점에서 관리단의 관리행위에 의해 박탈되는 권리라고 볼 수 없다. 공용부분에 대한 공유가 구분소유자에게 인정되는 한 입법론으로는 별론으로 하더라도 해석론상 구분소유자의 공용부분을 무단으로 점유·사용한 자에 대한 부당이득반환청구를 인정해야 한다.

(2) 구분소유자의 청구권과 관리단의 청구권의 관계

관리단이 부당이득 반환청구권을 행사하는 경우에는 그 이후에 구분소유자가 개별적으로 부당이득반환청구를 하는 경우는 드물겠지만 반대로 구분소유자가 부당이득반환청구를 한 후 관리단이 부당이득반환청구를 하는 경우는 실무적으로 발생하기 때문에 구분소유자의 청구와 관리단의 청구의 소송물이 동일한 지에 대한 평가는 매우 중요하다. 구체적으로 구분소유자와 관리단이 모두 공용부분을 무단으로 점유한 자에 대하여 부당이득반환청구권을 행사할 수 있다면, 양자 모두 소를 제기할 수 있다는 것인지(중복제소 가능여부), 구분소유자의 청구가 기각되어 패소가 확정된 경우에 관리단이 청구할 수 있는지(기판력 저촉의 문제), 재소금지원칙이 적용되는지가 문제된다.

우리 판례는 대법원 2022. 6. 30. 선고 2021다239301 판결(이하 '대판 2021다239301')에서 관리단인 원고가 피고들의 공용부분 무단점유에 대하여 부당이득반환청구를 하자 피고들이 구분소유자들이 이미 소제기를 하고 취하한 부분에 대해서는 재소금지원칙에 반하여 인정되어서는 안 된다는 주장에 대해 판단하였다. 대판 2021다239301은 관리단의 부당이득반환청구 소송과 구분소유자의 부당이득반환청구소송의 관계를 다음과 같이 판단하였다.

"관리단이 집합건물의 공용부분이나 대지를 정당한 권원 없이 점유·사용하는 사람에 대하여 부당이득반환청구 소송을 하는 것은 구분소유자의 공유지분권을 구분소유자 공동이익을 위하여 행사하는 것으로 구분소유자가 각각 부당이득반환청구 소송을 하는 것과 다른 내용의 소송이라 할 수 없다. 관리단이 부당이득반환 소송을 제기하여 판결이 확정되었다면 그 효력은 구분소유자에게도 미치고(민사소송법 제218조 제3항), 특별한 사정이 없는 한 구분소유자가 부당이득반환 소송을 제기하여 판결이 확정되었다면 그 부분에 관한 효력도 관리단에 미친다고 보아야 한다. 다만 관리단의 이러한 소송은 구분소유자 공동이익을 위한 것으로 구분소유자가 자신의 공유지분권에 관한 사용·수익 실현을 목적으로 하는 소송과 목적이 다르다. 구분소유자가 부당이득반환청구 소송을 제기하였다가 본안에 대한 종국판결이 있은 뒤에 소를 취하하였더라도 관리단이 부당이득반환청구 소를 제기한 것은 특별한 사정이 없는 한 새로운 권리보호이익이 발생한 것으로 민사소송법 제267조 제2항의 재소금지 규정에 반하지 않는다고 볼 수 있다(밑줄은 필자가 첨가)."

먼저 대판 2021다239301은 공용부분 무단점유자에 대한 부당이득반환청구 소송을 수행하는 관리단의 법적 지위에 관하여 명확한 판단을 하지는 않았다. 다만 관리단이 이러한 소송을 수행하려면 관리단집회의 결의나 규약이 있어야 함은 밝히고 있다. 위 판결이 구분소유자의 부당이득반환청구 소송과 관리단의 부당이득반환청구 소송 사이의 기판력과 재소금지원칙 적용 여부에 대하여 판단한 것에 비추어 보면, 위 판결은 관리단의 법적 지위를 독자적인 권리귀속 주체가 아니라 제3자 소송담당으로 판단하였다고 할 수 있다. 만약 독자적인 권리귀속의 주체로 보았다면 재소금지원칙 적용 여부가 문제되는 사안이 아니라고 하면 되었을 것이기 때문이다. 관리단집회의 결의나 규약에서 정하였다는 사정이 있으면, 관리단이 부당이득반환청구권을 행사할 수 있다는 것은 관리단집회의 결의나 규약을 통해서 관리단에 소송수행권을 위임하면 관리단이 소송수행을 할 수 있다는 것을 전제한 것이므로, 관리단의 법적 지위를 임의적 소송신탁으로 파악할 수도 있다.

만약 관리단을 구분소유자를 위한 제3자 소송담당자(임의적 소송신탁)로 본다면, 구분소유자가 제기한 소가 확정되었을 경우 그 기판력은 관리단에 미친다고 보는 것이 타당하다. 요컨대 권리귀속 주체와 소송담당자 사이의 관계를 고려할 때, 권리귀속 주체가 수행한 소송의 기판력은 소송담당자에게 미친다고 보는 것은 당연하다. 소송담당자는 권리귀속 주체를 위해 소송수행권을 대신 행사하는 지위에 있으므로 그 소송수행권은 권리귀속 주체의 권리의 일부이다. 권리귀속 주체가 자신의 권리를 행사하여 확정판결을 받았는데, 권리의 일부라고 할 수 있는 소송수행권을 위임받은 소송담당자가 권리귀속 주체의 기판력의 적용을 받지 않고 행사할 수 있다는 것은 논리적 모순일 수 있다. 관리단은 모든 구분소유자를 구성원으로 하는 단체로서 관리단이 부당이득반환청구를 하는 것은 구분소유자 공동이익을 위해 구분소유자의 공유지분에 대한 사용·수익 권한을 대신 행사하는 것이므로 구분소유자의 소송과 관리단의 소송은 실질적으로 동일한 소송이라고 할 수도 있다. 만약 구분소유자의 기판력이 관리단에 미치지 않는다고 보면, 구분소유자들이 먼저 소를 제기하여 패소판결이 확정되었더라도 관리단이 다시 소송을 제기할 수 있어서 부당이득반환청구의 상대방은 두 번의 소송을 제기당할 수 있는 불합리한 상황이 만들어질 수 있다. 추심의 소의 경우 동일한 채권에 대해 다수의 압류채권자가 발생할 수 있고, 한 명의 압류채권자의 기판력을 다른 압류채권자에게 미치도록 하면 다른 압류채권자들에게 불이익을 줄 수 있다는 특징이 있지만, 구분소유자와 구분소유자들로 구성된 관리단은 대체로 이해관계를 같이 하는 자들이라 할 수 있으므로 복수의 압류채권자들 사이에서와 같이 기판력을 단절시킬 필요는 없다. 따라서 관리단이 소를 제기하기 전에 구분소유자가 제기한 소가 패소 확정되었다면 관리단의 소는 기판력의 적용을 받으므로 법원은 관리단의 청구를 기각하여야 한다.

또한 구분소유자가 부당이득반환청구에 관한 소송수행 중 제1심 패소판결 선고 후 소를 취하하였을 때, 관리단이 부당이득반환청구에 관한 소를 다시 제기한 경우에 민사소송법 제267조 제2항에서 정하는 재소금지원칙의 적용을 받는지가 문제 된다. 부당이득반환청구권에 관한 관리단의 소송수행은 구분소유자의 공용부분 사용·수익에 관한 권한을 구분소유자 공동이익을 위하여 대신 행사하는 것이다. 구분소유자가 부당이득반환청구권을 행사하는 경우와 관리단이 부당이득반환청구권을 행사하는 경우의 권리귀속 주체는 동일하다고 할 것이므로, 구분소유자와 관리단의 관계에서는 '당사자 동일'과 '소송물 동일'의 재소금지원칙의 요건을 충족하였다고 보는 것이 타당할 것이다. 물론 재소금지원칙의 요건으로는 '권리보호이익의 동일'이 필요하기 때문에, 구분소유자의 소 취하 후 관리단이 다시 소를 제기하는 것이 재소금지원칙의 적용을 받을지는 관리단의 소제기에 새로운 권리보호이익이 발생하였는지에 따라 달라진다. 대판 2021다239301은 관리단의 구분소유자 공용부분 사용권에 대한 소송담당권은 구분소유자의 공동이익을 위한 경우에 한정되므로 이에 관한 관리단의 소송은 구분소유자의 제11조에 터 잡은 자신의 공유지분권에 관한 사용수익실현을 목적으로 하는 소송과는 별개의 다른 소송이 된다고 보아 이를 '새로운 권리보호 이익의 발생'이라고 표현하고 있는데, 구분소유자의 공동이익을 위한 것인지 구분소유자 자신을 위한 것인지에 따라 권리보호이익을 다르게 보는 것은 임의적 축약이지 생략이라는 비판으로부터 자유로울 수 없을 것이다. 판례는 향후 더 구체적인 기준을 제시하면서 양자의 권리보호이익이 동일하지 않다는 점을 명확히 하여야 할 것이다.

2. 부당이득의 반환범위

무단점유자가 반환해야 할 해당 공용부분의 부당이득액을 어떻게 산정할 것인지는 결국 사실심의 사실인정과 가치평가에 속하는 문제이다. 대상판결은 공용부분 무단점유로 인한 부당이득이 성립함을 전제로 환송 후 원심이 부당이득의 반환 범위에 대하여 심리할 필요가 있음을 지적하였고 공용부분을 무단점유한 자가 반환하여야 할 부당이득의 반환범위에 대하여 명시적으로 밝히지는 않았다. 공용부분의 차임 상당액을 산정할 수 있는 별도의 지침 등이 정립되어 있지 않아 공용부분의 무단점유로 인한 차임 상당액을 산정하는 일은 쉽지 않을 것이다.

집합건물 공용부분을 무단점유하여 영업장으로 사용한 경우 부당이득 반환범위에 대하여 영업장으로서의 차임 상당액을 반환하는 방법, 공용부분 본래 용도대로의 사용이익을 반환하여야 한다는 방법 등을 모색해 볼 수 있을 것이다. 파기환송심인 청주지방법원 2021. 7. 15. 선고 2020나12609 판결은 "통상의 경우 부동산의 점유・사용으로 인한 이득액은 그 부동산의 차임 상당액이라 할 것이고, 집합건물에서 공용부분의 사용이익을 평가하는 경우에도 달리 볼 것은 아니다." 라고 보아 피고에게 차임상당액을 반환하도록 명하였다. 권리자에게 귀속되어야 할 배타적 이익의 내용을 타인이 취한 경우 타인이 그 이익을 이용하여 실제 얼마만큼의 수익을 얻었는가와 무관하게 그 이용에 대한 객관적 대가를 부당이득으로 반환하여야 한다는 점[13)]을 고려하면, 차임상당액을 반환범위로 본 파기환송심은 타당하다.

13) 『민법주해』, 제17권, 채권 10, 2012, 244면(양창수 집필).

관리단집회 결의 없이 행한 공용부분 관리행위의 효력

– 대법원 2024. 9. 27. 선고 2023다287861 판결 –

오 재 욱*

Ⅰ. 사안의 개요 및 소송의 경과

1. 사안의 개요

본 사안은 집합건물의 관리인이 관리단규약에 정함이 없는데도 관리단집회의 결의 없이 관리단집회의 결의로 결정되어야 하는 공용부분의 관리에 관한 사항에 대한 계약을 체결한 경우, 그 계약의 효력이 문제된 사건이다. 피고 관리단(또는 '피고'라고 한다)은 「집합건물의 소유 및 관리에 관한 법률」(이하 '집합건물법'이라 한다)에 따라 설립된 관리단으로서, 해당 집합건물의 구분소유자들을 구성원으로 하고 있다.

피고 관리단은 2015년 1월 13일 관리단집회에서 H를 관리인으로 선임하는 결의를 하였고, 이후 2017년 4월 19일 관리단집회와 2018년 5월 11일 관리단집회에서 각각 H를 관리인으로 재신임하는 결의를 하였다. 다만, 이 사건 건물의 구분소유자들 사이에서는 위 2017년 4월 19일자 결의와 2018년 5월 11일자 결의의 유효성에 대한 다툼이 있었으며, 실제로 일부 구분소유자들이 위 결의들이 무효임을 주장하며 관리인지위부존재확인의 소를 제기한 바 있다.

이러한 상황에서 H는 2017년 10월 2일 피고를 대표하여 원고 주식회사 B(이하 '원고 회사'라 한다)와 사이에 이 사건 건물 공용부분의 조명등을 LED 조명등으로 교체하는 내용의 계약을 체결하였다(이하 '이 사건 조명공사계약'이라 한다). 이 계약

---

* 법무법인 에셀 파트너 변호사

의 주요 내용을 살펴보면, 원고 회사는 에너지이용 합리화법 제25조에 따른 에너지절약전문기업(ESCO)으로서 조명등 교체비용을 선 투자하여 설치하기로 하였고, 피고는 2017년 10월 10일부터 41개월 동안 매월 10일에 1,173,390원씩(마지막 41회는 1,100,257원) 분할하여 총 48,100,420원을 상환하기로 약정하였다.

이 사건 조명공사계약서 제15조 제1항은 "원고 회사가 선 투자한 에너지절약 설치금액의 상환은 설치기간 완료 후 붙임의 '투자비 상환계획서'에 의거 시행된다"고 규정하였고, 같은 조 제2항은 "피고가 특별한 사유 없이 상환금의 전부 또는 일부를 원고 회사와 합의된 시점에 지급하지 않을 경우 피고는 해당 상환금에 연리 10%의 이자를 포함하여 원고 회사에게 지급한다"고 정하였다. 또한 제7조 제3항은 "원고 회사는 피고가 계약에서 정한 에너지 절약시설의 설치비용을 특별한 사유 없이 지급하지 아니하는 경우 계약을 해약할 수 있다"고 규정하였다.

원고 회사는 2018년 3월 31일 이 사건 조명공사계약에 따른 조명등 교체공사를 완료하였으나, 피고는 2019년 4월 23일 583,340원만을 상환하였을 뿐 나머지 투자비를 지급하지 않았다. 이에 원고 회사는 2019년 6월 3일 피고에게 투자비 지급을 요청하는 내용증명을 발송하였고, 피고가 이에 응하지 않자 2020년 3월 31일 피고에게 송달된 이 사건 소장 부본을 통하여 이 사건 조명공사계약을 해지하는 의사표시를 하였다.

한편, H는 2018년 4월 10일 피고를 대표하여 원고 A와 사이에 이 사건 건물 지하주차장에 무인주차시스템을 설치하는 내용의 계약을 체결하였다(이하 '이 사건 주차설비계약'이라 한다). 이 계약에 따르면 원고 A는 무인주차시스템을 설치하고, 피고는 2018년 5월 1일부터 2023년 4월 30일까지 60개월 동안 매월 영업이익금 2,200,000원을 지급하기로 하였다. 원고 A는 2018년 5월경 이 사건 주차설비계약에 따른 무인주차시스템의 설치를 완료하였고, 계약서 제3조 제4항에 규정된 계약이행보증금 30,000,000원 중 20,000,000원을 2018년 5월 1일 피고의 계좌로 송금하였으며, 10,000,000원은 2018년 4월 18일 H의 계좌로 송금하였다.

그러나 피고는 이 사건 주차설비계약에 따른 영업이익금을 제대로 지급하지 않았고, 이에 원고 A는 2019년 6월 13일 대구지방법원 2019차2149호로 당시까지 미지급된 영업이익금 합계 24,200,000원 및 이에 대한 지연손해금의 지급명령을 신청하였다. 피고가 이에 이의하지 않아 위 지급명령은 확정되었고, 원고 A는 이를 집행권원으로 하여 합계 19,653,013원을 추심하였다.

이러한 사실관계를 바탕으로 원고들은 피고를 상대로 미지급대금 등의 지급을 구하는 본소를 제기하였다.

2. 소송의 경과

(1) 제1심 판결(대구지방법원 2022. 8. 17. 선고 2020가단109264 판결)

제1심 법원은 **원고들의 청구를 모두 기각**하였다. 법원은 이 사건 각 계약이 체결된 2017년 10월 2일과 2018년 4월 10일 당시 적용되던 구 집합건물법(2020. 2. 4. 법률 제16919호로 개정되기 전의 것) 제16조 제1항 본문에 따르면, "공용부분의 관리에 관한 사항은 제15조 제1항 본문(공용부분 변경에 관한 사항)의 경우를 제외하고는 제38조 제1항에 따른 통상의 집회결의로써 결정한다"고 규정하고 있는데, 이 사건 각 계약의 내용과 소요비용 등에 비추어 볼 때 이는 공용부분의 관리에 관한 사항에 해당한다고 판단하였다.

그런데 이 사건 각 계약 체결 당시 피고의 관리규약이 존재하지 않았고, 이 사건 각 계약의 체결에 관하여 관리단집회의 결의가 있었다고 볼 만한 증거가 없으므로, 관리단집회의 결의 없이 체결된 이 사건 각 계약은 무효라고 판시하였다. 원고들은 H를 피고의 대표자로 믿었으며 이를 믿은 데 정당한 이유가 있으므로 피고가 원고들에게 표현대리책임을 져야 한다고 주장하였으나, 법원은 원고들이 H를 피고의 대표자로 믿었다는 사정만으로는 정당한 이유가 있다고 볼 수 없다고 하여 이를 배척하였다.

(2) 원심 판결(대구지방법원 2023. 9. 13. 선고 2022나321403 판결)

원심은 **제1심 판결을 일부 변경하여 원고들의 청구를 일부 인용**하였다. 원심은 이 사건 각 계약 체결 당시 H가 피고의 적법한 관리인이었다고 인정한 후, 구 집합건물법 제16조 제1항에 따라 관리행위에 관리단집회의 결의가 필요하다고 하더라도 이는 관리인의 대표권을 제한하는 것에 해당한다고 판단하였다.

원심은 대법원 2023. 1. 12. 선고 2020다292091 판결을 인용하면서, "관리인의 대표권은 정관에 제한이 있을 수 있으나, 이러한 제한은 선의의 제3자에 대항할 수 없고, 대표권 제한에 대한 제3자의 악의 또는 중대한 과실이 있다고 인정할 수 있다고 하더라도 그 제3자가 대표권을 제한하는 사실을 뚜렷이 아니하는 이상 관리단이 그 제3자에 대하여 대표권 제한을 내세워 관리인이 한 행위의 효력을 부정할 수는 없고, 이에 대한 증명책임은 관리단에게 있다"는 법리를 적용하였다.

이에 따라 원심은 원고들이 이 사건 각 계약을 체결함에 있어서 피고 관리단집회의 결의가 필요하다거나 그러한 결의 없이 이 사건 각 계약이 체결되었음을 알았다고 볼 만한 증거가 없고, 이에 대한 중대한 과실이 있다고 볼 수도 없으므로, 피고는 원고들에게 관리단집회 결의가 없었음을 이유로 이 사건 각 계약의 무효를 주장할 수 없다고 판시하였다.

(3) 대법원 판결(2024. 9. 27. 선고 2023다287861 판결)

대법원은 **원심판결 중 피고 패소 부분을 파기하고 사건을 대구지방법원에 환송**하였다. 대법원은 구 집합건물법의 규정 형식과 내용 및 취지 등에 비추어 볼 때, 집합건물 공용부분의 '관리에 관한 사항'은 규약에 달리 정함이 없는 한 구분소유자들로 구성된 관리단집회의 결의로써 결정되어야 하고, 관리인은 그와 같이 관리단집회에서 결의된 사항에 관하여 공용부분 관리를 위한 행위를 구체적으로 집행할 수 있을 뿐이라고 판시하였다.

따라서 관리인이 구 집합건물법 제16조 제1항에 따라 관리단집회의 결의로 결정되어야 하는 공용부분의 '관리에 관한 사항'에 대해서 관리단규약에 정함이 없는데도 관리단집회를 거치지 않은 채 그러한 사항에 관하여 한 법률행위는 그 효력이 없다고 보아야 한다고 판단하였다.

대법원은 구 집합건물법 제16조 제1항에 따른 공용부분의 관리행위에 관한 관리단집회 결의 요건은 단순히 관리인의 대표권을 제한하는 것에 그치지 않으므로, 공용부분의 관리행위에 해당하는 이 사건 각 계약을 피고가 관리단집회의 결의 없이 체결하였다면 이 사건 각 계약은 효력이 없다고 보아야 한다고 판단하였다.

Ⅱ. 평 석

1. 공용부분의 관리에 관한 사항과 관리단집회의 결의와의 관계

(1) 구 집합건물법의 규정 체계와 해석

구 집합건물법(2020. 2. 4. 법률 제16919호로 개정되기 전의 것)은 집합건물의 공용부분 관리에 관하여 체계적인 규정을 두고 있다. 먼저 제10조 제1항은 공용부분이 구분소유자 전원의 공유에 속한다고 규정하고, 제11조는 각 공유자가 공용부분을 그 용도에 따라 사용할 수 있다고 정하고 있다. 이는 공용부분이 구분소유자 전체의 공동재산임을 명확히 한 것이다.

공용부분의 변경과 관리에 관하여는 제15조와 제16조에서 구체적으로 규정하고 있다. 제15조 제1항은 공용부분의 '변경에 관한 사항'은 원칙적으로 관리단집회에서 구분소유자의 4분의 3 이상 및 의결권의 4분의 3 이상의 결의로써 결정한다고 규정한다. 다만, 공용부분의 개량을 위한 것으로서 지나치게 많은 비용이 드는 것이 아닌 경우에는 예외를 인정하고 있다.

한편, 제16조 제1항은 "공용부분의 관리에 관한 사항은 제15조 제1항 본문의 경우를 제외하고는 제38조 제1항에 따른 통상의 집회결의로써 결정한다. 다만, 보존행위는 각 공유자가 할 수 있다"고 규정하고, 제3항은 "제1항에 규정된 사항은 규약으로써 달리 정할 수 있다"고 정하고 있다. 여기서 제38조 제1항은 "관리단집회의 의사는 이 법 또는 규약에 특별한 규정이 없으면 구분소유자의 과반수 및 의결권의 과반수로써 의결한다"고 규정하고 있다.

이러한 규정 체계를 종합하면, 집합건물법은 공용부분의 관리에 관한 의사결정을 구분소유자들의 집단적 의사결정에 맡기고 있음을 알 수 있다. 특히 집합건물법 제38조 제1항에 의하면 관리단집회의 의사는 법 또는 규약에 특별한 규정이 없으면 구분소유자의 과반수 및 의결권의 과반수로써 의결하므로, 관리인을 선임하거나 위탁관리회사를 정하여 위탁관리계약을 체결하기 의해서는 이 사건 집합건물의 구분소유자 전원을 구성원으로 한 관리단집회에서 구분소유자의 과반수 및 전유부분의 면적 비율에 따른 의결권의 과반수의 의결이 있어야 한다. 이는 공용부분의 관리가 개별 구분소유자의 이해관계에 중대한 영향을 미치기 때문에, 다수결 원칙에 따른 민주적 의사결정 절차를 거치도록 한 것이다.

(2) 관리인의 권한과 한계

구 집합건물법 제25조 제1항 제1호는 관리인의 권한과 의무로 "공용부분의 보존, 관리 및 변경을 위한 행위"를 규정하고 있다. 이 규정만을 보면 관리인이 공용부분의 관리에 관하여 포괄적인 권한을 가지는 것처럼 보일 수 있다.

그러나 대법원은 이 규정을 제15조, 제16조와 체계적으로 해석하여, 관리인이 공용부분의 관리 및 변경을 위한 행위를 할 수 있는 것은 관리단집회의 결의가 있는 경우에 한정된다고 보았다. 즉, 제25조 제1항 제1호의 규정은 관리인에게 독자적인 결정권한을 부여한 것이 아니라, 관리단집회에서 결의된 사항을 집행할 권한과 의무를 부여한 것으로 해석해야 한다는 것이다.

이러한 해석은 타당하다고 생각된다. 만약 관리인이 관리단집회의 결의 없이도 공용부분의 관리에 관한 모든 사항을 독자적으로 결정할 수 있다면, 제16조 제1항에서 공용부분의 관리에 관한 사항을 통상의 집회결의로 결정하도록 한 규정은 무의미하게 될 것이다. 또한 구분소유자들의 집단적 의사결정권이 형해화되어 집합건물법의 기본 취지에 반하는 결과가 초래될 것이다.

(3) 관리단집회 결의의 법적 성격

이 사건의 핵심 쟁점은 관리단집회 결의 요건의 법적 성격이 무엇인가 하는 점이다. 원심은 이를 관리인의 대표권 제한으로 보아 민법상 표현대리 규정이 적용될 수 있다고 판단하였으나, 대법원은 이와 다른 견해를 취하였다.

대법원은 "집합건물법의 규정형식과 내용 및 취지 등에 비추어 보면, 집합건물 공용부분의 '관리에 관한 사항'은 규약에 달리 정함이 없는 한 구분소유자들로 구성된 관리단집회의 결의로써 결정되어야 하고, 관리인은 그와 같이 관리단집회에서 결의된 사항에 관하여 공용부분 관리를 위한 행위를 구체적으로 집행할 수 있을 뿐"이라고 판시하였다.

이는 관리단집회 결의를 단순한 내부적 의사결정이나 대표권 제한이 아니라, 관리행위 자체의 효력요건으로 본 것이다. 따라서 관리단집회의 결의 없이 이루어진 관리행위는 그 자체로 무효가 되며, 상대방의 선의·악의를 불문하고 효력이 없다는 결론에 이르게 된다.

(4) 강행규정성의 문제

피고는 상고이유에서 집합건물법 제16조 제1항이 강행규정이므로, 그 존재를 모르거나 제대로 이해하지 못한 사람에게도 일률적으로 적용되며, 법률의 부지나 법적 평가에 관한 착오를 이유로 그 적용을 피할 수 없다고 주장하였다.

강행규정이란 당사자의 의사에 의하여 그 적용을 배제할 수 없는 규정을 말한다. 집합건물법은 집합건물의 구분소유관계를 규율하는 특별법으로서, 구분소유자 전원의 이해관계에 직접 영향을 미치는 규정들은 대부분 강행규정적 성격을 갖는다. 특히 공용부분의 관리에 관한 사항은 구분소유자 전체의 재산권과 직결되는 문제이므로, 이에 관한 의사결정 절차를 정한 규정은 강행규정으로 보아야 한다.

구 집합건물법 제16조 제3항은 "제1항에 규정된 사항은 규약으로써 달리 정할 수 있다"고 규정하고 있으나, 이는 규약이 존재하는 경우에 한하여 법률과 다른 정함을 할 수 있다는 의미이지, 규약도 없이 관리인이 임의로 관리단집회 결의를 생략할 수 있다는 의미는 아니다. 이 사건에서는 피고 관리간의 관리규약이 존재하지 않았으므로, 집합건물법 제16조 제1항이 그대로 적용되어야 한다.

2. 대법원 판례 입장을 지지 및 관련 쟁점 검토

(1) 대법원 판례의 타당성

대법원의 판단은 여러 측면에서 타당성을 갖는다.

첫째, 집합건물법의 입법 취지에 충실한 해석이다. 집합건물법은 구분소유자들의 집단적 의사결정을 통해 공용부분을 관리하도록 함으로써 개별 구분소유자의 권익을 보호하고자 한다. 공용부분은 구분소유자 전원의 공유에 속하는 것이므로, 그 관리에 관한 중요한 사항은 구분소유자들의 집단적 의사결정을 거쳐야 한다는 것이다. 만약 관리인이 관리단집회의 결의 없이도 유효한 계약을 체결할 수 있다면, 이러한 입법 취지가 몰각될 우려가 있다.

둘째, 법적 안정성과 예측가능성을 확보할 수 있다. 관리단집회 결의를 관리행위의 효력요건으로 보면, 계약 상대방은 반드시 관리단집회 결의의 존재를 확인해야 한다. 이는 거래 상대방에게 일정한 주의의무를 부과하는 것이지만, 동시에 명확한 기준을 제시함으로써 법적 안정성을 도모할 수 있다. 표현대리 법리를 적용할 경우 선의·악의나 중대한 과실의 판단이 개별 사안마다 달라질 수 있어 예측가능성이 떨어지는 반면, 관리단집회 결의의 존재 여부는 객관적으로 확인 가능한 사실이므로 법적 안정성이 높다.

셋째, 구분소유자들의 재산권 보호에 충실하다. 공용부분의 관리는 구분소유자 전원의 이해관계에 영향을 미치므로, 집단적 의사결정 절차를 거치지 않은 관리행위를 무효로 보는 것이 타당하다. 특히 이 사건과 같이 장기간에 걸쳐 상당한 비용이 소요되는 계약의 경우, 구분소유자들의 의사를 확인하지 않고 관리인이 독단적으로 체결한다면 구분소유자들에게 예상치 못한 부담을 지울 수 있다.

(2) 표현대리 법리 적용의 문제점

원심은 대법원 2023. 1. 12. 선고 2020다292091 판결을 인용하여 표현대리 법리를 적용하였으나, 이는 다음과 같은 이유에서 적절하지 않다.

첫째, 인용된 판결은 일반 법인의 대표권 제한에 관한 사안으로, 집합건물의 관리단과는 그 성격이 본질적으로 다르다. 일반 법인의 경우 정관에 의한 대표권 제한은 내부적 제한에 불과하여 선의의 제3자에게 대항할 수 없다는 것이 확립된 판례이다. 그러나 집합건물 관리단은 집합건물법에 의해 당연히 설립되는 비법인사단으로서, 그 관리인의 권한은 법률에 의해 직접 제한된다는 점에서 차이가 있다.

둘째, 공용부분의 관리에 관한 사항은 구분소유자 전원의 공유재산에 관한 것이므로, 일반 법인의 대표권 제한과 동일하게 볼 수 없다. 대법원이 비법인사단의 총유물 처분에 관하여 "비법인사단인 피고 주택조합의 대표자가 조합총회의 결의를 거쳐야 하는 조합원 총유에 속하는 재산의 처분에 관하여는 조합원 총회의 결의를 거치지 아니하고는 이를 대리하여 결정할 권한이 없다 할 것이어서 ... 민법 제126조의 표현대리에 관한 규정이 준용될 여지가 없다"고 판시한 것(대법원 2003. 7. 11. 선고 2001다73626 판결)도 같은 맥락에서 이해할 수 있다.

셋째, 표현대리 법리를 적용할 경우 구분소유자들의 권익 보호가 어려워진다. 관리인이 관리단집회의 결의 없이 체결한 계약이라도 상대방이 선의이기만 하면 유효가 되어, 구분소유자들은 자신들의 의사와 무관하게 계약에 구속되는 결과가 발생한다. 이는 공용부분이 구분소유자 전원의 공유라는 집합건물법의 기본 원칙에 반한다.

넷째, 거래 상대방의 확인의무를 인정하는 것이 불합리하지 않다. 집합건물의 관리단과 거래하는 자는 관리인의 권한 범위를 확인할 주의의무가 있다고 보아야 한다. 특히 이 사건과 같이 장기간에 걸쳐 상당한 금액이 소요되는 계약을 체결하는 경우라면 더욱 그러하다. 관리단집회 의사록 등을 통해 결의 여부를 확인하는 것은 그리 어려운 일이 아니며, 이는 거래의 안전을 위한 최소한의 요구사항이라 할 수 있다.

(3) 비법인사단 법리와의 정합성

대법원은 비법인사단의 재산 처분에 관하여 일관되게 엄격한 입장을 취하고 있다. 대법원 2001. 5. 29. 선고 2000다10246 판결은 "주택조합이 주체가 되어 신축 완공한 건물로서 일반에게 분양되는 부분은 조합원 전원의 총유에 속하며, 총유물의 관리 및 처분에 관하여 주택조합의 정관이나 규약에 정한 바가 있으면 이에 따라야 하고, 그에 관한 정관이나 규약이 없으면 조합원 총회의 결의에 의하여야 할 것이며, 그와 같은 절차를 거치지 않은 행위는 무효"라고 판시하였다.

관리단도 비법인사단의 일종이므로, 위와 같은 법리가 적용되어야 한다. 특히 공용부분은 구분소유자들의 공유(준총유)에 속하는 재산이므로, 그 관리에 관한 중요한 사항은 구분소유자들의 집단적 의사결정을 거쳐야 한다. 이러한 점에서 대법원이 관리단집회 결의를 관리행위의 효력요건으로 본 것은 비법인사단에 관한 기존 판례 법리와도 일관성을 유지하는 것이다.

(4) 실무상 고려 사항

대법원의 판결은 법리적으로 타당하지만, 실무상 몇 가지 고려해야 할 사항이 있다.

첫째, 관리단집회 결의의 공시 방법이 문제된다. 현행법상 관리단집회 의사록은 관리인이 보관하도록 되어 있을 뿐, 제3자가 열람할 수 있는 공적 장부는 아니다. 따라서 거래 상대방이 관리단집회 결의의 존재를 확인하기 어려운 경우가 있을 수 있다. 이를 해결하기 위해서는 관리단집회 의사록의 공시 제도를 도입하거나, 최소한 이해관계인의 열람권을 보장하는 입법적 개선이 필요할 것으로 보인다.

둘째, 긴급한 보존행위의 경우 문제가 될 수 있다. 집합건물법 제16조 제1항 단서는 보존행위는 각 공유자가 할 수 있다고 규정하고 있으나, 보존행위와 관리행위의 구별이 항상 명확한 것은 아니다. 예컨대 누수로 인한 긴급 보수공사 등의 경우 보존행위로 볼 여지도 있지만, 비용이 많이 들거나 공사 규모가 큰 경우에는 관리행위로 볼 수도 있다. 이러한 경우 관리단집회를 소집할 시간적 여유가 없다면 어떻게 해야 할 것인지가 문제된다.

셋째, 소액의 일상적 관리행위까지 모두 관리단집회 결의를 거쳐야 하는지도 검토가 필요하다. 예컨대 소모품 구입, 청소용역 계약 등 일상적이고 반복적인 관리행위까지 매번 관리단집회 결의를 거쳐야 한다면 관리의 효율성이 크게 저하될 수 있다. 이러한 문제를 해결하기 위해서는 관리규약으로 일정 금액 이하의 관리행위는 관리인에게 위임하는 등의 방법을 고려할 수 있을 것이다.

(5) 현행 집합건물법과의 관계

2023년 3월 28일 법률 제19282호로 개정되어 2023년 9월 29일부터 시행되는 현행 집합건물법은 이러한 해석론적 논란을 입법적으로 해결하고자 하였다.

현행법 제10조 제1항, 제15조 제1항, 제16조 제1항, 제3항은 구 집합건물법과 동일하게 규정되어 있다. 그러나 제25조 제1항 제1호는 "공용부분의 관리 및 변경에 관한 관리단집회 결의가 있는 경우에만 공용부분의 관리 및 변경 행위를 할 수 있다"고 명시적으로 규정하여, 관리단집회 결의가 관리행위의 전제조건임을 명확히 하였다.

이는 대법원의 해석론을 입법적으로 확인한 것으로 평가할 수 있다. 개정 이유를 살펴보면, "관리인이 관리단집회의 결의 없이 임의로 공용부분을 관리하거나 변경하는 것을 방지하기 위함"이라고 명시되어 있다. 따라서 현행법하에서는 관리단집회 결의 없이 이루어진 공용부분 관리행위가 무효라는 점이 더욱 명확해졌다.

다만, 현행법 제16조 제3항이 여전히 "제1항 및 제2항에 규정된 사항은 규약으로써 달리 정할 수 있다"고 규정하고 있으므로, 관리규약으로 관리인에게 일정한 범위의 관리행위를 위임할 수 있는 여지는 남아 있다. 이는 관리의 효율성과 구분소유자의 권익 보호를 조화시키기 위한 것으로 이해할 수 있다.

(6) 이 사건에 대한 구체적 검토

이 사건으로 돌아와 구체적으로 검토해 보면, 이 사건 조명공사계약과 주차설비계약은 모두 공용부분의 관리에 관한 사항에 해당한다. 조명등 교체는 공용부분의 개량에 해당하고, 주차시스템 설치는 공용부분의 이용방법 변경에 해당하기 때문이다. 특히 두 계약 모두 장기간(41개월, 60개월)에 걸쳐 상당한 금액(48,100,420원, 132,000,000원)의 지급의무를 발생시키는 것이므로, 구분소유자들의 이해관계에 중대한 영향을 미치는 사항이다.

피고는 이 사건 각 계약 체결 당시 피고의 관리규약이 존재하지 않았다. 따라서 집합건물법 제16조 제1항이 그대로 적용되어, 이러한 관리행위는 집합건물법 제38조 제1항에 따라 관리단집회의 통상결의(구분소유자의 과반수 및 의결권의 과반수)로 결정되어야 한다. 그런데 이 사건 각 계약 체결에 대한 관리단집회 결의가 없었으므로, 이 사건 각 계약은 무효라고 보아야 한다.

원고들은 H가 적법한 관리인이었고 자신들이 선의였다고 주장하나, 대법원의 판시와 같이 관리단집회 결의는 단순한 대표권 제한이 아니라 관리행위의 효력요건이므로, 원고들의 선의·악의는 계약의 효력에 영향을 미치지 않는다.

Ⅲ. 결 론

대법원은 이 판결을 통해 집합건물 공용부분의 관리에 있어 관리단집회 결의의 중요성을 재확인하였다. 관리단집회 결의는 단순한 내부적 의사결정이나 대표권 제한이 아니라 관리행위 자체의 효력요건으로서, 이를 거치지 않은 관리행위는 상대방의 선의·악의를 불문하고 무효가 된다는 것이 대법원의 명확한 입장이다.

이러한 판단은 집합건물법의 입법 취지에 충실하고, 구분소유자들의 집단적 의사결정권을 실질적으로 보장하며, 비법인사단에 관한 기존 판례 법리와도 일관성을 유지한다는 점에서 타당하다고 평가된다. 특히 공용부분이 구분소유자 전원의 공유재산이라는 점을 고려하면, 그 관리에 관한 중요한 사항을 관리인이 독단적으로 처리할 수 없도록 하는 것은 당연한 귀결이라 할 수 있다.

현행 집합건물법이 관리단집회 결의를 관리행위의 전제조건으로 명시한 것도 이러한 대법원의 해석론이 입법적으로 더욱 명확해진 것으로 볼 수 있다. 다만, 관리의 효율성을 위해 관리규약으로 일정한 사항을 관리인에게 위임할 수 있도록 한 것은 현실적 필요를 반영한 것이다.

향후 실무에서는 관리단과 거래하는 제3자가 관리단집회 결의의 존재를 확인할 수 있도록 하는 절차적 보완이 필요할 것으로 보인다. 또한 관리단 입장에서도 관리규약을 제정하여 일상적 관리행위와 중요한 관리행위를 구분하고, 전자에 대해서는 관리인에게 일정한 재량을 부여하는 등의 방법으로 관리의 효율성과 구분소유자의 권익 보호를 조화시킬 필요가 있을 것이다.

이 판결은 집합건물 관리의 법적 안정성을 높이고 구분소유자의 권익을 보호하는 데 기여할 것으로 기대되며, 집합건물 관리 실무에 중요한 지침을 제공하는 의미 있는 판결로 평가된다.

집합건물인 대규모점포에서 공용부분의 관리권한

– 대법원 2018. 7. 12. 선고 2017다291517, 291524 판결 –

김 영 두*

Ⅰ. 서 론

「유통산업발전법」에 따른 대규모점포와 오피스텔 등 다른 용도의 전유부분이 하나의 집합건물 내에 공존하는 복합용도용 집합건물에서, 전체 공용부분의 관리권한 귀속 문제는 실무상 중요한 쟁점이 되어 왔다. 이는 「유통산업발전법」상 대규모점포의 유지 · 관리를 책임지는 대규모점포관리자와 「집합건물의 소유 및 관리에 관한 법률」(이하 '집합건물법')에 근거하여 건물 전체의 관리 권한을 갖는 관리단 사이의 권한 충돌 문제로 귀결된다. 특히 주차장, 기계실 등 전체 구분소유자의 공유에 속하는 공용부분의 관리 및 그로부터 발생하는 수익의 귀속 주체가 누구인지에 대한 다툼이 빈번하게 발생하고 있다.

이러한 상황에서 대법원 2018. 7. 12. 선고 2017다291517, 291524 판결은 복합용도용 집합건물에서 대규모점포관리자의 관리권한이 미치는 범위와 집합건물 관리단과의 관계에 대하여 중요한 법리를 제시하였다. 이하에서는 위 대상판결을 중심으로, 집합건물인 대규모점포에서 공용부분의 관리권한 문제를 검토하고, 대규모점포관리자의 법적 지위와 그 관리권한의 한계를 명확히 하고자 한다.

* 충남대학교 법학전문대학원 교수

Ⅱ. 사실관계 및 법원의 판단

1. 사실관계

X 건물은 지하 6층, 지상 15층의 집합건물이다. 건물의 용도는 다음과 같다.

<table>
<tr><th>층수</th><th>용도</th><th>비고</th></tr>
<tr><td>지하 6층 ~ 지하 3층</td><td>주차장, 기계실, 전기실</td><td></td></tr>
<tr><td>지하 2층 ~ 지상 1층</td><td>상가와 주차장</td><td rowspan="4">대규모점포</td></tr>
<tr><td>지상 2층 ~ 지상 6층</td><td>상가</td></tr>
<tr><td>지상 7층, 8층</td><td>근린생활시설</td></tr>
<tr><td>지상 9층, 10층</td><td>일반업무시설</td></tr>
<tr><td>지상 11층 ~ 지상 15층</td><td>오피스텔</td><td></td></tr>
</table>

원고는 X 건물의 구분소유자로 구성된 관리단(이하 '甲관리단')이다. 피고는 주식회사(이하 '乙주식회사')로서 대규모점포관리자이다. 乙주식회사는 2000. 11. 2. X 건물의 대규모점포관리자로 신고하였고, 구청장은 2000. 11. 13. 위 신고를 수리하여 乙주식회사를 대규모점포관리자로 지정하는 통보를 하고 지하 2층부터 지상 9층까지 건물부분에 대한 대규모점포 개설등록증 및 대규모점포관리자 확인서를 발급해 주었다. 乙주식회사는 2000년부터 X 건물 전체의 구분소유자와 임차인들로부터 관리비를 징수하고 주차장을 운영하는 등 X 건물을 관리해 왔다.

甲관리단은 乙주식회사를 상대로 주위적으로 1) 乙주식회사가 X 건물의 대규모점포개설자 및 대규모점포관리자의 지위에 있지 아니함을 확인하고, 2) X 건물의 구분소유자 및 임차인에 대한 관리비 징수권한을 포함한 건물의 관리권한이 甲관리단에게 있으며, 3) 주차장에서 발생한 수익금의 소유권이 甲관리단에 있음을 확인한다는 청구취지의 소를 제기하였다.

그리고 예비적으로 1) X 건물 지상 10층부터 15층까지 구분소유자 및 임차인에 대하여 관리비 징수권을 포함하는 관리권한이 甲관리단에 있음을 확인하고, 2) X 건물 지하 2층부터 지상 9층 부분에 관하여 乙주식회사가 징수하고 있는 관리비 중 구분소유와 관련된 관리비 징수권한과 건물의 유지·관리에 관한 권한이

甲관리단에 있음을 확인하고, 3) 지하 6층에서 지하 3층의 지하주차장, 기계실, 전기실과 지상 1층에 있는 주차장의 관리권한이 甲관리단에 있음을 확인하고 주차장의 수익금의 소유권이 甲관리단에게 있음을 확인한다는 청구취지의 소를 제기하였다.

甲관리단의 청구취지를 간단히 요약하면 주위적으로 건물 전체의 관리권한과 주차장 수입이 甲관리단에 있으며, 예비적으로 대규모점포를 제외한 나머지 관리권한과 주차장 수입이 甲관리단에 귀속되고, 대규모점포에서 징수한 수선적립금이 甲관리단에 귀속된다는 것이다.

2. 원심의 판단

원심(서울고법 2017. 11. 16. 선고 2015나2014622, 2064603 판결)은 다음과 같이 판단하였다. 첫째, 대규모점포관리자 신고는 수리를 요하는 신고이며 신고의 수리는 행정처분에 해당한다(대법원 2015. 2. 26. 선고 2012두26463 판결 등 참조). 행정행위는 공정력과 불가쟁력의 효력이 있어 행정처분의 당연 무효를 주장하여 그 무효확인을 구하는 행정소송에 있어서는 甲관리단에게 그 행정처분이 무효인 사유를 주장·입증할 책임이 있다. 그런데 甲관리단이 제출한 주장 사유 및 이와 관련된 증거에 의하여 인정되는 사정만으로 중구청장의 대규모점포관리자 수리처분이 당연 무효라고 보기는 어렵다. 따라서 乙주식회사는 유통산업발전법상 X 건물의 대규모점포관리자 지위에 있다.

둘째, 乙주식회사의 관리권한은 대규모점포인 지하 2층에서 지상 10층까지 부분이다(지상 1층 주차장은 제외). 따라서 지하 2층부터 지상 10층까지(지상 1층 주차장은 제외) 부분의 유지·관리 업무 중 구분소유와 관련된 사항 및 이에 드는 비용인 관리비를 부과·징수할 권한은 甲관리단에게 있으나, 그 외에 관리비의 부과·징수를 포함한 대규모점포의 유지·관리에 관한 사항에 관하여는 대규모점포관리자인 乙주식회사에게 있다(지하 2층에서 지상 9층까지 대규모점포 개설등록증이 발급되었지만 원심은 10층까지 대규모점포에 해당한다고 판단하였다.).

셋째, 지상 11층부터 지상 15층까지 오피스텔 부분은 대규모점포에 포함되지 않으므로 구분소유자 전원으로 구성되는 甲관리단이 관리비 징수권을 포함한 관리권한을 갖는다. 그리고 대규모점포에 대한 관리권한과 관리비 징수권은 乙주식회사가 갖지만 수선적립금은 구분소유와 관련된 사항에 해당하기 때문에 수선적립금의 징수권한과 건물의 유지·관리 업무 중 구분소유와 관련된 사항에 관한 권한은 甲관리단에게 있다.

넷째, X 건물 지하 6층부터 지하 3층까지 및 지상 1층에 있는 주차장, 지하 6층에 있는 전기실과 도시가스공급시설, 수도공급시설, 냉·난방시설, 방재시설 등이 설치된 기계실은 공용부분에 해당한다. X 건물은 상가가 대부분을 차지하며 이러한 공용부분은 대규모점포의 정상적인 운영에 필수적이므로 이러한 공용부분은 대규모점포와 불가분적으로 밀접하게 연결되어 있는 공용부분이기 때문에 이러한 공용부분의 관리업무는 대규모점포 본래의 유지·관리를 위하여 필요한 업무라고 보는 것이 타당하다. 따라서 이러한 공용부분에 대한 관리권한은 乙주식회사에게 있으며 주차장의 수익금에 대한 소유권도 乙주식회사에 있다.

3. 대법원의 판단

대법원은 첫째 쟁점부터 셋째 쟁점에 대해서 원심의 판단을 정당하다고 보았다. 그러나 공용부분의 관리권한에 관한 네 번째 쟁점과 관련하여 대법원은 X 건물의 주차장 등의 관리권한이 乙주식회사에 있다고 본 원심의 판단은 잘못되었으며, X 건물의 공용부분에 대한 관리권한은 甲관리단에게 있으며, 주차장에서 발생하는 수익금도 甲관리단에게 귀속된다고 보았다. 이에 대한 대법원의 판단은 다음과 같다.

"유통산업발전법 제13조는 … '구분소유와 관련된 사항'에 관하여는 … 관리단집회의 결의 등에 따르도록 함으로써 대규모점포의 관리에 있어서 구분소유자와 입점상인 사이의 이해관계를 조절하고 있다. 대규모점포관리자의 업무에서 제외되는 '구분소유와 관련된 사항'이라 함은 대규모점포의 유지·관리 업무 중 그 업무를 대규모점포관리자에게 허용하면 점포소유자들의 소유권 행사와 충돌이 되거나 구분소유자들의 소유권을 침해할 우려가 있는 사항이라고 해석되므로, 당해 대규모점포의 운영·관리를 위해 부과되는 관리비 징수권한은 대규모점포의 본래의 유지·관리를 위하여 필요한 업무에 속한다(대법원 2011. 10. 13. 선고 2007다83427 판결 참조. 한편 대규모점포관리자의 입점상인에 대한 관리비 청구권한은 유통산업발전법 2017. 10. 31. 법률 제14997호로 입법화되었다).

그러나 대규모점포관리자에게 당해 점포에 대한 관리비 징수권한이 있다고 해서 건물의 공용부분에 대한 관리권까지 있다고 할 수 없다. 즉 집합건물법상 공용부분은 구분소유자에 의한 결의에 따라 관리단이 공용부분을 관리하고(집합건물법 제16조), 공용부분에서 발생하는 수익은 지분의 비율에 따라 취득하도록(집합건물법 제17조) 명시되어 있는 반면, 대규모점포관리자의 관리 대상인 유통산업발전법의 '매장'에는 주차장 등의 공용부분이 포함되지 아니하고, 대규모점포개설자의 업무에 관하여 '대규모점포등을 유지・관리하기 위하여 필요한 업무'라고 규정되어 있을 뿐 그 관리의 범위에 관하여 구체적인 규정도 없다. 또한 구 유통산업발전법 제13조와 구 유통산업발전법 시행규칙 제8조의2에 의하면 대규모점포관리자를 두게 한 입법 취지는 상거래질서의 확립을 위한 대규모점포의 적절한 운영에 있는 것이지 건물의 관리에 있는 것이 아니고, 구분소유자의 동의 없이 입점상인들의 동의만으로 설립된 대규모점포관리자가 공용부분 관리에 관한 사항까지 결정하는 것은 구분소유자의 소유권 행사와 충돌하게 되는 것이며, 점포구분소유자가 그 임차인에게 공용부분의 사용권한을 넘어서 관리권한까지 위임했다고 볼 수 없다. 더욱이 집합건물 중 일부가 대규모점포가 아닌 경우까지 공용부분에 대한 관리권이 대규모점포관리자에게 있다고 한다면, 점포소유자가 아닌 다른 구분소유자들은 공용부분 관리에 대한 의결권을 행사할 방법이 없게 되어 결국 그 구분소유자의 소유권을 침해하게 된다.

따라서 건물 전체가 대규모점포에 해당하여 대규모점포관리자에 의해 관리되고 주차장 등의 공용부분이 대규모점포의 운영・관리에 불가분적으로 연결되어 있다는 등의 특별한 사정이 없는 한, 건물의 공용부분에 대한 관리권과 그로부터 발생하는 수익금은 집합건물법상의 관리단에게 있다고 봄이 상당하고, 집합건물의 상당 부분이 대규모점포에 해당한다고 하더라도 달리 볼 것은 아니다."

Ⅲ. 매장이 분양된 대규모점포와 대규모점포관리자

1. 대규모점포의 의의

대규모점포에 대해서는 원래 「도・소매업진흥법」이 규정하고 있었다. 「유통산업발전법」의 제정과 동시에 폐지된 「도・소매업진흥법」은 대규모점포라는 용어를 사용하지 않고 시장, 대형점, 대규모소매점, 도매센터를 "시장등"이라고 표현하였고, 이러한 "시장등"을 개설하는 자는 "시장등의 개설자"라고 표현하였다. 새로 제정되어 1997년 7월 1일 시행된 「유통산업발전법」은 대규모점포라는 용어를 사용하였고, 1997년 7월 10일 시행된 「유통산업발전법 시행령」 [별표1]은 시장, 대형점, 백화점, 쇼핑센터, 도매센터를 대규모점포의 종류로 규정하였다. 현행 「유통산업발전법」 제2조 제3호는 대규모점포를 정의하고 있는데 대규모점포의 종류를 시행령이 아닌 법률에서 규정하고 있다. 「유통산업발전법」 [별표]는 대규모점포를 대형마트, 전문점, 백화점, 쇼핑센터, 복합쇼핑몰, 그 밖의 대규모점포로 분류하고 있다. 시장은 그 밖의 대규모점포에 포함된다.

대규모점포로 인정되기 위해서는 첫째, 여러 개의 매장이 모여 있어야 하며, 이는 하나의 건물 내에 여러 매장이 있거나, 하나 또는 여러 개의 매장이 있는 여러 건물이 모여 있는 형태일 수 있다. 둘째, 매장은 상시 운영되어야 한다. 셋째, 매장 면적의 합계가 3,000㎡ 이상이어야 한다. 주변에서 흔히 볼 수 있는 대형마트, 백화점, 쇼핑센터 등이 대규모점포에 해당한다.

2. 매장이 분양된 대규모점포

대규모점포는 매장의 분양 여부에 따라 매장이 분양되지 않은 대규모점포와 매장이 분양된 대규모점포로 구분할 수 있다. 매장이 분양되지 않은 대규모점포는 대규모점포개설자가 대규모점포를 직접 관리한다. 반면에 매장이 분양된 대규모점포의 경우에는 대규모점포관리자가 「유통산업발전법」에 따라 대규모점포를 관리한다.

매장이 분양된 대규모점포는 다시 두 가지 유형으로 나뉜다. 첫 번째는 집합건물인 대규모점포(이하 '대규모집합점포')이다. 예를 들어, 서울 중구에 위치한 밀리오레나 굿모닝시티 쇼핑몰은 각 매장이 분양된 대규모점포이면서 동시에 집합건물에 해당한다. 두 번째는 집합건물이 아닌 대규모점포이다. 예를 들어 남대문시장은 매장이 분양된 대규모점포이지만, 집합건물에 해당하지 않는다.

대규모집합점포는 집합건물이기 때문에 「유통산업발전법」뿐만 아니라 집합건물법의 적용도 받는다. 특히 대규모집합건물에서 구분소유에 관한 사항에 있어서는 집합건물법이 우선적으로 적용되어 집합건물 관리단이 그 업무를 수행한다(유통산업발전법 제12조 제4항).

이와 같이 「유통산업발전법」이 대규모점포의 관리와 집합건물법의 관계를 규정하게 된 것은 대규모점포의 분양을 허용한 것과 관련이 있다. 「도·소매업진흥법」은 시장을 제외한 대형점, 대규모소매점, 도매센터의 분양을 허용하지 않았다. 「유통산업발전법」이 제정된 시점에도 비록 시행령에서 규정하기는 하였지만 시장의 경우를 제외하면 대규모점포를 분양할 수 없었다(구 「유통산업발전법」(1997. 7. 1. 시행) 제8조 제2항, 구 「유통산업발전법 시행령」(1997. 7. 10. 시행) [별표 3] '대규모점포의 운영 및 분양 제한기준' [제16조 제2항 관련] 참조). 따라서 이 시점에서는 시장 이외 대규모집합점포를 생각할 수 없었기 때문에 집합건물법과 대규모점포의 관리에 관한 규정이 필요하지 않았다.

그런데 1999. 8. 9. 시행된 「유통산업발전법 시행령」은 [별표3]에서 대규모점포의 분양제한을 삭제하였고 이에 따라 시장 이외의 대규모점포의 경우에도 분양이 허용되었다. 대규모점포의 분양이 허용됨에 따라 1999. 8. 9. 시행된 「유통산업발전법」에서는 대규모점포의 관리와 집합건물법의 관계를 규정하는 제12조 제4항이 신설되었다.

3. 대규모점포관리자

대규모점포개설자는 「유통산업발전법」 제12조 제1항 제3호에 따라 개설한 대규모점포를 유지·관리할 의무를 부담한다. 그러나 매장이 분양된 대규모점포의 경우에는 대규모점포관리자가 개설자를 대신하여 관리하게 된다. 대규모점포관리자는 다음과 같다.

매장이 분양된 대규모점포에서 만약 매장의 2분의 1 이상을 직영하는 자가 있는 경우에는 그 직영하는 자가 대규모점포관리자가 된다. 만약 매장면적의 1/2 이상을 직영하는 자가 없다면 「유통산업발전법」 제12조 제2항 제2호의 요건을 충족한 자가 대규모점포관리자가 되어 대규모점포를 관리하여야 한다. 첫째, 입점상인의 2/3 이상의 동의(동의를 얻은 입점상인이 운영하는 매장면적의 합도 전체 매장면적의 1/2 이상이 되어야 한다)를 얻은 법인(민법과 상법에 따른 법인, 협동조합, 사업조합)이 대규모점포관리자가 된다. 「유통산업발전법」 제12조 제2항 제2호 가목과 나목에서는 '입점상인이 동의하여 설립한' 법인 등이 대규모점포관리자가 된다고 규정하고 있지만, 실무적으로 입점상인이 설립하지 않은 법인이더라도 입점상인의 동의가 있으면 대규모점포관리자로 신고할 수 있다.[1] 만약 이러한 법인이 없

1) 서울고등법원 2022. 11. 17. 선고 2019나2025743 판결 참조.

다면 입점상인의 2/3 이상이 동의하여 조직한 상인회, 집합건물 관리단 등 자치관리단체가 대규모점포관리자가 될 수 있지만, 이러한 단체는 6개월 이내에 법인, 협동조합, 사업조합의 자격을 갖추어야 한다. 자치관리단체도 없는 경우에는 입점상인의 1/2 이상의 동의를 얻은 자가 대규모점포관리자가 될 수 있다. 그러나 6개월 내에 가목 또는 나목에 따른 법인, 협동조합, 사업조합을 설립하여야 한다.

Ⅳ. 대규모점포관리자 신고의 법적 성질

1. 행정기관에 대한 신고의 유형

「유통산업발전법」 제12조 제3항에 따라 대규모점포관리자는 특별자치시장·시장·군수·구청장에게 신고하여야 한다. 이러한 행정기관에 대한 신고는 그 법적 성질에 따라 자기완결적 신고와 수리를 요하는 신고로 구분해 볼 수 있다. 자기완결적 신고는 정보제공적 신고라고도 하는데, 법령에서 정한 형식적 요건을 갖춘 신고서를 행정청에 제출하여 접수된 때에 신고의 의무가 이행된 것으로 본다. 즉 행정청의 수리라는 별도의 행위를 요하지 않고 신고의 효과가 발생한다. 행정절차법 제40조는 이러한 신고의 경우 행정청의 '접수' 의무를 규정하고 있다. 원칙적으로 자기완결적 신고의 수리 행위 자체는 처분으로 보지 않으나, 만약 행정청이 신고의 수리를 거부하는 경우에는 국민의 권리·의무에 직접적인 영향을 미칠 수 있으므로 그 거부 행위는 항고소송의 대상이 되는 처분으로 인정될 수 있다.[2)]

반면에 수리를 요하는 신고의 경우에는, 요건을 갖추어 신고를 하더라도 행정청이 실체적 내용을 심사하여 이를 수리하여야만 비로소 신고의 법적 효과가 발생한다. 따라서 행정청이 수리를 거부하면 신고의 효력은 발생하지 않으며, 이러한 신고의 수리 및 거부 행위는 모두 행정처분에 해당한다.

2. 신고의 법적 성질에 대한 유사사례

대규모점포관리자 신고의 법적 성질을 판단하기 위해서는 이와 유사한 다른 신고 제도와의 비교해 볼 필요가 있다. 먼저 공동주택의 입주자대표회의 구성신고

2) 대법원 2019. 1. 10. 선고 2017두75606 판결.

의 경우에 울산지방법원 2017. 10. 26. 선고 2016구합1077 판결을 비롯한 다수의 하급심 판결에서는 해당 신고를 행정사무 수행에 필요한 정보를 제공하기 위한 목적의 정보제공적 신고, 즉 자기완결적 신고로 보고 있다.

한편, 세법에 따른 사업자등록이나 고유번호증의 대표자 변경신고도 정보제공적 신고에 해당한다. 대법원은 부가가치세법상 사업자등록이 과세관청이 납세의무자를 파악하고 과세자료를 확보하기 위한 제도로서, 사업자가 소정의 신청서를 제출함으로써 성립하는 단순한 사업사실의 신고에 해당한다고 본다. 따라서 사업자등록증의 교부는 등록사실을 증명하는 증서의 교부행위에 불과하며, 그에 의하여 사업자로서의 지위에 변동을 가져오는 행정처분으로 볼 수 없다고 판시하였다.[3)]

3. 대규모점포관리자 신고의 경우

대규모점포관리자 신고는 수리를 요하는 신고에 해당한다고 보아야 한다. 대규모점포관리자는 신고가 수리되어야만 「유통산업발전법」에 따른 대규모점포의 유지·관리에 관한 업무를 수행할 수 있는 법적 지위를 부여받기 때문이다. 만약 이를 자기완결적 신고로 본다면, 대규모점포관리자로서 신고하지 않더라도 대규모점포를 관리할 권한을 주장하는 경우가 발생할 수 있고, 입점상인과 소비자 보호에 공백이 발생할 수 있다. 따라서 「유통산업발전법」에 따른 대규모점포관리자 신고는 행정청의 수리를 필요로 하는 신고에 해당한다. 판례도 「유통산업발전법」에 따른 대규모점포관리자 신고는 수리를 필요로 하는 신고로 보고 있다.[4)]

대규모점포관리자의 신고가 있다면 행정청은 입점상인의 동의 요건 등 법률이 정한 실체적 요건을 심사하여 수리 여부를 결정해야 하며, 그 수리 행위는 대규모점포관리자로서의 법적 지위를 설정하는 행정처분으로서의 효력을 갖는다. 이러한 행정처분은 당연무효에 이를 정도의 중대하고 명백한 하자가 존재하지 않는 한, 적법한 절차에 의해 취소되기 전까지 공정력을 가지므로, 그 처분에 의해 형

---

3) 대법원 2000. 12. 22. 선고 99두6903 판결 등 참조.

4) 대법원 2019. 9. 10. 선고 2019다208953 판결. 이 판결은 구 「유통산업발전법」에 따른 대규모점포의 개설등록 및 구 재래시장법에 따른 시장관리자 지정은 행정청이 그 실체적 요건에 관한 심사를 한 후 수리하여야 하는 이른바 '수리를 요하는 신고'로서 행정처분에 해당한다고 보았으며 대법원 2015. 11. 19. 선고 2015두295 전원합의체 판결, 대법원 2018. 7. 12. 선고 2017다291517, 291524 판결 등도 같은 취지가 동일하다.

성된 대규모점포관리자의 지위는 유효하게 유지된다.

Ⅴ. 대규모점포관리자의 관리권한

1. 대규모점포관리자의 관리업무

「유통산업발전법」 제12조 제1항에 따르면 대규모점포개설자는 개설한 대규모점포의 유지·관리를 위한 업무를 수행하여야 하며, 매장이 분양된 대규모점포의 경우에는 대규모점포관리자가 그 업무를 대행한다. 대규모점포관리자가 수행해야 할 주요 업무는 다음과 같다.

첫째, 대규모점포관리자는 점포 내 상거래질서를 확립할 의무를 부담한다. 따라서 대규모점포관리자는 입점상인 간의 공정한 경쟁 환경을 조성하고 상거래와 관련된 분쟁을 사전에 예방하며, 점포 내 상거래 환경을 개선하여 입점상인 간의 불필요한 갈등을 최소화하여야 한다.

둘째, 대규모점포관리자는 대규모점포를 방문하는 소비자의 안전을 확보하고, 소비자 및 인근 지역주민의 피해나 불만을 신속하게 처리하여야 한다. 대규모점포는 다수의 소비자가 밀집하는 공간이므로 안전사고의 위험이 상존하며, 이에 대한 예방 및 관리 책임이 대규모점포관리자에게 있다. 또한, 대규모점포의 운영은 주변 상권 및 교통 환경에 상당한 영향을 미칠 수 있으므로, 교통 혼잡이나 사고 위험을 유발하지 않도록 노력해야 한다.

셋째, 대규모점포관리자는 대규모점포의 유지·관리를 위하여 필요한 제반 업무를 수행한다. 이러한 업무에는 점포의 위생 관리, 시설물의 안전 점검 및 보수, 공용시설의 유지·관리 등 일체의 업무가 포함된다. 특히 대규모점포관리자는 「소방시설 설치 및 관리에 관한 법률」, 「승강기 안전관리법」, 「실내공기질 관리법」 등 개별 법령에서 정하는 안전점검 의무의 이행주체가 된다.

넷째, 대규모점포관리자는 집합건물 관리단의 집회 결의 또는 규약으로 위임한 업무를 수행할 수 있다. 예를 들어, 공용부분의 변경은 구분소유자들의 이해관계에 직접적인 영향을 미치는 사항이므로 원칙적으로 대규모점포관리자의 업무 범위에 속하지 않는다. 그러나 관리단집회에서 공용부분 변경에 관한 결의를 하면서 그 공사의 구체적인 수행 업무를 대규모점포관리자에게 위임하기로 결정하였다면, 대규모점포관리자는 해당 위임의 범위 내에서 공용부분 변경에 관한 업무를 적법하게 수행할 수 있다.

2. 공용부분의 관리

대규모점포가 집합건물인 경우에 공용부분은 원칙적으로 집합건물 관리단이 집합건물법에 따라서 관리하여야 한다. 그러나 「유통산업발전법」에 따른 대규모점포관리자 신고가 이루어지면 대규모점포관리자가 대규모점포를 유지·관리하여야 하므로 대규모점포의 공용부분도 대규모점포관리자가 관리하게 된다. 또한 공용부분을 관리하기 위한 관리비를 징수할 수 있다. 대규모점포관리자는 공용부분을 관리하는 경우에 「유통산업발전법」 제12조의6에서 규정하는 관리규정의 정함에 따라 관리업무를 수행하여야 한다.

하지만 하나의 집합건물에서 대규모점포 구분소유자와 다른 용도의 전유부분 구분소유자가 공용부분을 공유할 경우, 그와 같은 공용부분은 대규모점포관리자가 관리할 수 있는 관리대상물에 포함되지 않는다. 예를 들어 한 동의 건물에 매장이 분양된 대규모점포와 오피스텔이 함께 있는 경우에 상가와 오피스텔의 구분소유자들이 함께 사용하는 주차장은 상가와 오피스텔의 구분소유자로 구성된 집합건물 관리단이 관리하여야 하며, 대규모점포관리자가 관리할 수 없다. 만약 이러한 공용부분을 대규모점포관리자가 관리하게 된다면 입점상인이 아닌 구분소유자는 공용부분의 관리에 관한 의사결정에 참여할 수 없게 되어 공용부분에 대한 관리권한이 침해된다.

다만 전체 관리단집회가 개최되어 결의를 하기 어려운 경우도 많다. 집합건물법에 따른 관리단집회를 개최하기 위한 절차가 쉽지 않고, 서로 용도가 다른 구분소유자들이 협력하여 집회를 개최하는 것을 기대하기 어렵기 때문이다. 이 경우에 오피스텔을 위한 공용부분, 즉 오피스텔 구분소유자를 위한 일부공용부분을 관리하기 위해서 오피스텔 관리단이 구성된 경우에 대규모점포관리자와 오피스텔 관리단이 서로 협의하여 주차장의 관리에 관한 사항을 정하는 방식으로 공용부분에 대한 관리가 이루어지기도 한다.[5)]

---

5) 복합용도용 집합건물 관리의 문제점과 해결방안에 대해서는 김영두, “주상복합아파트와 집합건물의 하부관리단”, 「집합건물법학」 제21집(한국집합건물법학회, 2017. 2.) 참조.

3. 관리비징수권한

대규모점포관리자는 대규모점포의 유지 및 관리를 위하여 입점상인으로부터 관리비를 징수할 수 있다(「유통산업발전법」 제12조의3 제1항). 대규모점포관리자의 관리비 징수권한에 관한 「유통산업발전법」 제12조의3 제1항은 2017. 10. 31. 개정되면서 신설된 규정이다. 그러나 이러한 규정이 신설되기 이전에도 대법원은 대규모점포관리자의 관리비 징수권한을 인정하고 있었다.[6] 이러한 관리비 징수권한은 대규모점포의 운영·관리에 관한 업무이기 때문이다.[7]

대규모점포관리자는 원칙적으로 입점상인에 대해서만 관리비를 부과할 수 있다. 따라서 공실의 경우에 입점상인이 없더라도 구분소유자는 입점상인이 아니므로(법제처 2009. 12. 24., 09－0339) 구분소유자로부터 관리비를 징수할 수는 없다. 하지만 대규모점포관리자가 대규모점포를 유지·관리하고 있음에도 불구하고 공실의 경우에 관리비를 징수할 수 없다면 관리업무의 수행이 어려워지게 된다. 또한 대규모점포관리자가 공용부분을 관리하는 경우, 이는 구분소유자에게도 이익이 된다고 볼 수 있다. 이런 점을 고려하여 판례는 대규모점포관리자가 공실의 구분소유자에게도 관리비를 징수할 수 있다고 판단하고 있다.[8] 다만 공실의 구분소유자는 모든 관리비를 부담하지 않고 공용부분의 관리비만 부담한다.[9]

4. 관리외수익의 귀속

관리외수익은 잡수입이라고 하며, 입점상인으로부터 징수하는 관리에 관한 비용 이외의 수입을 말한다. 관리외수익은 크게 두 가지 유형으로 분류할 수 있다.

첫째는 입점상인이 납부하는 수입으로서 이사 시 부과되는 승강기 사용료, 입점상인이 부담하는 주차장 사용료, 검침 대행 수수료, 재활용품 판매 대금, 관리비 연체료 등이 이에 해당한다. 이러한 수입은 공용부분의 사용에 대한 직접적 대가라기보다는, 공동체의 관리 질서를 유지하고 원활한 운영을 도모하기 위해 단체법적 관계에 따라 내부 구성원에게 부과되는 금전이라는 성격이 강하다. 따라서 이는 특정 용역의 대가로 보기 어려우므로, 구분소유자에게 귀속되는 재산

6) 대법원 2009. 7. 9. 선고 2009다22266, 22273 판결.
7) 대법원 2011. 10. 13. 선고 2007다83427 판결.
8) 대법원 2011. 12. 8. 선고 2011다60278 판결
9) 대법원 2023. 9. 21. 선고 2023다242363 판결.

적 수익이라기보다는 임차인을 포함한 전체 입점상인의 공동 이익을 위해 사용되어야 할 재원으로 해석된다. 이러한 관점에서 해당 수입은 일반관리비나 수선유지비 등 공동 관리비에 충당하여 입점상인 전체의 관리비 부담을 경감시키는 방식으로 처리되어야 한다.

둘째는 입점상인이 아닌 제3자로부터 발생하는 수입이다. 옥상 무선중계기나 현금자동입출금기 설치에 따른 공용부분 임대수입, 대규모점포 방문 고객에게 징수하는 주차장 사용료, 옥외광고물 게시판 사용료 등이 대표적인 예이다. 이 수입은 공용부분의 사용 대가로서 발생한 수익이며, 공용부분은 구분소유자 전원의 공유에 속하므로 그로부터 발생하는 수익은 원칙적으로 각 구분소유자에게 지분비율에 따라 귀속되어야 한다(집합건물법 제17조).

다만, 제3자로부터 발생한 수익이라 할지라도 그 수익 창출을 위해서는 공용부분의 지속적인 유지·관리가 전제되어야 한다. 공용부분의 유지·관리 비용은 구분소유자뿐만 아니라 임차인을 포함한 모든 입점상인이 관리비를 통해 분담하고 있으므로, 이들 역시 수익 발생에 일정 부분 기여하고 있다고 보아야 한다. 따라서 공용부분에서 발생한 수익을 모두 구분소유자에게 귀속시키는 것은 타당하지 않다. 수익의 일부는 공용부분의 수선유지비로 충당하여 입점상인 전체의 이익으로 환원하고, 나머지는 수선적립금 등으로 적립하여 구분소유자에게 귀속되도록 하는 것이 합리적이다. 통상적으로 구분소유자에게 귀속되어야 하는 이익은 수선적립금으로 충당된다(대규모점포 표준관리규정 제33조 제2항, 법무부 집합건물 표준관리규약(관리위원회가 있는 상가) 제79조 제2항).

Ⅵ. 대규모점포관리자와 집합건물 관리단의 관계

1. 구분소유에 관한 사항의 의의

대규모점포관리자는 각 점포의 구분소유자들의 소유권 행사와 충돌되거나 구분소유자들의 소유권을 침해할 우려가 있는 '구분소유와 관련된 사항'에 관한 업무를 수행할 수 없고 이러한 업무는 집합건물법에 따라 이루어져야 한다.[10]

공용부분 변경, 수선적립금 징수, 미납 관리비에 대한 구분소유자의 연대책임,

---

10) 「유통산업발전법」 제12조 제4항, 대법원 2019. 12. 27. 선고 2018다37857 판결.

공용부분 관리비 채무 승계, 집합건물법 제43조에 따른 의무위반자 조치, 업종 제한 등의 업무가 구분소유와 관련된 사항에 해당한다.

공동주택에서도 대규모점포관리자와 집합건물 관리단의 관계에 관한 유사한 문제가 발생한다. 의무관리대상 공동주택의 관리에 대해서는 공동주택관리법이 적용된다. 따라서 동별대표자가 선출되어 입주자대표회의를 구성하고 회장을 선출하여 아파트를 관리하게 된다. 그런데 집합건물법 제2조의2는 의무관리대상 공동주택의 관리에 있어서 구분소유자의 기본적인 권리를 해하지 않는 범위 내에서 공동주택관리법이 효력이 있다고 규정하고 있다. 따라서 공동주택에서도 집합건물 관리단과 입주자대표회의의 권한에 대한 관계의 문제가 발생한다. 그런데 공동주택관리법은 입주자대표회의의 권한에 대해서 상세히 규정하고 있기 때문에 재건축, 리모델링, 공용부분 변경 등의 경우에 집합건물 관리단과 입주자대표회의의 관계에 관한 문제가 발생하고 관리에 관해서는 양자의 관계에 관한 문제가 거의 발생하지 않는다. 하지만 「유통산업발전법」은 대규모점포관리자의 권한에 대해서 상세하게 규정하고 있지 않기 때문에 '구분소유에 관한 사항'의 해석론을 통하여 권한의 관계에 대한 문제를 해결할 수밖에 없다.

2. 대규모점포의 공용부분의 변경

공유물의 변경은 토지에 건물을 건축하거나 동산을 가공하는 등 물건에 사실상 물리적 변경을 가하는 것을 말한다.[11] 집합건물에서 공용부분은 구분소유자의 공유에 속하기 때문에 공용부분의 변경도 물리적 형상에 변경을 가하는 것을 의미한다. 공용부분의 변경은 구분소유와 관련된 사항이므로 대규모점포관리자가 그 업무를 수행할 수 없다. 집합건물 관리단이 집합건물법에 따라 관리단집회의 결의를 거쳐서 그 업무를 수행하여야 한다.

다만 관리단은 공용부분을 변경하기 위한 결의를 하면서 공용부분의 변경을 위한 업무를 제3자에게 위탁할 수 있다. 공동주택의 경우이지만 아파트에서 난방방식을 변경하는 것은 공용부분의 변경에 해당한다. 입주민들이 난방방식의 변경을 위한 서면동의를 하면서 이러한 서면동의서를 입주자대표회의에 제출하였다면 난방방식 변경을 위한 결의의 성립과 동시에 이러한 업무를 입주자대표회의에 위임

11) 박준서(대표집필) · 박삼봉, 『주석민법』 물권법(2), §264(사법행정학회, 2000), 66면.

한 것으로 볼 수 있다.[12] 이러한 위임이 인정된다면 입주자대표회의는 난방방식 변경을 위한 비용을 구분소유자에게 청구할 수 있고, 직접 입주자대표회의 명의로 이러한 비용을 청구하기 위한 소송을 제기할 수도 있다.[13]

위의 대법원 판결을 내용을 고려한다면 공용부분의 변경을 위한 관리단집회의 결의에서 이러한 업무를 대규모점포관리자에게 위임하기로 정하였다면 대규모점포관리자도 엘리베이터 교체를 위한 업무를 수행할 수 있다.

3. 업종제한

대규모점포 내 각 점포의 업종제한은 입점상인 간의 과도한 경쟁을 방지하고 안정적인 영업 환경을 조성하여 상가 전체의 가치를 높이는 데 그 목적이 있다. 이러한 업종제한에 관한 사항은 각 점포 소유자의 재산권 행사와 밀접하게 연관되어 있으므로, 그 설정과 변경은 구분소유자들의 권리 · 의무에 본질적인 영향을 미친다. 따라서 상가건물의 업종제한 및 변경에 관한 업무는 점포 소유자들의 소유권 행사와 충돌하거나 이를 침해할 우려가 있는 '구분소유와 관련된 사항'에 해당하며, 「유통산업발전법」이 대규모점포관리자에게 부여한 본래의 유지 · 관리 업무 범위에는 포함되지 않는다고 보는 것이 타당하다.

대법원 역시 상가의 업종제한은 수분양자나 구분소유자에게 특정 업종에 대한 독점적 운영권을 보장하는 의미를 내포하고 있으므로, 업종의 제한이나 변경을 위해서는 수분양자 또는 구분소유자들 스스로의 합의가 필요하며 임차인은 이러한 합의의 주체가 될 수 없다고 판시하였다.[14]

상가에서 업종제한에 관한 단체적 질서는 통상적으로 세 가지 경로를 통해 형성된다. 첫째, 분양계약에 의한 방식이다. 상업용 집합건물의 분양자는 원활한 분양을 촉진하고 상가 활성화를 도모하기 위해 분양 단계에서부터 각 점포의 업종을 지정하여 분양하는 경우가 대부분이다. 이 경우, 분양계약서나 분양광고 등을 통해 각 전유부분의 업종이 제한되었다면, 이는 모든 수분양자들이 업종제한에 상호 동의한 것으로 간주되어 구분소유자들 사이의 내부적인 질서로 확립된다.

둘째, 집합건물 관리단의 규약에 의해 업종제한을 설정하거나 변경할 수 있다.

---

12) 대법원 2017. 3. 16. 선고 2015다3570 판결.
13) 문영화, "입주자대표회의의 임의적 소송담당", 「성균관법학」 제30집 제3호(성균관대학교 법학연구소, 2018. 9.), 134－138면.
14) 대법원 2012. 11. 29. 선고 2011다79258 판결 등 참조.

분양계약과 무관하게 규약을 새로 제정하거나 개정하여 업종제한 규정을 신설할 수 있으며, 분양계약에서 정해진 내용을 규약에 명시하여 그 효력을 더욱 공고히 하는 경우도 많다.

셋째, 관리단집회의 결의를 통해서도 업종제한이 가능하다. 그러나 업종제한은 구분소유권을 본질적으로 제한하는 측면이 강하므로, 관리단집회의 통상적인 결의만으로는 설정하기 어렵고, 구분소유자들의 권리를 과도하게 제한하지 않는 범위 내에서만 유효하다고 볼 수 있다. 예를 들어, 상가 전체의 공동 이익에 반하는 특정 유해 업종의 입점을 금지하는 결의 등은 유효할 수 있다.

이처럼 업종제한의 설정 및 변경 권한은 전적으로 구분소유자들로 구성된 관리단에 유보되어 있으므로, 대규모점포관리자는 임의로 업종을 제한하거나 변경을 승인할 수 없다. 그러나 일단 분양계약, 규약, 또는 관리단집회 결의를 통해 업종제한에 관한 단체적 질서가 유효하게 형성된 경우, 대규모점포관리자는 그 질서를 유지할 의무를 부담한다. 이는 「유통산업발전법」 제12조 제1항에서 규정한 대규모점포관리자의 '상거래질서 확립' 업무의 일환으로 해석될 수 있기 때문이다.

4. 수선적립금

수선적립금(공동주택관리법은 이를 장기수선충당금이라 한다)은 건물의 노후화에 대비하여 주요 시설의 교체 및 보수를 계획적으로 시행하기 위해 적립하는 금원이다. 이는 건물의 자산 가치를 보전하고 장수명화를 도모하기 위한 자본적 지출에 해당하므로, 건물의 일상적인 유지 · 관리를 위한 수익적 지출인 수선유지비와는 그 성격을 달리한다. 수선유지비는 건물의 통상적인 사용에 수반되는 비용으로서 점유자 또는 사용자인 임차인도 부담하지만, 장기수선충당금은 건물의 가치를 보전하기 위한 비용이므로 원칙적으로 구분소유자만이 납부 의무를 부담한다.

이러한 수선적립금의 징수 및 집행에 관한 업무는 구분소유자들의 재산권과 직접적으로 관련된 '구분소유에 관한 사항'에 해당하며 「유통산업발전법」에 따른 대규모점포관리자의 업무 범위에 포함되지 않는다.

그러나 대규모점포의 관리 현실을 고려할 때, 관리비 징수 업무를 수행하는 대규모점포관리자가 장기수선충당금 관련 업무까지 통합하여 처리하는 것이 효율적일 수 있다. 이에 따라, 집합건물 관리단은 관리단집회의 결의를 통하여 장기수선충당금의 징수 및 관리에 관한 업무를 대규모점포관리자에게 위임할 수 있다. 관리단이 대규모점포관리자에게 해당 업무를 위임할 때에는 단순히 징수 권한만을 포괄적으로 위임해서는 안 되며, 장기수선충당금의 산정 방법 및 금액, 적립 방법, 사용 방법 및 절차 등을 구체적으로 포함하는 수선계획을 명확히 정하여 위임하여야 한다.

결론적으로, 장기수선충당금에 관한 업무는 본질적으로 구분소유에 관한 사항으로서 집합건물 관리단의 권한에 속한다. 대규모점포관리자는 오직 관리단의 명시적인 위임이 있는 경우에 한하여, 정해진 수선계획과 절차에 따라 관리단의 대행자로서 그 징수 및 관리 업무를 수행할 수 있을 뿐이다.

5. 관리비예치금

관리비예치금, 또는 선수관리비는 대규모점포의 관리 운영 초기에 필요한 자금을 확보하기 위해 징수하는 금원이다. 관리비는 통상적으로 실제 발생한 비용을 사후에 정산하여 부과하는 방식으로 운영되므로, 관리비가 납부되기 이전에 발생하는 인건비, 용역비 등 각종 관리 비용을 원활하게 지출하기 위한 준비금으로서의 성격을 갖는다.

이러한 관리비예치금은 그 법적 성격상 집합건물 관리단의 고유 자산에 해당하며, 따라서 이에 관한 징수 및 관리 업무는 본질적으로 '구분소유에 관한 사항'으로 분류된다. 따라서 대규모점포의 유지·관리 업무를 수행하는 대규모점포관리자라 할지라도, 이러한 관리비예치금을 징수하거나 운용할 권한은 갖지 않는다.

대규모점포관리자가 관리비예치금에 관한 업무를 수행하기 위해서는 반드시 집합건물 관리단으로부터의 명시적인 권한 위임이 전제되어야 한다. 즉, 관리단집회의 결의나 관리단규약에서 관리비예치금의 징수 및 관리 업무를 대규모점포관리자에게 위임한다는 점을 명확히 규정한 경우에 한하여, 대규모점포관리자는 관리단을 대신하여 해당 업무를 수행할 수 있다. 이러한 위임 절차 없이는 대규모점포관리자가 관리비예치금을 징수하거나 집행할 수 없다.

Ⅶ. 대법원 판결의 검토

1. 대상판결의 의의

대상판결은 대규모점포관리자 신고의 법적 성격도 수리를 필요로 하는 신고라는 점을 분명히 하고 있다. 그리고 하나의 집합건물 내에 「유통산업발전법」에 따른 대규모점포와 다른 용도의 전유부분이 공존하는 복합용도용 집합건물에서 대규모점포관리자의 관리범위를 명확히 하고 있다. 또한 구분소유자에 관한 사항의 의미를 밝힘으로써 대규모점포관리자와 집합건물 관리단의 관계도 명확히 하고 있다.

2. 대규모점포관리자 신고의 법적 성격

원심과 대법원은 모두 대규모점포관리자 신고를 수리를 요하는 신고로 판단하였다. 이러한 대상판결의 판단은 기존의 판례[15]를 다시 확인하고 있다. 이러한 대상판결의 판단은 타당하다. 대규모점포관리자는 입점상인과 소비자의 권익, 상거래 질서, 건물의 안전 등 공익과 밀접하게 관련된 중요한 업무를 수행한다. 만약 대규모점포관리자의 신고를 수리 여부와 상관없는 정보제공적 신고로 보고 수리 여부와 상관없이 대규모점포관리자의 권한을 행사할 수 있다고 본다면 법이 정한 자격 요건(입점상인 2/3 이상의 동의 등)을 갖추지 못한 자가 대규모점포의 관리권한을 주장하면서 관리에 공백과 혼란을 초래할 수 있다. 따라서 행정청이 신고 내용을 실질적으로 심사하여 법적 요건의 충족 여부를 확인한 후 신고의 수리 여부를 결정하고 수리가 된 경우에 대규모점포관리자로서 관리업무를 수행하도록 하는 것이 대규모점포관리자 제도의 취지에 부합한다.

행정처분에는 공정력이 인정되므로, 처분에 중대하고 명백한 하자가 있어 당연무효가 아닌 한, 처분기관에 의해서 취소되기 전까지는 유효한 것으로 보게 된다. 대규모점포관리자의 신고 수리가 행정처분에 해당하기 때문에 대상판결에서도 甲관리단은 乙주식회사의 대규모점포관리자 신고 수리가 무효라고 주장하였으나, 법원은 그 하자가 중대하고 명백하여 당연무효에 이른다고 볼 증거가 없다는 이유로 乙주식회사의 대규모점포관리자 지위를 인정하였다.

15) 대법원 2015. 2. 26. 선고 2012두26463 판결 등.

3. 대규모점포관리자의 관리범위

대상판결의 핵심적인 쟁점은 대규모점포관리자의 관리권한이 미치는 물적 범위이다. 「유통산업발전법」 제12조 제1항은 대규모점포관리자의 업무를 상거래질서의 확립, 소비자의 안전유지, 그리고 그 밖에 대규모점포의 유지·관리를 위하여 필요한 업무로 규정하고 있다. 문제는 이 사건과 같이 대규모점포와 오피스텔 등 다른 용도의 시설이 한 건물에 공존할 때, 전체 구분소유자가 함께 사용하는 주차장, 기계실, 전기실 등 공용부분을 대규모점포관리자가 관리할 권한이 있는지 여부이다.

원심은 이러한 공용부분이 대규모점포의 정상적인 운영에 필수적이고 불가분적으로 연결되어 있다는 점을 근거로 대규모점포관리자가 해당 공용부분을 관리할 수 있는 권한을 갖고 있다고 판단하였다.

그러나 대법원은 대규모점포관리자의 관리권한이 미치는 매장에는 주차장 등 전체공용부분이 포함되어 있지 않다고 보았다. 만약 입점상인들의 동의만으로 설립된 대규모점포관리자가 전체 공용부분을 관리하게 된다면, 대규모점포에 속하지 않는 오피스텔의 구분소유자들은 자신들의 공유 재산인 공용부분의 관리에 관한 의사결정 과정에서 완전히 배제되는 부당한 결과가 발생한다. 따라서 건물 전체가 대규모점포에 해당하여 대규모점포관리자에 의해 관리되고 주차장 등의 공용부분이 대규모점포의 운영·관리에 불가분적으로 연결되어 있다는 등의 특별한 사정이 없다면 복합용도용 집합건물의 공용부분에 대한 관리권과 그로부터 발생하는 수익금(주차장 수익 등)은 집합건물법상의 관리단에게 귀속된다고 판단하였다. 그리고 이러한 법리는 건물의 상당 부분이 대규모점포라 하더라도 달라지지 않는다고 보았다. 이러한 대법원의 판단은 타당하다.

4. 대규모점포관리자와 집합건물 관리단의 관계

대상판결은 대규모점포관리자와 집합건물 관리단의 관계를 설정하는 구분소유와 관련된 사항의 의미를 명확히 하고 있다. 대법원은 구분소유와 관련된 사항을 "그 업무를 대규모점포관리자에게 허용하면 점포소유자들의 소유권 행사와 충돌이 되거나 구분소유자들의 소유권을 침해할 우려가 있는 사항"이라고 정의하고 있으며, 구분소유자들의 재산권에 실질적인 영향을 미치는 관리행위도 이에 포함된다.

따라서 乙주식회사는 대규모점포 부분에 대해서 관리비를 징수하고 관리할 수 있는 권한을 갖고 있지만 구분소유와 관련된 사항에 대해서까지 관리권한을 행사할 수 없다.

복합용도 건물의 공용부분 관리권은 관리단에게 있으므로 대규모점포를 제외한 지하주차장 등의 관리권한은 甲관리단에게 있다. 그리고 수선적립금의 징수 및 집행은 건물의 노후화에 대비한 자본적 지출로서 건물의 자산 가치를 보전하기 위한 것이므로, 구분소유자만이 그 비용을 부담하며, 수선계획의 수립 및 수선공사의 수행은 관리단의 고유 권한이다. 따라서 대규모점포 부분에 대해서 乙주식회사가 관리권한을 갖고 있다고 하더라도 수선적립금을 임의로 징수할 수 있는 권한은 없다. 수선적립금에 대한 소유권은 甲관리단에 있으며, 이러한 대법원의 판단은 타당하다.

Ⅷ. 결 론

대상판결은 「유통산업발전법」에 따른 대규모점포관리자의 신고는 수리를 요하는 신고라는 점을 다시 한번 분명히 하였다. 무엇보다 대상판결은 복합용도용 집합건물에서 「유통산업발전법」에 따른 대규모점포관리자의 관리권한이 미치는 물적 범위와 그 한계를 명확히 하였다는 점에서 중요한 의의를 갖는다. 즉 대상판결은 대규모점포관리자의 업무는 상거래 질서 확립 등 대규모점포 자체의 유지·관리에 국한되며, 건물 전체 구분소유자의 공유에 속하는 공용부분의 관리권한은 집합건물법에 따라 원칙적으로 관리단에 귀속된다는 점을 분명히 하여 입점상인의 동의만으로 설립된 대규모점포관리자가 대규모점포 외 다른 용도 구분소유자들의 재산권을 침해할 수 없다는 원칙을 확인하였다. 또한, 수선적립금의 징수와 같은 업무를 '구분소유와 관련된 사항'으로 보아 대규모점포관리자의 업무 범위에서 명시적으로 제외함으로써, 두 법률의 적용 관계 및 각 관리주체의 권한 범위를 명확히 하였다.

결국 이 판결은 실무상 빈번하게 발생하는 관리권 분쟁에 대한 구체적인 해결 기준을 제시하고, 복합용도용 집합건물 내 구분소유자의 권리를 보장하는 중요한 법리를 확인하였다고 평가할 수 있다.

집합건물 공용부분의 하자로 인한 사고의 책임 주체

– 서울중앙지방법원 2018. 1. 30. 선고 2017나61067 판결 –

진 도 왕*

Ⅰ. 사안의 개요 및 소송의 경과

1. 사안의 개요

원고는 자동차보험회사(이하 '甲')이고, 피고는 이 사건 아파트의 구분소유자(이하 '乙')이다. 이 사건 아파트 단지는 전주시에 소재하고, 문제가 된 아파트 1동 건물은 지하1층, 지상 15층 규모이며, 각 층마다 공용복도를 통해 각 전유부분으로 출입할 수 있는 구조로 되어 있다. 乙이 해당 구분소유권을 취득한 2014. 12. 26. 이전부터 공용복도의 난간 위에는 외부에서 유입되는 바람이나 소음을 차단하는 알루미늄 창틀과 유리 창문이 설치되어 있었다. 2016. 8. 29. 17:20경에 甲과 보험계약을 체결하였던 소외인의 차량이 위 아파트 건물의 복도 방면 주차구역에 주차되어 있던 중, 乙 소유의 전유부분 출입문 부근에 설치되어 있던 창문이 강풍에 의해 그 창틀에서 이탈하여 이 사건 차량 위로 떨어졌고, 그 차량은 파손되었다. 2016. 11. 14. 甲은 이 사건 차량의 수리비로 2,813,000원의 보험금을 지급하였다. 그 후에 甲은 乙을 상대로 구상금을 청구하는 소를 제기하였다.

* 인천대학교 법학부 교수, 법학박사

2. 소송의 경과

(1) 제1심(서울중앙지방법원 2017. 7. 6. 선고 2017가소5602879 판결)의 판단 – 청구 인용[1)]

(2) 대상판결 – 청구 기각(제1심 판결 취소)

"민법 제758조 제1항 소정의 공작물 점유자란 공작물을 사실상 지배하면서 그 설치 또는 보존상의 하자로 인하여 발생할 수 있는 각종 사고를 방지하기 위하여 공작물을 보수·관리할 권한 및 책임이 있는 자를 말하고(대법원 2000. 4. 21. 선고 2000다386 판결 참조), 집합건물의 소유 및 관리에 관한 법률 제23조 제1항에 의한 집합건물의 관리단은 어떠한 조직행위가 없더라도 구분소유자 전원을 구성원으로 하여 구분소유 건물 및 그 대지와 부대 시설의 관리에 관한 사업의 시행을 목적으로 하는 구분소유자 단체로서 당연히 성립되는 것이고, 그 관리단이 실제로 조직되어 자치적 관리를 시작한 이상 구분소유 건물의 관리에 관한 권한 및 책임은 종국적으로 동 관리단에 귀속되는 것이다(대법원 1997. 8. 29. 선고 97다19625 판결 등 참조).

이 사건으로 돌아와 보건대, 을 제5호증의 기재 및 변론 전체의 취지에 의하면, 이 사건 ○○아파트입주자대표회의가 이 ○○아파트 관리사무소를 통해서 이 ○○아파트의 공용부분 등을 관리하여 온 것으로 보이는 점, 앞서 본 바와 같이 이 사건 창문이 피고가 이 ○○아파트 ○○○동 △△△△호의 소유권을 취득하기 전에 이미 설치되어 있었고, 이 ○○아파트 ○○○동 복도 전체에 이 사건 창문과 동일한 형식으로 창문이 설치되어 있는 점 등에 비추어 보면, 이 사건 창문은 이 ○○아파트의 아파트입주자대표회의가 관리하는 공용부분이라 할 것이므로, 이 사건 창문의 점유자는 이 ○○아파트의 아파트입주자대표회의라고 봄이 타당하고, 갑 제4, 7호증의 각 기재만으로는 피고가 이 사건 창문의 점유자임을 인정하기 부족하고 달리 이를 인정할 증거가 없다. 따라서 피고가 이 사건 창문의 점유자임을 전제로 한 원고의 주장은 나머지 점에 관하여 살펴볼 필요 없이 이유 없다.

또한 민법 제758조 제1항에 의하면, 공작물의 설치·보존상의 하자로 손해를

---

1) 해당 판결은 미공간이며, 소액사건임을 감안하면 판단이유가 제시되지 않았을 가능성도 있다.

입은 자는 일차적으로 공작물의 점유자를 상대로 손해배상을 구하고, 공작물 점유자가 손해의 방지에 필요한 주의를 게을리하지 아니하였음을 입증하여 면책되는 경우에 한하여 이차적으로 공작물 소유자에게 손해배상을 구할 수 있는바, 피고가 공용부분인 이 사건 창문을 다른 입주자들과 공동으로 소유하고 있다고 하더라도, 이 사건 창문의 점유자인 이 ○○아파트의 아파트입주자대표회의가 그 관리에 관한 주의의무 위반이 없어 면책되었다는 점에 관한 주장·입증이 없는 이상, 원고는 피고에 대하여 민법 제758조에 기한 손해배상책임을 물을 수 없다. 따라서 이와 다른 전제에 선 원고의 주장도 나머지 점에 관하여 살펴볼 필요 없이 이유 없다."

Ⅱ. 평 석

1. 개 관

대상판결은 집합건물 내 공용부분의 하자로 인해 발생한 손해에 대해서 그 책임을 누구에게 귀속시켜야 하는지를 밝힌 판결로서, 집합건물인 공동주택(아파트)의 관리 체계 또는 관리 주체에 관한 법적 함의를 제공하고 있다. 먼저 대상판결은 이 사건 차량 파손에 대한 책임의 근거를 민법 제758조(공작물등의 점유자, 소유자의 책임) 제1항에서 찾고 있다. 그리고 동조에서 말하는 공작물 점유자는 그 공작물을 '사실상 지배'하면서 '관리할 권한 및 책임'이 있는 자이며, 집합건물의 경우에 관리단이 실제로 조직되어 자치적 관리를 시작하였다면 건물의 관리 권한 및 책임은 종국적으로 그 관리단에게 귀속된다고 전제한다. 그 다음으로 대상판결은 이 사건에 관한 구체적 판단을 시도하는데, 즉 차량 파손의 원인이었던 창문은 집합건물의 공용부분에 해당하는 물적 부분으로서 그 관리의 권한 및 책임은 아파트 입주자대표회의에게 있고, 이 대표회의는 당해 창문의 점유자로서 제758조 제1항의 공작물 점유자에 해당한다고 보았다. 따라서 甲(원고)이 입주자대표회의가 아닌 乙(피고)을 민법 제758조 제1항의 공작물(창문) 점유자로 전제하여 구상금을 청구한 것은 타당하지 않다고 판단하였다. 추가적으로, 제758조 제1항에 따라 乙이 그 창문의 소유자(공용부분의 공유자)로서 책임을 질 수 있더라도, 이는 창문의 점유자인 위 대표회의가 면책된 경우에 한하므로, 그에 대한 주장 및 입증이 없는 경우에는 甲은 乙에게 차량 파손에 대한 책임을 물을 수 없다고 설시하였다.

이에 따라 본 평석에서 검토해야 할 바로, ① 입주자대표회의의 법적 지위와 공용부분에 대한 관리 권한의 귀속, ② 공작물 점유자로서의 입주자대표회의의 책임 귀속, ③ 공작물 소유자로서의 구분소유자의 책임 귀속이 될 것이다.

2. 입주자대표회의의 법적 지위와 공용부분에 대한 관리 권한

(1) 앞서 언급한 바대로, 대상판결은 집합건물 관리에 관한 권한 및 책임은 관리단에게 귀속된다고 전제하면서도 이 사건에서는 집합건물인 아파트 공용부분의 관리에 관한 권한 및 책임이 입주자대표회의에 귀속된다고 보았다. 즉, 대상판결은 민법 제758조 제1항의 공작물 점유자를 '그 공작물에 대한 관리 권한 및 책임이 있는 자'로 파악하고 있고, 이 사건 입주자대표회의를 '공용부분의 관리를 담당하는 점유자'로서 위 공작물 점유자에 등치시키고 있는 점에서, 결국 이 사건 입주자대표회의가 공용부분의 관리에 관한 권한 및 책임을 가지는 것으로 판단하였다고 볼 수 있다. 그런데 대상판결은 위 관리단과 입주자대표회의 간의 관계에 대해서는 추가적 설명을 생략하고 있으므로, 입주자대표회의의 관리 권한 및 책임이 관리단으로서의 지위에서 발생하는 것인지 아니면 그와는 별개의 지위에서 연유하는 것인지 모호하다.

(2) 다만, 대상판결이 이 사건 입주자대표회의에 관리 권한 및 책임이 귀속된다고 본 데에는 다른 관점에서 파악할 여지도 없지 않다. 즉 대상판결은 "대법원 1997. 8. 29. 선고 97다19625 판결"을 선례로 제시하면서 "관리단이 실제로 조직되어 자치적 관리를 시작한 이상 구분소유 건물의 관리에 관한 권한 및 책임은 종국적으로 동 관리단에 귀속되는 것"이라고 설시하므로, 이에 착목하여 이 사건의 사실관계 및 대상판결의 의중을 추측해 본다면, 아마도 이 사건 아파트에는 관리단이 실제 운용되고 있지 않아서 그 역할을 대신 수행하고 있는 입주자대표회의에게 관리의 권한 및 책임이 귀속된다고 판단했을 수도 있겠다. 그러나 이 사건 아파트 관리단의 운용실태는 본 대상판결에서는 전혀 드러나지 않으며, 판단의 기초가 되었는지 여부를 섣불리 단정할 수도 없다. 무엇보다 대상판결이 전거로 삼은 "대법원 1997. 8. 29. 선고 97다19625 판결"은 분양된 상가건물에 있어서 사업주체(분양자)와 관리단 사이의 관리 권한 및 책임의 귀속 문제를 다루고

있다는 점에서 이 사건에 그대로 대입하기에는 부적절한 면이 있다.

(3) 주지하는 바와 같이, 관리단은 집합건물법(제23조)에, 입주자대표회의는 공동주택관리법(제2조 제1항 제8호, 제14조)에 근거를 두고 있다. 관리단은 건물에 대하여 구분소유 관계가 성립되면 별도의 설립행위 없이도 그 구분소유자들 전원을 구성원으로 하여 당연히 설립되고(제23조 제1항), 건물과 그 대지 및 부속시설의 관리에 관한 사업의 시행에 목적을 두며(제23조 제1항), 이러한 사무의 집행을 위해 관리인을 둔다(제24조 제1항). 반면에 입주자대표회의는 법령과 관리규약에 의거하여 4인 이상의 동별대표자들로 구성되고(제14조 제1항), 공동주택의 입주자등(소유자 및 임차인 등)을 대표하여 관리에 관한 주요사항을 결정하는 자치 의결기구이다(제2조 제1항 제8호). 이와 같이 관리단과 입주자대표회의는 그 성립 또는 구성에 차이를 보이면서도 집합건물인 공동주택의 관리에 관하여서는 중첩이 생기는 점에서 양자 간의 관계, 특히 입주자대표회의의 법적 지위에 관한 규명이 요청된다.

이에 관하여 학설은 나뉘어 있다. 제1설은 입주자대표회의가 그 자체 의사결정기관·대표기관과 집행기관·감사가 있는바, 법률에 근거한 독자적인 조직체로서 법인 아닌 사단의 지위를 가진다고 한다. 이 견해는 공동주택이 집합건물인 경우에 관리단과 입주자대표회의 두 개의 관리단체가 공존할 수 있다고 하고, 다만 그들 간의 관리 권한 범위의 조정에 집중한다.[2] 제2설은 공동주택의 경우에는 입주자대표회의가 공동주택관리법에 의해 관리 권한을 부여받으므로 이론상·관념상 성립하는 관리단이 따로 존속할 현실적 이유가 없고, 따라서 입주자대표회의가 관리주체로서 관리단의 실체를 가진다고 한다.[3] 제3설은 공동주택의 경우에 입주자대표회의는 입주자 전체를 대표하는 것으로서 입주자 전원을 대상으로 하는 입주자단체(관리단) 내의 집행기관으로 보아야 하고,[4] 이를 별드의 독립적 단체로 파악한다든지 또는 집합건물법상 관리단과 동일시하는 것은 적절하지 않다

2) 송호열, "집합건물법상의 관리단과 주택법상의 입주자대표회의의 법률적 관계의 재정립", 「동아법학」 제46호, 동아대학교 법학연구소, 2010, 260-61면, 262-66면.

3) 윤재윤, "집합건물의 하자담보책임에 관한 실무상 쟁점", 「저스티스」 통권 제73호, 한국법학원, 2003, 61면. 동일한 결론으로, 박종두, 분양집합주택의 하자와 담보책임, 「법조」 제471호, 법조협회, 1995, 83면.

4) 박경량, "아파트 관리소장의 법적 지위", 「집합건물법학」 제6집, 한국집합건물법학회, 2010, 11-12면; 김교창, "[판례평석] 아파트입주자대표회의의 법적 성격", 「인권과 정의」 통권 제488호, 대한변호사협회, 2020, 193-94면.

고 한다.[5)]

한편 대법원 판례는 대체로 제1설과 같은 입장을 취하고 있다. 즉, 입주자대표회의는 "단체로서의 조직을 갖추고 의사결정기관과 대표자가 있을 뿐만 아니라, 또 현실적으로도 자치관리기구를 지휘·감독하는 등 공동주택의 관리업무를 수행하고 있으므로 특별한 다른 사정이 없는 한 법인 아닌 사단으로" 보아야 한다는 것이다.[6)] 이는 입주자대표회의가 관리단과는 별개의 독자적 지위에 있음을 전제하는 것이며, 실제로 여러 판례에서 관리단과 입주자대표회의 간의 관리에 관한 권한 범위를 설정하는 시도들[7)]도 이러한 전제에서 이루어지는 것으로 이해할 수 있다.

(4) 대상판결은 기존의 대법원 판례의 입장을 충실히 따른 것으로서, 앞서 지적하였듯 관리권한의 귀속주체로서 관리단과 입주자대표회의 관계에 관한 설명을 생략한 것은 단순히 기존 판례의 입장을 반복하지 않기 위함일 것으로 생각된다. 이렇게 본다면 적어도 대상판결의 취지를 찾는 차원에서는 그 생략된 공간에 기존 판례법리를 그대로 대입하여도 무방할 것이다. 즉 공동주택의 경우에도 원칙상 관리단이 당연 성립하여 관리의 권한 및 책임을 가지지만, 이와 별개로 입주자대표회의도 관리의 권한 및 책임을 가지는 주체로서 병존할 수 있으며, 다만 입주자대표회의의 관리권한은 공용부분 변경 등과 같이 구분소유자 고유의 권리로 귀속되는 사항이 아닌 공용부분의 단순한 보수 등과 같은 통상적 관리사무에 한정된다. 그리하여 대상판결은 이 사건 창문에 대한 관리는 공용부분에 대한 통상적 관리사항으로서 그 권한의 귀속처는 입주자대표회의라고 본 것이다.

3. 민법상 공작물 점유자로서의 입주자대표회의의 책임 귀속의 타당성

(1) 대상판결은 ① 이 사건 아파트입주자대표회의가 관리사무소를 통해 아파트 공용부분을 관리하여 왔던 점, ② 이 사건 창문이 乙의 구분소유권 취득 이전부터 설치되어 있었던 점, ③ 아파트 건물 내 모든 복도에 이 사건 창문과 동일한 형식의 창문이 설치되어 있는 점을 들어 이 사건 창문이 공용부분에 해당하고, 그러므로 그 창문의 점유자는 乙이 아닌 입주자대표회의라고 판단하였다. 우선

5) 이춘원, "공동주택 관리주체에 관한 소고", 「집합건물법학」 제17집, 한국집합건물법학회, 2016, 71면.
6) 대법원 1991. 4. 23. 선고 91다4478 판결. 그 외 대법원 2007. 6. 15 선고 2007다6307 판결 등.
7) 가령, 대법원 2003. 6. 24. 선고 2003다17774 판결(... 입주자대표회의는 공동주택의 관리에 관한 사항을 결정하여 시행하는 등의 관리권한만을 가질 뿐으로 구분소유자에게 고유하게 귀속하는 공용부분 등의 불법 점유자에 대한 방해배제청구 등의 권리를 재판상 행사할 수 없고, ...).

이 사건 창문이 공용부분이란 점에 대해서는 이견이 없을 것으로 생각된다.[8] 다만 이 사건 창문이 '관리사무소를 통해' 관리했던 공용부분이기 때문에 입주자대표회의가 그에 대한 점유자라는 대목에 관하여는 약간의 부연설명이 곁들여질 필요가 있다.

(2) 대상판결의 논증과 귀결에 비추어 보면, 입주자대표회의에 부여된 "점유자" 지위는 물권법상의 일반적 점유자 개념을 의미하는 것은 아니고, 민법 제758조 제1항의 공작물 점유자를 가리키는 것이다. 판례는 공작물 점유자를 일반적 점유자 개념보다 좁게 새기는데, 즉 "공작물을 사실상 지배하면서 그 설치 드는 보존상의 하자로 인하여 발생할 수 있는 각종 사고를 방지하기 위하여 공작물을 보수·관리할 권한 및 책임이 있는 자"를 말한다.[9] 이러한 이해는 대상판결에서도 그대로 유지되고 있다. 이렇듯 공작물 점유자가 '사실상 지배'와 '관리의 권한 및 책임'을 요체로 하고 있다면, 이 사건 입주자대표회의는 관리사무소를 통하여 창문(공용부분)을 사실상 지배(관리)하고 있었을 뿐 아니라 기존 판례에 따를 때 그 창문에 대한 관리의 권한 및 책임도 인정되므로 민법 제758조 제1항의 공작물 점유자로 볼 만하다.

(3) 그러나 대상판결이 적시하고 있듯이 이 사건 입주자대표회의가 관리사무소를 통해 해당 창문을 관리해 왔기 때문에 점유자 지위에 있다고 한다면, 입주자대표회의와 관리사무소 사이의 점유관계도 검토될 필요가 있다. 민법 제758조 제1항은 공작물의 설치 또는 보존의 하자로 인하여 발생한 손해에 대해서 1차적으로 점유자에게 책임을 부과하고, 그 점유자에게 면책사유가 존재하는 경우에는 2차적으로 소유자에게 책임을 부과한다. 그런데 판례는 점유매개관계가 존재하는 경우에 소유자가 아닌 간접점유자도 직접점유자가 면책되는 경우에 한하여 2차적으로 책임을 진다고 본다.[10] 이러한 공작물 책임법리를 상기한다면, 이 사건에서 점유자의 지위를 기초로 하는 책임 귀속에 관한 논의는 좀 더 다채로워진다.

(4) 일반적으로 의무관리대상 공동주택의 경우 그 관리방법은 자치관리와 위탁

8) 이와 달리 아파트 복도 난관에 창문이 설치된 곳과 설치되지 않은 곳이 혼재되어 있고, 각 창틀의 규격, 자재와 색상, 유리 면적의 규격 등이 다른 경우, 이는 아파트 구분소유자 전원 또는 일부의 공용에 제공된 건물 부분이 아니라고 본 판결로, 서울중앙지방법원 2024. 6. 26. 선고 2023나55100 판결.

9) 대법원 2000. 4. 21. 선고 2000다386 판결.

10) 대법원 1981. 7. 28. 선고 81다209 판결.

관리로 구분된다(공동주택관리법 제5조 제1항). 자치관리의 경우 입주자대표회의가 자치관리기구(관리사무소)를 구성하고 관리사무소장을 그 대표로 선임하는데(공동주택관리법 제6조 제1항), 이 자치관리기구는 입주자대표회의의 감독을 받으며 그 의결사항을 집행하는 것에 그치므로 그 자체 독자적 조직기구라 할 수는 없을 것이다.[11] 위탁관리는 입주자대표회의가 주택관리업자를 선정하여 공동주택의 관리를 위탁하는 방법(공동주택관리법 제7조 제1항)으로서 입주자대표회의와 주택관리업자 사이에는 위임계약의 관계가 발생한다.[12]

이러한 점을 감안하면, 전자의 경우에 자치관리기구는 점유보조자에 불과하므로 점유주인 입주자대표회의에게 1차적 점유자 책임을 지우는 데에 문제가 없을 것이나, 후자의 경우에는 입주자대표회의가 주택관리업자를 매개로 하여 공용부분에 대해 간접점유를 하고 있는 것이어서 그 주택관리업자에게 1차적 점유자 책임을 부과하는 것도 고려해 볼 여지가 있겠다. 우리 민법이 공작물 책임에 대하여 단계적 귀속을 꾀하면서 특히 그 책임귀속 단계에 있어서 점유자를 소유자보다 앞에 둔 이유는 그 점유자가 해당 공작물의 상태 파악 및 손해의 발생 방지를 더 수월히 해낼 위치에 있기 때문이다. 이는 간접점유자와 직접점유자 사이에서도 다르지 않을 것이다. 다만 주택관리업자에게 공작물 책임을 지우게 할 만큼의 관리권한이 배분되어 있는지가 문제될 수 있겠는데, 이는 구체적 사안별로 판단해야 할 것으로 생각된다. 가령, 중요사항을 제외한 통상적 관리사무에 관하여 입주자대표회의의 기능이 형식에 머물러 있고 주택관리업자가 실질적 관리 권한을 행사하고 있음에도 불구하고, 단지 주택관리업자라는 이유로 책임으로부터 물러나 있는 것은 부당하다. 한편, 아파트 화재보험계약이 만료된 후 재계약을 하지 않아 입주자에게 손해가 발생한 사안에서, 대법원은 입주자대표회의가 해당 관리주체(주택관리업자)로 하여금 화재보험계약을 체결하도록 지도・감독해야 할 의무가 있지만, 그 관리주체 역시 입주자대표회의로 하여금 화재보험기간이 만료되기 전에 보험회사를 선정하는 결의를 할 수 있도록 적절한 조치를 할 의무가 있으므로, 이를 위반하여 발생한 손해에 대해서는 입주자대표회의뿐 아니라 관리주체도 책임이 있다고 판단하였다.[13] 이 판례는 공작물 책임과 관련된 사안을 다루고 있

11) 서울지법 1997. 6. 13. 선고 96나33630 판결; 김영두, "집합건물 관리단과 입주자대표회의의 관계", 「법학연구」 제18권 제1호, 충남대학교 법학연구소, 2007, 160면.

12) 수원지법 1999. 12. 17. 선고 99나4587 판결.

13) 대법원 2002. 10. 25. 선고 2000다18073 판결.

지 않지만, 주택관리업자도 책임의 귀속 주체가 될 수 있음을 시사하고 있다.

물론 이러한 논의가 본 대상판결의 향방에 영향을 미치는 것은 아니다. 민법 제758조 제1항에 따라 입주자대표회의와 주택관리업자 중에서 누구든 1차적 점유자 책임을 지게 되면, 이 사건 구분소유자 乙의 책임은 부정되기 때문이다.

4. 공작물 소유자로서의 구분소유자의 책임 귀속의 타당성

(1) 대상판결은 이 사건 입주자대표회의가 면책되는 경우에는 공용부분의 공동소유자인 乙이 그 책임을 질 수 있다고 설시하였는데, 이는 민법 제758조 제1항의 단계적 책임구조, 즉 '공작물 점유자(입주자대표회의)의 1차적 책임 또는 공작물 소유자(구분소유자)의 2차적 책임'의 틀에 충실히 맞춘 결론이라 할 것이다. 그러나 민법 제758조상 책임 귀속의 주체인 공작물 소유자에 집합건물의 구분소유자가 주저 없이 포섭되는지에 관해서는 의문이다.

(2) 민법 제758조 제1항은 공작물의 점유자에게 추정과실책임(중간책임)을, 그 소유자에게는 무과실책임을 부과한다. 이들에게 특히 책임을 가중하는 데에는, 위험원(危險源)인 공작물로부터 이익을 향유하는 자는 그 위험의 방지에 충분한 주의를 기울여야 함은 물론이고 그로부터 발생한 손해에 대해 책임을 부담하는 것이 공평하다는, 이른바 위험책임법리가 반영된 것이다.[14] 그런데 여기에는 기본적으로 위의 책임 주체들이 해당 위험원에 대하여 실질적 지배력을 행사할 수 있다는 전제가 뒷받침되어야 한다. 판례가 공작물 점유자에게 '관리의 권한 및 책임'을 요하는 것도 같은 맥락에서 이해할 수 있다. 공작물 소유자의 경우에도 다르지 않다. 근원적으로 공작물의 관리 권한은 소유자에게 있는 것이고, 그 소유자에게 무과실의 책임가중을 관철하는 것은 그에게 공작물에 대한 실질적 지배력이 있다는 일반적 관념을 역설한다. 이 점은 일반적 소유자에게는 그대로 통용될 수 있겠으나, 집합건물의 구분소유자에게도 그러할지에 관해서는 좀 더 신중한 접근을 요한다.

(3) 집합건물법은 건물의 물적 부분을 전유부분과 공용부분으로 구분하고, 각각에 대한 권리귀속 형태를 달리하고 있다. 전유부분의 경우에는 각 구분소유자에게 단독 소유권 형태로 귀속되고, 공용부분의 경우에는 구분소유자 전원에게 공유의

---

14) 대법원 1996. 11. 22. 선고 96다39219 판결. 또한 양형우, 『채권법』(제16판 민법의 세계), 정독, 2025, 764면.

형태로 귀속된다.[15] 공용부분의 공유적 귀속에 관해서 우리 대법원은 "집합건물의 공용부분은 구분소유자 전원의 공유에 속하나, 그 공유는 민법상의 공유와는 달리 건물의 구분소유라고 하는 공동의 목적을 위하여 인정되는 것"이라고 판시하고 있다.[16] 공용부분은 구분소유자 전원의 이익을 위해 봉사해야 하므로 민법상 공유관계에서 인정되는 지분의 처분(민법 제263조)이나 공유물분할청구(민법 제268조)는 허용되지 않는다. 공용부분을 관리함에 있어서도 구분소유자 독단적 의사결정은 배척되고 관리단을 통한 집단적 의사결정에 따르도록 한다.[17] 이렇게 보면, 집합건물의 구분소유자에게는 공용부분에 관한 소유권(공유)이 귀속되긴 하지만, 그 권리의 행사에 광범위한 제약이 뒤따른다. 이러한 구분소유자에게 공용부분에 대한 실질적 지배력이 있다고 보기 힘들고, 그 실질적 지배력을 전제로 하는 민법 제758조 제1항의 공작물 소유자 책임을 부과하는 것은 타당하지 않다.

5. 결 론

대상판결은 공동주택의 입주자대표회의의 법적 지위 및 민법상 공작물 책임에 관한 기존 대법원 판례의 입장을 충실히 따른 것으로 볼 수 있다. 대상판결에 한정하여 보면, 이 사건 공용부분(창문)의 하자로 인해 발생한 손해에 대하여 그 책임을 구분소유자(피고 乙)가 아닌 입주자대표회의에 귀속시킨 것은 일응 타당하다. 엄밀히 따지자면, 이 사건 발생손해에 대한 책임의 귀속처를 구분소유자와 입주자대표회의 중에서 선택하는 문제로 축소하는 한 대상판결의 결론은 수긍할만하다. 문제를 확장하면, 입주자대표회의와 주택관리업자 사이의 점유관계나 주택관리업자의 공작물 점유자로서의 지위 등에 관한 논의의 필요성이 제기될 수 있다. 한편 대상판결의 설시내용 중에서 구분소유자의 공작물 소유자로서의 책임을 언급한 대목은 집합건물의 단체성이나 공용부분에 대한 공유관계의 특수성을 고려하지 않은 채 그저 민법 제758조 제1항의 문언을 기계적으로 적용한 결론으로서 이에 찬동하기 어렵다.

---

15) 집합건물법 제1조, 제2조 제3호－제4호, 제3조, 제10조 참조. 곽윤직 · 김재형, 『물권법』[민법강의 Ⅱ], 박영사, 2015, 236, 238－39면.

16) 대법원 2013. 12. 12. 선고 2011다78200, 78217 판결.

17) 집합건물법 제14조, 제15조, 제15조의2, 제16조 참조.

집합건물 관리비 청구권의 법적 근거

– 대법원 2021. 9. 16. 선고 2016다260882 판결 –

이 지 은*

Ⅰ. 서 론

대상판결은 무자격의 관리인이 집합건물 관리업무를 수행한 것과 관련하여 집합건물 관리단인 원고가 구분건물의 소유자 내지 점유자인 피고를 상대로 미납관리비의 지급을 구하는 사건(이하 '이 사건'이라 함)에서 집합건물 관리비 청구권의 법적 근거를 분명히 밝히고 그 행사요건으로 실제 비용 지출을 요하는지에 대한 해석을 제시하고 있다.

이에 본 평석은 대상판결의 주요 쟁점인 전유부분 및 공유부분의 관리비 청구권의 법적 근거를 중심으로 판결 내용을 상세히 분석하고, 이에 더하여 관리비 징수 주체의 변경 또는 구분건물의 소유자 내지 점유자의 변경 시 발생할 수 있는 미납관리비 승계 관련 법률관계의 해석과 관련하여 이 사건 소송의 경과에서 주장·판단된 사무관리 법리, 부당이득 법리에 대한 해석도 함께 살펴보기로 한다.

Ⅱ. 사안의 개요 및 소송의 경과

1. 사실관계

(1) 관리규약

원고는 서울 서초구 C에 있는 집합건물 A 상가의 관리단이다. 원고 관리단이

* 경북대학교 법학전문대학원 조교수, 법학박사, 변호사

2010. 5. 14. 제정한 관리규약 중 관리비와 관련된 내용(이하 '이 사건 관리규약'이라 함)은 다음과 같다.

> 제38조(관리비 등)
> 1. 입주자는 제39조에 따라 관리주체가 부과한 관리비를 납기에 납부하여야 한다.
>   1) 일반관리비(관리단 및 대표위원회 회의비 관리법인 임원회의 운영비와 관리주체의 인건비, 공과금, 소모품비 등)
>   2) 기본전기료는 사용자의 사용량에 따라 비례하며, 공동전기는 면적에 따라 부과한다.
>   3) 상・하수도비(공동사용료 포함)는 면적에 따라 부과한다.
>   4) 난・냉방비(공동사용료 포함)는 면적에 따라 부과한다.
>   5) 경비, 청소비(용역인 경우 용역계약 금액)
>   6) 영선비
>   7) 기타
>
> 제40조(연체료)
> 관리비 사용료와 특별수선충당금의 연체료율은 처음 1개월까지는 5%로 하고, 다음은 매 1개월에 2%씩 가산한다(단, 최고 27%를 초과하지 아니한다).

(2) 상가 관리 및 관리비 연체

주식회사 D(이하 'D'라 함)는 관리인 자격으로 A 상가의 관리업무를 수행하고 구분건물 소유자, 사용자(임차인) 및 입점자로부터 관리비를 징수하였는데, 피고는 상가 E호의 구분소유자 및 F호, G호의 임차인으로 D가 부과한 2012. 8.분부터 2014. 11.분까지 관리비 및 연체료를 납부하지 아니하였다. 호수별 구체적인 연체 금액은 아래와 같다.

> ① E호 183,140,670원
> (=관리비 149,740,330원+연체료 33,400,340원)
> ② F호 13,460,490원
> (=관리비 10,985,660원+연체료 2,474,830원)
> ③ G호 33,652,130원
> (=관리비 27,462,520원+연체료 6,189,610원)

(3) 관리인 자격에 관한 분쟁 및 교체

피고는 2013. 1. 9. D를 상대로 위 상가의 관리인 지위에 있지 아니함의 확인을 구하는 소송을 제기하였고, 위 사건에서 D를 관리인으로 선임한 1995. 6. 1.

대책위원회 제15차 총회, 1996. 5. 4. 대책위원회 제16차 총회의 결의가 의결요건을 갖추지 못하였다는 등의 이유로 피고의 청구를 인용하는 판결이 선고되어 확정되었다.[1)] 그 후 원고의 2015. 2. 14. 임시 관리단집회에서 H가 관리인으로 선임되었다.

(4) 관리비 채권의 양도

D는 2015. 4. 7. 원고 관리단에게 피고에 대한 관리비 채권을 양도하고, 피고에게 내용증명우편으로 양도통지를 하였다.[2)]

2. 당사자들의 주장

원고는 피고가 입점자로서 구분소유자 전원으로 구성된 원고 관리단에게 미납 관리비 및 연체료를 지급할 의무가 있으며, D를 통해 이 사건 기간 동안 피고가 납부할 위 각 점포에 발생한 전기료, 수도료 등 각종 공과금을 대납하였으므로 피고는 위 대납금 상당액을 원고에게 부당이득으로 반환하여야 한다고 주장하였다. 이에 대하여 피고는 원고나 원고의 적법한 관리인 또는 그 위탁을 받은 자가 상가건물을 관리한 사실이 없고, 무자격의 D가 관리인 행세를 하면서 불법으로 관리하였을 뿐이며, 별도의 비상대책위원회가 운영되어 상가건물을 관리한 사실도 존재하므로 원고는 피고에게 관리비를 청구할 수 없다고 항변하였다.[3)]

3. 제1심의 판단

제1심 법원은 이 사건 관리규약이 유효함을 전제로 무자격 관리인 D의 관리행위는 관리단인 원고에 대한 사무관리에 해당한다고 하면서, 원고가 D로부터 관리비에 관한 채권을 양도받음으로써 원고는 D가 사무관리에 지출한 비용에 해당하는 전유부분 및 공용부분에 관한 관리비 채권을 취득하였다고 보았다. 반면 연체료 상당의 채권에 관하여는 D가 관리비를 징수할 권한이 없었고, 그 연체료를 사무관리비용으로 볼 수 없다는 이유로 원고가 연체료 상당의 채권을 취득하였다고 볼 수는 없다고 판시하면서, 피고는 원고에게 연체료 상당액을 제외한 나머지 미

1) 대법원 2014. 12. 11. 선고 2014다224400 판결.
2) 서울중앙지방법원 2015. 10. 14. 선고 2015가합538774 판결.
3) 서울중앙지방법원 2015. 10. 14. 선고 2015가합538774 판결; 서울고등법원 2016. 9. 26. 선고 2015나2063112 판결.

납관리비 188,188,510원(=E호 149,740,330원+F호 10,985,660원+G호 27,462,520원) 및 이에 대한 이자와 지연손해금을 지급하라고 판결하였다.[4)]

4. 원심의 판단

원심법원은 관리단이 구분소유자들에게 집합건물에 관한 관리비를 청구하기 위해서는 관리단이 집합건물의 관리행위를 하였고, 그 과정에서 어떠한 비용을 지출하였다는 사실이 증명되어야 하는데, 이 사건 원고의 경우 이 사건 기간 동안 이 사건 집합건물의 관리행위를 하였다거나 그 과정에서 어떠한 비용을 지출하였음을 인정할 아무런 증거가 없고, 피고를 대신하여 전기료, 수도료 등을 납부한 것은 원고로부터 적법한 위임 없이 이 사건 건물을 관리한 D이므로 원고가 법률상 원인 없이 피고를 위하여 전기료, 수도료 등을 대납하는 손해를 보았다고 볼 수 없으므로 원고에게 부당이득금 반환청구권을 인정할 여지도 없으며, 무자격의 관리인 D의 관리행위가 결과적으로 타인의 사무를 처리한 것이 되었다고 하더라도 관리행위 당시 D의 의사는 타인인 피고의 업무를 행하는 것이 아니라 관리인으로서 자신의 업무를 행하는 것이었으므로 피고를 위한 사무관리가 성립하지도 않는다고 하면서, 제1심 판결을 취소하고 원고의 청구를 기각하였다.[5)]

5. 대법원의 판단

대법원은 관리비 청구권의 법적 근거를 전유부분과 공용부분으로 구분하여 각 제시하면서 원심법원이 이 사건 관리규약이 유효하게 성립하였는지에 대한 심리를 다하지 아니하였음을 이유로 원심판결을 파기하고 이 사건을 원심법원인 서울고등법원에 환송하였는데, 그 판결 요지는 아래와 같다.[6)]

(1) 전유부분에 관하여

집합건물의 전유부분은 공용부분과 달리 구분소유자가 직접 관리하는 것이 원칙이므로 「집합건물의 소유 및 관리에 관한 법률」(이하 '집합건물법'이라 함)은 관리단에게 전유부분 관리비의 징수 권한을 부여하고 있지 않지만, 규약에서 관리단이 전유부분 관리비를 구분소유자로부터 징수할 수 있도록 정하였다면 관리단

4) 서울중앙지방법원 2015가합538774 판결[관리비].
5) 서울고등법원 2016. 9. 29. 선고 2015나2063112 판결[관리비].
6) 대법원 2021. 9. 16. 선고 2016다260882 판결.

은 규약에 따라 구분소유자에게 전유부분의 관리비를 청구할 수 있고, 이는 관리단이 구분소유자를 대신하여 전유부분 관리비를 실제로 납부하지 않았더라도 마찬가지라고 판시하였다.

(2) 공용부분에 관하여

집합건물법 제17조는 "각 공유자는 규약에 달리 정한 바가 없으면 그 지분의 비율에 따라 공용부분의 관리비용과 그 밖의 의무를 부담한다."라고 정하고, 구 집합건물의 소유 및 관리에 관한 법률(2020. 2. 4. 법률 제16919호로 개정되기 전의 것, 이하 '구 집합건물법'이라 함) 제25조 제1항은 "관리인은 공용부분의 보존·관리 및 변경을 위한 행위와 관리단의 사무의 집행을 위한 분담금액 및 비용을 각 구분소유자에게 청구·수령하는 행위 및 그 금원을 관리하는 행위를 할 권한과 의무를 가진다."라고 정하고 있으므로, 집합건물법상 관리단은 관리비 징수에 관한 유효한 규약이 있으면 그에 따라, 유효한 규약이 없더라도 구 집합건물법 제25조 제1항 등에 따라 공용부분에 대한 관리비를 그 부담의무자인 구분소유자에게 청구할 수 있다고 하면서, 이는 관리단이 구분소유자를 대신하여 전유부분 관리비를 실제로 납부하지 않았거나 혹은 무효인 관리인 선임 결의에 의하여 관리인으로 선임된 자가 집합건물에 관하여 사실상의 관리행위를 한 경우에도 마찬가지라고 판시하였다.

Ⅲ. 평 석

1. 집합건물법상 관리비 징수 주체

집합건물법상 집합건물 관리업무에 관한 권한과 의무를 가진 주체는 관리단이고, 관리단은 건물의 관리 및 사용에 관한 공동이익을 위하여 필요한 구분소유자의 권리와 의무를 선량한 관리자의 주의로 행사하거나 이행하여야 한다(집합건물법 제23조의2). 관리단은 구분소유 관계가 성립되면 당연히 설립된다(제23조).[7] 그러므로 구조상·이용상 독립성이 있는 1동의 건물에 대한 전체의 소유권을 가지고 있던 분양자가 분양을 개시하여 1명에게 분양을 하고 소유권을 이전하였다면 그때부터 그 당시의 미분양된 전유부분의 구분소유자를 포함한 구분소유자 전원

7) 대법원 2002. 12. 27. 선고 2002다45284 판결.

을 구성원으로 하는 관리단이 설립되었다고 볼 수 있다.[8)]

비교컨대 공동주택관리법의 경우 사업주체가 공동주택을 직접 관리하기 위해서는 입주예정자들과 관리계약을 체결하도록 하고 있고, 동법 시행령 제24조는 사업주체가 입주예정자의 과반수가 입주할 때까지 공동주택을 직접 관리하는 경우에는 입주예정자와 관리계약을 체결하여 그에 따라 관리비를 징수할 수 있도록 규정하여, 사업주체가 입주예정자들로부터 관리비를 징수하기 위해서는 별도의 관리계약의 체결을 필요로 한다는 점에서 구분소유 관계의 성립만으로 당연히 설립되는 집합건물법상 관리단과 구별된다.

2. 집합건물법상 관리규약의 성립 요건

집합건물법에 의하면, 집합건물과 대지 또는 부속시설의 관리 또는 사용에 관한 구분소유자들 사이의 사항 중 집합건물법에서 규정하지 아니한 사항은 규약으로써 정할 수 있는데(제28조 제1항), 규약의 설정・변경・폐지는 관리단집회에서 구분소유자 및 의결권의 각 4분의 3 이상의 찬성을 얻어 행하고, 이 경우 규약의 설정 등이 일부의 구분소유자의 권리에 특별한 영향을 미칠 때에는 그 구분소유자의 승낙을 얻어야 하며(제29조 제1항), 집합건물법 또는 규약에 의하여 관리단집회에서 결의할 것으로 정한 사항에 관하여 구분소유자 및 의결권의 각 5분의 4 이상의 서면에 의한 합의가 있는 때에는 관리단집회의 결의가 있는 것으로 본다(제41조 제1항)고 규정하고 있다.

위 규정들의 취지를 종합하여 보면 집합건물법 제41조 제1항은 관리단집회에서 결의하는 것보다 엄격한 정족수를 요구하는 대신 서면에 의한 합의에 의하여 관리단집회가 열리지 않고도 관리단집회의 결의가 있은 것과 동일하게 취급할 수 있도록 편의를 제공하는 것이므로 위 규정에 의하여 서면결의를 할 경우에라도 그 서면에 의한 합의를 얻을 수 있는 기간은 사회통념상 관리단집회의 결의가 있은 것으로 취급할 수 있을 정도의 합리적인 기간 내로 제한된다고 보아야 한다. 따라서 그 기간 내에 집합건물법 제41조 제1항 소정의 정족수를 충족하지 못하였다면 유효한 규약설정의 결의가 있다고 할 수 없고, 당초 무효인 규약설정의 결의가 그 후 일부 구분소유자의 서면에 의한 추가 동의로 유효하게 될 수도 없

---

8) 김종석, "집합건물의 관리업무 주체와 관리위탁계약", 「대법원판례해설」 제131호, 법원도서관, 2022, 254－258면.

다.[9]

대상판결의 파기환송심인 서울고등법원 2022. 4. 28. 선고 2021나2035460, 2022나52(독립당사자참가신청) 판결은 이 사건 관리규약에 대한 서면결의를 위한 구분소유자들의 동의서가 2008. 8.경부터 2010. 4. 30.까지 약 1년 8개월에 걸쳐 제출된 점에 비추어 위 기간이 사회통념상 관리단집회의 결의가 있은 것으로 취급할 수 있을 정도의 합리적인 기간이라고 보기 어렵고, 위 기간 중 동의서를 제출한 구분소유자가 다른 사람으로 변경된 점에 비추어 원고가 동의율을 집계한 2010. 4. 30. 당시 구분소유자의 5분의 4 이상의 서면에 의한 합의가 이루어졌다고 단정하기도 어렵다는 이유로 이 사건 관리규약의 효력을 인정하지 아니하였다.

3. 집합건물법상 관리규약이 없는 경우 관리비 징수 법률관계

집합건물법상 유효한 관리규약이 있는 경우 관리단은 관리규약을 근거로 관리규약이 정하는 바에 따라 전유부분 및 공용부분의 관리비를 구분소유자 내지 점유자에게 징수할 수 있는 권한이 있다. 그러나 집합건물법상 관리규약이 없거나 무효인 경우 관리단은 구분소유자의 직접 관리가 원칙인 전유부분에 대하여는 아무런 징수 권한을 가지지 못하게 되는 반면, 집합건물법 제11조부터 제18조까지의 규정에 따라 규율되는 공용부분(집합건물법 제10조 제2항)에 대하여는 공용부분의 부담·수익에 관한 동법 제17조를 근거로 구분소유자 내지 점유자에 대하여 관리비를 징수할 수 있는 권한을 가진다.

생각건대 공용부분에 관하여 관리비가 발생하면 이는 곧바로 집합건물법 제17조에 따라 구분소유자들이 일정한 비율에 따라 직접 부담하여야 하므로 관리단이 먼저 비용을 실제로 지출한 후에야 구분소유자들에게 그에 상응하는 금액을 관리비로 청구할 수 있다고 볼 것은 아니다. 한편 무효인 관리인 선임 결의에 의하여 선임된 관리인이라 하더라도 일정 기간 동안 관리인으로서 사실상 관리행위를 수행한 이상 관리인 선임 결의의 절차적 정당성을 문제 삼아 집합건물법 규정으로부터 바로 발생되는 관리비 청구권을 부정할 당위적인 이유는 없다. 다만 구분소유자들의 관리단에 대한 공용부분 관리비 지급 의무가 소멸하지 않은 이상 구분소유자들은 사실상 관리행위를 한 자에게 부당이득 반환의무도 부담하지 않는다

9) 서울고등법원 2022. 4. 28. 선고 2021나2035460, 2022나52(독립당사자참가신청) 판결.

고 보아야 할 것이다.[10)]

4. 대상판결의 의의

대상판결은 집합건물법상 관리비 징수 주체인 관리단이 구분소유 관계의 성립만으로 당연히 설립되며, 관리단의 관리비 징수는 전유부분의 경우 원칙적으로는 관리단에게 관리비 징수 권한이 없으나 관리규약에 정함이 있는 경우 이에 따르고, 공용부분의 경우 관리규약에 정하는 바에 따르되 가사 유효한 관리규약이 없다고 하더라도 집합건물법 제17조를 근거로 관리단에게 관리비 징수 권한이 있음을 명백히 밝힌 판결이다. 특히 관리단이 위에서 밝힌 법적 근거에 따라 관리비를 구분소유자에게 징수하는 경우 실제로 비용을 지출하였을 것을 요건으로 하지 않을 뿐만 아니라 무효인 관리인 선임 결의에 따라 선임된 관리인이 사실상의 관리행위를 한 경우에도 이와 같은 법리가 동일하게 적용됨을 분명히 하고 있다. 대상판결의 판시 내용은 집합건물의 관리단이나 구분소유자 내지 점유자가 변경되는 경우 미납관리비를 둘러싸고 빈번하게 발생하는 분쟁의 해결에 의미 있는 법적 해석기준을 제공하는 것으로 보인다.

10) 홍승면, “집합건물의 전유부분 및 공유부분 관리비청구권의 근거와 실제 비용 지출이 요구되는지 여부”, 「민사판례해설」(Ⅲ－상), 서울고등법원 판례공보스터디, 2022, 3224－3226면.

공용수입금 배분청구권

– 대법원 2024. 10. 8. 선고 2023다236337 판결 –

오 민 석*

Ⅰ. 사안의 개요

서울 중구에 소재한 지하 2층, 지상 8층의 근린생활시설(이하 '이 사건 상가건물'이라 한다)의 46명 구분소유자들은 이 사건 상가건물의 관리단을 상대로 공용부분인 외곽점포 C 내지 D호, E호, F호, 환전소와 이 사건 상가건물의 주차장, 옥상에서 발생한 수익금의 배분을 청구하는 소송을 제기하였다. 제1심 법원은 집합건물법 제17조(공용부분의 부담·수익) "각 공유자는 규약에 달리 정한 바가 없으면 그 지분의 비율에 따라 공용부분의 관리비용과 그 밖의 의무를 부담하며 공용부분에서 생기는 이익을 취득한다"는 규정에 따라 피고 관리단은 위 공용부분에서 발생한 수익을 지분의 비율에 따라 분배할 의무가 있다며 원고 승소판결을 선고하였다(서울중앙지방법원 2014. 6. 19. 선고 2013가합61683 판결, 관리단이 항소 및 상고를 제기하였으나 서울고등법원 2016. 6. 8. 선고 2014나35572 판결과 대법원 2016. 9. 8.자 2016다26594 판결로 모두 기각되어 1심 승소판결이 확정되었다. 이하 '이 사건 선행소송'이라 한다).

이 사건 선행소송에서 승소한 구분소유자들을 포함한 51명의 이 사건 상가건물 구분소유자들은 이 사건 상가건물의 관리단을 상대로 2009. 1. 1.부터 2019. 12. 31.까지 이 사건 상가건물의 공용부분에서 발생한 수익금 중 원고들 소유 점포의 전유부분 면적 비율에 따라 산출한 금원 및 이에 대한 지연손해금을 지급하라며 소송을 제기하였다. 이에 대하여 피고 관리단은 이 사건 상가건물 공용부분

* 법무법인 산하 대표변호사

에서 발생한 수익금은 관리단의 총유재산이므로 구분소유자 개인은 관리단집회의 결의 없이 수익금의 배분을 청구할 수 없을 뿐만 아니라, 이 사건 공용부분에서 발생한 수입이 이 사건 건물의 유지, 관리를 위한 비용으로 모두 지출되어 분배할 수익금이 남아 있지 않다고 다투었다.

Ⅱ. 소송의 경과

1. 1심의 판단(서울중앙지방법원 2021. 7. 1. 선고 2019가합559403 판결)

공용부분의 소유관계, 사용, 관리에 관한 집합건물법 규정의 내용과 체계, 입법 취지 등을 종합적으로 고려하여 볼 때, 집합건물의 구분소유자가 공용부분에서 생기는 이익을 취득한다고 규정한 집합건물법 제17조만으로는 구분소유자 개인이 관리단을 상대로 공용부분에서 생기는 이익 중 전유부분의 면적 비율에 상응하는 수익금을 청구할 수 있는 구체적이고 개별적인 권리가 발생한다거나 이를 곧바로 행사할 수 있다고 보기 어렵고, 구분소유자가 관리단에게 공용부분 수익금의 배분을 청구하기 위해서는 관리단집회의 결의가 있어야 한다고 봄이 타당하다.

그 이유는 다음과 같다. (1) 집합건물의 공용부분을 제3자에게 임대하여 임대료를 받는 등으로 수입을 얻는 행위는 공용부분의 관리에 관한 사항으로서 집합건물법 제16조 제1항에 따라 원칙적으로 구분소유자의 과반수 및 의결권의 과반수로써 의결하는 관리단의 통상의 집회결의로써 결정하여야 하는바, 이와 같이 공용부분의 이용에 따른 수익이 발생하기 위해서는 관리단집회의 결의를 통한 의사결정이 필요하고, 관리단 또는 그 대표자인 관리인이 제3자로부터 받은 임대료 등 수입에서 사업수행을 위해 지출된 비용을 공제하는 등의 업무집행 과정을 거쳐야 한다.

(2) 이러한 공용부분의 이용에 따른 수익의 발생 요건과 과정에 비추어 볼 때, 수익금의 분배 또한 공용부분의 관리와 밀접하게 관련된 것으로서 구분소유자들에게 단체적으로 귀속되는 법률관계에 해당하는 영역으로 봄이 상당하므로, 공용부분의 관리에 관한 사항에 준하여 관리단집회의 결의를 통해 분배 여부와 시기, 방식, 액수 등이 구체적으로 결정되어야만 구분소유자가 관리단에게 수익금의 배분을 청구할 수 있다고 보는 것이 타당하다.

(3) 구분소유자가 관리단집회의 결의를 거치지 아니하고 관리단에게 공용부분 수익금의 배분을 곧바로 청구할 수 있다고 인정한다면 관리간을 통하여 집합건물을 획일적, 지속적, 효율적으로 관리하는 것이 어려워진다.

(4) 원고들은 이 사건 선행소송의 판결을 들어 이 사건 청구가 인용되어야 한다는 취지로 주장한다. 그러나 민사재판에 있어서는 원칙적으로 기판력에 저촉되지 않는 이상 다른 민사사건 등의 판결에서 인정된 사실에 구속받는 것이 아니고, 개별 사건마다 당사자의 주장 내용, 증명의 정도, 공격방어방법 등에 차이가 있어 결론이 달라질 수 있는 것은 처분권주의와 변론주의를 원칙으로 하는 소송제도 아래서는 부득이한 것이므로,[1] 선행 소송과 당사자가 다르고 제출된 공격방어방법에 차이가 있는 이 사건의 결론이 확정된 선행 소송의 결론과 반드시 같을 이유는 없다.

그런데, 관리단인 피고가 그 집회에서 이 사건 공용부분으로 인하여 발생한 수익금을 원고들에게 부여하기로 결의하였다는 점을 인정할 아무런 증거가 없다. 더 나아가 이 사건 공용부분에서 발생한 수익금은 구분소유자들인 원고들이 아닌 집합건물법상의 관리단인 피고에게 있다고 봄이 타당하다면서,[2] 원고들 청구를 기각하였다.

2. 원심의 판단(서울고등법원 2023. 4. 26. 선고 2021나2029946 판결)

원심은 "구분소유자들이 시기를 달리하여 수익금 배분 청구 소송을 제기함에 따라 연쇄적으로 법적 분쟁이 발생할 우려가 있고, 관리단으로서는 안정적이고 예측가능한 재정 집행이 어려워져 전체 구분소유자들의 공동의 이익에 반하는 결과가 초래될 수 있다. 관리단이 분쟁 해결에 지출하는 비용이 증가하면 상대적으로 공용부분을 관리할 재원이 부족하게 되어 그에 따른 관리 소홀 등의 피해가 다른 구분소유자들에게 전가될 여지도 있다"는 점과,

"관리단집회의 결의 없이 구분소유자가 직접 관리단을 상대로 공용부분 수익금을 청구하여 이를 지급받을 경우, 사후적으로 구분소유자들 사이에서 공용부분 수익금을 다시 정산하는 문제를 둘러싸고 분쟁이 일어날 소지가 많고, 결과적으

1) 대법원 2014. 2. 13. 선고 2012다81623 판결; 대법원 2015. 4. 23. 선고 2014다221487 판결 참조.
2) 대법원 2018. 7. 12. 선고 2017다291517, 291524 판결 및 위 대법원 판결에 따른 환송후 원심판결인 서울고등법원 2019. 2. 15. 선고 2018나2045184, 2018나2045191 판결 참조.

로 구분소유자들 사이에 지분의 비율에 따른 공평한 수익의 분배를 실현하지 못하게 될 가능성도 있다. 집합건물법 제25조 제1항 제2호에 따라 관리인이 공용부분의 관리비용을 각 구분소유자로부터 별도로 청구·수령할 수는 있지만, 집합건물법 제17조는 구분소유자가 공용부분에서 생기는 이익을 취득할 뿐 아니라 공용부분의 관리비용도 부담한다고 정하고 있는데, 관리단집회의 결의 없이 구분소유자가 직접 관리단을 상대로 공용부분 수익금을 청구할 수 있다고 본다면, 관리단집회의 결의를 통해 공용부분에서 생기는 이익에서 공용부분의 관리비용 등을 정산하는 과정이 차단되게 되고, 결국 수익금 배분 청구 소송은 개별 구분소유자들이 집합건물법 제17조에 정한 공용부분의 관리비용 부담을 회피하고 공용부분에서 생기는 이익만을 취하는 수단으로 악용될 우려"가 있다는 문제점을 추가로 지적하면서 원고들의 항소를 기각하였다.

3. 대상판결

대법원은 원심과는 달리 "집합건물의 공용부분에서 생기는 수익금은 규약에서 달리 정하지 않는 한 구분소유자들 전원에게 지분의 비율에 따라 귀속하게 되고, 특별한 사정이 없는 한 각 구분소유자는 공용부분에서 생긴 수익금을 보관하고 있는 관리단을 상대로 그 수익금 중 자신의 지분 비율에 상당하는 부분을 지급해 달라고 청구할 수 있다"고 하면서, "다만 관리단집회의 결의나 규약으로 공용부분 관리비용 등 관리단의 사무집행을 위한 비용과 분담금 등을 각 구분소유자에게 청구·수령하고 관리하는 방식에 관하여 정하면서 공용부분에서 생기는 수익금을 이러한 비용이나 분담금 등에 충당하기로 하였다면 관리단은 그러한 방식과 절차에 따라 공용부분에서 생긴 수익금을 분배할 수 있고, 이 경우 구분소유자는 관리단에 공용부분 수익금을 자신에게 직접 지급해 달라고 청구할 수는 없을 것"이라는 제한을 두었다.

같은 이유로 "이 사건 공용부분에 관하여 징수한 수익금은 공용부분에서 생긴 이익으로 이 사건 건물의 구분소유자들 전원에게 그 지분 비율에 따라 귀속하므로 원고들은 피고를 상대로 자신의 지분 비율에 상응하는 수익금 지급을 청구할 수 있고, 이를 위해서 반드시 관리단집회의 결의가 있어야 하는 것은 아니"라고 하였고, "관리단집회의 결의나 규약에서 이 사건 공용부분에서 생기는 수익금을 구분소유자들에게 직접 분배하지 않고 관리단의 사무집행을 위한 비용과 분담금 등에 충당하기로 분배방식을 정하였다면 원고들이 피고에게 직접 이 사건 공용부분에서 생긴 수익금의 분배를 청구할 수는 없을 것이지만 그러한 내용의 관리단집회의 결의나 규약이 있었는지는 밝혀진 바 없"으므로 "원심으로서는 관리단집회의 결의나 규약에서 이 사건 공용부분에서 생기는 수익금의 분배 절차나 방식에 관하여 위와 같은 정함이 없는 한 피고가 원고들에게 각 지분 비율에 따른 수익금을 지급하여야 한다고 판단하였어야 했다. 그런데도 원심은 구분소유자가 관리단에 공용부분에서 생긴 수익금의 분배를 청구하기 위하서는 관리단집회의 결의가 있어야 한다는 전제에서 그러한 결의가 없다는 이유로 원고들의 이 사건 청구를 받아들이지 않았다. 이러한 원심의 판단에는 집합건물법 제17조의 해석 등에 관한 법리를 오해하여 판결에 영향을 미친 잘못이 있다"고 보았다.

Ⅲ. 대상판결 이전 실무의 동향

1. 하급심들의 주된 입장

집합건물 공용부분에서 발생한 수익금에 대한 구분소유자들의 분배 청구와 관련하여 대법원의 명시적이고 통일된 법리가 확립되기 전까지 하급심 법원들은 대체로 수익금의 분배에 관해 관리단집회 결의가 필요하다는 입장이었다. 즉, 하급심은 집합건물의 공용부분에서 발생한 수익금의 분배는 공용부분의 관리에 관한 사항으로서 단체적 법률관계에 해당한다고 보았다. 따라서 구분소유자 개인이 관리단을 상대로 직접 자신의 지분 비율에 따른 수익금의 지급을 청구하기 위해서는, 먼저 관리단집회에서 수익금의 분배 여부, 시기, 방식, 액수 등을 구체적으로 결정하는 결의가 있어야 한다고 판단하였다.[3)]

이러한 하급심 판결들은 다음과 같은 논거에 기초하였다. (1) 관리의 효율성: 관리단집회 결의 없이 개별 구분소유자의 직접 청구를 허용할 경우, 연쇄적인 소송이 발생하여 관리단의 안정적인 재정 집행이 어려워지고 집합건물의 획일적·효율적 관리를 저해할 수 있다. (2) 정산의 복잡성: 공용부분 수익금에서 관리비용 등을 공제하는 정산 절차를 거치지 않고 개별 청구를 인정하면, 추후 구분소유자들 간에 복잡한 정산 문제가 발생할 수 있다. (3) 권리의 성격: 집합건물법

3) 서울중앙지방법원 2020. 8. 20. 선고 2019가단34389 판결; 부산지방법원 2021. 11. 26. 선고 2020나49515 판결; 수원지방법원 2022. 8. 17. 선고 2021나65866 판결 등 참조.

제17조는 수익 취득의 원칙을 정한 것일 뿐, 그 자체로 개별적·구체적인 지급청구권이 발생한다고 보기는 어렵고, 관리단집회의 결의를 통해 비로소 구체적인 권리로 전환된다.

2. 대법원 판례 동향

위 대법원 판결 이전, 집합건물 공용부분 수익금 분배 청구에 관한 대법원의 입장은 명확하게 하나로 통일되지는 않았으나, 전반적으로 관리단의 단체적 관리 권한을 강조하는 경향을 보였다. 대법원은 공용부분의 관리에 관한 사항은 원칙적으로 관리단집회의 결의로 결정되어야 함을 여러 차례 확인하였다(집합건물법 제16조 제1항). 예를 들어, 관리단이 공용부분을 무단점유한 자를 상대로 부당이득반환을 청구하는 것은 관리단집회 결의나 규약에 근거해야 한다고 보았고,[4] 이렇게 회수된 부당이득금은 구분소유자 전체의 이익을 위한 것으로서 그 처분 역시 관리단의 관리 행위에 속하는 것으로 해석될 여지가 있었다.[5] 또한, 수익금 분배와 관련하여 서면 결의의 유효성이 다투어진 사안에서 그 요건을 엄격하게 심사함으로써, 유효한 결의 절차의 중요성을 간접적으로 시사하기도 하였다.[6]

이러한 판례들은 공용부분 수익금의 발생부터 관리, 처분에 이르는 과정이 구분소유자들의 단체적 의사결정에 따라야 한다는 점을 강조한 것으로, 이로 인해 하급심에서는 구분소유자가 개별적으로 수익금 분배를 청구하기 위해서는 먼저 분배에 관한 관리단집회의 결의가 있어야 한다는 입장이 지배적이었다. 물론 대법원은 집합건물법 제17조에 따라 공용부분에서 생기는 이익은 원칙적으로 구분소유자들이 그 지분 비율에 따라 취득한다는 점을 분명히 하기도 하였으나,[7] 이 추상적인 권리를 구체적으로 실현하는 절차에 관해서는 명시적인 법리를 제시하지 않아 법적 불확실성이 존재했다.

4) 대법원 2022. 9. 29. 선고 2021다292425 판결; 대법원 2022. 6. 30. 선고 2021다239301 판결 등 참조.
5) 대법원 2020. 5. 21. 선고 2017다220744 전원합의체 판결 참조.
6) 대법원 2018. 11. 9. 선고 2015다51234 판결 참조.
7) 대법원 2018. 11. 15. 선고 2014다43519 판결 참조.

Ⅳ. 집합건물법 제17조 규정과 관리단의 관계

1. 지분비율에 따른 공용부분의 부담 · 수익과 관리규약의 규정

집합건물법 제17조는 공용부분의 부담 · 수익이라는 제목하에 "각 공유자는 규약에 달리 정한 바가 없으면 그 지분의 비율에 따라 공용부분의 관리비용과 그 밖의 의무를 부담하며 공용부분에서 생기는 이익을 취득한다"고 규정하고 있다. 같은 법 제12조는 "각 공유자의 지분은 그가 가지는 전유부분의 면적 비율에 따른다"고 규정하고 있으므로 공용부분의 부담과 수익은 전유부분의 면적 비율에 따름이 원칙이다. 이는 건물의 구분소유에 관하여 "공용부분의 보존에 관한 비용 기타의 부담은 각자의 소유부분의 가액에 비례하여 분담한다"고 정한 민법과 차이가 있다(제215조 제2항).

공용부분의 관리비용은 원칙적으로 지분비율에 따라서 부담해야 하지만, 수익자부담의 원칙에 따라 실제로 관리로 인해서 얻는 이익을 고려해야 하는 경우가 있다. 저층세대에 승강기 유지관리비를 감면해주거나 세대별 계측기가 설치된 경우 사용량에 따라 부과하는 냉난방비, 급탕비 등이 그것이다(공동주택관리법 제18조 제1항에 따른 서울특별시 공동주택관리규약준칙 제63조 관련 별표 5 참조). 공용부분의 수익은 원칙적으로 구분소유자에게 지분 비율에 따라 귀속되어야 하나 수익을 관리비에 충당하거나 수선적립금(또는 장기수선충당금)으로 적립할 것을 규약으로 정하기도 한다{집합건물법 제28조 제4항에 따른 [제1－1유형] 법무부 집합건물표준관리규약(단동형_공동주택_관리위원회를 두는 경우) 제79조 제2항 등, 서울특별시 공동주택관리규약준칙 제62조 제2항, 제3항, 유통산업발전법 제12조의6 제4항에 따른 서울특별시 대규모점포등 표준관리규정(안) 제33조 제2항 등}. 공용부분의 수익을 관리비에 충당하게 되면 그 혜택이 임차인에게, 수선적립금으로 적립하게 되면 현재의 구분소유자 대신 장래의 구분소유자에게 그 혜택이 귀속하게 된다. 즉, 집합건물법 제17조에서 규정한 '규약으로 달리 정한다'는 의미는 공용부분의 부담과 수익을 공유자들 사이에서 지분비율에 따라 나누도록 한 원칙에 대한 예외를 규정하는 의미를 담고 있다.

2. 공용부분의 부담·수익과 관리단으로의 총유적 귀속

건물에 대하여 구분소유 관계가 성립하면 건물과 그 대지 및 부속시설의 관리에 관한 사업의 시행을 목적으로 하는 관리단이 당연 설립(집합건물법 제23조 제1항)된다. 관리단은 어떠한 조직행위를 거쳐야 비로소 성립되는 것이 아니고, 구분소유관계가 성립하는 건물이 있는 경우 당연히 성립되는 단체이다.[8] 관리단이 당연 설립되었다고 하더라도 실제로 사업을 시행하기 위해서는 관리단의 대표자인 관리인이 반드시 선임되어 있어야 한다(집합건물법 제24조). 대표인 관리인만 있다면 관리단은 집합건물법에 따라 사업시행을 할 수 있는 것이고, 관리규약이나 관리위원회가 존재하여야 하는 것은 아니다.

관리단은 구분소유자 전원을 구성원으로 하는 비법인사단으로 집합건물법상 특별한 규정이 있는 경우에는 그 규정을 적용하되, 규정이 없는 경우에는 민법상 비법인사단에 관한 규정과 법리가 적용된다.[9] 한편 집합건물법상 관리단은 관리비 징수에 관한 유효한 관리규약 등이 존재하지 않더라도, 집합건물법 제25조 제1항 등에 따라 적어도 공용부분에 대한 관리비는 이를 그 부담의무자인 구분소유자에 대하여 청구할 수 있다.[10] 즉, 집합건물 공용부분에 대한 부담과 그로 인한 수익은 관리규약에 별도의 규정이 없더라도 집합건물법으로 관리단에 부여된 권한에 근거하여 징수되거나 징수될 것이어서 관리단의 재산이고, 집합건물법에 특별한 규정이 없으므로, 그 재산은 원칙적으로 민법상 비법인사단인 관리단에 총유의 형태로 귀속된다(관리비 및 그에 대한 횡령을 원인으로 한 손해배상채권에 대하여 같은 취지로 판시한 서울고등법원 2019. 2. 12. 선고 2018나2035156 판결 등 참조).

구분소유 관계가 성립하면 관리인이 선임되거나 관리규약이 제정되지 않더라도 관리단은 당연성립하고, 공용부분의 비용 및 이익은 관리단에 총유적으로 귀속한다는 것과 "각 공유자는 규약에 달리 정한 바가 없으면 그 지분의 비율에 따라 공용부분의 관리비용과 그 밖의 의무를 부담하며 공용부분에서 생기는 이익을 취득한다"는 집합건물법 제17조의 규정은 어떠한 관계에 있는가? 이에 대하여는 집합건물법 제18조에 관한 해석론과 판례를 참고해 볼 필요가 있다.

---

8) 대법원 1995. 3. 10. 선고 94다49687, 94다49694 판결 참조.

9) 김영두, 「집합건물법개론」, 이테시스, 2020, 131면; 대법원 2022. 4. 28. 선고 2021다306904 판결 등 참조.

10) 대법원 2009. 7. 9. 선고 2009다22266, 22273 판결.

Ⅴ. 집합건물법 제18조와 관련한 관리단의 지위

1. 대법원 2001. 9. 20. 선고 2001다8677 판결 다수의견의 취지

집합건물법 제18조는 "공유자가 공용부분에 관하여 다른 공유자에 대하여 가지는 채권은 그 특별승계인에 대하여도 행사할 수 있다"고 규정하고 있다. 공용부분에 관하여 가지는 채권이란 공유자가 공용부분의 유지·관리를 위해서 지출한 비용에 관한 채권을 의미한다. 집합건물의 적정한 유지·관리를 위해서는 특별승계인의 승계의사 유무에 관계없이 공용부분의 유지·관리를 위해 지출한 비용에 관한 채무를 승계하도록 규정하는 것이 필요하기 때문이다. 이 규정은 구분소유자 상호간에 발생하는 관리에 관한 채권에 대해 규정하고 있음이 분명하다. 그렇다면 공용부분에 대하여 가지는 관리단과 구분소유자 사이의 채권에 대하여도 이 규정이 적용될 수 있을까?

이에 대하여 다룬 것이 대법원 2001. 9. 20. 선고 2001다8677 전원합의체 판결이다. 이 판결에서 다수의견은 "관리단은 집합건물법 제18조가 규정한 공유자는 아니라고 할지라도, 원래 각 공유자는 민법의 공유관계 규정에 따라 공용부분을 관리하여야 하고 자기 지분을 넘는 비용을 지출한 공유자는 그렇지 아니한 다른 공유자에 대하여 이를 청구할 수 있는데(민법 제266조 참조), 집합건물의 구분소유자의 단체인 관리단 등이 행사하는 공용부분에 대한 관리비 징수권은 위와 같은 각 공유자의 청구권에 기초하여 부여된 것이라고 할 것이므로, 관리단은 집합건물법 제18조 소정의 채권을 행사할 수 있는 공유자에 준한 지위를 가진다고 보아도 무방할 것"이라고 하였다(유통산업발전법에 따라 구성된 대규모점포관리자에 대하여도 집합건물법 제18조 소정의 채권을 행사할 수 있는 공유자에 준한 지위가 인정된다고 판시한 대법원 2011. 10. 13. 선고 2007다83427 판결 참조).

2. 다수의견에 대한 비판

위와 같은 다수의견에 대하여는 여러 비판이 제기된다. 우선 다수의견이 근거로 들고 있는 민법 제266조 제1항에 관한 비판이 있다. 집합건물의 공용부분은 공유물분할이 금지되거나(민법 제268조 제3항, 제215조), 공용부분의 변경에 공유자 전원의 동의가 필요하지 않는 등(민법 제264조, 집합건물법 제15조 제1항) 민법상 공유와는 많은 차이가 있다. 민법상 공유자는 공유물의 관리에 관한 비용이나 기타 의무에 대해서 다른 공유자에게 아무런 채무를 부담하지 않음에도 집합건물법 제18조가 관리단에도 적용되는 근거로 민법 제266조 제1항을 드는 것은 맞지 않다는 것이다(대상판결의 원심인 서울지방법원 2000. 12. 21 선고 2000나52393 판결 또한 관리단은 집합건물의 공유부분에 대하여 지분을 가진 공유자로 볼 수 없으므로 집합건물법 제18조의 규정을 근거로 특별승계인이 관리단에 대한 공용부분 체납관리비를 승계한다고 볼 수 없다고 하였다).

이러한 비판적 견해에 따르면 집합건물법 제17조는 구분소유자가 부담해야 할 관리비용의 부담비율과 이익의 취득비율을 정하는 규정으로 이해된다. 관리단이 조직된 경우라면 집합건물법 제17조는 관리인이 집합건물 관리단의 관리비채권을 행사함에 있어서 각 구분소유자에게 행사할 수 있는 채권의 범위를 정하는 규정이라는 것이다. 같은 취지로 집합건물법 제18조는 관리단이 구성되지 않았고, 일부의 구분소유자가 다른 구분소유자의 관리비용을 부담한 경우에 다른 구분소유자에 대해서 행사할 수 있는 채권을 특별승계인에 대해서도 행사할 수 있도록 한 규정이라고 본다. 역시 관리단이 구성된 경우라면 공용부분에 대한 채권을 특별승계인에게 행사하는 것은 관리단이 하는 것이며, 제17조와 같이 공유자들 사이에서는 적용될 여지가 없다고 본다.

또한 이 견해는 관리단이 구분소유자의 특별승계인에게 체납관리비를 청구하는 문제를 입법적으로 해결해야 한다고 한다. 예를 들어 일본의 구분소유법에서는 구분소유자 뿐 아니라 관리인이 구분소유자에게 공용부분에 관해서 갖는 채권은 특정승계인에게 승계된다는 규정을 두고 있다(일본의 구분소유법 제8조). 일본의 구분소유법과 마찬가지로 집합건물법의 개정을 통해서 관리단이 구분소유자에 대해서 행사하는 채권은 특별승계인에 대해서도 행사할 수 있다는 근거 규정을 마련해야 한다. 집합건물법의 개정이 이뤄지기 전까지는 집합건물법 제18조를 유추적용하여 관리비 채무의 승계를 판단해야 할 것이라고 결론 내린다.[11] 이러한 결론에 따르면 대법원 2001. 9. 20. 선고 2001다8677 전원합의체 판결의 다수의견을 수긍하는 것과 크게 다르지 않은 결론이다.

---

11) 김영두, 온주 집합건물의 소유 및 관리에 관한 법률 제18조 참조.

Ⅵ. 결론(사견)

1. 집합건물법 제17조는 비용 부담과 이익 취득비율을 정한 원칙 규정

집합건물법 제17조는 구분소유자의 공용부분에 대한 비용의 분담비율과 이익의 취득비율을 정하는 규정이고, 관리단이 조직된 경우라면 관리인이 집합건물 관리단의 관리비 채권을 행사함에 있어서 각 구분소유자에게 행사할 수 있는 채권의 범위를 정하는 규정이라고 새기는 견해에 찬성한다. 집합건물 관리단이 구분소유자에게 관리비를 청구할 수 있는 근거는 집합건물법 제17조가 아니라 관리단집회의 결의나 관리규약인 것이다.

다만, 이 견해가 집합건물법 제18조가 관리단이 구성되지 않았고, 일부의 구분소유자가 다른 구분소유자의 관리비용을 부담한 경우에 다른 구분소유자에 대해서 행사할 수 있는 채권을 특별승계인에 대해서도 행사할 수 있는 규정이라고 해석하는 점이나, 관리단이 구성된 경우에는 이 규정의 적용이 없다고 보는 점에 대해서는 동의하기 어렵다. 앞서 살펴보았듯 관리단은 어떠한 조직행위를 거칠 필요없이 구분소유관계가 성립하는 건물이 있는 경우 당연히 성립되는 단체이고, 대표인 관리인만 있다면 관리단은 집합건물법에 따라 사업시행을 할 수 있으며 관리규약이나 관리위원회가 존재하여야 하는 것은 아니다. 집합건물 공용부분에 대한 부담과 그로 인한 수익은 관리규약에 별도의 규정이 없더라도 관리단의 재산이고, 원칙적으로 비법인사단인 관리단에 총유의 형태로 귀속된다. 즉, 구분소유관계가 성립하면 관리단이 당연성립하고, 관리비 채권 등 공용부분에 관한 비용과 수익은 모두 관리단에 총유적으로 귀속되므로 구분소유자 사이에 관리비용과 수익을 상호 청구할 수 있도록 할 이유가 없다. 그렇기에 집합건물법 제17조는 구분소유자의 공용부분에 대한 비용의 분담비율과 이익의 취득비율을 정하고, 관리인이 관리비 채권을 행사함에 있어서 각 구분소유자에게 행사할 수 있는 채권의 범위를 정하는 원칙 규정으로 해석하면 족한 것이다.

2. 대상판결에 대한 비판

대상판결은 집합건물의 공용부분에서 생기는 수익금은 규약에서 달리 정하지 않는 한 구분소유자들 전원에게 지분의 비율에 따라 귀속하게 되고, 특별한 사정이 없는 한 각 구분소유자는 공용부분에서 생긴 수익금을 보관하고 있는 관리단을 상대로 그 수익금 중 자신의 지분 비율에 상당하는 부분을 지급해 달라고 청구할 수 있다한다. 집합건물법 제17조가 구분소유자 사이에 공용부분에 대한 수익의 취득 비율을 천명한 원칙 규정에서 더 나아가 구분소유자가 지분 비율에 상응하는 수익금의 분배를 직접 청구할 수 있는 근거가 된다고 본 것이다. 또한 대상판결은 관리단이 특별승계인에게 공용부분 관리 비용을 청구할 수 있는 공유자에 준하는 지위가 있다고 본 대법원 2001. 9. 20. 선고 2001다8677 판결과 유사하게 집합건물법 제17조를 근거로 구분소유자가 공용부분 수익을 보유한 (공유자가 아닌) 관리단을 상대로 지분 비율에 상응하는 수익금의 분배를 직접 청구할 수 있다는 결론에까지 이른다.

이러한 결론은 공용부분의 수익이 관리단에 총유의 형태로 귀속한다는 법리와 충돌한다. 그렇기에 대상판결은 관리단집회의 결의나 규약으로 공용부분에서 생기는 수익금을 관리단의 사무집행을 위한 비용과 분담금 등에 충당하기로 하였다면 구분소유자는 수익금을 자신에게 직접 지급해 달라고 청구할 수 없다는 제한을 두었다. 법리적으로는 원심의 판결이유가 더 합당하다. 집합건물의 구분소유자가 공용부분에서 생기는 이익을 취득한다고 규정한 집합건물법 제17조만으로는 구분소유자 개인이 관리단을 상대로 공용부분에서 생기는 이익 중 전유부분의 면적 비율에 상응하는 수익금을 청구할 수 있는 구체적이고 개별적인 권리가 발생한다거나 이를 곧바로 행사할 수 있다고 보기 어렵고, 구분소유자가 관리단에게 공용부분 수익금의 배분을 청구하기 위해서는 관리단집회의 결의가 있어야 한다는 판단이 공용부분 수익이 관리단에 총유적으로 귀속한다는 법리와 더 잘 조응되기 때문이다. 대상판결이나 원심 판결이 결과적으로는 동일한 결론에 이르는 것이 아닌가 생각될 수도 있지만(통상 집합건물의 관리규약에는 공용부분에서 발생한 수익에서 관리비용 등을 공제하고, 나머지 수익은 관리비에서 차감한다거나 수선적립금으로 적립한다는 등의 규정을 두고 있을 것이기 때문이다), 관리단이 당연성립되고 관리인이 선임되어 사업시행을 하고는 있으나 관리규약이 제정되어 있지 않거나 현실적으로 관리단집회가 이루어지지 못하고 있는 상황이라면 어느 견해에 따르냐에 따라 큰 차이를 가져오게 된다.

대법원은 대상판결을 통해 공용부분 수익금 분배에 관한 법률관계를 '단체적 관리'의 관점보다 '개별적 권리'의 관점을 중시하였고, 관리단이 정당한 이유 없이 수익금 분배를 거부하거나 지연하는 것을 방지함으로써 집합건물법 제17조에 따른 구분소유자의 이익 취득권을 보다 두텁게 보호하는 효과를 가져왔다. 그러나 이와 같은 폐해의 방지나 구분소유자의 이익 보호는 집합건물법 제17조의 해석론으로부터 도출되기보다는 관리단의 단체법적 운영의 측면에서 이루어짐이 바람직하다. 대상판결의 제1심과 원심이 적절하게 지적하는 바와 같이 구분소유자로부터 연쇄적인 소송이 발생하면 관리단의 안정적인 재정 집행이 어려워지고 집합건물의 획일적·효율적 관리를 저해할 수 있으며 공용부분 수익금에서 관리비용 등을 공제하는 정산 절차를 거치지 않으면 추후 구분소유자들 간에 복잡한 정산 문제가 발생하는 등 집합건물 관리의 커다란 실무상 어려움이 야기될 수 있다는 점을 더욱 중시해야 할 것이다.

결론적으로 집합건물법 제17조는 구분소유자의 공용부분에 대한 비용의 분담비율과 이익의 취득비율을 정하는 원칙규정이고, 관리단이 조직된 경우라면 관리인이 집합건물 관리단의 관리비 채권을 행사함에 있어서 각 구분소유자에게 행사할 수 있는 채권의 범위를 정하는 규정이라고 해석해야 한다. 따라서 구분소유자가 관리단에게 공용부분 수익금의 배분을 청구하기 위해서는 집합건물법 제17조만으로는 부족하고 관리단집회의 결의가 있어야 한다.

구분소유권 특별승계인의 연체관리비에 대한 책임

- 대법원 2001. 9. 20. 선고 2001다8677 전원합의체 판결 -

박 근 웅*

Ⅰ. 서 론

「집합건물의 소유 및 관리에 관한 법률」(이하 '집합건물법'이라 함) 제18조는 "공유자가 공용부분에 관하여 다른 공유자에 대하여 가지는 채권은 그 특별승계인에 대하여도 행사할 수 있다"고 한다. 이 규정은 집합건물법이 1984. 4. 10. 법률 제3725호로 제정되어 1985. 4. 11. 시행된 시점부터 존재했고, 이후 그 내용이 변경된 바 없다.

그런데 대법원은 대상판결을 통해 아파트의 전 입주자가 연체한 관리비 중 공용부분에 관한 것은 그 아파트의 특별승계인에게 승계된다고 하면서, 집합건물법 제18조를 - 공용부분에 관한 것에 한정하지만 - 연체관리비 승계에 관한 관리규약의 유효성을 인정하는 근거로 들었다. 종래 이 문제와 관련해 하급심판결은 일관되지 못하였는데,[1] 대법원이 전원합의체 판결을 통해 그 입장을 정리한 것이다. 다만 이러한 결론에 대해서는 대상판결 내에서도 별개의견과 반대의견을 통해 치열하게 이견이 제기되었을 뿐 아니라, 대상판결 이후 학계의 평석도 일치된 의견을 보이지 못하고 있다. 이 글에서는 대상판결의 사실관계와 사건의 경과, 그리고 대법원 다수의견과 별개의견, 반대의견의 입장을 소개하고, 문제가 된 쟁점을 논리적·정책적 측면에서 검토하기로 한다.

---

* 부산대학교 법학전문대학원 교수, 법학박사

1) 자세하게는 이기영, "체납관리비채무에 대한 집합건물 특정승계인의 책임과 그 범위", 「법조」 제50권, 법조협회, 2001, 120면 이하 참조.

Ⅱ. 사안의 개요 및 소송의 경과

1. 사실관계

원고 甲은 1998. 12. 11. 서울 구로구 ○○의 1소재 ○○ ○○동 ○○호(이하 'X 아파트'라 한다)를 경락받아, 1998. 12. 30. 그 대금을 납부하여 소유권을 취득하였고, 1999. 1. 12. 소유권이전등기를 마쳤다. 피고 乙(입주자대표회의)은 X 아파트의 관리자이다.

X 아파트의 전 소유자인 丙은 1998. 1.부터 1998. 12.까지의 관리비와 이에 대한 연체료(이하 '연체관리비등'이라 한다)로 합계 2,693,170원을 체납하였다.

이 사건 당시 공동주택관리령 제9조 제1항은 "공동주택의 입주자 등은 공동주택의 관리 또는 사용에 관한 공동주택관리규약을 정하여야 한다.", 제9조 제3항 제3호는 "관리규약의 내용에는 입주자 등의 권리 및 의무, 관리비, 사용료 및 특별수선충당금의 세대별 부담액 산정방법, 징수, 보관, 예치 및 그 사용절차와 이를 납부하지 아니한 자에 대한 조치가 포함되어야 한다.", 제9조 제4항은 "관리규약은 입주자의 지위를 승계한 자에 대하여도 그 효력이 있다."고 각 규정하고 있었는데, 이러한 공동주택관리령의 규정에 따라 제정된 X 아파트의 공동주택관리규약은 제6조에서 "관리규약은 입주자의 지위를 승계한 자에 대하여도 그 효력이 있다."고 규정하는 한편, 제13조 제1항에서는 "관리주체는 관리비 사용료 및 특별수선충당금에 대한 채권은 입주자의 지위를 승계한 자에 대하여도 행사할 수 있다."고 규정하고 있었다.

甲은 乙을 상대로 1998. 1.부터 1998. 12.까지의 연체관리비 2,693,170원의 채무는 존재하지 아니함을 확인한다는 판결을 구하는 소를 제기하였다. 이 소송에서 甲은 X 아파트를 경락받아 소유권을 취득한 자로서 X 아파트의 소유권을 취득하기 이전에 발생한 전 입주자의 연체관리비에 대해서는 아무런 책임이 없다고 주장하였고, 乙은 甲이 경락에 의하여 X 아파트를 취득하여 입주자의 지위를 승계한 것이므로, 제반규정과 관리규약에 따라 甲이 연체관리비 등을 승계한다고 주장하였다.

2. 사건의 경과

(1) 제1심법원의 태도

제1심인 서울지방법원 남부지원 2000. 7. 21. 선고 2000가단27255 판결은 "위와 같은 규정들은 관리비의 효율적 징수를 통해서 공동주택의 효율적 관리를 기하고 대다수 입주자들의 이익을 보호하려는 취지에서 특별히 마련된 것이므로 이러한 규정들의 해석상 공동주택의 승계취득자는 전입주자가 연체한 관리비등 채무를 승계한다고 봄이 상당하고, 경락으로 인한 소유권취득은 승계취득이므로, 원고는 위 공동주택관리령 및 위 공동주택관리규약에서 정하고 있는 승계인에 해당한다. 따라서 위 공동주택관리규약 제13조 제1항의 규정에 의하면, 甲이 乙에 대하여 전 입주자인 丙의 체납관리비를 납부할 의무를 부담한다."고 하여, 甲의 청구를 기각하였다. 이에 대해서는 원고 甲이 항소하였다.

(2) 원심법원의 태도

원심법원인 서울지방법원은 2000. 12. 21. 선고 2000나52393 판결을 통해 제1심판결을 취소하고 甲의 청구를 인용하였다. 그 근거를 요약하면 다음과 같다.

첫째, 이 사건 관리규약 제13조 제1항의 규정은 그 목적의 정당성을 인정하더라도, 체납관리비를 승계되는 것으로 하지 않으면 이에 대한 처리가 불가능한 것이라고 할 수도 없을 뿐만 아니라, 승계인으로 하여금 전 입주자의 관리비 체납사실을 미리 알 수 있도록 하는 아무런 제도적 장치도 없고 승계되는 체납관리비의 액수의 한도도 없는 상황에서, 승계인의 의사 여하 또는 그 선의, 악의를 불문하고 전 입주자의 체납관리비를 승계하도록 하는 것은, 위와 같은 목적을 이루기 위한 수단으로서의 적정성을 갖추지 못하였을 뿐만 아니라 피해의 최소성 원칙에도 어긋나 헌법상 기본권 제한의 한계로서의 비례의 원칙을 일탈하여 승계인의 재산권의 본질적 내용을 침해하는 것이다. 또한 위 규약 제6조 및 제13조 제1항이 이전 입주자의 사용·수익과 관련하여 발생한 체납관리비까지도 새로운 입주자의 의사에 반하여 입주자 전체의 집단 의사로 승계시킬 수 있다고 해석되는 것이라면, 이는 당사자의 승낙 없이 타인의 채무를 강제로 인수시키는 결과가 되는 반면, 일정 목적물의 점유 또는 소유에 의하여 공동체가 구성되고 특정 구성원이 그 소유 목적물의 사용·수익으로 인한 채무를 불이행함으로써 그 공동체 구성원 전체에게 귀속되어야 할 손해에 대하여 그 특정 구성원의 채무와 관계 없이 단순히 그 목적물만을 취득한 자에게 그 특정 구성원의 채무를 부담시키는 것이 공공의 이익을 실현하는 것이라고 볼 수도 없으므로 이 규정은 사적자치의 원칙에 반하거나 사회적 타당성을 잃은 것이다. 결국 위 규정은 헌법상 요구되는 비례의 원칙에 위반하여 승계인의 재산권을 과도하게 침해할 뿐만 아니라 사적 자치의 원칙에 반하거나 사회적 타당성을 잃은 것이기 때문에, 민법 제103조 소정의 선량한 풍속 기타 사회질서에 위반되어 그 효력이 없다.

둘째, 이 사건 당시 공동주택관리령 제9조 제4항은 관리규약이 입주자의 지위를 승계한 자에 대하여도 효력이 있다고 규정하고 있고, 이 사건 관리규약도 제6조에서 같은 내용의 규정을 두고 있으나, 위와 같은 규정은 공동주택의 입주자들이 공동생활의 질서유지와 주거생활의 향상을 위하여 공동주택의 관리, 사용 등의 사항에 관하여 관리규약으로 정한 내용은 그것이 승계인 이전에 제정된 것이라고 하더라도 승계인에 대하여도 효력이 있다는 뜻으로서, 관리비와 관련하여서는 승계인도 입주자로서 관리규약에 따른 관리비를 납부하여야 한다는 의미로 해석될 뿐, 동 규정에 의하여 승계인이 전 입주자의 체납관리비까지도 승계하여 부담하는 것으로 해석되지는 않는다.

셋째, 집합건물법 제18조의 규정에도 불구하고, 乙의 체납관리비 채권은 X 아파트의 전 소유주인 丙의 전유부분의 사용에 따른 대가관계에서 발생한 것으로 '공용부분에 관하여 가지는 채권'이 아닐 뿐만 아니라, 乙은 자치적 관리기구일 뿐 X 아파트의 공유부분에 대하여 지분을 가진 공유자로 볼 수도 없으므로, 위 규정에 의해 甲이 丙의 관리비 채무를 승계한다고 할 수 없다.

넷째, 甲이 관리비 연체사실을 알고 있었다는 사실만으로 그 납부의무를 승계할 의사가 있었다고 볼 수 없다.

3. 대법원의 판단

(1) 다수의견

대상판결의 대법원 다수의견은 X 아파트의 특별승계인인 甲이 전 입주자인 丙의 체납관리비 중 공용부분에 관하여는 이를 승계한다고 판단하고, 그 결과 원심법원의 판결을 파기하고 사건을 원심법원에 환송하였다. 그 이유는 다음과 같다.

1) 관리규약 제13조 제1항 및 공동주택관리령의 해석

집합건물법 제28조 제3항에 비추어, 체납관리비 채권 전체에 대하여 입주자의 지위를 승계한 자에 대하여도 행사할 수 있도록 규정한 X 아파트 관리규약 제13조 제1항은 자치규범인 관리규약 제정의 한계를 벗어난다. 개인의 기본권을 침해하는 사항은 법률로 특별히 정하지 않는 한 사적 자치의 원칙에 반한다는 점 등에 비추어, 특별승계인이 그 관리규약을 명시적, 묵시적으로 승인하지 않는 이상 그 효력이 없다. X 아파트 관리규약 제6조와 당시 공동주택관리령 제9조 제4항 및 집합건물법 제42조 제1항의 각 규정은 공동주택의 입주자들이 공동주택의 관리, 사용 등의 사항에 관하여 관리규약으로 정한 내용은 그것이 승계 이전에 제정된 것이라고 하더라도 승계인에 대하여 효력이 있다는 뜻으로, 관리비와 관련하여서는 승계인도 입주자로서 관리규약에 따른 관리비를 납부하여야 한다는 의미일 뿐, 이로 인하여 승계인이 전 입주자의 체납관리비까지 승계하게 되는 것으로 해석할 수는 없다.

2) 집합건물법 제18조의 해석

집합건물법 제18조는, 집합건물의 전체 공유자의 이익에 공여하는 공유부분의 성질상, 그에 대한 적정한 유지·관리를 도모하기 위하여 소요되는 경비에 대한 공유자간의 채권은 이를 특히 보장하여 공유자의 특별승계인에게 그 승계의사의 유무에 관계없이 청구할 수 있도록 한 특별규정이다. 이는 구분소유권을 타인에게 매각하는 등의 행위를 통해 공용부분에 대한 책임을 회피하는 것을 방지하면서도 다른 한편, 공용부분에 대한 비용과 관계없는 전 소유자의 전유부분에 대한 체납관리비에 대해서까지 이를 제3자에게 승계시키는 것은 특별승계인에게 지나친 손해를 입게 하는 것이 되므로 그 조화를 꾀하고, 집합건물의 특별승계가 이루어질 경우 체납관리비에 대한 공시제도가 마련되지 않아 특별승계인에게 발생할 수 있는 불이익도 고려하여 승계되는 채무의 범위를 공용부분 관리비에 한정하려는 규정이다.

피고 乙과 같은 관리단은 집합건물법 제18조가 규정한 공유자는 아니라고 할지라도, 원래 각 공유자는 민법의 공유관계 규정에 따라 공용부분을 관리하여야 하고 자기 지분을 넘는 비용을 지출한 공유자는 그렇지 아니한 다른 공유자에 대하여 이를 청구할 수 있는데(민법 제266조 참조), 집합건물의 구분소유자의 단체인

乙과 같은 관리단 등이 행사하는 공용부분에 대한 관리비 징수권은 위와 같은 각 공유자의 청구권에 기초하여 부여된 것이라고 할 것이므로, 피고 乙은 집합건물법 제18조 소정의 채권을 행사할 수 있는 공유자에 준한 지위를 가진다.

공용부분 관리비에 대하여 특별승계인에게 법률로 이를 승계시키는 것이 비례의 원칙을 일탈하여 재산권의 본질적 내용을 침해한 것이라고 볼 수 없고, 경락인이 불측의 손해를 입게 될 우려는 공용부분 관리비에 국한되는 것이 아니고 경매 목적물에 하자가 있는 때에도 일어날 수 있는 문제로서 이는 경매제도상 불가피한 현상이다. 또한, 경락인이 구분소유 건물을 경락받을 때 전 소유자의 관리비 체납 여부에 대하여 조사하는 것도 불가능하다고 할 수는 없으며, 아파트관리비를 공용부분과 전유부분에 관한 것으로 구분하는 것 또한 불가능하다고는 보이지 않는다.

(2) 서성, 유지담, 이용우 대법관의 별개의견

대상판결의 별개의견은 다수의견과 달리 공용부분에 한정하지 않고 체납관리비 전체를 특별승계인 甲이 승계하는 것으로 판단하였다. 그 이유는 다음과 같다.

첫째, 집합건물법 제23조 제1항에 따라 구분소유자 전원으로 구성되는 관리단은 권리능력 없는 사단이고, 관리단집회에서 정하는 규약은 자치법규로서 집합건물법 제42조에 따라 구분소유자는 물론 그 특별승계인이나 점유자에게도 효력이 미친다. 집합건물은 다수의 사람이 공동으로 소유하며 사용하는 건물이므로, 규약을 통하여 구분소유자나 그 특별승계인 또는 점유자의 권리에 일정한 제한을 가하는 것은, 그러한 제한이 헌법이나 다른 법령의 규정에 어긋나지 아니하는 한, 허용된다. 그런데 특별승계인이 규약에 따라 전 소유자의 체납관리비를 승계하더라도, 실제에 있어서는 전 소유자의 관리비 체납 액수를 손쉽게 파악하여 구분소유권 취득가액에서 이를 공제함으로써 체납관리비에 대한 부담을 간단히 해소할 수 있고, 또 전 소유자의 체납관리비를 납부한 경우에는 구상권을 행사하여 전 소유자로부터 이를 상환받을 수 있으므로, 이러한 규약의 규정은 재산권의 본질적 내용을 침해하지 아니하고 비례의 원칙에도 어긋나지 아니한다.

둘째, 집합건물법 제28조 제3항은 규약으로 '구분소유자 이외의 자'의 권리를 해하지 못한다고 규정하지만, 이 규정에서 말하는 '구분소유자'에는 규약 제정 당시의 구분소유자뿐만 아니라 규약이 제정된 뒤 구분소유자가 된 사람도 포함된다.

셋째, 구분소유자의 특별승계인이 구분소유권을 취득함으로써 관리단에 가입하는 것은 곧 규약과 관리단집회의 기존 결의를 최소한 묵시적으로 승인한 것이라고 보아야 한다.

넷째, 집합건물법 제18조에 따라 공용부분에 관한 관리비가 특별승계인에게 당연히 승계된다고 하더라도, 그 반대해석으로 전유부분에 관한 관리비가 특별승계인에게 승계되어서는 아니 되고 따라서 관리규약으로 특별승계인이 이를 승계하는 규정을 둘 수 없다고 해석할 수는 없다. 또한, 다수의견과 같이 전 소유자의 체납관리비 중 공유부분에 관한 것은 특별승계인에게 승계되나 전유부분에 관한 것은 승계될 수 없다고 보는 경우, 공유부분과 전유부분에 관한 관리비의 명확한 구분이 어려워 또다른 분쟁을 일으킬 수 있고, 전 소유자로부터 전유부분에 관한 체납관리비의 징수가 사실상 불가능하여 그 부담이 관리비의 상승 등을 통하여 당해 전유부분과 아무런 관련이 없는 다른 구분소유자들에게 전가된다.

(3) 조무제 대법관의 반대의견

대상판결의 반대의견은 원심의 판단을 그대로 수긍한다. 즉, 체납관리비는 공유부분 관리비 부분이나 전유부분 관리비 부분을 가릴 것 없이 특별승계인에게 승계되지 않는다는 것이다. 그 이유는 다음과 같다.

1) 집합건물법 제18조의 해석

관리단이나 입주자대표회의 등은 집합건물법 제18조의 공유자에 해당되지 아니한다. 관리단이 제18조의 공유자에 포함된다고 보아 다수의견처럼 관리단이 특별승계인에 대하여 공용부분 관리비의 납부를 청구할 권리가 생긴다고 한다면, 그 법문의 해석상 당연히 관리단 아닌 진정한 공유자인 구분소유자도 관리비 지급청구권을 가진다고 해석되어야 하는데, 구분소유자는 특별승계인에 대하여 자신에게 관리비를 지급하도록 청구할 근거는 갖지 못하며 관리단에게 관리비를 지급하라고 청구할 수도 없다(당시 주택건설촉진법 제38조 제12항 참조). 결국, 다수의견이나 별개의견의 해석론은 제18조에 명시된 진정한 공유자는 정작 행사할 수 없는 권리를, 공유자에 속하지도 아니하는 관리단만이 지급청구할 근거규정이 된다는 결론에 이르게 된다.

또한, 집합건물법 제18조 '공용부분에 관한 채권'의 해석에 있어서, 특히 일반

관리비는 공용부분에만 관한 것도 아니고 전유부분에만 관한 것도 아니어서 그것을 공유부분의 것과 전유부분의 것으로 구분한다는 것은 불가능하다.

결국, 집합건물법 제18조는 일부 공용부분에 적용될 경우가 많을 것으로서, 긴급한 필요 등의 사유가 생겨 공유자 중의 1인이 공용부분에 새로운 시설을 하거나 기존시설의 수리를 하는 비용을 대신 지급한 경우 적용된다.

2) 집합건물법 제27조 제1항, 제2항

집합건물법은 제27조 제1항과 제2항을 통해, 관리단이 구분소유자에 대한 관리비를 징수한 끝에 무자력인 자나 관리비를 미납한 채 전유부분을 다른 사람에게 양도하고 잠적한 자의 발생 등의 사유로 집행불능이 누적된 나머지 관리단이 제3자에 대하여 채무초과로 된 때에 대비하고 있다. 이와 같이 관리단의 채무 중 변제능력을 초과하는 부분에 관하여 구분소유자 전원의 책임으로 돌리고 그의 원인이 된 특별승계인 개인에게 전 책임을 지우지 아니하는 그 제27조의 규정이 별도로 설정되어 있다는 사정을 상기할 때, 그 제18조의 규정이 관리단이 특별승계인에 대해 승계 전의 미납관리비 지급청구권을 행사할 수 있는 근거규정은 되지 못하는 것을 알 수 있다. 다수의견이나 별개의견에 따른다면 결과적으로 구분소유자의 특별승계인은 그 구분소유자의 관리단에 대한 채무에 대하여 전 책임을 지고 나서도 또 관리단의 변제불능채무에 대하여도 지분비율에 따른 분할책임을 져야 하는 부당한 대우를 받게 된다.

3) 일본의 입법례와 비교

우리 집합건물법과 유사한 입법례인 일본의 '건물의 구분소유 등에 관한 법률' 제7조 제1항은 우리 집합건물법 제18조와 같은 문안의 규정을 설정한 데다가 이어서 덧붙여 "관리자 또는 관리법인이 그의 직무 또는 업무를 행함에 있어 구분소유자에 대하여 갖는 채권에 대하여도 같다."고 명정하므로 그 규정이 특별승계인의 채무부담 근거조항으로 해석되는 것인데, 우리법 규정에서는 같은 해석을 할 수 없다.

4) 관련자 지위의 공평성 측면

관리비채무를 대납한 사람은 원채무자인 전 공유자에게 구상할 수 있으나, 특별승계인이 전 공유자의 미납부 관리비를 납부한 후 전 공유자의 소재를 찾아내어 그 구상권을 행사하거나 소구하는 것은 용이하지 않다. 반면 관리단은 전 공유자의 전출 등 사항을 파악하고 있어 그의 전출소재지 등 관련정보를 보유하고 있을 뿐만 아니라 재판상, 재판 외에서 그러한 업무를 본무로 삼는 관리인이 선임되어 있어서 그 징수업무처리가 용이하므로 구상권행사의 실제에서의 공평성으로 보아도 다수의견과 별개의견의 해석은 부당하다.

Ⅲ. 평 석

1. 시작하며

대상판결은 아파트의 전 입주자가 연체한 관리비채무 중 공용부분에 한하여는 구분소유권의 특별승계인이 이를 승계한다고 하였다. 한 가지 주목할 만한 점은, 다수의견은 “위 관리규약 중 공용부분 관리비에 관한 부분은 위 규정에 터잡은 것으로 유효하다고 할 것이므로”라는 이유를 붙이고 있다는 점이다. 대상판결에서 X 아파트 관리규약 제13조 제1항은 “관리주체는 관리비 사용료 및 특별수선충당금에 대한 채권은 입주자의 지위를 승계한 자에 대하여도 행사할 수 있다.”고 하였는데, 해당 규약의 일부무효(잔부유효)의 평가를 거쳐, 유효한 부분의 규약내용에 따른 효과를 승인한 것이라 할 수 있다.[2] 집합건물법 제18조는 ‘공유자’의 다른 공유자에 대한 채권을 그 특별승계인에게도 행사할 수 있는지를 직접 정하는 규정이므로, ‘관리주체’의 관리비채권에 대한 직접적 근거로 이해하기는 버겁다. 이러한 점은 대법원 반대의견과 이후 대상판결에 대한 비판적 평석에서도 여러 차례 지적되고 있다. 다만, 대상판결 다수의견이 직접 원용하는 근거는 사건에서 관리규약 제13조 제1항의 유효한 부분이라 할 수 있으므로, 논의의 국면에서 다소 차이가 있음을 확인할 수 있다.

한편, 연체관리비의 승계 여부의 문제는 집합건물법 제18조 외에도 집합건물법 제28조 제3항과 집합건물법 제27조와도 관련된다. 다수의견은 집합건물법 제28조 제3항을 근거로 연체관리비를 특별승계인에게 승계시키는 규약의 효력을 원칙적으로 부정하였다. 이에 대해서 별개의견은 해당 조항의 ‘구분소유자 이외의 자’의 해석을 다수의견과는 달리 한다. 또한, 집합건물법 제27조는 반대의견의 연체관리

2) 이후 대법원 2007. 2. 22. 선고 2005다65821 판결도 마찬가지임.

비 승계 부정론의 근거로 원용되기도 하였다. 이하에서는 먼저 이와 같은 관련 조항들을 살피기로 한다.

2. 집합건물법 제28조 제3항과 제27조

집합건물법 제28조 제3항은 집합건물의 규약이 구분소유자 외의 자의 권리를 침해하지 못한다고 한다. 대상판결 다수의견은 이 조항을 근거로 이 사건에서 연체관리비 채무가 특별승계인에게 승계되도록 한 관리규약 제13조 제1항은 입주자 이외의 자인 특별승계인의 권리·의무에 관련한 사항으로 자치규범인 관리규약의 한계를 벗어났다고 평가한다. 그런데, 특별승계인도 마찬가지로 구분소유자이므로 그가 규약에 따라 연체관리비채무를 부담하게 되는 것을 '구분소유자 외의 자의 권리를 침해'하는 행위로 단정할 수는 없다. 대상판결도 같은 취지에서, "집합건물법 제28조 제3항은 규약으로 '구분소유자 외의 자'의 권리를 해하지 못한다고 규정하지만, 이 규정에서 말하는 '구분소유자'에는 규약 제정 당시의 구분소유자뿐만 아니라 규약이 제정된 뒤 구분소유자가 된 사람도 포함된다."고 한다.[3] 다만, 그렇다고 하더라도 전 구분소유자의 연체관리비채무를 특별승계인이 당연히 승계하도록 하는 규약이 사적자치의 원칙에 비추어 유효한가는 집합건물법 제28조 제3항과는 별개로 다시 검토할 필요가 있다(Ⅲ. 3.항에서 후술).

한편, 집합건물법 제27조는 관리단의 채무에 대한 구분소유자의 책임을 정하면서, 제1항에서 "관리단이 그의 재산으로 채무를 전부 변제할 수 없는 경우에는 구분소유자는 제12조의 지분비율에 따라 관리단의 채무를 변제할 책임을 진다. 다만, 규약으로써 그 부담비율을 달리 정할 수 있다."고 하고, 이어 제2항에서 "구분소유자의 특별승계인은 승계 전에 발생한 관리단의 채무에 관하여도 책임을 진다."고 규정한다. 대상판결의 반대의견은 해당 조항을 근거로, 관리단은 원칙적으로 관리비 미납에 대한 채무를 스스로 부담하되, 집행불능이 누적되어 제3자에 대해 채무초과로 된 때에 비로소 구분소유자 – 특히 특별승계인을 포함하여 – 에게 그 채무가 귀속되는 것으로 이해한다. 학설 중에서도 집합건물법 제27조는 관리단의 채무 중 변제능력을 넘는 부분에 대해서만 구분소유자 전원에게 책임을 묻고, 관리비를 체납하여 관리단의 채무변제능력 초과에 일조한 구분소유자의 특

3) 같은 취지로 윤진수, "2006년도 주요 民法 관련 판례 회고", 「서울대학교 법학」 제48권 제1호, 서울대학교 법학연구소, 402면.

별승계인에게 전 책임을 묻지 않고 있다는 점을 고려하면 집합건물법 제18조를 관리단이 특별승계인에 대해 승계전의 체납관리비의 지급을 구할 수 있는 근거로 보기 어렵고, 다수의견이나 별개의견에 따르면 집합건물법 제18조를 근거로 특별승계인이 전 입주자의 체납관리비를 지출한 후에 다시 관리단의 채무에 대해 구분소유자의 지분비율에 따른 책임을 지도록 하므로 불합리하고 부당한 결과가 생길 수 있다는 지적이 있다.[4] 그러나 집합건물법 제27조 제2항은 관리단의 제3자에 대한 채무에 대해 특별승계인이 책임을 부담하는가의 문제를 정면에서 다루는 것이지, 관리단이 구분소유자에 대해 가지는 채권을 특별승계인에게도 추궁할 수 있는지를 정하는 문제와는 거리가 있다. 관리단의 채무변제능력 초과에 일조한 구분소유자의 특별승계인에게 책임을 물을 수 있는가에 대해서는 이 조항이 명시적으로 정하고 있는 바가 아니다. 또한 특별승계인이 전 입주자의 체납관리비를 지출한 후에 다시 관리단의 채무에 대해 지분비율에 따른 책임을 질 수 있다는 것은, 그 상황 자체가 내포하듯이 체납관리비의 지출 여부와 관리단의 채무 초과는 별개의 문제임을 드러낸다. 헌법재판소는 2013. 5. 30. 자 2011헌바201 전원합의체 결정에서, "집합건물법 제27조 제2항은 승계 전에 발생한 관리단의 제3자에 대한 채무에 관하여 특별승계인이 부담하는 책임에 관한 것이고, 승계 전에 발생한 구분소유자의 관리단에 대한 채무에 관하여 구분소유자의 특별승계인이 부담하는 책임에 관한 규정이 아니다."라고 하여 같은 취지로 이해하고 있다.

3. 집합건물법 제18조

(1) 연체관리비 채무의 성격 - 인적 채무

대상판결 이후 한 유력한 견해에서 적절하게 지적하듯이, 관리비 채무는 구분소유자나 사용자 등이 관리단에게 부담하는 인적 채무로서, 우리 사법체계상 구분소유권이 양도되더라도 그의 특별승계인에게 승계되지 않는 것이 원칙이다.[5] 이 견해는 같은 논지에서 이러한 인적 채무를 특별승계인에게 승계시키는 것은 대인채권을 대물 채권화하는 것으로 타당하지 않다고 지적한다.[6]

---

4) 박경량, "아파트 전입주자가 체납한 관리비의 특정승계인에 대한 승계여부", 「민사법학」 제34호, 한국민사법학회, 2006, 268면.

5) 최창렬, "구분소유건물의 체납관리비에 대한 특별승계인의 책임", 「비교사법」 제21권 제4호, 한국비교사법학회, 2014, 1702면.

6) 최창렬, "구분소유건물의 체납관리비에 대한 특별승계인의 책임", 「비교사법」 제21권 제4호, 한국

이에 대해 대상판결 별개의견은 구분소유자의 특별승계인이 구분소유권을 취득함으로써 관리단에 가입하는 것은 곧 규약과 관리단집회의 기존 결의를 최소한 묵시적으로 승인한 것이라고 설명한다. 그러나 구분소유권을 취득하여 관리단에 가입하는 것을 통해 이와 같은 연체관리비채무를 당연히 승계한다는 의사까지 도출하기는 어렵다.[7)]

한편, 대상판결의 사건에서 관리규약 제13조 제1항은 그 해석상 위에서 살핀 것처럼, 인적 채무인 연체관리비채무를 특별승계인에게 그의 동의와 무관하게 승계시키는 조항으로 이해된다. 이와 같은 규약의 정당성은 법률의 근거가 없는 이상 인정하기 곤란하다. 제18조의 해석이 문제되는 이유이다.

(2) 집합건물법 제18조의 해석

집합건물법 제18조의 해석과 관련해, 다수의견과 별개의견, 반대의견은 각각 다른 입장을 밝히고 있다.

먼저 다수의견은, 집합건물법 제18조를, 집합건물의 전체 공유자의 이익에 공여하는 공유부분의 성질상, 그에 대한 적정한 유지·관리를 도모하기 위하여 소요되는 경비에 대한 공유자간의 채권은 이를 특히 보장하여 공유자의 특별승계인에게 그 승계의사의 유무에 관계없이 청구할 수 있도록 한 특별규정으로 이해한다. 다만, 그럼에도 불구하고 제18조의 문언은 명확히, '공유자'의 채권을 그 대상으로 지시하고 있다. 이 점에서 반대의견은 관리단이나 입주자대표회의 등은 집합건물법 제18조의 공유자에 해당되지 아니함을 강력한 근거로 원용한다. 그리고 이와 뜻을 같이 하는 학설들이 주장하듯 집합건물법 제18조는 제3자의 불측의 손해를 방지하기 위한 측면에서 보다 엄격한 해석이 요구됨은 물론이다.[8)]

그런데, 이러한 견해들의 설득력에도 불구하고, 집합건물법 제18조 – 그 입법의 당부를 별론으로 – 의 취지를 고려하지 않을 수 없다. 해당 조항이 공유부분

비교사법학회, 2014, 1703면; 같은 취지로 진도왕, "미국 집합건물법상 체납관리비의 책임 귀속", 「집합건물법학」 제37권, 한국집합건물법학회, 2021, 161면.

7) 배병일, "체납된 아파트 관리비에 관한 연구", 「법조」 제57권 제8호, 법조협회, 2007, 97면은 특별승계인이 관리비 연체사실을 알고 있었다 하더라도 그 사실만으로 납부의무를 승계할 의사가 있었다고 볼 수 없다고 한다.

8) 최창렬, "구분소유건물의 체납관리비에 대한 특별승계인의 책임", 「비교사법」 제21권 제4호, 한국비교사법학회, 2014, 1703면; 또한 집합건물법 제18조의 입법연혁에 비추어 대상판결의 다수의견을 비판하는 견해로 이준현, "전 소유자가 체납한 관리비에 대한 집합건물 특정승계인의 책임", 「인권과 정의」 제358호, 대한변호사협회, 2006, 91–93면 참조.

에 대한 공유자의 채권을 특별승계인에게도 행사할 수 있도록 하는 것은, 공유부분의 성질에 기인한 것으로 이해되며, 또한 특별승계인에게도 그 승계의사와 무관하게 청구할 수 있도록 하여 특별히 이를 보장하는 내용임은 비교적 분명하다. 반대의견은 '공유자'에 관리단이나 입주자대표회의를 포함할 수 없다는 문언에 충실한 해석을 하고 있으며 이와 같은 해석이 해당 조항의 성격에 근거한 엄격한 해석의 결과임은 물론이지만, 집합건물법 제18조의 적용범위는 이러한 해석에 따르면 매우 한정적일 수밖에 없다. 가령 집합건물법 제18조는 관리단이 구성되지 않았고 일부의 구분소유자가 다른 구분소유자의 관리비용을 부담한 경우에 적용되는 규정이라고 보게 된다.[9] 그런데, 해당 조항의 방점은 '공유자'의 채권에 있는 것이 아니라, '공용부분에 관하여' 발생한 채권이라는 점에 있다고 보는 것이 자연스럽다.

반대의견이나 유력한 학설은 일본의 「건물의 구분소유 등에 관한 법률」과의 차이점을 부각하기도 한다. 즉 일본법은 제7조 제1항에서 "구분소유자는 공용부분, 건물의 부지나 공용부분 이외의 건물의 부속시설에 관하여 다른 구분소유자에 대해 가지고 있는 채권이나 규약 혹은 집회의 결의를 근거로 다른 구분소유자에 대해 가지고 있는 채권에 관해 채무자의 구분소유권(공용부분에 관한 권리와 부지이용권을 포함한다)과 건물에 설치한 동산위에 선취특권을 갖는다. 관리자나 관리조합법인이 그 직무 혹은 업무 처리와 관련하여 구분소유자에 대해 가진 채권에 대해서도 마찬가지로 한다."라고 규정하고, 같은 법 제8조에서는 "전조 제1항에서 규정하고 있는 채권은 채무자인 구분소유자의 특정승계인에 대해서도 행사할 수 있다."라고 하는데, 이와 같이 구분소유법 제7조 제1항 후단에서 관리자나 관리조합법인이 구분소유자에 대해 가지고 있는 채권에 관하여 선취특권을 인정하므로 일본에서는 이 조항을 특별승계인이 채무를 부담하는 근거로 원용할 수 있지만, 우리는 집합건물법 제18조를 근거로 원용하기 어렵다는 것이다.[10] 그런데, 일본법을 비교하여 살펴본다면, 오히려 관리단의 채권을 이와 같은 특례의 적용 범위에서 빠뜨린 우리 집합건물법 제18조는 불완전한 규정이며, 이 조항의 입법취지를 온전히 달성하기 위해서는 관리단의 연체관리비에 관한 채권 또한 특별승계인에

9) 김영두, "집합건물 관리비 채권채무의 당사자와 관리비채무의 승계", 「민사법학」 제46호, 한국민사법학회, 2009, 336면.

10) 박경량, "아파트 전입주자가 체납한 관리비의 특정승계인에 대한 승계여부", 「민사법학」 제34호, 한국민사법학회, 2006, 269면.

게 주장할 수 있도록 하는 것이 필요하다는 결론에 도달할 수도 있다. 우리나라에서도 공용부분에 관한 관리비는 전유부분의 가치에 반영되었다고 볼 수 있고, 체납관리비의 문제로 집합건물 관리가 부실하게 될 우려가 있으며, 관리비가 체납되는 경우 관리단이 매번 구분소유자를 상대로 소송을 제기하고 강제집행을 하는 비용을 생각한다면 관리단이 공용부분의 연체관리비를 특별승계인에게도 행사할 수 있도록 하는 것이 타당하며, 이 문제는 궁극적으로는 입법을 통해 해결해야 하겠지만 그 때까지는 집합건물법 제18조를 유추적용해야 한다는 주장이 있다.[11)]

또한, 대상판결의 논리구조에서 집합건물법 제18조가 관리단이 특별승계인을 상대로 집합건물 공용부분에 관한 연체관리비채권을 행사할 수 있도록 하는 직접적인 근거가 아님도 함께 감안해야 한다. 즉, 다수의견은 이 사건에서 문제된 관리규약 제13조 제1항 중 공용부분 관리비에 관한 부분이 집합건물법 제18조에 터 잡은 것으로 유효하므로, 특별승계인인 원고 甲이 전 입주자 丙의 체납관리비 중 공용부분에 관하여는 이를 승계하여야 한다고 봄이 타당하다고 하였다. 집합건물법 제18조를 직접적 근거로 관리단이 특별승계인을 상대로 연체관리비를 청구할 수 있는가 하는 문제와는 별론으로, 이 조항의 취지를 고려하면 관리규약 제13조 제1항 중 공용부분에 관한 관리비채무의 승계를 정한 부분이 당연히 무효가 된다고 보기는 어려울 것인데, 관리인의 연체관리비청구는 이와 같은 유효한 관리규약 부분에 직접 근거한다.[12)]

11) 김영두, "집합건물 관리비 채권채무의 당사자와 관리비채무의 승계", 「민사법학」 제46호, 한국민사법학회, 2009, 337－338면.

12) 다만, 다수의견이 민법 제266조를 근거로 관리단 등이 행사하는 관리비 징수권은, 각 공유자의 이러한 청구권에 기초하여 부여된 것이므로 관리단은 집합건물법 제18조 소정의 채권을 행사할 수 있는 공유자에 준한 지위를 가진다고 설시한 것에 대해서는 논리적 문제를 제기하는 견해가 적지 않다. 이에 관해 집합건물 관리단이 구분소유자에게 관리비를 청구할 수 있는 근거는 관리단 집회의 결의나 관리규약이라는 견해로 김영두, "집합건물 관리비 채권채무의 당사자와 관리비채무의 승계", 「민사법학」 제46호, 한국민사법학회, 2009, 335－336면 참조. 반면 집합건물법 제23조 제1항에 따라 관리단은 당연설립주의를 취하고, 이때 관리인의 선임이나 의무 및 관리위원회에 대해서는 같은 법 제23조의2에서 제27조까지 규정하고, 규약 및 집회에 관하여는 같은 법 제28조부터 제42조의2까지 상세하게 규정하므로, 관리단집회의 결의나 관리규약이 없더라도 제반규정에 따라 관리단이 관리비청구권을 행사할 수 있다는 견해로 최창렬, "구분소유건물의 체납관리비에 대한 특별승계인의 책임," 「비교사법」 제21권 제4호, 한국비교사법학회, 2014, 1716면 참조.

4. 정책적 · 이익형량적 관점

다수의견의 결론이 비판받는 대표적인 몇 가지 지점은 공용부분과 전유부분에 관한 구별이 불분명하여 또 다른 분쟁을 초래할 수 있다는 점과 연체관리비에 대한 공시가 이루어지지 않는 현실에서 이를 특별승계인에게 부담시키는 것이 바람직하지 않다는 점에 있다.

그런데 앞의 문제와 관련해 대법원은 대상판결 이후 판시를 통해, "집합건물의 전(前) 구분소유자의 특정승계인에게 승계되는 공용부분 관리비에는 집합건물의 공용부분 그 자체의 직접적인 유지·관리를 위하여 지출되는 비용뿐만 아니라, 전유부분을 포함한 집합건물 전체의 유지·관리를 위해 지출되는 비용 가운데에서도 입주자 전체의 공동의 이익을 위하여 집합건물을 통일적으로 유지·관리해야 할 필요가 있어 이를 일률적으로 지출하지 않으면 안 되는 성격의 비용은 그것이 입주자 각자의 개별적인 이익을 위하여 현실적·구체적으로 귀속되는 부분에 사용되는 비용으로 명확히 구분될 수 있는 것이 아니라면, 모두 이에 포함되는 것으로 봄이 상당하다. 한편, 관리비 납부를 연체할 경우 부과되는 연체료는 위약벌의 일종이고, 전(前) 구분소유자의 특별승계인이 체납된 공용부분 관리비를 승계한다고 하여 전 구분소유자가 관리비 납부를 연체함으로 인해 이미 발생하게 된 법률효과까지 그대로 승계하는 것은 아니라 할 것이어서, 공용부분 관리비에 대한 연체료는 특별승계인에게 승계되는 공용부분 관리비에 포함되지 않는다."고 하여, 그 범위 판단에 관한 일응의 기준을 제시하였다.[13]

한편, 이 문제에 관해 중요한 관점 중 하나는 후자의 문제이다. 즉 대법원 다수의견, 별개의견, 반대의견의 각 결론이 관련된 당사자의 이해를 적절하게 조화하고 있는가 하는 점이다. 이에 대해 반대의견은, 관리비채무를 대납한 사람은 전 공유자의 소재를 찾아내어 그 구상권을 행사하거나 소구하는 것이 용이하지 않은 반면, 관리단은 전 공유자의 전출 등 사항을 파악하고 있어 그의 전출소재지 등 관련정보를 보유하고 있을 뿐만 아니라 재판상, 재판 외에서 그러한 업무를 본무로 삼는 관리인이 선임되어 있어서 그 징수업무처리가 용이하므로 구상권행사의 실제에서의 공평성으로 보아도 다수의견과 별개의견의 해석은 부당하다고 지적한다. 덧붙여 학설에서는 관리비의 징수확보를 위해 체납구분소유자의 특별승계인

13) 대법원 2006. 6. 29. 선고 2004다3598, 3604 판결.

에게 체납관리비의 승계를 인정하는 것은 원래의 관리비채권의 귀속주체인 관리단이 체납관리비의 회수위험을 체납 구분소유자의 특별승계인인 새로운 구분소유자에게 전가함으로써 안이하게 집합건물의 관리업무를 하도록 조장하는 결과가 된다고 비판하기도 한다.[14)]

반면 별개의견은 전 소유자의 체납관리비 전체의 승계를 주장하면서, 다수의견에 따르면 전 소유자로부터 전유부분에 관한 체납관리비의 징수가 사실상 불가능하여 그 부담이 관리비의 상승 등을 통하여 당해 전유부분과 아무런 관련이 없는 다른 구분소유자들에게 전가된다는 점을 지적한다. 이에 대해서는, 오히려 전체 체납관리비의 승계를 부정하면서, 체납관리비의 회수 위험을 구분소유자 전원이 그 지분비율에 따라 분담하는 것과 체납 구분소유자의 특별승계인이 전적으로 부담하는 것은 차이가 있고, 신규 구분소유자라는 이유로 체납관리비채무에 대한 채권회수 위험을 특별승계인이 전적으로 부담하도록 하는 것은 기존 구분소유자가 신규 구분소유자에 대한 차별적 취급이라는 반론도 있다.[15)]

생각건대, 집합건물법 제18조는 그 자체가 관리단이 연체관리비채권을 특별승계인에게 청구할 수 있도록 하는 직접적 근거로는 부족할 수 있겠으나, 그럼에도 이 조항을 통해 입법자가 의도한 이해조절의 사고는 비교적 분명하게 확인할 수 있다. 즉 다수의견도 밝히고 있듯이, 집합건물의 공용부분이 전체 공유자의 이익에 공여하는 것이어서 그 적정한 유지·관리를 도모하기 위하여 소요되는 경비에 대한 공유자 간의 채권을 특히 보장하고 구분소유권을 타인에게 매각하는 등 공용부분에 대한 책임을 회피하는 것을 방지하면서도, 다른 한편 공용부분에 대한 비용에 대한 체납관리비만을 특별승계인에게 승계시킴으로써 특별승계인의 지나친 손해를 방지하고 특히 체납관리비에 대한 공시제도가 마련되지 않아 특별승계인에게 발생할 수 있는 불이익도 고려하여 승계되는 채무의 범위를 한정하려 한 것이다. 이러한 다수의견의 고려는 집합건물법 제18조의 취지에 가장 부합할 뿐 아니라, 이해조절의 측면에서도 편향되거나 기울어졌다고 단정하기 어렵다. 나아가 이와 같은 취지에 비추어 볼 때, 구분소유권이 순차로 양도된 경우, 현재 구분소유권을 보유하고 있는 최종 특별승계인뿐만 아니라 그 이전의 구분소유자들도

14) 최창렬, "구분소유건물의 체납관리비에 대한 특별승계인의 책임", 「비교사법」 제21권 제4호, 한국비교사법학회, 2014, 1702면.
15) 최창렬, "구분소유건물의 체납관리비에 대한 특별승계인의 책임", 「비교사법」 제21권 제4호, 한국비교사법학회, 2014, 1704면.

구분소유권의 보유 여부와 상관없이 공용부분에 관한 종전 구분소유자들의 체납 관리비채무를 부담한다고 보는 것이 타당할 것이다. 대법원도 2008. 12. 11. 선고 2006다50420 판결을 통해 이러한 취지를 확인하고 있으며, 각 특별승계인들은 이전 구분소유권자들의 채무를 중첩적으로 인수한다고 판시하였다.

5. 마치며 – 개선방안과 함께

전 구분소유자가 체납한 연체관리비가 구분소유권의 특별승계인에게 승계되는지에 대해서는 법률로부터 명확한 해답을 찾기 어렵다. 대상판결의 다수의견과 별개의견, 그리고 반대의견은 나름의 논리와 수긍할 수 있는 정책적 지향점을 각자 가지고 있다고 생각된다. 다만, 집합건물법 제18조가 있는 이상, 이를 통해 입법자가 의도한 바는 최대한 존중되는 것이 바람직하다. 특히 대상판결의 사안은 집합건물 규약의 유효성이 문제가 된 것으로, 공용부분에 관해 연체된 관리비채무를 특별승계인에게 부담시키는 내용의 규약이 사적자치에 반해 그 자체 무효가 된다고 평가하기는 어렵다.

이 문제를 해결하기 위해서는 궁극적으로는 입법적 개선방안을 모색하지 않을 수 없다. 다만, 그 입법적 개선방안도 다양하게 제시되고 있어, 하나로 의견을 수렴하는데 어려움이 있다. 주로 많이 제시되는 방안은 연체관리비채권 징수의 확실성을 보장하기 위해 선취특권을 인정하는 방안이다.[16] 그런데 이에 대해서는 공동주택 관리 주체가 회수 노력을 게을리 할 우려가 있고, 입주자의 관리비체납 여부를 알 수 없는 담보권자에게 불측의 손해를 줄 우려가 있다는 지적이 있다.[17] 특히 제3자의 불측의 손해를 방지하기 위해서는 공시제도가 함께 수반되어야 할 필요성이 크다.[18]

---

16) 김영두, “집합건물 관리비 채권채무의 당사자와 관리비채무의 승계”, 「민사법학」 제46호, 한국민사법학회, 2009, 338－339면; 이기영, “체납관리비채무에 대한 집합건물 특정승계인의 책임과 그 범위”, 「법조」 제50권, 법조협회, 2001, 131면 등; 미국 집합건물법상 관리비 징수의 실효성 확보를 위한 관리단의 우선특권 제도와 담보권 실행 등으로 인해 구분소유권이 매각된 경우의 관리단의 최우선변제권 제도의 도입을 제안하는 주장으로 진도왕, “미국 집합건물법상 체납관리비의 책임 귀속”, 「집합건물법학」 제37권, 한국집합건물법학회, 2021, 161면 이하도 참조.

17) 이준현, “전 소유자가 체납한 관리비에 대한 집합건물 특정승계인의 책임”, 「인권과 정의」 제358호, 대한변호사협회, 2006, 103면.

18) 전부승계설을 전제로 공시의 관리비 공시증서의 교부나 개별 관리비 열람시스템 도입 등의 공시 필요성을 개선방안에서 강조하는 입장으로 최명순·이춘원, “특정승계인의 연체관리비에 대한 책임”, 「집합건물법학」 제9권, 한국집합건물법학회, 2012, 155면 이하.

구분건물 대지사용권의 처분일체성과 신탁재산의 독립성

– 대법원 2021. 11. 11. 선고 2020다278170 판결 –

권 성 환*

Ⅰ. 사안의 개요 및 소송의 경과

1. 사안의 개요

(1) 토지에 관한 소유권변동 및 신탁등기

채무자 회사는 2002. 9. 17. 신탁법상 신탁회사인 피고와 이 사건 토지(성남시 소재 대 1,098㎡)에 관하여 우선수익자를 주식회사 A상호저축은행으로, 수익자를 채무자 회사로 하는 부동산담보신탁계약을 체결하고, 2002. 9. 18. 피고에게 위 신탁을 원인으로 한 소유권이전등기를 마쳐주었다.

이 사건 토지에 관한 담보신탁계약의 목적은 신탁부동산의 소유권 관리와 위탁자가 부담하는 채무이행을 보장하는 데에 있고, 이에 따라 수탁자는 신탁부동산을 보전・관리하는 한편, 이 사건 토지에 대한 위탁자의 점유・사용이 당연히 예정되어 채무자 회사는 그 지상에 집합건물을 신축할 계획이었으며, 위 건물에 대하여도 완공 후 추가로 피고와 담보신탁계약을 체결할 예정이었다.

(2) 건물 신축과 구분등기 및 신탁등기

채무자 회사는 이 사건 토지 지상에 주상복합건물을 신축하여 각 호실 및 세대를 구분건물로서 분양하기로 하고, 2002. 8. 20. 성남시장으로부터 건축허가를 받아 2006. 3. 1. 무렵 착공하여 2007. 12. 20. 무렵에는 공사가 90% 정도 진행되

* 법무법인(유한) 강남 변호사

었다.

한편, 채권자 회사는 2007. 4. 10. 채무자 회사에 60억원을 대여하고 위 대여금채권을 보전하기 위하여 이 사건 각 구분건물에 관하여 가압류를 신청하였고, 2007. 10. 1. 자 가압류결정(수원지방법원 성남지원 2007카단51073호, 이하 '이 사건 가압류'라고 한다)에 따라 2007. 10. 2. 이 사건 각 구분건물에 관하여 채무자 회사 명의의 소유권보존등기와 채권자 회사 명의의 이 사건 가압류등기가 각각 마쳐졌다.

피고는 이 사건 가압류등기 이후인 2007. 10. 24. 이 사건 각 구분건물에 관하여 신탁을 원인으로 한 피고 명의의 소유권이전등기를 마쳤다.

(3) 강제경매절차와 원고의 이 사건 각 구분건물 매수

채권자 회사는 서울중앙지방법원에 채무자 회사를 상대로 60억원의 대여금 지급을 구하는 소를 제기하여(2008가합12786호) 그 소송에서 원고승소판결이 확정되었고, 2018. 2. 13. 위 확정판결을 집행권원으로 하여 수원지방법원 성남지원에 이미 가압류집행을 마쳐둔 이 사건 각 구분건물에 관한 부동산강제경매(2018타경1775호)를 신청하였다.

이후 원고는 일괄매각 강제경매개시결정에 따라 진행된 매각절차의 2차 매각기일에서 최고가(11,815,500,000원)로 매수신고하여 매각허가결정을 받았고, 2018. 11. 22. 매각대금을 완납하고 같은 날 이 사건 각 구분건물의 전유부분에 관하여 소유권이전등기를 마쳤다.

(한편, 경매개시결정, 압류, 매각허가결정에 이 사건 토지가 명시되어 있지는 않았으나, 이 사건 경매절차에서 집행법원은, 대지권 성립 여부가 불명확하다고 보아 일단 매각목적물에 포함하여 매각절차를 진행하되 대지권의 등기는 향후 매수인이 자신의 부담으로 별도의 절차를 진행하여 마쳐야 한다는 취지로 매각공고문에 명시하고 최저매각가격도 대지권에 관한 평가금액이 포함된 금액으로 정하였으며, 원고도 이를 전제로 결정된 매각대금을 완납하였다.)

(4) 원고의 소제기

원고는 이 사건 각 구분건물의 소유권이전등기 완료 후 신탁사인 피고를 상대로 피고 명의로 남아있는 토지에 관하여 전유부분 취득을 원인으로 한 지분이전등기를 구하는 소송을 제기하였고, 우선수익권에 대한 근질권자인 B대부업체가

피고 보조참가인으로 소송참가하였다.

2. 소송의 진행 경과

(1) 원심(수원고법 2020. 9. 10. 선고 2019나17962 판결) – 피고 항소 기각(원고 청구인용)

"피고와 채무자 회사 사이의 각 신탁계약의 목적, 내용 등에 비추어 보면, 피고의 이 사건 토지 소유권 취득은 이 사건 각 구분건물의 전유부분을 소유하기 위한 것이었다고 보아야 하므로, 이 사건 토지에 관한 피고의 소유권은 이 사건 각 구분건물을 위한 대지사용권에 해당한다. 이 사건 경매절차에서의 매수인인 원고는 이 사건 각 구분건물의 전유부분과 함께 이와 불가분 관계에 있는 대지사용권을 함께 취득하였다. 그리고 구분소유자가 둘 이상의 전유부분을 소유한 경우, 각 전유부분의 처분에 따르는 대지사용권은 전유부분의 면적 비율을 따르므로(집합건물법 제21조 제1항 본문, 제12조), 피고는 원고에게 이 사건 토지 소유권 중 이 사건 각 구분건물의 전유부분 면적 비율에 따른 지분에 관하여 이전등기절차를 이행할 의무가 있다."고 판단하면서 피고의 항소를 기각하였다.

(2) 대상판결(대법원 2021. 11. 11. 선고 2020다278170 판결) – 피고 상고 기각

[1] 집합건물의 소유 및 관리에 관한 법률 제2조 제6호에 따르면, 대지사용권은 구분소유자가 전유부분을 소유하기 위하여 건물의 대지에 대하여 가지는 권리로서 그 성립을 위해서는 집합건물의 존재와 구분소유자가 전유부분 소유를 위하여 해당 대지를 사용할 수 있는 권리를 보유하는 것 이외에 다른 특별한 요건이 필요하지 않다. 신탁법상의 신탁은 위탁자가 수탁자에게 특정의 재산을 이전하거나 담보권의 설정 또는 그 밖의 처분을 하여 수탁자로 하여금 신탁 목적의 달성을 위하여 그 재산권을 관리·처분하게 하는 등 필요한 행위를 하게 하는 것이므로(신탁법 제2조), 부동산의 신탁에서 수탁자 앞으로 소유권이전등기를 마치게 되면 대내외적으로 소유권이 수탁자에게 완전히 이전되고, 위탁자와의 내부관계에서 소유권이 위탁자에게 유보되어 있는 것은 아니다. 따라서 부동산이 신탁된 경우 대지사용권의 성립 여부나 성립된 대지사용권의 법적 성질은, 신탁계약의 체결 경위, 신탁계약의 목적이나 내용에 비추어 신탁재산 독립의 원칙에 반하는 등 특별한 사정이 없는 한, 대내외적으로 수탁자가 신탁 부동산의 소유자임을 전제

로 판단하여야 한다.

[2] 가압류집행 후 가압류목적물의 소유권이 제3자에게 이전된 경우 가압류채권자는 집행권원을 얻어 제3취득자가 아닌 가압류채무자를 집행채무자로 하여 그 가압류를 본압류로 이전하는 강제집행을 실행할 수 있다. 이 경우 그 강제집행은 가압류의 처분금지적 효력이 미치는 객관적 범위인 가압류결정 당시의 청구금액 한도 안에서만 집행채무자인 가압류채무자의 책임재산에 대한 집행절차이고, 나머지 부분은 제3취득자의 재산에 대한 매각절차이다.

[3] 집합건물에서 구분소유자의 대지사용권은 규약으로써 달리 정하는 등 특별한 사정이 없는 한 전유부분과 종속적 일체불가분성이 인정되어 전유부분에 대한 가압류결정의 효력은 종물 또는 종된 권리인 대지사용권에도 미치는 것이므로(집합건물의 소유 및 관리에 관한 법률 제20조 제1항, 제2항), 건축자의 대지소유권에 관하여 부동산등기법에 따른 구분건물의 대지권등기가 마쳐지지 않았다 하더라도 전유부분에 관한 경매절차가 진행되어 그 경매절차에서 전유부분을 매수한 매수인은 전유부분과 함께 대지사용권을 취득한다.

3. 참조조문

[1] 집합건물의 소유 및 관리에 관한 법률 제2조 제6호, 신탁법 제2조

[2] 민사집행법 제276조

[3] 집합건물의 소유 및 관리에 관한 법률 제2조 제6호, 제20조 제1항, 제2항, 민법 제100조

Ⅱ. 평 석

1. 집합건물법상 대지사용권

(1) 대지사용권의 개념과 성립요건

집합건물법 제2조 제6호는 "대지사용권"이란 구분소유자가 전유부분을 소유하기 위하여 건물의 대지에 대하여 가지는 권리를 말한다고 정의하고 있고, 동법 제20조는 제1항에서 구분소유자의 대지사용권은 그가 가지는 전유부분의 처분에 따르고, 제2항에서는 구분소유자는 그가 가지는 전유부분과 분리하여 대지사용권

을 처분할 수 없다(다만, 규약으로써 달리 정한 경우에는 그러하지 아니하다)고 규정하고 있다.

그런데 대법원은 집합건물법상 대지사용권의 성립요건과 관련하여 2009. 6. 23. 선고 2009다26145 판결, 2013. 1. 17. 선고 2010다71578 전원합의체 판결 등을 통하여 "대지사용권은 구분소유자가 전유부분을 소유하기 위하여 건물의 대지에 대하여 가지는 권리로서 그 성립을 위해서는 집합건물의 존재와 구분소유자가 전유부분 소유를 위하여 해당 대지를 사용할 수 있는 권리를 보유하는 것 이외에 다른 특별한 요건이 필요하지 않다"고 판시한 바 있고, 대상판결도 이러한 종전 판결을 그대로 원용하고 있다.

(2) 가압류된 구분건물의 대지사용권 성립 시점

(1) 원심 재판과정에서 신탁사인 피고는 이 사건과 같이 가압류가 본압류로 전이되어 경매절차가 진행된 경우에는 가압류된 시점을 기준으로 대지사용권 성립 여부를 살펴야 한다고 주장하였다.

즉, 피고는 "채권자 회사의 가압류등기가 마쳐진 2007. 10. 2. 당시 이 사건 토지소유자는 피고, 이 사건 각 구분건물 소유자는 채무자 회사였으므로, 구분소유자가 아닌 피고가 이 사건 각 구분건물의 건축 이전부터 전유부분의 소유와 무관하게 이 사건 토지에 관하여 가지고 있던 권리는 대지사용권이 될 수 없다. 그리고 주물의 소유자가 아닌 다른 사람의 소유에 속하는 물건은 종물이 될 수 없고, 이는 종된 권리의 경우에도 마찬가지이므로, 이 사건 가압류등기 당시 피고의 이 사건 토지 소유권이 채무자 회사 소유의 이 사건 각 구분건물에 대한 종된 권리가 된다고 볼 수도 없다. 따라서 그 후 피고가 이 사건 각 구분건물에 관한 소유권이전등기를 마쳤다고 하더라도, 채무자 회사의 채권자인 채권자 회사가 신청한 경매절차에서의 매수인에 불과한 원고는 피고에 대하여 어떠한 권리를 주장할 법률상 지위에 있지 않으므로, 토지소유자인 피고에 대하여 토지소유권에 기한 대지사용권의 성립을 주장할 수 없다."라고 변론하였다.

(2) 그러나 원심은 피고의 주장을 배척하면서 아래와 같이 가압류된 구분건물에 관한 대지사용권의 성립 여부가 가압류 시점을 기준으로 판단되어야 한다고 볼 수 없다고 판단하였다.

① 피고가 이 사건 각 구분건물의 소유권을 취득한 시점이 이 사건 가압류등기

이후이기는 하나 이 사건 가압류의 처분금지적 효력에 반하지 않는 한 그 소유권 취득은 유효하고, 그로써 이 사건 각 구분건물 소유를 위한 권리를 보유하게 되었으므로 피고의 이 사건 토지 소유권은 대지사용권에 해당하며, 이러한 결과가 가압류 목적물의 교환가치에 관한 채권자 회사의 권리를 침해한다고 볼 수 없다. 특히 그러한 교환가치 부분을 제외한 나머지 부분에 관하여는 피고의 재산에 대한 매각절차라는 측면에서 보더라도 그러하다.

② 이 사건 가압류등기 시점을 기준으로 하여, 피고는 이 사건 경매절차에서 대지사용권을 취득하지 못한 것으로 취급되어야 한다는 주장은, 이 사건 경매절차에서 피고가 이 사건 토지에 대한 자신의 소유권 취득을 주장할 수 없다는 의미와 같고, 결국 가압류에 반하는 처분행위가 집행절차에 참가하는 모든 채권자들에 대한 관계에서 무효인 결과가 되어 상대적 효력만을 인정하는 대법원 판례에 반한다.

(3) 원심판결에 불복하여 피고가 상고한 대상판결에서 대법원은 "가압류집행 후 가압류목적물의 소유권이 제3자에게 이전된 경우 가압류채권자는 집행권원을 얻어 제3취득자가 아닌 가압류채무자를 집행채무자로 하여 그 가압류를 본압류로 이전하는 강제집행을 실행할 수 있다. 이 경우 그 강제집행은 가압류의 처분금지적 효력이 미치는 객관적 범위인 가압류결정 당시의 청구금액 한도 안에서만 집행채무자인 가압류채무자의 책임재산에 대한 집행절차이고, 나머지 부분은 제3취득자의 재산에 대한 매각절차이다"[1]라고 판시하여 원심판결을 수긍하고 있다.

2. 전유부분과 대지사용권의 일체성

(1) 종래 판결의 취지

대법원은 2013. 1. 17. 선고 2010다71578 전원합의체 판결 등을 통하여 "집합건물의 소유 및 관리에 관한 법률은 제20조에서 구분소유자의 대지사용권은 그가 가지는 전유부분의 처분에 따르고, 구분소유자는 규약으로써 달리 정하지 않는 한 그가 가지는 전유부분과 분리하여 대지사용권을 처분할 수 없으며, 분리처분금지는 그 취지를 등기하지 아니하면 선의로 물권을 취득한 제3자에게 대항하지 못한다고 규정하고 있는데, 위 규정의 취지는 집합건물의 전유부분과 대지사용권

1) 대법원 2005. 7. 29. 선고 2003다40637 판결 참조.

이 분리되는 것을 최대한 억제하여 대지사용권이 없는 구분소유권의 발생을 방지함으로써 집합건물에 관한 법률관계의 안정과 합리적 규율을 도모하려는 데 있으므로, 전유부분과 대지사용권의 일체성에 반하는 대지의 처분행위는 효력이 없다."고 판시하면서 전유부분과 대지사용권의 일체성을 강조하고 있다.

(2) 대상판결

(1) 대상판결은 이러한 종래 판결에 이어서 "집합건물에서 구분소유자의 대지사용권은 규약으로써 달리 정하는 등 특별한 사정이 없는 한 전유부분과 종속적 일체불가분성이 인정되어 전유부분에 대한 가압류결정의 효력은 종물 또는 종된 권리인 대지사용권에도 미치는 것이므로(집합건물법 제20조 제1항, 제2항), 건축자의 대지소유권에 관하여 부동산등기법에 따른 구분건물의 대지권등기가 마쳐지지 않았다 하더라도 전유부분에 관한 경매절차가 진행되어 그 경매절차에서 전유부분을 매수한 매수인은 전유부분과 함께 대지사용권을 취득한다"[2]고 판시하였다.

즉, 대상판결에서 대법원은 전유부분과 대지사용권의 관계를 일체성을 보다 강조하는 의미에서 "종속적 일체불가분성"의 관계에 있음을 명시하고 있다.

■ **참고판결**

대법원 2006. 10. 26. 선고 2006다29020 판결

민법 제100조 제2항의 종물과 주물의 관계에 관한 법리는 물건 상호간의 관계뿐 아니라 권리 상호간에도 적용되고, 위 규정에서의 처분은 처분행위에 의한 권리변동뿐 아니라 주물의 권리관계가 압류와 같은 공법상의 처분 등에 의하여 생긴 경우에도 적용되어야 하는 점, 저당권의 효력이 종물에 대하여도 미친다는 민법 제358조 본문 규정은 같은 법 제100조 제2항과 이론적 기초를 같이하는 점, 집합건물의 소유 및 관리에 관한 법률 제20조 제1항, 제2항에 의하면 구분건물의 대지사용권은 전유부분과 종속적 일체불가분성이 인정되는 점 등에 비추어 볼 때, 구분건물의 전유부분에 대한 소유권보존등기만 경료되고 대지지분에 대한 등기가 경료되기 전에 전유부분만에 대해 내려진 가

---

2) 대법원 2006. 10. 26. 선고 2006다29020 판결; 대법원 2012. 3. 29. 선고 2011다79210 판결 등 참조.

압류결정의 효력은, 대지사용권의 분리처분이 가능하도록 규약으로 정하였다는 등의 특별한 사정이 없는 한, 종물 내지 종된 권리인 그 대지권에까지 미친다.

■ **참고판결**

대법원 2012. 3. 29. 선고 2011다79210 판결

집합건물에서 구분소유자의 대지사용권은 규약으로써 달리 정하는 등의 특별한 사정이 없는 한 전유부분과 종속적 일체불가분성이 인정되어 전유부분에 대한 경매개시결정과 압류의 효력은 종물 또는 종된 권리인 대지사용권에도 미치는 것이므로(집합건물법 제20조 제1항, 제2항), 건축자의 대지소유권에 관하여 부동산등기법에 따른 구분건물의 대지권등기가 마쳐지지 않았다 하더라도 전유부분에 관한 경매절차가 진행되어 그 경매절차에서 전유부분을 매수한 매수인은 전유부분과 함께 대지사용권을 취득한다(대법원 2001. 9. 4. 선고 2001다22604 판결, 대법원 2008. 9. 11. 선고 2007다45777 판결 등 참조).

(2) 대상판결에서의 판시사항은 아니지만, 대법원은 앞서 언급한 2013. 1. 17. 선고 2010다71578 전원합의체 판결을 통하여 양자를 종속적 일체불가분성의 관계로 보는 구체적 이유에 관하여 판시하고 있다.

"집합건물의 소유 및 관리에 관한 법률은 제20조에서 구분소유자의 대지사용권은 그가 가지는 전유부분의 처분에 따르고, 구분소유자는 규약으로써 달리 정하지 않는 한 그가 가지는 전유부분과 분리하여 대지사용권을 처분할 수 없으며, 분리처분금지는 그 취지를 등기하지 아니하면 선의로 물권을 취득한 제3자에게 대항하지 못한다고 규정하고 있는데, 위 규정의 취지는 집합건물의 전유부분과 대지사용권이 분리되는 것을 최대한 억제하여 대지사용권이 없는 구분소유권의 발생을 방지함으로써 집합건물에 관한 법률관계의 안정과 합리적 규율을 도모하려는 데 있으므로, 전유부분과 대지사용권의 일체성에 반하는 대지의 처분행위는 효력이 없다."

(3) 동일한 취지로 대법원은 2000. 11. 16. 선고 98다45652, 45669 전원합의체

판결에서는 "집합건물의소유및관리에관한법률의 규정내용과 입법취지를 종합하여 볼 때, 대지의 분·합필 및 환지절차의 지연, 각 세대당 지분비율 결정의 지연 등의 사정이 없었다면 당연히 전유부분의 등기와 동시에 대지지분의 등기가 이루어졌을 것으로 예상되는 경우, 전유부분에 대하여만 소유권이전등기를 경료받았으나 매수인의 지위에서 대지에 대하여 가지는 점유·사용권에 터잡아 대지를 점유하고 있는 수분양자는 대지지분에 대한 소유권이전등기를 받기 전에 대지에 대하여 가지는 점유·사용권인 대지사용권을 전유부분과 분리 처분하지 못할 뿐만 아니라, 전유부분 및 장래 취득할 대지지분을 다른 사람에게 양도한 후 그중 전유부분에 대한 소유권이전등기를 경료해 준 다음 사후에 취득한 대지지분드 전유부분의 소유권을 취득한 양수인이 아닌 제3자에게 분리 처분하지 못한다 할 것이고, 이를 위반한 대지지분의 처분행위는 그 효력이 없다."고 판시하고 있다.

3. 집합건물법상 대지사용권과 신탁재산 독립성과의 관계

(1) 신탁재산의 독립성

신탁법은 제2조에서 "신탁"이란 신탁을 설정하는 자(이하 '위탁자'라 한다)와 신탁을 인수하는 자(이하 '수탁자'라 한다) 간의 신임관계에 기하여 위탁자가 수탁자에게 특정의 재산(영업이나 저작재산권의 일부를 포함한다)을 이전하거나 담보권의 설정 또는 그 밖의 처분을 하고 수탁자로 하여금 일정한 자(이하 '수익자'라 한다)의 이익 또는 특정의 목적을 위하여 그 재산의 관리, 처분, 운용, 개발, 그 밖에 신탁 목적의 달성을 위하여 필요한 행위를 하게 하는 법률관계를 말한다고 규정하고 있다.

한편, 신탁법상 신탁재산은 수탁자의 고유재산 및 위탁자의 재산으로부터 구별되어 독립적인 특성을 지니고 위탁자와 수탁자 모두로부터 독립되어 있는 재산으로 취급되는데, 이를 "신탁재산의 독립성"이라 한다. 그에 따라 신탁재산은 원칙적으로 수탁자 및 위탁자에 대한 강제집행으로부터 배제된다(신탁법 제22조 이하 참조).

(2) 집합건물법상 대지사용권과의 관계

(1) 대상판결에서는 "신탁법상의 신탁은 위탁자가 수탁자에게 특정의 재산을 이전하거나 담보권의 설정 또는 그 밖의 처분을 하여 수탁자로 하여금 신탁 목적의 달성을 위하여 그 재산권을 관리·처분하게 하는 등 필요한 행위를 하게 하는

것이므로(신탁법 제2조), 부동산의 신탁에 있어서 수탁자 앞으로 소유권이전등기를 마치게 되면 대내외적으로 소유권이 수탁자에게 완전히 이전되고, 위탁자와의 내부관계에 있어서 소유권이 위탁자에게 유보되어 있는 것은 아니다.[3] 따라서 부동산이 신탁된 경우 대지사용권의 성립 여부나 성립된 대지사용권의 법적 성질은, 신탁계약의 체결 경위, 신탁계약의 목적이나 내용에 비추어 신탁재산 독립의 원칙에 반하는 등 특별한 사정이 없는 한, 대내외적으로 수탁자가 신탁 부동산의 소유자임을 전제로 판단하여야 한다."고 판시하고 있다.

(2) 이와 관련하여 대법원 2013. 1. 17. 선고 2010다71578 전원합의체 판결에서는 갑이 아파트를 신축하면서 내부 구분건물 각각에 대하여 분양계약을 체결한 후 토지에 관하여 을 주식회사와 부동산담보신탁계약을 체결하고 신탁등기를 마쳐 준 사안에서 아파트의 전유부분에 관하여 이미 구분소유권이 성립한 이상 부동산담보신탁계약은 집합건물의 소유 및 관리에 관한 법률 제20조에 위배되어 무효이므로 신탁등기는 말소되어야 한다고 판시한 바 있다.

즉, 대법원은 전유부분의 대지사용권에 해당하는 대지지분을 분리하여 처분하는 행위를 집합건물법 제20조에 위반되어 무효라고 보면서 동시에 신탁법에 의하여 신탁재산이 독립성을 갖는다 하더라도 집합건물법상 제20조에 반하는 부동산담보신탁계약도 무효라고 보고 있다.

(3) 대상판결

"피고는 이 사건 각 구분건물에 관하여 신탁을 원인으로 한 소유권이전등기를 마침으로써 수탁자로서 이 사건 토지와 이 사건 각 구분건물을 모두 소유하게 되었다. 피고와 채무자 회사 사이에 체결된 신탁계약의 목적, 내용 등에 비추어 보면 피고의 이 사건 토지에 대한 소유권 취득은 이 사건 각 구분건물의 전유부분을 소유하기 위한 것이므로, 이 사건 토지에 관한 피고의 소유권은 이 사건 각 구분건물을 위한 대지사용권에 해당하고, 그것이 신탁재산 독립의 원칙에 반한다고 보이지 않는다.

한편 이 사건 각 구분건물의 전유부분에 대한 이 사건 가압류의 효력은 종물 또는 종된 권리인 대지사용권에도 미치고, 이는 대지사용권 성립 전에 이 사건 각 구분건물의 전유부분에 가압류 집행이 이루어진 때에도 마찬가지이다. 이와

3) 대법원 2002. 4. 12. 선고 2000다70460 판결 등 참조.

같이 이 사건 가압류의 효력이 이 사건 각 구분건물의 대지사용권에도 미치는 이상 원고가 이 사건 가압류에 기초해 진행된 이 사건 경매절차에서 이 사건 각 구분건물의 전유부분을 매수함으로써 그 소유권을 취득하였다면 구분소유자가 가지는 대지사용권은 그가 가지는 전유부분의 처분에 따르므로, 원고는 피고가 이 사건 각 구분건물의 전유부분의 소유를 위하여 이 사건 토지의 소유권에 기초하여 갖는 대지사용권도 함께 취득하였다고 보아야 한다."

즉, 대상판결에서 대법원은 전유부분에 대해서만 이루어진 가압류의 효력은 종물 또는 종된 권리인 대지사용권에도 미치고, 이는 대지사용권 성립 전에 이 사건 각 구분건물의 전유부분에 가압류 집행이 이루어진 때에도 마찬가지라고 판시하면서 신탁재산의 독립성을 바탕으로 집합건물과 그 대지에 관한 부동산담보신탁에서 대지사용권의 성립 및 성질에 관한 법리오해가 있다는 피고의 상고이유를 배척하였다.

4. 시사점

대상판결에서는 종전 대법원 판결을 상당 부분 인용하면서 전유부분과 대지사용권의 관계가 일체성을 넘어서 종속적 일체 불가분성임을 거듭 강조하고 있다. 이는 집합건물의 전유부분과 대지사용권이 분리되는 것을 최대한 억제하여 대지사용권이 없는 구분소유권의 발생을 방지함으로써 집합건물에 관한 법률관계의 안정과 합리적 규율을 도모하고자 하는 집합건물법의 입법취지에도 부합한다.

아울러 대상판결은 전유부분의 대지사용권에 해당하는 대지지분을 분리하여 처분하는 행위를 집합건물법 제20조에 위반되어 무효라고 보면서 동시에 신탁법에 의하여 신탁재산이 독립성을 갖는다 하더라도 집합건물법상 전유부분과 대지사용권의 분리처분금지 또는 (종속적) 일체불가분성에 반해서는 안된다는 것을 강조하고 있다.

대상판결은 법률관계의 안정과 합리적 규율이라는 관점 또는 전유부분과 대지사용권이 분리될 경우 발생할 분쟁을 예방한다는 차원에서 지극히 타당한 결론이라 볼 수 있다. 또한, 대상판결에서는 실무상 자주 쟁점이 되는 가압류의 처분금지적 효력이 미치는 객관적 범위에 관하여도 구체적인 판단을 하고 있고, 나아가 신탁법을 악용하거나 남용하여 채권자로부터 강제집행을 피하려는 목적의 신탁행위를 근본적으로 차단하는 내용의 판결이라 할 수 있다.

대지지분이 미등기된 집합건물 매수인의 대지 사용의 권원

－대법원 2000. 11. 16. 선고 98다45652, 45669 전원합의체 판결－

김 성 욱*

Ⅰ. 소송의 경과

1. 전원합의체 판결의 배경

집합건물의 소유는 집합건물이 있는 대지를 이용하는 것을 전제하고 있으며, 집합건물의 대지사용권은 전유부분에 대한 구분소유권의 존재를 전제하고 있다. 즉 집합건물의 대지사용권에 관한 근거규정인 「집합건물의 소유 및 관리에 관한 법률」(이하 '집합건물법'이라고 한다) 제2조 제6호를 살펴보면, "대지사용권이란 구분소유자가 전유부분을 소유하기 위하여 건물의 대지에 대하여 가지는 권리를 말한다"라고 규정하고 있다. 그리고 대지권에 관한 근거규정인 「부동산등기법」 제40조 제3항을 살펴보면, "집합건물법 제2조 제6호의 대지사용권으로서 건물과 분리하여 처분할 수 없는 것"이라고 규정하고 있다. 전술한 대지사용권과 대지권의 근거규정를 참고해 보면, 대지사용권은 구분건물을 소유하기 위하여 대지를 사용할 수 있는 실체법상의 권리를 지칭하는 것이지만, 대지권은 대지사용권이 전유부분과 분리처분될 수 없다는 사실을 부동산등기부에 공시하기 위하여 고안된 절차법상의 개념이다.[1)]

---

* 제주대학교 법학전문대학원 교수, 법학박사

1) 집합건물의 대지에 관한 다양한 쟁점에 대해서는 다음의 것을 참고할 것. 김어진 · 정구태, "집합건물법상 채권적 대지사용권과 분리처분 금지원칙 －대법원 2023. 11. 9. 선고 2023다254816 판결－", 「집합건물법학」, 한국집합건물법학회, 2024; 이돈영, "대지권사용권 성립 전 토지에 설정된 저당권자의 지위", 「법학논총」, 국민대학교 법학연구소, 2023; 신국미, "대지사용권의 무상취득과 부당이득의 성립여부 －대지공유지분을 중심으로－", 「집합건물법학」 한국집합건물법학회, 2019.

한편, 종래 대법원은 "집합건물법 제2조 제6호에 의하면 대지사용권은 구분소유자가 전유부분을 소유하기 위하여 건물의 대지에 대하여 가지는 권리이므로 반드시 소유권일 필요는 없으나 적어도 전유부분을 소유하기 위하여 건물의 대지에 대하여 가지는 권리여야 하고, 단순히 구분건물과 함께 그 대지지분을 매수한 자로서 매도인에게 매매를 원인으로 하여 그 대지지분에 관하여 가지는 소유권이전등기청구권과 같은 권리는 같은 법 소정의 대지사용권에 해당하지 아니한다."라고 판시하였다. 그런데 집합건물의 건축자로부터 전유부분과 대지지분을 함께 매수하여 그 대금을 모두 지급함으로써 소유권 취득의 실질적 요건은 갖추었지만, 그 집합건물의 전유부분에 대한 소유권이전등기만 경료받고 대지지분에 대하여는 소유권이전등기를 받지 못한 경우가 발생할 수 있다. 이러한 경우에 대지지분에 대한 소유권이전등기를 경료받지 못한 집합건물의 매수인은 소유권(지분)이전등기청구권만을 가지고 있으므로, 그러한 채권자의 지위에서는 대지사용권을 확보하는 것이 불가능한 것인지, 아니면 대지지분에 대한 소유권이전등기를 경료받지 못한 집합건물의 매수인에게도 대지사용권을 확보할 수 있는 법적 지위가 있는지의 여부에 관하여 대법원 2000. 11. 16. 선고 98다45652, 45669 전원합의체 판결(이하 '대상판결'이라고 한다)은 관련 쟁점에 대하여 명확한 입장을 밝히게 되었다.

2. 대상판결의 원심 및 대법원 입장

(1) 원심의 판단 및 논거

원심의 입장 및 그 논거를 살펴보면, "이 사건 대지지분은 이 사건 아파트 분양 당시 아파트 건평 비율에 의거 공유지분으로 이전하되 위치를 지정 또는 할당하지 아니하면, 수분양자는 위 공유지분의 분할을 청구할 수 없도록 약정한 사실, 이 사건 아파트에 관한 원고 명의의 소유권이전등기가 경료된 후인 1992. 5.경부터 이 사건 대지에 관하여 임광아파트에 대한 대지권으로 등기되기 시작한 사실을 인정할 수 있고 반등이 없는바, 집합건물법에 듸하면 구분소유자의 대지사용권은 그가 가지는 전유부분의 처분에 따르고(제20조 제1항), 구분소유자는 그가 가지는 전유부분과 분리하여 대지사용권을 처분할 수 없으며(같은 조 제2항 본문), 위 분리처분금지는 그 취지를 등기하지 아니하면 선의로 물권을 취득한 제3자에게 대항하지 못하게 하고 있고(같은 조 제3항), 위 규정들의 내용과 전유부분과 대지권의 분리처분을 억제하여 대지권 없는 구분소유자의 발생을 방지함으로써 집합건물에 관한 법률관계의 안정과 합리적 규율을 목적으로 하는 위 법률의 취지에 비추어 볼 때, 이러한 분리처분금지의 법리는 구분소유자가 전유부분을 처분할 때에 대지사용권이 있는 경우뿐만 아니라 대지사용권을 취득하기로 예정되어 있어 장차 대지사용권에 해당하는 권리를 취득하면 이를 전유부분의 양수인에게 이전하여 줄 의무를 부담하는 경우에도 적용된다고 할 것이므로, 전유부분이 이 사건 아파트의 처분 후에 원래 대지권이 되기로 예정되어 있던 이 사건 대지지분을 취득한 종전의 구분소유자인 피고 류승주로서는 피고 류원종과 사이의 대지지분에 관한 명의신탁이 해제되어 원고에 대하여 뿐만 아니라 피고 류원종에 대하여도 이 사건 대지지분에 관한 소유권이전등기의무를 부담하게 되었다고 하더라도 피고 류원종에 대하여 소유권이전등기절차를 이행하는 것은 위 법률에 위반되어 허용되지 않고, 위 명의신탁해지를 원인으로 경료된 피고 류원종 명의의 소유권이전등기도 무효라고 할 것이다(앞서 든 증거들에 의하면 피고 류원종은 이 사건 대지지분에 관한 소유권이전등기시에 이 사건 대지지분이 이 사건 아파트의 대지사용권의로 될 것인 사실과 피고 류승주가 이 사건 아파트를 원고에게 처분한 것을 알고 있었던 사실을 인정할 수 있고 반증이 없으므로, 이 사건 아파트의 소유자인 원고는 이 사건 대지지분을 악의로 취득한 피고 류원종에게 대항할 수 있다고 할 것이다). 따라서 원심판결은 정당하다"라고 판시하였다.[2)]

(2) 대법원의 판단 및 논거

대법원의 입장 및 그 논거를 살펴보면, "집합건물법은 제20조에서 구분소유자의 대지사용권은 그가 가지는 전유부분의 처분에 따르고(제1항), 구분소유자는 규약으로써 달리 정하지 않는 한 그가 가지는 전유부분과 분리하여 대지사용권을 처분할 수 없으며(제2항), 위 분리처분금지는 그 취지를 등기하지 아니하면 선의로 물권을 취득한 제3자에 대하여 대항하지 못한다(제3항)고 규정하고 있는바, 위 규정의 취지는 집합건물의 전유부분과 대지사용권이 분리되는 것을 최대한 억제하여 대지사용권 없는 구분소유권의 발생을 방지함으로써 집합건물에 관한 법률관계의 안정과 합리적 규율을 도모하려는 데 있다고 할 것이다. 한편 아파트와 같은 대규모 집합건물의 경우, 대지의 분·합필 및 환지절차의 지연, 각 세대당

2) 서울지법 1998. 7. 31. 선고 98나10259, 10266 판결.

지분비율 결정의 지연 등으로 인하여 전유부분에 대한 소유권이전등기만 수분양자를 거쳐 양수인 앞으로 경료되고, 대지지분에 대한 소유권이전등기는 상당기간 지체되는 경우가 종종 생기고 있는데, 이러한 경우 집합건물의 건축자로부터 전유부분과 대지지분을 함께 분양의 형식으로 매수하여 그 대금을 모두 지급함으로써 소유권 취득의 실질적 요건은 갖추었지만 전유부분에 대한 소유권이전등기만 경료받고 대지지분에 대하여는 앞서 본 바와 같은 사정으로 아직 소유권이전등기를 경료받지 못한 자는 매매계약의 효력으로써 전유부분의 소유를 위하여 건물의 대지를 점유·사용할 권리가 있다고 하여야 할 것인바, 매수인의 지위에서 가지는 이러한 점유·사용권은 단순한 점유권과는 차원을 달리하는 본권으로서 집합건물법 제2조 제6호 소정의 구분소유자가 전유부분을 소유하기 위하여 건물의 대지에 대하여 가지는 권리인 대지사용권에 해당한다고 할 것이고, 수분양자로부터 전유부분과 대지지분을 다시 매수하거나 증여 등의 방법으로 양수받거나 전전양수받은 자 역시 당초 수분양자가 가졌던 이러한 대지사용권을 취득한다고 할 것이다.[3] 그리고 앞서 본 집합건물법의 규정내용과 입법취지를 종합하여 볼 때, 대지의 분·합필 및 환지절차의 지연, 각 세대당 지분비율 결정의 지연 등의 사정이 없었다면 당연히 전유부분의 등기와 동시에 대지지분의 등기가 이루어졌을 것으로 예상되는 경우, 전유부분에 대하여만 소유권이전등기를 경료받았으나 매수인의 지위에서 대지에 대하여 가지는 점유·사용권에 터잡아 대지를 점유하고 있는 수분양자는 대지지분에 대한 소유권이전등기를 받기 전에 대지에 대하여 가지는 점유·사용권인 대지사용권을 전유부분과 분리 처분하지 못할 뿐만 아니라, 전유부분 및 장래 취득할 대지지분을 다른 사람에게 양도한 후 그중 전유부분에 대한 소유권이전등기를 경료해 준 다음 사후에 취득한 대지지분도 전유부분의 소유권을 취득한 양수인이 아닌 제3자에게 분리 처분하지 못한다 할 것이고, 이를 위반한 대지지분의 처분행위는 그 효력이 없다고 봄이 상당하다 할 것이다. 이와 달리, 전유부분과 함께 그 대지지분을 매수하고 그 대금을 모두 지급하는 등 대지지분 취득의 실질적 요건을 다 갖추었으나 등기절차상의 사유로 대지지분에 대한 소유권 이전등기를 경료하지 못한 매수인의 지위에서 가지는 권리가 집합건물법 제2조 제6호 소정의 대지사용권에 해당하지 아니한다는 대법원 1996. 12. 20.

3) 대법원 1995. 3. 14. 선고 93다60144 판결; 대법원 1998. 6. 26. 선고 97다42823 판결 등 참조.

선고 96다14661 판결은 위 견해와 저촉되는 한도에서 이를 폐기하기로 한다. 원심판결 이유 및 기록에 의하면, 피고 1(반소원고, 이하 '피고 1'라 한다)이 아들인 피고 2 명의로 이 사건 아파트 전유부분(이하 '이 사건 아파트'라 한다)과 그 대지지분을 소외 임광토건 주식회사로부터 분양받아 대지지분에 대하여는 아직 대지권등기가 이루어지지 아니하여 소유권이전등기를 경료받지 못한 채, 1990. 1. 23. 이 사건 아파트에 대하여만 피고 2 명의로 소유권이전등기를 경료받았는데, 피고 2가 1992. 4. 23. 처인 원고(반소피고, 이하 '원고'라 한다)와 협의이혼을 하기로 하면서 위자료 지급에 갈음하여 이 사건 아파트와 그 대지지분을 원고에게 양도하기로 하고 1992. 4. 25. 협의이혼을 한 후 같은 달 27일 원고에게 이 사건 아파트에 대하여만 증여를 원인으로 한 소유권이전등기를 경료하여 주고 이를 명도한 사실, 그런데 피고 1이 1994년 2월경 피고 2를 상대로 이 사건 대지지분에 대하여 명의신탁해지를 원인으로 한 소유권이전등기청구의 소를 제기하여 의제자백에 기한 승소판결을 받은 다음 피고 2를 대위하여 위 대지지분에 대하여 피고 2 명의로 소유권이전등기를 경료하고 이어 피고 1 명의로 소유권이전등기를 경료한 사실을 알 수 있다. 그렇다면, 앞서 본 법리에 비추어 볼 때, 피고 2는 이 사건 아파트에 대한 소유권이전등기를 경료받을 당시 그 대지지분에 대한 소유권이전등기를 경료받지는 못하였지만 이를 분양받아 그 대금을 모두 지급한 매수인의 지위에서 이 사건 아파트를 소유하기 위하여 대지에 대하여 가지는 점유・사용권인 대지사용권을 취득하였고, 원고 역시 피고 2로부터 이 사건 아파트와 대지지분을 증여받아 그 아파트에 대한 소유권이전등기를 경료함으로써 이와 같은 대지사용권을 취득하였다 할 것이고, 따라서 이 사건 아파트의 구분소유자였던 피고 2는 원고에게 그 전유부분에 대한 소유권이전등기를 경료해 준 다음 사후에 취득한 이 사건 대지지분을 전유부분의 소유자인 원고가 아닌 제3자에게 분리 처분하지 못하고, 이를 위반하여 대지지분을 처분하였다 하더라도 그 처분행위는 효력이 없다고 할 것이며, 이러한 법리는 피고 2가 이 사건 대지지분에 대한 명의신탁이 해지됨에 따라 피고 1에 대하여 이 사건 대지지분에 대한 소유권이전등기의무를 부담하게 되어 그 의무를 이행하는 경우에도 마찬가지로 적용된다고 할 것이다. 원심판결은 그 이유 설시에 있어 부적절한 점이 없지 아니하나 이 사건 대지지분에 대하여 분리처분금지가 적용되어 피고 1 앞으로 마쳐진 이 사건 대지지분에 대한 소유권이전등기가 무효라고 본 결론에 있어서는 정당하다고 할 것이고, 거기에 대지사용권의 분리처분금지에 관한 법리를 오해한 위법이 있다고 할 수 없다. 이 부분 상고이유의 주장은 이유 없다."라고 하면서 상고를 기각하였다.[4)]

Ⅱ. 대상판결의 평석

1. 폐기된 종래 대법원의 입장

대상판결(98다45652, 45669 전원합의체 판결)에 의해 폐기되기 전까지, 전유부분과 함께 그 대지지분을 매수하고 그 대금을 모두 지급하는 등 대지지분 취득의 실질적 요건을 다 갖추었으나 등기절차상의 사유로 대지지분에 대한 소유권 이전등기를 경료하지 못한 매수인의 지위에서 가지는 권리에는 집합건물법 제2조 제6호 소정의 대지사용권이 포함될 수 있는지의 여부에 대하여 원심 및 대법원의 입장을 살펴보면 다음과 같다.

(1) 원심의 판단 및 논거

원심의 입장 및 그 논거를 살펴보면, "소외 박춘우는 소외 우성건설 직원주택조합의 조합원으로서 위 조합이 건축한 집합건물 중 1채를 분양받아, 1986. 11. 12. 그 전유부분인 이 사건 건물에 관하여만 자신의 명의로 소유권이전등기를 경료하고 그 대지지분에 관하여는 소유권이전등기를 경료하지 못한 상태에서 1989. 2. 11. 원고에게 이 사건 건물 및 대지지분을 매도한 사실, 원고는 같은 해 3. 8. 이 사건 건물에 관하여 자신의 명의로 소유권이전등기를 경료하고 1991. 3. 25. 소외 김병운 등 3인에게 근저당등기를 설정하여 주었다가, 1992. 12. 8. 위 근저당권에 기하여 내려진 담보권실행을 위한 경매개시결정에 따라 진행된 경매절차에서 피고가 이 사건 건물을 경락받아 대금을 납부하고 1993. 9. 20. 자신의 명의로 소유권이전등기를 경료하는 바람에 이 사건 건물의 소유권을 상실한 사실, 그런데 위 박춘우는 1989. 8. 25. 이 사건 건물에 상응하는 대지지분에 관하여 자신의 명의로 소유권이전등기를 경료하여 두었다가, 원고가 이 사건 건물의 소유권을 상실한 뒤인 1993. 10. 5. 원고 명의로 소유권이전등기를 경료하여 준 사실(위 박춘우와 원고의 소유권이전등기는 이 사건 건물과는 별도로 토지등기부에 등재되었다)

4) 대법원 2000. 11. 16. 선고 98다45652, 45669 전원합의체 판결.

을 인정한 다음, 원고가 집합건물법 제7조에 따라 이 사건 소로써 구하는 이 사건 건물에 대한 구분소유권매도청구권의 행사에 대하여, 원고는 위와 같이 위 박춘우로부터 이 사건 건물과 함께 그 대지지분을 매수한 자로서 위 박춘우에 대하여 위 매매를 원인으로 하여 그 대지지분에 관하여 소유권이전등기절차를 구할 권원을 가지고 있었고 이에 터잡아 이 사건 건물에 상응하는 대지의 사용권한 즉 대지사용권을 가지고 있었던 만큼, 위 경매절차에서 집합건물법 제20조 제1항에 의하여 이 사건 건물의 경락에 부수하여 위 대지사용권까지 피고에게 이전되었다고 할 것이므로, 피고는 대지사용권을 가지지 아니한 구분소유자에 해당하지 아니하여 그를 상대로 위 구분소유권매도청구권을 행사할 수 없다고 판단하여 원고의 청구를 기각하고 있다."라고 판시하였다.[5)]

(2) 종래 대법원의 판단 및 논거

종래 대법원의 입장 및 그 논거를 살펴보면, "이 사건 건물에 대한 최초의 구분소유자인 위 박춘우가 이 사건 건물의 대지지분에 대하여 소유권이전등기를 경료하지 못하여 그 소유권을 취득하지 못한 상태에서 원고에게 이 사건 건물에 관하여만 소유권이전등기를 경료하여 주었고, 피고가 경락에 의하여 이 사건 건물을 취득하기까지 원고에게 그 대지지분에 대한 소유권이전등기를 경료하여 주지 않아 원고로서도 이 사건 건물의 대지에 대하여 소유권을 취득하지 못하고 있었다면, 달리 원고가 이 사건 건물의 대지에 대하여 건물을 소유하기 위한 권리로서의 대지사용권을 취득하여 이를 가지고 있지 않는 한, 피고 역시 위 경락에 의하여 이 사건 건물을 소유하기 위한 대지소유권 기타의 대지사용권을 취득하지 못하는 것이다. 결국 이 사건에서 피고는 대지사용권을 가지지 아니한 구분소유자에 해당하고 원고는 그 대지지분의 소유자로서 이 사건 건물의 철거를 구할 권리를 가진 자에 해당하므로, 집합건물법 제7조에 의하여 피고에게 구분소유권을 시가로 매도할 것을 청구할 수 있다."라고 판시하면서 "집합건물법 제2조 제6호에 의하면 대지사용권은 구분소유자가 전유부분을 소유하기 위하여 건물의 대지에 대하여 가지는 권리이므로 반드시 소유권일 필요는 없으나 적어도 전유부분을 소유하기 위하여 건물의 대지에 대하여 가지는 권리여야 하고, 단순히 구분건물과 함께 그 대지지분을 매수한 자로서 매도인에게 매매를 원인으로 하여 그 대지

---

5) 서울지법 1996. 2. 9. 선고 95나27003 판결.

지분에 관하여 가지는 소유권이전등기청구권과 같은 것은 같은 법 소정의 대지사용권에 해당하지 아니한다."라고 판시하였다.

그리고 구분건물을 분양받은 최초의 구분소유자 甲이 전유부분에 대한 소유권이전등기만 경료된 상태에서 전유부분 및 대지지분을 乙에게 매도하여 전유부분에 관하여만 소유권이전등기를 경료하여 주었다가 후에 대지지분에 대하여 甲 명의로 소유권이전등기가 경료되었음에도 乙이 전유부분에 대하여 설정한 근저당권에 기하여 전유부분에 대한 경락이 있을 때까지 乙에게 그 대지지분에 대한 소유권이전등기를 경료하여 주지 않아 乙로서도 대지지분에 대하여 소유권을 취득하지 못하고 있었다면, 달리 乙이 구분건물의 대지에 대하여 전유부분을 소유하기 위한 권리로서의 대지사용권을 취득하여 이를 가지고 있지 않는 한, 경락인 역시 경락에 의하여 전유부분을 소유하기 위한 대지소유권 기타의 대지사용권을 취득하지 못하는 것이므로 경락인은 대지사용권을 가지지 아니한 구분소유자에 해당하고, 전유부분에 대한 소유권을 상실한 후에 비로소 대지지분에 관한 소유권이전등기를 마친 乙은 그 대지지분의 소유자로서 전유부분의 철거를 구할 권리를 가진 자에 해당하여 집합건물의소유및관리에관한법률 제7조에 의하여 경락인에게 구분소유권을 시가로 매도할 것을 청구할 수 있다."라고 판시하였다.[6]

2. 구분소유자의 대지사용권과 대지권 등기

집합건물의 구분소유자에게 귀속되는 구분소유권이 성립하기 위해서는 첫째, 1동의 건물이 존재하고 구분된 건물 부분이 구조상, 이용상 독립성을 갖추어야 하는데, 이것은 1동 건물 전체를 기준으로 구조상, 이용상 독립성을 갖추어야 한다는 것을 의미한다.[7] 둘째, 해당 건물을 구분소유권의 객체로 하는 의사표시, 즉 구분행위가 존재하여야 한다.[8] 그리고 집합건물의 대지는 법정대지, 규약대지, 간주규약대지로 구분되고, 그중 법정대지는 전유부분이 속하는 1동의 건물이 있는 토지를 말한다(법 제2조 제5호). 집합건물이 1필 토지의 일부 위에 건립되어 있더라도 특별한 사정이 없는 한 그 토지 전부가 법정대지가 된다.[9]

한편, 구분소유자의 대지사용권과 대지권에 대하여 살펴보면, 대지사용권은 구

6) 대법원 1996. 12. 20. 선고 96다14661 판결.
7) 대법원 2015. 6. 24. 선고 2012다109538 판결; 대법원 2017. 10. 26. 선고 2015다235438 판결.
8) 대법원 2013. 1. 17. 선고 2010다71578 전원합의체 판결.
9) 대법원 2013. 11. 14. 선고 2013다33577 판결.

분소유자가 전유부분을 소유하기 위하여 건물의 대지에 대하여 가지는 권리를 말한다(법 제2조 제6호). 소유권 외에 건물 소유를 목적으로 하는 지상권, 전세권 또는 등기된 임차권 등도 대지사용권이 될 수 있다. 그리고 대지사용권으로서 전유부분과 분리 처분할 수 없는 것을 대지권이라고 한다(부동산등기법 제40조 제3항). 대지사용권은 구분소유자가 전유부분을 소유하기 위하여 건물의 대지에 대하여 가지는 권리로서 실체법적 권리이다. 대지사용권은 구분소유자가 전유부분을 소유하기 위하여 건물 대지에 대하여 가지는 권리이므로, ① 구분소유권이 성립하고, ② 구분소유자가 그 대지에 대하여 대지사용권이 될 수 있는 권리를 보유하면 성립하고, 대지권 등기는 대지사용권의 성립 요건이 아니다.

이에 반하여 대지권은 대지사용권으로서 건물과 분리하여 처분할 수 없는 것을 의미하는 부동산등기법상의 개념이며, 대지사용권이 전유부분과 분리하여 처분할 수 없다는 것을 공시하기 위한 절차법상의 개념이다. 특히 대지사용권은 구분소유자가 전유부분을 소유하기 위하여 건물의 대지에 대하여 가지는 실체법상의 권리를 의미하므로, 등기된 권리가 아니어도 무방하지만, 대지권 등기를 경료하기 위해서는 대지사용권이 등기된 권리이어야 한다. 그러므로 등기되지 않은 토지임차권은 대지사용권이 될 수 있지만, 특별한 사정이 없는 한 대지권이 발생될 수 없다. 그리고 대지권 등기는 전유부분과 일체로서 처분되는 토지의 권리관계를 토지등기기록이 아닌 건물등기기록에 기록함으로써 그 등기의 효력을 토지에도 미치게 하는 등기를 말한다. 광의로는 대지권 표시의 등기와 대지권인 취지의 등기 그리고 토지에 별도의 등기가 있다는 취지와 건물만에 관한 등기라는 취지의 직권기재를 모두 포함하는 개념으로 사용하지만, 협의로는 대지권 표시의 등기만을 의미한다. 대지권으로 인정되기 위해서는 토지위에 집합건물이 존재하여야 하고, 구분소유자가 해당 대지에 대하여 등기 또는 공시될 수 있는 대지사용권을 갖고 있어야 하며, 전유부분과 대지사용권에 대하여 처분의 일체성이 있어야 한다. 그리고 대지권의 비율은 각 공유자의 지분은 그가 가지는 전유부분의 면적 비율에 따르므로 전유부분의 면적이 동일하다면 공유지분율과 대지사용권비율 및 대지권비율은 모두 같다. 그리고 구분소유자가 둘 이상의 전유부분을 소유한 경우에는 각 전유부분의 처분에 따르는 대지사용권은 전유부분의 면적 비율에 따른다. 다만 규약으로써 달리 정할 수 있다(집합건물법 제21조).

그리고 1동의 건물에 속한 전유부분의 대지권 비율을 전부 합하던 대지권인 뜻의 등기가 기록된 토지의 소유권 비율이 된다. 등기절차는 단독신청(부동산등기법 제41조 제1항 및 제2항), 대위신청(부동산등기법 제41조 제3항), 동시신청(부동산등기법 제60조 제3항)이 있으며, 신청정보에는 부동산등기규칙 제43조의 신청정보 외에 부동산등기규칙 제88조의 등기사항이 필요하고, 부동산등기규칙 제46조의 일반적인 첨부정보 외에 규약상 대지가 있는 경우에는 규약 또는 공정증서를 첨부하여야 한다. 집합건물이 있는 1필의 토지 전부가 법정대지가 되는 것이나, 규약 등으로 분리처분에 관하여 정한 경우 1필의 토지 중 일부 지분만 대지권의 목적으로 하는 것도 가능하다(등기선례 5-805). 예를 들어 토지소유자가 1필의 토지에 여러 동의 집합건물을 신축·분양할 계획이나 우선 1개동(A동)만 먼저 신축한 경우, 나머지 동의 구분소유자들을 위하여 대지 일부만을 A동 구분소유자들의 대지권의 목적으로 할 필요가 있다. 이러한 경우 토지소유자는 구분소유권 성립에 앞서 1필의 토지를 분할하여 분필등기를 함으로써 A동의 법정대지 범위를 한정할 수 있을 것이나, 분필등기를 하지 않더라도 규약 등으로 일부 지분에 관해서는 분리처분이 가능하다는 취지를 정하고 그 나머지 지분에 관해서만 대지권등기를 하는 방법으로도 그와 같은 목적을 달성할 수 있다. 이처럼 1필의 토지 중 일부 지분만 대지권의 목적이 된 경우, 나머지 지분은 법 제20조에서 정하고 있는 분리처분금지원칙이 적용되지 아니하므로 전유부분과 분리하여 처분할 수 있다. 부동산등기 중에서 대지권의 표시에 관한 등기의 예는 다음과 같다.

〈표〉 규약 대지를 포함하여 수필의 건물 대지가 있는 경우의 대지권 표시 등기[10)]

【표 제 부】		(1동의 건물의 표시)		
표시번호	접수	소재지번, 건물명칭 및 번호	건물내역	등기원인 및 기타사항
1	2019년 4월 5일	서울특별시 서초구 반포동 151, 151-1, 151-2 서초아파트 제101동 ［도로명주소］ 서울특별시 서초구 동광로 27길 61	철근콘트리트조 슬래브지붕 5층 아파트 지하층 300㎡ 1층 1,000㎡ 2층 1,000㎡ 3층 1,000㎡ 4층 1,000㎡ 5층 1,000㎡	

10) 법원행정처 편, 『부동산등기기록례집(재단, 입목, 선박, 부부재산등기 포함)』, 법원행정처, 2019, 106면.

			옥탑층 100㎡		
(대지권의 목적인 토지의 표시)					
표시번호	소재지번		지목	면적	등기원인 및 기타사항
1	서울특별시 서초구 반포동 151 서울특별시 서초구 반포동 151-1 서울특별시 서초구 반포동 151-2		대 대 대	1759㎡ 1759㎡ 1759㎡	2019년 4월 5일 등기

㈜ 대지권의 목적인 토지가 1필인 경우에도 토지의 일련번호를 생략하여서는 안된다.

【표 제 부】	전유부분의 건물의 표시			
표시번호	접수	건물번호	건물내역	등기원인 및 기타사항
1	2019년 4월 5일	제1층 제101호	철근콘트리트조 96㎡	
(대지권의 표시)				
표시번호	대지권의 종류		대지권비율	등기원인 및 기타사항
1	1, 2 소유권대지권 3. 임차권대지권		1000분의 47 500분의 18	2019년 3월 5일 대지권 2019년 3월 5일 대지권 2019년 3월 5일 등기

3. 집합건물 대지지분 미등기 매수인의 대지사용권 취득 법리

구분소유자의 대지사용권에 관한 근거규정인 집합건물법 제2조 제6호 및 대지권에 관한 근거규정인 「부동산등기법」 제40조 제3항을 참고해 보면, 대지사용권은 구분건물을 소유하기 위하여 대지를 사용할 수 있는 실체법상의 권리이고, 대지권은 대지사용권이 전유부분과 분리처분될 수 없다는 사실을 부동산등기부에 공시하기 위하여 고안된 절차법상의 개념이지만, 대지사용권 중에서 등기될 수 있는 대지사용권을 전제로 대지권의 등기가 가능하다는 점에서 양자는 동일한 개념으로 볼 수 없다.

집합건물의 건축자로부터 전유부분과 대지지분을 함께 분양의 형식으로 매수하여 그 대금을 모두 지급함으로써 소유권 취득의 실질적 요건은 갖추었지만 전유부분에 대한 소유권이전등기만 경료받고 대지지분에 대하여 아직 소유권이전등기를 경료받지 못한 자는 집합건물의 전유부분의 소유를 위하여 건물의 대지를 점유·사용할 권리가 있는지의 여부에 대하여 종래 대법원의 입장을 폐기한 대상판결의 판단 및 논거가 타당하다고 보아야 한다. 왜냐하면 매매의 대상이 집합건물의 전유부분 및 대지지분 모두인 경우, 전유부분과 대지지분의 매매대금 전부가 지급되었다면 전유부분에 대한 소유권이전등기만 경료되었고, 대지지분에 대해서는 소유권이전등기가 경료되지 못하였다고 하더라도, 집합건물의 대지지분을 포함하는 전유부분에 대한 매매계약의 효력으로써 전유부분에 대하여 소유권이전등기를 경료한 구분소유자는 자신의 전유부분의 소유를 위하여 집합건물의 대지도 적법하게 점유·사용할 권리가 있으며, 민법 제213조 단서에 해당되는 본권을 가지고 있는 것으로 보아야 한다. 따라서 대지지분을 포함하여 전유부분을 양도한 자가 그 매매대금을 모두 지급받았다면 대지의 반환을 청구할 수 없게 된다. 즉 집합건물 전유부분 및 대지지분을 매수한 자가 전유부분에 대한 소유권이전등기를 경료하고, 대지지분에 대해서는 소유권이전등기를 경료받지 못하였더라도, 그 전유부분의 소유권을 취득한 자의 지위에서 가지는 그 대지의 점유·사용권은 민법 제213조의 본권에 해당되며, 그 본권의 구체적 내용은 집합건물법 제2조 제6호 소정의 집합건물의 구분소유자가 자신의 전유부분을 소유하기 위하여 건물의 대지에 대하여 가지는 권리인 대지사용권으로 보아야 한다. 또한 수분양자로부터 전유부분과 대지지분을 다시 매수하거나 증여 등의 방법으로 양수받거나 전전 양수받은 자 역시 당초 수분양자가 가졌던 이러한 대지사용권을 동일하게 취득한다고 보는 것이 타당하다.

4. 소 결

구분건물과 함께 그 대지지분을 매수하였지만 대지지분에 관한 공시방법을 갖추지 않은 자는 대지지분에 관하여 소유권이전등기청구권을 취득하게 된다. 그런데 집합건물법 제2조 제6호 소정의 집합건물의 구분소유자가 전술한 소유권이전등기청구권이외에 자신의 전유부분을 소유하기 위하여 건물의 대지에 대하여 가지는 권리인 대지사용권도 취득할 수 있는지에 대하여 대상 전원합의체 판결은 종래의 대법원 입장을 변경하였다. 위 전원합의체 판결은 미등기매수인 중에서 특히 집합건물 전유부분의 매수인으로서 대지지분에 대한 소유권이전등기를 경료하지 못한 미등기매수인에게 집합건물법상의 대지사용권이 귀속되는지의 여부를 판단하였는데, 대상판결은 민법 제213조 단서에 근거하여 미등기의 매수인이라고 하더라도 매매계약상의 의무를 이행한 경우에는 적법하게 목적물의 반환청구를 저지하면서 당해 토지를 사용할 수 있는 본권이 있다는 것을 확인한 판례이며, 또한 전술한 본권이 집합건물 전유부분에 관한 매매계약의 효력으로서 그 대지에 관하여 구분소유자에게 인정되는 경우에는 대지사용권을 의미하는 것으로 보았다. 대상판결은 대지지분을 등기하지 않은 집합건물의 매수인에 대해서도 그 대지의 사용권을 인정하면서 또한 분리처분을 금지하고 있는 집합건물법의 입법취지를 달성하기 위하여 종래 판례를 변경하였다는 점에서 법리적으로 타당성을 확보한 것으로 보인다.

집합건물법상 분리처분금지 원칙의 적용

- 대법원 2013. 11. 14. 선고 2013다33577 판결 -

이 선 희*

Ⅰ. 序

필자는 과거에 대상판결에 대하여 "집합건물법상 분리처분금지와 규약"이라는 제목으로 판례평석을 한 바 있다.[1] 당시는 집합건물법이 1984년 제정된 지 30여 년이 경과되었음에도 불구하고, 판례가 구분소유를 둘러싼 법률관계에 대하여 집합건물법을 우선 적용하기보다는 여전히 민법상 공유의 법리로만 해결하려는 경향이 있었고, 집합건물에서 구분소유의 성립시기에 관한 대법원 전원합의체 판결(대법원 2013. 1. 17. 선고 2010다71578 판결) 또한 통상적인 건물 소유권의 성립시기에 관한 법리에 기초하면서 집합건물법 고유의 특성에 주목하지 않았다는 점에서 아쉬움이 없지 않았다.

그런 시기에 선고된 대상판결은, 집합건물의 대지와 전유부분의 소유자가 일치하지 않는 경우에 부당이득반환이 문제되었을 때 해당 사안의 기초가 되는 건물부지의 거래가 집합건물법상 분리처분금지 원칙에 위배되는지 여부를 우선적으로 검토하였고, 집합건물법 제20조가 규정한 일체불가분성의 법적 성질[2]을 종속적 일체불가분설에 의한다는 종전의 판례[3]를 확인하였다. 필자는 이러한 판시의 결

---

* 성균관대학교 법학전문대학원 교수, 법학박사, 변호사

1) 이선희, "집합건물법상 분리처분금지와 규약", 「민사판례연구」 제37권, 박영사, 2015, 139-176면.

2) 이에 대하여 과거 대립하였던 학설의 내용 및 논거는 신국미, "구분소유자의 대지사용권의 개념", 「집합건물법학」 제21집, 2017, 79-81면에 정리된 내용 참조.

3) 일찍이 대법원 1995. 8. 22. 선고 94다12722 판결에서 종속적 일체분가분성을 취함을 밝힌 바 있고, 이후 대법원 2006. 10. 26. 선고 2006다29020 판결, 대법원 2008. 3. 13. 선고 2005다15048 판결 등에서 같은 판시를 내었다.

론에 찬동하면서, 위 원칙 적용의 예외로 삼고 있는 규약의 통제필요성에 대한 화두를 제시한 바 있다.

대상판결이 선고된 지 10여 년이 지난 현시점에서 다시 대상판결의 의의를 생각해 본다. 대상판결과 같은 취지의 판결들이 계속 선고되고 있다는 점, 대상판결에서 더 나아가 위 분리처분금지를 주장할 수 없는 집합건물법 제20조 제3항에서 정한 '선의'의 제3자 범위를 엄격하게 해석함으로써 분리처분금지의 결과를 관철하려는 판례가 나오고 있다는 점 등에 비추어 볼 때, 대상판결은 집합건물법상 구분소유권과 분리한 대지사용권의 처분을 금지하는 원칙의 적용과 관련하여 중요한 의미를 가진 판결임을 확인할 수 있다.

Ⅱ. 사안의 개요 및 소송의 경과

1. 사안의 개요

甲은 이 사건 대지에 관하여 1985. 8. 30. 소유권이전등기를 마친 후 그 지상에 3층 다가구용 단독주택을 신축하고 1996. 3. 19. 소유권보존등기를 마쳤는데, 그 후 위 다가구용 단독주택을 9세대의 집합건물로 전환하고 2002. 2. 25. 집합건축물대장에 등재하였으며, 같은 해 8. 2. 집합건물로 등기까지 마쳤다.

乙은 甲으로부터 이 사건 대지와 대지권등기가 마쳐지지 않은 상태에 있던 위 9세대의 집합건물(이하 '이 사건 건물')을 함께 매수하고 2002. 8. 5. 이 사건 대지와 건물에 각 소유권이전등기를 마친 다음, 피고들 또는 그 전전양도인들에게 이 사건 건물을 분양하면서도 이 사건 대지 지분 일부(216.54/265.5지분 이하 '이 사건 대지 지분')에 대한 소유권등기는 그대로 남겨두었다. 그 후 서울 서대문구가 2005. 1. 25. 乙이 보유하고 있던 이 사건 대지 지분에 대하여 체납처분에 의한 압류등기를 마쳤고 위와 같은 압류등기가 마쳐진 상태에서 乙은 2005. 3. 24. 丙에게 이 사건 대지 지분에 대하여 소유권이전등기를 마쳤다. 한편 위 체납처분에 기한 공매절차에서 원고(선정당사자) 및 선정자 2, 3이 2008. 11. 20. 이 사건 대지 지분 소유권을 취득하고, 2008. 11. 28. 원고 앞으로 13/265.5 지분, 선정자 2, 선정자 3 앞으로 각 101.77/265.5 지분소유권 이전등기를 마쳤다.[4)]

---

4) 대지권 등기는 피고들 등이 이 사건 건물의 구분소유권을 각 취득한 후 乙이 보유하고 있던 이 사건 대지 지분에 대한 서울 서대문구의 압류가 이루어진 후의 시점인 2008. 10. 31. 및 2009. 4.

그런데 乙은 자신이 이 사건 대지와 이 사건 건물의 소유권을 취득한 후 약 2년 반이 지나 丙 앞으로 이 사건 대지 지분을 이전하여 주기까지 자신이 분양해 준 9세대의 구분소유자들이나 그 양수인들에게 이 사건 대지 지분에 대한 사용료를 내라는 요구를 일체 한 적이 없었고, 丙도 이 사건 대지 지분의 소유권을 취득할 무렵부터 이를 상실할 때까지 9세대의 구분소유자들에게 역시 그 사용료를 내라고 요구하지 않았다. 乙이나 丙이 이 사건 대지 지분을 소유하고 있었던 이유는, 그 뒤의 소송과정에서 밝혀진 바에 의하면 재개발 등이 이루어질 경우에 토지보상금을 수령하기 위한 것이었다.

이 사건 청구는 이 사건 대지 중 81.6%에 달하는 공유지분을 가진 원고 및 선정자들(이하 '원고 등')이 18.4%의 공유지분을 가진 피고들(일부는 수분양자들이고, 나머지는 수분양자들로부터 소유권을 전전양도받은 자들이다)을 상대로 그 지분비율의 차이에 해당하는 만큼의 부당이득반환이나 손해배상을 청구한 것이다.

2. 소송의 경과

(1) 1심 판결(서울서부지방법원 2010. 6. 29. 선고 2008가단107828 판결)과 환송 전 원심판결(서울고등법원 2010. 12. 30. 선고 2010나77899 판결)의 판단 – 청구 기각

위 판결들은 "집합건물을 분양한 자가 각 구분소유자에게 건물의 대지 중 일부 지분만 소유권이전등기를 마쳐주고, 나머지 일부 지분을 스스로 보유하고 있는 경우에는 원칙적으로 자신의 보유지분에 관하여는 구분소유자들에게 집합건물의 용법에 따라 무상으로 사용할 수 있는 권한을 부여한 것으로 해석하여야 하고(대법원 2002. 12. 27. 선고 2002다16965 판결)[5], 이러한 분양자가 보유한 일부 지분(즉 전유부분이 없는 대지 지분)을 특별승계한 자도 구분소유자들에게 그 전유부분이 없는 일부 지분을 무상으로 사용하도록 제공할 의무를 부담한다고 보아야 한다"는 전제에서 출발하였다. 그런 다음, 이 사건 건물을 丙에게 매도한 乙이 이 사건 건물의 구분소유자들에게 "이 사건 대지 지분을 무상으로 사용할 수 있는 권한"을 부여한 것으로 해석하여야 하고, 이 사건 대지 지분의 특별승계인에 해당

---

23. 비로소 일부 피고들에 의하여 이루어졌다.

5) 판결공보에는 수록되지 않은 미간행 판결이지만, 이후 집합건물법과 관련된 많은 판결에서 인용되고 있다.

하는 丙은 물론, 원고 등도 위와 같은 무상제공의무의 부담자라는 이유에서 원고 등의 청구를 기각하였다.

(2) 환송판결(대법원 2012. 10. 25. 선고 2011다12392 판결)

환송판결은 위 환송 전 원심판결 등이 전제한 무상사용권한의 부여가능성을 수긍하면서도, 그와 같은 무상사용의 약정은 토지에 대한 사용, 수익권의 본질적인 부분에 관한 것이므로 특별한 사정이 없는 한 그 약정이 분양자의 특별승계인에게 당연승계된다고 할 수 없고, 경매절차 등에서 매각공고와 등기부등본을 통하여 그 대지 위에 집합건물이 존재한다는 사정을 알면서 위와 같은 나머지 지분을 취득하였다는 사정만으로는 그 매수인이 무상사용의 약정이 존재한다는 사정까지 알았다고 보기는 어렵다는 대법원 2012. 5. 24. 선고 2010다108210 판결에 근거하여, 원고 등의 청구가 인용될 수 있다는 여지를 남겼다.

또한 집합건물의 부지 전체에 대하여 대지권이 성립한 이후에는 대지사용권을 전유부분과 분리하여 처분할 수 없다는 분리처분금지 원칙을 언급하면서도[6] 乙이 이 사건 대지 지분을 남겨 보유한 것이 구분소유자들과의 합의에 의한 규약에 부합하는 등으로 유효한 경우에 해당할 여지가 있다는 점, 위 원심판결이 들고 있는 사정만으로는 무상사용권한 부여약정의 승계를 인정하기 어렵다는 이유에서 위 원심판결을 파기환송하였다.

(3) 환송 후 원심판결(서울고등법원 2013. 4. 4. 선고 2012나89728 판결) - 청구 기각

대상판결의 원심판결은, 건물의 구분소유자가 아닌 자가 경매절차 등에서 대지의 공유지분만을 취득하게 되어 대지에 대한 공유지분은 있으나 대지를 전혀 사용·수익하지 못하고 있는 이상, 다른 특별한 사정이 없는 한 위 집합건물의 구분소유자인 피고들에 대하여 그 대지 공유지분권에 기한 부당이득반환청구를 할 수 있다는 일반론으로부터 출발하였다.

그러면서도 이 사건에서는 甲이 이 사건 대지에 건립된 다가구용 단독주택을 집합건물로 전환한 2002. 2. 25. 무렵에는 위 집합건물의 각각의 전유부분에 대하여 구분소유권이 성립되었고,[7] 나아가 그 구분소유권 성립당시 甲이 집합건물의

6) 대상판결의 판시 [2]의 내용과 같다.

7) 대법원 2013. 1. 17. 선고 2010다71578 전원합의체 판결의 판시에 의하면, 구분건물이 집합건축물

부지인 이 사건 대지도 함께 소유하고 있었으므로, 이 사건 대지에 관하여 각 전유부분을 위한 대지사용권도 함께 성립하였다고 한 다음, 그에 따라 이 사건 대지에 대하여 집합건물법 제20조 제2항의 분리처분금지 원칙을 적용하였다.

즉, 위와 같이 甲의 대지사용권이 성립한 후 乙이 위 집합건물을 각각 분양하면서 이 사건 대지 중 일부 지분에 관하여만 수분양자들에게 소유권이전등기를 마쳐 주고 나머지 이 사건 대지 지분을 남겨 보유한 것은 특별한 사정이 없는 한 위 분리처분금지 원칙에 반하여 무효이고, 이 사건 대지 지분에 관한 압류 및 그에 의한 공매처분도 권리자의 직접적인 처분행위는 아니지만 권리자를 대신하여 세무관서 등이 하는 매매로서 금지되는 처분에 해당하므로, 결국 원고 등이 위 공매를 원인으로 하여 이 사건 대지 지분에 관하여 마친 소유권이전등기는 원인 무효이고, 이에 터잡아 구하는 원고 등의 이 사건 부당이득 또는 손해배상 청구는 이유 없다고 판단하여, 위 청구를 기각하였다.

(4) 대상판결 – 상고 기각

대상판결은 아래와 같은 판시로서, 원심판결의 결론이 정당하다고 보아 원고들의 상고를 모두 기각하였다.

[1] 집합건물인 1동의 건물 구분소유자들이 그 건물의 대지를 공유하고 있는 경우 각 구분소유자는 별도의 규약이 존재하는 등의 특별한 사정이 없는 한 그 대지에 대하여 가지는 공유지분의 비율에 관계없이 그 건물의 대지 전부를 용도에 따라 사용할 수 있는 적법한 권원을 가지는바, 이때 '건물의 대지'는 달리 특별한 사정이 없는 한 집합건물이 소재하고 있는 1필의 토지 전부를 포함한다.

[2] 집합건물의 부지 전체에 대하여 대지권[8]이 성립한 이후에는 구분소유자의 대지사용권은 규약으로 달리 정한 경우가 아니면 전유부분과 분리하여 처분할 수 없으므로, 집합건물의 분양자가 전유부분 소유권은 구분소유자들에게 모두 이전하면서도 대지는 일부 지분에 관하여만 소유권이전등기를 하고 나머지 지분을 그 명의로 남겨 둔 경우에 그 분양자 또는 그 보유지분을 양수한 양수인이 구분소유

대장에 등록되거나 구분건물로서 등기부에 등기되지 않았더라도, 구분행위의 존재가 인정되고 그 후 그 구분행위에 상응하는 구분건물이 객관적·물리적으로 완성된 시점에서 구분소유가 성립한다. 그렇다면 사안에서 집합건축물관리대장에 등재한 시점인 2002. 2. 25. 전에 이미 구분소유가 성립하였다고 볼 것이다.

8) 이와 관련하여서는 종전 평석에서 '대지권'보다는 '대지사용권'이라고 하는 것이 정확한 표현일 것이라고 주장한 바 있다. 이에 관련한 내용은 아래 Ⅲ. 2.에서 보기로 한다.

자들에 대하여 공유지분권을 주장할 수 있으려면, 전유부분과 대지사용권을 분리 처분할 수 있도록 규약에서 달리 정하였다는 등 특별한 사정이 있어야 한다.

Ⅲ. 평 석

1. 집합건물에 있어서 구분소유자의 대지사용 및 이와 관련한 부당이득 반환의 법률관계

집합건물에 있어서 구분소유자의 대지사용을 둘러싼 부당이득반환의 법률관계는, 1) 구분소유자 상호간(또는 분양자와 구분소유자 간), 2) 구분소유자와 전유부분을 소유하지 못한 대지공유자 간으로 구별할 수 있다.

1)과 관련하여, 대법원은 1동의 건물의 구분소유자들이 그 건물의 대지를 공유하고 있는 경우, 각 구분소유자는 별도의 규약이 존재하는 등의 특별한 사정이 없는 한 그 대지에 대하여 가지는 공유지분의 비율에 관계없이 그 건물의 대지 전부를 용도에 따라 사용할 수 있는 적법한 권원을 가진다는 이유로, 집합건물의 분양자와 구분소유자 간 또는 구분소유자들 상호간에는 대지 공유지분 비율의 차이를 이유로 부당이득반환을 구할 수 없다는 태도를 취하였다.[9)]

한편 2)는, 집합건물의 분양자가 전유부분 소유권은 구분소유자들에게 모두 이전하면서 대지는 그 일부 지분에 관하여만 소유권이전등기를 하고 나머지 지분을 그 명의로 남겨두었을 때 위 대지의 지분만을 양수한 자가 위 구분소유자들에 대하여 부당이득반환청구를 하는 이 사건과 같은 경우에 문제가 된다. 이를 해결하는 방법으로, 대지의 소유권을 취득하지 못한 수분양자에 대하여 분양자가 무상사용권한을 부여한 것으로 파악하려는 시도가 있었다(이 사건 1심 판결 및 환송전 원심판결의 태도가 이에 해당한다). 이 논리로는 분양자의 수분양자에 대한 부당이득반환청구는 부정할 수 있지만, 분양자의 특정승계인에 대해서는 위와 같은 약정이 공유지분권의 본질적 부분을 침해하는 공유물에 대한 사용수익·관리에 관한 특약이라는 점에서 그 특약이 특정승계인에게 당연히 승계되지 못한다는[10)] 문제점에 봉착하게 된다. 이에 대상판결은 이 문제를 해결하여 부당이득반환청구를 부정

9) 이에 대한 집합건물법의 해석과 민법상 공유법의 관계에 대한 이론상 문제점 및 입법론에 대해서는 이선희(주 1), 150−151면 참조.

10) 대법원 2009. 12. 10. 선고 2009다54294 판결.

하는 방안으로 집합건물법상 분리처분금지의 원칙을 전면에 내세우게 되었다.

2. 집합건물법상 구분소유권의 성질에 비추어 본 분리처분금지 원칙의 의의

독일 민법은 '지상물은 토지에 속한다'는 로마법 원칙에 따라, 건물이 토지의 본질적 구성부분이고(제94조) 토지와 별개의 부동산으로 취급되지 않는다. 특별법인 주거소유권법(Wohnunseigentumsgesetz)은, 건물의 부분에 대한 특별소유권과 대지 및 공용부분에 대한 공유지분권이 결합한 주거소유권의 개념을 창안하였지만,[11] 주거소유권의 개념 자체에 의하여 전유부분과 대지 및 공용부분에 대한 공유지분권이 일체로만 처분된다. 주거소유권법에서 분리처분금지는 '특별소유권의 비독립성'을 의미한다.[12]

반면 우리나라는 일본과 더불어 토지와 건물을 별개의 부동산으로 관념하고 있다. 그리고 우리 집합건물법상 구분소유권은, 그 법적 성질에 대해서 학설상 대립이 있지만,[13] 집합건물법 제2조 제1호 및 제3호에 의하면 전유부분에 대한 전면적이고 배타적인 지배권으로서 독립한 소유권이라고 할 것이다.[14] 전유브분을 제외한 나머지 건물부분 및 전유부분이 차지하고 있는 대지는 구분소유권의 대상이 아니다. 그러다 보니 집합건물에 있어서 이론상 전유부분과 대지의 사용권의 분리처분이 가능하게 된다. 그런데 구분소유자의 보호, 건물과 토지의 소유권이 분리됨으로써 건물이 철거되는 것을 방지하고자 하는 사회정책적인 필요가 있다. 그러한 견지에서 구분소유권의 목적이 되는 전유부분과 그 대지사용권을 분리처분하지 못하도록 규정한 것이 집합건물법 제20조이다. 결과적으로 위 규정은 우리 법제하에서 매우 특별하고도 중요한 의미를 가지게 되었다.

---

11) 김규완, "구분소유 관념과 구분소유권 개념", 「민사법학」 제72권, 2015, 20면.
12) 제6조(특별소유권의 비독립성) 특별소유권은 그것이 속하는 공동재산에 대한 공유지분과 분리하여 양도하거나 각종의 부담을 설정할 수는 없다.
13) 이홍렬, "집합건물 구분소유권과 대지사용권의 처분일체성에 관한 검토", 「집합건물법학」 제36집, 2020, 214면에 정리된 내용 참조.
14) 김규완(주 11), 20면; 이홍렬, "구분소유권의 성립요건에 관한 연구", 「집합건물법학」 제29집, 2019, 88-89면도 동지.

3. 부동산등기법상의 대지권과 분리처분금지 원칙이 적용되는 집합건물법상 대지사용권

부동산등기법 제40조 제3항은 "집합건물법 제2조 제6호의 대지사용권으로서 건물과 분리하여 처분할 수 없는 것"을 '대지권'이라고 정의하면서 그 등기방법에 대하여 규정하고 있다.[15)]

위 대지권과 대지사용권을 구별할 것인가에 대하여는 견해가 나뉜다. 그리고 구별설은 다시 위 분리처분금지 원칙과 관련하여, i) 대지사용권 중 등기된 권리로서 전유부분과 일체화된 것만이 대지권이고, 등기되지 않은 대지사용권은 분리처분이 허용된다는 견해[16)]와 ii) 대지권의 등기여부에 따라 대지사용권과 대지권을 구분하여 부동산등기법상 대지권 등기가 경료되어 분리처분이 금지되는 것을 대지권이라고 하면서도, 위 분리처분금지 원칙의 적용에 있어서는 대지사용권과 대지권에 있어서 차이가 없다는 견해[17)]로 나뉜다. 그러나 i)의 견해는 입법론으로는 몰라도, 부동산등기법의 규정을 들어서 집합건물법이 규정한 분리처분금지 원칙의 내용을 축소해석하는 것으로서 타당하지 않고, 등기된 대지권이 아닌 대지사용권의 경우에도 집합건물법 제20조가 적용되어 집합건물의 전유부분과의 분리처분금지 원칙이 적용된다는 현재의 판례에 부합하지 않는다. 그리고 ii)의 견해는 대지권뿐만 아니라 등기되지 않은 대지사용권에 대해서도 분리처분금지 원칙이 적용된다는 점에서는 타당하나, 부동산등기법에 의하여 대지권이 등기된 경우에도 집합건물법 제20조가 적용되어 규약으로 달리 정하면 대지사용권을 분리처분할 수 있다는 점에서 대지권의 개념을 정확하게 표현하였다고는 보기 어렵다. 결국 대지권은 부동산등기법상의 개념으로 대지사용권과 구별되어 사용되나, 분리처분금지 원칙과 관련하여서는 구별 실익이 크지 않다.

그럼에도 대상판결은 판시 [2]에서 이를 구별하여 사용하고 있는데, 주목하여야 할 만한 점은 위 판시의 문언과는 달리, 대상판결의 사안에서 원심판결 및 대법원이 분리처분금지 원칙에 위배되는 처분에 해당한다고 본 2005년 압류 전에

---

15) 대지에 대한 권리관계를 공시하는 등기가 아니라, 집합건물등기부의 전유부분 표제부에 기재하는 표시등기이다.

16) 박종두, "집합건물법 제20조의 의미와 해석", 「집합건물법학」 제5집, 2010, 147면; 박세창, "대지사용권의 종속성과 처분의 일체성 적용의 재검토", 「집합건물법학」 제47집, 2023, 137면.

17) 양경승, "대지권의 법적성질과 관련문제", 「사법논집」 제24집, 1993. 12., 법원도서관, 232면; 신국미(주2), 74-75면.

대지권등기가 이루어진 것은 아니라는 점이다. 이 사건에서 늦어도 이 사건 건물에 대한 소유권이전등기가 경료된 2002. 2. 25. 무렵에는 이 사건 건물에 대한 구분소유권이 성립하고[18] 이에 종속된 권리인 이 사건 대지에 대한 대지사용권도 그때 성립하였다고 할 것이지만, 대지권등기는 2008년 이후에야 비로소, 그것도 이 사건 대지의 일부 지분에 대해서만 이루어졌다. 그렇다면 위 대지권 등기가 이루어지기 전에 경료된 압류에 기한 공매절차에서 이 사건 대지 지분을 취득한 원고 등의 매수가 분리처분금지 원칙에 위배되어 무효라고 판시함에 있어서, 대상판결이 판시 [2]에서 "대지권이 성립한 이후에는"라고 한 것은 혼란을 야기할 뿐이다. 이는 "대지사용권이 성립된 이후에는"으로 정정되어야 할 것이며, 위 부분 판시의 중점은 "(비록 집합건물의 부지 중 일부에 대하여 대지권 등기가 경료되었다고 하더라도) 집합건물의 부지 전체에 대하여" 대지사용권이 성립된 후에는 그 부지 전체에 대하여 분리처분금지 원칙이 적용된다는 점에 있다고 할 것이다.

물권변동의 성립요건주의에 의하면, 법률행위에 의해서 주된 권리인 물권이 이전되는 경우에 종된 권리도 함께 이전되기 위해서는 주된 권리뿐만이 아니라 종된 권리에 대해서도 이전등기가 마쳐져야 한다. 그러나 대지사용권은 전유부분이 처분되면 등기와 상관없이 전유부분의 처분에 따르게 된다는 점에서, 표제부에 대지권인 취지인 등기가 이루어진 경우에도 대지사용권의 이전에 성립요건주의가 적용되지 않는다.[19] 거기에 더하여 대지사용권은 반드시 물권이 아니라 채권적 권리도 포함되는바,[20] 대지사용권의 분리처분금지의 원칙에도 불구하고 대지사용권의 목적이 된 토지에 대해서 그 사실을 알지 못하고 물권을 취득하는 제3자가 등장할 가능성이 발생하게 된다. 이와 관련하여서는 최근 대법원이 집합건물법 제20조 제3항에서 정한 '선의'의 제3자 범위를 엄격하게 해석함으로써 분리처분금지를 관철하려는 태도를 취하고 있다.[21]

4. 대상판결의 의의

대상판결은, 판례가 취하는 종속적 일체불가분설에 따라, 건물에 구분소유관계

18) 앞서 본 주 7)의 내용 참조.
19) 김영두, "집합건물의 대지사용권의 수반성과 분리처분금지", 「일감부동산법학」 제19호, 2019, 39－40면.
20) 대법원 2023. 11. 9. 선고 2023다254816 판결.
21) 대법원 2018. 12. 28. 선고 2018다219727 판결; 대법원 2023. 11. 9. 선고 2023다254816 판결 등.

가 성립하면 전유부분과 대지사용권의 분리처분을 금지하고, 대지사용권을 전유부분의 종속적인 관계로 파악하여 위 원칙에 반하는 대지처분의 효력을 부정하였다. 위 판결은 집합건물의 법률관계에 있어서 기존 공유법리와 집합건물법상 분리처분금지 원칙의 관계에 대한 하급심에서의 다소 혼란스러운 적용을 정리하고 집합건물 고유의 특성에 주목하였다는 점에서 환영할 만하다. 공유법리에 대한 집합건물법의 특별법적인 성격에 기한 것으로서 이론적으로 타당하고, 구분소유자의 실질적 대지사용권을 보장하면서 집합건물에 관한 법률관계의 안정과 합리적인 규율을 도모하였다. 대상판결의 결론에 찬성한다. 다만, 대상판결의 판시내용 중 [2]의 '대지권'이라는 표현은 정확하지 않으므로 '대지사용권'으로 정정되어야 할 것이다.

대법원은 대상판결 이후 대지사용권에 채권적 권리를 포함시켰고, 더 나아가 위 분리처분금지를 주장할 수 없는 집합건물법 제20조 제3항에서 정한 '선의'의 제3자를 엄격하게 해석함으로써 분리처분금지의 결과를 관철하고 있다. 이로써 위 분리처분금지의 원칙을 규정한 집합건물법 제20조가 위 법에 있어서 가장 중요한 의미를 갖는 조문으로 확고하게 자리잡게 되었다고 할 것이다.

5. 餘論 : 분리처분금지를 회피할 수 있는 규약

한편 필자가 종전 평석에서 화두를 던졌던, 규약의 통제와 관련된 움직이나 해석상의 제한은 판례나 학설에서 찾아보기 힘들다. 앞서 본 바와 같이 분리처분금지 원칙은 집합건물법상 가장 중요한 원칙으로 자리잡게 되었지만, 위 원칙을 회피할 수 있는 가능성은 여전히 규약을 통하여 열려있다. 그렇다면 이제는 위 원칙의 예외를 규정하는 규약의 성립 및 해석상의 제한에도 관심을 둘 필요가 있다고 할 것이다.

관리단의 공용부분 무단점유자에 대한 시설물철거 및 대지인도청구, 부당이득반환청구에 관하여 관리단집회의 결의가 필요한지 여부

– 대법원 2022. 9. 29. 선고 2021다292425 판결 –

김 건 호*

Ⅰ. 서 론

관리단이 당사자가 되어 소송행위를 하는 경우 관리단집희를 통해 소제기 결의를 거쳐야 하는지는 실무상 중요한 소송요건에 관한 문제이다. 법원은 관리단의 소제기에 대해 실체 판단을 하기 전에 소송요건부터 직권으로 살펴, 소송요건을 갖추지 못한 사건은 부적법 각하 판결(또는 결정)을 하기 때문이다.

「집합건물의 소유 및 관리에 관한 법률」(이하 '집합건물법')에서는 공용부분 관리에 관한 사항은 집회결의로써 결정한다고 규정하면서도, 보존행위는 각 공유자가 할 수 있도록 규정하고 있고, 관리인에게는 공용부분의 보존행위에 관한 권한과 의무를 규정하면서 관리단을 대표하여 재판상 행위를 할 수 있도록 규정하고 있다.

집합건물 관리를 하면서 관리단이 가장 빈번하게 맞닥뜨리는 관리상 문제가 공용부분을 구분소유자나 점유자 또는 제3자가 무단으로 점유・사용하는 문제가 아닐까 한다. 이러한 공용부분 무단점유자에 대해 관리단이 취할 수 있는 전형적인 법적조치인 시설물철거와 대지인도청구, 부당이득반환청구를 재판상청구 하기 위해 대상판결은 관리단집회에서 소제기 결의가 필요한지를 정리한 리딩케이스이다.

* 법무법인 제이앤 파트너 변호사

아래에서는 대상판결의 내용을 먼저 소개한 후 각각의 경우 집회결의가 필요한지의 문제를 관리단이 청구하는 경우와 구분소유자들이 청구하는 경우로 나누어 정리하고, 대상판결의 의미를 살펴보고자 한다.

Ⅱ. 사안의 개요 및 소송의 경과

1. 사실관계

(1) 원고는 서울 중구 (주소 생략) 지상에 위치한 지하 8층, 지상 14층 규모의 집합건물인 ○○○상가(이하 '이 사건 상가'라 한다)의 구분소유자들로 구성된 관리단이다.

(2) 피고 2는 이 사건 상가의 (호수 생략) 구분점포(이하 '이 사건 점포'라 한다)의 구분소유자이고, 피고들은 2011. 9. 1.경부터 이 사건 점포에서 '△△△△△△△'라는 상호로 커피숍을 공동으로 운영하고 있다.

(3) 피고들은 2019. 11. 11.경부터 관리단인 원고의 승낙이나 동의를 얻지 아니하고 이 사건 상가의 출입구 앞 대지에 커피숍 영업을 위한 고정시설인 벤치, 냉장고, 서랍장, 나무테이블(이하 '이 사건 시설물'이라 한다)을 임의로 설치하여 이 사건 시설물 부지를 커피숍 용도로 점유·사용하여 오고 있자, 원고는 피고들을 상대로 이 사건 시설물 철거, 토지 인도 및 부당이득반환을 구하는 이 사건 소송을 제기하였다.

(4) 원고는 관리단집회의 특별결의 정족수 요건을 갖추어 규약을 제정한 적은 없다.

(5) 원고는 2016. 5. 27. 관리단집회에서 공용부분 관리 및 활용방안에 관한 의결기구로서 역할을 할 14인의 대표위원을 선출하여 대표위원회(이하 '이 사건 대표위원회'라 한다)를 구성하였고, 이 사건 대표위원회는 2019. 4. 5. 이 사건 소송에 관한 변호사 선임비용 지출에 관하여 결의하였다.

2. 대상판결에서의 주된 쟁점

(1) 정당한 권원 없는 사람이 집합건물의 공용부분이나 대지를 점유·사용하는 경우, 관리단이 집회결의 없이 보존행위로서 시설물 철거 및 토지인도를 구할 수

있는지 여부

(2) 정당한 권원 없는 사람이 집합건물의 공용부분이나 대지를 점유·사용하는 경우, 구분소유자뿐만 아니라 관리단도 위 사람을 상대로 부당이득반환을 구하는 소를 제기할 수 있는지 여부 및 이때 관리단의 소제기를 위한 요건은 무엇인지

(3) 관리규약이 제정되지 않은 상태에서 의결기구로서 대표위원회를 구성할 수 있는지 여부 및 집회결의에서 공용부분 관리에 관한 사항을 위임받아 의결하기 위해 선출된 대표위원들이 소제기 결의를 할 수 있는지 여부

3. 원심의 판단(서울중앙지방법원 2021. 10. 28. 선고 2020나89232 판결)

(1) 원고의 철거 및 인도 청구에 관한 판단

「법원이 이 부분에 설시할 판결이유는 제1심판결 이유 제2의 가, 나항의 기재와 같으므로, 민사소송법 제420조 본문에 의하여 이를 그대로 인용한다. 그 요지는 피고들은 이 사건 상가의 공용부분에 속하는 별지 2 도면 표시 (나), (다), (마)부분 토지를 배타적으로 점유할 권리가 없으므로, 집합건물의 소유 및 관리에 관한 법률(이하 '집합건물법'이라 한다)상의 관리단인 원고에게 위 토지를 인도하고 그 지상에 설치된 시설물을 철거할 의무가 있으며, **공용부분의 보존행위에 해당하는 이 부분 청구를 위하여 미리 관리단집회의 결의를 거칠 필요는 없다**는 것이다.」

(2) 원고의 차임 상당 부당이득반환 청구에 관한 판단

집합건물의 관리인은 관리단을 대표하여 집합건물 공용부분의 보존 및 관리행위를 할 수 있으나, 보존행위와 달리 관리행위를 하려면 규약에 특별한 규정이 없는 한 사전에 관리단집회의 통상 결의를 거쳐야 하고, 그러한 결의 없이는 공용부분의 관리행위에 관한 소를 제기할 수 없다고 할 것이다.

나아가 관리인이 공용부분을 구분소유자 중 1인이나 제3자에게 독점적으로 사용하게 하는 것이 공용부분의 관리행위에 해당하는 점에 비추어 보면 이를 무단으로 사용하는 자에 대하여 그로 인한 부당이득의 반환을 구하는 것도 공용부분의 관리행위에 포함된다고 해석할 수 있다. 따라서 **관리인이 관리단을 대표하여 이러한 부당이득의 반환을 청구하는 소를 제기하려면 관리규약에 특별한 수권규정이 없는 한 미리 관리단집회의 결의를 거쳐야 할 것이다.**

위와 같은 법리에 비추어 이 사건을 살펴보면, 원고가 피고들을 상대로 공용부

분의 무단점유로 인한 차임 상당 부당이득반환을 구하는 이 부분 소에 대하여 관리단집회의 결의를 거쳤다거나 규약에 그에 관한 수권조항이 있음을 인정할 증거가 없다(원고는 아직까지 적법한 관리규약을 설정하지 못한 것으로 보이고, **원고의 대표위원회가 관리단의 권한을 대신하여 행사할 수 있다고 볼 법적 근거도 부족하다).** 따라서 이 사건 소 중 원고의 차임 상당 부당이득반환 청구에 관한 부분은 원고적격이 없는 자에 의하여 제기된 것으로서 부적법하다.

4. 대법원의 판단(대상판결)

대법원은 철거 및 인도 청구에 관해서는 원심판단을 그대로 유지하였고, 부당이득반환 청구에 관해서는 원심판단의 법리는 그대로 유지하면서 대표위원회가 관리단의 권한을 대신 행사할 수 있는 법적근거를 제시하며 파기환송 판결을 하였다.

(1) 원고의 철거 및 인도 청구에 관한 판단

「피고들은 관리단인 원고의 승낙이나 동의를 얻지 아니하고 이 사건 상가의 대지에 이 사건 시설물을 임의로 설치하여 이 사건 시설물 부지를 독점적, 배타적으로 점유·사용하고 있으므로, 피고들은 관리단인 원고에게 이 사건 시설물이 설치되어 있는 토지를 인도하고 이 사건 시설물을 철거할 의무가 있다. **원고는 보존행위에 해당하는 이 부분 청구를 위하여 미리 관리단집회의 결의를 거칠 필요가 없다.**」

(2) 원고의 차임 상당 부당이득반환 청구에 관한 판단

「정당한 권원 없는 사람이 집합건물의 공용부분이나 대지를 점유·사용함으로써 이익을 얻고, 구분소유자들이 해당 부분을 사용할 수 없게 되어 부당이득반환을 구하는 법률관계는 구분소유자의 공유지분권에 기초한 것이어서 **그에 대한 소송은 1차적으로 구분소유자가 각각 또는 전원의 이름으로 할 수 있다.** 한편 관리단은 집합건물에 대하여 구분소유 관계가 성립되면 건물과 그 대지 및 부속시설의 관리에 관한 사업의 시행을 목적으로 당연히 설립된다. **관리단은 건물의 관리 및 사용에 관한 공동이익을 위하여 필요한 구분소유자의 권리와 의무를 선량한 관리자의 주의의무로 행사하거나 이행하여야 하고, 관리인을 대표자로 하여 관리단**

집회의 결의 또는 규약에서 정하는 바에 따라 공용부분의 관리에 관한 사항에 관련된 재판상 또는 재판 외의 행위를 할 수 있다(집합건물법 제16조, 제23조, 제23조의2, 제25조 참조). **따라서 관리단은 관리단집회의 결의나 규약에서 정한 바에 따라 집합건물의 공용부분이나 대지를 정당한 권원 없이 점유하는 사람에 대하여 부당이득의 반환에 관한 소송을 할 수 있다.**

집합건물의 공용부분 변경에 관한 업무는 구분소유자 전원으로 법률상 당연하게 성립하는 관리단에 귀속되고, 그 변경에 관한 사항은 관리단집회에서의 구분소유자 및 의결권의 각 3분의 2 이상의 결의(집합건물법 제15조 제1항) 또는 구분소유자 및 의결권의 각 5분의 4 이상의 서면이나 전자적 방법 등에 의한 합의(집합건물법 제41조 제1항)로써 결정하는 것이므로, 집합건물의 관리단은 위와 같은 방법에 의한 결정으로 구분소유자들의 비용 부담 아래 공용부분 변경에 관한 업무를 직접 수행할 수 있음은 물론 타인에게 위임하여 처리할 수도 있다. 이와 같은 법리는 관리단이 집합건물의 공용부분 관리에 관한 업무로서 공용부분이나 대지를 정당한 권원 없이 점유하는 사람에 대하여 부당이득반환을 청구하는 경우에도 마찬가지이다. 한편 위와 같은 공용부분 변경에 관한 사항 등을 제외한 **공용부분의 관리에 관한 사항은 통상의 집회결의로써 결정하므로(집합건물법 제16조 제1항), 관리단은 통상의 집회결의로써 타인에게 공용부분 관리에 관한 사항을 위임할 수 있다.**

앞서 본 사실관계를 위 법리에 비추어 살펴본다.

가) 원고는 2016. 5. 27. 관리단집회에서 통상의 집회결의로써 14인의 대표위원을 선임하는 결의를 하였고, 위 관리단집회에서 의장은 구분소유자들에게 대표위원의 역할이 '공용부분의 관리'임을 언급하였으며, 위 관리단집회에 관한 소집통지에서도 그와 같은 사항을 공지한 것으로 보인다.

나) 구분소유자들은 이 사건 대표위원회에 공용부분 관리권한이 위임된다는 것을 인식하면서 이 사건 대표위원회를 구성하는 결의를 하였다고 볼 수 있다.

다) **이 사건 대표위원회는** 2019. 4. 5. 피고들에 대한 부당이득금반환청구 등 이 사건 소송에 관한 변호사 선임비용 지출에 관하여 결의하였으므로, **관리단인 원고로부터 위임받은 바에 따라 공용부분 관리행위에 해당하는 부당이득반환청구권 행사에 관한 의결을 하였다고 볼 여지가 있다.**

그런데도 원심은 관리단집회의 결의를 거쳤음을 인정할 증거가 없다는 이유로 이 사건 소 중 부당이득반환청구 부분이 원고적격이 없는 자에 의하여 제기된 것으로서 부적법하다고 판단하였다. 이러한 원심판결에는 집합건물 관리단의 대지 무단점유자에 대한 부당이득반환청구권의 행사요건에 관한 법리를 오해하여 필요한 심리를 다하지 아니함으로써 판결에 영향을 미친 잘못이 있다. 이를 지적하는 원고의 상고이유 주장은 이유 있다.」

5. 파기환송심의 판단(서울중앙지방법원 2023. 9. 13. 선고 2022나57789 판결)

위 대법원의 파기환송 판결에 따라 파기환송심에서는 대표위원회의 소제기 결의를 인정하여 피고들의 본안전항변을 배척하고, 원고의 부당이득금반환청구를 인용하였다.

「앞서 든 증거, 갑 제20, 21호증의 각 기재에 변론 전체의 취지를 종합하여 인정할 수 있는 아래와 같은 사실 또는 사정에 비추어 보면, 2016. 5. 27.자 관리단집회에서 선출된 14인의 대표위원으로 구성된 **대표위원회**(이하 '이 사건 대표위원회'라 한다)**는 관리단인 원고로부터 위임받은 바에 따라 공용부분 관리행위에 해당하는 부당이득반환청구권 행사에 관한 의결을 하였다고 볼 수 있다.** 피고들의 본안전항변은 받아들이지 않는다.

1) 원고는 관리단집회의 특별결의 정족수 요건을 갖추어 규약을 제정한 적이 없다. 원고는 2016. 5. 27. 관리단집회에서 통상의 집회결의로써 이 사건 대표위원회를 구성하는 결의를 하였고, 위 관리단집회에서 의장은 구분소유자들에게 대표위원의 역할이 '공용부분의 관리'임을 언급하였으며, 위 관리단집회에 관한 소집통지에서도 그와 같은 사항을 공지한 것으로 보인다.

2) 구분소유자들은 이 사건 대표위원회에 공용부분 관리권한이 위임된다는 것을 인식하면서 이 사건 대표위원회를 구성하는 결의를 하였다고 볼 수 있다.

3) 이 사건 대표위원회는 2019. 4. 5. 피고들에 대한 부당이득금반환청구 등 이 사건 소송에 관한 변호사 선임비용 지출에 관하여 결의하였다.」

Ⅲ. 평 석

1. 관리단의 공용부분 무단점유자에 대한 시설물철거 및 대지인도 청구 시 집회결의에 관한 논의

(1) 집합건물법상 관련 규정

집합건물법에서는 공용부분 관리에 관한 사항은 집회결의로써 결정하도록 하되, 보존행위는 각 공유자들이 할 수 있도록 규정하였다(제16조 제1항). 또한, 관리인의 권한과 관련하여 공용부분 관리사항은 관리단집회 결의를 거쳐 집행하도록 하되, 보존행위는 집회결의를 요구하지 않아 관리인이 단독으로 할 수 있도록 하였다(제25조 제1항 제1호, 제2호). 관리인은 관리단을 대표하여 보존행위 또는 관리행위를 위해 재판상 행위를 할 수 있는 권한이 있다(제25조 제1항 제3호). 이를 종합하면 관리인은 관리단을 대표하여 관리행위는 집회결의를 거쳐야 하는데 반해, 보전행위는 단독으로 재판상 청구를 할 수 있다.

(2) 공용부분 관리행위와 보존행위의 구별기준

집합건물법 제16조 제1항의 취지는 집합건물의 공용부분과 대지의 현상을 유지하기 위한 보존행위를 관리행위와 구별하여 공유자인 구분소유자가 단독으로 행사할 수 있도록 한 것이다. 또한, 민법 제265조 단서 역시 공유물 보존행위를 각 공유자가 단독으로 할 수 있도록 정하고 있는데, 이때 보존행위는 공유물의 멸실·훼손을 방지하고 그 현상을 유지하기 위하여 하는 사실적, 법률적 행위로 해석된다.[1] 민법 제265조 단서가 이러한 공유물의 보존행위를 각 공유자가 단독으로 할 수 있도록 한 취지는 그 보존행위가 긴급을 요하는 경우가 많고 다른 공유자에게도 이익이 되는 것이 보통이기 때문이다. 보존행위의 내용은 통상의 공유관계처럼 사실상의 보존행위뿐 아니라 지분권에 기한 방해배제청구권을 행사하는 법률적 행위 역시 포함된다.

이러한 민법 제265조 단서의 취지, 집합건물법의 입법 취지와 관련 규정을 종합하면, 관리행위와 보전행위의 구별기준은 **구분소유자가 공용부분과 대지에 대해 그 지분권에 기하여 권리를 행사할 때 이것이 다른 구분소유자들의 이익에 어긋날**

---

1) 대법원 2019. 9. 26. 선고 2015다208252 판결.

수 있다면 이는 각 구분소유자가 집합건물법 제16조 제1항 단서에 의하여 개별적으로 할 수 있는 보존행위라고 볼 수 없고 집합건물법 제16조 제1항 본문에 따라 관리단집회의 결의를 거쳐야 하는 관리행위라고 보아야 한다.[2)]

대상판결에서 피고는 이 사건 청구가 구분소유자인 피고의 대지사용 이익에 어긋나 관리행위에 해당한다고 주장하였지만, 대법원은 이를 배척하였다. 원심과 대법원은 피고가 이 사건 시설물 부지를 독점적, 배타적으로 점유·사용할 권리가 없어 이 사건 청구가 보전행위에 해당한다고만 판시하여 이유 설시에 다소 아쉬운 면이 있기는 하다. 보전행위에 관한 구별기준을 제시하고, 이 사건 청구가 보전행위에 해당함을 구체적으로 포섭하였다면 더 논리적이었을 것이다.

한편, 대법원 2019. 9. 26. 선고 2015다208252 판결에서는 이에 대한 기준 설시와 구체적인 포섭과정을 설시하고 있어 이를 추가로 소개한다. 이 사건은 도시가스사업자인 갑 주식회사가 아파트 건축 시 시행사로부터 사용기간 영구, 무상의 사용승낙을 얻어 아파트 대지 위에 정압기실을 설치한 다음 위 아파트와 인근 지역에 도시가스를 공급하고 있는데, 위 아파트의 입주자대표회의 회장, 동대표 및 그 배우자들인 을 등이 입주자대표회의의 결의에 따라 갑 회사를 상대로 정압기실의 철거와 부지의 인도를 구하는 소를 제기하면서 관리단집회의 결의를 거치지 않은 사안이었다. 대법원은 위 정압기실은 아파트의 구분소유자들이 도시가스를 공급받기 위한 필수적인 시설로서 이를 철거할 경우 도시가스 공급에 지장을 줄 수 있고, 도시가스의 공급 없이는 원만한 주거생활이 어려운 점을 고려하면, 을 등이 구하는 **정압기실의 철거와 부지의 인도 청구는 다른 구분소유자들의 이익에 반할 수 있고, 그 철거를 구하는 것이 아파트 대지의 현상을 유지하기 위한 행위라고 보기 어려우므로, 을 등의 청구는 보존행위가 아니라 아파트 대지의 관리를 위한 행위로서** 집합건물법 제16조 제1항에 따라 아파트 관리단집회의 결의를 거쳐야 한다고 판시하였다.

이러한 판례 기준과 사안들을 살펴봄으로써 다른 사안에서도 보전행위와 관리행위에 관한 기준점을 잡아볼 수 있을 것이다.

---

2) 대법원 2019. 9. 26. 선고 2015다208252 판결 참조.

(3) '구분소유자'의 공용부분 무단점유자에 대한 시설물철거 및 대지인도 청구에 대한 추가 검토

앞서는 관리단의 청구에 대해 살펴보았으나, 추가적으로 구분소유자들이 무단점유자(구분소유자 또는 제3자)에 대해 위와 같은 청구가 가능한지도 함께 정리할 필요가 있다.

1) 방해배제를 위한 철거청구

집합건물의 구분소유자는 공용부분에 대한 보존행위로서 다른 구분소유자 또는 제3자를 상대로 철거청구를 할 수 있다. 집합건물법 제16조 제1항 단서는 "보존행위는 각 공유자가 할 수 있다"고 규정하고 있으며, 이는 집합건물의 공용부분과 대지의 현상을 유지하기 위한 보존행위를 관리행위와 구별하여 공유자인 구분소유자가 단독으로 행사할 수 있도록 한 것이다. 구분소유자가 공용부분의 전부 또는 일부를 독점적으로 점유·사용하고 있는 경우, 다른 구분소유자는 공용부분의 보존행위로서 자신의 지분권에 기초하여 공용부분에 대한 방해 상태를 제거하거나 공동 점유를 방해하는 행위의 금지 등을 청구할 수 있다. 이러한 방해배제청구의 일환으로 철거청구는 보존행위에 해당하여 구분소유자 개인도 청구할 수 있다. 대법원 2017다204810 판결에서도 "구분소유권의 비율에 따른 공유지분권을 취득한 원고승계참가인은 공유물의 보존행위로서 피고에게 이 사건 계쟁 부분에 대한 방해 상태를 제거하거나 공동 점유를 방해하는 행위의 금지 등을 청구할 수 있다"고 판시하여 보존행위로서의 철거청구가 가능함을 확인한 바 있다.

2) 인도청구

① 구분소유자의 다른 구분소유자에 대한 인도청구

반면, 인도청구와 관련하여 대법원 2020. 5. 21. 선고 2018다287522 전원합의체 판결은 "공유물의 소수지분권자인 피고가 다른 공유자와 협의하지 않고 공유물의 전부 또는 일부를 독점적으로 점유하는 경우 다른 소수지분권자인 원고가 피고를 상대로 공유물의 인도를 청구할 수는 없다"고 판시하였다. 이는 종전 판례를 변경한 것으로, 소수지분권자가 다른 소수지분권자를 상대로 인도청구를 할 수 없다는 원칙을 확립한 것이다.

이러한 법리는 집합건물의 공용부분에도 동일하게 적용된다. 위 전원합의체 판결의 취지에 따르면, "소수지분권자가 공유물을 독점적으로 점유하는 다른 소수지분권자를 상대로 보존행위로서 공유물의 인도를 인정하게 되면, 피고가 공유물을 독점적으로 점유하는 위법한 상태를 시정한다는 명목으로 피고의 점유를 전면적으로 배제함으로써 지분비율에 따른 피고의 사용·수익권까지 근거 없이 박탈하여 부당"하게 되기 때문에 구분소유자가 다른 구분소유자 상대의 인도청구는 부정된다.

따라서 구분소유자는 다른 구분소유자를 상대로 공용부분에 대한 방해배제로서 철거청구는 할 수 있으나, 인도청구는 할 수 없다고 할 것이다.

② 구분소유자 개인이 제3자를 상대로 한 인도청구

반면, 구분소유자 개인은 구분소유자가 아닌 제3자(관리업체가 관리사무소 등 공용부분을 무단 점거하고 있는 경우)를 상대로는 인도청구를 할 수 있을 것이다. 이는 공유자인 구분소유자는 그 제3자를 상대로 공유지분권에 근거해 공용부분에 관한 방해배제청구뿐만 아니라 인도청구도 행사할 수 있기 때문이다.

2. 관리단의 공용부분 무단점유자에 대한 부당이득반환 청구 시 집회결의에 관한 논의

(1) 집합건물법상 관련 규정

집합건물법은 공용부분에 관한 이익은 규약에 달리 정한 바가 없으면 지분비율에 따라 공유자인 구분소유자들이 취득하도록 규정하고 있고(집합건물법 제17조), 2012년 법 개정으로 제23조의2 '관리단의 의무' 조항이 추가되었는데, 이에 따르면 관리단은 건물의 관리 및 사용에 관한 공동이익을 위하여 필요한 구분소유자의 권리와 의무를 선량한 관리자의 주의로 행사하거나 이행하도록 규정하였다. 이는 관리단이 구분소유자들의 공용부분에 관한 권리를 대신 행사할 수 있는 법적 근거를 마련한 것으로 해석된다.

(2) 관리단의 공용부분 무단점유자에 대한 부당이득반환청구의 법적근거

1) 공용부분 무단점유에 관한 법적관계

집합건물의 공용부분이나 대지를 제3자가 불법으로 점유하는 경우, 대상판결은 그에 대한 부당이득반환을 청구하는 법률관계는 구분소유자에게 단체적으로 귀속되는 법률관계가 아니라 구분소유자들의 공용부분 등의 공유지분권에 기초한 개별적인 것이라고 판단하였다. 따라서 이러한 소송은 1차적으로 구분소유자가 각각 또는 전원의 이름으로 할 수 있는 것이다. 이는 공용부분은 구분소유자들의 공유지분권의 대상이 되고, 공용부분에 관한 이익 역시 공유자인 구분소유자들에게 개별적으로 귀속되도록 규정하고 있는 집합건물법 제17조에 부합하는 해석이다.

2) 관리단의 소송수행권의 법적근거

그렇다면, 구분소유자들의 개별적인 권리를 관리단이 행사할 수 있는 근거는 무엇인가? 대법원은 관리단이 관리비의 부과·징수를 포함한 관리업무를 위탁관리회사에 포괄적으로 위임한 경우, 위탁관리회사가 관리단의 관리비채권을 관리회사의 이름으로 재판상 청구를 하는 것은 임의적 소송신탁에 해당한다고 판시하며 이를 인정하고 있는데,[3] 이 경우도 임의적 소송담당으로 인정되는 것일까?

이에 대해 대상판결은 관리단의 소송수행권은 관리단이 집합건물법에 따라 당연히 설립되고, 건물의 관리 및 사용에 관한 공동이익을 위하여 필요한 구분소유자의 권리와 의무를 선량한 관리자의 주의로 행사하거나 이행할 법정 권한을 가지기 때문이라고 판시하였다. 즉, 2012년 법 개정으로 추가된 제23조의2 '관리단의 의무' 조항에 따른 법정 권한이라고 본 것이다.

(3) 관리단의 소송수행을 위한 요건

1) 관리단집회 결의 또는 규약의 수권규정 필요성

관리단이 공용부분 무단점유자에 대한 부당이득반환을 구하는 소를 제기하려면 원칙적으로 관리단집회의 결의를 거치거나 규약에 그에 관한 수권조항이 있어야 한다. 원심 판결에서 판단한 것처럼 관리인이 공용부분을 구분소유자 중 1인이나 제3자에게 독점적으로 사용하게 하는 것이 공용부분의 관리행위에 해당하는 점에 비추어 보면 이를 무단으로 사용하는 자에 대하여 그로 인한 부당이득의 반환을 구하는 것도 공용부분의 관리행위에 포함된다고 해석된다. 따라서 관리인이 관리단을 대표하여 이러한 부당이득의 반환을 청구하는 소를 제기하려면 관리규약에 특별한 수권규정이 없는 한 미리 관리단집회의 결의를 거쳐야 한다.

3) 대법원 2016. 12. 15. 선고 2014다87885, 87892 판결.

2) 관리규약이 없는 경우에도 관리단집회 결의로 대표위원회를 구성하고, 대표위원회에서 위임받아 소제기 결의를 하는 것의 적법성

대상판결에서는 관리단이 통상의 집회결의로써 대표위원을 선임하여 대표위원회를 구성하고, 이 대표위원회가 공용부분 관리권한을 위임받아 소제기 결의를 한 경우, 이는 관리단집회의 결의를 거친 것으로 볼 수 있다고 판단하였다.

집합건물법에 따르면 관리단의 사무는 법 또는 규약으로 관리인에게 위임한 사항 외에는 관리단집회의 결의에 따라 수행한다(집합건물법 제31조). 관리단집회는 관리단의 최고 의결기구로서, 건물과 대지 또는 부속시설의 관리 또는 사용에 관한 구분소유자들 사이의 사항 중 집합건물법에서 규정하지 아니한 사항을 규약으로써 정할 수 있다(집합건물법 제28조 제1항). 비록 집합건물법에 대표위원회에 관한 명시적 규정은 없고, 이에 관한 관리규약 역시 제정되지 않았다고 하더라도 관리단집회가 통상의 결의로써 대표위원을 선임하고 이들에게 공용부분 관리권한을 위임하는 것은 관리단의 최고 의결기구로서의 권한 범위 내에 있다고 볼 수 있다. 이러한 점에 비추어 대표위원회가 관리단집회 결의에 따라 위임받은 소제기 의결 권한을 인정한 대상판결의 법리는 지극히 타당하다.

3) 집회결의에 근거해 구성된 대표위원회의 실무적 의의

관리단은 구분소유자 전원으로 구성되어 있어 의사결정에 많은 시간과 비용이 소요된다. 집회결의에 근거해 구성된 대표위원회는 관리단의 일상적인 업무를 효율적으로 처리할 수 있게 해주며, 특히 소송과 같은 긴급한 사안을 신속하게 대응할 수 있도록 해준다.

또한, 집합건물법 제29조 제1항에 따르면, 규약의 설정·변경 및 폐지는 관리단집회에서 구분소유자 및 의결권의 각 3/4 이상의 찬성을 얻어 행해야 하는데, 이러한 특별결의 정족수를 충족시키기 어려운 경우가 많아 관리규약에 근거한 관리인 또는 관리위원회로의 수권은 현실적으로 쉽지 않다. 관리단집회 결의에 근거하여 구성된 대표위원회는 관리규약이 제정되지 않은 집합건물에서도 관리위원회를 대체하여 공용부분 관리에 관한 의사결정 기구 역할을 할 수 있게 된다.

(4) '구분소유자'가 무단점유자를 상대로 직접 부당이득반환청구를 하는 경우에 관한 추가 논의 – 기판력, 재소금지원칙 관련 대법원 판결(대법원 2022. 6. 30. 선고 2021다239301 판결)

앞서 무단점유자 상대 부당이득반환청구권의 법적성격은 구분소유자 개인의 공유지분권에 근거한 권리임을 살펴보았다. 그렇다면 구분소유자 개인들이 무단점유자를 상대로 개별적으로 지분권에 근거해 부당이득반환청구권을 행사하는 것도 가능하다. 여기서 문제는 개별 구분소유자들이 청구한 소송의 결과가 관리단에 어떠한 영향을 미치는가에 관한 것이다. 이에 관해서는 대상판결과 같은 해에 먼저 선고된 대법원 2022. 6. 30. 선고 2021다239301 판결 내용을 추가로 살펴볼 필요가 있다.

1) 기판력에 관하여

위 대법원 판결은 「관리단이 집합건물의 공용부분이나 대지를 정당한 권원 없이 점유·사용하는 사람에 대하여 부당이득반환청구 소송을 하는 것은 구분소유자의 공유지분권을 구분소유자 공동이익을 위하여 행사하는 것으로 구분소유자가 각각 부당이득반환청구 소송을 하는 것과 다른 내용의 소송이라 할 수 없다. **관리단이 부당이득반환 소송을 제기하여 판결이 확정되었다면 그 효력은 구분소유자에게도 미치고**(민사소송법 제218조 제3항), **특별한 사정이 없는 한 구분소유자가 부당이득반환 소송을 제기하여 판결이 확정되었다면 그 부분에 관한 효력도 관리단에게 미친다고 보아야 한다**」라고 판시하여 구분소유자와 관리단이 별도로 제기한 소송의 효력은 서로 간에 확장됨을 판시하고 있다.

다만, 위 판결에서 민사소송법 제218조 제3항(다른 사람을 위하여 원고나 피고가 된 사람에 대한 확정판결은 그 다른 사람에 대하여도 효력이 미친다)을 적용하며 집합건물법 제23조의2를 언급하지는 않았지만, 대상판결에서 관리단의 소송권한에 관해 집합건물법의 해당 조항을 근거로 제시한 것처럼, 위 판결에서도 위 집합건물법 조항이 마찬가지로 기판력 확장의 근거가 될 것이다.

2) 재소금지원칙에 관하여

구분소유자 일부가 공용부분 무단 점유자를 부당이득반환을 구하는 소를 제기하였다가 1심에서 패소하였고 항소심에서 소를 취하한 경우, 관리단이 다시 부당이득반환을 구하는 소를 제기하는 것이 재소금지의 원칙에 반하는가? 이에 대해 위 판결은「관리단의 이러한 소송은 구분소유자 공동이익을 위한 것으로 구분소유자가 자신의 공유지분권에 관한 사용수익 실현을 목적으로 하는 소송과 목적이 다르다. **구분소유자가 부당이득반환청구 소송을 제기하였다가 본안에 대한 종국판결이 있은 뒤에 소를 취하하였더라도 관리단이 부당이득반환청구 소를 제기한 것은 특별한 사정이 없는 한 새로운 권리보호이익이 발생한 것으로 민사소송법 제267조 제2항의 재소금지 규정에 반하지 않는다고 볼 수 있다**」고 판시하였다. 앞서 본 기판력이 확장되는 것과 달리 재소금지원칙은 적용되지 않는다.

3. 결 론

대상판결은 집합건물의 공용부분 무단점유자에 대한 시설물 철거 및 대지인도 청구는 보존행위에 해당하여 관리단은 관리단집회 결의 없이도 소제기가 가능하다고 판시하였다. 반면, 공용부분 무단점유자에 대한 부당이득반환청구는 관리행위에 해당하여 원칙적으로 관리단집회의 결의를 거치거나 규약에 그에 관한 수권조항이 있어야 관리단이 소제기를 할 수 있다고 판시하였다. 다만, 관리단이 통상의 집회결의로써 대표위원을 선임하여 대표위원회를 구성하고, 이 대표위원회가 공용부분 관리권한을 위임받아 소제기 결의를 한 경우에는 관리단집회의 결의를 거친 것으로 볼 수 있다고 판시하였다.

또한, 대상판결은 집합건물법 제23조, 제23조의2, 제25조에 따라 관리단이 무단점유자에 대한 구분소유자들의 부당이득반환청구권을 대신 행사할 수 있음을 밝히며 그에 대해 법적근거를 제시하였다. 공용부분에 관한 부당이득반환청구 뿐만 아니라 손해배상청구 역시 동일한 논리로 관리단이 구분소유자들의 손해배상청구권을 대신 행사할 수 있을 것으로 보인다.

더 나아가, 대상판결은 관리단의 소제기를 위해 관리단집회 결의의 현실적 어려움이나 관리규약 제정이 되지 않은 집합건물들이 많은 점을 고려하여, 현실적 대안을 제시하였다. 대상판결은 관리단집회 결의에 근거하여 구성된 대표위원회에게 권한 위임이라는 법리를 통해 소제기 결의의 어려움을 해결하도록 현실적 대안을 제시하였고, 이로 인해 집합건물 관리의 실효성을 높이는 데 기여한 매우 의미 있는 판결이라 할 것이다.

구분소유자 아닌 대지 공유자와 적정 대지지분을 보유한 구분소유자 간의 부당이득반환 문제

－대법원 2022. 8. 25. 선고 2017다257067 전원합의체 판결－

김 중 길*

Ⅰ. 사안의 개요 및 소송의 경과

1. 사실관계

원고는 집합건물의 구분소유권을 가지고 있지 않으면서 그 건물 대지의 공유지분을 가지고 있는 사람(이하 '구분소유자 아닌 대지 공유자'라 한다)이다. 원고는 아버지로부터 1978. 7. 10. 이 사건 토지 중 39.188/461.4 지분을 증여받고 1978. 8. 22. 그 소유권이전등기를 마쳤다. 원고의 아버지는 1996. 6. 29. 이 사건 토지 중 별도의 58.78/461.4 지분에 관하여 1996. 6. 27.자 신탁해지를 원인으로 한 소유권이전등기를 마쳐두었다가 2011. 5. 10. 사망하였는데, 원고는 2012. 2. 8. 그 지분에 관하여 2011. 5. 10.자 협의분할에 의한 상속을 원인으로 한 소유권이전등기를 마쳤다. 이로써 원고는 이 사건 토지 중 97.968(39.188+58.78)/461.4 지분을 가지고 있다.

피고는 집합건물의 구분소유자로서 그 소유의 전유부분 면적 비율에 해당하는 대지의 공유지분을 가지고 있는 사람이다. 피고의 소유 관계를 살펴보면, 1980. 12. 5. 이 사건 토지 위에 4층 구분소유 집합건물(연면적 1,118.88㎡)이 축조되어 소유권보존등기가 마쳐졌는데, 원고나 원고의 아버지는 그때부터 그 집합건물의 소유자로 등기된 적이 없다. 피고는 2003. 8. 29 이 사건 건물 내1층 2호(면적 43.93㎡, 이하 '이 사건 전유부분'이라 한다)와 이 사건 토지 중 18.12/461.4 지분에

* 국립금오공과대학교 교양학부/교육대학원 조교수, 법학박사(Dr. jur.)

관하여 매매를 원인으로 한 소유권이전등기를 마쳤다. 피고가 소유한 이 사건 토지의 공유지분 비율(0.0392)은 이 사건 집합건물의 전체 전유부분 면적 대비 이 사건 전유부분의 면적 비율과 일치한다. 따라서 피고는 이 사건 전유부분을 소유하기 위하여 필요한 대지지분을 가지고 있다.

2. 1심 및 원심(서울중앙지방법원 2017. 8. 11. 선고 2016나66218 판결)의 판단 – 청구 인용

1심법원은 피고가 이 사건 집합건물 연면적에 대하여 전유부분 면적 비율에 따라 대지를 점유·사용하여 이익을 얻었고 원고는 그 이익 상당 금액의 손해를 입었다고 판단하여 원고의 부당이득반환청구를 인용하였다(서울중앙지방법원 2016. 10. 11. 선고 2014가단214197 판결). 이에 피고가 항소하였으나(1심에서는 피고가 3인이었으나, 그중 적정 대지지분을 가진 1인만 항소하였다), 원심법원은 1심판결 이유를 그대로 인용하면서 피고의 항소를 기각하였다(서울중앙지방법원 2017. 8. 11. 선고 2016나66218 판결).

이에 대하여 피고는 「집합건물의 소유 및 관리에 관한 법률」(이하 '집합건물법'이라 한다) 제2조 제6호에 따른 대지사용권으로서 전유부분 면적 비율에 상응하는 대지 공유지분(이하 '적정 대지지분'이라 한다)을 가진 구분소유자에 해당하므로 원고에게 부당이득반환의무를 부담하지 않는다고 주장하면서 상고하였다.

3. 대상판결의 요지 – 파기환송

대법원 2022. 8. 25. 선고 2017다257067 전원합의체 판결(이하 '대상판결'이라 한다)은 구분소유자 아닌 대지 공유자인 원고가 구분소유자인 피고에 대하여 집합건물 대지를 사용·수익함에 따른 차임 상당의 부당이득반환을 청구한 사안으로서, 대법원은 원심판결을 파기하고 사건을 원심법원에 환송하였다. 대법원의 다수의견의 판단 이유를 살펴보면 다음과 같다.

즉 "집합건물의 경우에는 대지사용권인 대지지분이 구분소유권의 목적인 전유부분에 종속되어 일체화되는 관계에 있으므로, 집합건물 대지의 공유관계에서는 이와 같은 민법상 공유물에 관한 일반 법리가 그대로 적용될 수 없고, 이는 대지 공유자들 중 구분소유자 아닌 사람이 있더라도 마찬가지이다.

집합건물에서 전유부분 면적 비율에 상응하는 적정 대지지분을 가진 구분소유자는 그 대지 전부를 용도에 따라 사용·수익할 수 있는 적법한 권원을 가지므로, 구분소유자 아닌 대지 공유자는 그 대지 공유지분권에 기초하여 적정 대지지분을 가진 구분소유자를 상대로는 대지의 사용·수익에 따른 부당이득반환을 청구할 수 없다고 봄이 타당하다."고 판시하였다.

대법원은 위 판단에 대한 상세한 이유로서 첫째, 일반 법리와 다른 집합건물 대지의 공유관계 법리, 둘째 부당이득 성립요건의 미충족, 셋째 현실적인 필요성을 언급하였다.

Ⅱ. 평 석

1. 문제의 소재

이 사건은 집합건물에서 구분소유자 아닌 대지 공유자가 그 집합건물 대지의 공유지분권에 기하여 적정한 대지지분을 가지고 있는 구분소유자를 상대로 집합건물 대지를 사용·수익함에 따른 차임 상당의 부당이득반환을 청구할 수 있는지 여부가 쟁점이었다. 다시 말하면 구분건물 전유부분 면적 비율에 상응하는 대지 공유지분을 가진 구분소유자가 구분소유권을 가지고 있지 않은 대지 공유자에게 집합건물 대지를 사용·수익함에 따른 부당이득반환의무를 부담하는지 여부이다.

1심판결과 원심판결은 적정 대지지분을 가진 구분소유자도 집합건물 대지를 사용·수익함에 따른 부당이득반환의무를 긍정한 반면, 대상판결은 부정하였다. 1심판결과 원심판결은 집합건물 대지의 공유관계에 민법상 공유물의 사용·수익에 관한 일반 법리를 적용하였다. 이에 대하여 적정 대지지분을 가진 구분소유자인 피고는 집합건물법에 따른 '대지사용권'을 가지므로 부당이득반환의무를 부담하지 않는다고 주장하였다. 피고의 상고에 대하여 대상판결은 집합건물 대지의 공유관계에는 특수성이 존재하고 그래서 민법상 공유물 일반 법리가 그대로 적용될 수 없다고 하였다. 대상판결은 이 사건을 해결함에 있어 가장 먼저 민법상 공유물 일반 법리와 대법원 판례를 검토하였다. 아래에서는 집합건물 대지의 공유관계와 관련한 판례의 태도를 정리한 후, 대상판결이 판단한 이유의 타당성을 기존 법리와의 부합 및 부당이득반환의 적절성을 중심으로 검토하여, 대상판결의 의의를

찾고자 한다.[1)]

2. 집합건물 대지의 공유관계에 관한 판례와 법리

(1) 민법상 일반 원칙과 집합건물법상 특칙

대법원은 이미 토지 공유자들 상호간의 관계에서 부당이득을 살피면서 일반 원칙을 판시한 바 있다.[2)] 민법 제263조 후단은 공유자는 '공유물 전부를 지분의 비율로 사용, 수익할 수 있다'고 정하고 있다. 이에 따라 모든 토지 공유자는 공유물 전부를 자신의 공유지분의 비율로 사용・수익할 수 있으므로, 토지 공유자 중 일부가 그 공유토지를 배타적으로 사용・수익하면, 다른 토지 공유자들 중 지분은 있으나 전혀 사용・수익하지 않는 사람에게는 그 다른 토지 공유자의 지분에 해당하는 부당이득을 하고 있고, 그것은 반환하여야 한다는 것이다. 이는 배타적으로 사용・수익하는 공유토지의 특정 부분이 토지 공유자의 지분 비율에 해당하는 면적의 범위 내라고 하더라도 마찬가지이다.

또한 대법원은 집합건물 구분소유자들 상호간에는 대지의 점유・사용에 관한 부당이득반환청구가 인정되지 않는다는 이른바 '집합건물 특칙'의 법리를 설시하고 있다.[3)] 민법 제263조에서 공유자는 공유물 전부를 지분 비율로 사용・수익한다고 정하고 있으나, 집합건물법 제2조 제6호에 따른 대지사용권의 개념정의 내지 구분소유관계의 특수성을 고려하면 구분소유자가 건물 대지를 지분 비율로 사용한다는 것은 실제적 측면에서는 상정할 수 없는 관념적인 것이다. 그러므로 구분소유자는 대지를 지분 비율과는 상관없이 용도에 맞게 사용할 수 있다고 봄이 타당하다. 그리고 구분소유자들이 가지는 대지의 공유지분 비율은 각 구분소유자가 건물 대지를 사용함에는 큰 의미가 없으므로, 구분소유자는 대지사용권을 가지는 이상 대지에 대하여 가지는 지분 비율에 관계없이 그 건물 대지 전부를 용도에 맞게 사용할 수 있는 적법한 권원을 갖는다고 보아야 한다.[4)]

---

1) 보다 상세는 김중길, "구분소유자 아닌 대지 공유자의 부당이득반환청구 – 대법원 2022. 8. 25. 선고 2017다257067 전원합의체 판결 –", 「법조」 제72권 제3호, 법조협회, 2023, 435–463면 참조.
2) 대법원 1972. 12. 12. 선고 72다1814 판결; 대법원 1991. 9. 24. 선고 88다카33855 판결 참조.
3) 대법원 1995. 3. 14. 선고 93다60144 판결; 이와 유사한 판시로서 대법원 2011. 6. 9. 선고 2008다73755 판결; 대법원 2012. 3. 29. 선고 2009다50339 판결 참조.
4) 김기동, "집합건물의 구분소유자들이 가지는 대지사용권의 내용", 「대법원판례해설」 제23호, 법원도서관, 1995, 224–226면.

(2) 민법상 공유 법리 일반 원칙의 적용과 그 제한

대법원은 토지 공유자들 상호간의 부당이득관계는 집합건물 대지 공유자와 구분소유자간에도 동일하게 적용할 수 있다고 판시한 바 있다.[5] 구분소유자는 구분건물 전유부분 면적 비율만큼 건물 대지를 배타적으로 사용·수익하므로, 구분소유자 아닌 대지 공유자는 구분소유자에게 자신의 지분 비율에 상응하는 부당이득반환을 청구할 수 있다. 그리고 건물 대지를 배타적으로 사용·수익하는 자인 구분소유자와 구분소유자 아닌 대지 공유자간에서 부당이득금액을 산정할 때에는, 구분소유자가 배타적으로 사용·수익하는 전유부분 면적과 대지 공유자의 공유지분이 기준이 되고, 구분소유자의 대지 공유지분은 고려하지 않는다. 결과적으로 구분소유자가 적정 대지지분을 보유하였는지 여부는 묻지 않고 구분소유자 아닌 대지 공유자에 대하여 전유부분 면적 비율에 따른 차임 상당의 부당이득반환의무를 부담한다. 다만 이러한 내용의 기존 판결은 대상판결에서 적정 대지지분을 가진 구분소유자는 부당이득반환의무가 없다고 하여 그 내용을 변경하였다.

또한 대법원은 집합건물 대지의 공유관계에서 대지권 없는 구분소유자와 대지 공유자간에도 민법상 공유물 일반 법리가 그대로 적용되지 않는다고 판단한 바도 있다.[6] 대법원은 민법상 공유물 일반 법리를 제한하는데, 집합건물 대지의 공유관계에서 구분소유자와 대지 공유자간 부당이득반환관계를 판단할 때 구분소유자의 대지 공유지분을 고려한다. 그래서 구분소유자가 구분건물 전유부분 면적 비율에 상응하는 지분이 있다면 다른 대지 공유자에게 부당이득반환의무가 없고, 구분소유자가 지분을 가지지 않았거나 구분건물 전유부분 면적 비율보다 적은 지분을 가지고 있는 경우에 한하여 부당이득반환의무를 인정한다.

(3) 집합건물 특칙의 적용 및 상호관련성 법리

집합건물 특칙은 구분소유자들 상호간의 부당이득반환청구의 문제로서, 구분소유자 아닌 대지 공유자가 관련되는 경우에는 다시 민법상 공유물 일반 법리가 적용된다고 볼 수 있다. 그러나 대법원은 집합건물 특칙은 집합건물 대지 공유자와

---

5) 대법원 1972. 12. 12. 선고 72다1814 판결; 대법원 1991. 9. 24. 선고 88다카33855 판결; 대법원 2001. 12. 11. 선고 2000다13948 판결; 대법원 2013. 3. 14. 선고 2011다58701 판결 참조.

6) 대법원 1992. 6. 23. 선고 91다40177 판결; 대법원 2011. 1. 27. 선고 2010다72779, 72786 판결 참조.

구분소유자 간에도 동일하게 적용할 수 있다고 판시한 바 있다.[7] 다만 이 판결들은 모두 대지지분이 없는 구분소유자인 사안이다. 민법상 공유물 일반 법리를 적용할 경우와 비교하면, 대지지분이 없는 구분소유자가 부담하는 부당이득반환금액은 차이가 없으나, 그 반환금액이 대지 공유자들 모두에게 각 지분 비율로 귀속되지 않고 해당 공유지분을 가진 대지 공유자에게만 전부 귀속되는 점에 차이가 있다.

한편 대지지분을 가진 원고가 경매절차에서 대지지분을 상실한 구분소유자인 피고를 상대로 부당이득반환을 청구한 사안에서 대법원은 원고의 대지지분권과 피고의 전유부분 사이에 상호관련성이 인정되므로 피고는 부당이득 모두를 반환하여야 한다고 판단하였다.[8] 대지지분권과 구분소유권을 가진 자 사이에 상호관련성이 인정되면 그들 사이에 부당이득반환관계가 인정되어야 한다는 취지이다. 이른바 '상호관련성 법리'도 집합건물의 전유부분과 대지사용권 사이의 일체성 및 종속성이라는 특수한 사정을 반영한 것이다. 즉 구분소유자와 대지 공유자 사이에 공유지분의 사용권 범위 내에서 구분건물을 위한 대지사용권이 확보된 것과 유사한 관계를 인정하는 것이다. 상호관련성을 인정하려면 그것을 유지하려는 묵시적 합의와 같은 요건을 갖추어야 하고, 구분소유자에게 고지하여 효력을 용인하여야 한다.

3. 판례 법리의 적용에 따른 견해의 대립

(1) 민법상 공유물 일반 법리 판례의 적용과 제한

1) 원칙 적용설: 적정 대지지분을 가진 구분소유자의 부당이득반환의무 있음

먼저 토지 공유자들 상호간 관계에서 적용되는 민법상 공유물 일반 법리를 집합건물 대지의 공유관계에도 동일하게 그대로 적용할 수 있다는 견해를 상정해 볼 수 있다.[9] 집합건물법에는 민법 제263조를 배제할 근거가 없고, 민법 제263조에 상응하는 집합건물의 대지사용관계를 규율하는 규정도 두고 있지 않으므로 민

---

7) 대법원 2011. 7. 14. 선고 2009다76522, 76539 판결; 대법원 2012. 5. 24. 선고 2010다108210 판결; 대법원 2013. 3. 14. 선고 2011다58701 판결; 대법원 2018. 6. 28. 선고 2016다219419, 219426 판결 참조.

8) 대법원 2008. 3. 13. 선고 2005다15048 판결 참조.

9) 박동규, "집합건물의 구분소유자 아닌 대지 공유자가 전유부분 면적 비율에 상응하는 적정 대지지분을 가진 구분소유자를 상대로 대지의 사용·수익으로 인한 부당이득반환을 청구할 수 있는지 여부", 「사법」 제62호, 사법발전재단, 2022, 631면.

법 제263조를 적용한다.

원칙 적용설에 따르면 결론적으로는 적정 대지지분을 가진 구분소유자(이하 '적정 지분권자'라고 한다)는 부당이득반환의무가 있다. 집합건물 구분소유자는 구분건물 전유부분 면적 비율만큼 건물 대지를 배타적으로 사용・수익한다. 그 건물 대지에 구분소유자가 아닌 대지 공유자가 존재하는 경우 모든 구분소유자는 그 대지 공유자의 공유지분을 침해하므로, 그 대지 공유자는 자신의 지분을 사용・수익하지 못하는 손해가 발생한다. 따라서 구분소유자가 아닌 대지 공유자는 대지를 배타적으로 사용・수익하는 구분소유자 모두에게 자신의 지분 비율 상당의 부당이득반환청구를 할 수 있다. 그리고 구분소유자가 적정 대지지분을 초과하여 대지지분을 가지고 있더라도 구분소유자 아닌 대지 공유자의 지분을 사용하기로 스스로 정할 수는 없다. 구분소유자 아닌 대지 공유자의 동의가 있어야 한다.

생각건대 원칙 적용설은 민법상 공유물 일반 법리에 따르고 있는 만큼 민법상 공동소유관계의 이론적 당위 및 판례 법리에 보다 부합한다고 볼 수 있다. 집합건물 특칙이 적용되지 않는 경우에 민법상 공유물 일반 법리에 의하는 것이 판례이다. 또한 이 견해에 따르면 구분소유자 아닌 대지 공유자가 모든 구분소유자를 상대로 부당이득반환청구를 하므로 그 대지 공유자가 자신의 권리를 실현하는데 용이하고, 부당이득반환범위를 산정하는데도 간명할 수 있다. '적정 대지지분'이 언제나 명확한 것도 아니고, 이를 정확하게 확인하는 방법도 어려운 점이 있다.

다만 적정 지분권자임이 확인될 경우에는 그는 정당한 권원이 있음에도 불구하고 보호받지 못하는 경우가 발생할 수 있다는 문제는 분명히 내포하고 있다. 그리고 집합건물 특칙에도 불구하고 민법상 공유물 일반 법리를 적용하여 구분소유자들 상호간에 대지지분 비율에 따른 부당이득반환관계가 다시 복잡하게 발생할 수 있는 가능성을 배제할 수 없는 문제도 있다.

2) 제한 적용설: 적정 대지지분을 가진 구분소유자의 부당이득반환의무 없음

반면 민법상 공유물 일반 법리는 집합건물 대지의 공유관계에는 그대로 적용할 수 없고 제한적으로 적용할 수 있다는 견해를 상정해 볼 수 있다. 집합건물법에서 귀속관계를 명시적으로 정하지는 않더라도, 구분소유자가 적정 대지지분을 가지면 집합건물의 소유 및 사용・수익을 위하여 대지사용권이 온전히 보장되도록 하려는 집합건물법의 취지를 고려한다. 여기에서 한 걸음 더 나아가 후술할 집합건물 특칙 법리를 토대로 할 수도 있다.

제한 적용설에 따르면 결론적으로는 적정 지분권자는 부당이득반환의무가 없다. 즉 구분소유자 아닌 대지 공유자는 적정 지분권자에게 부당이득반환청구를 하지 못한다. 다만 대지 공유자는 구분소유자 중 전유부분 면적 비율에 상당하는 대지사용권을 가지지 못한 구분소유자에 대해서는 부족한 대지지분만큼 부당이득반환을 청구할 수 있다.

생각건대 제한 적용설에 따르면 부족 지분권자를 상대로만 부당이득반환관계를 인정하므로 상대적으로 부당이득반환관계가 간명하고, 적정 지분권자의 기대에 부합하고 그를 더 보호할 수 있다. 적정 지분권자는 자신이 구분건물 전유부분 면적 비율만큼 대지사용권을 확보하였으므로 구분소유자 아닌 대지 공유자의 지분을 침해하거나 다른 구분소유자로부터 자신의 대지사용권을 침해받지 않는다고 기대할 것이기 때문이다.

그러나 이 견해에 따라 적정 대지지분을 인정하더라도 구분소유자들 상호간에 대지지분 비율에 따른 부당이득반환관계가 발생하는 것을 배제할 수 없는 문제는 마찬가지이다. 집합건물 특칙을 인정하는 판례에서도 대지지분의 비율에 따라 판단한 바 없고, 이는 그 특칙과도 배치될 수 있는 것이다. 그리고 제한 적용설은 적정 대지지분이라는 새로운 요건을 추가하여 절차적 및 정책적 판단이 중요시되는 결과로써, 그러한 새로운 요건 추가는 민법상 공유물 일반 법리에 부합하지 않는 이론적 근거가 미약하다는 문제가 있다. 타인이 토지 일부를 배타적으로 사용·수익한다면 이는 토지 지분권자의 사용·수익권을 침해하는 것이고, 따라서 토지 지분권자는 그에 대해서 자신의 지분권 비율만큼 사용·수익의 반환을 구할 수 있다. 배타적 토지 사용자에 대한 토지 지분권자의 부당이득반환청구는 토지 지분권자의 지분권에 근거한 것이므로, 토지 사용자가 토지 지분권을 가지고 있는지, 어느 정도의 토지 지분권을 가지고 있는지는 부당이득반환청구에서 고려 대상이 될 수 없는 것이다.

3) 검토 및 사견

원칙 적용설과 제한 적용설의 차이는 부당이득반환관계를 구분소유자 아닌 대지 공유자와 구분소유자 전체로 정할 것인지, 그렇지 않고 그 대지 공유자와 특정한 구분소유자로 한정할 것인지에 관한 점이다. 양 견해는 그 결과에서 확연한 차이를 드러낸다. 즉 원칙 적용설에 따르면 적정 지분권자는 부당이득반환의무를 부담하고, 제한 적용설에 따르면 적정 지분권자는 부당이득반환관계에서 배제된다.

생각건대 제한 적용설이 상대적으로 보다 적절하다고 생각한다. 대상판결도 제한 적용설의 입장에 있고, 그에 따른 부당이득반환의무자와 그 범위에 관한 내용은 타당하다 할 것이다. 대지지분을 가진 구분소유자도 토지 공유자에 해당한다고 볼 수도 있을 것이나, 대지사용권의 종속성에 따라 어디까지나 토지가 아니라 구분건물을 토대로 한 권리자이므로, 토지 공유자들 상호간의 관계에서 적용되는 일반 법리를 그대로 적용할 수는 없다. 집합건물의 특수성을 고려하면 일체성 및 종속성을 유지하고 있는 다른 구분건물의 효용을 저해하지 않는 범위로 제한되어야 한다.[10] 그 인적 적용범위에서 일반 법리의 확장이 요구되고, 그 효과범위에서 제한이 요구된다. 따라서 구분소유자들 상호간의 관계에서 적용되는 집합건물 특칙이 곧바로 적용되는 것이라고도 할 수 없다. 민법상 공유물 일반 법리에 따르더라도 집합건물법상 특수성은 고려할 수 있는 것이다.

반면 원칙 적용설이 근거하는 바와 같이 적정 대지지분 개념은 언제나 명확하지 않을 뿐만 아니라, 권리자 외부의 다른 사정에 따라 적정 대지지분이 변경될 수도 있다. 그리고 구분소유자 아닌 대지 공유자가 있는 경우라면 통상적으로는 작금의 현실에서 구분소유자 대부분의 대지지분은 부족할 수밖에 없을 것이다. 구분소유자 아닌 대지 공유자가 있음에도 적정 지분권자가 있는 경우는 일반적인 경우가 아니라 특별한 경우에 해당한다. 따라서 제한 적용설이 근거하는 부당이득반환관계의 복잡성 회피 또는 법의 효율성 측면의 이점은 그 정도가 미약할 것으로 보이고, 따라서 그 근거로는 부족한 것으로 생각한다. 아마도 제한 적용설이 근거하는 바는 향후 적정 대지지분을 가지도록 유인함으로써 얻을 수 있는 이점을 설명하는 것이라고 보인다. 다만 이러한 태도는 권리자 스스로 권리를 확보하라는 것으로 여겨지는데, 이러한 태도를 일관한다면 법에 문외한 자 내지 친숙하지 않은 자가 부족 지분권자가 될 가능성이 높고, 이들이 부담하여야 할 부당이득범위가 확대되는 등의 문제가 있어 별도의 보호 방안 마련이 필요할 수도 있다.

현재로서는 부당이득이라는 법률관계에서 적정 대지지분 개념을 설정한다면 적정 지분권자가 대지 일부를 배타적으로 사용·수익한다고는 볼 수 없을 것이고,

10) 정다주, "집합건물에서 전유부분과 대지사용권 사이의 일체불가분성과 분리처분된 경우의 상호관련성", 「민사판례연구」 제32권, 박영사, 2010, 309면.

법률상 원인 없는 이익을 얻고 있다고도 볼 수 없기 때문에, 대지 전부를 사용할 수 있는 그의 정당한 권리는 보호할 필요가 있다. 따라서 적정 지분권자는 부당이득반환관계에서 배제된다고 봄이 타당하다는 결과에 이른다.

(2) 집합건물 특칙 및 상호관련성 법리 판례의 적용

집합건물 대지 공유자와 구분소유자 사이에 대한 일반 원칙의 적용과 그 제한에 대한 견해의 대립과 관련하여 집합건물 특칙의 적용 및 상호관련성 법리를 검토할 수 있다.

1) 집합건물 특칙과의 관계 검토

민법상 공유물 일반 법리를 토대로 적용하면 대지지분을 가진 구분소유자들 상호간에도 대지를 사용·수익함에 따른 부당이득반환을 청구할 수 있다. 먼저 원칙 적용설의 전제에서 대지지분에 관계없이 구분소유자의 대지 공유자에 대한 부당이득반환의무를 인정할 경우 구분소유자들 상호간에도 부당이득반환청구를 인정할 수 있을 것인지 구분하여 살펴볼 수 있다. 이는 제한 적용설의 적용에서 부족 지분권자에게 부당이득반환의무를 부담하게 되었을 때, 그 지분권에 상응하는 사용·수익을 보장받을 수 있는지, 보장받으려면 어떠한 방법이 있는지도 관련된다. 이에 대해서는 다음과 같은 견해로 다시 구분할 수 있다.

먼저 부당이득반환청구가 가능하다는 견해이다.[11] 이는 구분소유자가 아닌 대지 공유자에 대하여 구분소유자가 부당이득반환의무를 부담하는 이상 집합건물 특칙은 배제되고, 민법상 공유물 일반 법리를 적용한다. 따라서 구분소유자 아닌 대지 공유자라면 구분소유자인지 여부에 관계없이 모든 구분소유자를 상대로 자신의 대지지분권 침해를 이유로 부당이득반환청구를 할 수 있다. 이를 통해서 구분소유자 아닌 대지 공유자는 자신의 지분권 비율에 상응하는 사용·수익을 확보하는 것을 목적으로 한다.

이에 반하여 부당이득반환청구는 불가능하다는 견해이다.[12] 이에 따르면 구분

---

11) 박세창, "집합건물의 대지공유관계와 집합건물법 제11조의 적용", 「집합건물법학」 제12집, 한국집합건물법학회, 2013, 80면.

12) 김기정, "집합건물의 집행을 둘러싼 몇 가지 법률문제에 대한 고찰", 「사법논집」 제27집, 법원도서관, 1996, 31면; 심재남, "구분소유자가 아닌 자가 취득한 구분건물 대지의 공유지분에 기한 부당이득반환청구", 「대법원판례해설」 제91호, 법원도서관, 2012, 91면; 정다주, 앞의 논문, 314면; 정의진, "대지사용권이 부족한 구분소유자의 부당이득반환의무와 그 범위", 「집합건물법학」 제44집, 한국집합건물법학회, 2022, 58-59면.

소유자가 아닌 대지 공유자에게 구분소유자가 부당이득반환의무를 부담하더라도 이와 달리 구분소유자들 상호간에는 여전히 집합건물 특칙이 적용되어 부당이득반환을 청구할 수 없다. 구분소유자가 자신의 지분권 비율에 상응하는 사용·수익을 확보하지 못하더라도 집합건물의 특성에 따른 결과로 보는 것이다.

대상판결은 적정 지분권자는 구분소유자 아닌 대지 공유자에 대하여 부당이득반환의무를 부담하지 않고, 대지지분을 가진 구분소유자들 상호간에는 집합건물 특칙 법리에 따라 지분 비율의 차이에 따른 부당이득반환을 청구할 수 없다는 것인데, 청구 불가능의 견해를 취하고 있는 대상판결의 태도는 타당한 것으로 생각된다.

2) 상호관련성 법리 검토

먼저 원칙 적용설은 상호관련성 법리와 부합한다. 집합건물에서 부당이득반환관계가 복잡해지는 것을 방지하는 측면에서 그러하다. 상호관련성을 유지함에 관한 묵시적 합의가 있는 등 상호관련성을 인정하여야만 특정 전유부분과 특정 대지지분의 부당이득반환관계를 인정할 수 있는 것이다. 그러나 상호관련성 법리를 확장하여 보완하는 것은 한계가 있다. 즉 대상사안이 묵시적 합의가 있는 예외적인 경우로 볼 것이고, 특정 전유부분에서 분리된 대지지분이 아닌 경우에는 이 법리가 적용될 수 없다.

반대로 제한 적용설은 상호관련성 법리에 부합하지 않을 수도 있다. 상호관련성 요건이 없다면 특정 대지지분과 특정 전유부분 사이 직접적인 부당이득반환관계가 성립하지 않고 민법상 공유물 일반 법리에 따라야 한다고 해석할 수 있다. 그러나 상호관련성 요건이 없다고 하더라도 특정 전유부분과 특정 대지지분 사이 부당이득관계를 인정하는 결과를 도출할 수 있다. 즉 제한 적용설이 상호관련성 법리와 완전히 배치되지는 않는다. 적정 지분권자를 부당이득반환관계에서 제외하고, 부족 지분권자와 구분소유자 아닌 대지 공유자 사이에서 부당이득반환관계의 성립을 특정할 수 있다. 판례 법리가 개입할 수 있는 범위를 축소하는 결과로 나타난다.

대상판결에 따르면 적어도 대지사용권과 일체성 및 종속성을 유지하는 전유부분은 추가 요건 없이도 상호관련성을 인정하여 그 대지지분의 범위에서는 다른 대지 공유자에게 부당이득반환의무를 부담하지 않는다. 따라서 적정 대지지분에 부족한 전유부분은 그 부족 지분에 관하여 어떤 대지지분과 상호관련성이 인정되는지, 그에 따라 어떻게 부당이득반환관계가 형성되는지와 관련하여 이 법리가 여전히 유용할 수 있다.[13] 예를 들어 구분소유자 아닌 대지 공유자 또는 부족 지분권자가 다수인 경우에 그러하다.

4. 대지지분에 따른 구분소유자의 부당이득반환관계

(1) 구분소유자의 적정 대지지분 확보 문제

1) '적정 대지지분'의 의미

대상판결은 제한 적용설의 견지에서 '적정 대지지분을 가진 구분소유자'라는 표현을 사용하고 있다. 여기에서 '적정 대지지분'이 무엇을 의미하는지도 판시하였는데, 그에 따르면 '전유부분 면적 비율에 상응하는 대지 공유지분'을 말한다. 적정 대지지분은 곧 전유부분 면적 비율에 의하여 정한다.

'전유부분 면적 비율'이라는 표현을 산술적 의미로 접근하면, 1개의 구분건물의 전유부분 면적(A)을 1동의 집합건물을 구성하는 구분건물의 전유부분 전체 연면적(B)으로 나눈 값이라고 할 수 있다. 그러나 이는 A의 전체 합계값과 B값이 일치하는 경우에는 문제되지 않으나, 대상사안과 같이 구분소유자 아닌 대지 공유자가 있는 경우에도 그와 같이 단순히 산술적 의미로 확인하는 것이 타당한지는 의문이다. 특정한 구분소유자가 적정 대지지분을 가지더라도, 구분소유자의 대부분은 적정 대지지분을 가지지 못할 것이기 때문이다. 또한 대지의 범위가 넓어 구분소유자의 대지지분이 여러 필지에 걸쳐 있는 경우 등 그 기초관계가 복잡한 경우, 적정 대지지분을 정확하게 파악하거나 산정하는 것이 어려울 수 있다. 다만 적정 대지지분 산정의 어려움은 사실인정의 단계에서 해결할 사항으로서 법리적 문제 이전의 사항에 불과하다고도 볼 수 있다.

2) 대지권등기 및 대지지분의 확보

대상판결의 보충의견은 대지권등기가 대지권의 성립 요건은 아니나, 전유부분과 대지사용권의 처분의 일체성을 위하여 대지권등기를 정책적으로 유도할 필요성을 강조하고 있다. 이는 집합건물법의 취지와 특수성을 재확인하는 정도로 보이나, 우리가 현재는 등기의 공신력을 인정하고 있지는 않으나, 향후에라도 공시

13) 박동규, 앞의 논문, 644면.

의 신뢰성 및 그에 따른 거래 안정성을 확보하여야 한다는 측면에서 볼 때 대상판결의 보충의견은 타당한 것으로 생각된다.

다만 이러한 정책적 측면의 이점이 적정 대지지분을 확보하도록 유인하여 법률관계의 안정을 전체적으로 도모할 수 있는 것인지는 다른 차원의 문제로 보인다. 대상판결에 따르면 구분소유자 아닌 대지 공유자가 있는 경우에 적정 대지지분을 초과하여 가진 구분소유자(이하 '초과 지분권자'라고 한다)나 적정 지분권자만 부당이득반환관계에서 벗어날 수 있는데, 앞서 지적한 바와 같이 일반적으로 이들은 집합건물 구분소유자 중 일부에 불과하고 대부분은 부족 지분권자일 것이기 때문이다. 집합건물의 대지권등기가 이루어지지 않은 경우라면 더욱 그러할 것이다. 대지권등기 자체가 대지사용권의 성립 요건이 아니라 하더라도, 토지등기의 내용을 반영하는 대지권등기라는 의미를 고려하면 결국 대지권등기는 토지등기를 요구하는 것과 같다고 볼 수 있다.

이러한 측면에서 여러 명의 부족 지분권자는 부족 대지지분만큼의 대지지분을 확보하기 위하여 별도의 방법을 강구하여야 하는데, 이러한 과정은 또 다른 법률관계의 불안정을 유발할 수 있다. 우선은 다수의 부족 지분권자는 구분소유자 아닌 대지 공유자의 대지지분에서 부족분을 확보해야 할 것인데 이들 양자 간의 법률관계에서 발생할 문제를 해결할 것이 요구된다. 또한 구분소유자 아닌 대지 공유자의 대지지분은 집합건물 구분소유자 중 누구든지 대지지분 전부를 확보하기만 하면 부족 지분권자는 부당이득반환관계에서 벗어날 수 있기 때문에, 부족 지분권자들간에도 반드시 자신의 대지지분을 스스로 확보할 필요도 없고 다른 구분소유자들이 확보하도록 유인할 수도 있다. 이에 따라 구분소유자들간의 법률관계를 해결해야 할 문제도 새롭게 발생할 것이다.

3) 초과 대지지분의 처분의 일체성

한편 부족 지분권자는 구분소유자 아닌 대지 공유자의 대지지분에서만 부족분을 확보해야 하는 것인지도 재차 생각해 볼 문제이다. 즉 구분소유자 아닌 대지 공유자가 대지지분을 넘겨주지 않는 경우에는 그 부족 대지지분을 더 이상 확보하지 못하는 것인가의 문제이다. 여기에서 초과 지분권자의 대지지분에서 그 부족분을 확보할 수 없는 것인지에 대하여 궁금스럽다.

이에 관하여는 단순히 집합건물의 특수성인 일체성 및 종속성에 따라 불가능하다고 할 것이다. 그럼에도 불구하고 적정 대지지분의 확보라는 새로운 법리로 인하여 다음과 같은 새로운 의문이 드는 것도 사실이다. 대상판결은 적정 대지지분을 의미하는 전유부분 면적 비율의 의미를 기본적으로 공용부분에 대한 규정 등에서 가져오는데, 전유부분 면적 비율만큼 공유지분이 따르므로, 여기에서 초과 지분권자의 그 초과 대지지분만큼의 처분은 집합건물법이 예정하고 있는 처분의 일체성에 포함되지 않을 것이라는 점이다.

대상판결의 판시 내용이 잘 반영되어 집합건물에 구분소유자 아닌 대지 공유자가 없어진다면 그때부터는 구분소유자들 간의 대지지분 비율에 따른 부당이득반환관계가 발생할 것이다. 이는 어디까지나 가정적인 사정이긴 하나, 대상판결의 보충의견을 살펴보면 대법원은 이미 이러한 사정도 고려하고 있는 것으로 보인다. 즉 "초과 대지지분을 가지는 구분소유자가 그 초과하는 대지지분권에 기하여 적정 대지지분을 가지지 못한 다른 구분소유자를 상대로 부당이득반환을 청구할 수 있는지 여부에 대해서는 향후 구체적인 사례를 통하여 이론을 정립할 필요가 있음을 언급해 둔다."고 한다.

생각건대 대상판결의 보충의견이 새로운 문제로 지적하는 바를 필자도 공유한다. 초과 지분권자의 그 초과 대지지분만큼은 사용·수익하는 것이 아니다. 집합건물법의 특수성이 독일을 비롯한 유럽 국가들에서 인정하고 있는 '지상물은 토지에 따른다'(superficies solo cedit)라는 원칙을 의미하지는 않을 것이다. 그렇다면 초과하는 대지지분만큼에 대하여는 처분의 일체성 및 종속성을 완화하는 것이 불가능한 것이 아니다. 적정 대지지분이라는 개념을 선보인 대법원의 후속 판결이 기다려지는 지점이다. 이처럼 적정 대지지분 개념으로 인하여 또 다른 새로운 복잡한 문제가 발생할 수 있다.

4) 전유부분 면적 비율의 산정

전유부분 면적 비율의 산정에 대하여 대상판결의 보충의견은 집합건물법 여러 규정에서 이미 예정하고 있다고 한다. 즉 집합건물법 제12조 제1항, 제2항을 비롯하여 동법 제20조 및 제21조를 고려하여, 구분소유자가 확보하여야 하는 대지지분의 비율은 전유부분 면적 비율에 따르는 것으로 판단한다.[14)]

생각건대 집합건물법 규정은 전유부분 면적 비율에 대하여 참조할 수 있는 규

14) 대법원 2017. 1. 25. 선고 2012다72469 판결 참조.

정일 뿐, 그것이 곧 적정 대지지분을 의미하는 것은 아니다. 그러나 대상판결에 따르면 구분소유자가 전유부분 면적 비율과 같은 정도의 대지지분권을 확보하면 적정 지분권자라고 할 수 있다. 그를 상대로 부당이득반환을 청구할 수 없다면, 대상판결의 보충의견이 지적하는 바와 같이 구분소유자 아닌 대지 공유자로서는 청구의 상대방을 정하기 위하여 전유부분의 면적 비율에 상응하는 대지지분을 산정하여야 하는 부담이 있다. 다만 이는 민법상 공유물 일반 법리에 따라 구분소유자 전부에 대하여 대지를 사용·수익함에 따른 부당이득반환을 청구할 때에도 그러한 부담이 있는 것은 마찬가지이므로 전혀 새로운 부담은 아니라고 할 수 있다.[15] 구분소유자 아닌 대지 공유자가 부당이득을 청구할 경우, 구분소유자는 적정 대지지분이 있음을 항변 사항으로써 증명함으로써 청구에서 벗어날 수 있을 것이다.

(2) 적정 대지지분을 가지지 못한 구분소유자의 부당이득반환

1) 부당이득반환의무자

대상판결에 따르면 누가 부당이득반환을 부담하는지는 결국 전유부분 면적 비율에 해당하는 대지 공유지분을 살펴야 하고, 그 결과 적정 지분권자나 초과 지분권자는 구분소유자 아닌 대지 공유자에 대하여 부당이득반환의무를 부담하지 않는다. 이에 반하여 부족 지분권자는 적정 대지지분에서 부족한 지분의 한도 내에서 부당이득반환의무를 부담한다.[16] 부족 지분권자에 대하여 민법상 공유물 일반 법리의 적용이 배제되고, 그는 법률상 원인 없는 이익을 얻었다고 본다.

한편 구분소유자 아닌 대지 공유자가 있는 경우에는 일반적으로는 부족 지분권자가 해당 집합건물에서 여러 명일 수밖에 없을 것이다. 그래서 구분소유자 아닌 대지 공유자는 그 여러 명을 상대로 부당이득반환을 청구하게 되고, 그 다수의 부족 지분권자들간의 채무관계의 성질을 살펴볼 필요가 있다.

생각건대 집합건물 대지의 공유관계를 민법상 공유관계로 달리 보는 만큼 다수 당사자 간의 부당이득반환채무 역시 일반론으로 볼 필요성은 낮다고 할 것이다. 집합건물 대지의 공유관계에서 구분소유자는 각각의 전유부분을 단독 소유하고, 그에 따라서 대지사용권의 사용·수익관계를 고려한다면 분할채무관계로 보는 것

15) 박동규, 앞의 논문, 647면.

16) 대법원 2017. 1. 25. 선고 2012다72469 판결 참조.

이 보다 적절할 것이다. 대상판결도 명시적으로 드러내고 있지는 않으나, 그러한 입장에 서 있는 것으로 보인다.

2) 부당이득반환의 범위

집합건물법의 취지를 고려할 때 구분소유자가 대지를 점유·사용함에 따른 부당이득반환은 전유부분 면적 비율에 상응하는 범위 내에서 이루어져야 하고, 구체적으로 적정 대지지분에서 부족한 지분에 상응하는 부분에 한한다. 대상판결에 따를 경우 부당이득반환의 구체적인 범위는 구분소유자 아닌 대지 공유자의 지분에 상응하는 차임 상당액 중 부족 지분권자의 부족 대지지분 비율에 따라 산정한 금액이 될 것이다. 이를 산식으로 나타내면 '구분소유자의 부족한 대지지분÷부족한 대지지분의 총합×구분소유자 아닌 대지 공유자의 지분×대지 전체의 차임'이다.[17)]

5. 대상판결의 의의

대상판결은 집합건물 대지의 공유관계에서 종래 민법상 공유물 일반 법리는 그대로 적용하지 않고, 그 법리를 제한하여 적용함을 밝히고 있다. 즉 적정 대지지분을 가지거나 초과하여 가진 구분소유자는 대지의 사용 및 수익에 따른 부당이득반환의무를 부담하지 않는다고 판시하였다. 따라서 구분소유자 아닌 대지 공유자는 집합건물 구분소유자 전체를 상대로 부당이득반환을 청구할 수 없고, 부족 지분권자만을 상대로 부당이득반환을 청구할 수 있다. 다소 복잡하게 전개되어 온 판례를 집합건물 대지의 공유관계에 대하여 정리하였다는 의미를 가진다.

그리고 전유부분 면적 비율이라는 의미에서 적정 대지지분이라는 개념을 새롭게 도출하여 사용하고 있다. 적정 지분권자는 대지의 사용 및 수익에 대한 정당한 권원이 있는 자로 인정하면서 집합건물법상 처분의 일체성 및 종속성이라는 특성을 재차 확인하고, 집합건물법의 입법취지를 확보할 것을 강조하면서 앞으로서의 방향을 제시하고 있다. 적정 대지지분이 아닌 초과 대지지분 및 부족 대지지분은 어떻게든 해결되어야 할 사정인 것이다.

---

17) 박동규, 앞의 논문, 646면.

관리인의 선임

－대법원 2006. 12. 8. 선고 2006다33340 판결－

김 성 은*

Ⅰ. 사안의 개요 및 소송의 경과

1. 사안의 개요

(1) 이 사건 집합건물은 지하 3층, 지상 8층 건평 15,789.37㎡에 58개 구분점포로 구성되어 있는 상가집합건물인데, H, I, J, K(이하 'H 외 3인'이라 한다)는 2003. 1.경 이 사건 집합건물을 완공하고, 2003. 1. 16. 모든 점포에 관하여 그들 4인 공유로 소유권보존등기(지분 비율 H, I 각 20분의 5, J 20분의 3, K 20분의 7)를 마친 다음, 2003. 1. 28. 공유물분할을 원인으로 하여 모든 점포에 관하여 그들 공유자 중 1인 명의로 소유권이전등기를 경료하였다.

(2) H 외 3인은 2002년경부터 이 사건 집합건물을 일반에 분양하여, 지하 1층 103호를 선정자 C에게, 지하 1층 104호를 선정자 D에게, 지하 1층 105호를 선정자 E에게, 6층 604호부터 607호까지를 피고 B에게 각 매도하는 등 2003. 10. 현재까지 58개의 점포(전유부분 면적 합계 6,294.76㎡) 중 25개 점포(전유부분 면적 합계 2,984.02㎡)를 18명의 구분소유자에게 매도 분양하였고, K 명의의 13개 점포(전유부분 면적 합계 1,063.04㎡), J 명의의 점포 2개(전유부분 면적 합계 230.27㎡), I 명의의 2개 점포(전유부분 면적 합계 303.4㎡), H 명의의 16개 점포(1.713.84㎡)는 그때까지 매도 분양하지 아니하였거나 매도 분양하지 못하였다{결국 이 사건 집합건물에 관하여 건축주 겸 분양자인 H 외 3인은 2003. 10.경 약 53%의 의결권

---

* 국립순천대학교 법학전공 조교수, 법학박사

(3,310.55/6,294.76)을 가지고 있었다}. 한편 H 외 3인은 위와 같이 매도 분양하지 아니하였거나 매도 분양하지 못한 미분양 점포에 대하여도 2003. 1.경부터 임대를 놓아 입주자를 모집하였다.

(3) 피고 B와 나머지 선정자들을 포함한 이 사건 집합건물의 각 구분소유자들은 위 H 외 3인과 위 각 점포에 관한 분양계약을 체결할 당시 "이 사건 건물은 입점일 이후에는 매도인인 H 외 3인이 관리함을 원칙으로 하고, 입점지정일 이후 발생되는 모든 관리비는 매수인이 부담한다."는 내용의 조항(제8조 제1항)이 포함된 분양계약서로써 분양계약을 체결하였고, H 외 3인은 H가 이 사건 집합건물을 관리하기로 서면 합의하였다.

(4) H는 2003. 1.경부터 이 사건 집합건물의 입주가 시작되자 위 분양계약서의 조항과 위 서면합의에 근거하여 이 사건 집합건물의 관리를 개시하였고, 그 후인 2003. 3. 31. 그 관리업무의 편의를 위하여 A 회사를 설립하고 그 대표이사로 취임하여 A 회사를 통하여 이 사건 집합건물을 관리하여 왔으며, H와 A 회사는 매도 분양 점포에 대하여는 구분소유자들에게 위 각 점포 입점 이후부터 매월 평당 5,000원으로 산정한 공용관리비를 부과하였고, 미분양 점포에 대하여는 임차인이 입주한 이후부터 각 임차인들에게 위와 같은 방식으로 산정한 공용관리비를 부과하여 왔다.

(5) 그런데 지하 1층 103호 점포의 구분소유자인 C는 2003. 4.경부터 2004. 10.까지 그곳에서 'L' 주점을 운영하면서 관리비 3,206,770원을 체납하였고, 지하 1층 104호 점포의 구분소유자인 D는 2003. 6.경부터 2004. 10.경까지 그곳에서 'M 커피숍'을 운영하면서 관리비 7,988,822을 체납하였으며, 지하 1층 105호 점포의 구분소유자인 E는 2003. 4.부터 2004. 10.까지 그곳에서 'N' 음식점을 운영하면서 관리비 12,315,452원을 체납하였고, 604호 내지 607호 점포의 구분소유자인 피고 B는 2003. 1.부터 2004. 10.까지 그곳에서 'OO종합법률사무소'를 운영하면서 관리비 19,435,855원을 체납하였다.

(6) 한편 원고 A 회사의 대표이사인 H는, 피고 B가 이른바 '제1회 입주자회의'를 2003. 9. 29. 오후 7시에 제801호 중국음식점 'S'에서 개최하여 이 사건 집합건물의 관리상의 문제점을 제기하자, 이 사건 집합건물의 입주자들을 상대로 집합건물의 관리비 부과 등 관리업무상의 문제, 건물하자 등에 관한 간담회 형식의 회의를 갖기로 하고 2003. 10. 13. 오후 7시경 중국음식점 'S'에서 이른바 '간담

회'를 개최하였다. 그런데 H의 인사말이 끝나자마자 H와 참석자들 사이에 언쟁이 벌어졌고, 그러는 와중에 R 법무사(207호 구분소유자)가 나서서 입주자 대표를 선출하자고 긴급 제의한 뒤, 참석자들로부터 대표자 B, 총무 F, D는 추천받고, 표결 절차 없이 참석자들의 박수를 유도하는 방식으로 입주자 대표단이 구성되었다고 선포하였다. 결국 위 '간담회'는 당초 예정대로 진행되지 못한 채 그대로 종료되었다.

2. 당사자의 주장

(1) 원 고

원고 A 회사는, 피고 B 등이 각 전유부분을 분양받을 당시에 분양계약서에 "이 사건 건물은 입점일 이후에는 매도인(H 외 3인)이 관리함을 원칙으로 한다." 고 합의하여 분양자(매도인)와 A 회사 사이에 이 사건 집합건물 관리계약을 체결한 것으로 피고 B 등이 분양자(매도인)에게 이 사건 집합건물 관리계약 체결권한을 위임하였다고 주장한다. A 회사는 분양자(매도인)와의 관리계약에 따라 이 사건 집합건물을 관리하여 왔다고 주장하며 피고 B를 비롯한 선정자들에게 위 각 체납관리비의 지급을 구하였다.

(2) 피 고

피고 B와 선정자들은 이 사건 집합건물의 구분소유자 전원으로 구성된 관리단과 원고 A 회사 사이에는 이 사건 집합건물의 관리계약을 체결한 사실이 없고, 오히려 피고 B가 2003. 10. 13. 개최된 입주자대표회의에서 관리인으로 선임되어 이 사건 집합건물을 관리할 적법한 권한이 있다고 주장한다.

3. 제1심의 판단(인천지방법원 2005. 5. 19. 선고 2004가단5814 판결)

제1심법원은 피고 B의 주장을 받아들여, 분양계약서상의 합의에도 불구하고 피고를 입주자대표로 하는 입주자대표회의(관리단)가 구성된 이후에는 A 회사가 관리인인 B와의 관리계약을 체결하지 않은 이상 A 회사에게 이 사건 집합건물의 관리를 할 수 있는 권한이 없다고 하여 원고 패소의 판결을 내렸다. 즉 제1심법원은 "집합건물의 관리는 구분소유자 전원으로 구성된 관리단집회에 결의에 의하여 선임된 관리인만이 할 수 있으므로, 피고 등이 이 사건 건물을 분양받을 당시 분양계약서에서 "이 사건 건물은 입점일 이후에는 매도인이 관리함을 원칙으로 한다"고 합의하였다고 하더라도 이는 집합건물의 입주가 이루어져 공동관리의 필요가 생기기 이전으로 관리단이 설립되기 전까지의 집합건물의 관리를 위임한다는 것으로 보아야 하며 관리단이 구성된 이후에까지 그 관리를 위임한다고 해석할 수 없고, 이 사건 건물의 입주자대표회의에서 피고를 입주자대표로 선출한 이상 그 이후에 이 사건 건물의 관리는 피고에게 있다고 할 것이므로, 원고회사가 입주자대표인 피고와 사이에 관리계약을 체결하지 않은 이상 구분소유자들의 분양계약서상의 위임만으로는 이 사건 건물의 관리를 할 수 있는 권한이 있다고 할 수 없으므로 원고의 위 주장은 이유 없다."라고 하였다.

4. 원심의 판단(서울고등법원 2006. 5. 4. 선고 2005나44789 판결)

제1심법원의 판단과는 달리 원심법원은 원고 A 회사의 주장을 받아들여, 이 사건 집합건물의 구분소유자 전원은 분양계약서 등을 통해 H를 이 사건 집합건물의 관리인으로 하는 데 서면합의를 하였다고 할 것이고, H로부터 이 사건 집합건물의 관리업무를 위탁받은 A 회사는 이 사건 집합건물의 관리업무를 수행할 정당한 권한을 가지며, 이에 따라 A 회사는 피고 B를 포함한 선정자들에 대하여 각 구분점포의 면적비율에 따른 관리비를 부과·징수할 권한을 갖는다고 하였다. 따라서 B를 포함한 선정자들은 A 회사에 위 각 체납관리비 및 이에 대한 지연손해금을 지급할 의무가 있다고 하였다. 즉, 원심법원은 "이 사건 집합건물과 같이 건축주 겸 분양자가 건물을 완공하여 일단 자기의 소유로 등기를 마친 후 구분점포를 분양하는 경우에는 통상 점포의 분양은 장기간에 걸쳐 이루어지게 되나 집합건물의 관리는 건물완공 이후 최초 입주시부터 이루어져야 하는 것으로서 점포분양과 입주자 수가 상당한 정도에 이를 때까지 건축주가 관리인의 역할을 수행하는 것은 점포가 완전 분양되기 이전까지의 기간 동안에 집합건물의 관리를 위한 하나의 방법으로서 어느 정도 합리성을 가진다고 봄이 상당한 점, 건축주가 초기에 관리인의 역할을 수행하면서 관리단집회를 소집하지 않는 경우 구분소유자 1/5 이상으로서 의결권의 1/5 이상을 가진 자는 관리단집회를 소집하여 그 결의에 의하여 관리인을 개임할 수도 있는 점(집합건물법 제33조 제2항 참조) 등을 종합하면, 미분양된 전유부분의 구분소유자들(H 외 3인)을 포함한 이 사건 집합건물의 구분소유자 전원은 위 분양계약서 등을 통해 H를 이 사건 집합건물의 관리인으로 하는 데 서면합의를 하였다고 할 것이고, 위 서면합의로써 H를 관리인으로 선임하는 이 사건 집합건물의 관리단집회의 결의가 있는 것으로 볼 수 있다 할 것이며, 위 합의에는 H가 직접 이 사건 집합건물의 관리업무를 수행하는 것만이 아니라 회사를 설립하여 이를 통해 관리업무를 수행하는 것까지 동의하는 취지가 포함된 것이라고 봄이 상당하다 할 것이므로, 결국 관리인으로 선임된 위 H로부터 이 사건 집합건물의 관리업무를 위탁받은 원고 회사는 이 사건 집합건물의 관리업무를 수행할 정당한 권한을 갖는다고 할 것이고, 이에 기하여 피고를 포함한 선정자들에 대하여 각 구분점포의 면적비율에 따른 관리비를 부과, 징수할 권한을 갖는다 할 것이다."라고 하였다. 한편 원심법원은 피고 B가 이 사건 집합건물의 관리인으로 선임되었는지 여부에 대하여 "H가 입주자대표(관리인) 선임 안건을 명시하여 각 구분소유자들에게 위 간담회 집회 소집통지를 하였다는 점 및 피고가 위 '간담회'에서 전체 구분소유자들의 대표자로 선임되었다는 점을 인정하기 어렵고 달리 이를 인정할 증거가 없다."라고 하여 이를 부정하였다.

5. 대상판결의 판단

대상판결은 원심의 판단을 정당한 것으로 수긍하고 피고의 상고를 기각하였다.

(1) 집합건물의 소유 및 관리에 관한 법률(이하 '집합건물법'이라 한다) 제23조 제1항의 관리단은 어떠한 조직행위를 거쳐야 비로소 성립되는 단체가 아니라 구분소유관계가 성립하는 건물이 있는 경우 당연히 그 구분소유자 전원을 구성원으로 하여 성립되는 단체라 할 것이므로, 집합건물의 분양이 개시되고 입주가 이루어져서 공동관리의 필요가 생긴 때에는 그 당시의 미분양된 전유부분의 구분소유자를 포함한 구분소유자 전원을 구성원으로 하는 관리단이 설립된다(대법원 2005. 11. 10. 선고 2003다45496 판결 등 참조). 한편, 집합건물법 제41조 제1항은 "관리단집회에서 결의할 것으로 정해진 사항에 관하여 구분소유자 및 의결권의 각 5분의 4 이상의 서면에 의한 합의가 있는 때에는 관리단집회의 결의가 있는 것으로 본다."고 규정하고 있고, 집합건물법 제24조 제2항에 의하면 관리인선임 결의는 관리단집회에서 결의할 것으로 정한 사항에 해당하므로, 관리인선임 결의 역시 집합건물법 제41조 제1항에 의한 서면결의가 가능하고, 이러한 서면결의는 관리단집회가 열리지 않고도 관리단집회의 결의가 있는 것과 동일하게 취급하고자 하는 것이어서 그와 같은 서면결의를 함에 있어서는 관리단집회가 소집, 개최될 필

요가 없다고 할 것이다(대법원 1995. 3. 10. 자 94마2377 결정; 대법원 2005. 4. 21. 선고 2003다4969 전원합의체 판결 등 참조).

원심은, 그 채용 증거들에 의하여, 피고(선정당사자, 이하 '피고'라고만 한다)와 나머지 선정자들을 포함한 이 사건 집합건물의 각 구분소유자들은 '입점일 이후에는 건축주인 소외인[H] 외 3인을 이 사건 집합건물의 관리인으로 한다.'는 내용이 포함된 분양계약서에 의하여 분양계약을 체결하였고, 이어 소외인 외 3인은 소외인을 이 사건 집합건물의 관리자로 하는 데 서면합의한 사실, 이에 따라 소외인은 2003. 1.경부터 이 사건 집합건물을 관리하다가, 관리업무의 효율을 위하여 2003. 3. 31.경 원고 회사를 설립하고 그 이후부터는 원고 회사에게 이 사건 집합건물의 관리업무를 맡기고 있는 사실을 인정한 다음, 이 사건 집합건물과 같이 건축주 겸 분양자가 건물을 완공하여 일단 자기의 소유로 등기를 마친 후 구분점포를 분양하는 경우에는 분양에 소요되는 기간 등 통상의 분양 실정에 비추어 분양 및 입주가 상당한 정도에 이를 때까지 건축주가 관리인의 역할을 수행하는 것은 집합건물의 관리를 위한 하나의 방법으로서 어느 정도 합리성을 가진다고 볼 수 있는 점 등을 종합하여, 미분양된 전유부분의 구분소유자들(건축주인 소외인 외 3인)을 포함한 이 사건 집합건물의 구분소유자 전원은 위 분양계약서 등을 통해 소외인을 이 사건 집합건물의 관리인으로 하는 데 서면합의를 하였고, 위 서면합의로써 소외인을 관리인으로 선임하는 관리단집회의 결의가 있는 것으로 볼 수 있으므로, 결국 관리인으로 선임된 소외인으로부터 이 사건 집합건물의 관리업무를 위탁받은 원고 회사는 이 사건 집합건물의 관리업무를 수행할 정당한 권한을 갖는다고 판단하였다.

앞서 본 법리와 기록에 비추어 살펴보면, 이 사건 집합건물의 건축주와 수분양자들은 그 개별적 분양계약을 통하여, 수분양자들의 구분소유권 취득을 전제로 관리단 설립 이후의 관리인 선임에 관하여 사전에 서면으로 합의한 것이고, 수분양자들 사이에서도 그러한 개별적 서면합의를 상호 수용하는 데 묵시적으로 동의하였다고 봄이 상당하므로, 원심의 위와 같은 판단은 정당한 것으로 수긍할 수 있고, 거기에 상고이유로서 주장하는 바와 같이 관리단집회의 결의에 갈음하는 서면결의에 관한 법리오해 등의 위법이 있다고 할 수 없다.

(2) 또한 원심은, 피고가 2003. 10. 13. 개최된 입주자대표회의에서 새로운 관리인으로 적법하게 선임되었으므로 피고에게 이 사건 집합건물의 관리권한이 있

다는 피고의 주장에 대하여, 피고가 제출한 그 거시의 증거들만으로는 위 주장사실에 대한 입증이 부족하다고 하면서, 오히려 그 판시와 같이 피고가 위 입주자대표회의에서 적법한 관리인으로 선임되었다고 볼 수 없는 사실관계를 인정하여 위 주장을 배척하였다.

관련 증거를 기록에 비추어 살펴보면, 원심의 이러한 판단은 정당하고, 거기에 상고이유에서 주장하는 바와 같은 채증법칙 위배로 인한 사실오인, 심리미진, 법리오해 등의 위법이 있다고 볼 수 없다.

Ⅱ. 평 석

1. 쟁점의 정리

대상판결은 (1) 집합건물의 분양이 개시되고 입주가 이루어져 공동관리의 필요성이 생긴 경우, 「집합건물의 소유 및 관리에 관한 법률」(이하 '집합건물법'이라고 한다) 제23조 제1항이 정한 '관리단'이 당연히 설립되고, (2) 관리인선임 결의는 집합건물법 제41조 제1항에 의한 서면결의로도 가능하며 또한 그와 같은 서면결의를 함에 있어서 별도의 관리단집회의 소집·개최가 필요하지 않다고 하였다. 그리고 (3) 집합건물의 분양계약서에 분양자를 집합건물의 관리인으로 한다는 내용이 포함되었다면, 수분양자들로 구성된 관리단집회의 관리인선임 결의에 갈음하는 서면결의가 있다고 볼 수 있다고 하였다. 이러한 쟁점에 대하여 하나씩 살펴본다. 덧붙여, 대상판결 선고 이후에 2012년 집합건물법의 개정으로 집합건물 분양자에게 집합건물에 대한 관리의무를 부여한 제9조의3이 신설되었는데, 이 조문 신설 이후의 변화에 대하여도 아울러 고찰한다.

2. 관리단의 설립

집합건물의 관리단은 집합건물의 구분소유 관계가 성립하게 되었을 경우 집합건물과 그 대지 및 부속시설의 관리에 관한 사업을 목적으로 하는 단체이다. 이러한 관리단은 집합건물의 구분소유자 전원을 그 구성원으로 한다. 즉 집합건물 전유부분의 임차인이나 전세권자와 같은 점유자라든가 구분소유자의 가족이라고 하더라도 구분소유자가 아니기 때문에 관리단의 구성원이 될 수 없다.

집합건물의 관리단은 집합건물의 구분소유 관계가 성립하게 되면 당연히 설립된다. 집합건물법 제23조는 '관리단의 당연 설립 등'이라는 제목으로 이 부분을 규정하고 있다. 관리단은 대체로 그 법적 성격이 권리능력 없는 사단에 해당하는 것으로 여겨지는데, 정관을 작성하는 등(민법 제40조)의 설립행위가 있어야만 설립되는 민법상의 법인과는 달리, 규약의 설정이나 관리인의 선임과 같은 절차가 없이도 집합건물법에 의하여 당연히 설립되는 것이다. 대상판결에서도 "관리단은 어떠한 조직행위를 거쳐야 비로소 성립되는 단체가 아니라 구분소유관계가 성립하는 건물이 있는 경우 당연히 그 구분소유자 전원을 구성원으로 하여 성립되는 단체라 할 것"이라고 판시하고 있다.

그렇다면 구체적으로 관리단은 언제부터 설립이 되는가? 법문상으로는 구분소유 관계의 성립과 동시에 설립되는 것처럼 되어 있으나, 단체가 설립되기 위해서는 최소한 그 구성원이 2인 이상이 되어야 할 것이므로, 집합건물의 분양이 개시되어 공동관리의 필요가 생긴 때에 비로소 관리단이 설립되는 것으로 보아야 할 것이다. 다시 말하면 집합건물 전체가 1인 또는 수인의 분양자의 소유이면서 분양이 이루어지기 전이라면 관리단이 성립되지 않고, 이후 분양이 개시되어 한 사람이라도 입주를 하게 되어 공동관리의 필요성이 생긴 때에야 비로소 관리단이 설립된다고 할 것이다. 대상판결에서도 "집합건물의 분양이 개시되고 입주가 이루어져서 공동관리의 필요가 생긴 때에는 그 당시의 미분양된 전유부분의 구분소유자를 포함한 구분소유자 전원을 구성원으로 하는 관리단이 설립된다"라고 판시하고 있다.

3. 관리인 선임과 서면결의

집합건물법은 집합건물의 구분소유 관계가 성립하게 되었을 경우 당연히 관리단이 설립된다고 규정하고 있으나, 관리단이 집합건물의 관리에 관한 사업을 원활하게 시행하기 위해서는 이러한 사업의 집행기관으로서 관리인이 선임되어야 하고, 관리단의 자치법규라고 할 수 있는 (관리)규약도 제정되어야 있어야 한다.

집합건물법 제24조 제1항은 "구분소유자가 10인 이상일 때에는 관리단을 대표하고 관리단의 사무를 집행할 관리인을 선임하여야 한다."라고 하여 관리인은 관리단의 대표이며 또한 관리단 사무의 집행기관임을 명시하고 있다. 또한 집합건물법 제24조 제3항 본문은 "관리인은 관리단집회의 결의로 선임되거나 해임된다.”라고 하여 원칙적으로 관리인의 선임을 위해서는 관리단집회의 결의가 있어야 한다고 규정하고 있다. 관리인의 선임은 관리단집회에서의 특별의결정족수를 따를 사안이 아니므로, 통상의결정족수인 구분소유자의 과반수 및 의결권의 과반수로써 의결하는 것으로 이루어진다(집합건물법 제38조 제1항). 다만 규약의 정함이 있는 경우에는 관리위원회에서 관리인을 선임할 수도 있다(집합건물법 제24조 제3항).

이렇게 관리단은 집합건물의 구분소유 관계가 성립하는 것으로 당연히 설립되나, 실제로 관리인이 선임되어 관리를 위한 사업을 실행하기까지는 관리단집회의 소집 통지(집합건물법 제34조)에서부터 시작하여 관리단집회의 개최와 결의에 이르는 일련의 복잡한 절차를 거쳐야만 한다.

이러한 관리단집회를 통한 결의의 어려움을 감안하여 집합건물법 제41조 제1항은 “이 법 또는 규약에 따라 관리단집회에서 결의할 것으로 정한 사항에 관하여 구분소유자의 4분의 3 이상 및 의결권의 4분의 3 이상이 서면이나 전자적 방법 또는 서면과 전자적 방법으로 합의하면 관리단집회를 소집하여 결의한 것으로 본다.”라고 규정하고 있다.[1)]

집합건물법 제41조의 경우 관리단집회의 결의에 갈음하는 서면 또는 전자적 방법에 의한 결의를 함에 있어서 합의의 절차나 형식에 관하여 아무런 규정을 두고 있지 않다. 따라서 집합건물법에 관리단집회의 결의가 필요한 사항이라면 무엇이든 관리단집회의 결의에 갈음하여 서면 또는 전자적 방법으로 결의를 할 수 있을 것이다. 여기에는 관리인의 선임도 포함된다고 할 것이다. 그리고 이러한 서면 또는 전자적 방법으로 결의가 있었다면 별도로 관리단집회가 소집, 개최될 필요는 없을 것이다. 대상판결도 “집합건물법 제24조 제2항에 의하면 관리인선임 결의는 관리단집회에서 결의할 것으로 정한 사항에 해당하므로, 관리인선임 결의 역시 집합건물법 제41조 제1항에 의한 서면결의가 가능하고, 이러한 서면결의는 관리단집회가 열리지 않고도 관리단집회의 결의가 있는 것과 동일하게 취급하고

1) 대상판결이 선고될 당시의 집합건물법 제41조 제1항은 “구분소유자 및 의결권의 각 5분의 4 이상의 서면에 의한 합의가 있는 때에는 관리단집회의 결의가 있는 것으로 본다.”라고 규정하고 있었으나, 2012년에 집합건물법을 개정하여 “구분소유자의 5분의 4 이상 및 의결권의 5분의 4 이상이 서면이나 전자적 방법 또는 서면과 전자적 방법으로 합의하면 관리단집회에서 결의한 것으로 본다.”는 것으로 서면뿐만이 아니라 전자적 방법에 의해서도 결의할 수 있도록 하였다. 그리고 2023년에 다시 집합건물법을 개정하여 현행과 같이 구분소유자의 4분의 3 이상 및 의결권의 4분의 3 이상으로 결의의 요건을 낮추었다.

자 하는 것이어서 그와 같은 서면결의를 함에 있어서는 관리단집회가 소집, 개최될 필요가 없다고 할 것이다."라고 하고 있다.

4. 분양계약으로 관리인을 선임할 수 있는가

앞에서 논의한 바대로 대상판결은 (1) 집합건물의 분양이 개시되고 입주가 이루어져 공동관리의 필요성이 생긴 경우 집합건물 관리단이 당연히 설립되고, (2) 관리인 선임의 결의는 관리단집회에 갈음하여 서면결의로도 가능하다고 하였다. 그렇다면 앞서의 두 가지 서술에서 대상판결의 결론인 "(3) 집합건물의 분양계약서에 분양자(건축주)를 집합건물의 관리인으로 한다는 내용이 포함되었다면, 수분양자들로 구성된 관리단집회의 관리인선임 결의에 갈음하는 서면결의가 있다고 볼 수 있다."가 도출될 수 있는지가 문제된다. (1), (2)의 경우는 집합건물법의 해석에 따른 일반적인 법리로 받아들일 수 있는 것이지만, (3)의 경우는 논의의 여지가 있다.

우선 분양계약이 무엇인지 살펴본다. 분양계약은, 신축 예정이거나 신축중 혹은 신축된 집합건물의 각 세대별 구분소유권을 분양자가 수분양자에게 이전하고 수분양자로부터 일정한 금액(분양대금)을 지급받을 것을 대가로 약정함으로써 성립하는 계약이다. 이러한 분양계약에는 목적물을 완성한 후에 분양계약을 체결하는 선시공·후분양 형식과, 건축물 분양 이전에 수분양자를 모집한 다음 완공 후 수분양자에게 해당 목적물의 소유권을 이전하기로 하는 내용의 분양계약을 체결한 후 비로소 시공에 들어가는 선분양·후시공 형식이 있다. 선시공·후분양 형식의 경우 분양계약의 성격을 매매계약으로 보는 데는 이설이 없는 듯하고, 판례도 매매계약으로 이해하는 것으로 보인다.[2] 그러나 선분양·후시공 형식의 법적 성질에 대해서는 매매계약설, 도급계약설, 혼합계약설이 대립하고 있으며, 판례는 집합건물법 제9조가 집합건물의 분양자와 시공자의 구분소유자에 대한 담보책임을 규정한 것에 대하여 "분양자가 부담하는 책임의 내용이 민법상 수급인의 담보책임이라는 것이지 그 책임이 분양계약에 기한 것이라거나 아니면 분양계약의 법률적 성격이 도급이라는 취지는 아니다."라고 하여, 매매계약설을 따르는 것으로 보인다.[3]

---

2) 대법원 1991. 3. 27. 선고 90다13888 판결.
3) 대법원 2003. 11. 14. 선고 2002다2485 판결.

실무에서는 분양계약에 집합건물의 관리에 관한 사항을 포함시키는 경우가 적지 않다. 예를 들어 공용부분이나 집합건물의 대지의 일부를 특정한 구분소유자 또는 제3자가 단독으로 사용할 수 있도록 하는 전용사용권(專用使用權)에 관한 내용이나, 대상판결과 같은 사안에서처럼 관리인의 선임에 관한 내용이나, 그 외 업종 제한에 대한 내용 같은 것을 분양계약에 포함시키기도 한다. 일반적으로는 분양자와 수분양자 사이에 집합건물의 관리에 관한 사항을 포함하여 분양계약이 체결되었다는 것은 수분양자들이 분양계약 속에 포함된 계약의 내용에 동의했다는 것을 의미하며, 또한 이러한 내용에 대하여 모든 구분소유자들 사이에 합의가 있는 것으로도 볼 수 있다.[4] 대상판결도 "이 사건 집합건물의 건축주와 수분양자들은 그 개별적 분양계약을 통하여, 수분양자들의 구분소유권 취득을 전제로 관리단 설립 이후의 관리인 선임에 관하여 사전에 서면으로 합의한 것이고, 수분양자들 사이에서도 그러한 개별적 서면합의를 상호 수용하는 데 묵시적으로 동의하였다고 봄이 상당하[다]."고 하였다.

그런데 이 사건 집합건물은 2003년 1월경 완공되었고 곧바로 2003년 1월경부터 분양자들의 입주가 시작이 되었는데, 분양자와 수분양자 사이의 분양계약은 집합건물이 아직 건축중인 2002년에 있었다. 즉, 대상판결은 아직 집합건물의 구분소유 관계가 성립되어 관리단이 설립되기도 전에 체결된 분양계약에 따라 관리단집회의 결의에 갈음하는 서면결의를 통하여 관리인이 선임되었다고 본 것이다.

이러한 대상판결의 입장은 관리단의 설립 이후 실제 관리인이 선임될 때까지의 집합건물 관리에 있어서의 공백을 최소화하고자 하는 정책적인 목적에서 비롯된 것으로 생각된다. 앞서 언급하였듯이 집합건물 관리의 주체인 관리단은 집합건물의 구분소유 관계가 성립하는 것으로 당연히 설립되나, 실제로 관리단집회를 통하여 관리인이 선임되어 집합건물의 관리를 위한 사업을 실행하기까지는 상당한 시간이 걸린다는 문제가 있다. 이러한 관리의 공백 문제를 해결하고자 실무에서는 분양자를 관리인으로 보는 내용을 분양계약에 포함하고, 이후 분양계약에 따라 관리인이 된 분양자가 자신이 설립하거나 특수한 관계에 있는 위탁관리회사에 집합건물의 관리를 위탁하는 경우가 적지 않았다. 대상판결은 이러한 분양계약의 내용에 대하여 관리단집회에 갈음하는 서면결의에 해당한다고 보고, 관리단이 설

4) 김영두, 『집합건물법개론』, 윤슬, 2023, 147면.

립되면 곧바로 관리인에 의하여 집합건물이 관리될 수 있도록 한 것이다. 대상판결은 "건축주 겸 분양자가 건물을 완공하여 일단 자기의 소유로 등기를 마친 후 구분점포를 분양하는 경우에는 분양에 소요되는 기간 등 통상의 분양 실정에 비추어 분양 및 입주가 상당한 정도에 이를 때까지 건축주가 관리인의 역할을 수행하는 것은 집합건물의 관리를 위한 하나의 방법으로서 어느 정도 합리성을 가진다고 볼 수 있[다]."고 하였는데, 이것은 분양자에 의하여 집합건물이 관리되게 함으로써 집합건물 관리의 공백을 줄이고자 하는 정책적인 목적을 드러낸 것이라고 하겠다. 이러한 측면에서 본다면 대상판결은 일견 타당하다고 하겠다.

그런데 이렇게 분양계약을 통하여 분양자를 관리인으로 선임하는 것을 용인하는 것은, 구분소유자 입장에서는 사실상 관리단집회를 통하여 관리인을 선임할 수 있는 선택권이 박탈되는 결과가 발생한다고 할 수 있다. 왜냐하면 분양자가 관리인으로서 집합건물을 관리하고 있으면서 구분소유자에 관한 정보를 독점하고 있는 이상, 구분소유자들이 독자적으로 관리단집회를 개최하기는 어렵기 때문이다. 특히 임차인의 비율이 높은 집합건물의 경우에는 구분소유자들이 집합건물의 관리에 관심이 없는 경우가 많아 더욱더 관리단집회가 개최되기 어렵다. 분양자가 분양계약을 통하여서라도 집합건물의 관리인이 되려는 것은 결국 집합건물의 관리를 통하여 자신이 이익을 얻기 위한 것인데, 이로 인하여 구분소유자와 임차인은 손해를 보게 되는 문제가 발생할 수 있다.[5)]

5. 집합건물법 제9조의3 신설 이후의 변화

대상판결이 2006년에 선고된 이후, 2012년에 집합건물법이 개정되면서 제9조의3이 신설되었다. 개정전 집합건물법에는 집합건물의 분양단계에서 관리단과 같은 분양자를 감시하거나 견제할 수 있는 법적 장치가 없었는데, 법개정을 통하여 분양자에게 집합건물을 관리할 의무를 부여한 것이다.[6)] 집합건물법 제9조의3은 집합건물의 분양자에게 집합건물의 관리인이 선임되어 관리를 개시할 때까지 집합건물에 대한 선관주의의무를 부여하였고(제1항), 또한 분양자는 수분양자에게 분양계약을 체결하기 전에 표준규약을 참고하여 규약에 상응하는 것을 정하여 제시하여야 한다고 하였다(제2항). 그리고 분양자는 예정된 매수인의 2분의 1 이상

5) 김영두, "효율적인 집합건물의 관리방안", 「법조」, 법조협회(2022. 1.), 72-74면.
6) 이준형, "선진적인 집합건물 관리를 위한 법률 개정안", 「법조」, 법조협회(2012. 3.), 32면 이하.

이 이전등기를 한 때에는 구분소유자에게 규약 설정 및 관리인 선임을 위한 관리단집회를 소집할 것을 통지하여야 하고(제3항), 만약 구분소유자가 통지를 받은 후 3개월 이내에 관리단집회를 소집하지 않을 경우 분양자 스스로 관리단집회를 소집하도록 하였다(제4항).

제9조의3이 신설된 이후 대법원 2022. 6. 30. 선고 2020다229192(본소), 2020다229208(반소) 판결은 집합건물법 제9조의3에 따라 집합건물을 관리하던 분양자와 관리위탁계약을 체결한 위탁관리업자가 새롭게 관리를 개시하는 관리단을 상대로 분양자와 체결한 관리위탁계약의 효력을 주장할 수 없고, 이것은 분양계약서에 "구분소유 관계가 성립된 이후 일정 기간 동안 분양자가 지정한 자가 집합건물을 관리한다."는 내용이 포함된 경우에도 이를 분양자가 체결한 관리위탁계약의 효력을 관리단이 관리를 개시한 뒤에도 인정하겠다는 구분소유자들의 서면합의로는 해석할 수 없다고 하였다. 이 판결과 관련하여, 2006년에 선고된 대상판결은 집합건물법 제9조의3이 신설되기 전의 과도기적인 판결로서, 관리단에 의한 관리인 선임 전까지 분양자에게 관리의무를 인정한 집합건물법 제9조의3이 신설된 이후에는 분양계약을 분양자에 대한 관리인의 선임결의로 해석할 필요성은 소멸했다고 평가하는 견해가 있다.[7)]

그러나 집합건물법 제9조의3은 집합건물의 관리단이 당연 설립되고 구분소유자의 입주가 상당히 이루어진 상황에서도 관리단집회가 개최되지 않아 관리인의 선임과 규약의 제정이 이루어지지 않은 상황을 전제하고 있다고 할 수 있는데, 집합건물법은 관리인을 어느 시점에 선임할 수 있는지에 대해서는 규정하지 않고 있다. 따라서 집합건물법 제9조의3의 신설에도 불구하고 여전히 대상판결의 사안과 마찬가지로 집합건물이 완공되지 않아 집합건물의 관리단이 설립되지 않은 상황에서 분양계약을 관리단집회를 갈음하는 서면결의로 보아 분양계약을 통하여 분양자를 관리인으로 선임하는 것은 여전히 가능하다고 할 것이다. 반대로, 분양자와 이미 소유권이전등기를 완료한 소수의 구분소유자들이 아직 소유권이전등기를 하지 못한 다수의 수분양자들을 배제하고 관리단집회를 개최하여 관리인을 선임하고 규약을 제정하여 분양자 또는 소수의 구분소유자들에게 유리하게 집합건물을 관리하는 것도 가능하다고 할 것이다. 집합건물법을 개정하여 분양계약을

7) 김종석, "집합건물의 관리업무 주체와 관리위탁계약", 「대법원판례해설」 제131호(2022년 상), 법원도서관, 2022, 267–269면.

통한 관리인의 선임을 금지하거나, 구분소유자가 일정 인원 이상 입주한 이후에야 관리단집회를 통하여 관리인을 선임할 수 있는 것으로 하는 것이 아닌 한 여전히 대상판결은 의미가 있다고 하겠다.[8)]

6. 결 론

대상판결은 집합건물의 분양이 개시되고 입주가 이루어져 공동관리의 필요성이 생긴 경우 집합건물 관리단은 당연히 설립되고, 관리인의 선임은 관리단집회에 갈음하는 서면결의로도 가능하며, 집합건물의 분양계약서에 분양자를 집합건물의 관리인으로 한다는 내용이 포함되었다면 수분양자들로 구성된 관리단집회의 관리인선임 결의에 갈음하는 서면결의가 있다고 볼 수 있다고 하였다. 그리고 이와 같은 대상판결의 태도는 분양자의 관리의무를 규정한 집합건물법 제9조의3이 신설된 지금도 여전히 유지되고 있다고 할 것이다. 대상판결의 논지는 관리단의 설립 이후 실제 관리인이 선임될 때까지의 집합건물 관리에 있어서의 공백을 최소화하고자 하는 정책적인 목적에서 비롯된 것으로 보이지만, 구분소유자 입장에서는 사실상 관리단집회를 통하여 관리인을 선임할 수 있는 선택권이 박탈되는 결과가 되어 구분소유자와 임차인의 이익을 침해할 수 있다. 따라서 분양계약을 통한 관리인의 선임을 금지하거나, 구분소유자가 일정 인원 이상 입주한 이후에야 관리단집회를 통하여 관리인을 선임할 수 있는 것으로 하는 것을 내용으로 하는 집합건물법의 개정이 필요하다고 하겠다.

---

8) 김영두, "'집합건물 관리단의 기관 구성' 언제부터 가능할까", 한국아파트신문, 2024. 6. 27. <https://www.hapt.co.kr/news/articleView.html?idxno=162479>

집합건물법상 임시관리인의 선임 요건

－대법원 2024. 8. 19. 자 2024마6239 결정－

김 대 경*

Ⅰ. 서 론

「집합건물의 소유 및 관리에 관한 법률」(이하 '집합건물법') 제23조 이하에서는 건물에 대하여 구분소유 관계가 성립되면 구분소유자 전원을 구성원으로 하여 건물과 그 대지 및 부속시설의 관리에 관한 사업의 시행을 목적으로 하는 관리단이 당연 설립되고, 특히 구분소유자가 10인 이상일 때에는 관리단을 대표하고 그 사무를 집행할 관리인을 선임하여야 한다고 규정하고 있다.[1]

그런데 실제로는 집합건물의 관리업무를 수행할 관리인이 선임되지 않은 경우가 종종 있는데, 이러한 관리인 부재상황에서는 집합건물의 효율적 관리라는 측면에서 다양한 문제점이 발생할 수 있음에도 불구하고 종전 집합건물법에서는 이에 관한 별도의 규정을 두고 있지 않았다. 이처럼 관리인이 없는 경우에 발생할 수 있는 집합건물의 관리공백이나 관리인 선임을 둘러싼 분쟁을 예방하기 위하여 2020. 2. 4. 개정된 집합건물법(법률 제16919호) 제24조의2 규정에서 임시관리인의 선임에 관한 규정이 신설되었다.[2]

---

* 제주대학교 법학전문대학원 교수, 법학박사

1) 이원(김용덕 편집대표), 「주석민법」[물권 2], 한국사법행정학회(2019), 273－275면; 박종두・박세창, 「집합건물법」, 삼영사(2010), 117면 이하; 김영두, 「집합건물법연구」, 진원사(2008), 104－106면; 대법원 1991. 4. 23. 선고 91다4478 판결.

2) 이준형, "2020년 개정 집합건물법의 성과와 한계－원화화 조치를 중심으로－", 「집합건물법학」 제38집, 한국집합건물법학회(2021), 1－34면; 김나래, "개정 집합건물법의 주요내용과 입법과제에 관한 소고", 「동아법학」 제88호, 동아대학교 법학연구소(2020. 8.), 29－55면; 손홍락, "2020년 개정 집합건물법 제1조의2 규정에 관한 소고", 「집합건물법학」 제38집, 한국집합건물법학회(2021), 58－82면; 모승규, "2023년 개정 집합건물법의 주요내용 및 개정 동향에 관한 소고－행정규제 및

본 평석은 개정 집합건물법 제24조의2 규정에 따른 임시관리인 선임요건에 관한 2024. 8. 19. 자 2024마6239 결정(이하 '대상판결')을 그 대상으로 하여 임시관리인의 선임요건으로 규정된 '선임된 관리인이 없는 경우' 뿐만 아니라 추가적으로 '손해가 생길 염려'가 필요한지 여부에 대하여 검토하였다. 나아가 집합건물법 제24조의2 규정의 입법취지, 임시관리인의 의무와 임기 등 관련 쟁점 등을 살펴보고, 대상판결의 시사점을 도출하였다.

Ⅱ. 사안의 개요 및 소송의 경과

1. 사안의 개요

(1) 사건본인은 시흥시(이하 생략)에 건축된 지하 2층, 지상 5층 집합건물인 '○○○'(이하 '이 사건 건물'이라 한다)의 구분소유자들을 구성원으로 하여 「집합건물의 소유 및 관리에 관한 법률」(이하 '집합건물법'이라 한다) 제23조 제1항에 의하여 설립된 관리단이다. 신청인은 이 사건 건물 제5층 (호수 생략)호에 관하여 2021. 7. 19. 소유권이전등기를 마친 구분소유자이다.

(2) 이 사건 건물은 2020. 10. 21. 사용승인을 받고 같은 날 집합건축물대장이 신규 작성되었다. 이 사건 건물에는 134개 호실이 있고, 그 구분소유자는 10명 이상이다.

(3) 현재까지 사건본인의 관리인이 선임되지 않았다. 신청인은 선임된 관리인이 없다는 이유로 집합건물법 제24조의2에 따라 법원에 임시관리인의 선임을 청구하였다.

2. 1심(수원지법 안산지원 2023. 11. 16. 자 2023비합644 결정)의 판단 – 청구 기각

1심 법원은 집합건물법 제24조의2에 따른 임시관리인 선임청구는 "통상의 절차에 따른 관리인의 선임이 극히 곤란한 상태로서 곧바로 임시관리인을 선임하지 아니하면 손해가 생길 염려가 있다는 특별한 사정이 있는 때에 할 수 있다"고 전제하면서, 신청인이 제출한 자료만으로는 이러한 사정이 있는 경우라고 보기 어

결의요건 완화를 중심으로–", 「법조」 제72권 제3호, 법조협회(2023. 6.), 339–365면 각 참조.

렵다며 신청인의 청구를 기각하였다.

3. 원심(수원고법 2024. 4. 22. 자 2023라10381 결정)의 판단 – 항고 기각

원심은 집합건물법 제24조의2에 따른 임시관리인 선임 청구는 통상의 절차에 따른 관리인의 선임이 극히 곤란한 상태로서 곧바로 임시관리인을 선임하지 아니하면 손해가 생길 염려가 있다는 특별한 사정이 있는 때에 할 수 있다고 전제한 뒤, 신청인이 제출한 자료만으로는 이러한 사정이 있는 경우라고 보기 어렵다는 이유로 신청인의 신청을 기각한 제1심 결정을 그대로 유지하였다.

4. 대법원의 판단 – 파기환송

(1) 관련 법리

1) 집합건물법 제24조 제3항은 "관리인은 관리단집회의 결의로 선임되거나 해임된다. 다만 규약으로 제26조의3에 따른 관리위원회의 결의로 선임되거나 해임되도록 정한 경우에는 그에 따른다."라고 규정하고, 제24조의2 제1항은 "구분소유자, 그의 승낙을 받아 전유부분을 점유하는 자, 분양자 등 이해관계인은 제24조 제3항에 따라 선임된 관리인이 없는 경우에는 법원에 임시관리인의 선임을 청구할 수 있다."라고 규정한다. 이는 관리인이 없는 경우에 발생할 수 있는 집합건물의 관리공백이나 관리인 선임을 둘러싼 분쟁을 예방하는 데 그 입법 취지가 있다.

2) 임시관리인 선임에 관한 집합건물법 제24조의2는 집합건물법이 2020. 2. 4. 법률 제16919호로 일부 개정되면서 신설되었는데, 그 이전에는 이사의 부존재나 결원으로 인하여 손해가 생길 염려가 있는 때에 이해관계인이나 검사의 청구로 법원이 임시이사를 선임할 수 있도록 규정한 민법 제63조를 유추적용하여 임시관리인을 선임할 수 있었다.[3] 그런데 신설된 집합건물법 제24조의2는 '선임된 관리인이 없는 경우'만 임시관리인 선임 청구의 요건으로 정할 뿐 선임된 관리인의 부존재로 인한 손해 발생 염려를 요건으로 정하지 않았다.

3) 집합건물법에 따르면 임시관리인은 선임된 날부터 6개월 이내에 제24조 제3항에 따른 관리인 선임을 위한 관리단집회 또는 관리위원회를 소집하여야 하고

3) 대법원 2009. 11. 19. 자 2008마699 전원합의체 결정 참조.

(제24조의2 제2항), 임시관리인의 임기는 선임된 날부터 제24조 제3항에 따라 관리인이 선임될 때까지로 하되 제24조 제2항에 따라 규약으로 정한 임기를 초과할 수 없다(제24조의2 제3항). 이처럼 집합건물법은 임시관리인이 선임된 경우 그에게 관리인의 조속한 선임을 위한 관리단집회 등 소집 의무를 부과하고 그의 임기도 위와 같이 제한함으로써 임시관리인의 지위가 임시적인 것임을 분명히 하고 있다.

4) 위와 같은 집합건물법의 문언, 입법 취지, 임시관리인의 의무 및 임기 등에 비추어 보면, 집합건물법 제24조 제3항에 따라 선임된 관리인이 없는 경우 특별한 사정이 없는 한 구분소유자, 그의 승낙을 받아 전유부분을 점유하는 자, 분양자 등 이해관계인은 집합건물법 제24조의2 제1항에 의하여 법원에 임시관리인의 선임을 청구할 수 있고, 이와 별도로 곧바로 임시관리인을 선임하지 아니하면 손해가 생길 염려가 있다는 사정이 요구되는 것은 아니다.

(2) 이 사건의 판단

앞서 본 사실관계를 위 법리에 비추어 살펴보면, 신청인은 관리인이 없는 이 사건 건물의 구분소유자로서 법원에 임시관리인의 선임을 청구할 수 있다. 그럼에도 원심은 앞서 본 것과 같은 이유로 신청인의 신청을 배척하였다. 이러한 원심의 판단에는 집합건물법상 임시관리인 선임에 관한 법리를 오해하여 재판에 영향을 미친 잘못이 있다.

Ⅲ. 평 석

1. 집합건물의 효율적 관리를 위한 관리인의 선임

집합건물법은 집합건물의 효율적 관리를 위해 관리단의 구성 및 관리단의 대표기구로서 관리인의 선임을 규정하고 있다(집합건물법 제23조 제1항, 제24조 제1항). 즉 집합건물법은 공동 관리에 단체법의 법리를 도입하여 구분소유관계의 성립과 동시에 관리단의 설립을 인정하고 있으며, 그 관리단의 대표자 역할을 관리인이 담당하도록 규정하고 있다. 이처럼 관리인은 대내적으로 관리단의 관리업무를 수행하며 대외적으로는 관리단을 대표한다(집합건물법 제25조 제1항 제3호). 이러한 관리인의 자격에는 특별한 제한은 없으며, 집합건물의 구분소유자가 아닌 자, 법

인도 관리인이 될 수 있다.[4)]

관리인은 원칙적으로 관리단집회의 결의로 선임되지만, 관리인 선임 등을 관리위원회의 결의에 의하도록 규약으로 정하는 경우에는 그에 따르도록 하고 있다(집합건물법 제24조 제3항 및 제26조의3). 관리인은 공용부분의 행위, 공용부분의 관리 및 변경에 관한 관리단집회 결의를 집행하는 행위, 공용부분의 관리비용 등 관리단의 사무집행을 위한 비용과 분단금을 각 구분소유자에게 청구·수령하는 행위 및 그 금원을 관리하는 행위, 사업시행과 관련하여 관리단을 대표하여 하는 재판상 또는 재판 외의 행위, 그 밖에 규약에 정하여진 행위 등을 할 권한과 의무를 가지며(집합건물법 제25조), 대통령령으로 정하는 바에 따라 대년 1회 이상 구분소유자 및 그의 승낙을 받아 전유부분을 점유하는 자에게 그 사무에 관한 보고의무 등을 진다(집합건물법 제26조).[5)] 반면 관리인은 원칙적으로 관리단집회의 결의로 해임되며, 그 외 관리인에게 부정한 행위나 그 밖에 그 직무를 수행하기에 적합하지 아니한 사정이 있는 때에는 각 구분소유자는 관리인의 해임을 법원에 청구할 수 있다(집합건물법 제24조 제3항, 제5항, 제26조 제5항).[6)]

2. 종전 임시관리인 선임요건

집합건물의 효율적 관리를 위해서는 관리인의 존재가 필수적이라고 할 것인데, 현실적으로 관리인 부재로 인한 집합건물의 관리공백 내지 후임 관리인의 선임 등을 둘러싼 법적분쟁이 빈번히 발생한다. 예컨대 기존 관리인의 임기만료 후 새로운 관리인 선임이 지연되거나 갑작스러운 사임 내지 사망한 경우, 입주 초기에 제대로 관리단을 구성하지 못한 상태에서 상당한 시일이 경과된 경우 등이 그러하다. 관리인의 부재는 집합건물의 효율적 관리라는 측면에서 심각한 관리공백을 초래할 수 있는데, 이는 집합건물의 관리체계를 마비시키고 각종 사고발생시 적절한 대응을 어렵게 할 뿐만 아니라 집합건물의 가치하락과 구분소유자들의 재산권침해로도 이어질 수도 있다.

---

4) 이원(김용덕 편집대표), 전게서, 283면.

5) 그 밖에 규약의 보관(집합건물법 제30조 제1항), 관리단집회 소집(집합건물법 제32조, 제33조 제1항, 제2항), 집회의 의장(집합건물법 제39조 제1항), 공동의 이익에 반하는 행위의 정지청구(집합건물법 제43조), 사용금지의 청구(집합건물법 제44조), 구분소유권의 경매청구(집합건물법 제45조), 전유부분의 점유자에 대한 인도청구(집합건물법 제46조) 등의 권한과 의무를 갖는다.

6) 이원(김용덕 편집대표), 전게서, 285면; 대법원 2011. 6. 24. 선고 2011다1323 판결.

이러한 관리인 부재상황을 타개하기 위한 방편으로 종전에는 임시이사의 선임에 관한 민법 제63조, 즉 '이사가 없거나 결원이 있는 경우에 이로 인하여 손해가 생길 염려가 있는 때에는 법원은 이해관계인이나 검사의 청구에 의하여 임사이사를 선임하여야 한다'라는 규정을 유추적용하여 임시관리인을 선임하였다. 즉, 임시이사는 법인의 손해를 방지하기 위해 긴급한 경우에만 선임될 수 있었는데, 동 법리가 유추적용되는 한 임시관리인의 선임도 관리인 부재에 따른 손해발생의 염려가 인정되어야만 허용될 수 있었다.

민법 제63조의 유추적용을 통한 임시관리인 선임요건을 제시한 판례의 논거는 다음과 같다. 즉 "민법 제63조는 법인의 조직과 활동에 관한 것으로서 법인격을 전제로 하는 조항은 아니라 할 것이고, 법인 아닌 사단이나 재단의 경우에도 이사가 없거나 결원이 생길 수 있으며, 통상의 절차에 따른 새로운 이사의 선임이 극히 곤란하고 종전 이사의 긴급처리권도 인정되지 아니하는 경우에는 사단이나 재단 또는 타인에게 손해가 생길 염려가 있을 수 있으므로, 민법 제63조는 법인 아닌 사단이나 재단에도 유추 적용할 수 있다고 봄이 상당하다. (중략) 임시이사의 선임을 신청할 수 있는 '이해관계인'이라 함은 임시이사가 선임되는 것에 관하여 법률상의 이해관계가 있는 자로서 그 법인의 다른 이사, 사원 및 채권자 등을 포함한다.[7] (중략) 민법 제63조에서 임시이사 선임의 요건으로 정하고 있는 '이사가 없거나 결원이 있는 경우'라 함은 이사가 전혀 없거나 정관에서 정한 인원수에 부족이 있는 경우를 말한다 할 것이고,[8] '이로 인하여 손해가 생길 염려가 있는 때'라 함은 통상의 이사선임절차에 따라 이사가 선임되기를 기다릴 때에 법인이나 제3자에게 손해가 생길 우려가 있는 것을 의미한다."라고 판시한 것이 그것이다.[9]

대상판결의 1심 법원과 원심은 상기 종전의 법리를 따라 판단한 것으로 보이는데, 이러한 하급심의 태도는 종래 관리단의 법적성격을 권리능력 없는 사단으로 파악하는 전제에서,[10] 대리 및 위임규정을 유추적용한 결과라는 점에서 선해될 여지는 있다고 할 것이다. 그러나 임시관리인의 선임요건으로 '관리인의 부재' 외에 해석상 논란이 다분한 '손해가 생길 염려가 있는 때'를 요구하는 것은 임시이사와 임시관리인의 법적지위와 역할, 입법취지가 상이함을 간과한 것으로, 특히

---

7) 대법원 1976. 12. 10. 자 76마394 결정 등 참조.
8) 대법원 1975. 3. 31. 자 74마562 결정 등 참조.
9) 대법원 2009. 11. 19. 자 2008마699 전원합의체 결정.
10) 대법원 1991. 4. 23. 선고 91다4478 판결.

관리인 부재에 따른 관리공백 및 관리인 선임을 둘러싼 법적분쟁에 유효적절한 해결방안이 될 수 없다는 본질적 한계를 내포하고 있다.

3. 집합건물의 관리공백방지를 위한 임시관리인 선임규정의 신설

(1) 개정경과 및 주요내용

법무부는 2015. 10. 23.부터 약 10개월에 걸쳐 집합건물 개정위원회를 운영하여 21차례 회의를 진행하였고, 지자체 · 학계 · 시민단체뿐만 아니라 정책간담회 등을 통해 각계의 다양한 의견을 청취하였다.[11] 이렇게 마련된 개정초안은 법무부의 검토를 거쳐 행정절차법에 따른 입법예고 후 2019. 7. 19. 정부안으로 국회에 제출되었고, 이후 법제사법위원회의 논의를 거쳐 2020. 1. 9. 국회에서 원안 가결되었으며, 2020. 2. 4. 법률 제16919호로 공포되어 2021. 2. 5. 시행되었다.[12] 동 정부안의 주요 내용은 ① 구분점포 성립요건 완화, ② 분양자에게 최초 관리단집회 개최 통지 의무 부과, ③ 공용부분의 변경을 위한 의결정족수 완화, ④ 리모델링 요건 신설, ⑤ 수선계획 및 수선적립금 도입, ⑥ 관리인 선임에 다른 신고의무, ⑦ 임시관리인 도입, ⑧ 관리인의 권한 확대 및 장부 작성 · 보관의무, ⑨ 의무적 · 임의적 회계감사 도입, ⑩ 의결권 행사 규정 정비 등으로 요약할 수 있다.

(2) 임시관리인 선임에 관한 규정 신설(집합건물법 제24조의2)

> 제24조의2(임시관리인의 선임 등)
> ① 구분소유자, 그의 승낙을 받아 전유부분을 점유하는 자, 분양자 등 이해관계인은 제24조제3항에 따라 선임된 관리인이 없는 경우에는 법원에 임시관리인의 선임을 청구할 수 있다.
> ② 임시관리인은 선임된 날부터 6개월 이내에 제24조제3항에 따른 관리인 선임을 위하여 관리단집회 또는 관리위원회를 소집하여야 한다.
> ③ 임시관리인의 임기는 선임된 날부터 제24조제3항에 따라 관리인이 선임될 때까지로 하되, 같은 조 제2항에 따라 규약으로 정한 임기를 초과할 수 없다.

동 규정은 '관리인이 없거나 정당한 관리인이 선임되지 않는 등의 경우에 발생

11) 법무부, 「2021 법무연감」(2022), 174면; 집합건물법 개정위원회 제1차 회의일지(2015. 10. 23.), 1면 이하.

12) 모승규, 전게논문, 341－342면; 이승길, "집합건물의 소유 및 관리에 관한 법률", 「중앙법학」 제20집 제4호, 중앙법학회(2018), 169－218면.

할 수 있는 관리공백이나 관리인 선임을 둘러싼 분쟁을 예방함'을 그 신설이유로 들고 있다.[13] 집합건물의 관리실태 등을 살펴보건대, 급하게 처리해야 할 건물 관리업무가 있음에도 불구하고 관리인의 사퇴, 임기종료, 사망 등 관리인 부재에 따른 관리업무의 공백 내지 후임 관리인의 선임을 둘러싼 다툼이 빈번히 발생하였다. 물론 법원은 종래부터 판결을 통하여 임시관리인의 존재를 인정하였지만, 집합건물법에 임시관리인 선임에 관한 근거 규정이 없어 구분소유자들이 그 필요성을 관철하기는 쉽지 않았다.[14] 또한 종전 실무가 임시이사 선임에 관한 민법 제63조를 유추적용하도록 한 경우에서도 임시관리인의 선임요건, 직무범위 및 임기 등은 여전히 미결상태로 남아있었다. 이러한 상황에서 집합건물법 제24조의2 규정의 신설은 임시관리인 선임과 그 요건 등을 명문화하여 집합건물 관리의 효율성과 투명성을 제고하였다는 점에서 그 의의가 크다고 할 것이다.

4. 대상판결의 시사점

대상판결의 쟁점은 집합건물법 제24조 제3항에 따라 선임된 관리인이 없는 경우, 법원은 어떠한 요건하에 임시관리인을 선임할 수 있는지 여부가 문제된 사안이다. 특히 임시관리인의 선임요건으로 관리인이 없는 경우로 충분한지, 아니면 이로 인한 손해가 생길 염려가 있어야 하는지 여부가 핵심쟁점이었다. 이에 대하여 대상판결은 ① 집합건물법 제24조의2 규정의 입법취지가 관리인 부재로 인한 관리공백 및 분쟁을 예방하는데 있다는 점(입법취지), ② 종래 유추적용에 따른 해석론과는 달리 입법적으로 임시관리인의 선임요건을 관리인의 부재 외에 별도로 손해발생의 염려를 명정하지 않고 있다는 점(법률문언), ③ 집합건물법 제24조의2 제2항 및 제3항은 임시관리인이 선임된 경우 그에게 관리인의 조속한 선임을 위한 관리단집회 등 소집의무를 부과하고 그 임기도 6개월 이내로 제한함으로써 임시관리인의 지위가 한시적인 것임을 분명히 하였다는 점(임시관리인의 의무와 임기) 등을 들어 특별한 사정이 없는 한 이해관계인은 집합건물법 제24조의2 제1항에 의하여 법원에 임시관리인을 선임을 청구할 수 있고, 이와 별도로 임시관리인을 선임하지 아니하면 손해가 생길 염려가 있다는 사정이 요구되는 것은 아니라

13) 법무부, 「집합건물의 소유 및 관리에 관한 법률 일부개정법률(안) 입법예고」, 개정이유(2018. 9. 21.).

14) 김나래, "개정 집합건물법의 주요내용과 입법과제에 관한 소고", 「동아법학」 제88호, 동아대학교 법학연구소(2020. 8.), 40-41면; 이승길, 전게논문, 180면.

고 판단하였다.

요컨대 대상판결은 집합건물법의 입법취지, 법률문언, 임시관리인의 의무와 임기 등을 종합적으로 고려하여 판단한 것으로, 1심과 원심 법원이 종전 민법 제63조에 따른 해석론에 천착한 반면, 대상판결은 개정 법률의 입법취지 및 문언에 충실히 따른 것으로 결론 및 논거는 그대로 타당하다고 할 것이다.

Ⅳ. 결 론

집합건물법은 집합건물의 효율적 관리를 위해 관리단 구성 및 관리인 선임을 의무화 하고 있다. 집합건물법의 개정을 통한 (임시)관리인 선임, 장부작성 · 보관 의무 및 회계감사 규정 등의 정비는 집합건물의 효율적 관리를 위한 관리인의 지위와 역할의 중대함을 반영한 것으로 이해된다. 또한 이는 집합건물법 개정위원회가 추구하였던 집합건물관리의 선진화를 위한 관리관계의 원활화 및 투명성 제고와도 일맥상통하는 결과라고 할 것이다. 이처럼 대상판결은 임시관리인의 선임 요건을 완화하였다는 점, 임시관리인의 선임을 통한 분쟁의 예방 나아가 집합건물의 효율적 관리를 도모하도록 하고 있다는 점에서 그 의의가 크다고 할 것이다.

집합건물법의 관리위원회와 주택법의 입주자대표회의와의 법률적 지위

– 대법원 2014. 2. 21. 선고 2011다101032 판결 –

강 혁 신*

Ⅰ. 서 론

「집합건물법」상 관리위원회 설립에 관한 규정의 입법 취지는, 공동주택 및 상업용 건물을 포함한 집합건물의 효율적이고 안정적인 관리운영을 제도적으로 보장하고자 함에 있다. 특히 기존의 관리단(「집합건물법」상)과 입주자대표회의(「주택법」상) 간에 제기되어 온 법적 지위의 중복 및 체계적 불일치 문제를 해소하고, 집합건물 관리의 법적 주체를 명확히 함으로써 「집합건물법」의 기본법적 위상을 강화하고자 하는 입법적 의도가 반영되었다. 이는 「집합건물법」 개정위원회 및 법무부의 제도 정비에 대한 정책적 기대가 투영된 결과이기도 하다.

이에 본 평석은 공동주택의 관리운영 주체 설정과 관련한 최신 판례 분석을 중심으로, 현행 공동주택 관리제도의 운영 실태를 고찰하고, 「집합건물법」상 관리단과 「주택법」상 입주자대표회의 간의 제도적 충돌과 문제점을 분석하고자 한다. 나아가 2013년 개정을 통해 신설된 관리위원회 제도의 입법 배경과 법적 성격에 대한 해석론적 검토를 통해 집합건물의 통합적 관리체계 구축을 위한 법제적 방향성을 제시하는 데 목적이 있다.

---

* 조선대학교 법사회대학 법학과 교수, 법학박사

Ⅱ. 사안의 개요 및 소송의 경과

1. 사실관계

서울 성북구 소재 갑 아파트는 총 1,372세대로, 26개 동(각기 다른 세대수로 구성)으로 이루어져 있다. 해당 아파트는 동별 대표자 회의체(입주자대표회의)를 구성해 자치관리 중이며, 동별 1인씩 총 26명의 대표자를 선출하는 방식의 기존 관리규약이 있었다.

입주민들은 2010. 12. 20. 관리규약 제77조 제2항에 따라 입주민의 10분의 1 이상의 제안 및 입주민 과반수인 736명(53.7%)의 동의서를 받아 개정된 「주택법 시행령」 제50조 제1항의 취지에 따라 동별 세대수에 비례해 동대표 18명을 선출하는 내용의 이 사건 아파트 관리규약 제16조[1]에 대한 개정안(입주민측 개정안)을 관리주체인 관리사무소장에게 접수한 후 서울시 성북구에 제출하였다.

반면 피고(기존 입주자대표회의)는 기존 규약대로 동별 1명, 총 26명 선출 방식의 개정안을 별도로 제안하고 입주민 728명의 동의를 받아 역시 성북구청에 제출했다.

입주민들은 입주민 제안 개정안이 이 사건 아파트 관리규약 제77조[2]에서 정한 관리규약 개정요건을 충족했으므로 이 사건 아파트 관리규약 제78조 제2항[3]에 의해 관리주체에 접수된 때로부터 시행되어야 함에도 불구하고 피고가 이를 무시하고 피고측 개정안을 주장하는 것은 부당하다면서 2011. 1. 20. 성북구 공동주택 관리분쟁조정을 신청했다.

피고 산하 선거관리위원회는 2011. 2. 18. 피고 측 개정안에 따라 각 동별 1인씩 총 26명, 임기 2년인 동별 대표자 선출공고를 하면서 후보자 등록을 받아 2011. 2. 28. 그중 16개 동에 대한 동대표를 선출했다(나머지 10개 동의 경우 후보

---

1) 이 아파트 기존 관리규약 제16조(동별 대표자 선출) 입주자대표회의를 구성하는 동별 대표자는 각 동별 1인(총 26인)으로 하고, 동별 대표자는 해당 동(라인)의 입주자 등의 과반수의 서면동의로 선출한다.

2) 제77조(규약의 개정) 관리규약의 개정방법은 주택법 시행령 제57조 제2항 후단(개정된 주택법시행령 제57조 제3항을 의미한다)의 준용규정에 의거 관리규약 준칙에 따라 입주자대표회의 또는 입주자 등의 10분의 1 이상이 제안하여 입주자 등의 과반수의 서면동의로 결정한다.

3) 제78조(규약의 시행공포) ② 주택법시행령 제57조 제2항(개정된 주택법 시행령 제57조 제3항)의 규정에 의하여 입주자 등의 10분의 1 이상이 제안하여 입주자 등의 과반수가 서면동의로 결정한 경우, 그 관리규약 제안 및 서면동의 결과 관리주체에 접수한 날을 시행일로 한다.

자로 등록한 사람이 없었다.). 그리고, 소외인은 2011. 3. 30 실시된 피고 입주자대표회의의 회장 선거에 동별 대표자 자격으로 단독 입후보하여 1,372세대 중 투표자 488세대, 찬성 462표를 얻어 피고 입주자대표회의의 회장으로 선출되었다.

이에 원고 A는, 세대수 편차가 1:3.9에 이르는 불균형한 대표 선출 방식은 부당하며 무효라며 관리규약 개정의 적법성과 동대표 선출의 무효 확인을 구하는 소송을 제기했다.

2. 판결요지

당해 사안에 대한 대법원의 판결 요지는 다음과 같다.

'이 사건 아파트의 경우에도 공동주택관리령에 규정한 바에 따라 세대수가 적은 여러 개의 동을 묶어 1개의 선거구로 하거나 세대수가 많은 동을 통로나 층별로 나누어 그 구획된 부분을 1개의 선거구로 하는 등의 방법으로 선거구를 획정하면 동별 대표자성을 유지하면서도 대표자 1명당 세대수 편차를 합리적인 범위 내로 줄이는 것이 불가능하지 아니하다.

실제로 A 등 일부 입주자들이 제안한 관리규약 개정안에서는 세대수가 적은 여러 개의 동을 묶어 1개의 선거구로 하는 방법 등을 이용하여 26개동에서 18명의 대표자를 선출하도록 하였는데, 그에 따르면 대표자 1명당 최소세대수(66세대)와 최다세대수(84세대) 사이의 편차는 1:1.27이 된다.

피고의 관리규약에 의하면 위와 같이 대표자 1명당 최소세대수와 최다세대수의 편차가 너무 크다는 이유로 일부 입주자들이 이의를 제기하고 그에 따라 관할 구청에서 기존 규약에 의한 동별 대표자 선출을 중단하라는 행정명령을 발령하기까지 하였음에도 굳이 피고가 위 2011. 2. 28.자 선거에서 기존 규약에 따라 동별 대표자를 선출하였어야 할 부득이한 사정이 있었고 볼 만한 자료도 없다.

위와 같은 사실관계 등에 비추어 보면, 피고가 동별 세대수를 고려하지 않은 채 일률적으로 동별로 1명의 대표자를 선출하는 방법으로 동별 대표자를 선출하는 것은 대표자 1명당 세대수에 있어 합리성을 인정할 수 없을 정도의 편차를 초래하는 것으로서 강행규정인 이 사건 선출방법에 관한 조항에 위반되어 무효라고 할 것이다.

따라서 원심이 위와 같은 동별 대표자 선출은 효력이 없고, 그 선거에서 선출된 소외인이 동별 대표자의 지위에서 입주자대표회의의 회장으로 선출된 이상 소외인

을 피고의 적법한 대표자로 볼 수 없다고 판단한 것은 결론에 있어서 정당하다.'

Ⅲ. 평 석

1. 「집합건물법」에서의 공동주택의 관리주체 및 단위

「집합건물법」상 집합건물, 특히 그 적용대상을 공동주택에 두는 경우, 관리의 단위 및 주체에 관하여 고찰할 필요가 있다. 「집합건물법」 체계 내에서 공동주택의 관리주체는 구분소유자, 관리단, 관리인, 관리위원회, 그리고 일정한 범위 내에서 임차인까지 포함하여 구분·정의될 수 있다.

우선, 구분소유자는 공동주택의 실질적인 관리주체로서 기능한다. 「집합건물법」 제1조에 따르면, 구분소유자는 하나의 건물 중 구조상으로 구분된 여러 부분 중에서, 이용상 독립된 특정 부분을 대상으로 하는 소유권을 가지는 자로 정의된다. 즉, 구분소유자는 집합건물의 독립된 일부에 대한 물리적·법률적 권리를 보유함으로써 건물의 관리에 직접적인 이해관계를 가진 주체가 된다.

다음으로, 「집합건물법」 제23조는 구분소유관계가 성립된 경우, 구분소유자 전원을 구성원으로 하는 단체로서 관리단의 설립을 예정하고 있다. 관리단은 건물 및 그 부속대지와 공용시설의 관리업무 수행을 목적으로 하는 비법인사단의 법적 성격을 가진다. 구분소유자의 수가 10인 이상인 경우에는, 같은 법 제24조 제1항에 의거하여 관리단집회의 결의를 통해 관리인을 선임해야 하며, 이 관리인은 관리단을 대표하고 관리사무를 집행하는 권한과 책임을 부담한다.

한편, 2013년 「집합건물법」 개정에 따라 도입된 관리위원회는 공동주택과 상업용 건물 등에서의 효율적인 관리를 위한 제도적 장치로서 기능하고 있으며, 이는 종래의 관리단과 「주택법」상 입주자대표회의 사이의 법적 지위 혼선 문제를 해소하려는 입법적 취지를 담고 있다.

2013년 개정된 「집합건물법」에서는 새로이 '관리위원회'에 관한 규정을 마련하고 있다. 관리위원회의 도입 배경은, 그 동안 공동주택을 포함하는 집합건물에서는 관리인을 감독하는 기관이 없어 집합건물의 관리를 위한 용역계약, 공사계약 과정에서 금품수수 등의 비리가 다수 발생하였던 것이 사실이고, 또한 부정기적으로 개최되는 관리단집회만으로는 관리인의 사무집행을 효율적으로 감독하기가 곤란하였기 때문에, 이에 관리인의 자의적인 사무집행을 견제하기 의하여 관리인 권한에 속하는 사항을 심의·의결 및 감독하기 위한 관리위원회 제도를 새로이 도입한 것에 있다.[4] 관리단은 규약으로 정하는 바에 따라 관리위원회를 둘 수 있으며, 이에 의해 설치된 관리위원회는 관리인에 대한 사무 집행을 감독한다(집합건물법 제26조의2). 관리위원회를 구성하는 위원은 구분소유자 중에서 관리단집회의 결의를 통해 선출하고, 이를 규약으로 달리 정하는 것도 가능하다(집합건물법 제26조의2).

또한 2013년 개정을 통해 임차인의 건물 관리 참여에 대한 법적 근거도 확대되었다. 개정 전 법 제40조 제1항은 구분소유자의 승낙을 받아 전유부분을 점유하는 자가 회의의 목적사항에 관하여 이해관계를 가지는 경우에 한하여 집회에 출석하여 의견을 진술할 수 있다고 규정함으로써, 임차인 등의 점유자에게 의결권 없이 제한적인 의견진술권만을 인정하였다. 이러한 규정은 구분소유권을 보유하지 않는 임차인이라 하더라도 건물의 관리 및 사용에 있어 공동의 이익을 해하지 않아야 하며, 구분소유자가 규약 또는 집회의 결의에 따라 부담하는 일정한 의무를 동일하게 부담해야 한다는 인식에 기초한다.[5]

결국 임차인은 구분소유자의 승낙하에 전유부분을 점유함으로써 관리사항에 대한 이해관계를 가지는 범위 내에서 제한적이나마 의견진술권을 행사할 수 있으며, 이는 임차인이 구분소유자의 대리인으로서가 아닌, 독자적인 이해관계의 주체로서의 법적 지위를 일정 부분 인정한 것으로 해석된다. 한편, 「집합건물법」 개정위원회는 개정 과정에서 임차인을 구분소유자의 대리인으로 간주하거나 추정하는 규정을 둘 것인지 여부를 논의하였으나, 대리인으로 간주될 경우 임차인의 의사가 구분소유자의 의사에 종속되어 결국 독립적인 의견 개진이 불가능하다는 이유로 해당 안을 철회한 바 있다.[6]

한편 개정법은 임차인에게 공용부분의 변경을 제외한 관리사항 및 관리인의 선임에 관한 결의권을 부여함으로써, 최근 공동주택에서의 임차인 수의 증가, 고령화 및 구분소유자의 관리에 대한 관심 저하라는 사회적 변동에 대응하고자 하였다. 이는 임차인을 비구분소유자임에도 불구하고 일정한 범위 내에서 관리에 참

4) 법무부 홈페이지 참조. www.moj.go.kr. 2014.04.02.
5) 稲本洋之助·鎌野邦樹,『コンメンタール マンション区分所有法』, 日本評論社, 1997, p.211.
6) 濱崎恭生,「建物区分所有法の改正」, 法曹会, 1989, p.279.

여시키는 새로운 법제적 시도로 평가된다. 다만, 임차인의 결의에 따라 특정 구분소유자에게 추가적 비용이 발생하거나 주거 환경에 특별한 영향이 미치는 경우에는 해당 구분소유자의 승낙을 요하는 제도를 병행적으로 도입함으로써, 구분소유자의 권익 보호를 위한 법적 안전장치 또한 마련하고 있다(집합건물법 제16조 제2항).

2. 「주택법」에서의 공동주택의 관리주체 및 단위

「집합건물법」이 공동주택의 관리주체를 구분소유자, 관리단, 관리인, 관리위원회, 그리고 일정한 범위 내에서 임차인으로 구성되는 여러 주체로 규정하고 있는 것과 달리, 「주택법」은 이와는 상이한 체계와 개념을 토대로 공동주택의 관리주체를 정의하고 있음을 확인할 수 있다.

우선, 「주택법」은 공동주택의 관리에 관여하는 주체로서 자치관리기구의 대표자인 관리사무소장, 관리업무를 인계하기 이전 단계의 사업주체, 그리고 외부 위탁 방식의 관리에 있어서는 주택관리업자를 명시하고 있다. 또한 임대주택의 경우에는 임대사업자를 관리주체로 명시하고 있으나, 임대주택의 특수성 및 본 논문의 논의 범위를 고려할 때, 본 절에서는 이에 대한 구체적인 검토는 생략하기로 한다.

한편, 「주택법」은 공동주택의 직접적인 점유 및 사용 주체인 입주자를 공동주택 관리의 가장 기본적이고 핵심적인 단위로 간주하고 있으며, 이들 입주자 중에서 선출된 동별 대표자로 구성되는 입주자대표회의 역시 실질적인 관리주체로 기능한다. 입주자대표회의는 공동주택의 관리방법, 운영방식 및 주요 사안에 관한 사항을 심의·의결하는 권한을 가지며, 더 나아가 관리사무소장에 대한 감독권한도 함께 부여받고 있는바, 이러한 점에서 입주자대표회의는 공동주택의 관리에 있어서 명백한 법적 지위를 갖는 관리주체로 평가할 수 있다.

이하에서는 「주택법」상 각 관리주체의 구체적인 법적 성격과 역할, 그리고 집합건물법상 관리주체와의 비교 검토를 통해 그 법리적 차이와 정책적 함의를 보다 상세히 고찰하고자 한다.

3. 본 사건의 동별 대표자 선출 규정에 관하여

집합건물의 관리에 관하여 사법인 「집합건물법」과 공법인 「주택법」이 각각 규정하고 있는 개념 및 용어는, 일견 유사하게 보이나 실질적으로는 상이한 법적 체계를 바탕으로 하며, 그 내용에 있어서도 일치하지 않는 부분이 적지 않다는 점에 유의할 필요가 있다. 이러한 점은 특히 2013년 「집합건물법」 개정에 따라 신설된 '관리위원회'의 도입 배경과 그 기능의 설정 등과도 밀접한 관련성을 지닌다.

이하에서는 「주택법」 및 그 하위 법령인 「주택법 시행령」에 규정된 입주자대표회의의 구성 방식과 동별 대표자의 선출 절차 및 관련 기능을 중심으로 고찰하고자 한다. 「주택법 시행령」 제50조 제1항은 입주자대표회의를 4명 이상의 동별 대표자로 구성하도록 규정하면서, 이들 대표자는 각 동의 세대수를 기준으로 비례적인 방식에 따라 선출되어야 하고, 구체적인 선거구의 획정은 2개 이상의 동을 하나로 묶거나, 각 동 내의 통로나 층별로 구획하는 방식으로 정할 수 있도록 하고 있다.

본 사건에서 핵심적으로 문제되는 것은 위 「주택법 시행령」 제50조 제1항의 규정이 강행규정으로 해석될 수 있는지 여부이다. 이와 관련하여 대법원은 해당 규정의 성격에 대해 명확한 판단을 제시하고 있는데, 즉 "동별 세대수에 비례하여 정한 선거구에 따라 동별 대표자를 선출하도록 한 규정 부분은, 동별 대표자 선출을 위한 선거에서의 투표가치의 평등이라는 헌법상 원칙을 구현하고자 하는 것으로서 강행규정에 해당한다"고 판시하고 있다. 다만, 여기서 말하는 '세대수에 비례한 대표자 선출'이 반드시 대표자 1인당 세대수가 산술적으로 완전히 동일할 것을 요구하는 것은 아니며, 그 편차가 합리적 범위 내에 있는 한 허용될 수 있으나, 합리성을 인정할 수 없을 정도로 현저한 불균형이 발생해서는 아니 된다고 설시하였다.

결국 본 사안에서와 같이 세대수의 편차를 고려하지 않고 일률적으로 각 동별로 1명의 대표자를 선출하는 방식은, 투표가치의 실질적 평등이라는 입법 취지에 배치되며, 이에 따라 해당 규정의 위반은 곧 대표자 선출의 무효사유로 작용할 수 있다는 점에서 중요한 법적 의미를 지닌다.

한편, 이러한 주택법령상의 동별 대표자 선출 규정과 관련하여 「집합건물법」상 관리단과 「주택법」상 입주자대표회의 간의 법적 관계를 어떻게 이해하고 정립할 것인가의 문제는 매우 핵심적인 이슈로서, 이는 별도의 장에서 보다 심층적인 분석을 통해 고찰하고자 한다.

Ⅳ. 2013년 개정 「집합건물법」에서의 관리주체의 조정

1. 입주자대표회의는 관리주체인가

우선, 「집합건물법」상 규정된 관리단이 공동주택의 관리주체로 볼 수 있는지에 관한 문제를 살펴보면, 관리단은 독립된 자산을 보유하지 않으며, 그 재산에 대한 공시방법 또한 마련되어 있지 않고, 관리단이 부담하는 채무에 대해서는 각 구분소유자가 직접 책임을 부담한다는 점에서, 이를 조합적 성격의 단체로 보아야 하는지가 논의된다.

이와 달리, 관리단의 대표자가 수행하는 사무는 관리단이라는 단체의 집행기관으로서의 역할에 해당하고, 구성원인 구분소유자들은 집회의 결의를 통해 단체의 의사를 표시할 뿐 관리단의 운영에 직접 참여하지 않으며, 관리단이 보유하는 규약은 사단법인의 정관과 유사한 성격을 갖는다는 점을 근거로, 관리단을 권리능력 없는 사단으로 보아야 한다는 견해도 존재한다.

관리단을 구성하는 구분소유자의 관리단 채무에 대한 변제 책임과 관련하여, 대법원은 「집합건물법」 제23조 제1항에 의한 관리단은 별도의 조직행위가 없더라도 구분소유자 전원을 구성원으로 하여, 구분소유건물과 그 대지 및 부대시설의 관리를 목적으로 당연히 성립되는 단체라고 판시하였다.

그리고 일단 관리단이 실제로 조직되어 자치적인 관리 활동을 개시한 경우, 구분소유건물의 관리에 관한 권한 및 책임은 궁극적으로 관리단에 귀속되며, 만일 관리단이 그 재산만으로 채무를 완제할 수 없는 경우에는, 「집합건물법」 제27조 제1항에 따라 구분소유자는 규약에 달리 정함이 없는 한, 각자의 전유부분 면적에 비례하여 산정된 공유지분의 비율로 관리단의 채무를 변제할 책임을 진다고 하였다.[7)]

이 판례는, 관리단이 법인격은 없으나 일정한 단체로서 자치적 관리 권한을 가지며, 그 채무에 대하여 구분소유자가 「민법」상의 조합원과 유사하게 일정한 범위 내에서 책임을 부담함을 분명히 하고 있다.

관리단이 강한 인적 결합성을 지닌다는 점에서 「민법」상 조합과 유사한 측면이 있는 것은 사실이나, 구성원의 개성과는 무관하게 권리와 의무의 주체가 될 수

---

7) 대법원 1997. 8. 29. 선고 97다19625 판결.

있는 독자적인 단체조직이라는 점에서, 권리능력 없는 사단의 성격을 아울러 지니고 있음은 부인할 수 없다.

그러나 이러한 양면적 성격을 이유로 관리단의 법적 성질을 조합성과 사단성의 중첩적 개념으로 파악하는 견해는, 관리단의 지위를 불안정하게 만드는 결과를 초래하므로 수용하기 어렵다. 관리단이 「민법」상 조합과 비법인 사단 중 어느 유형에 해당하는지는 해당 단체의 조직 강도에 따라 판단해야 하며, 관리단은 적어도 집합건물의 관리를 주된 목적으로 하여 사단적 성격을 가진 규약을 제정하고, 이에 기초하여 의사결정기관 및 집행기관으로서의 대표자를 두는 등 일정한 조직을 갖추고 있다.

또한 관리단은 그 기관의 의사결정 및 업무집행이 다수결의 원칙에 따라 이루어지고, 구성원의 변동에도 불구하고 단체 자체가 존속하는 구조를 가진다는 점에서, 그 법률적 성질은 권리능력 없는 사단으로 보는 것이 타당하다. 이에 관하여는 박종두 교수도 "관리단의 법적 지위에 관한 재검토"에서, 관리단은 사단적 조직과 기능을 갖춘 단체로서 비법인 사단의 법적 성질을 지닌다고 분석한 바 있다.[8]

이러한 법적 지위의 인정 여부와 무관하게, 「집합건물법」에서 규정하는 관리단을 공동주택의 관리주체로 파악하는 데에는 특별한 문제점이 있다고 보기는 어렵다.

오히려 쟁점은, 「주택법」이 규정하는 입주자대표회의가 공동주택에서의 실질적 관리주체로 기능하고 있는지 여부에 있다. 입주자대표회의는 그 구성원들의 의결을 통해, 관리규약 개정안의 제안, 관리규약에서 위임한 사항에 관한 규정의 제·개정 및 폐지, 공동주택의 관리방법에 대한 제안, 관리비 등의 집행을 위한 사업계획 및 예산의 승인, 공용시설물의 사용료 부과기준의 결정, 회계감사 요구 및 감사보고서의 승인, 관리비 등의 결산 승인, 단지 내 전기·도로·상하수도·주차장·가스·냉난방설비·승강기 등의 유지 및 운영기준 마련, 자치관리기구 직원의 임면, 장기수선계획에 따른 공용부분의 보수·교체·개량, 행위허가 및 신고행위의 제안, 리모델링의 제안과 시행, 주민운동시설의 위탁운영 제안, 안전관리계획의 수립 및 조정, 입주자 상호간 이해상반 사안의 조정, 공동체 생활의 활성화 및 질서유지 등 공동주택 관리의 대부분을 포괄하는 사항을 결정하고 있다(주

8) 박종두, "관리단의 법적지위에 관한 재검토", 「집합건물법학」 제4호, 한국집합건물법학회, 2009, 67－68면.

택법 시행령 제51조).

이처럼 공동주택의 실질적 관리와 운영에 있어 핵심적 기능을 수행하고 있음에도 불구하고, 입주자대표회의의 법적 지위에 대해서는 학설과 판례 모두 권리능력 없는 사단으로 일관되게 보고 있다. 실제로 대법원은 입주자대표회의를 둘러싼 공동주택 동별 대표자 선출결의 무효확인 소송에서, "입주자대표회의는 동별 세대수에 비례하여 선출되는 동별 대표자를 구성원으로 하는 법인 아닌 사단이므로, 동별 대표자의 선출결의의 무효확인을 구하는 것은 곧 입주자대표회의의 구성원의 자격을 다투는 것이고, 이에 따라 입주자대표회의는 해당 결의의 효력에 관한 분쟁의 실질적인 당사자로서 피고적격을 가진다. 또한 그 구성원은 임기가 만료되었더라도 특별한 사정이 없는 한, 새로운 구성원이 선출될 때까지 직무를 수행할 수 있으며, 임기 만료만으로 무효인 선출결의에 대한 확인의 이익이 부정된다고 보기는 어렵다"고 판시함으로써,[9] 입주자대표회의의 비법인 사단으로서의 성격을 명확히 하였다.

이상과 같이 볼 때, 관리단과 입주자대표회의는 법적 지위에 있어 일정 부분 권리능력 없는 사단으로 공통적으로 파악되고 있음에도 불구하고, 관리단을 공동주택의 관리주체로 해석하는 데에는 별다른 이견이 없는 반면, 입주자대표회의를 동일한 수준의 관리주체로 파악할 수 있는지에 대하여는 여전히 논의의 여지가 존재하는 것으로 보인다.

입주자대표회의는 공동주택의 관리에 관한 사항을 의결 · 조정하고, 관리주체에 대한 견제와 감독을 수행하는 기관으로 기능할 뿐, 공동주택의 구분소유자에게 고유하게 귀속되는 권리를 직접 행사할 수 있는 주체로 보기는 어렵다. 특히 공용부분의 불법점유자에 대한 방해배제청구권과 같은 권리는 각 구분소유자의 구분소유권에 기초한 것으로서, 입주자대표회의가 이를 재판상 행사할 수는 없다고 보아야 한다.

설령 관리규약에 입주자대표회의가 구분소유자를 대리하여 공용부분에 대한 방해배제청구권을 행사할 수 있다고 규정하고 있다 하더라도, 이는 입주자대표회의의 법정 권한을 초과하는 것으로서, 해당 규정은 그 효력이 인정되지 않는다.[10]

---

9) 대법원 2008. 9. 25. 선고 2006다86597 판결.

10) 박태신, "공동주택관리제도의 법적 쟁점에 관한 연구", 「집합건물법학」 제6호, 한국집합건물법학회, 2010, 73면.

더욱이 입주자대표회의는 관리주체로서 기능하기보다는 오히려 관리주체에 대한 감독기관으로 파악되고 있다. 「집합건물법」상 관리단의 지위를 가지는 입주자 등은 입주자대표회의를 구성하여 관리주체를 선임하며, 일정한 규모나 설비를 갖춘 공동주택의 경우, 전문성과 기술력을 갖춘 관리주체에 의하여 관리업무가 수행되는 것이 일반적이다. 이때 입주자대표회의는 공동주택의 관리 업무를 직접 수행하기보다는, 관리주체를 견제・감독하는 구조로 이해되는 것이 타당하다.[11]

이러한 입장에 대하여는 판례 역시 일관된 태도를 보이고 있다. 대법원은 입주자대표회의의 법적 지위에 관하여, "「주택법」 제42조 제1항 및 제2항의 수범자는 공동주택의 입주자 또는 관리주체이고, 「주택법」 제2조 제10호는 '입주자'를 주택의 소유자 또는 소유자의 배우자 및 직계존비속으로 정의하고 있으므로, 입주자대표회의는 입주자의 범위에 포함되지 않으며, 관리주체 역시 입주자대표회의가 아니라 자치관리기구나 주택관리업자를 의미한다"고 판시하면서,[12] 입주자대표회의가 「주택법」상 관리주체에 해당하지 않음을 명시하였다.

결국 입주자대표회의는 공동주택의 관리업무를 직접 집행하는 주체가 아니라, 관리주체가 해당 업무를 수행할 수 있도록 감독・조정하는 의결기관으로서의 법적 성격을 지닌다고 해석하는 것이 바람직하다.

2. 2013년 개정 집합건물법에서의 관리위원회에 관한 입법의도와 법적 성질

(1) 관리위원회 규정의 신설과 입법적 배경

「주택법」은 「집합건물법」상 관리단과의 관계 설정 없이 입주자대표회의를 독자적으로 구성하도록 규정하고 있으며, 이에 따라 입주자대표회의가 관리단의 기관인지 아니면 별개의 독립기관인지에 관한 명확한 법적 설정 없이, 양 제도 간에 중복되는 권한을 입주자대표회의에 부여하고 있는 실정이다. 이러한 규정 구조는 「집합건물법」과 「주택법」 간의 충돌 가능성을 내포하고 있다는 지적을 받아왔다.[13]

11) 김봉채, "관리단과 입주자대표회의의 관계", 「집합건물법학」 제7호, 한국집합건물법학회, 2011, 54-55면 참조.
12) 대법원 2007.7.13. 선고 2007도3918 판결.
13) 박태신, "공동주택관리제도의 법적 쟁점에 관한 연구", 「집합건물법학」 제6호, 한국집합건물법학회, 2010, 77면.

이러한 문제점을 해소하기 위하여, 2013년 개정된 「집합건물법」은 '관리위원회'에 관한 규정을 신설하고, 「집합건물법」상 관리단과 「주택법」상 입주자대표회의 간의 관계를 일정한 구조 속에서 조화시키고자 하였으며, 나아가 두 법률 간의 법적 지위 관계 역시 보다 명확히 규율하였다.

특히 본 평석에서는 집합건물 중에서도 「주택법」과의 관계 설정이 중요한 공동주택에 한정하여 논의를 전개하고자 한다. 공동주택, 그중에서도 대규모 세대를 포함한 단지에서는 관리단의 기관이 실질적으로 원활하게 운영되는 것이 매우 어려운 과제임을 부인할 수 없다.

「집합건물법」은 대부분의 의사결정에 있어 구분소유자 전원의 과반수(보통결의) 또는 4분의 3, 5분의 4 이상(특별결의)의 머리수와 의결권을 합산하는 방식으로 결의를 성립시키도록 하고 있으나, 대규모 공동주택에서는 이와 같은 결의율을 실제로 충족시키는 것이 매우 어렵고, 설령 서면결의를 병행하더라도 절차적 번거로움과 시간의 지체 등으로 인해 결의 절차를 완성하는 것 자체가 사실상 난제가 되고 있다.

이에 따라 관리단의 의사결정이 지연되거나 무력화되는 문제점을 해소하고, 공동주택의 효율적인 관리를 가능하게 하기 위한 실질적 대안으로서 관리위원회 제도가 도입된 것이다.

이와 비교해볼 때, 「주택법」상 입주자대표회의는 「집합건물법」이 전제하고 있는 전체 관리단의 존재와는 다르게, 동별 대표자로 구성되는 의결기관을 중심으로 공동주택의 실질적 관리를 주도하고 있으며, 이와 같은 구조는 「집합건물법」과 「주택법」 간의 대표적인 차이점으로 지적되어 왔다. 「주택법」은 공동주택의 관리에 있어 입주자대표회의라는 기관이 실질적인 의결기관으로 기능함으로써, 공동주택의 대표성을 갖는 기관으로서 자율적·능동적으로 관리업무를 수행하는 구조를 취하고 있다.

물론 2013년 개정 이전의 「집합건물법」하에서도, 관리규약에 의하여 입주자대표회의에 준하는 기관을 관리단의 기관으로 설치할 수는 있었다. 그러나 이 경우 해당 기관의 구체적인 구성 방식이나 권한 범위, 관리인과의 권한 분배, 해산 절차 등에 관하여 관리규약이 명확하게 규정하지 않을 경우, 해당 기관의 법적 지위와 권한 범위에 대한 해석상 혼란이 초래될 우려가 존재하였다.

예컨대 당해 기관이 공용부분의 관리에 관한 사항을 결정하거나 집행하는 권한을 가질 수 있는지 여부에 대하여 규약상 명문의 근거가 없을 경우, 해당 권한의 귀속을 둘러싼 법적 분쟁이 발생할 수 있는 것이다. 이에 따라, 「집합건물법」이 당해 기관을 관리단의 정식 기관으로 인정하고, 그 구성 방식 및 권한 범위 등 기본적인 사항을 명확히 규정할 필요가 있다는 지적이 제기되었으며,[14] 이러한 논의가 2013년 개정 「집합건물법」에서 관리위원회 신설 규정으로 반영되기에 이르렀다.

(2) 관리위원회 규정의 내용과 제도적 의의

2013년 개정 「집합건물법」은 관리위원회에 관한 규정을 신설함으로써, 기존의 입법상 혼란을 일정 부분 정리하고자 하였다. 이번 개정의 주요 내용은 단순히 관리위원회의 설치에 국한되지 않고, 집합건물의 구조적·관리적 특성을 고려한 종합적인 정비를 시도하였다는 점에서 의미가 크다.

우선, ① 분양자뿐 아니라 시공자도 담보책임을 부담하도록 하고, 기둥 및 내력벽에 대하여는 담보책임 기간을 각각 20년 및 15년으로 확대하였으며, 그 외의 부분에 대해서는 종전의 획일적 10년 규정을 대통령령으로 세분화하였다. ② 공용부분의 관리에 관한 사항에 대하여는 임차인 및 전세권자도 일정한 범위 내에서 의결권을 행사할 수 있도록 하되, 구분소유자에게 특별한 영향을 미치는 경우에는 그 승낙을 요건으로 하였다. ③ 최초 분양자의 규약작성 의무를 신설하고, 관리단의 최초 집회에서 그 규약의 승인을 받도록 하였으며, 이를 보완하기 위해 지방자치단체장이 집합건물의 유형별 표준관리규약을 작성·관리할 수 있도록 규정하였다. ④ 관리인의 사무보고 방법을 대통령령으로 구체화하고, 이해관계인에게 보고 자료의 열람 및 등본교부를 청구할 수 있는 권리를 부여하였다. ⑤ 관리인의 사무를 심의·의결하고 감독하기 위한 기구로서 관리위원회를 신설하였으며, ⑥ 전자적 방법에 의한 집회 및 의결을 가능하게 하는 전자투표제도를 도입하고, ⑦ 집합건물의 소유자와 분양자 등 사이의 분쟁을 조정하기 위한 분쟁조정위원회 설치 근거를 마련하였다.[15]

이 중 관리위원회에 관한 규정은 관리인의 자의적 사무집행을 예방하고, 이에

14) 김영두, “집합건물법 선진화를 위한 바람직한 개정방향”, 「법조」 제60권 제1호, 법조협회, 2011, 62－63면.

15) 강혁신, “집합건물의 소유 및 관리에 관한 법률 개정, －임차인에 대한 결의권 부여 및 관리단 분리(또는 별도의 관리단 창설)에 관한 개정위원회 논의를 중심으로－”, 「민사법학」 제55호, 한국민사법학회, 2011. 9., 392면.

대한 실질적 감시와 통제를 가능하게 함으로써 관리단의 운영에 있어 투명성과 합리성을 제고하기 위한 기구로서 기능한다. 그러나 관리위원회 설치 규정이 가지는 가장 핵심적인 의의는, 「집합건물법」과 「주택법」 간의 제도상 충돌을 해소하고 두 법률 간의 관계를 정돈하고자 한 입법적 기획에 있다.

기존에는 「집합건물법」상 관리단과 「주택법」상 입주자대표회의가 병존하면서 양자의 법적 지위가 명확하지 않고, 기능적으로도 상호 중복되거나 구분이 불명확하여, 관리에 대한 권한분배 및 책임귀속이 불투명한 구조적 문제가 지적되어 왔다. 이에 대하여 2013년 개정 「집합건물법」은 「민법」의 특별법으로서 집합건물 전반을 포섭하고자 하는 입법 취지를 분명히 하였고, 「주택법」상 입주자대표회의와 구분소유형 상업용건물 또는 복합용도 건물까지 포함하는 「집합건물법」의 포괄적 체계를 반영하여 관리위원회를 신설하였다.

따라서, 「집합건물법」상 관리위원회는 「주택법」상 입주자대표회의와 기능적으로 병행되거나 이를 흡수·조정할 수 있는 단일한 관리기관으로 설계된 것이며, 그에 따른 법적 통일성과 체계성 확보를 도모하고자 하는 입법적 의도를 담고 있다고 평가할 수 있다.

Ⅴ. 결 론

집합건물의 관리에 있어 「집합건물법」과 「주택법」은 각기 다른 조직 형태를 규정하고 있는데, 「집합건물법」은 '관리위원회'를, 「주택법」은 '입주자대표회의'를 중심적인 관리 의사결정기구로 두고 있다는 점에서 양 제도 간의 구조적 차이가 존재한다.

2013년 개정 「집합건물법」에서의 관리위원회 규정 신설은 단지 공동주택에 한정되지 않고, 상업용·혼합용도 건물을 포함한 집합건물 전반에 걸친 관리제도의 정비와 통일적 체계 구축을 의도한 것으로 평가할 수 있다. 이 규정의 도입은 공동주택에서의 관리운영의 원활화 및 절차의 용이화는 물론, 관리주체로 하여금 보다 적극적으로 관리업무에 참여하도록 유도하는 효과를 기대할 수 있으며, 이는 집합건물 관리 전반에 관한 체계적 정돈의 일환이라 할 것이다.

특히 「주택법」상 입주자대표회의와 「집합건물법」상 관리단이 법률상 병존하는 구조 아래에서, 양 제도 간의 권한과 운영 방식이 명확히 구분되지 않아 법적 지위의 혼재 및 운영상의 충돌이 지속적으로 제기되어 왔다. 이에 대하여 입법자는 「집합건물법」에 관리위원회를 신설함으로써, 입주자대표회의의 기능을 포섭하거나 대체할 수 있는 관리단의 내부 기관을 제도적으로 마련하였고, 이로써 공동주택에 있어서도 관리단의 실질적 기능이 가능하도록 법적 토대를 구축하였다.

각각의 기능에 대해서 보면 「집합건물법」상 관리위원회는 관리인의 사무를 심의·의결하고 이를 감시·감독하는 내부 통제기구로 기능한다. 이는 관리단 내부에서 자율적 운영의 투명성과 책임성을 제고하기 위한 조직으로서, 관리단의 기관으로 구성된다. 반면, 「주택법」상 입주자대표회의는 각 동별 세대수에 비례하여 선출된 동별 대표자로 구성되며, 법인 아닌 사단으로서 공동주택 전체의 입주자를 대표하는 독립된 의사결정기구로 기능한다. 이들은 관리규약의 제정·개정, 예산 및 결산의 승인, 장기수선계획의 수립, 리모델링의 제안 등 공동주택 관리의 전반적인 사안에 대하여 의사결정 권한을 가진다.

법적 성격에 있어서도 양자는 뚜렷한 차이를 보인다. 관리위원회는 관리단의 내부기관으로서 그 권한과 지위가 관리단 및 관리규약에 의하여 제한되는 반면, 입주자대표회의는 법령에 근거하여 설치되는 법인 아닌 사단의 성격을 가지므로, 보다 독립된 자율적 운영이 가능하다. 또한 구성 방식에서도, 관리위원회는 관리단 구성원 중 일부 위원을 선출하는 방식으로 조직되며, 운영 또한 관리규약의 범위 내에서 이루어진다. 이에 비하여 입주자대표회의는 법령에 의해 동별 대표자를 통해 직접 구성되고, 그 권한은 「주택법 시행령」 제51조에 구체적으로 명시되어 있어 실질적인 관리기구로서 작동한다.

이러한 양 기관의 기능과 지위의 차이는 입법 목적에서도 나타난다. 관리위원회는 「주택법」상 입주자대표회의와 병행적으로 존재하는 구조 속에서 법적 충돌이나 권한 중복의 문제를 해소하고, 「집합건물법」의 관리체계를 정비하기 위한 입법적 조치로서 도입되었다. 다시 말해, 「민법」의 특별법으로서 「집합건물법」을 공동주택, 상업용, 복합용도형 구분소유건물을 포괄하는 상위법적 체계로 정립하려는 취지에서 관리위원회 제도를 마련한 것이다. 이에 따라 입법자는 관리위원회를 입주자대표회의와 병존시키는 것이 아니라, 포섭하거나 정리하는 방향으로 그 법적 관계를 정돈하고자 하였다.

이는 곧 공동주택에서의 관리주체를 입주자대표회의가 아닌 관리단으로 일원화하고, 「집합건물법」을 「주택법」에 우선하는 상위법 내지 기본법으로서의 지위와 기능을 확보하고자 하는 입법적 의지를 반영한 것이라고 볼 수 있다. 결국 이러한 입법 방향은 법률 간 체계 정합성과 기능적 위계의 명확화를 통해, 관리제도의 법적 안정성과 일관성을 확보하려는 법무부 및 개정위원회의 기본 입장을 실현한 것이라 평가할 수 있다.

결국 「집합건물법」상 관리위원회는 관리단 내부의 통제기구로서 기능하며, 관리인의 자의적 사무집행을 방지하고 관리의 투명성을 제고하는 데 중점을 두고 있는 반면, 「주택법」상 입주자대표회의는 입주자의 권익 보호와 공동주택의 자율적 관리 실현을 위한 대표기구로서 보다 광범위한 실질적 권한을 행사하는 구조를 지닌다. 이러한 차이점은 양 법률 간의 체계 정합성 확보 및 공동주택 관리제도의 법적 안정성을 위해 반드시 고려되어야 할 요소라 할 것이다.

분양계약서 또는 집합건물법 제28조의 관리단규약 등에서 업종제한조항을 두는 경우, 임차인 등의 제3자 사이의 합의에 의해 제한업종 변경이 가능한지 여부

－대법원 2005. 11. 10. 선고 2003다45496 판결－

권 형 필*

Ⅰ. 서 설

최근 집합건물에서 흔히 발생하는 사건 중 하나가 독점 업종임을 전제로 한 다른 입점자에 대하여 영업방해 금지를 구하는 것이다. 즉, 특정 구분소유자가 특정 업종에 대하여 독점권을 부여받음으로써 해당 집합건물에서는 지정된 구분소유자(정확히 언급한다면 지정된 호실) 외에 다른 호실에서 독점권이 부여된 업종을 영위할 수 없고 영업을 하기 위해서는 해당 구분소유자의 동의를 받아야 한다. 그렇지 않고 임의로 영업을 개시한 경우 영업방해금지가처분 등을 당하게 되고, 결국 가처분 결정 즉시 해당 업종의 영업을 중단하는 사태까지 발생하게 된다.

한편 집합건물법 제23조에서는 구분소유자로 이루어진 관리단이 당연설립되지만 그 외 임의로 상가의 경우 입점주들로 이루어진 상가번영회라는 조직이 존재하는바 상가번영회를 집합건물법상의 관리단으로 본 사례는 있으나 그러한 사례에서 상가번영회는 입점자로 이루어진 것이 아니라 구분소유자로 이루어진 단체로서 사실상 집합건물법상 관리단에 해당하고 입점자로 이루어진 상가번영회는 구분소유자로 이루어진 집합건물법상의 관리단과 근본적으로 다르다.

여기서 문제는 분양계약서에 의하여 정해진 업종제한, 즉 수분양자인 구분소유자의 권리에 해당하는, 다시 말해 소유권에 부수한 권리인 독점업종에 대하여 입

* 법무법인 로고스 파트너 변호사

점자(임차인)도 포함된 상가번영회가 그 결의에 의해 독점업종에 관한 사항을 변경할 수 있는지 여부이다.

대상판결은 업종제한 등에 대한 전반적인 쟁점을 다루었으나 본 평석에서는 입점자로 이루어진 상가번영회가 분양계약서상 지정된 지정업종을 변경할 권한이 있는지 여부에 대해서 살펴보겠다.

Ⅱ. 사건의 개요 및 소송 경과

1. 사실관계

가. 소외 1은 1992. 1. 15. 소외 대림산업 주식회사(이하 '대림산업'이라 한다)로부터 이 사건 상가 중 지하 1층 101호를 대금 1억 9,500만원, 용도 미장원업으로 분양받은 후 소외 2에게 매도하였고, 소외 2는 2000. 5. 27. 피고 3에게 매도하였으며, 피고 3은 2000. 6. 15. 원고 2에게 매도하였는데, 소유권이전등기는 피고 3을 생략한 채 위 소외 2로부터 원고 2에게 직접 경료되었다. 한편, 원고 3은 2000. 7. 26.경 원고 2로부터 위 B101호를 임차하여, 그 무렵부터 그곳에서 미장원 영업을 하고 있다.

나. **소외 3은 1992. 11. 13. 대림산업으로부터 이 사건 상가 중 202호를 부동산중개업으로 용도지정하여 분양받았고, 원고 1은 2000. 7. 22. 위 소외 3으로부터 위 202호를 2억 6,500만원에 매수하여 소유권이전등기를 마친 2000. 12. 30.부터 그곳에서 부동산중개 영업**을 하고 있다.

다. 피고 1은 1999. 3. 22. 대림산업으로부터 이 사건 상가 중 214호를 대금 4억원에 분양받으면서 대림산업과 사이에, 목적물 표시의 용도란에는 생활편익시설로 기재되어 있으나, 계약조항 제7조(상가의 용도)에서는 **각 상가는 분양계획(또는 분양광고)에 정해진 용도로 개점하기로 하고 다른 용도로 변경하고자 하는 경우에는 대림산업과 사전협의 또는 상가자치관리규정 등에 따르기로 하는 취지의 약정을 두고 있는 계약서를 작성**하였고, 이와는 별도로 대림산업과 사이에 위 214호의 업종 개설에 따른 사항을 상가의 관리를 위하여 구성될 단체와 협의하도록 약정하였는데, 당초의 분양광고에는 위 214호의 업종이 패스트푸드점으로 되어 있었다.

피고 2는 원래 소외 3으로부터 위 202호를 임차하여 그곳에서 부동산중개 영업을 하다가 1999. 8. 10.경 피고 1로부터 214호 중 일부를 임차하여 그곳으로 자리를 옮겨 계속하여 부동산중개 영업을 하고 있으며, 원심 공동피고였던 ○○○도 214호 중 일부를 임차하여 그곳에서 '제이제이헤어샵'이란 상호로 미장원 영업을 하고 있다.

라. 대림산업은 이 사건 상가의 각 점포를 분양할 때 수분양자들과 사이에 "수분양자는 분양 당시 지정된 영업을 원칙으로 하되 경합이 없는 범위에서 대림산업이 승인한 업종에 한하여 개점할 수 있고, 이 사건 상가 점포수의 2/3가 입점하기 전까지는 대림산업이 지정하는 관리인이 상가를 관리하되 상가관리 위원회가 구성되면 수분양자는 그 회원으로 가입할 권리와 의무가 있으며, 업종을 변경할 때에는 차후 상가관리위원회의 승인을 받아야 한다."는 내용의 **업종변경을 제한하는 약정이 포함된 분양계약을 체결하였는데, 지정된 업종의 특성에 따라 각 점포의 분양대금에도 차등**을 두었다.

2. 쟁점의 정리

집합건물법상 구분소유자 및 임차인을 모두 포함한 입점자로 이루어진 상가번영회에서 분양계약서상 인정된 지정업종을 변경할 수 있는지 여부, 즉 분양계약서상 지정된 업종을 변경할 권리가 있는지 여부로서 지정업종 또는 독점업종의 의미 및 근거, 상가번영회와 집합건물법상의 관리단과의 관계가 쟁점이 된다.

3. 원심 및 대법원 판결

(1) 원심판단

피고들이 이 사건 상가에 구성되어 있는 대림쇼핑타운번영회(이하 '이 사건 번영회'라 한다)의 정관 및 관리규약상 분양 당시 지정된 제한업종의 변경에 대하여 동의를 얻어야 할 이해관계인은 점포를 실제 운영하는 입점자만을 의미할 뿐 그 소유자를 포함하는 것은 아니라는 전제하에 위 214호에서 부동산중개 영업 및 미장원 영업을 하기 위하여 이 사건 번영회의 정관 및 관리규약 등에서 규정한 이해관계인들의 동의와 위 번영회 운영위원회의 승인을 얻었다고 주장함에 대하여, 대림산업이 업종을 지정하여 상가를 분양하고, 분양가에 차등을 둔 점, 업종의 변경에 관하여는 분양받은 소유자들에게도 큰 이해관계가 있는 점 등으로 미루어, 번영회 정관 및 관리규약상의 업종변경에 대하여 동의를 받아야 할 이해관계자에는 그 점포의 소유자도 포함된다는 전제하에, 피고 1이 214호 중 일부에서의 부동산중개 영업과 관련하여, 103호의 임차인으로서 부동산중개 영업을 하고 있는 소외 6, 202호를 위 소외 3으로부터 임차하여 부동산중개 영업을 하고 있는 피고 2, B101호를 임차하여 미장원 영업을 하고 있는 소외 7, 226호를 임차하여 미장원 영업을 하고 있는 피고 3의 동의를 받고, 나아가 214호에서의 위 부동산중개 영업과 관련하여 2000. 8. 31., 미장원 영업과 관련하여 2000. 9. 22. 각 이 사건 번영회 운영위원회의 승인을 얻은 사실 등을 인정할 수 있으나, 나아가 피고들이 214호를 매수하고 그곳에서 부동산중개 영업 및 미장원 영업을 할 당시 부동산중개 영업 및 미장원 영업의 이해관계인으로서, 위 B101호와 202호의 소유자나 위에서 동의한 임차인 외의 다른 임차인들의 동의를 얻었다는 사실을 인정할 아무런 증거가 없다고 판단하고, 또 위 번영회가 2001. 7. 5. 이 사건 상가 입점자 117명 중 71명이 참석한 이 사건 임시총회를 개최하고, 업종제한을 규정한 관리규칙 제13조를 “입점자는 입점한 점포에서 번영회에 신고한 업종 및 상품에 한하여 상행위를 할 수 있고, 동일 업종 입점 또는 변경하고자 하는 자는 이해당사자 전원의 동의와 번영회의 승인을 득하여 입점할 수 있다.”로 개정하고, 그 부칙으로 “2001. 7. 5. 이전 입점한 모든 업종을 인정한다.”고 규정하면서 이에 반하는 정관, 관리규약, 관리규칙의 관련 조항의 효력을 정지한다는 안건에 대하여 41명의 찬성으로 의결한 사실을 인정할 수 있으나, 한편 위 번영회의 관리규약 제8조에는 “관리규약의 제정 또는 개정은 회원 과반수의 찬성으로 의결한다.”고 규정하고 있으며, 제41조에는 “관리규약의 시행에 필요한 세부사항(관리규칙 등)도 회원 과반수의 찬성으로 정할 수 있다.”고 규정하고 있는 사실을 인정할 수 있는바, **위 번영회의 관리규약 또는 관리규칙의 제정 또는 개정은 그 구성회원의 이해관계에 매우 큰 영향을 미칠 수 있는 점 등에 비추어, 위 ‘회원 과반수’의 의미는 보다 엄격하게 재적회원의 과반수로 해석함이 상당하고, 앞서 본 바와 같이 위 임시총회에서 관리규칙 개정안에 대하여 재적인원 117명의 과반수인 59명에 미달되는 41명만 찬성하였으므로 위 의결은 무효**라 할 것이어서 위 관리규칙 개정안이 통과되었음을 전제로 한 위 피고들의 위 항변은 과연 그와 같은 규칙의 개정안이 통과된다 하더라도 그로써 영업금지를 구할 수 있는 분양자의 권리를 제한할 수 있을 것인지에 관하여 나아가 판단할 필요 없이 이유 없다.

(2) 대법원 판결

분양계약서 또는 「집합건물의 소유 및 관리에 관한 법률」(이하 '집합건물법'이라 한다) 제28조의 관리단규약 등에서 업종제한조항을 두는 경우에 어떠한 범위의 업종변경을 제한할 것인가, 업종변경을 절대적으로 금지할 것인가 아니면 일정한 범위에서 변경을 허용할 것인가는 사적 자치의 원칙에 따라 당사자가 자유로이 정할 수 있는 것이고, 업종변경의 허부, 범위 및 절차 등은 분양계약서 또는 관리단규약 등의 합리적 해석을 통하여 판단하여야 할 것이나 이 경우에도 분양회사가 수분양자에게 특정 영업을 정하여 분양하거나 구분소유자들 사이에서 각 구분소유의 대상인 점포에서 영위할 영업의 종류를 정하는 것은 기본적으로 수분양자 또는 구분소유자에게 그 업종을 독점적으로 운영하도록 보장하는 의미가 내포되어 있다고 할 것이므로, 이 경우 소유권을 분양받은 수분양자들이나 구분소유자들의 독점적 지위는 수분양자들이나 구분소유자들 스스로의 합의가 아닌 임차인 등의 제3자 사이의 합의에 기하여 변경될 수는 없다.

또, 집합건물법 제23조 제1항의 관리단은 어떠한 조직행위를 거쳐야 비로소 성립되는 단체가 아니라 구분소유관계가 성립하는 건물이 있는 경우 당연히 그 구분소유자 전원을 구성원으로 하여 성립되는 단체라 할 것이므로, 집합건물의 분양이 개시되고 입주가 이루어져서 공동관리의 필요가 생긴 때에는 그 당시의 미분양된 전유부분의 구분소유자를 포함한 구분소유자 전원을 구성원으로 하는 관리단이 설립된다.[1)]

그런데 원심이 적법하게 인정한 사실과 기록에 의하면, **대림산업은 이 사건 상가의 각 점포를 분양할 때 수분양자들과 사이에 "수분양자는 분양 당시 지정된 영업을 원칙으로 하되 경합이 없는 범위에서 대림산업이 승인한 업종에 한하여 개점할 수 있고, 이 사건 상가 점포수의 2/3가 입점하기 전까지는 대림산업이 지정하는 관리인이 상가를 관리하되 상가관리위원회가 구성되면 수분양자는 그 회원으로 가입할 권리와 의무가 있으며, 업종을 변경할 때에는 차후 상가관리위원회가 구성된 이후에는 상가관리위원회의 승인을 받아야 한다."는 내용의 업종변경을 제한하는 약정이 포함된 분양계약을 체결**하였음을 알 수 있다.

1) 대법원 2002. 12. 27. 선고 2002다45284 판결 참조.

앞에서 본 법리와 위 인정 사실을 종합하며 보면, 이 사건 상가의 경우 당초의 분양계약상 업종변경에 대하여는 분양자인 대림산업의 동의를 얻어야 하지만, 이 사건 상가의 2/3가 분양된 후에는 상가관리위원회의 승인을 받아야 하는데, 상가관리위원회는 수분양자 전원으로 구성된다는 것이고, 그 밖에 수분양자 이외의 자가 상가관리위원회의 회원이 된다고 볼 아무런 근거가 없으며, 한편 **이 사건 상가의 경우 소유권만을 분양하였으므로 여기서 수분양자는 명백히 소유권을 분양받은 자, 즉 구분소유자를 의미한다고 할 것이니, 결국 위 상가관리위원회는 그 명칭에 상관없이 바로 집합건물법상의 구분소유자단체인 관리단을 의미하는 것이라고 보아야 할 것이고, 따라서 이 사건 상가의 경우 분양계약상 정해진 업종을 변경하는 데 대한 승인권은 집합건물법상의 관리단이 갖는다**고 할 것이다.

그런데 이 사건 상가번영회가 과연 집합건물법상의 관리단에 해당하는가에 관하여 보건대, 이 사건 번영회의 정관 제3조는 "본 회칙은 대림쇼핑타운 입점자 상호간의 권익 및 친목을 도모하고 건물의 시설관리와 상가의 원활한 발전을 위하여 그에 적용할 기본원칙을 정하여 …", 제5조는 "본 회의 회원은 대림쇼핑타운 상가 내에 직접 사업하는 입점자를 회원으로 하는 것을 원칙으로 한다.", 번영회 관리규약 제3조는 "이 규약은 주택건설촉진법 제38조 및 관리령 제9조의 규정에 따라 시설물 관리 및 사용함에 있어서 필요한 사용을 규정함으로써 입점자의 공동이익을 증진하고 친목을 도모하여 상가 번영을 추구하는 데 그 목적을 둔다.", 제5조 제1호는 "회원의 자격은 본 상가의 전유부분 사용권을 취득한 때 발생하고 상실한 때 소멸한다.", 제7조 제1호는 "하나의 전유부분에는 하나의 의결권을 갖는다.", 관리규칙 제1조는 "본 규정은 대림쇼핑타운 기본시설 및 부대시설을 보호하고 입점자 및 그 종사원으로 하여금 지켜야 할 사항을 정하여 체제와 통일성 있는 운영 및 보다 나은 상거래질서형성과 상가번영을 위하여 종합적 규제를 정함을 목적으로 한다.", 부칙 제1조는 "본 관리규정은 입점자에게 통지함으로써 그 효력이 발생한다."고 각 규정하고 있으며, 또한 실제로 이 사건 번영회의 회원은 모두 소유자이든 임차인이든 관계없이 상가 점포에서 실제 영업을 하고 있는 입점주들로 구성되어 있다.

그렇다면 **이 사건 번영회는 집합건물법상의 관리단이라 할 수 없고, 달리 피고 1이 분양받은 214호 점포에서 부동산중개 영업이나 미장원 영업을 영위할 수 있도록 구분소유자들로 구성된 관리단에 해당하는 단체의 동의나 기존의 경쟁업종을**

영업할 수 있는 점포소유자의 동의를 얻지 못했음은 피고들의 주장 자체로 명백하거나 기록상 명백하므로 피고 1이 당초 분양계약상 정해진 제한업종에 더하여 적법한 변경절차를 거쳤다고 볼 수 없다.

(3) 원심 및 대법원 판결의 차이점

원심과 대법원 판결은 결론에 있어서는 차이가 없으나 **원심은 관리규약 자체가 성립되지 않았다는 전제하에 원고 청구 기각을, 대법원은 관리규약이 문제가 아니라 단체 자체가 구분소유자로 이루어진 집합건물법상의 관리단이 아니라 입점자로 이루어진 비법인사단에 불과한 상가번영회로서 상가번영회는 구분소유권으로부터 유래한 독점업종권에 대한 변경권한이 없다는 이유로 원고 청구를 각 기각**하였는바 결론에 있어서 차이가 없다고 하더라도 반드시 원심과 대법원 판결은 구별하여야 한다.

Ⅲ. 업종제한의 의미

1. 업종제한의 의미

업종제한은 어느 범위의 업종변경을 제한할 것인지 여부, 업종변경을 절대적으로 금지할 것인지 또는 일정한 범위에서 변경을 허용할 것인지 등을 결정하는 것으로, 통상 분양계약서 또는 관리규약의 업종제한규정을 설정하는 것을 통해 이루어진다.

업종제한은 **사적 자치의 원칙에 따라 당사자가 자유로이 정할 수 있는 것이고, 업종변경의 허부, 범위 및 절차 등은 분양계약서 또는 관리단규약 등의 합리적 해석을 통하여 판단하여야 할 것이나 이 경우에도 분양회사가 수분양자에게 특정 영업을 정하여 분양하거나 구분소유자들 사이에서 각 구분소유의 대상인 점포에서 영위할 영업의 종류를 정하는 것은 기본적으로 수분양자 또는 구분소유자에게 그 업종을 독점적으로 운영하도록 보장하는 의미가 내포**되어 있다.[2)]

그리고 업종제한으로 집합건물 구성원들에게 효력을 미칠 수 있는 근거는 분양계약서와 해당 건물의 관리규약뿐이고, 그 외 당사자 사이의 계약은 사실상 채권적 계약에 불과하기 때문에 제3자, 즉 다른 구분소유자들이나 점유자에 대해서는

2) 대법원 2005. 11. 10. 선고 2003다45496 판결.

효력이 없다. 이하 분양계약에 의한 업종제한과 관리규약에 의한 업종 제한에 대해서 살펴보겠다.

2. 분양계약에 기한 업종제한

(1) 관련사례

독점업종을 지정받을 수 있는 방법 중 하나는 분양계약 당시 업종을 지정받는 방법인데 분양계약서에 가능한 이유는 수분양자들 자신이 분양계약 체결시 분양계약서 자체에 지정된 업종을 용인하면서 분양 계약을 체결하기 때문이다. 이는 소유권에 부가된 종물과 같은 권리로서 지정업종의 양수인이나 아니면 다른 호실의 양수인 역시 그와 같은 지정에 대하여 용인할 의무가 존재한다.

즉 이와 관련하여 대법원 2007다8044 판결에서는 건축주가 상가를 건축하여 점포별로 업종을 정하여 분양한 후에 점포에 관한 수분양자의 지위를 양수한 자 또는 그 점포를 임차한 자는 특별한 사정이 없는 한 상가의 점포 입점자들에 대한 관계에서 상호 묵시적으로 분양계약에서 약정한 업종제한 등의 의무를 수인하기로 동의하였다고 봄이 상당하므로, 상호간의 업종제한에 관한 약정을 준수할 의무가 있고, 따라서 점포 수분양자의 지위를 양수한 자 등이 분양계약 등에 정하여진 업종제한약정을 위반할 경우, 이로 인하여 영업상의 이익을 침해당할 처지에 있는 자는 침해배제를 위하여 동종업종의 영업금지를 청구할 권리가 있다고[3] 판시하면서, 이때 전체 점포 중 일부 점포에 대해서만 업종이 지정된 경우라고 하더라도, 특별한 사정이 없는 한 적어도 업종이 지정된 점포의 수분양자나 그 지위를 양수한 자들 사이에서는 여전히 같은 법리가 적용된다고 보아야 한다고 판시하고 있다.[4]

(2) 쟁점 정리

분양계약에 기한 업종제한에서 주요 쟁점은 분양계약 시 체결된 업종제한 약정의 효력이 계약 당사자(분양회사와 최초 수분양자)가 아닌 다른 구분소유자, 즉 점포의 지위를 양수한 자(특정승계인)나 임차인에게도 미칠 수 있는지 여부이다. 이는 상가 점포의 자유로운 영업 활동과 기존 업종을 보호하려는 당사자 간의 이해

---

3) 대법원 2012. 11. 29. 선고 2011다79258 판결 등 참조.
4) 대법원 2010. 5. 27. 선고 2007다8044 판결 등 참조.

관계를 조절하는 중요한 문제이기도 하다.

정리하면, 건축주가 상가를 건축하여 점포별로 업종을 정하여 분양한 경우, 해당 점포의 수분양자 지위를 양수한 자 또는 그 점포를 임차한 자는 특별한 사정이 없는 한 상가의 점포 입점자들에 대한 관계에서 상호 묵시적으로 분양계약에서 약정한 업종제한 등의 의무를 수인하기로 동의하였다고 보아 상호간의 업종제한에 관한 약정을 준수할 의무가 있다. 따라서 이를 위반할 경우 영업상 이익을 침해당하는 자는 영업금지를 청구할 수 있다.

그러나, 이러한 업종제한 약정은 별다른 공시 방법이 없으므로, 그 효력이 계약 당사자 외의 제3자에게 미치기 위해서는 분양계약서상 명확한 기재, 약정 제한 존재에 대한 인지 가능성, 약정의 일관된 준수 여부 등 특정한 요건이 충족되어야 한다.

3. 관리규약[5)]에 기한 업종제한

(1) 관리규약에 기한 업종제한의 의미

분양계약서 외에 집합건물 구분소유자 전부에게 업종지정의 효력을 미칠 수 있는 방법으로는 관리규약에 의한 업종지정이 있다. 관리규약은 해당 집합건물에서는 “법”에 준하는 영향력을 가지고 있는바, 이는 관리규약 제 · 개정 당시의 구분소유자뿐만 아니라 그로부터 소유권을 이전받은 자 그리고 해당 건물의 임차인 등에게까지도 그 효력을 미칠 수 있고, 적법하게 제 · 개정된 관리규약이라면 해당 관리규약상의 업종 지정 규정을 준수하여야 한다.

(2) 관련사례

원칙: 관리규약에 지정 업종 규정이 있는 경우, 이 사건 상가 D호 수분양자의 특별승계인인 피고가 이 사건 관리규약의 내용을 알지 못하였다고 하더라도 피고에게도 규약의 효력이 미친다고 보아 원고의 피고에 대한 영업금지 청구를 인용한 사례(대전고등법원 (청주) 2022. 9. 14. 선고 2021나51618 판결)

[관련 법리] 가) 분양계약서에서 업종 제한 조항을 두는 경우에 어떠한 범위의

---

5) 집합건물법상 관리단에 해당하는 관리규약으로서 대상판결과 같이 입점자로 이루어진 상가번영회의 관리규약은 아니다.

업종변경을 제한할 것인가, 업종변경을 절대적으로 금지할 것인가 아니면 일정한 범위에서 변경을 허용할 것인가는 사적 자치의 원칙에 따라 당사자가 자유로이 정할 수 있는 것이고, 업종변경의 허부, 범위 및 절차 등은 분양계약서의 합리적 해석을 통하여 판단하여야 한다.[6]

나) 건축회사가 상가를 건축하여 점포별로 업종을 정하여 분양한 경우 점포의 수분양자나 그의 지위를 양수한 자 또는 그 점포를 임차한 자는 특별한 사정이 없는 한 상가의 점포 입점자들에 대한 관계에서 상호 묵시적으로 분양계약에서 약정한 업종제한 등의 의무를 수인하기로 동의하였다고 봄이 상당하므로, 상호간의 업종제한에 관한 약정을 준수할 의무가 있다고 보아야 하고, 따라서 점포 수분양자의 지위를 양수한 자, 임차인 등이 분양계약 등에 정하여진 업종제한 약정을 위반할 경우 이로 인하여 영업상의 이익을 침해당할 처지에 있는 자는 침해배제를 위하여 동종 업종의 영업금지를 청구할 권리가 있다. 그리고 이때 전체 점포 중 일부 점포에 대해서만 업종이 지정된 경우라고 하더라도, 특별한 사정이 없는 한 적어도 업종이 지정된 점포의 수분양자나 그 지위를 양수한 자들 사이에서는 여전히 같은 법리가 적용된다고 보아야 한다.[7]

한계 - 관리규약을 통해 업종 제한이 가능하다고 보면서도, 분양계약서에서 허용한 업종을 제한할 수는 없고 만약 이와 다르게 업종을 변경하기 위해서는 집합건물법 제29조 제1항에 따라 독점 업종 소유권자에 대하여 특별한 승낙을 받아야 가능

[관련 법리] 건축주가 상가를 건축하여 점포별로 업종을 정하여 분양한 경우 점포의 수분양자나 그의 지위를 양수한 자 또는 그 점포를 임차한 자는 특별한 사정이 없는 한 상가의 점포 입점자들에 대한 관계에서 상호 묵시적으로 분양계약에서 약정한 업종 제한 등의 의무를 수인하기로 동의하였다고 봄이 상당하므로, 상호간의 업종 제한에 관한 약정을 준수할 의무가 있다고 보아야 하고, 따라서 점포 수분양자의 지위를 양수한 자, 임차인 등이 분양계약 등에 정하여진 업종 제한 약정을 위반할 경우 이로 인하여 영업상의 이익을 침해당할 처지에 있는 자는 침해배제를 위하여 동종업종의 영업금지를 청구할 권리가 있다.

한편 집합건물법의 규율대상인 집합건물인 경우 분양이 개시되고 입주가 이루

6) 대법원 2005. 11. 10. 선고 2003다45496 판결 등 참조.
7) 대법원 2010. 5. 27. 선고 2007다8044 판결; 대법원 2009. 12. 24. 선고 2009다61179 판결 등 참조.

어짐으로써 공동관리의 필요가 생긴 때에는 그 당시의 미분양된 전유부븐의 구분소유자를 포함한 구분소유자 전원을 구성원으로 하는 집합건물법 제23조 소정의 관리단이 당연히 설립되고, 관리단의 설립 이후에는 집합건물법 제28조의 관리단 규약을 통하여 위와 같은 업종 제한을 새로 설정하거나 변경할 수도 있는데, 이러한 업종 제한에는 기본적으로 수분양자 또는 구분소유자에게 해당 업증에 관한 독점적 운영권을 보장하는 의미가 내포되어 있으므로 이를 사후에 변경하기 위해서는 임차인 등의 제3자가 아닌 수분양자들이나 구분소유자들 스스로의 합의가 필요하다.[8]

(3) 쟁점의 정리

관리규약에 기한 주요 쟁점은 상가 등 집합건물에서 관리규약상 업종 제한 약정의 효력과 해석 범위이다. 특히 ① **관리규약상 업종 제한이 되어 있는 경우 업종 변경의 허용 여부**, ② **특정 승계인에 대한 규약의 효력 승계**, **그리고** ③ **분양계약서와 관리규약 간의 관계가 핵심 쟁점**이다.

각 쟁점에 관하여 법원은, ① 쟁점에 관하여 '권장업종'이 지정되어 있다 하더라도, 권장업종의 변경 없이 다른 용도로 사용하는 것이 전면 금지된다고 보기 어렵다고 판단하였고, ② 쟁점에 관하여 관리규약은 집합건물법 제42조 제1항에 근거하여 구분소유자의 특정승계인에게도 효력이 있어, 특정승계인이 규약의 내용을 알지 못했다 하더라도 업종제한규정의 효력이 인정되었다. 그리고 ③ 쟁점에 관하여 관리규약상 업종 제한 규정이 명시적으로 분양계약서상 허용된 업종을 제한하는 취지로 해석되지 않는 경우 관리규약에 제한된 업종이라고 해도 분양계약서상 허용된 업종인 경우는 관리규약상 업종 제한 규정을 위반하지 않은 것으로 판단하였다.

4. 소 결

분양계약서에 의한 제한이든, 관리규약에 의한 제한이든 업종제한은 기본적으로 수분양자 또는 구분소유자에게 그 업종을 독점적으로 운영하도록 보장하는 의미가 내포되어 있다.

분양계약서에 의한 제한의 경우에는 분양회사와의 최초 약정의 효력이, 다른

8) 대법원 2012. 11. 29. 선고 2011다79258 판결 등 참조.

구분소유자, 임차인 등에게도 미칠 수 있는지가 주요 쟁점이 되고, 관리규약에 의한 제한의 경우에는 업종 변경 허용 여부 및 그 절차, 분양계약서와의 관계 등이 주요 쟁점이 된다.

Ⅳ. 상가번영회와 집합건물법상의 관리단의 구분

1. 집합건물법상 관리단의 의미

1동의 건물 중 구조상 구분된 여러 개의 부분이 독립한 건물로서 사용될 수 있는 건물을 집합건물(동법 제1조)이라고 하고, 이와 같은 집합건물에 대하여 구분소유 관계가 성립되면 구분소유자 전원을 구성원으로 하여 건물과 그 대지 및 부속시설의 관리에 관한 사업의 시행을 목적으로 하는 관리단이 당연설립된다(동법 제23조). 즉 인적 구성은 당연히 구분소유권을 가진 구분소유자로 이루어지고 구분소유가 관계가 성립된 경우 규약 등이 없더라도 동법 제23조에 의하여 당연히 관리단이 성립되고 집합건물법의 적용을 받게 된다.

2. 상가번영회의 외관을 갖춘 관리단의 성질

통상적으로 상가번영회라고 함은 상가 입점주들의 단체를 의미하며 이는 구분소유자로만 구성된 것이 아니고, 입점자, 즉 구분소유자뿐만 아니라 실제 영업을 하는 점유자까지도 그 구성원에 포함된 경우를 의미한다. 물론 이렇게 일률적으로 말할 수 없는 이유는 상가번영회가 집합건물법상 사실상 관리단이라고 판단한 판결들도 종종 보이기 때문이다. 결국, 명칭은 상가번영회라고 하더라도 그 구성원이 누구인지 여부 즉 입점자로 구성되어 있는지 또는 구분소유자로 구성되어 있는지 여부를 종합적으로 검토하여 집합건물법상 관리단인지 여부를 판단하며 이는 해당 상가번영회의 규약이나 정관을 보고 확인할 수 있다.

서울고등법원 2017. 7. 14. 선고 2016나2037110 판결[시설물철거등소]

그러나 아래와 같은 사정에 비추어 볼 때, **위 인정사실만으로는 위 번영회가 이 사건 상가 관리단의 성격을 겸유하고 있다거나,** 위 번영회 규정을 통해

이 사건 목욕탕에 각 점포별 회비보다 많은 위 2,080,000원의 회비를 부과한 것이 피고들에게 이 사건 계쟁부분에 대한 배타적인 점유사용권이 있음을 전제한 것이라고 단정할 수 없다.

① 관리단은 어떠한 조직행위를 거쳐야 비로소 성립되는 단체가 아니라 구분소유관계가 성립하는 건물이 있는 경우 당연히 그 구분소유자 전원을 구성원으로 하여 성립되는 단체이다. 이와 달리 **위 번영회 규정 제8조 제1항에 의하면, 위 번영회의 회원자격은 위 번영회에 가입하고 회비를 납부한 점포 중 사실상의 영업주, 구분소유자 및 임차인**에게 있다.

② 위 번영회 규정에는 위 2,080,000원의 산정 근거가 나타나 있지 않다. 위 금액은 이 사건 목욕탕을 이용하는 다수의 고객들이 이 사건 상가의 지하 주차장을 이용함에 따른 관리 비용의 적정한 분담이나 다른 점포들과의 형평을 고려하여 책정된 것으로 볼 여지가 있다.

상가 번영회를 집합건물법상 관리단의 성질을 겸하고 있다고 인정한 사례 (대법원 1996. 8. 23. 선고 94다27199 판결 [영업금지가처분])

판결요지

[1] 집합건물의소유및관리에관한법률 제23조 제1항 소정의 관리단은 어떠한 조직행위를 거쳐야 비로소 성립되는 단체가 아니라 구분소유관계가 성립하는 건물이 있는 경우 당연히 그 구분소유자 전원을 구성원으로 하여 성립되는 단체라 할 것이고, 구분소유자로 구성되어 있는 단체로서 같은 법 **제23조 제1항의 취지에 부합하는 것이면 그 존립형식이나 명칭에 불구하고 관리단으로서의 역할을 수행할 수 있으며, 구분소유자와 구분소유자가 아닌 자로 구성된 단체라 하더라도 구분소유자만으로 구성된 관리단의 성격을 겸유할 수도 있다.**

[2] 상가번영회가 비록 그 구성원에 구분소유자 아닌 **세입자가 포함되어 있다 하더라도 경우에 따라서는 구분소유자만으로 구성되는 관리단으로서의 성격을 겸유할 수도 있고, 상가번영회의 상가관리규약을 제정함에 있어서도 점포당 1명씩만이 결의에 참여하였다면 세입자가 구분소유자를 대리하여 의결권**

을 행사하였거나 서면에 의한 결의를 하였다고 볼 여지가 있으며 그러한 경우 그 상가관리규약은 관리단 규약으로서의 효력을 갖게 된다는 이유로, 일부 구분소유자와 세입자로 구성된 상가번영회와 그 상가관리규약이 집합건물의소유및관리에관한법률 소정의 관리단 및 규약에 해당되지 않는다고 본 원심판결을 파기한 사례.

3. 업종제한과 소유권과의 관계

분양계약서에 부착된 독점업종 또는 지정업종은 사실상 해당 구분소유권의 종물에 해당하는 권리이다. 즉 이는 특정 구분소유자가 아니라 특정 구분소유권에 부착된 권리로서 소유권을 전제로 한 권리이기 때문에 점유자에 불과한 임차인들은 이에 대하여 협의할 아무런 권리가 존재하지 않는다.

결국 상가번영회의 성질이 중요한 이유는 이와 같이 업종제한 자체가 구분소유권에 부착된 권리이므로 상가번영회가 구분소유자로 이루어진 집합건물법상의 관리단인 경우와 단지 입점자로 이루어진 상가번영회는 큰 차이가 발생하기 때문이다.

Ⅴ. 입점자로 구성된 상가번영회가 분양계약서상의 업종제한 규정을 변경할 수 있는지 여부

집합건물법상 관리단의 성질을 겸하는 상가 번영회가 아니라, 단순히 입점자로 구성된 상가번영회가 과연 분양계약서상 수분양자 즉 구분소유자에게 인정된 독점적 권리를 변경할 수 있을까? 이는 앞에서 언급한 바와 같이 독점영업권은 소유권의 종물과 같은 성격을 가지고 있고 결국 구분소유자들의 명시적 동의로서만 그 변경이 가능하다. 즉, 집합건물법상 관리단은 관리규약의 변경을 통하여 독점영업권에 대한 변경[9]이 가능하지만 그렇지 않고 단순 입점자들의 단체에 불과한

9) 앞에서 언급한 바와 같이 분양계약서상 독점업종의 권리를 가진 구분소유자에게 승낙을 받아야만 업종제한을 변경하는 관리규약 변경이 가능하다. 즉 집합건물법 제29조 제1항 단서에서는 규약 변경으로 인하여 일부 구분소유자의 권리에 특별한 영향을 미칠 경우 해당 구분소유자의 승낙을 받아야 한다고 규정하고 있는바 독점 영업을 가진 구분소유자의 독점권을 변경하는 경우에는 독점

상가번영회는 이와 같은 구분소유권에 연계된 독점 영업권에 대하여서 변경을 할 수 있는 권한이 존재하지 않는다.

이와 같은 이유로 대법원 2005. 11. 10. 선고 2003다45496 판결에서 업종제한의 의미를 분양회사가 수분양자에게 특정 영업을 정하여 분양하거나 구분소유자들 사이에서 각 구분소유의 대상인 점포에서 영위할 영업의 종류를 정하는 것은 기본적으로 수분양자 또는 구분소유자에게 그 업종을 독점적으로 운영하도록 보장하는 것이라고 설시하면서, 이 경우 소유권을 분양받은 수분양자들이나 구분소유자들의 독점적 지위는 수분양자들이나 구분소유자들 스스로의 합의가 아닌 점유자인 임차인 등의 제3자 사이의 합의에 기하여 변경될 수는 없다고 판시하였던 것이다.

Ⅵ. 결 어

앞에서 언급한 바와 같이 독점영업권의 설정 또는 변경은 분양계약서와 관리규약을 통해서만 가능하지만 여기서 언급하는 관리규약은 집합건물법상의 관리단 즉 구분소유자들로 이루어진 관리단을 전제한 관리규약을 의미하는 것이고, 구분소유자뿐만 아니라 점유자까지 포함된 상가번영회로서는 해당 건물 관리규약에 이와 같은 변경을 할 수 있는 권한도 없으며, 가사 변경하더라도 해당 관리규약의 변경은 무효이기 때문에 이러한 무효인 관리규약을 근거로 해서는 자신에게 독점영업권이 존재한다는 전제하에 다른 입점자에게 영업금지 청구를 행사할 수 없게 된다.

업종권한을 가진 구분소유자는 특별한 영향을 가진 자에 해당하고 결국 그 자의 승낙을 받아야만 변경이 가능하다.

상가건물의 업종제한약정을 위반한 경우 영업금지청구와 동종영업에 대한 승낙의 법적 성질

– 대법원 2004. 9. 24. 선고 2004다20081 판결 –

최 민 수*

1. 점포별로 업종을 지정하여 분양한 상가 내 점포에 관한 수분양자의 지위를 양수한 자 등이 분양계약에서 정한 업종제한약정을 위반할 경우, 영업상의 이익을 침해당할 처지에 있는 자가 동종업종의 영업금지를 청구할 수 있는지 여부(적극)

2. 업종이 지정된 상가 내 점포를 분양받아 기존 업종을 영업하는 수분양자나 구분소유자가 다른 수분양자 등에게 한 동종영업에 대한 승낙의 법적 성질(=업종제한의무의 상대적 면제) 및 그 효력 범위

Ⅰ. 사실관계 및 소송경과

1. 사실관계

소외 1(신동화)은 1991. 12. 7. 대림산업 주식회사(이하 '대림산업'이라 한다)로부터 서울 동작구 아파트 상가동(대림쇼핑타운, 이하 '대림쇼핑타운'이라 한다) 중 업종이 제과점으로 지정된 1층 105호(이하 '105호 상가'라 한다)를 분양받았다. 이 상가는 소외 2(신경열)를 거쳐 원고에게 양도되어 원고는 1993.경 105호 상가에 입점 이후 현재까지 '파리바게뜨 대방점'이라는 상호로 제과점을 운영하였다.

피고 2(노상용)는 1993. 12. 20. 대림산업으로부터 대림쇼핑타운 중 업종이 숙녀화 영업점으로 지정된 2층 224호(이하 '224호 상가'라 한다)를 분양받았고 1994. 12.경 소외 3(김강진)에게 이를 임대하여 소외 3(김강진)이 그 무렵부터 1996. 12.

* 국립경국대학교 인문사회 · IT대학 법학전공 교수

경까지 224호 상가에서 제과점을 운영하였다. 피고 1(김지섭)은 1997. 7경부터 소외 3(김강진)에게 권리금을 주고 224호 상가를 피고 2(노상용)로부터 임차한 후 현재까지 '모나리자 과자점'이라는 상호로 제과점을 운영하고 있다.

소외 1(신동화) 및 피고 2(노상용) 등이 대림산업과 체결한 분양계약에는 다음과 같은 내용이 포함되어 있다. "수분양자는 분양 당시 지정된 업종의 영업을 원칙으로 하되, 경합이 없는 범위에서 대림산업이 승인한 업종에 한하여 개점할 수 있다(제9조 제1항). 대림쇼핑타운 점포 수의 2/3가 입점하기 전까지는 대림산업이 지정하는 관리인이 상가를 관리하되 상가관리위원회가 구성되면 수분양자는 그 회원으로 가입할 권리와 의무가 있다(제8조 제1항). 수분양자가 위와 같은 약정을 위반함으로써 계약의 목적을 달성할 수 없을 때에는 대림산업은 계약을 해제할 수 있다(제3조 제1항 제5호)."

대림쇼핑타운 내 점포의 소유자와 입점자들로 구성된 대림쇼핑타운 번영회(이하 '번영회'라 한다)가 1993. 11.경 구성되어 시장개설자의 지위를 승계하며 시장관리업무를 인수하였다. 위 번영회 정관 제26조는 "모든 업종은 분양 당시 업종을 준수해야 하고, 다만 이해관계인과 번영회의 운영위원회가 승인한 경우에는 예외로 한다. 번영회의 승인 없는 업종 및 용도변경에 대하여는 1차 경고하고 이에 불구하고 영업할 때에는 관리소장에게 단전, 단수할 것을 명할 수 있다."라고 규정하고(관리규약 역시 번영회 허가 없는 용도변경금지를 회원의 의무로 규정하였다). 관리규칙 제13조는 "입점자는 입점한 점포에서 계약업종 및 상품에 한하여 상행위를 하여야 하며, 그 외의 업종 및 상품의 취급은 일절 불허한다(단, 부득이 업종을 변경하고자 할 경우 상가번영회의 허가를 득한 후 타점포와 중복되지 않는 업종으로 할 수 있다. 중복되지 않는 업종이라 함은 동일 업종이라 하더라도 취급품의 분야가 다를 경우 타업종으로 인정한다)."라고 규정하고 있다.

2. 소송경과

(1) 1심의 판단: 원고 승소(청구인용)[1)]

"당초 소외 3(김강진)이 224호 상가에서 제과점 영업을 시작할 당시에 업종변경금지규정들로 인하여 원고에게 1,000만원을 교부한 후 영업을 시작하였던 사실

1) 서울중앙지방법원 2002. 10. 30. 선고 2002가합14995 판결.

은 인정된다. 그러나 그러한 사실만으로 위 금원을 교부받음으로써 224호 상가에서 소외 3(김강진) 이외의 제3자가 제과점을 영업하는 것까지도 승낙하였다고 볼 수는 없다(피고 1(김지섭)은 당초 피고 2(노상용)와 소외 3(김강진) 사이에 체결된 임대차계약 기간이 종료된 이후 다시 피고 2(노상용)와 별도로 임대차계약을 체결한 것이므로 원고에 대한 관계에서 소외 3(김강진)의 지위를 그대로 승계하였다고 볼 수 없다)."

"피고 1(김지섭)은 다시, 원고가 소외 3으로부터 위 금원을 수령하였고 자신이 영업을 시작한 이래 5년여간 제과점 영업행위를 묵인하다 이 사건 소송을 제기한 것은 신의칙 위반이라는 취지로 주장하나 피고 주장의 위 사유만으로는 원고의 이 사건 청구가 신의칙에 반한다고 볼 수 없으므로 위 주장도 이유 없다."

(2) 원심의 판단: 원고 패소(청구 기각)[2)]

"원고는 이미 구매시설에서 생활시설로 용도변경된 224호 상가에서 소외 3(김강진)이 제과점을 영업하는 것에 대하여 이의하지 않기로 하고 소외 3(김강진)에게서 1,000만원을 받은 것이고, 이 사건 번영회도 224호 상가의 업종변경을 승인한 바 있다. 따라서 원고는 224호 상가에 대하여 분양계약에서 보장된 자신의 제과점 영업독점권을 포기하였다고 할 것이어서 소외 3(김강진)뿐만 아니라 제3자에 대하여도 제과점 영업금지를 청구할 수 없다."

(3) 대법원의 판단: 원고 패소(청구 기각)[3)]

[1] "건축회사가 상가를 건축하여 각 점포별로 업종을 정하여 분양한 후에 점포에 관한 수분양자의 지위를 양수한 자 또는 그 점포를 임차한 자는 특별한 사정이 없는 한 상가의 점포 입점자들에 대한 관계에서 상호 묵시적으로 분양계약에서 약정한 업종 제한 등의 의무를 수인하기로 동의하였다고 봄이 상당하므로, 상호간의 업종 제한에 관한 약정을 준수할 의무가 있다고 보아야 하고, 따라서 점포 수분양자의 지위를 양수한 자 등이 분양계약 등에 정하여진 업종제한약정을 위반할 경우, 이로 인하여 영업상의 이익을 침해당할 처지에 있는 자는 침해배제를 위하여 동종업종의 영업금지를 청구할 권리가 있다."

[2] "수분양자나 그 지위를 양수한 자 또는 그 점포를 임차한 자는 상호간 분양계약에서 약정한 업종제한의무를 수인하기로 하는 묵시적 동의에 따라 그 약정

2) 서울고등법원 2004. 3. 26. 선고 2002나69442 판결.
3) 대법원 2004. 9. 24. 선고 2004다20081 판결.

을 준수하여 동종영업을 하지 아니할 의무가 발생하고, 이에 대응하여 상호간에 동종영업의 영업금지청구권이 인정되는 것일 뿐이며, 분양계약의 당사자가 아닌 다른 수분양자 등에 대하여 주장할 수 있는 영업독점권이 인정될 수 없는 것이므로, 기존 업종의 영업자인 수분양자나 구분소유자의 다른 수분양자 등에 대한 동종영업에 대한 승낙은 자신의 영업금지청구권을 상대방에게 행사하지 않겠다는 의사표시로서 업종제한의무의 상대적 면제에 해당한다고 할 것이고, 이는 특정 점포에서의 영업에 대한 것이므로 승낙의 상대방은 물론 그 승계인이 특정 점포에서 동종영업을 하는 것도 묵시적으로 승낙한 것으로 보는 것이 당사자들의 합리적 의사에 합치한다."

Ⅱ. 평 석

1. 서 설

집합건물인 상가의 경우 통상 하나의 건물에 다수의 상인이 입점하여 영업을 하며 그 소유관계 역시 다수인이 분할하여 소유하는 집합건물의 형태를 보인다. 상가건물을 신축하여 분양할 때 분양자가 각 점포의 업종이나 취급 품목 등을 지정하여 분양계약을 체결하는 경우가 있는데 이를 '업종제한약정'이라 한다.[4)]

이처럼 분양자가 특정 업종을 지정하여 상가를 분양하는 이유는 아파트 입주자의 입장에서는 생활의 편의를 도모하기 위한 목적이 있고 그 업종을 독점적으로 운영하도록 보장받음으로써 영업상의 독점적 이익을 얻을 뿐 아니라 동일한 상가 상인들의 공동이익을 도모하는 목적이 있다. 또한 분양자의 입장에서는 상가의 독점적 운영으로 얻는 영업이익을 수분양자에게 보장하여 줌으로써 상가분양의 활성화를 위한 목적도 가지고 있다.[5)] 이러한 업종제한의 방법은 ① 상가의 분양회사와 수분양자들 사이의 분양계약의 내용으로 업종제한약정을 포함시키는 방법, ② 상가의 구분소유자 전원으로 구성된 단체인 관리단의 규약으로 정하는 방법이 있는데, 이러한 업종제한약정은 그 후 집합건물법상 관리단 규약에 그대로 포함되어 유지되는 경우가 일반적이다.

---

4) 김경태, "상가의 업종제한", 「실무연구자료」 제4권(2000. 5), 117면.

5) 배병일, "상가건물에 있어서 업종제한의 약정", 「민사법학」 제33호(2006. 9), 266면; 유용순, "상가건물의 업종제한에 관한 연구", 「법학연구」 제50집(2013. 6), 291면.

상가의 업종을 제한하는 것은 구분소유자의 영업의 자유를 제한하고, 재산권의 사용·수익·처분의 권능을 제한하므로 그 형식이나 근거 여하를 불문하고 직업선택의 자유가 침해되기 때문에 그 효력을 부인하는 견해도 있다.[6] 그러나 판례는 이러한 업종제한약정이 거주민들의 편의 도모, 상인들의 공동이익 증진, 상가의 원활한 기능 유지라는 합리적인 목적 달성을 위하여 필요한 수단이며, 더욱이 이러한 업종제한은 계약자유의 원칙에 따른 것으로서 분양 당시부터 각각의 점포에 지정된 권장 업종이 이미 공고되어 있고 그 업종의 인기도에 따라 점포 분양 내정가격에 차등이 있으며 수분양자들은 이와 같은 사정을 알면서도 점포를 분양받은 것이라는 점 등을 이유로 그 효력을 인정해 오고 있다.[7] 그리하여 판례는 분양자와 수분양자 사이에 체결된 이러한 업종제한약정의 효력이 당사자는 물론 수분양자의 특정승계인 및 임차인 그리고 다른 수분양자들에게도 미친다고 보고 있다.[8]

상가의 업종제한에 관한 문제는 동일 업종을 영위하려는 상가의 업종제한에 대한 규정의 효력이 수분양자의 특정승계인이나 임차인에게 미치는지에 관한 논란으로부터 비롯되었는데 현재의 판례는 '묵시적 동의이론'이나 '관리규약설'에 따라 그 효력을 긍정하고 있다.

대상판결인 2004. 9. 24. 선고 2004다20081 판결은 점포 수분양자의 지위를 양수한 자 등이 분양계약 등에 정하여진 업종제한약정을 위반할 경우, 이로 인하여 영업상의 이익을 침해당할 처지에 있는 자가 동종업종의 영업금지를 청구할 수 있는지 그리고 수분양자가 업종제한약정에 따라 자신에게 허용된 업종을 제3자가 영위할 것을 동의하는 경우, 이러한 동의 내지 승낙의 법적 성질이 문제되었던 사건이다. 업종제한이 있는 상가에서 특정 영업을 하던 수분양자가 다른 구분소유자 호실의 수분양자에게 동종영업을 하도록 승낙 또는 허락하는 경우도 있는데, 이 경우 기존 업종의 영업자가 다른 수분양자 등에 대한 동종영업에 대한 승낙의 법적 성질을 어떻게 보아야 하는지, 그리고 이러한 승낙의 효력이 누구에

---

6) 김성태, "상가건물의 업종제한약정에 대한 헌법적 평가", 「헌법실무연구」 제6권(2005), 574면.

7) 대법원 2012. 11. 29. 선고 2011다79258 판결; 대법원 2002. 12. 27. 선고 2002다45284 판결; 대법원 2009. 12. 24. 선고 2009다61179 판결; 대법원 2010. 5. 27. 선고 2007다8044 판결.

8) 판례는 분양자가 수분양자를 상대로 점포별 업종을 정하여 분양한 경우 각 점포별 수분양자들 사이에는 상호 묵시적으로 분양계약에서 정한 업종준수의무를 수인하는 동의를 하였다고 보아야 하고 그 점포를 매수한 특정승계인이나 임차인도 그러한 업종제한의무를 수인할 것에 묵시적으로 동의한 것으로 보는 견해를 밝히고 있다. 대법원 2010. 5. 27. 선고 2007다8044 판결.

게 미치는지가 문제되었던 사건이다.

따라서 아래에서는 대상판결을 평석하기 위하여 먼저 상가업종제한약정의 종류와 근거를 간략히 살펴본다(2., 3.). 다음으로 분양계약에 의한 업종제한약정의 효력을 검토한 후에(4.), 대상판결을 구체적으로 분석하고(II.) 대상판결의 의의를 기술하고 글을 맺는다(III.).

2. 상가업종제한의 종류

상가업종제한이란 상가분양 시 분양계약이나 상가규약으로 상가마다 특정 업종을 운영하도록 정해 놓은 것이다. 즉 특정 업종에 대해 상가별로 독점권을 인정해 놓은 것인데, 이는 동종영업에 대한 과도한 경쟁을 방지하여 각 상가의 영업상 이익을 보장해 주기 위한 차원이다. 수분양자는 보통은 대규모 아파트를 분양하면서 상가를 분양하거나 대형 쇼핑몰을 분양하는 때에 분양상가의 업종을 참조하여 분양을 받거나 투자를 하는 경우가 많다. 업종제한은 병원, 약국, 이·미용실, 슈퍼, 공인중개사, 식당, 학원 등 영업 종류를 제한하는 경우가 많지만, 이를 조금 더 세분화하여 분양하는 경우도 있다.[9] 대도시 중심상권과 같이 높은 영업수익이 보장되는 지역은 업종이 세분화되어 있는 반면에 변두리 상권에서는 세분화되어 있지 않은 경우가 많다.[10]

업종제한은 분양자와 수분양자 사이의 '약정'으로 하는 경우와 '규약'으로 하는 경우가 있다. 먼저 업종제한약정은 분양자와 수분양자가 '약정(합의)'으로 업종을 제한하는 방법이다. 보통은 분양자가 분양을 할 때 수분양자에게 분양공고에서 미리 업종을 지정하거나 권장업종을 제시하여 분양하는 경우가 많다. 상가를 분양할 때 이루어지는 이러한 업종제한약정은 집합건물법상의 규약으로 보지는 않지만, 이후 상가규약이 만들어지기까지 상당한 기간 동안 분양자와 수분양자 사이에 효력을 가진다. 또한 업종제한약정은 수분양자들이 입주하여 상가관리단을 구성하여 관리규약을 만들어 집합건물의 공동관리가 이루어짐과 동시에 그 효력

9) 가령 중심상권에서 권장업종 음식 관련으로 삼계탕, 해물전문점, 죽전문점, 백반전문점, 분식점, 아침밥 배달전문점, 생고기집, 중국집, 족발 등으로 세분하고 주류 관련으로 호프전문점, 치킨전문점, 칵테일 바 등으로, 의료 관련으로 한의원, 치과, 내과, 가정의학과 등으로, 학원을 일반인, 중등학생, 초등학생, 유아원 등으로 세분화하여 분양한다.

10) 배병일, 앞의 논문(주 5), 268면; 진상욱, "업종제한약정에 있어서 수분양자의 보호", 「법학연구」 제34집(2009. 5), 224면.

을 잃게 된다.[11]

다음으로 업종제한규약은 분양자와 수분양자가 상가를 분양할 때 특약으로 업종제한약정을 하고 난 이후에 수분양자가 입점하여 영업을 개시할 때 수분양자들이 관리단이나 상가번영회를 구성하여 관리규약을 제정할 때 위 약정내용을 업종제한규정으로 두는 경우가 많다. 특히 시행사는 미리 관리규약을 작성하여 두고 입점관련 서류의 작성 시에 수분양자로부터 동의를 받는 경우가 많다. 시행사가 작성한 관리규약에는 분양계약에 따른 업종제한의무의 부과와 그에 대한 제재수단 및 업종변경을 위한 절차를 규정하게 된다.[12]

3. 상가업종제한의 근거

(1) 분양계약설(분양자와 수분양자 사이의 분양계약)

상가건물의 경우 분양자는 장래의 독점적 이익을 보장하려 미분양이 없도록 하기 위해서 분양계약에 업종제한약정을 포함시킨다. 이러한 업종제한약정이 체결된 경우 그 수분양자 및 수분양자로부터 임차한 점포 입점자는 업종제한의 제약을 받게 된다. 그런데 우리 판례는 '분양계약상의 수분양자'나 '집합건물법상의 관리단이 관리규약을 제정할 당시의 그 단체 구성원들이 아닌'그 후 점포를 취득한 제3자에게도 위 업종제한약정의 효력이 미친다고 보고 있다.[13] 문제가 되는 것은 분양계약 시의 업종제한약정은 그 당사자들 간의 채권적 효력만이 있을 뿐인데 그 계약의 당사자가 아닌 자에 대하여까지 그 효력이 미치는 이유이다.[14]

업종제한약정의 근거에 관한 이론은 여러 가지 견해가 제시되고 있으나 크게 묵시적 동의이론, 계약법리의 확장이론, 신의칙설로 구분할 수 있다. 첫째, '묵시적 동의이론'은 분양계약에 의하여 업종이 제한되어 있다는 사정을 알면서도 점포를 매수한 특정승계인이나 임차인은 그러한 업종제한의무를 수인할 것을 묵시적

---

11) 유용순, 앞의 논문(주 5), 293면.

12) 김영두, "상업용 집합건물의 업종제한에 관한 법률관계", 「민사법학」 제54－1호(2011. 6), 129－130면.

13) 대법원 1997. 12. 26. 선고 97다42540 판결.

14) 이준형, "상가건물 임차인에 의한 업종제한 위반 －대법원 1996. 8. 23. 선고 94다27199 판결(집44－2, 민97)－", 「민사판례연구」 제34권(2012. 1), 249면; 이상엽, "상가 동종업종제한에 대한 고찰", 「변호사」 제45집(2014. 1), 152면; 진상욱, 앞의 논문(주 10), 225면; 업종제한약정은 분양자와 수분양자 사이의 계약에 의하여 당사자가 취득하는 채권적 권리에 불과하다. 따라서 당사자 사이에서만 효력이 있고 당사자 이외의 제3자에게는 주장할 수 없는 것이 원칙이다.

으로 동의한 것으로 보자는 견해이다. 이 견해는 분양계약서상에서의 업종제한, 특정승계인의 그러한 제한에 대한 인식, 업종에 따른 점포분양가의 차이, 입점자 총회 및 관리규약의 제정, 특정승계인의 관리규약에 대한 인식, 상가 내 상인들의 이익과 주민들의 편의 등에 대한 관계에서 분양계약이나 관리규약에서 정한 업종제한 등의 의무를 수인할 것을 묵시적으로 동의한 것으로 볼 수 있다는 것이다.[15)]

둘째, '계약법리의 확장이론'은 분양계약상의 업종제한이 수분양자 상호간에 효력이 미치는 것을 계약법리의 확장에 의하여 해결하려는 이론으로 일본의 이론을 참고한 것이다. 여기에는 분양자의 관리계약체결에 대한 ① 대리권행사설, ② 수분양자의 추가가입설, ③ 분양자지위분여설이 주장된다. 그런데 이러한 이론은 직접적인 업종제한과 관련된 것은 아니며 분양계약에 건물의 이용제한에 관한 규정이 있는 경우(가령 일정한 시설을 하지 않을 것, 맨션의 품격을 해하는 행위를 하지 않을 것 등) 그러한 분양계약의 내용이 구분소유자 사이에서 효력이 있는지에 관한 이론이다.[16)]

① '대리권행사설'은 분양자가 수분양자로부터 차례로 수분양자 전원을 상대로 업종제한약정에 관한 합의를 할 수 있는 대리권을 수여받은 것으로 의제하여 최후의 수분양자와 분양계약을 체결하면 수분양자 전원을 업종제한약정의 당사자로 하는 합의를 한 것으로 보자는 견해이고, ② '수분양자의 추가가입설'은 분양자와 최초 수분양자 사이에 업종제한에 대한 합의가 성립하고, 이후에 수분양자들이 최초 업종제한약정에 대하여 추가적인 계약의 당사자로 가입하는 것으로 보는 견해이며, ③ '분양자지위분여설'은 분양자와 최초 수분양자 사이에 업종제한에 관한 합의를 한 때에 업종제한약정은 성립하고, 이후 분양자와 분양계약을 체결하는 수분양자는 분양자의 지위를 일부 취득하여 이와 같은 업종제한약정의 당사자가 된다는 견해이다.[17)]

한편 우리나라에서 이러한 이론들은 업종제한이 수분양자들 사이에서 효력이 있다는 것을 설명할 수 있을 뿐이며 특정승계인이나 임차인에게 분양계약상 업종제한의 효력을 미치게 하는 근거를 '제3자를 위한 계약이론'에서 찾고자 하는 견

15) 대법원 1996. 7. 26. 선고 96다1771 판결.
16) 김영두, 앞의 논문(주 12), 134－135면.
17) 이광범, "상가관리규약상 업종제한조항의 효력", 「민사판례연구」 제19집(1997. 2), 107면; 장호진, "상가의 업종제한과 관련된 법률상의 문제", 「재판실무연구」 제3권(2006), 262면.

해도 있다.[18] '제3자를 위한 계약이론'은 분양계약서에 구분소유자의 업종제한 등의 이용규제 조항을 둔 경우에 계약서상의 조항을 곧바로 집합건물법상의 규약으로는 보기 어렵지만, 이러한 계약 조항을 법률적으로 전혀 무의미한 것으로 보는 것은 법률행위의 해석으로 바람직하지 않기 때문에 일정한 범위 내에서 그 효력을 인정하여야 하므로 구분소유자의 특정승계인에까지 그 효력을 미치게 하는 방법으로서 '제3자를 위한 계약'으로 이론을 구성하는 견해이다.[19]

셋째, 신의칙설은 민법상 신의성실의 원칙을 기초로 상대방에게 신의를 주었거나 객관적으로 보아 상대방이 신의를 가지는 것이 정당한 상태에 이르렀음에도 불구하고 상대방의 신의에 반하여 권리를 행사하는 것이 정의 관념에 비추어 용인될 수 없는 정도의 상태에 이른 경우에는 업종제한을 위배하는 행위는 신의칙에 반하여 허용될 수 없다는 견해이다. 우리 판례 중에는 상가관리규약의 업종제한조항에 일단 동의하였던 수분양자가 나중에 상가번영회를 탈퇴하는 등으로 그와 다른 의사표시나 행위를 하는 것은 신의칙에 반하여 허용될 수 없다고 한 사례가 있다.[20]

(2) 관리규약설(단체법적인 관리규약에 의한 제한)

1) 집합건물법 적용이론

이 설은 현대의 상가는 대부분 집합건물의 형태를 띠고 있으므로 상가자치조직을 「집합건물의 소유 및 관리에 관한 법률」(이하 '집합건물법')상 관리단의 구체화된 모습으로 보는 견해이다. 어떤 자치조직이 순수한 친목 단체에 불과한지 아니면 관리단체로서의 성질을 갖는지는 명백하지 못한 경우가 많아서 양자 간의 관계를 유동적으로 보는 것이 바람직하며, 어떤 단체가 나름대로 명칭을 가진다고 하더라도 그 명칭에 구애됨 없이 구분소유자가 구성하는 단체로서 집합건물법 제23조의 취지에 합치할 수 있다면 집합건물법상에서의 관리단으로 취급하여도 무방하다는 입장이다.[21] 판례도 상가 내의 업종제한에 관하여 집합건물법을 적용할 수 있다고 한 후 그 적용을 확장해 오고 있다.[22]

---

18) 이광범, 앞의 논문(주 17), 107면.

19) 제3자를 위한 계약이란 계약으로부터 생기는 급부청구권을 계약당사자가 아닌 제3자가 취득하도록 하는 계약을 말한다(민법 제539조 제1항).

20) 대법원 2002. 12. 27. 선고 2002다45284 판결; 대법원 2005. 8. 19. 자 2003마482 결정; 대법원 2006. 7. 4. 자 2006마164, 165 결정.

21) 이광범, 앞의 논문(주 17), 86면.

2) 비법인사단이론

이 설은 상가번영회 등의 단체가 고유의 목적을 가지고 구성원의 자격, 의사결정 및 대표의 방법, 재산관리, 그 밖의 단체로서 주요점을 확정할 수 있는 규약을 두고 이에 근거하여 의사결정기관 및 집행기관 및 대표자를 두는 등 조직을 갖추고 그 조직에 의하여 대표의 방법, 총회 등의 운영 기타 단체로서 주요사항이 확정되어 있는 경우에는 이를 비법인사단으로 보아 그 규약에 상가의 업종제한에 관한 규정을 두고 있는 경우에는 그 조항은 자치법규의 일부로서 효력이 그 구성원에게 미친다고 보는 견해이다.[23)]

우리나라 통설·판례는 관리단의 성격을 비법인사단으로 본다.[24)] 관리단은 전체 구분소유자들을 구성원으로 하여 당연히 구성되는 것이다. 따라서 관리단 이외의 관리단과 목적을 같이하는 다른 비법인사단의 성립을 인정하기는 곤란하다는 문제가 있다.

(3) 판례의 태도 및 검토

우리 판례는 입점상인들 사이에 업종제한의무를 부담하는 근거를 분양계약에서 찾은 경우도 있고 관리규약에서 찾은 경우도 있다. 그런데 대다수의 판결은 수분양자나 특정승계인, 임차인이 분양계약에서 정한 업종제한의무를 '수인(受忍)'하기로 하는 동의를 하였다고 보았기 때문에 입점상인들 간에 업종제한의무가 발생한다고 판시하고 있으며, 이러한 업종제한의무를 위반하면 위반자에 대하여 영업금지청구권을 행사할 수 있다고 한다.[25)]

대법원은 97다42540 판결에서 "건축회사가 상가를 건축하여 각 점포별로 권장업종을 정하여 분양한 후에 점포에 관한 수분양자의 지위를 양수한 자는 특별한 사정이 없는 한 상가의 점포 입점자들에 대한 관계에서 상호 묵시적으로 분양계

---

22) 대법원 1996. 8. 23. 선고 94다27199 판결: "집합건물의 소유 및 관리에 관한 법률 제23조 제1항 소정의 관리단은 어떠한 조직행위를 거쳐야 비로소 성립되는 단체가 아니라 구분소유관계가 성립하는 건물이 있는 경우 당연히 그 구분소유자 전원을 구성원으로 하여 성립되는 단체라 할 것이고, 구분소유자로 구성되어 있는 단체로서 같은 법 제23조 제1항의 취지에 부합하는 것이면 그 존립형식이나 명칭에도 불구하고 관리단으로서의 역할을 수행할 수 있다."

23) 장호진, 앞의 논문(주 17), 267면 참조.

24) 편집대표 곽윤직, 『민법주해(V)』, 물권(2), 박영사(2011), 279면; 편집대표 김용담, 『주석민법』, 물권(2), 한국사법행정학회(2011), 241면.

25) 대법원 1997. 12. 26. 선고 97다42540 판결; 대법원 2002. 9. 6. 선고 2001다66512, 66529 판결; 대법원 2007. 9. 21. 선고 2006다63747 판결.

약에서 약정한 업종제한 등의 의무를 수인하기로 동의하였다고 봄이 상당하므로 상호간의 업종제한에 관한 약정을 준수할 의무가 있다."라고 하였다. 따라서 점포 수분양자의 지위를 양수한 자가 상가자치관리위원회의 동의도 없이 업종제한약정을 위반할 경우, 이로 인하여 영업상의 이익을 침해당할 처지에 있는 자는 침해배제를 위하여 동종업종의 영업금지를 청구할 권리가 있다고 판시한 바 있다.[26]

4. 분양계약에 의한 업종제한약정의 효력

(1) 분양자와 수분양자 간의 효력

일반적으로 업종제한약정은 상가분양계약과 동시에 하거나 분양공고 또는 그 이후 서약서 등을 통하여 분양자와 수분양자 사이에 체결된다. 분양자는 수분양자가 분양받은 상가업종에 대하여 지정해 분양하고 수분양자는 분양계약 당시에 지정받은 업종으로 상가를 운영해야 한다. 수분양자가 업종제한약정으로 인해 분양자에 대하여 부담하는 업종제한의무는 업종제한 준수의무이고 그 내용은 '경업금지'라고 할 수 있다.[27] 따라서 분양계약 시 업종제한약정을 한 당사자인 분양자와 수분양자는 당연히 이를 준수할 의무가 있다.

한편 분양자는 업종을 지정하여 분양받은 수분양자에게 그 업종을 독점적으로 운영하도록 보장해야 할 의무가 있다. 여기서 "독점적으로 운영하도록 보장한다"라는 뜻은 점포를 제3자에게 분양할 때 지정업종과 동종 또는 유사한 업종으로 분양하지 않을 뿐만 아니라 그 제3자가 지정업종의 변경을 요청하는 경우에도 임의대로 승인하지 않을 것과 제3자가 임의로 업종을 변경하는 경우에는 그 분양계약을 해제하고 건물의 명도를 청구하는 등으로 그 업종을 독점적으로 운영할 수 있도록 실질적으로 보장할 의무를 말한다.[28] 그러므로 수분양자가 업종을 바꾸려고 할 경우에는 수분양자는 분양자의 승인뿐만 아니라 이미 입주하여 영업을 하고 있는 동종업종 입주자의 동의를 받아야 한다. 수분양자가 분양자에 대하여 업종제한 준수의무를 위반할 경우에는 분양자는 '주된 채무의 불이행'으로 보아[29]

---

26) 대법원 1997. 12. 26. 선고 97다42540 판결.

27) 김신, "상가의 업종제한위반행위에 대한 단전조치의 효력", 「판례연구」 제16집(2004. 5), 184면; 배병일, 앞의 논문(주 5), 274－275면.

28) 분양자의 업종준수의무는 단순하게 다른 수분양자에게 동일한 업종을 승인하지 않거나 개설하지 못하도록 하는 소극적인 의무에 그치는 것이 아니라, 상가의 분양 이후에도 다른 수분양자들이 업종제한을 준수하는지 여부에 대하여 확인해야 할 적극적인 의무까지 부담한다고 보아야 한다; 대법원 2000. 10. 6. 선고 2000다22515, 22522 판결; 대법원 2002. 8. 27. 선고 2001다37934 판결.

수분양자에 대하여 상가분양계약을 해제하고 상가소유권의 이전등기를 청구할 수 있으며 손해배상을 청구할 수 있다.[30)]

(2) 수분양자들 상호간의 효력

상가분양에 있어 업종제한약정으로 인하여 이익을 얻는 자는 분양자, 수분양자, 기존 입주자 모두가 해당된다. 분양자는 업종제한을 공고하고 이를 이행하여 상가분양이 활성화되고 업종제한으로 인한 이익을 상가분양금액에 포함시켜 분양함으로써 영업상의 금전적 이익을 얻을 수 있다. 또한 기존의 입주자도 이와 마찬가지로 업종제한약정으로 인하여 자신의 업종이 누리는 독점적 영업이익을 계속 얻을 수 있게 되어 영업이익을 얻게 된다.[31)]

분양자와 수분양자 사이의 업종제한약정은 당사자인 분양자와 수분양자 사이의 계약상의 효력으로서 서로 업종제한 준수의무를 부담하는 것은 당연하다. 그러나 분양계약 시에 분양자와 수분양자 사이에 업종제한약정을 하였다고 하더라도 그것은 어디까지나 분양자와 수분양자 간에 개별적으로 체결한 것에 불과하고, 수분양자 상호간에 체결한 것은 아니기 때문에 수분양자 상호간에도 그 약정의 효력이 미치는지에 대하여 논란이 되고 있다.

이에 대한 이론은 다양하지만, 앞서 본 것처럼 대다수의 판례는 '묵시적 동의이론'을 택하고 있다. 그리고 분양자로부터 점포를 직접 분양받은 수분양자가 아니라 분양권의 전매로 인하여 수분양자의 지위를 양수한 자 또는 수분양자로부터 점포를 매수하거나 임차한 자의 경우에는, 분양권의 전매 등을 통하여 수분양자의 지위를 양수한 사람은 수분양자의 권리의무를 그대로 승계하는 것으로 보아도 무방하고 수분양자로부터 점포를 매수하거나 임차한 자도 그 점포에 관하여 업종제한의무가 있음을 인식한 경우에는 수분양자와 동일한 법리가 적용된다고 할 것이다. 이 경우 기존 수분양자는 그 약정을 위반한 수분양자에 대하여 영업금지를 청구할 권리가 있고,[32)] 이 권리에 근거하여 본안소송이나 영업금지가처분을 제기하는 것이 일반적이다.[33)]

---

29) 대법원 1997. 4. 7. 자 97마575 결정; 대법원 2005. 7. 14. 선고 2004다67011 판결.

30) 대법원 2000. 10. 6. 선고 2000다22515, 22522 판결; 김상중, "상가분양계약의 법률관계 – 수분양자의 보호에 관한 판례의 경향을 중심으로 –", 「재산법연구」 제24권 제3호(2008. 2), 14면.

31) 배병일, 앞의 논문(주 5), 280면.

32) 대법원 2003. 7. 11. 선고 2003다16030 판결; 대법원 2002. 8. 23. 선고 2001다46044 판결; 대법원 1997. 12. 26. 선고 97다42540 판결.

Ⅲ. 대상판결의 검토

1. 동종업종의 영업금지를 청구할 수 있는지 여부

수분양자, 구분소유자 또는 상인(임차인) 상호간에 업종제한위반을 이유로 한 영업금지청구는 대법원 1996. 7. 12. 선고 95다36084(가처분이의) 판결[34)]에서 처음 나타난다.

그 이후 대법원 1997. 12. 26. 선고 97다42540(가처분이의) 판결에서는 "건축회사가 상가를 건축하여 각 점포별로 권장업종을 정하여 분양한 후에 점포에 관한 수분양자의 지위를 양수한 자는 특별한 사정이 없는 한 상가의 점포 입점자들에 대한 관계에서 상호 묵시적으로 분양계약에서 약정한 업종 제한 등의 의무를 수인하기로 동의하였다고 봄이 상당하므로, 상호간의 업종 제한에 관한 약정을 준수할 의무가 있다고 보아 점포 수분양자의 지위를 양수한 자가 상가자치관리위원회의 동의도 없이 업종 제한 약정을 위반할 경우, 이로 인하여 영업상의 이익을 침해당할 처지에 있는 자는 침해배제를 위하여 동종업종의 영업금지를 청구할 권리가 있다."[35)]라고 하였고 이러한 동종업종의 영업금지는 "임차한 자에게도 적용된다."고 밝히고 있다.[36)]

동종업종의 영업금지를 청구할 수 있는 업종제한의 근거에 대하여는 분양계약에서 찾는 견해와 관리규약에서 찾은 견해가 있으나 대다수의 대법원 판례는 분양계약으로부터 그 근거를 찾고 있다. 대상판결에서도 대법원은 '건축회사가 상가를 건축하여 각 점포별로 업종을 정하여 분양한 후에 점포에 관한 수분양자의 지위를 양수한 자 또는 그 점포를 임차한 자는 특별한 사정이 없는 한 상가의 점포 입점자들에 대한 관계에서 상호 묵시적으로 분양계약에서 약정한 업종 제한 등의 의무를 수인하기로 동의하였다고 봄이 상당하므로 상호간의 업종 제한에 관

---

33) 김신, 앞의 논문(주 27), 187면.

34) 대법원 1996. 7. 12. 선고 95다36084 판결(가처분이의): "수입쇠고기 판매업은 신청인의 지정업종인 "정육점업"과 중복되는 품목의 영업에 해당하고, 위 점포를 타인에게 임대하여 정육점업을 경영하도록 하고 있는 신청인으로서는 동일한 위 슈퍼마켓 내인 피신청인의 점포에서 피신청인이 수입쇠고기 등을 판매하는 정육점업을 하지 않음으로 인한 법률상의 이익을 가지는 것이므로, 이를 피보전권리로 하여 피신청인에 대하여 정육점업의 금지를 구할 수 있고, 그것이 권리의 남용에 해당한다고 할 수 없으니, 원심판결에 이 점에 관한 법리오해의 위법이 있다고 할 수 없다."

35) 대법원 2002. 8. 23. 선고 2001다46044 판결; 대법원 2003. 7. 11. 선고 2003다16030 판결.

36) 대법원 2002. 8. 27. 선고 2001다37934 판결.

한 약정을 준수할 의무가 있다."라고 하여 업종제한의 근거를 '묵시적 동의이론'에서 찾고 있다. 따라서 분양계약에서 업종에 제한되어 있다는 사정을 알면서 점포를 매수하거나 임차한 특정승계인이나 임차인도 그러한 업종제한의무를 수인할 것을 묵시적으로 동의한 것으로 보아 동종업종의 영업금지를 청구할 권리가 있다고 판시한 대상판결의 판단은 수긍할 수 있다.

2. 업종이 지정된 상가 내 점포를 분양받아 기존 업종을 영업하는 수분양자나 구분소유자가 다른 수분양자 등에게 한 동종영업에 대한 승낙의 법적 성질 및 효력범위

대상판결에서 대법원은 "점포 수분양자의 지위를 양수한 자 등이 분양계약 등에 정하여진 업종제한약정을 위반할 경우, 이로 인하여 영업상의 이익을 침해당할 처지에 있는 자는 침해배제를 위하여 동종업종의 영업금지를 청구할 권리가 있다."라고 판시하였다. 그러나 대법원은 이 사건에서 영업청구권의 법적 성질이 무엇인지는 따로 판시하지는 않았다.

영업금지청구의 근거를 분양계약에서 찾는 경우 그 법적 성질은 ① 영업독점권설, ② 사익권 중 자익권으로 보는 설, ③ 영업금지청구권설로 나뉜다. '영업독점권설'은 분양계약에서 수분양자에게 영업독점권을 보장한 것으로 보는 견해이고, '사익권 중 자익권으로 보는 설'은 이해당사자로서 다른 점포의 영업에 동의할 권한은 비법인사단인 번영회의 정관에 의하여 비로소 구체화되는 사원권으로 단체법상의 해석원리를 적용하자는 견해이고, '영업금지청구권설'은 업종제한의무를 수인하기로 한 묵시적 동의에 따라 상호간에 약정준수의무가 발생하며 이에 따라 상호간에 영업금지청구권이 발생한다고 이해하는 견해이다.[37)]

그런데 대상판결의 원심인 서울고등법원은 영업금지청구의 법적 성질을 '영업독점권'으로 보는 듯하다. 그리하여 "원고는 이미 구매시설에서 생활시설로 용도변경된 224호 상가에서 소외 3이 제과점을 영업하는 것에 대하여 이의하지 않기로 하고 소외 3에게서 1,000만원을 받은 것이고, 이 사건 번영회도 224호 상가의

---

37) 신용석, "업종이 지정된 상가 내 점포를 분양받아 기존 업종을 영업하는 수분양자나 구분소유자가 다른 수분양자 등에게 한 동종영업에 대한 승낙의 법적성질 및 그 효력 범위", 「대법원판례해설」 제51호(2005. 6), 61−62면; 영업이익에 대한 금지청구권에 관한 논의로 최민수, "불법행위법상 금지청구권에 관한 소고", 「법학논총」 제41권 제2호(2017. 8), 149면 이하; 최민수, "부정경쟁행위와 불법행위법상 금지청구권 −대법원 2010. 8. 25. 자 2008마1541 결정−", 「법조」 제62권 제1호(2013), 273면 이하 참조.

업종변경을 승인한 바 있으므로 원고는 224호 상가에 대하여 분양계약에 보장된 자신의 제과점 영업독점권을 포기하였다고 할 것이어서 소외3뿐만 아니라 제3자에 대하여도 제과점영업금지를 청구할 수 없다."라고 판시하였다."[38]

만약 영업금지청구의 법적 성질을 '영업독점권'으로 보는 경우 분양계약에서 수분양자에게 영업독점권을 보장한 것이므로 수분양자는 이를 포기할 수 있으며 포기한 경우에는 포기의 상대방뿐만 아니라 제3자에게도 영업금지청구를 할 수 없게 된다. 그러나 이러한 수분양자의 독점적 지위 내지 채권적 권리는 분양자와 수분양자 사이에서만 인정될 수 있는 것이고, 제3자에게도 주장할 수 있는 독점권의 설정을 인정하기 어렵다. 대상판결을 다루고 있는 대법원 역시 영업금지청구의 법적 성질을 '영업독점권'으로 보기는 어렵다고 판시하였다. 그리하여 "수분양자나 그 지위를 양수한 자 또는 그 점포를 임차한 자는 상호간 분양계약에서 약정한 업종제한의무를 수인하기로 하는 묵시적 동의에 따라 그 약정을 준수하여 동종영업을 하지 아니할 의무가 발생하고, 이에 대응하여 상호간에 동종영업의 영업금지청구권이 인정되는 것일 뿐이며, 분양계약의 당사자가 아닌 다른 수분양자 등에 대하여 주장할 수 있는 영업독점권이 인정될 수 없다."라고 하였다.

또한 대법원은 "원심이 상가의 업종제한에 있어 업종제한의무와 수분양자 등 이해관계인의 동종영업 승낙의 근거나 성질을 오해한 나머지, 이를 분양계약에서 보장된 원고의 제과점 영업독점권을 포기한 것으로 보아 원고가 제3자에 대하여도 제과점 영업금지를 청구할 수 없다고 판단하는 것은 이에 관한 법리를 오해한 위법이 있다고 할 것이지만, 원고의 피고들에 대한 224호 상가에서 제과점 영업금지청구를 모두 배척한 원심의 결론은 정당하다."라고 판시하였다.

대법원은 영업금지청구의 법적 성질을 '영업금지청구권'으로 파악하고 동종영업에 대한 승낙은 자신의 영업금지청구권을 상대방에게 행사하지 않겠다는 업종제한의무의 '상대적 면제'로 이해한다.[39] 다시 말해 업종제한의무를 수인하기로 하

38) 서울고등법원 2004. 3. 26. 선고 2002나69442 판결 참조.

39) 그리하여 대상판결은 "기존 업종의 영업자인 수분양자나 구분소유자의 다른 수분양자 등에 대한 동종영업에 대한 승낙은 자신의 영업금지청구권을 상대방에게 행사하지 않겠다는 의사표시로서 업종제한의무의 상대적 면제에 해당한다 할 것이고, 이는 특정 점포에서의 영업에 대한 것이므로 승낙의 상대방은 물론 그 승계인이 특정 점포에서 동종영업을 하는 것도 묵시적으로 승낙한 것으로 보는 것이 당사자들의 합리적 의사에 합치한다."라고 설시하였다. 또한 '면제(민법 제506조)'는 채무자에 대한 채권자의 일방적 의사표시에 의하여 채권을 무상으로 소멸시키는 것이다. 즉 면제는 채권자의 단독행위이며 이것은 결국 채권의 포기에 지나지 않는다. 다만 면제는 상대방 있는 단독행위이고 상대방 없는 단독행위인 권리의 포기와 구별된다. 곽윤직, 『채권총론』, 박영사(2014),

는 묵시적 동의에 따라 상호간에 약정준수의무가 발생하고 이에 따라 상호간에 영업금지청구권이 발생한다. 기존 점포의 구분소유자가 동종영업에 대한 승낙을 한 것은 자신의 영업금지청구권을 상대방에게 행사하지 않겠다는 의사표시로서 업종제한의무의 상대적 면제에 해당하므로 면제를 받지 아니한 제3자에 대하여는 여전히 영업금지청구권을 행사할 수 있다. 이는 특정 점포에서의 영업에 대한 것이므로 승낙의 상대방은 물론 그 승계인이 특정 점포에서 동종영업을 하는 것도 묵시적으로 승낙한 것으로 보는 것이 당사자들의 합리적 의사에 부합한다는 것이다.

Ⅳ. 결 어

이상으로 대법원 2004. 9. 24. 선고 2004다20081 판결을 평석하였다. 집합건물법이 적용되는 상가의 경우 분양계약의 내용에 업종제한약정이 포함되는 경우가 대부분이다. 이러한 업종제한약정이 체결된 경우 그 수분양자 및 수분양자로부터 임차한 점포 입점자는 업종제한의 제약을 받게 된다.

대상판결인 2004. 9. 24. 선고 2004다20081 판결의 쟁점은 크게 두 가지이다. 첫째, 점포 수분양자의 지위를 양수한 자 등이 분양계약 등에 정하여진 업종제한약정을 위반할 경우, 이로 인하여 영업상의 이익을 침해당할 처지에 있는 자가 동종업종의 영업금지청구가 가능한지, 둘째, 수분양자가 업종제한약정에 따라 자신에게 허용된 업종을 제3자가 영위할 것을 동의하는 경우, 이러한 동의 내지 승낙의 법적 성질이 무엇인지가 문제되었던 사건이다.

먼저 동종업종의 영업금지를 청구할 수 있는 업종제한의 근거에 대하여는 대다수의 대법원 판례는 분양계약으로부터 그 근거를 찾고 있으며, 대상판결에서도 대법원은 업종제한의 근거를 분양계약에서 근거한 '묵시적 동의이론'에서 찾고 있음을 알 수 있다.

다음으로 수분양자가 업종제한약정에 따라 자신에게 허용된 업종을 제3자가 영위할 것을 동의하는 경우, 이러한 동의 내지 승낙의 법적 성질과 그 효력 범위가 문제되는데, 대법원은 영업금지청구의 법적 성질을 명확히 밝히지는 않았으나 분

294면; 신용석, 앞의 논문(주 37), 64면.

양자와 수분양자 '상호간의 영업금지청구권'으로 보고 있는 것으로 이해된다. 또한 동종영업에 대한 승낙은 자신의 영업금지청구권을 상대방에게 행사하지 않겠다는 업종제한의무의 '상대적 면제'로 파악하며, 그 효력은 특정 점포에서의 영업에 대한 것이므로 승낙의 상대방은 물론 그 승계인이 특정 점포에서 동종영업을 하는 것도 묵시적으로 승낙한 것으로 보아 그 효력이 미친다고 보고 있다.

결론적으로 대상판결은 영업금지청구의 근거를 점포의 수분양자들 사이에 상호간에 묵시적으로 분양계약에서 정한 업종준수의무를 수인하는 동의를 하였다는 '묵시적 동의이론'에 찾으면서 영업금지청구의 법적 성질을 '분양자와 수분양자 상호간의 영업금지청구권'으로 파악하고 있으며 동종영업을 승낙한 경우 그 승낙의 법적 성질을 상호간에 영업금지청구권을 행사하지 않겠다는 의사표시로서 업종제한의무의 '상대적 면제'로 보아 그 효력이 승낙의 상대방은 물론 그 승계인에도 효력이 미친다고 한 최초의 판결이라는 점에 의의가 있다.

집합건물 점유자의 서면결의권

– 대법원 2021. 7. 13. 자 2018마6179 결정 –

한 재 범*

Ⅰ. 사건의 개요 및 소송의 경과

1. 사건의 개요

이 사건은 한 오피스텔의 공용부분인 주차장 관리 및 주차비 징수를 둘러싼 분쟁이다. 채권자들은 이 사건 오피스텔의 구분소유자 및 그로부터 승낙을 받아 전유부분을 점유하는 임차인이고, 채무자들은 이 사건 오피스텔의 시행사 및 시공사로서 관리업무를 수행하는 회사 및 회사로부터 지시를 받고 오피스텔의 관리업무를 사실상 수행하고 있는 사람이다.

채무자 회사는 주차장 관리비 인상 후 새로운 관리계약서 양식을 마련하였고, 이에 대해 구분소유자 및 점유자들로부터 당시 집합건물법(이하 '구 집합건물법')상 서면결의 요건인 구분소유자 및 의결권의 각 5분의 4를 초과하는 동의를 받았다. 이후 채무자 회사는 인상된 주차비를 미납한 채권자들 차량의 주차장 출입을 통제하였다.

이에 채권자들은 채무자들을 상대로 주차방해금지 가처분을 신청하였다. 이 사건의 핵심 쟁점은 점유자를 포함하여 서면으로 동의를 받은 관리계약이 공용부분 관리에 관한 적법한 결의로서 효력이 있는지, 즉 점유자에게 구 집합건물법 제41조에 따른 서면결의권이 인정되는지 여부이다.

---

* 법무법인 제이앤 변호사, 공학박사

2. 소송의 경과

(1) 원심의 판단(서울고등법원 2018. 9. 7. 자 2018라20372 결정)

원심은 채권자들의 가처분 신청을 기각하였다. 그 이유는 다음과 같다. 이 사건 주차장 관리 업무는 공용부분의 관리에 관한 사항으로서 서면결의의 대상이 된다. 또한, 점유자는 공용부분 관리에 관하여 서면결의의 방법으로 의결권을 행사할 수 있다. 채무자 회사는 구분소유자 및 점유자들로부터 의결정족수 5분의 4 이상의 동의를 받아 관리계약을 체결하였으므로, 이는 구 집합건물법 제41조 제1항에 따른 유효한 서면합의에 해당한다. 따라서 채무자 회사가 위 관리계약에 근거하여 주차비를 부과하고 미납자인 채권자들의 주차장 이용을 제한하는 것은 정당하다고 판단하였다.

(2) 대상결정의 요지

대법원은 채권자들의 재항고를 모두 기각하며 원심결정을 확정하였다. 그 요지는 다음과 같다.

첫째, 집합건물법상 서면결의 제도는 집회 개최의 어려움을 극복하고 효율적인 관리를 도모하기 위함이며, 점유자의 의결권 제도는 관리 공백을 방지하고 실사용자의 의사를 관리에 반영하기 위함이다.

둘째, 이러한 입법취지와 규정 체계 등을 종합하면, 구분소유자의 승낙을 받은 점유자는 관리단집회에 참석하여 의결권을 행사할 수 있을 뿐만 아니라, 구 집합건물법 제41조 제1항에서 정한 서면결의의 방법으로도 의결권을 행사할 수 있다고 해석함이 타당하다.

결론적으로, 원심이 점유자의 서면결의권을 인정하고 이를 기초로 이 사건 관리계약이 유효한 서면합의에 해당한다고 보아 채권자들의 신청을 기각한 판단은 정당하며, 법리오해의 잘못이 없다고 판시하였다.

Ⅱ. 평 석

1. 문제의 제기

현대 도시의 주거 및 상업 공간에서 오피스텔, 상가 등 대규모 집합건물이 차지하는 비중은 날로 증가하고 있다. 그러나 집합건물법은 기본적으로 '소유권'에 기초하여 권리·의무 관계를 규율하므로, 건물의 실질적 사용자인 임차인 등 점유자의 권리는 제한적이었다. 입주하지 않은 구분소유자들은 건물 관리에 무관심하기 쉽고, 관리단집회 참석률 저조로 이어져 관리인 선임 등 필수적인 의사결정이 이루어지지 못하는 관리 공백 상태가 발생하는 경우가 빈번하였다. 그러나 집합건물의 소유자가 아닌 임차인이나 전세입자 등에게는 집합건물 관리에 필요한 의사결정과정에 참여할 수 있는 권한이 주어지지 않아 집합건물의 관리가 부실해지는 원인이 되고 있었다.

이러한 문제를 해결하기 위해 2012년 집합건물법이 개정되어 공용부분 관리, 관리인 선임 등 일부 사항에 대해 점유자가 관리단집회에 '참석'하여 의결권을 행사할 수 있는 제도가 도입되었다(집합건물법 제24조 제4항 등). 그러나 집회를 개최하지 않고 서면으로 결의하는 구 집합건물법 제41조 제1항은 그 주체를 '구분소유자'로 명시하고 있었다. 문언상 점유자는 집회에 '참석'하여서만 의결권 행사가 가능하고, 서면결의는 구분소유자만이 가능한 것으로 해석될 여지가 크다. 결국 2012년 개정 시 점유자 의결권 제도를 신설하면서도 서면결의 조항을 함께 정비하지 않은 것이, 점유자의 서면결의권을 배제하려는 입법적 의도인지 혹은 보완이 누락된 입법의 공백인지가 불분명하여 해석상 논란이 되었다. 그 결과 하급심에서는 점유자의 서면결의권을 긍정하는 재판, 부정하는 재판, 그리고 제한적으로 인정하는 재판이 혼재하여 실무상 혼란이 있었다.

이러한 상황에서 대상결정은 점유자의 서면결의권 인정 여부에 대해 대법원이 기준을 제시하였다는 점에서 그 의의가 있다. 본 평석에서는 대상결정 이전의 논의를 정리하고 대상결정의 법리적 의의를 분석하며, 이로 인해 남겨진 과제와 향후 입법적 개선방향을 논하고자 한다.

2. 대상결정의 의의

(1) 하급심의 대립과 대상결정의 역할

대상결정 이전까지 점유자의 서면결의권 인정 여부에 대한 하급심 재판은 크게 긍정하는 재판, 부정하는 재판, 제한적으로 긍정하는 재판으로 나뉘어 대립하였다. 이러한 혼란은 집합건물 관리 실무에 상당한 불확실성을 야기하였다.

1) 긍정하는 하급심 재판

점유자의 서면결의권을 인정하는 하급심 재판(서울중앙지방법원 2014. 11. 27. 선고 2014가합25196 판결; 서울중앙지방법원 2016. 1. 28. 자 2015카합81472 결정; 서울고등법원 2016. 6. 15. 자 2016라20161 결정; 의정부지방법원 2019. 5. 23. 자 2019카합5023 결정; 의정부지방법원 2018. 8. 24. 자 2018카합5221 결정; 수원지방법원 2016. 12. 1. 선고 2015가단10185 판결)의 주요 논거는 법률의 문언과 입법취지를 종합적으로 고려한 해석에 기초한다.

먼저 법문 해석의 측면에서, 점유자의 의결권 행사 규정이 행사 방법을 '참석'으로 한정하거나 별다른 제한을 두고 있지 않다는 점을 지적하였다. 즉, '참석하여'라는 표현은 의결권 부여 자체에 중점을 둔 것이지 행사 방법을 물리적 집회 참석으로만 국한하려는 의도로 보기 어렵고, 의결권 행사에 관한 일반 조항(법 제38조 제2항)이나 서면결의 조항(법 제41조 제1항)의 '구분소유자' 문언 역시 의결정족수를 규정하기 위한 표현으로 보아야 한다고 해석하였다.

다음으로 입법취지의 측면에서, 점유자 의결권 제도가 실사용자인 점유자의 참여를 통해 관리 공백을 막고 관리 효율성을 높이기 위해 도입된 점을 강조하며, 이러한 목적을 달성하기 위해 점유자의 의결권 행사 방법을 제한적으로 해석할 이유가 없다고 보았다. 또한 점유자가 자신의 권익 보호를 위해 의결권을 행사하는 이상, 그 행사 방법에 있어 구분소유자와 차별을 둘 합리적 이유가 없다고 판단하였다.

2) 부정하는 하급심 재판

반면, 서울중앙지방법원 2019가합510569 판결, 서울고등법원 2016나2067036 판결은 점유자의 서면결의권을 부정하였다. 이들 재판은 주로 법률의 문언에 충실한 해석과 구분소유자의 권리 보호를 핵심 논거로 삼았다. 우선, 집합건물법이 서면결의의 주체를 '구분소유자'로 명시하고(법 제41조 제1항), 점유자의 의결권 행사는 관리단집회에 '참석하여' 행사하는 것으로 규정한 점을 들어, 문언상 점유자의 권리는 실제 집회 참석으로 제한된다고 보았다. 나아가 점유자의 의결권은 본질적으로 구분소유자의 권리를 보충하는 성격을 가지므로, 구분소유자의 우선적 의결권이 보장되어야 한다고 강조하였다. 만약 점유자에게 서면결의권을 인정하면, 구분소유자가 알지 못하는 사이에 의결권 행사의 기회를 박탈당할 수 있고, 특히 관리단집회와 달리 서면결의 절차에는 양자의 의사가 충돌할 때 이를 조율하는 규정이 없어 구분소유자의 권익이 침해될 위험이 크다고 지적하였다. 이러한 이유로 명문의 규정이 없는 이상 점유자의 서면결의권을 인정하기는 어렵다고 판단하였다.

3) 대상결정의 역할

이처럼 법원의 판단이 엇갈리는 상황에서, 대상결정은 "구분소유자의 승낙을 받아 전유부분을 점유하는 사람은 ... 집합건물법 제41조 제1항에서 정한 서면결의의 방법으로도 구분소유자의 의결권을 행사할 수 있다고 봄이 타당하다"고 명확히 판시함으로써, 오랜 기간 지속된 법적 불확실성과 실무상의 혼란을 종식시키는 중요한 기준을 제시하였다. 이후 선고된 대법원 2021. 12. 10. 자 2021마6307 결정 역시 대상결정을 원용하며 동일한 법리를 재확인하였고, 이후 하급심 재판(부산지방법원 2022. 9. 14. 선고 2021나63358, 2021나63365 판결; 대구지방법원 2022. 10. 6. 선고 2021가합209380 판결)에서도 대상결정의 취지에 따른 판결이 선고되었다. 이는 대상결정이 이후 집합건물 관리와 관련된 분쟁에서 선례로 작용함을 보여준다.

(2) 입법취지를 고려한 적극적·체계적 법해석

대상결정의 가장 큰 의의는 법률 조문의 문언적 의미에만 얽매이지 않고, 관련 제도의 입법취지와 법체계 전체의 조화를 고려한 적극적이고 체계적인 해석을 시도하였다는 점에 있다.

대법원은 구 집합건물법 제41조 제1항의 '구분소유자'라는 문언에도 불구하고, 해당 조항의 해석에 있어 두 가지 핵심적인 입법취지를 종합적으로 고려하였다.

첫째, 서면결의 제도의 취지이다. 대법원은 서면결의 제도가 "대규모 집합건물의 등장으로 관리단집회의 개최·참석이 어려워진 것을 고려하여 관리단집회의 개최·참석 없이도 서면결의로써 관리단집회 결의를 갈음할 수 있도록 한 것"이라고 설시하였다. 즉, 서면결의는 집회 소집의 어려움을 극복하고 신속하고 효율적인 의사결정을 촉진하기 위한 제도이다.

둘째, 점유자 의결권 제도의 취지이다. 대법원은 이 제도가 "집합건물의 관리를 위한 구분소유자의 결의에 구분소유자의 참석이 저조하게 되어 집합건물의 관리에 공백이 발생하는 점을 방지하고, 집합건물의 관리에 실제로 건물을 사용하고 있는 점유자의 의사가 반영되지 못하는 등으로 효율적인 집합건물의 관리가 이루어지지 못하는 점을 보완하려는 데에 있다"고 밝혔다. 즉, 점유자의 참여를 통해 관리단 운영을 활성화하고 관리의 실효성을 높이는 것이 핵심 목적이다.

대법원은 이 두 제도의 취지를 결합하여, 만약 점유자에게 서면결의권을 부정한다면 관리단 운영 활성화라는 점유자 의결권 제도의 입법 목적이 형해화될 수 있다고 보았다. 점유자의 참여 없이는 서면결의의 높은 의결정족수(대상결정 당시 구 집합건물법상 서면결의 의결정족수는 구분소유자 및 의결권의 각 5분의 4 이상이었다. 참고로, 2023. 3. 28. 개정되어 같은 해 9. 29. 시행된 현행 집합건물법은 서면결의 요건을 구분소유자 및 의결권의 각 4분의 3 이상으로 완화하였다)를 충족하기가 현실적으로 매우 어렵기 때문이다. 따라서 점유자에게 서면결의권을 인정하는 것이 두 제도의 입법취지를 모두 실현하는 합목적적인 해석이라고 판단한 것이다. 이는 경직된 문리해석에서 벗어나 사회 현실의 변화와 법 제도의 목적을 중시한 진일보한 판결이라 평가할 수 있다.

3. 남겨진 과제 및 개선방향

대상결정은 점유자의 서면결의권 인정 여부에 대한 논란을 명쾌하게 정리하였으나, 그로 인해 새로운 법적 과제가 제기된다. 이는 해석론만으로는 해결하기 어려운 입법적 보완의 필요성을 시사한다.

(1) 구분소유자의 의사와의 충돌 문제

대상결정으로 점유자의 서면결의권 행사가 명확해졌지만, 만약 구분소유자에게 공지 없이 임차인에 의해 일방적으로 이루어지거나, 구분소유자와 점유자의 의사가 다를 경우 누구의 의사를 우선할 것인지에 대한 문제가 남는다.

현행 집합건물법은 관리단집회에 '참석'하여 의결권을 행사하는 경우에 대해서는 "구분소유자와 점유자가 달리 정하여 관리단에 통지하거나 구분소유자가 집회 이전에 직접 의결권을 행사할 것을 관리단에 통지한 경우에는 그러하지 아니하다"는 단서 조항을 두어 구분소유자의 의사를 우선하는 명확한 기준을 제시하고 있다(집합건물법 제24조 제4항 단서 등).

그러나 서면결의에 관한 구 집합건물법 제41조는 물론 현행법에도 이러한 의사 충돌 시의 해결 규정이 존재하지 않는다. 이로 인해 구분소유자가 자신의 의사와 무관하게, 혹은 자신에게 통지조차 되지 않은 상태에서 점유자가 일방적으로 서면결의권을 행사하여 재산권에 영향을 미치는 결정이 내려질 수 있는 위험이 발생한다. 이러한 문제는 하급심에서 '제한적 긍정'의 형태로 나타나기도 하였다.

의정부지방법원 2019카합5273 결정은 원칙적으로 점유자의 서면결의는 유효하다고 보면서도, 구분소유자의 의사에 반하는 점유자의 서면결의는 효력이 없다고 판단하였다. 그 논거로, 점유자의 의결권 행사 조항의 입법취지와 의결권 행사방법을 규정한 제38조 제2항과의 관계를 종합적으로 고려해야 하고, 관리인 선임 등은 원칙적으로 임차인의 서면결의가 가능하지만, 구분소유자의 의사가 우선되어야 한다는 점(법 제24조 제4항 단서)은 서면결의의 경우에도 마찬가지이며, 따라서 구분소유자에게 공지 없이 임차인에 의해 일방적으로 이루어진 서면결의는 구분소유자의 의결권을 침해하여 부적법하고 효력이 없다고 보았다. 이는 점유자의 의결권이 본질적으로 구분소유자의 권리로부터 파생된 보충적 성격을 갖는다는 점과도 관련된다.

따라서 대상결정의 취지를 존중하면서도 구분소유자의 재산권을 보호할 수 있는 조화로운 해결 방안 모색이 과제로 남는다.

(2) 입법론적 해결의 필요성

위와 같은 남겨진 과제를 해결하고 법적 안정성을 확보하기 위해서는 판례의 해석에만 의존할 것이 아니라, 점유자의 서면결의권을 명문화하고 구분소유자의 보호 장치를 마련하는 입법적 보완이 이루어져야 할 것이다. 집합건물법 제41조를 개정하여 점유자도 서면 또는 전자적 방법으로 의결권을 행사할 수 있음을 명시적으로 규정해야 한다. 동시에, 서면결의 절차에서도 구분소유자의 의사를 우선할 수 있는 장치를 마련해야 한다. 예를 들어, 서면결의를 진행하는 자는 반드시 모든 구분소유자에게 결의의 목적과 내용을 통지하도록 의무화하고, 구분소유자가 일정 기간 내에 직접 의결권을 행사하면 점유자의 의결권 행사는 효력을 잃도록 하는 규정을 신설하는 방안을 고려할 수 있다.

Ⅲ. 결 어

대법원 2018마6179 결정은 집합건물 내 점유자의 비율이 높은 현대 사회의 현실을 직시하고, 관리 공백이라는 문제를 해결하기 위해 점유자의 서면결의권을 인정한 매우 의미 있는 판결이다. 이는 법률의 문언에 갇히지 않고 입법취지를 살려 법을 현실에 맞게 해석한 적극적인 사법의 역할을 보여준 좋은 사례로 평가받을 것이다.

그러나 이 결정은 동시에 현행 집합건물법이 점유자의 권리 확대라는 시대적 변화를 충분히 담아내지 못하고 있음을 역설적으로 보여준다. 점유자의 서면결의권 행사와 구분소유자의 고유한 권리 사이의 충돌 가능성 등 해석만으로는 해결하기 어려운 문제들이 여전히 남아있다.

따라서 대상결정의 취지를 입법적으로 완성하는 후속 조치가 필요하다. 점유자의 서면결의권을 명문화하되 구분소유자의 권리를 보호할 수 있는 합리적인 절차를 마련하는 방향으로 집합건물법을 개정함으로써, 소유와 이용이 조화를 이루는 합리적인 집합건물 관리 제도를 정착시켜 나가야 할 것이다.

집합건물법상 결의취소의 소의 도입과 취소사유

– 대법원 2021. 1. 14. 선고 2018다273981 판결 –

이 재 민*

Ⅰ. 기초 사실

집합건물의 관리단이 구분소유자를 상대로 미납된 관리비 및 연체료의 지급을 청구한 사안에서, 피고들이 본안에 관한 주장에 앞서 원고 관리단을 대표하여 소를 제기한 자가 적법하게 선임된 대표자가 아니라는 본안전 항변을 제기한 사안이다.

2014. 3. 27. 개최된 원고 관리단의 정기총회에서 A가 회장[원고는 「집합건물의 소유 및 관리에 관한 법률」(이하 '집합건물법')상 관리단에 해당하므로 그 대표자는 관리인 지위에 있는 것으로 볼 수 있으나, 원고의 실제 명칭은 '○○○○○아파트자치운영회'이고 대표자를 '회장'이라 칭하였다]으로 선출되었고, A는 원고 관리단을 대표하여 원고 대리인을 소송대리인으로 선임하여 2016. 4. 1. 이 사건 소를 제기하였다.

그 후 원고 관리단은 2017. 3. 10. 정기총회를 개최하였는데, 그 총회에서 구분소유자 63명 중 과반수에 미치지 못하는 27명의 회원만이 참석하여(A에게 위임장을 교부하여 의결권을 행사한 6인 포함) 그 과반수 찬성으로 B를 회장으로 선출하는 결의(이하 '선행 결의')를 하였다. 이에 따라 원고는 2017. 4. 5. 원고의 대표자가 B로 변경되었다며 당사자표시정정신청서를 제출하였다. 그러나 원고 관리단의 회칙에 의하면, 회장은 총회에서 회원 과반수 참석에 과반수 찬성으로 무기명 투표로 선출하도록 규정하고 있었다.

---

* 법무법인(유한) 로하나 변호사

환송 전 제1심판결 선고 후 B는 원고 관리단을 대표하여 2018. 3. 9. 정기총회를 개최하였고, 여기에서 2014년 A, 2017년 B의 각 회장 선임에 대한 추인 안건에 관하여 42명이 참석하여(B에게 위임장을 교부하여 의결권을 행사한 12명 포함) 28명의 찬성으로 이를 추인하는 결의(이하 '후행 결의')를 하였다.

Ⅱ. 소송의 경과 및 법원의 판단

1. 환송 전 판결

환송 전 제1심판결은 후행 결의 이전에 선고된 것으로, 2017. 3. 10. 총회에서 B가 원고의 대표자인 회장에 선출되기 위하여는 적어도 원고의 회원 63명의 과반수인 32명 이상이 위 총회에 참석하여야 하고, 여기서 참석자의 과반수 이상으로부터 회장으로 선출되어야 하나, 원고의 주장에 의하더라도 위 총회에는 회원 27명만이 참석하였을 뿐이므로, 여기에서 선출된 B에게 원고를 대표할 권한이 있다고 인정할 수 없으며, A 역시 원고의 적법한 대표자였다고 인정하기 어렵다고 보았다. 이에 따라 이 사건 소는 원고를 대표할 권한이 없는 자에 의하여 제기된 부적법한 소이므로 이를 각하하고, 소송비용은 A와 B가 부담하도록 하였다.[1)]

B는 원고의 대표자 지위에서 항소 제기 후 후행 결의의 결과 이 사건 소가 적법한 것임을 주장하였다. 그러나 항소심법원은 2018. 3. 9. 자 정기총회는 B에 의하여 소집되었는바, 그 당시 B가 원고의 적법한 대표자임을 인정할 수 있는 증거가 없으므로, 위 정기총회는 적법한 소집권자에 의하여 소집된 것으로 볼 수 없어 위 정기총회에서 이루어진 각 회장 선임에 대한 추인 의결은 그 효력이 없다고 보고 원고의 항소를 기각하는 판결을 선고하였다.[2)]

2. 환송판결

위 항소 기각 판결에 대하여 역시 B가 원고의 대표자 지위에서 상고하였고, 약 2년 3개월 만에 대법원은 원심판결을 파기하고 사건을 서울중앙지방법원에 환송하는 판결을 선고하였다.

대법원은 먼저 크게 두 가지 사항에 관한 일반론을 설시하였는데, 첫 번째는

1) 서울중앙지방법원 2017. 11. 9. 선고 2016가단5072293 판결.
2) 서울중앙지방법원 2018. 9. 12. 선고 2017나91327 판결.

결의취소의 소에 관한 집합건물법 제42조의2 규정의 신설 취지 등에 관한 다음의 내용이었다.

“상법은 주주총회의 결의에 대하여 ‘총회의 소집절차 또는 결의방법이 법령 또는 정관에 위반하거나 현저하게 불공정한 때 또는 그 결의의 내용이 정관에 위반한 때’를 결의취소 사유로, ‘총회의 결의의 내용이 법령에 위반한 때’를 주주총회 결의무효 사유로, ‘총회의 소집절차 또는 결의방법에 총회결의가 존재한다고 볼 수 없을 정도의 중대한 하자가 있는 때’를 결의부존재 사유로 규정하면서, 그 소집절차나 결의방법, 결의내용의 하자 등에 대해 결의취소의 소(상법 제376조), 결의무효 및 부존재확인의 소(상법 제380조)로 다툴 수 있도록 하고 있다. 그런데 민법상의 법인이나 비법인사단의 총회결의에 대하여는 그와 같은 절차가 별도로 규정되어 있지 않기 때문에 소집절차나 결의방법, 결의내용의 하자 등에 대해 일반 민사상 무효확인의 소를 통해 결의무효확인을 구하거나 다른 법률관계에 관한 소송에서 선결문제로서 무효를 주장할 수 있었고, 이는 집합건물법에 따른 관리단 집회의 결의에도 동일하게 적용되었다.

그런데 2012. 12. 18. 법률 제11555호로 개정되어 2013. 6. 19. 시행된 집합건물법은 ‘집회의 소집절차나 결의방법이 법령 또는 규약에 위반되거나 현저하게 불공정한 경우’와 ‘결의내용이 법령 또는 규약에 위배되는 경우’를 결의취소 사유로 규정하면서, ‘구분소유자가 집회 결의 사실을 안 날부터 6개월 이내에, 결의한 날부터 1년 이내에 결의취소의 소를 제기할 수 있다.’고 규정함으로써 결의취소의 소에 관한 제42조의2를 신설하였다. 이 조항은 주주총회 결의취소의 소에 관한 상법 제376조 제1항 등의 조문 형식과 내용을 참조한 것으로 보이는데, 상법상 주주총회 결의취소 사유와 달리 결의내용이 규약에 위배되는 경우뿐만 아니라 법령에 위배되는 경우도 취소 사유로 규정하고 있고, 한편 집합건물법은 위와 같이 결의취소의 소를 도입하면서도 결의무효확인 내지 부존재확인의 소에 대한 규정을 두지 않고 있다.

집합건물법상 건물에 대하여 구분소유 관계가 성립되면 구분소유자 전원을 구성원으로 하여 건물과 그 대지 및 부속시설의 관리에 관한 사업의 시행을 목적으로 하는 관리단이 설립되고(제23조 제1항), 관리단은 건물의 관리 및 사용에 관한 공동이익을 위하여 필요한 구분소유자의 권리와 의무를 선량한 관리자의 주의로 행사하거나 이행하여야 하며(제23조의2), 관리단의 사무는 집합건물법 또는 규약으로 관리인에게 위임한 사항 외에는 관리단집회의 결의에 따라 수행하여야 하고(제31조), 규약 및 관리단집회의 결의는 구분소유자의 특별승계인에 대하여도 효력이 있고, 점유자는 건물이나 대지 또는 부속시설의 사용과 관련하여 구분소유자가 규약 또는 관리단집회의 결의에 따라 부담하는 의무와 동일한 의무를 진다(제42조). 집합건물법은 관리단집회의 결의가 구분소유자들 사이의 법률관계에 위와 같이 상당한 영향을 미칠 수 있다는 점을 고려하여 관리단집회의 시기, 소집통지의 방법, 결의사항, 의결권과 의결방법, 그 효력 등에 대해 상세하게 규정하고 있다.

이와 같은 사정을 종합하여 보면, 집합건물법이 결의취소의 소를 도입한 것은, 관리단집회 결의의 하자에 대하여는 소집절차나 결의방법, 결의내용의 하자인지 여부를 구분하지 않고, 그 하자가 경미한 경우에는 결의취소의 소를 통해서만 다툴 수 있도록 함으로써 관리단집회 결의의 효력을 조속히 확정하여 구분소유자들 사이의 법률관계 안정을 도모하되, 그 하자가 결의를 무효로 돌릴 정도의 절차상 또는 내용상 중대한 하자에 해당하는 경우에는 종전과 같이 제소기간의 제한 없이 일반 민사상 무효확인의 소를 통해 결의무효확인을 구하거나 다른 법률관계에 관한 소송에서 선결문제로서 무효를 주장할 수 있도록 함으로써 구분소유자의 권리를 보장하고자 함에 있는 것으로 보인다.

따라서 집합건물법 제42조의2가 규정한 취소사유, 즉 '집회의 소집절차나 결의방법이 법령 또는 규약에 위반되거나 현저하게 불공정한 경우' 또는 '결의내용이 법령 또는 규약에 위배되는 경우'라 함은 구분소유자들 사이의 법률관계를 합리적으로 규율하기 위한 집합건물법의 취지와 목적, 관리단의 의무와 사무처리 내용, 관리단집회 결의의 효력 등을 종합하여 살펴볼 때 그와 같은 하자가 결의를 무효로 돌릴 정도의 중대한 하자에 미치지 못하는 정도의 하자를 의미한다고 봄이 상당하고, 그와 같은 취소사유로 인해 취소할 수 있는 결의는 집합건물법 제42조의2가 정한 제척기간 내에 제기된 결의취소의 소에 의하여 취소되지 않는 한 유효하다. 한편 제척기간을 도과하였는지 여부는 법원의 직권조사사항이므로 당사자의 주장이 없더라도 법원이 이를 직권으로 조사하여 판단하여야 한다."

두 번째는 "집합건물법 제23조에 의하여 설립된 관리단의 관리단집회에서 임원선임결의가 있은 후 다시 개최된 관리단집회에서 종전 결의를 그대로 인준하거나 재차 임원선임결의를 한 경우에는, 설령 당초의 임원선임결의가 무효라고 할지라도 다시 개최된 관리단집회 결의가 하자로 인하여 무효라고 인정되는 등의 특별한 사정이 없는 한, 새로운 관리단집회가 무효인 당초의 관리단집회 결의 후 새로 소집권한을 부여받은 관리인에 의하여 소집된 것이어서 무권리자에 의하여 소집된 관리단집회라는 사유는 원칙적으로 독립된 무효사유로 볼 수 없다. 만일 이를 무효사유로 본다면 당초 임원선임결의의 무효로 인하여 연쇄적으로 그 후의 결의가 모두 무효로 되는 결과가 되어 법률관계의 혼란을 초래하고 법적 안정성을 현저히 해하게 되기 때문이다."라는 내용으로, 이는 참조판례로 제시된 대법원 2012. 1. 27. 선고 2011다69220 판결에서 이미 판시된 바를 거의 동일하게 반복한 것이었다.

이어서 선행 결의는 그 결의방법의 하자가 중대하여 무효라고 볼 여지가 상당하나, 그와 같은 사정에 관하여 충분한 심리가 이루어지지 않은 상태임을 지적하며, 나아가 선행 결의가 하자로 인하여 무효라고 하더라도 그 후 B가 소집한 총회에서 선행 결의를 추인하는 내용의 후행 결의가 이루어진 이상 그러한 후행 결의가 무권리자에 의하여 소집된 총회에서 이루어진 것이라는 사유만으로는 후행 결의가 무효라고 할 수 없다는 점을 명백히 하였다. 그러면서 원심이 선행 결의에 대하여 집합건물법 제42조의2의 적용 여부, 그 결의방법의 하자가 중대한 하자인지, 중대한 하자에 미치지 못하는 정도의 하자에 불과한지 여브에 대하여 심리 및 판단하지 아니한 채 선행 결의의 효력이 무효라고만 판단하고, 후행 결의는 적법한 소집권자에 의하여 이루어진 총회에서의 결의가 아니라는 이유만을 들어 효력이 없다고 판단한 것은 관리단집회 결의의 하자 및 효력, 결의취소의 소 등에 관한 법리를 오해하고 필요한 심리를 다하지 아니함으로써 판결에 영향을 미친 잘못이 있다고 보아 원심판결을 파기하고, 사건을 다시 심리·판단하도록 원심법원에 환송하였다.[3)]

사건을 환송받은 원심법원은, 선행 결의는 그 결의방법의 하자가 중대하여 무효라고 봄이 타당하나, 후행 결의가 무권리자에 의하여 소집된 총회에서 이루어진 것이라는 사유만으로는 후행 결의가 무효라고 할 수 없고, 달리 후행 결의가 무효라고 인정할 만한 자료가 없으므로, 후행 결의에 따라 B는 원고의 적법한 대표자가 되었다고 할 것이고, 원고를 대표한 A의 소송위임어 따라 제기된 이 사건 소(원고를 대표한 B의 원고 대리인에 대한 항소심에서의 소송의임 포함) 역시 적법하

---

3) 대법원 2021. 1. 14. 선고 2018다273981 판결.

다고 보았다. 이에 따라 이 사건 소는 본안에 관하여 나아가 판단하여야 한다고 하며 사건을 제1심법원에 다시 환송하였다.[4)]

3. 환송 후 판결

이후 원고의 피고들에 대한 관리비 채권의 존부에 관한 판단이 이루어졌고, 최종적으로 원고의 피고들에 대한 청구가 일부 인용되었다.[5)] 총 6번의 판결이 선고되었고, 소송 기간만 만 8년 6개월 이상이 소요되었다.

Ⅲ. 평 석

1. 결의취소의 소 제기 가능성에 관한 검토 필요성

대상판결은 집합건물법 제42조의2 소정의 결의취소의 소의 도입 배경과 취지, 활용 가능성 등에 관하여 더 이상의 부가 설명이 필요 없을 정도로 자세하게 설시하고 있다. 그 자체로 의미가 있는 부분이지만, 특별히 대상판결에서 위와 같이 일반론을 밝힌 구체적인 이유를 판시 중 다음 부분을 통하여 확인할 수 있다. "원심은 선행 결의에 대하여 집합건물법 제42조의2의 적용 여부, 그 결의방법의 하자가 중대한 하자인지, 중대한 하자에 미치지 못하는 정도의 하자에 불과한지 여부에 대하여 심리 및 판단하지 아니한 채 선행 결의의 효력이 무효라고만 판단하였다. 이러한 원심판단에는 관리단집회 결의의 하자 및 효력, 결의취소의 소 등에 관한 법리를 오해하고 필요한 심리를 다하지 아니함으로써 판결에 영향을 미친 잘못이 있다."

원고의 회칙에 의하면 대표자인 회장은 구분소유자들 과반수가 참석하여 과반수의 찬성으로 선출하도록 규정하고 있다. 관리인은 관리단집회의 결의로 선임되며(집합건물법 제24조 제3항 본문), 관리단집회의 의사는 집합건물법 또는 규약에 특별한 규정이 없으면 구분소유자의 과반수 및 의결권의 과반수로써 의결하는바(집합건물법 제38조 제1항), 원고 관리단은 집합건물법상 규약에 해당하는 회칙에서 관리인 선임 결의에 관하여 '구분소유자 과반수 참석 및 참석자 과반수 찬성'

---

4) 서울중앙지방법원 2021. 8. 18. 선고 2021나5248 판결.

5) 서울중앙지방법원 2023. 9. 22. 선고 2021가단5275973 판결; 서울중앙지방법원 2024. 10. 24. 선고 2023나63019 판결.

이라는 특별한 규정을 두고 있는 것이다.

선행 결의가 이루어진 정기총회에는 구분소유자 63명 중 27명만이 참석하였기 때문에 말하자면 '의사'정족수를 충족하지 못하였고, 그 상태에서는 처음부터 유효한 결의가 성립할 가능성이 없는 것이다. 이에 환송 전 판결은 선행 결의를 곧바로 무효라고 판단하였으나, 위 대상판결 판시에 따르면 결의취소의 소가 도입된 이후로는 결의에 존재하는 하자가 취소사유에 불과한 것은 아닌지를 따져 보아야 한다는 것이다. 만약 위와 같은 의사정족수 미달의 하자가 결의를 무효로 돌릴 정도의 하자에 해당하지 아니하는 경미한 것일 뿐이라면, 일정한 기간 내에 결의취소의 소를 제기하여 해당 결의를 취소하는 판결이 내려지지 않는 한 위법성이 치유되어 해당 결의는 유효하게 되는 결과 선행 결의에 하자가 없는 것으로 평가할 여지도 있는 것이다.

환송 후에도 법원은 "구분소유자 63명 중 과반수에 미달하는 27경이 참석하여 B를 대표자로 선출하는 내용으로 이루어진 선행 결의는 그 결의방법의 하자가 중대하여 무효라고 봄이 타당하다"라고만 판시하였는바, "원고의 주장에 의하더라도 위 총회에는 회원 27명이 참석하였을 뿐이므로, 여기에서 선출된 B에게 원고를 대표할 권한이 있다고 인정할 수 없다"라고 한 환송 전 판결의 판시 내용과 큰 차이를 보이지는 않고 있다. 굳이 구분하자면 환송 전 판결은 선행 결의에 존재하는 하자의 정도가 경미하여 취소사유에 불과할 수 있다는 가능성 자체를 아예 고려하지 아니한 채 곧바로 무효라고 판단한 것이고, 환송 후 판결은 집합건물법 제42조의2 규정을 인식하면서도 이 사건에서 선행 결의에 존재하는 하자는 취소사유에 불과한 것이 아니라 중대한 것으로서 무효사유에 해당함을 압축적으로 판단하고 있는 것이라고 할 수 있을 것이다.

실무상으로 특히 의미가 있는 것은, 의사 또는 의결정족수가 미달된 경우에도 그 정도를 따져 하자의 경중을 가릴 여지가 있는지에 관하여 대상판결이 가능성을 시사하였다는 점이다. 의사정족수에 미달한 것임이 명백한 선형 결의에 관하여 '집합건물법 제42조의2의 적용 여부, 그 결의방법의 하자가 중대한 하자인지, 중대한 하자에 미치지 못하는 정도의 하자에 불과한지 여부'에 대하여 심리해 보았어야 한다고 했기 때문이다.

관리단집회의 결의는 사전에 객관적인 기준이 정하여져 있고, 이러한 기준을 충족하였을 때 비로소 결의가 성립하여 효력이 발생하는 것인바, 정족수 미달은 그 정도를 불문하고 유효한 결의 자체가 없었던 것이므로 결의방법상 중대한 하자로서 무효사유라고 볼 수도 있을 것이다. 이에 반하여 정족수 미달이라고 하더라도 가분적으로 그 정도를 따질 여지가 있고, 가령 결의가 있었던 날로부터 1년이 넘게 지난 시점에 정족수를 근소하게 미달한 하자를 들어 결의를 무효로 돌리는 것은 법적 안정성을 심각하게 저해하는 것으로서, 정족수 미달의 하자 역시 취소사유에 해당하는 경우가 있을 수 있다는 견해도 생각해 볼 수 있다.

이에 관하여 최근 하급심 결정이기는 하지만 근접한 시기에 상반되는 내용으로 법원의 판단이 내려진 사례가 있는데, 이는 위와 같은 이견의 가능성을 보여주고 있다. 먼저 서울북부지방법원 2024. 7. 22. 자 2024카합20058 결정에서는 다음과 같이 설시하였다. “채권자는 집합건물법 제38조 제1항이 정한 의결정족수 요건 중 구분소유자의 과반수 요건 충족 여부에 관하여는 다투지 않고 있고, 의결권의 과반수 요건 충족 여부에 관하여만 이에 미달한다고 다투고 있는 점, 채권자의 주장에 의하더라도 의결권 면적에서 제외되어야 한다는 전유부분 면적의 합계는 1,234.6839㎡로 그 면적이 전체 면적 30,391.66㎡에서 차지하는 비율은 4.0626%에 불과하므로, 이를 모두 제외하더라도 의결권 요건을 근소하게 충족하지 못할 뿐인 점을 종합하면, 채권자의 주장과 같이 의결정족수 미달의 하자가 인정된다고 가정하더라도 중대한 하자가 존재한다고 보기 어려우므로, 결의무효사유가 존재한다고 보기 어렵다.”

이와 달리 서울북부지방법원 2025. 3. 11. 자 2024카합20197 결정에서는 다음과 같이 설시하였다. “기록에 의하면 위 17개 호실의 전유부분 면적은 합계 403.2808㎡인 사실이 소명되는바, 이 부분을 제외하면 의결권 기준 49.02%[=14,898.1192㎡(=15,301.4㎡−403.2808㎡)/30,391.66㎡, 소수점 셋째 자리 이하 버림]의 찬성으로 이 사건 관리인선임결의가 이루어졌으므로, 이 사건 관리인선임결의는 의결권의 과반수라는 의결정족수를 충족하지 못한 중대한 하자로 인하여 효력이 없다고 봄이 타당하다.” 위 두 결정은 동일한 결의를 대상으로 내려진 것이다. 정족수 미달의 하자를 성격상 무조건 중대한 하자라고 볼 것인지 또는 미달의 정도가 경미한 경우에는 취소사유에 불과한 것으로 볼 것인지에 관하여는 상당 기간 논란이 있을 것으로 보이며, 결국 대법원의 판단을 통하여 정리되어야 할 것이다.

사견으로는 정족수는 결의가 효력을 발생하기 위한 객관적인 기준으로서, 이를 충족하였는지 여부만이 중요한 것이고 미달한 경우에는 그 정도를 불문하고 유효한 결의 자체가 성립하지 못한 것이므로, 정족수 미달의 하자는 미달의 정도를 따질 것 없이 결의방법에 중대한 하자가 있는 것으로 보아야 할 것이다.

2. 권한 없는 자에 의하여 소집된 집회에서 이루어진 결의의 효력

소집권자 아닌 자가 소집한 관리단집회에서 이루어진 결의는 무효라고 봄이 원칙이다. 관리단집회의 소집이 적법한 권한 없는 자에 의하여 이루어졌다면, 이는 외형에도 불구하고 집합건물법에서 예정하고 있는 '관리단집회'라고 볼 수 없으므로 애당초 유효한 결의를 할 수 있는 장(場)이 아니기 때문이다.

다만 법원은 관리단집회에서 임원선임결의가 있은 후 다시 개최된 관리단집회에서 종전 결의를 그대로 인준하거나 재차 임원선임결의를 한 경우에는, 설령 당초의 임원선임결의가 무효라고 할지라도 다시 개최된 관리단집회 결의가 하자로 인하여 무효라고 인정되는 등의 특별한 사정이 없는 한, 종전 임원선임결의의 무효확인을 구하는 것은 과거의 법률관계 내지 권리관계의 확인을 구하는 것에 불과하여 권리보호의 요건을 결여한 것이라고 하면서, 이 경우 새로운 관리단집회가 무효인 당초의 관리단집회 결의 후 새로 소집권한을 부여받은 관리인에 의하여 소집된 것이어서 무권리자에 의하여 소집된 관리단집회라는 사유는 원칙적으로 독립된 무효사유로 볼 수 없다는 입장을 진즉 확립하였다.[6] 만일 이를 무효사유로 본다면 당초 임원선임결의의 무효로 인하여 연쇄적으로 그 후의 결의가 모두 무효로 되는 결과가 되어 법률관계의 혼란을 초래하고 법적 안정성을 현저히 해하게 되기 때문이라고 한다.

즉, 관리인 선임결의 이후에 이를 추인하거나 동일인을 재선임하는 것이든 다른 인물을 관리인으로 선임하는 것이든 새로운 결의가 뒤따른 경우 나중의 결의가 무효라면 여전히 앞선 결의의 효력을 확인할 이익이 있다고 할 것이나, 나중의 결의가 무효가 아니라면 앞선 결의의 효력은 과거의 법률관계에 관한 것이 되므로 더 이상 그 효력을 확인할 이익은 없게 되는 것이다. 집합건물법 제42조의2 규정이 신설되기 이전에는 나중의 결의에 무효사유가 있는지만을 따져 보면 되었는데, 앞선 결의가 무효여서 그 결의에 의하여 관리인으로 선임된 자가 집회를

6) 대법원 2012. 1. 27. 선고 2011다69220 판결 등 참조.

소집함에 따라 소집권자 아닌 자가 집회를 소집하였다는 사유는 원칙적으로 독립된 무효사유가 아니라는 예외를 인정하고 있는 것이다.

문제는 집합건물법에 결의취소의 소가 도입된 이후로는 위와 같은 사유를 '독립된 무효사유'로 볼 수 없다고 하더라도 취소사유로는 볼 수 있는가 하는 점이다. "집합건물법이 결의취소의 소를 도입한 것은, 관리단집회 결의의 하자에 대하여는 소집절차나 결의방법, 결의내용의 하자인지 여부를 구분하지 않고, 그 하자가 경미한 경우에는 결의취소의 소를 통해서만 다툴 수 있도록 함으로써 관리단집회 결의의 효력을 조속히 확정하여 구분소유자들 사이의 법률관계의 안정을 도모"하고자 하는 것이라는 대상판결의 판시 내용에 비추어 보면, 기본적으로 결의취소의 소는 구분소유자가 관리단집회 결의의 효력을 다툴 수 있는 쟁송 수단을 추가하는 데 의의를 두고 도입된 것이 아니라 일정 범위의 경미한 하자는 제소기간의 제한이 있는 결의취소의 소에 의하여만 다툴 수 있도록 함으로써 집단적 법률관계를 조기에 안정시키고자 도입된 것이다. 그리고 종래 원칙적으로 독립된 무효사유가 아니라고 한 것은 해당 사유를 원인으로 결의의 효력이 다투어지는 것을 허용하지 않겠다는 뜻이 담겨 있는 것이라고 이해한다면, 이것이 취소사유에 해당하는 것으로 보고 결의취소의 소를 제기하여 다툴 수 있는 것이라고 할 경우 오히려 결의취소의 소를 통하여 분쟁의 가능성을 확장하는 결과를 가져오게 되어 도입 취지에 역행하는 것으로 볼 수 있다. 이렇게 본다면 후행 결의가 무효인 선행 결의를 통하여 선임된 관리인에 의하여 소집된 집회에서 이루어진 것이라는 사유는 독립된 취소사유도 아니라고 할 것이다. 그리고 '독립된 무효사유로 볼 수 없다'는 표현은 집합건물법 제42조의2 규정이 신설되기 이전부터 이어져 내려오는 것으로, 결의취소의 소가 도입된 사정을 고려하여 무효사유는 아니지만 취소사유는 될 수 있다는 뜻으로 설시한 것은 아니라고 볼 수 있다.

그러나 위와 같은 입장과는 반대로 이를 결의취소의 소의 원인이 되는 것으로 봄이 타당할 것이다. 즉, 기존 판시 역시 위 사유가 단독으로 관리단집회 결의의 효력을 무로 돌릴 만큼 중대한 것은 아니라고 할지라도 그러한 사유가 존재하는 결의가 완전히 적법한 것이라는 취지는 분명 아니었는바, 오히려 결의취소의 소가 도입된 실천적인 의미가 여기에 있다고 할 수도 있을 것이다. 특히 대상판결은 독립된 무효사유로 볼 수 없는 이유에 관하여 "만일 이를 무효사유로 본다면 당초 임원선임결의의 무효로 인하여 연쇄적으로 그 후의 결의가 모두 무효로 되는 결과가 되어 법률관계의 혼란을 초래하고 법적 안정성을 현저히 해하게 되기 때문"이라고 하고 있는데, 결의취소의 소는 제소기간의 제한이 있기 때문에(집회결의 사실을 안 날부터 6개월 이내에, 결의한 날부터 1년 이내) 취소를 인정하더라도 법적 안정성을 현저히 해할 우려는 없으므로, 확립된 판례의 입장과 상충하는 것도 아니다.

구분소유자의 경매청구권

- 대법원 2009. 12. 24. 선고 2009다41779 판결 -

고 철 웅*

Ⅰ. 사안의 개요 및 소송의 경과

1. 사안의 개요

원고 및 피고는 서울 광진구 소재 85세대 집합건물의 구분소유자들이다.

2008. 3. 6. 15시에 개최된 이 사건 건물의 관리단집회에서는 집합건물법 제45조 제1항에 따라 피고 소유의 이 사건 계쟁 건물의 전유부분 및 대지사용권에 관하여 경매를 청구하기로 결의(이하 '이 사건 결의'라고 한다)를 하였는데, 서면결의서를 제출한 구분소유자를 포함하여 이 사건 건물의 구분소유자의 4분의 3 이상과 이 사건 건물의 구분소유자가 갖는 의결권의 4분의 3 이상의 각 동의를 얻었다.

원고는 피고가 5년여 동안 이 사건 건물의 입구에 자신의 차량을 배타적으로 주차하여 입주자들이나 방문객들에게 불편을 초래하였고, 관할 광진구청이나 경찰서, 보건소 등에 악의적이고 상습적인 민원을 지속적으로 제기하거나 이 사건 건물의 관리단 임원이나 일부 구분소유자들을 상대로 고소를 제기하거나 민사소송을 제기하였으며, 위법, 부당한 민원을 제기함으로써 이 사건 건물의 옥상 부분을 임차하여 이동통신 안테나를 설치한 통신회사들로부터 월 1,250,000원과 월 450,000원의 사용료를 지급받을 수 없게 하여 이 사건 건물의 관리비나 수선충당금을 인상하게 만드는 요인을 초래하였다고 주장하였다.

원고는 피고의 위와 같은 행위가 집합건물법 제5조 제1항의 '건물의 관리 및

* 한남대학교 사회과학대학 법무법학전공 부교수, 법학박사

사용에 관하여 구분소유자의 공동의 이익에 반하는 행위'에 해당하여 집합건물법 제45조 제1항이 규정하고 있는 '공동생활의 유지가 심히 곤란한 때'에 해당하므로, 이 사건 결의에 따라 피고 소유의 이 사건 계쟁 건물의 전유부분 및 대지사용권은 경매되어야 하고, 피고는 원고 등에게 손해배상으로 통신회사들로부터 지급받을 수 있었던 이동통신 안테나 사용료 합계 197,700,000원 중 원고가 일부청구로 구하는 75,000,000원 및 이에 대한 지연손해금을 지급하여야 한다고 주장하였다.

2. 소송의 경과

(1) 제1심(서울동부지방법원 2008. 10. 2. 선고 2008가합6180 판결)의 판단 – 청구 기각

"피고가 이 사건 건물 자체 또는 이 사건 건물 내 설치된 각종 시설물에 주차장법이나 건축법 등에 저촉되는 위법사항이 있다면서 광진구청에 수십 차례에 걸쳐 지속적으로 민원을 제기한 사실, 피고가 제기한 민원 중 일부는 관련 행정 법령상 위법사항이 확인되어 시정조치가 이루어졌고, 나머지는 위법사항이 인정되지 아니하였던 사실, 피고가 이 사건 건물의 관리단 임원이나 일부 구분소유자들을 상대로 형사고소를 하거나 손해배상청구의 소를 제기한 사실을 인정할 수 있는바, 위 인정사실에 의하면 피고는 이 사건 건물 등에 행정 법령상 위법사항이 존재하는 경우 이 사건 건물의 관리단이나 다른 구분소유자들에게 먼저 양해를 구하거나 시정을 요구하지 아니한채 곧바로 관할 행정청에 민원을 제기하거나 이 사건 건물의 관리단 임원이나 일부 구분소유자들을 상대로 형사고소나 민사소송을 제기하였고, 이로 인하여 피고와 이 사건 건물의 관리단 임원이나 일부 구분소유자들 사이에 갈등과 반목이 심화되었으며, 이 사건 건물의 관리단은 이 사건 건물의 관리에 불편 또는 어려움을 겪게 되었음을 엿볼 수 있으나, 피고가 제기한 민원이나 형사고소 등이 전적으로 허위의 사실에 근거한 것이라고 볼 수 없는 이상 위와 같은 사정만으로는 집합건물법상 경매청구의 요건인 건물의 부당한 훼손행위나 부당한 사용행위에 해당한다고 보기 어렵다.

따라서 피고의 행위가 집합건물법 제45조 제1항의 경매청구의 요건을 충족하였음을 전제로 한 원고의 이 부분 청구는 이유 없다."

(2) 원심(서울고등법원 2009. 5. 14. 선고 2008나98244 판결)의 판단 – 항소 기각

"원고의 피고에 대한 구분소유권의 경매청구는 이유 없어 기각할 것인바, 제1심 판결은 이와 결론을 같이하여 정당하므로, 원고의 항소는 이유 없어 이를 기각"한다.

(3) 대상판결 – 파기환송

1) 원고의 경매청구권: 상고 기각

"구 「집합건물의 소유 및 관리에 관한 법률」(2008. 12. 26. 법률 제9172호로 개정되기 전의 것. 이하 '집합건물법'이라고 한다) 제45조에서 정하는 구분소유자의 전유부분 및 대지사용권에 대한 경매청구권이 발생하려면 같은 조 제2항에서 정하는 구분소유자 및 의결권의 4분의 3 이상의 다수에 의한 관리단집회결의가 있는 것만으로는 부족하고, 그에 앞서서 집합건물법 제45조 제1항, 제5조 제1항에서 정하는 '구분소유자가 건물의 보존에 해로운 행위 기타 건물의 관리 및 사용에 관하여 구분소유자의 공동의 이익에 반하는 행위를 한 결과 공동생활의 유지가 심히 곤란하게 되었다'고 하는 요건이 충족되어야 한다. 그리고 위와 같은 경매청구권이 행사되면 당해 구분소유자로서는 자신의 의사에 반하여 그 전유부분에 대한 소유권 및 대지사용권을 상실하고 집합건물의 공동생활로부터 축출되는 중대한 결과가 발생하므로, 위와 같은 요건이 충족되었는지에 대하여는 당해 구분소유자의 의무위반행위의 경위·목적 및 태양, 그 행위가 다른 구분소유자들 및 집합건물의 공동생활 전체에 미치는 각종 부정적 영향의 내용 및 정도 등 제반 사정을 고려하여 이를 신중하게 판단할 필요가 있고, 단지 당해 구분소유자의 권리행사 등 일정한 행위가 다수의 다른 구분소유자들의 의사와 계속적·반복적으로 배치된다거나 관리단 또는 다른 구분소유자들과의 사이에 갈등이나 반목이 발생하였다는 것만으로 쉽사리 이를 긍정하여서는 아니된다고 할 것이다.

원심은, 원고가 내세우는 경매청구권 발생의 구체적인 사유 중 ① 피고가 이 사건 집합건물의 입구에 자신의 차량을 배타적으로 주차하였다는 점 및 ② 피고의 위법부당한 민원제기로 말미암아 이동통신회사들이 이 사건 집합건물의 옥상에 설치한 이동통신안테나를 철거하였다는 점에 대하여는, 이를 각 인정할 증거

가 없고, ③ 피고가 관할 행정청 등에 악의적·상습적으로 민원을 지속적으로 제기하고 이 사건 집합건물의 관리단 임원이나 일부 구분소유자들을 상대로 고소 또는 민사소송을 제기하였다는 점에 대하여는, 피고가 이 사건 집합건물 등에 행정법령상 위법사항이 존재하는 경우 관리단이나 다른 구분소유자들에게 먼저 양해를 구하거나 시정을 요구하지 아니한 채 곧바로 관할 행정청에 민원을 제기하거나 관리단 임원이나 일부 구분소유자들을 상대로 형사고소 또는 민사소송을 제기하였고, 이로 인하여 피고와 관리단 임원이나 일부 구분소유자들 사이에 갈등과 반목이 심화되고 관리단은 이 사건 집합건물의 관리에 불편 또는 어려움을 겪게 되었음을 엿볼 수 있으나, 피고가 제기한 민원이나 형사고소 등이 전적으로 허위의 사실에 근거한 것이라고 볼 수 없는 이상 그러한 사정만으로 집합건물법 제45조 제1항, 제5조 제1항에서 정하는 경매청구권의 발생요건이 충족되었다고 볼 수 없다고 판단하여 원고의 이 사건 경매청구를 기각하였다.

기록에 비추어 살펴보면, 원심이 집합건물법 제45조 제1항에 대한 추상적인 법해석에 관하여 "당해 구분소유자를 축출하지 아니하고서는 공동생활을 도저히 유지할 수 없는 경우로 제한적으로 해석되어야 한다"라고 설시하는 부분은 지나치게 한정적이어서 반드시 적절하다고 할 수 없으나, 이 사건에 관한 위와 같은 구체적 사실인정 및 판단은 결국 정당한 것으로 수긍할 수 있다. 거기에 상고이유의 주장과 같은 집합건물에 관한 법리 오해 등의 위법이 있다고 할 수 없다."

2) 경매청구의 당사자적격성: 파기환송

"집합건물법 제45조에 기하여 법원에 경매청구를 할 수 있는 사람에 대하여 같은 조 제1항은 "관리인 또는 관리단집회의 결의에 의하여 지정된 구분소유자"라고 정하고 있다. 따라서 집합건물의 구분소유자라도 관리단집회의 결의에 의하여 위와 같이 경매청구를 할 수 있는 사람으로 지정되지 아니하였다면 그는 위 경매청구를 할 당사자적격을 가지지 못한다.

그런데 기록에 의하면, 이 사건 선정자들이 관리단집회의 결의에 의하여 이 사건 경매청구를 할 사람으로 지정되었음을 인정할 자료를 찾을 수 없다. 따라서 이 사건 소 중 선정자들에 관한 부분은 당사자적격이 없어 부적법하다고 할 것이다.

그럼에도 원심이 이를 간과하여 이 사건 소 중 선정자들에 관한 부분을 포함하여 본안판결을 한 제1심판결을 유지한 것은 집합건물법 제45조 제1항의 경매청구를 할 수 있는 자에 관한 법리를 오해한 위법이 있다.”

Ⅱ. 평 석

1. 구분소유자의 다른 구분소유자에 대한 경매청구권

(1) 경매청구권의 법적 성질

집합건물법 제45조 제1항은 지정된 구분소유자의 다른 구분소유자에 대한 경매청구권을 규정하고 있다. 동법 제5조 및 규약의 의무위반, 관리인 또는 관리단 집회를 통한 경매청구의 결의, 지정 구분소유자의 경매청구가 그 요건이다. 이 조문의 목적은 공동생활이 전제되어 있는 집합건물에서 공동생활을 함께 영위하기 어려운 구분소유자를 축출하는 규정으로서 이를 통해 다른 구분소유자들의 공동생활을 보호하기 위한 것이다. “집합건물의 구분소유자가 ① 건물의 보존에 해로운 행위를 하거나, ② 기타 건물의 관리 및 사용에 관하여 구분소유자의 공동의 이익에 반하는 행위를 하거나, ③ 규약에 정한 의무를 현저히 위반한 결과, 공동생활의 유지라는 목적달성이 심히 곤란하다고 인정될 경우에 다른 조치로서는 이를 해소할 수가 없다고 판단될 때 위반행위를 한 당해 구분소유자를 공동생활에서 축출하여 공동생활을 유지하기 위한 제재수단”[1]인 것이다.

필연적으로 이 규정은 의무위반 구분소유자의 집합건물에서 생활할 이익을 합법적으로 박탈하는 것으로서 당사자인 구분소유자에게는 대우 가혹한 결과를 야기하기 때문에 예외적이고 제한적인 적용이 필요하다. 재건축사업 실행에 반대하는 구분소유자를 공동생활에서 축출하기 위해 재건축조합이 해당 구분소유자의 전유부분 경매청구를 신청할 수는 없다.[2]

위의 ② 요건에 관해 구체적으로 어떻게 판단할 것인지에 대해 대법원 2009. 12. 24. 선고 2009다41779 판결(이하 ‘본 판결’이라 한다)은, “당해 구분소유자의 의무위반행위의 경위·목적 및 태양, 그 행위가 다른 구분소유자들 및 집합건물의 공동생활 전체에 미치는 각종 부정적 영향의 내용 및 정도 등 제반 사정을 고려하여 이를 신중하게 판단할 필요가 있”다고 판시하였다. 다만 주의할 점은 이

1) 대법원 1995. 3. 14. 선고 94다52966 판결.
2) 대법원 1995. 3. 14. 선고 94다52966 판결.

판시가 "공동의 이익"에 관한 모든 사안에 일반적으로 적용될 수 있는 것은 아니고 구분소유권의 경매청구에 관해 한정적으로 해석해야 한다는 것이다.[3)]

(2) 판례실무상 경매청구권

우리 판례실무에서 동법 제45조를 적용하여 경매청구를 인용한 판결은 아직 등장하지 않은 것으로 보인다. 하급심을 살펴보면, 피고가 전유부분에 인쇄기를 설치하여 사용한 행위를 문제삼아 사용금지 및 경매청구를 한 사안에서 동법 제5조 위반에 해당하지 않는다고 보았고,[4)] 피고가 기존 임차인과 전차인을 상대로 퇴거소송을 제기하여 승소했고, 관련 민원을 제기하는 등 개별적인 권리행사를 시도한 사안에서 위 행위는 구분소유자로서의 정당한 권리행사로 볼 수 있고, 동법 제5조 위반에 해당하지 않는다고 보았다.[5)] 피고가 다액의 관리비를 미납하였고 회의 진행을 방해하는 등 행위를 한 사안에서 절차적 요건은 구비하였다(총회에서 전체 구분소유자 다수의 찬성으로 피고에 대한 경매청구소송 계속 결의)고 하더라도 제반 사정을 살펴볼 때 구분소유권 박탈이 필요한 정도까지 이르렀다고 보기는 어렵다고 판단하였다.[6)]

해외로 눈을 돌려보면 일본 하급심에서는 경매청구를 인용한 판결들이 있다. 구분소유건물의 전유부분을 폭력단 사무실로 사용한 사안인데, 사무실 폐쇄 후에도 폭력단 조장이 실질적인 관리, 처분권을 보유하는 한 사건발생의 위험이 있다고 보아 매각청구를 인용한 사례,[7)] 규약상 주거 이외의 용도로 사용금지인 전유부분에 폭력단 사무실로 이용하기 위해 각종 비품을 놓아두었고, 전유부분의 양도의사가 존재하지 않기에 사실상 폭력단 사무실로 사용될 가능성이 있다며 매각청구를 인용한 사례[8)] 등이 있다.

반면, 아파트 전유부분을 폭력단 사무실로 사용한 점이 구분소유자의 공동생활상 현저한 장애가 있다고 보아, 일본 구분소유법 제59조 제1항(한국 집합건물법 제45조 제1항에 해당하는 조문)에 의거하여 경매를 청구하였는데, "구두변론 종결시"에는 공실상태였던 점, 폭력단 사무실로서 설비가 남아있지 않았던 점, 구분소유

---

3) 진도왕, "집합건물법상 구분소유권 제한과 공동의 이익", 「집합건물법학」 제54집, 2025, 175면.
4) 서울중앙지방법원 2021. 4. 15. 선고 2019가합585105 판결.
5) 서울동부지방법원 2021. 8. 26. 선고 2020가단152590 판결.
6) 서울북부지방법원 2018. 4. 5. 선고 2017가합74 판결.
7) 名古屋地判1987年(昭和62)7月27日判時1251号122頁.
8) 福岡地判2012年(平成24)2月9日平23(ワ)2294号.

권의 매각의사가 객관적으로 나타나 있었던 점으로 보아 경매청구를 기각하였다.[9] 이 사건의 경우, 폭력단 사무실로 사용한 전유부분에 대한 매각의사가 있는지 여부가 경매청구의 판단요소 중 하나로 작용하였는데, 이에 대해서는 의문이 있다. 물론 경매를 청구한 경우, 신청자인 구분소유자가 직접 매수할 수는 없으나(일본 구분소유법 제59조 제4항, 한국 집합건물법 제45조 제5항), 폭력단 관계자에게 매각될 가능성을 부정할 수 없고,[10] 폭력단 관계자의 가족이나 주변 지인을 통해 간접적으로 얼마든지 매각될 수 있기 때문이다.

중요한 것은 폭력단 사무실로 사용됨으로써 인근 주민들이 실제로 체감하는 두려움이 어느 정도 현실화되었고, 또 구체화되어 이를 인정할 수 있는지 여부이다. 현존하는 두려움이 아니라 장래에 그러한 두려움이 현실화된다고 한다면 그러한 부분에 대해서도 법적인 보호가 있어야 할 것이다. 관련하여 가까운 장래에 신축한 건물이 폭력단 사무실로 사용될 가능성이 높아 그로 인하여 인근 주민들의 생명, 신체, 평온한 생활을 영위할 권리가 수인한도를 넘어 침해될 개연성이 높은 경우, 인근주민들(518명)의 인격권을 근거로 건물의 사용금지청구를 인용한 사례가 있다.[11]

근래에는 폭력단 사무실 사안보다는 관리비 등이 문제되는 사안이 늘어나고 있다. 아파트 구분소유자가 관리조합에게 관리비, 장기수선충당금 등을 50개월 동안 지불하지 않았고, 피담보채권이 이미 전유부분의 가액을 넘었기 때문에 경매를 하더라도 관리비 등을 회수할 수 없는 사안에서 구분소유권의 경매청구를 인용하였다.[12]

2. 의무위반자에 대한 조치로서의 경매청구권

(1) 질서보호 수단으로서의 경매청구권

구분소유자가 생활 중에 공동이익위반행위가 있을 경우, 구분소유자 공동의 이익보호를 위해 행위정지청구(제43조), 전유부분 사용금지청구(제44조), 전유부분 및 대지청구권의 경매청구(제45조), 점유자－구분소유자 간 계약해제 및 인도청구

---

9) 東京地判2013年(平成25)1月23日判タ1408号(2015)375頁.

10) 横山美夏, “区分所有法59条による所有権の剥奪”, 吉田克己＝片山直也編, 財の多様化と民法学, 商事法務, 2014, 702頁.

11) 大阪高判1993年(平成5)3月25日判タ827号195頁.

12) 東京地判2005年(平成17)5月13日判タ1218号311頁.

(제46조)의 선택지가 법률상 규정되어 있다. 경매청구를 위해 제44조의 선행 관리단집회 결의 또는 제44조상 소의 제기의 전제가 필요한 것은 아니나,[13] 위무위반자의 불이익의 정도에 따라 구분소유자는 집합건물법 제43조, 제44조, 제45조의 순서로, 점유자는 동법 제43조, 제46조의 순서로 제재조치의 강도가 단계적으로 강해진다.[14] 다만 제44조와 제45조 간에 법적 효과의 차이는 있으나 그 요건은 그다지 차이가 있지 않기에 선택적으로 행사가능하다.

위와 같이 반드시 다른 수단을 전제하지는 않으나 다른 모든 수단을 강구하더라도 도저히 의무위반자의 위반행위를 막을 수 없을 때, 경매청구권이 기능적 효용을 발할 수 있다. 본 판결은 의무위반행위가 "구분소유자들 및 집합건물의 공동생활 전체"에 미치는 영향을 파악해서, 이러한 질서보호를 위한 최종 보호수단으로서 경매청구권이 입법되어 있는 것이다.

(2) 개별 법익보호 수단으로서의 경매청구권

위에서 살펴본 바와 같이, 구분소유자들의 공동생활이익 보호를 위한 최종적인 수단으로서 의무위반자에 대한 구분소유권 박탈을 가져오는 것이 집합건물법 제45조상 경매청구권의 목적 및 기능이라는 것이 일반적인 견해이다.

여기서 생각해 볼 지점은 구분소유자의 전유부분(사적 이익)이 실체가 불분명한 "공동이익"이라는 질서에 제한을 받는 것이 이론적으로 충분히 정당화하고 있는지 여부이다. 공용부분은 차치하고서라도 "전유부분에 대해서는 구분소유권의 성질을 존중하는 관점에서 원천적으로 단체적인 구속에 속박되지 않는다(전유부분의 사용금지나 박탈을 인정하지 않는다)고 생각하는 것도 충분히 가능하다"는 견해[15]도 있다. 물론 경매 청구를 위해서는 구분소유자 및 의결권의 각 4분의 3 이상이라는 가중된 결의 요건을 충족해야 하며, 사전에 반드시 해당 구분소유자에게 변명의 기회를 부여해야 한다는 절차적 정당성이 확보가 되어 있기는 하나(동법 제45조 제2항, 제3항), 이것만으로는 구분소유권자가 전유부분을 자유로이 사용·수익·처분할 실체법적 권한을 제한할 수 있는 충분한 이론적 근거를 제공하지 못한다.

"공동이익"이라는 평가적 요소가 개입된 추상적 용어를 사용하지 않고, 보다

13) 김영두 집필대표, 온주 집합건물법 제45조[강혁신 집필].
14) 김용덕 편집대표, 『주석민법』 [물권2](제5판), 한국사법행정학회, 2019, 368면[이재근 집필].
15) 秋山靖浩, 不動産法入門, 日本評論社, 2011, 199頁.

직접적으로 다른 구분소유자의 "소유권"을 보호하기 위한 방편이라는 견해도 있다. 구분소유건물은 건물의 성질상(즉, 공유부분을 통해서만 전유부분으로 출입할 수 있다는 건물구조적 성질), 구분소유자의 관리행위는 다른 구분소유자의 소유권을 침해할 가능성이 있기 때문에, 관리의 자유가 제한된다는 논리이다.[16]

한편, 일본 구분소유법 제58조, 제59조(우리 집합건물법 제44조, 제45조에 해당)에 규정된 "공동생활의 유지" 그 자체는 추상적인 법익이 아니라 동법 제6조 제1항(우리 집합건물법 제5조 제1항에 해당)에 의해 보호되는 관리조합(구분소유자의 단체)의 중요한 법익이라는 견해도 있다.[17] 일본 구분소유법 제59조의 문구상 경매청구권의 주체는 "다른 구분소유자의 전원 또는 관리조합법인"인데, 이 견해에 따르면 "공동이익"이라는 것은 구분소유자 전원을 보호하는 법익의 관점보다 관리조합이라는 구체적 단체를 보호하기 위한 개별적 법익의 관점을 보다 중시하게 된다.

Ⅲ. 나가며

구분소유건물의 법률관계는 여러 장면에서 소유법적 관점과 단체법적 관점이 교차하는데, 집합건물법 제45조상 경매청구권의 경우에는 특히 후자의 관점이 강조되어 우선시되는 측면이 강하다. 후자가 우선시된다고 해서 전자가 중요하지 않다는 것이 아니다. 구분소유자의 권리는 가능한 한 침해받지 않도록 하고, 불가피하게 제한받는다고 하더라도 최소한도로 제한받을 수 있도록 제도설계하는 것이 중요하다. 이는 헌법 제23조가 보호하고 있는 정신과도 일맥상통한다.

16) 横山, 앞의 논문, 693면.
17) 鎌野邦樹, "判批" 平成24年度重要判例解説, ジュリスト1453号, 2014, 72頁.

집합건물법상 재건축결의 하자 치유 여부

– 대법원 2006. 11. 23. 선고 2004다44537, 44544, 44551 판결 –

김 상 헌*

Ⅰ. 사안의 개요 및 소송의 경과

1. 사안의 개요

원고(조합)는 서울 강남구 F 대 38,741.5m² 지상에 위치하고 있는 A아파트 13개동(아파트 12개동, 상가 1개동) 618세대의 구분소유자 중 재건축에 찬성하는 자를 조합원으로 하여, 2001. 6. 15. 서울 강남구청장으로부터 구 주택건설촉진법(2003. 5. 29. 법률 제6916호 주택법에 의하여 폐지되기 전의 것) 제44조 및 같은 법 시행규칙 제32조에 의하여 주택조합설립인가를 받은 재건축조합으로서, 2003. 6. 23. 사업시행인가를, 같은 달 26. 민영주택건설사업사업계획승인을 받았다. 피고들은 위 아파트 중 별지 목록 기재 부동산들의 구분소유자들로서 원고가 추진하는 재건축에 반대하여 원고조합에 가입하지 않고 있다.

원고의 전신인 A아파트 재건축추진위원회는 2001. 4. 21. 창립총회를 개최하여 이 사건 아파트와 상가의 재건축을 결의(이하 '이 사건 재건축결의'라고 한다)하였는데, 총회에 참석한 구분소유자 249명 중 233명이 재건축에 찬성하였고(1명이 반대하였고, 6명이 기권하였으며, 9표가 무효로 나왔다), 187명은 서면으로 찬성의 의사를 표시하였으며, 그 후에도 계속 구분소유자들로부터 동의서를 접수하여, 뒤에서 볼 이 사건 1심 변론종결 당시까지 이 사건 아파트의 구분소유자들 중 피고들 및 1심 공동피고 H, I 등 5명을 제외한 모든 구분소유자가 재건축에 동의하였다. 위

---

* 제주대학교 법학전문대학원 교수, 법학박사

와 같이 원고가 서면결의를 위해 작성한 "재건축결의, 조합규약, 대표자선정 및 사업계획 동의서" 중 건물의 철거 및 신축건물의 건축에 소요되는 비용의 분담에 관한 사항란에는 "지분제의 경우: 철거비용(2백만원), 신축비용(123백만원), 총액(125백만원)"이라고 기재되어 있다.

원고는, 피고들이 재건축에 동의하지 않자, 2001. 7. 5. 피고 B, C에게, 같은 달 18. 피고 D에게 재건축에의 참가여부를 회답할 것을 서면으로 최고하면서, 그 최고서를 받는 날로부터 2월 이내에 재건축에의 참가 여부에 대한 동의서 등 제반서류를 제출할 것을 요구하였고, 그 최고서들은 그 무렵 피고들에게 도달되었다. 피고들이 위 최고서들을 반송 등을 하자 원고는 피고들이 재건축에 참가하지 아니하는 뜻을 회답한 것으로 보고, 2001. 9. 20. 이 사건 소장에 의하여 피고들에게 집합건물법 제48조 제4항에 의한 매도청구를 하였다(이를 이 사건 1심이라고 한다).

원고는, 이 사건 1심 법원이 이 사건 재건축결의에 대하여 재건축비용의 분담에 관한 사항을 정하지 않은 결의로서 무효라고 선고하자, 이와 같은 재건축결의의 하자를 치유하기 위한 임시총회를 개최하기로 하여 2003. 7. 14.경 원고조합의 게시판에 임시총회개최를 공고하고 같은 달 12.부터 22.까지 피고들을 포함한 이 사건 아파트 등의 각 구분소유자들에게 통지한 후(통지서에는 임시총회의 안내책자, 서면결의서 및 재건축하자치유결의서 등이 동봉되어 있었다), 같은 해 8. 1. 강남구민회관에서 이 사건 재건축결의의 하자를 치유하기 위한 임시총회를 개최하였는데, 이 사건 아파트 구분소유자 618명 중 410명(참석자 79명+서면결의자 331명)이 참석하여 그중 409명이 하자치유를 위한 결의에 찬성하였다(위 결의 후에 참석한 47명을 포함할 경우 457명이 참석하여 그중 453명이 찬성하고, 1명이 반대하였으며, 3명이 기권한 셈이 된다).

원고는 위 임시총회 후 2003. 8. 20. 피고들에게 이 사건 재건축결의의 하자가 위와 같은 결의를 통하여 치유되었으므로 재건축에의 참가 여부를 회답할 것을 서면으로 최고를 하였는데, 피고들이 그 최고서를 받은 날로부터 2월 이내에 아무런 회답을 하지 아니하자, 다시 2003. 11. 14. 자 이 사건 항소이유서의 송달로써 피고들에게 이 사건 구분소유권 등에 대한 매도청구권을 행사하였다.

2. 소송의 경과

(1) 원심[서울고법 2004. 7. 22. 선고 2003나52496(본소), 2003나52502(반소), 2003나52519(반소) 판결]의 판단 – 항소 기각

1심[서울중앙지법 2003. 7. 4. 선고 2001가합57551(본소) 구분소유권매도, 2003가합11702(반소) 재건축결의무효확인, 2003가합31027(반소) 재건축결의등무효확인]은, 원고의 피고들에 대한 집합건물법 제48조 제4항에 의한 매도청구에 따라 이 사건 각 부동산들에 관한 소유권이전등기절차의 이행과 부동산들의 인도를 구한 본소를 기각하고, 피고들의 이 사건 재건축결의는 건물의 철거 및 신건물의 건축에 소요되는 비용의 분담에 관한 사항을 정하지 아니하여 무효라는 반소 부분을 인용하였다.

이에 원고는. 2001. 4. 21. 원고조합 창립총회에서 유효한 재건축결의를 하였고, 가사 이 사건 재건축결의가 무효라고 하더라도 2003. 8. 1. 개최된 임시총회에서 그 하자를 치유하기 위한 결의를 하여 이 사건 재건축결의의 하자를 치유함으로써 결과적으로 이 사건 재건축결의가 유효하게 되었다는 주장을 더하여 항소하였다.

원심은, 이 사건 재건축결의는 건물의 철거 및 신건물의 건축에 소요되는 비용의 분담에 관한 사항이 정하여지지 않은 결의로서 무효라고 판시하는 한편, 이 사건 재건축결의의 하자를 치유하기 위한 결의의 경우에도 재건축결의 시와 마찬가지로 특별다수의 의결정족수가 충족되어야 할 것인데, 원고의 2003. 8. 1.자 하자치유를 위한 결의가 이 사건 아파트 단지 안의 전체 구분소유자 및 의결권의 5분의 4 이상과 각 동별 구분소유자 및 의결권의 3분의 2 이상의 결의에 의하여 이루어졌다고 볼 만한 증거가 없으므로 앞서 본 바와 같이 위 결의에서 찬성한 409명(혹은 453명)은 이 사건 아파트 등의 구분소유자 및 의결권자 618명의 4/5 이상에 해당하는 495명에 미달하고 있고, 특히 이 사건 상가를 비롯한 각 동별 구분소유자 및 의결권의 2/3 이상의 결의를 얻었다고 볼 만한 증거도 없다는 점에서 위 하자치유를 위한 결의는 무효라고 판단하였다. 또한 원고는 2003. 8. 1. 위 결의 후에도 계속하여 구분소유자들로부터 하자치유결의서를 접수하여 구분소유자 590명이 이에 찬성하였다고 주장하나(원고 주장에 의하더라도 이 사건 상가는 구분소유자 8명 중 1명만이 하자치유결의에 찬성하고 있을 뿐이다), 가사 일부 구분소유자들이 추가로 이 사건 재건축결의 혹은 위 하자치유를 위한 결의에 찬성하여 법정 의결정족수를 충족하였다고 하더라도 당초 정족수 미달로 무효가 된 위 2003. 8. 1. 자 하자치유를 위한 결의가 소급하여 유효하게 되는 것은 아니고, 단지 정족수가 추완된 때부터 비로소 종전의 결의가 유효하게 되거나 혹은 그 때 새로운 결의가 있는 것으로 볼 여지가 있을 뿐이고, 또 종전의 재건축결의에 하자가 있어 새로이 재건축결의를 한 경우 그 결의에 따른 매도청구권은 새로운 결의에 따라 재건축에 참가할 것인지 여부를 최고한 후 그 회답기간 만료일로부터 2개월 이내의 행사기간 내에 이를 행사하지 아니하면 그 효력을 상실하는 것이라 할 것인데(대법원 2002. 9. 27. 선고 2000다10048 판결 참조), 원고가 2003. 8. 20. 피고들에게 이 사건 재건축에의 참가 여부를 회답할 것을 최고할 때까지 위 정족수가 추완되었다고 볼 만한 아무런 증거가 없으므로, 이러한 최고를 토대로 같은 해 11. 14. 피고들에게 한 매도청구는 적법한 매도청구권의 행사라고 할 수 없다는 등의 이유로 항소를 기각하는 판결을 하였다.

(2) 대상판결 – 상고 기각

"집합건물법 제47조에서 규정하는 재건축비용의 분담에 관한 사항은 구분소유자들로 하여금 상당한 비용을 부담하면서 재건축에 참가할 것인지, 아니면 시가에 의하여 구분소유권 등을 매도하고 재건축에 참가하지 않을 것인지를 선택하는 기준이 되는 것이고, 재건축결의의 내용 중 가장 중요하고 본질적인 부분임을 감안할 때, 재건축의 실행단계에서 다시 비용분담에 관한 합의를 하지 않아도 될 정도로 그 분담액 또는 산출기준을 정하지 아니한 재건축결의는 특별한 사정이 없는 한 무효이고,[1] 같은 법 제48조 소정의 구분소유자 등의 매도청구권은 재건축의 결의가 유효하게 성립하여야 비로소 발생하는 것이므로, 재건축의 결의가 같은 법 제47조 제2항 소정의 정족수를 충족하지 못하였다면 유효한 재건축결의가 있다고 할 수 없어 매도청구권을 행사할 수 없으며 그 후 재건축불참자 일부가 추가로 재건축결의에 찬성함으로써 정족수를 충족하였다고 하더라도 정족수의 하자가 치유되어 무효인 종전의 재건축결의가 소급하여 유효하게 되는 것은 아니다.[2]

---

1) 대법원 1998. 6. 26. 선고 98다15996 판결; 대법원 2006. 7. 4. 선고 2004다7408 판결 등 참조.

위 법리와 기록에 비추어 살펴보면, 원심이 2001. 4. 21. 자 재건축결의가 재건축비용의 분담에 관한 사항을 구체적으로 정하지 아니한 결의로서 무효이고, 2003. 8. 1. 자 임시총회에서의 하자치유를 위한 결의도 그 판시와 같은 특별 다수의 의결정족수를 충족하지 못하여 무효인데 2003. 8. 20. 원고가 피고들에게 재건축에의 참가 여부를 회답할 것을 최고할 때까지 위 정족수가 추완되었다고 볼 수 없다는 등의 이유로 원고의 주장을 배척한 것은 정당하고, 거기에 상고이유에서 주장하는 바와 같은 위법이 있다고 할 수 없다."

Ⅱ. 평 석

1. 재건축결의 요건 및 효과

집합건물법 제47조는, 구분소유자들은 최고의사결정기관인 관리단집회에서 재건축을 할 것인지 여부를 결의하도록 하면서 그 결의의 의결요건 및 내용 등에 관하여 정하고 있다. 이에 따르면 먼저 "건물 건축 후 상당한 기간이 지나 건물이 훼손되거나 일부 멸실되거나 그 밖의 사정으로 건물의 가격에 비하여 지나치게 많은 수선비 복구비나 관리비용이 드는 경우" 또는 "부근 토지의 이용상황의 변화나 그 밖의 사정으로 건물을 재건축하면 재건축에 드는 비용에 비하여 현저하게 효용이 증가하게 되는 경우"에 한하여 재건축결의가 가능하고 그 이외의 사유에 의한 재건축은 허용되지 않는다(집합건물법 제47조 제1항). 또한 재건축결의의 의결정족수를 "구분소유자의 5분의 4 이상 및 의결권의 각 5분의 4 이상"으로 엄격하게 정하였는데, 재건축제도의 운용취지에 비추어 재건축반대자의 이익을 고려한 강행규정으로 해석된다.

재건축은 건물을 철거하고 그 대지에 구분소유권의 목적이 될 새 건물을 건축하는 것이다(집합건물법 제47조 제1항). 따라서 재건축결의는 재건축에 필요한 사항을 정하여야 하는데, 새 건물의 설계 개요, 건물의 철거 및 새 건물의 건축에 드는 비용을 개략적으로 산정한 금액, 비용의 분담에 관한 사항, 새 건물의 구분소유권 귀속에 관한 사항을 들 수 있고, 이는 재건축결의의 내용이 된다(집합건물법 제47조 제3항 각호). 이처럼 재건축결의를 할 때 정하여야 할 내용이 법정되고

2) 대법원 2002. 9. 27. 선고 2000다10048 판결 등 참조.

있으므로 이와 달리하는 내용의 결의는 집합건물법 제47조에서 말하는 재건축결의가 아니라고 할 것이다.

특히 비용분담에 관한 사항은, 재건축결의의 내용 중 가장 중요하고 본질적인 부분이라고 할 것인데, 대법원은 재건축의 실행단계에서 다시 비용 분담에 관한 합의를 하지 않아도 될 정도로 그 분담액 또는 산출기준을 정하지 아니한 재건축결의는 특별한 사정이 없는 한 무효라고 판시한 바 있다.[3)]

재건축결의가 성립하면, 재건축참가자는 집합건물법 제48조 제4항에 따라 재건축불참자에게 그가 가진 구분소유권 등을 시가에 따라 매도할 것을 청구할 수 있고 재건축참가자간에는 재건축결의 내용에 따른 재건축에 합의한 것으로 본다(집합건물법 제49조). 재건축결의의 효력은 결의 당시 구분소유자 및 그 승계인에게만 미치고 제3자에게는 미치지 않는다.

2. 재건축결의 하자 치유 여부에 관하여

대상판결은 대법원 2002. 9. 27. 선고 2000다10048 판결 등을 원용하면서, 집합건물법상 구분소유자 등의 매도청구권은 재건축의 결의가 유효하게 성립하여야 비로소 발생하는 것이므로, 재건축의 결의가 같은 법 제47조 제2항 소정의 정족수를 충족하지 못하였다면 유효한 재건축결의가 있다고 할 수 없어 매도청구권을 행사할 수 없으며, 그 후 재건축불참자 일부가 추가로 재건축결의에 찬성함으로써 정족수를 충족하였다고 하더라도 정족수의 하자가 치유되어 무효인 종전의 재건축결의가 소급하여 유효하게 되는 것은 아니라는 법리하에, 대상판결 사안에서, 2003. 8. 1. 자 임시총회에서의 하자치유를 위한 결의도 특별 다수의 의결정족수를 충족하지 못하여 무효이므로, 2003. 8. 20. 원고가 피고들에게 재건축 참가 여부에 대한 회답을 최고(현행법으로는 촉구를 말한다)할 때까지 재건축결의의 정족수가 추완되었다고 볼 수 없다고 판단하였다.

과거 재건축사업을 추진함에 있어서 재건축결의 단계에서 구분소유자 및 의결권의 각 5분의 4의 동의 요건을 갖춘 경우는 드물었다. 그럼에도 재건축참가자들은 이를 기초로 하여 재건축결의에 찬성하지 아니한 구분소유자 등에게 최고를 한 후 매도청구권을 행사하기도 하였는데, 하급심에서는 매도청구소송 중 일부

3) 대법원 1998. 6. 26. 선고 98다15996 판결; 대법원 2004. 3. 11. 선고 2003다62781 판결 등.

찬성하지 아니한 자가 찬성으로 번의하여 재건축결의 정족수를 충족시키면 재건축결의의 하자는 치유되어 매도청구권 행사의 소급적 효력을 인정하는 판시가 종종 있었다. 이를 지지하는 근거는 재건축결의 당시만을 기준으로 하여 그 결의의 효력을 판단한다면 재건축과 관련된 다수의 이익을 해하고 사회경제적으로도 바람직하지 않다는 데에 있었다.

그러나 재건축결의 정족수의 추완을 만연히 인정할 경우, 매도청구권이 행사되면 그 매도청구권 행사의 의사표시가 재건축에 참가하지 않은 자에게 도달함과 동시에 그의 구분소유권 및 대지사용권에 관하여 시가에 의한 매매계약이 성립되는 점[4)]에 비추어, 매도청구권을 행사하려는 자가 재건축결의 정족수가 충족되지 않았음에도 매매대금을 정하는 시가(時價)가 본인에게 유리한 임의시점을 그 행사시기로 택할 수 있다는 점에서 부당하다고 할 것이다.

한편, 의결정족수란 의결권자들이 의견의 교환을 통하여 일정한 결정에 이르기 위한 최소한의 찬성 결의수를 말하므로, 결의가 성립되거나 부결되는 기한까지 찬성 여부를 표시할 수 있을 뿐, 이를 도과하여 특별한 제한 없이 상당한 기간까지도 의사표시를 할 수 있다고 볼 수 없음은 당연하고 이는 결의의 특성에 기인한다. 특히 앞서 본 바와 같이 집합건물법 제47조에 따라 적법하게 의결된 결의의 효력은 결의 당시 구분소유자 및 그 승계인에게 미치고, 위 구분소유자는 그 결의에 대한 찬부(贊否)를 구별하지 않고 결의 당시 모든 구분소유자를 말하는 것인데, 일단 부결된 결의를 추후 일부 의결권자의 번의만으로 그 결과를 뒤집을 수 있다면, 그 결의의 내용을 신뢰하였던 다른 의결권자들의 의결권을 침해하고 의결정족수를 규정한 취지에 반한다고 할 것이다. 그렇다면 설령 일부 구분소유자들이 당초 정족수에 미달하여 무효인 재건축결의의 하자 치유를 위하여 추가로 동의하였다고 하더라도 그 결의의 하자가 치유되어 소급하여 유효하게 되지 않음은 물론이고 그 치유를 위한 새로운 재건축결의를 하여야 할 것인데, 이 때 그 추완 또는 하자 치유를 위한 새로운 결의 또한 법정 의결정족수를 충족하였다고 하더라도 여전히 당초 정족수 미달로 무효가 된 결의가 소급하여 유효하게 되는 것은 아니고, 단지 정족수가 추완된 때부터 비로소 종전의 결의가 유효하게 되거나 혹은 그 때 새로운 결의가 있는 것으로 볼 여지가 있을 뿐이다.

4) 대법원 2000. 6. 27. 선고 2000다11621 판결; 대법원 1996. 1. 23. 선고 95다38172 판결.

대상판결 사안 역시 최초 재건축결의 시 정족수 미달로 재건축결의 요건을 갖추지 못하였으나 추후 의결정족수를 충족할 여건이 되었다면, 그 정족수를 갖춘 적법한 재건축결의를 다시 하여 매도청구권 행사를 위한 절차에 나아가면 된다. 그러나 대상판결 사안에 따르면 위와 같은 새로운 재건축결의 또한 그 의결정족수를 충족시키지 못하였으므로 종전 결의의 하자 치유는 되지 않은 것이다. 대상판결은, 대법원이 다수결의 원리가 적용되는 구분소유자들 간의 이해관계 사안을 형평의 관점에서 절차적 중요성을 강조하여 해석한 것으로 평가된다.

결국 원고의 피고들에 대한 집합건물법 제48조 제4항에 의한 매도청구에 기초한 이 사건 각 부동산들에 관한 소유권이전등기절차의 이행과 부동산들의 인도를 구한 청구는 인용될 수 없고, 이와 같은 취지로 상고를 기각한 대상판결의 판단에 찬동한다.

집합건물법상 재건축결의 내용 변경을 위한 의결정족수

－대법원 2005. 4. 21. 선고 2003다4969 전원합의체 판결－

신 국 미*

Ⅰ. 사안의 개요 및 소송의 경과

1. 사안의 개요

(1) 당사자의 지위

피고조합은 서울 강서구 소재 A아파트의 구분소유자 810명 중 693명이 1995. 6. 6. 노후한 연립주택을 철거하고 새로이 아파트를 건축할 것을 목적으로 재건축결의를 하고 1996. 9. 4. 강서구청장으로부터 조합원 667명으로 주택조합설립인가를 받아 설립한 재건축조합이고, 원고들은 피고조합의 일부 조합원들이다.

(2) 재건축결의 및 결의내용 변경

가. 피고조합은 1995. 6. 6. 조합원창립총회에서 시공회사는 대우건설로, 건축철거 및 건축에 소요되는 비용의 개산액은 2,650억원으로, 총 3,202세대를 건축하여 조합원들에게 무상지분율을 117.2 %로 한다는 내용의 재건축결의를 하였다.

나. 그런데 피고조합은 1999. 5. 15. 개최된 정기총회에서 재건축결의 내용과 달리 재건축비용의 개산액을 2,650억원에서 3,650억원으로, 건축세대수를 3,202세대에서 2,292세대로, 조합원들에 대한 무상지분율을 117.2%에서 108.6%로 변경한다는 내용의 대우건설과 체결할 가계약서 시안에 대한 찬반의 안, 조합규약 신설 및 개정안, 사업계획변경에 대한 찬반의 안 등의 안건을 처리하였는데, 그중

* 청주대학교 인문사회대학 지적학과 교수, 법학박사

가계약서 시안에 대한 찬반의 안은 피고 조합의 총원 757명 중 632명의 조합원이 출석, 투표를 하여 537명이 찬성하였다.

(3) 사업계획승인 및 본계약체결

피고조합은 가계약서에 대한 결의가 이루어짐에 따라 가계약서의 내용과 동일한 내용으로 피고 조합의 관리처분계획 결의가 이루어진 것으로 보고 1999. 6.경 대우건설과 가계약을 체결한 후 1999. 11. 3. 재건축사업계획승인을 받아 2000. 6.경 주식회사 대우와 본계약을 체결하였다.

(4) 서면결의

그 후 피고조합의 일부 조합원들 사이에서 건축비용과 무상지분율이 재건축결의 내용과 달리 조합원들에게 불리하게 변경된 점이 문제되자 원고들을 포함한 일부 조합원들이 ① 1999. 5. 15. 자 정기총회에서 A아파트 재건축사업 가계약서에 대한 결의는 무효임을 ② 위 정기총회에서 A아파트 재건축사업 본계약에 대한 결의는 부존재함을 ③ 위 정기총회에서 A아파트 재건축사업의 관리처분계획에 대한 피고조합의 결의는 무효 또는 부존재함을 각 확인한다는 내용의 소를 제기하기에 이르렀고, 이에 피고 조합은 건축비용과 무상지분율이 달라진 점 등에 대하여 피고 조합의 조합원들을 상대로 2001. 6. 3. 서면결의를 통하여 피고조합 총원 781명 중 686명(약 87.8%)이 이 사건 관리처분계획을 포함한 가계약서 시안과 이 사건 본계약에 찬성한다는 내용의 결의를 하였다.

2. 소송의 경과

(1) 원심(서울고법 2002. 12. 13. 선고 2002나1309 판결)의 판단 – 각하

집합건물의 소유 및 관리에 관한 법률 제49조에 규정된 의제된 합의 내용인 재건축결의 내용을 변경함에 있어서는 조합원 전원의 합의가 필요하고 그러한 합의는 재건축결의시의 특별다수의 정족수를 준용하여 조합원 5분의 4 이상의 다수에 의한 결의에 의하여야 할 것인바, 이 사건 정기총회에서 재건축결의내용을 변경하는 결의(가계약서 시안에 대한 찬반의결)를 함에 있어 특별정족수인 5분의 4에 못 미치는 피고 조합 총원의 70.9%(537/757×100)의 동의를 받았으므로 그 결의는 효력이 없다 할 것이다. 다른 한편 원심은 피고조합 총원의 87.8%(686/781×100)

가 2001. 5. 3. 서면결의를 통하여 가계약은 물론 본계약까지 모두 동의한다는 결의를 하였으므로 추인에 의해 종전의 결의와 같은 내용의 새로운 결의를 한 것으로 볼 것인바, 이 사건의 소는 과거의 법률관계 내지 권리관계의 확인을 구하는 경우이거나 확인의 이익이 인정되지 아니하는 경우로서 확인의 소로서의 권리보호요건을 결여하였으므로 부적법하여 각하판결을 하였다.

(2) 대상판결 – 상고 기각

1) 상고이유

재건축조합의 구성원 간에 의제된 합의가 있는 경우에는 그 합의 내용을 변경함에 있어서는 조합원 전원의 합의가 필요하다는 것이 대법원 판례의 입장임에도 불구하고 원심이 이에 반하여 조합원 5분의 4 이상의 결의만으로 이를 변경할 수 있다고 판단한 것은 판례(대법원 1998. 6. 26. 선고 98다15996 판결) 위반이다.

2) 대법원의 판단

“집합건물의 소유 및 관리에 관한 법률(이하 ‘집합건물법’이라 한다) 제49조에 의하면, 재건축의 결의에 찬성한 각 구분소유자, 재건축의 결의의 내용에 다른 재건축에 참가할 뜻을 회답한 각 구분소유자 및 구분소유권 또는 대지사용권을 매수한 각 매수지정자(이들의 승계인을 포함한다)는 재건축결의의 내용에 따른 재건축에 합의한 것으로 본다고 규정하고 있는바, 재건축의 결의가 유효하게 성립한 후에는 재건축결의에 찬성한 구분소유자 등으로 구성되는 단체에 의하여 재건축사업이 실행되는 것이므로 집합건물법상의 규약, 집회 및 관리단에 대한 규정은 원칙적으로 적용되지 아니하고, 단체의 성격에 따라 민법상의 조합 또는 사단법인에 관한 규정이 적용된다 할 것이다. 그런데 재건축결의에 따라 설립된 재건축조합은 민법상의 비법인 사단에 해당하므로(대법원 2001. 5. 29. 선고 2000다10246 판결 등 참조) 그 구성원의 의사의 합의는 총회의 결의에 의할 수밖에 없다고 할 것이나, 다만 위 의제된 합의 내용인 재건축결의의 내용을 변경함에 있어서는 그것이 구성원인 조합원의 이해관계에 미치는 영향에 비추어 재건축결의시의 의결정족수를 규정한 집합건물법 제47조 제2항을 유추적용하여 조합원 5분의 4 이상의 결의가 필요하다고 할 것이다.

이와 달리 집합건물법 제49조에 의하여 재건축에 관한 합의가 이루어진 경우,

그 의제된 합의의 내용인 재건축결의의 내용을 변경함에 있어서는 조합원 전원의 합의가 필요하다고 한 대법원 1998. 6. 26. 선고 98다15996 판결은 이 판결의 견해와 저촉되는 한도에서 변경하기로 한다."

Ⅱ. 평 석

1. 사안의 쟁점

이 사건 정기총회(1999. 5. 15.)에서 피고조합이 1995. 6. 6.의 재건축결의 내용을 변경하는 결의(즉, 건축비용의 개산액, 무상지분율 등이 변경된 가계약서 시안에 대한 찬반의 안)를 함에 있어 피고조합 총원의 70.9%의 동의를 받았으나, 그 후 2001. 6. 3. 동·호수 추첨을 하는 정기총회에서 서면결의를 통하여 피고조합 총원 781명 중 686명(약 87.8%)이 가계약 및 본계약에 동의한다는 결의를 하였는바, 의제된 합의의 내용인 재건축결의의 내용을 변경하기 위해 필요한 의결정족수가 이 사안의 핵심쟁점이다.

2. 재건축결의 내용(의제된 합의)의 변경을 위한 의결정족수

(1) 문제제기

집합건물법 제47조 제2항은 "재건축결의는 전체 구분소유자 및 의결권의 각 5분의 4 이상의 다수에 의한 결의에 의한다"라고 함으로써 기존의 집합건물을 철거하고 그 대지 위에 새로운 집합건물을 건축하기로 하는 재건축결의에 관한 의결정족수에 대해서는 5분의 4 이상의 다수결을 요구하고 있다. 그러나 재건축결의의 내용(의제된 합의)[1]을 변경하기 위한 의결정족수에 대해서는 법률은 아무런 규정을 두고 있지 않다.

다만 대법원 1998. 6. 26. 선고 98다15996 판결에서 "재건축의 결의가 유효하

---

1) 집합건물법 제49조는 "재건축의 결의에 찬성한 각 구분소유자, 재건축의 결의의 내용에 따른 재건축에 참가할 뜻을 회답한 각 구분소유자 및 구분소유권 또는 대지사용권을 매수한 각 매수지정자는 재건축의 결의의 내용에 따른 재건축에 합의한 것으로 본다."고 규정하고 있는데, 이를 '합의의 의제' 내지 '의제된 합의'라고 한다. 이는 통상 재건축결의가 있은 후 재건축결의의 실행도 구분소유자의 단체(관리단집회)가 실행하나, 일단 유효한 재건축결의가 있는 한 재건축결의 당시에 구분소유자가 아니었던 자를 포함하여 재건축참가자들의 집단이 공동으로 행하게 된다는 것을 간접적으로 표현하고 있다(김대원, "집합건물의 소유 및 관리에 관한 법률 제49조의 재건축에 관한 합의내용의 변경을 위한 의결정족수", 「대법원판례해설」 제54호(2005년 상반기), 124면).

게 성립한 후에는 재건축결의에 찬성한 구분소유자 등으로 구성되는 단체에 의하여 재건축사업이 실행되는 것이므로 집합건물의 소유 및 관리에 관한 법률상의 규약・집회 및 관리단에 대한 규정은 원칙적으로 적용되지 아니하고, 단체의 성격에 따라 민법상의 조합 또는 사단법인에 관한 규정이 적용된다 할 것이나, 위 의제된 합의 내용인 재건축결의의 내용을 변경함에 있어서는 조합원 전원의 합의가 필요하다"고 판시함으로써 조합원 전원의 합의를 요구하였다.

그런데 위 판결은 문언만을 보면 재건축결의의 내용 변경을 위한 의결정족수에 대한 대법원의 태도를 밝힌 것으로 보이나, 해당 판결은 하자 있는 재건축결의의 치유를 위한 의결정족수가 주된 쟁점이었고 재건축결의의 내용을 변경하는 데 필요한 정족수는 그 쟁점이 아니었으므로 재건축결의의 내용을 변경하는 데 필요한 정족수에 관한 법적 판단이 행하여진 판결이라고 보기는 어렵다.[2] 그럼에도 불구하고 위 판결로 인해 하급심에서는 재건축결의의 내용을 변경하는 총회결의는 조합원 전원의 합의가 없는 한 무효라고 판단하는 사례와 재건축결의에 관한 집합건물법 제47조 제2항을 준용하여 조합원 5분의 4 이상의 다수에 의한 결의가 있으면 총회결의는 유효하다고 판단하는 사례로 나뉘고 있었다. 재건축결의 내용 변경을 위한 의결정족수에 관한 견해들을 살펴보면 다음과 같다.

(2) 견해의 대립

1) 전원합의설

이 견해는 대법원 1998. 6. 26. 선고 98다15996 판결에서와 같이 조합원 전원의 합의가 필요하다는 견해이다. 그 논거로는 의제된 합의의 성질이 민법상의 조합계약과 유사하므로 재건축결의의 내용을 변경하는 경우에는 재건축조합이 조합원 전원의 합의에 의해서만 이를 변경할 수 있고, 재건축결의에 의하여 구분소유관계는 소멸하므로 재건축에 참가하지 아니하는 구분소유자를 구분소유관계로부터 배제함으로써 재건축에 동의한 사람들만이 재건축조합의 조합원이 되어 재건축에 참가하게 되는데, 이 경우 기존 재건축결의를 존중하여 재건축에 참가하였으나 재건축결의가 변경되어 이해관계가 달라짐으로써 재건축참가를 포기, 즉 조합에서 탈퇴하고자 하는 조합원이 발생하게 되는데, 이 때 재건축조합의 성질상 임의탈퇴가 불가능하므로 이러한 조합원을 보호하기 위해서도 재건축결의의 변경

2) 김대원, 전게논문, 126면.

에는 재건축에 동의한 사람들로 구성된 조합원 전원의 동의가 있어야 한다는 견해이다.[3] 이 견해는 의제된 합의에 의하여 조합이 성립한다고 보고 있는 일본의 견해를 그대로 수용한 것이나,[4] 재건축결의의 내용을 변경함에 있어서 조합원 전원의 동의를 얻어야 한다면 급격한 경제사정의 변화 등에 대처하지 못할 뿐만 아니라 조합원 1인의 반대라도 있으면 사업시행이 불가능하다는 점에서 비판이 제기되고 있다.

2) 특별정족수설

이 견해는 재건축결의의 내용을 변경하기 위해서 조합원 전원합의를 요할 경우 재건축 진행이 사실상 불가능하므로 재건축결의나 재건축결의의 하자를 치유하는 결의에 준하여 조합원 5분의 4 이상의 결의로 가능하다는 견해이다. 그 논거로 원래 재건축결의에 특별다수결을 요하는 것은 적어도 재건축결의사항은 재건축에 있어 이해관계가 대립되는 조합원들 간에 형평을 기하기 위한 것이고, 재건축결의 사항의 변경은 실질적으로는 재건축결의나 다름없는 것이므로 재건축결의에 준하는 특별정족수인 조합원 5분의 4 이상의 동의가 필요하고, 종래 대법원 판례가 재건축결의의 하자를 추인하기 위해서 특별정족수인 조합원 5분의 4 이상의 동의가 필요하다고 하고 있으므로,[5] 이 점을 참작하면 재건축결의의 변경에도 조합원 5분의 4 이상의 동의가 필요하다는 것이다. 이 견해는 조합원 5분의 4라는 특별다수의 의결정족수가 요구되는 시점은 구분소유자들이 재건축조합이라는 단체에 가입하는 단계 즉 재건축결의시일뿐이고 재건축에 찬성하여 재건축조합에 가입한 구분소유자들은 비법인사단의 구성원으로서 단체법적 통제를 받는 조합원들 간의 내부적 의사결정절차에 위임하였다고 볼 것이므로 조합규약이나 법령에 특별히 정한 바가 없는 한 조합원의 5분의 4라는 특별다수의 의결정족수가 요구될 수는 없으며, 또한 일단 재건축이 진행되면 모두 이주하기 때문에 5분의 4라

---

3) 김대원, 전게논문, 127－128면.

4) 일본의 통설은 의제된 합의의 내용에 관하여 조합계약 내지 조합계약에 유사한 계약으로 보아 재건축사업을 수행하는 과정에서 설계상의 사정, 자재가격의 변경 등에 의하여 재건축결의 내용을 변경할 필요성이 생긴 경우에는 재건축조합은 조합원 전원에 합의에 의하여만 이를 변경할 수 있으나, 재건축공사의 구체적 사항(가령, 재건축공사의 착공시기의 결정) 등은 재건축결의에서 정하여진 이외의 사항에 관해서는 단체의 성격에 따라 그에 합당한 의사결정 과정을 거쳐 결정하면 족하고, 반드시 전원의 동의를 얻을 필요는 없다고 한다(青山正明 編, 注解 不動産法 5(區分所有法), 青林書院, 1997, 370面).

5) 대법원 2000. 5. 16. 선고 99다9769 판결; 대법원 2003. 5. 27. 선고 2002다14532, 14549 판결 등.

는 특별다수의 결의를 시도하더라도 그 의결정족수를 충족하기는 매우 어렵다는 점에서 비판이 가해지고 있다.

3) 조합규약설

이 견해는 재건축결의를 변경하는 의사결정은 정관이나 법령에서 정하는 바에 따라야 한다는 견해로서 그 논거는 판례가 재건축조합의 성격을 비법인사단으로 보고 있으므로 재건축결의를 변경하는 의사결정은 정관(규약)이나 법령에서 정하는 바에 따라야 한다는 것이다. 따라서 정관이나 법률에 달리 정한 바가 없다면 규약상의 일반정족수인 제적과반수 출석에 출석 과반수의 찬성이면 충분하다는 입장이다. 이 견해에 따르면 재건축조합은 재건축에 반대하는 소수의 조합원의 반대를 극복하고 다수의 이익을 실현하기 위한 것인데, 제적과반수 출석에 출석 과반수의 찬성에 의해 재건축결의내용 변경을 허용하게 되면 극단적인 경우 전 조합원 중 51%의 출석에 출석조합원 51%의 찬성, 즉 26%의 찬성으로 재건축결의를 변경하게 되므로 오히려 소수가 다수를 지배하게 되어 재의결에 반대하는 다수 조합원의 보호에 미흡하게 된다는 점에서 비판이 가해지고 있다.

3. 이 사건 대법원 판결의 검토

이 사건 대법원 판결은 종래의 대법원 판결과 마찬가지로 재건축조합의 법적 성격을 비법인사단의 하나로 보고 있다.[6)] 따라서 재건축결의의 내용을 변경하는 의사결정도 정관(규약)이나 법령에서 정하는 바에 따라야 하며, 정관(규약)이나 법령에서 달리 정한 바가 없다면 사단법인 총회결의에 관한 민법 제75조를 준용하여 일반정족수인 재적조합원 과반수출석에 출석조합원 과반수의 찬성이 있으면 재건축결의의 내용을 변경할 수 있도록 하는 것이 논리적으로 타당할 것이다.

그러나 이 사건 대법원은 재건축결의의 내용을 변경하는 의사결정이 구성원인 조합원의 이해관계에 미치는 영향에 비추어 볼 때 재건축결의시의 의결정족수를 규정한 집합건물법 제47조 제2항을 유추적용하여 조합원 5분의 4 이상의 결의가 필요하다고 보았다. 이는 재건축결의의 내용을 변경하는 것도 실질적으로 재건축결의와 마찬가지로 조합원의 이해관계에 중요한 영향을 미치기 때문에 집합건물

6) 대법원 1996. 3. 26. 선고 95다35579, 35586 판결; 대법원 1996. 10. 25. 선고 95다56886 판결; 대법원 1997. 5. 30. 선고 96다23887 판결 등 참조.

법 제47조 제2항에서 정하고 있는 재건축결의의 의결정족수를 유추적용하는 것이 타당하다고 본 것이다.

이 사건 재건축조합이 1995년 창립총회에서 건축비용의 개산액 2,650억원과 무상지분율 117.2%를 1999년 정기총회에서 건축비용의 개산액은 3,650억원으로, 무상지분율은 108.6%로 결의 내용을 변경한 것은 조합원들의 이해관계에 중요한 영향을 미치는 사항이라는 데 이견은 없을 것이다. 그런데, 단지 재건축조합의 성격이 비법인사단이라는 이유로 재적조합원 과반수의 출석과 출석조합원 과반수의 찬성으로 재건축결의 내용 변경을 허용한다면 본 사안의 경우 조합원 총원 781명 중에서 196명의 동의만으로도 결의내용을 변경할 수 있게 된다. 이는 재건축결의 제도의 취지에도 어긋날 뿐만 아니라 소수가 다수를 지배하게 되어 재의결에 반대하는 다수 조합원의 보호에도 미흡하게 된다는 점에서 수용하기 어렵다.

또한 대법원은 재건축결의 내용을 변경하기 위한 의결정족수에 대해 조합원 전원의 합의가 필요하다고 한 기존의 대법원 1998. 6. 26. 선고 98다15996 판결을 변경하였다. 이는 조합원 전원의 합의가 있어야 결의내용을 변경할 수 있다고 한다면 1인이라도 반대하는 조합원이 있는 경우 결의내용의 변경이 불가능할 뿐만 아니라 이로 인해 장기간 소요되는 재건축사업의 특성상, 여러 사회적·경제적 사정의 변화에도 대처하지 못해 결국 재건축사업 자체가 무산될 수도 있다. 따라서 재건축결의 내용 변경을 위한 의결정족수에 관해 별도의 규정을 두고 있지 않은 현행 법제하에서 재건축결의 정족수에 관한 집합건물법 제47조 제2항을 유추적용함으로써 재건축결의 내용 변경시에도 조합원 5분의 4 이상의 찬성을 필요로 한다고 본 대법원 판결의 태도는 조합원들간의 형평에 기한 것으로서 타당하다고 사료된다.

4. 이 판결의 의의

이 판결은 재건축결의 내용의 변경을 위한 의결정족수에 대하여 조합원 전원의 합의를 요한다고 한 대법원 1998. 6. 26. 선고 98다15996 판결을 변경한 전원합의체 판결이라는 점에서 그 의미가 있다.

다만 이 사건 대법원 전원합의체 판결 이후 도시정비법이 일부 개정되어 제16조(조합설립인가등)에서, "주택재건축사업의 추진위원회가 조합을 설립하고자 하는 때에는 집합건물의 소유 및 관리에 관한 법률 제47조 제1항 및 제2항의 규정에도 불구하고 주택단지 안의 공동주택의 각 동별 구분소유자의 3분의 2 이상 및 토지면적의 2분의 1 이상의 토지소유자의 동의와 주택단지안의 전체 구분소유자의 4분의 3 이상 및 토지면적의 4분의 3 이상의 토지소유자의 동의를 얻어 정관 및 국토해양부령이 정하는 서류를 첨부하여 시장·군수의 인가를 받아야 한다. 인가받은 사항을 변경하고자 하는 때에도 또한 같다(개정 2007. 12. 21., 2008. 2. 29. 제8852호).”라고 함으로써 재건축사업에 있어서 재건축결의 내용을 변경하는 때에는 각 동별 구분소유자의 3분의 2 이상 및 토지면적의 2분의 1 이상의 토지소유자의 동의와 주택단지 안의 전체 구분소유자의 4분의 3 이상 및 토지면적의 4분의 3 이상의 동의를 얻어 재건축결의 내용을 변경하게 되었다. 이에 따라 법원은 재건축결의 내용 변경을 위한 의결정족수는 구분소유자 3분의 2 이상의 동의를 요하는 판결이 주를 이루게 되었다.

동 규정은 현행 도시정비법 제35조(조합설립인가등)에 그대로 유지되다가 2025. 1. 도시정비법 일부개정을 통해 조합설립동의요건이 완화되었다. 종전에는 재건축사업의 추진위원회가 조합을 설립하려는 때에는 주택단지의 공동주택의 각 동별 구분소유자의 과반수의 동의와 주택단지의 전체 구분소유자의 4분의 3 이상 및 토지면적의 4분의 3 이상의 토지소유자의 동의를 받도록 하던 것을, 복리시설로서 대통령령으로 정하는 경우의 각 동별 구분소유자의 동의요건을 3분의 1 이상의 동의로 완화하고, 주택단지의 전체 구분소유자 및 토지소유자 각각의 동의요건을 100분의 70 이상의 동의로 조합설립 동의요건을 완화한 것이다(제35조 제3항). 그러나 인가받은 사항을 변경하기 위한 동의요건에 관한 동조 제5항은 개정 없이 “총회에서 조합원의 3분의 2 이상의 찬성으로 의결하고, 대통령령으로 정하는 경미한 사항을 변경하려는 때에는 총회의 의결 없이 시장·군수 등에게 신고하고 변경할 수 있다.”라고 함으로써 현행대로 조합원의 3분의 2 이상의 찬성에 의해 재건축결의 내용을 변경할 수 있도록 하였다. 따라서 이 사건 대법원 판결은 재건축결의 내용 변경시 필요한 의결정족수에 관해 별도의 법률 규정이 없었을 당시에는 이에 관한 선례로서 중요한 의미가 있었으나 그 후 도시정비법의 일부개정을 통해 이에 관한 규정을 둠으로써 사실상 그 의미는 상실한 것으로 보인다.

재건축비용 분담에 관한 사항과 재건축결의

– 대법원 2005. 4. 29. 선고 2004다7002 판결 –

장 병 일*

Ⅰ. 서 론

집합건물의 경우 단독주택과 성격이 달라서 다른 구분소유자들의 협조와 동의 없이는 단독으로 자신의 구분소유 부분만을 재건축할 수 없다. 이에 기존 건물을 철거하고 그 대지를 구분소유권의 목적이 될 새 건물의 대지로 이용할 수 있도록 「집합건물의 소유 및 관리에 관한 법률」(이하 '집합건물법')이 제정되어(1984. 4. 10.) 건물 전체에 대한 재건축을 추진할 수 있는 그 법적 근거를 마련하였다.

그리고 재건축사업은 새로운 건물을 신축하여 각 구분소유권자에게 그 구분소유권을 다시 귀속시키는 사업이므로 이 사업에 찬성자가 있는 반면 반대자도 있을 수 있으므로 다수결의 원리에 따라 일정 비율의 찬성비율을 요한다. 그래서 구분소유자 5분의 4 이상 및 의결권 5분의 4 이상의 동의로 재건축결의를 할 수 있음을 법으로 정하고 있다(집합건물법 제47조 제2항). 또한 이러한 재건축결의를 할 때에는 ① 새 건물의 설계 개요, ② 건물의 철거 및 새 건물의 건축에 드는 비용을 개략적으로 산정한 금액, ③ 재건축 비용의 분담에 관한 사항, ④ 새 건물의 구분소유권 귀속에 관한 사항들을 내용으로 정해야 함을 정하고 있다(동법 제47조 제3항).

이에 본 평석은 정비사업을 위한 재건축결의시 재건축비용 분담에 관한 사항을 정하지 않은 재건축사업조합의 설립에 관한 대법원 판결에 대하여 위 법률 규정들을 근거로 하여 그 내용들을 살펴보고자 한다.

* 동아대학교 법학전문대학원 교수, 법학박사(Dr.iur.)

Ⅱ. 사안의 개요 및 소송의 경과

1. 사안의 개요

① 아파트 건물 재건축을 위하여 위 아파트의 동대표들로 추진위원회를 구성한 후 주민총회를 개최하여 원고(甲)를 조합장으로 선출하고, 조합규약을 인준함으로써 피고조합(乙) 결성하였고, 또한 당해 조합의 규약에 따른 대의원회 구성하여 부조합장 등 임원진 선출하였다. 본 사안에서는 재건축비용 분담에 관한 사항을 정한 내용은 보이지 않는다.

② 피고 조합(乙)은 관할 지자체(천안)에 주택조합설립인가 신청서를 제출하여 관할 지자체의 보완지시와 함께 반려되었다. 그 후 이루어진 설립신청서도 관련 서류 미비를 이유로 재차 반려되었다.

③ 신청서가 반려된 이후 피고조합(乙)의 대의원들은 원고(甲)의 조합설립인가 신청의 지연을 이유로 조합 규약에 따라 원고에게 임시총회의 소집을 요구하였으나, 원고(甲)는 소집요구서에 결재를 했지만, 그에 따른 임시총회를 소집절차는 이행하지 않았다.

④ 그 이후 원고(甲)이 계속하여 임시총회 소집절차를 취하지 않자, 피고조합(乙)은 재건축사업의 속행을 위해 당해 조합(乙)의 부위원장이던 丙을 위원장으로 하여 전체 조합원의 4/5 이상의 찬성으로 제2의 재건축 추진위원회가 구성되었다. 이러한 경우 조합규약에 따라 조합장에 의한 소집절차가 있어야 했지만, 그러한 절차를 밟지 않았다.

⑤ 제2재건축 추진위원회는 2002. 3. 15. 지자체장으로부터 재건축조합 설립인가를 받아 새로 재건축조합을 설립하였다.

2. 주요 쟁점

위 사건과 관련하여 원고(甲)는 주위적으로 임시조합 총회소집 요구 절차에 하자(조합규약에 따른 소집절차의 미이행)가 있으므로 (제2)재건축조합 설립 자체가 무효이며, 예비적으로 재건축조합의 총회결의에 내용상 하자가 있으므로 그 취소(제2재건축조합 설립 취소)를 구하였다. 이에 대한 1심 판단은 원고의 주위적 청구와 예비적 청구를 모두 배척함에 따라 원고패소하였고, 이에 대해 항소를 제기하였다. 원심에서는 1심의 결론과는 반대로 임시조합총회 소집 절차의 하자도 인하여 재건축조합 설립의 무효와 그 취소 취지의 항소 청구를 인용하여 1심 판결을 모두 취소하였다.

이와 관련하여 대법원은 피고조합에 의한 재건축결의의 내용상 하자(재건축비용 분담)에 관한 판단과 제2재건축조합의 설립절차의 하자를 판단함과 동시에 (3) 관할청의 인가가 당해 사건에 있어서 어떠한 법적 기능을 가지는지와 관련하여 조합설립 인가행위의 법적 성격에 관한 판단들이 주요 쟁점이다.

3. 소송의 경과

(1) 1심 판결의 요지(대전지방법원 천안지원 2002. 9. 27. 선고 2001가합2337 판결)

1심 법원은 원고의 소집절차에 중대한 하자가 있다는 주위적 주장에 대하여 피고조합과 재건축조합은 동일한 조합이지만, ① 규약상 소집권자가 조합장으로만 한정되어 있어 원고가 피고조합의 조합장으로서 재건축사업을 추진하다가 그 업무를 거의 중단하다시피 하였을 뿐만 아니라 임시총회 소집요구에 불응하여 조합총회를 소집할 수 없었던 점, ② 원고가 총회소집을 거부하면서 재건축사업의 추진을 거의 중단하다시피 한 상태에서 조합원들의 재건축추진위원회를 구성하여 추진위원장 명의로 소집통지를 한 후 제2재건축조합의 조합장을 새로 선출한 것은 피고조합의 설립 목적 달성을 위한 불가피한 선택이었던 점을 볼 때 원고가 주장하는 소집절차상의 하자만으로는 이 사건 결의는 무효로 보기는 어렵다고 보아서 조합장에 의한 소집절차를 밟지 않아서 하자가 있다는 원고(甲)의 주장을 기각하였다. 예비적으로 재건축결의 내용상의 하자로 인한 설립 취소를 구하였으나, 그 취소를 구하는 소를 제기할 수 있다는 법률상의 근거가 없다는 점을 들어 각하 판단을 내렸다. 이에 원고는 항소하였다.

(2) 원심 판결의 요지(대전고등법원 2004. 1. 7. 선고 2002나7860 판결)

원심법원은 1심 판결의 내용을 모두 취소하였다. 즉 피고조합과 재건축조합이 동일체임을 전제로 하여 피고조합 총회에서의 결의 내용들은 다음과 같은 사유로 모두 무효라고 판단하였다. 그 이유로서

첫째, 피고조합의 조합원들이 그대로 조합원자격을 유지한 채 1심 원고(甲, 항

소인)의 총회 소집 거부 및 재건축사업 중단을 이유로 새로운 조합을 결성하기 위한 재건축추진위원회를 구성하여 활동하였다는 사유만으로 비법인사단에 해당하는 피고조합(乙, 피항소인)이 자연적으로 소멸하였다고 보기 어렵다. 본 사안의 동일 집단 내에서의 관할청의 인가행위는 그 대상이 되는 기본행위를 보충하여 법률상 효력을 완성시키는 보충적 행정행위로서 성질상 기본행위인 주택조합의 설립행위를 떠나 인가처분 자체만으로는 법률상 아무런 효력을 발생할 수 없으므로 인가처분의 존재 여부가 재건축조합 실체의 존부를 좌우하는 것이 아니다. 따라서 관할청으로부터 설립인가를 받지 못하였다고 하여 재건축조합으로서의 실체가 없다고 볼 수 없다고 하였다. 피고조합(乙)과 재건축조합은 동일한 조합이라 보았다.

둘째, 피고조합(乙)과 재건축조합이 동일한 조합인 이상 그 실질은 조합장의 개임 등을 내용으로 하는 피고조합의 총회결의라고 할 것이고, 피고조합의 규약상 조합총회는 조합원 또는 재적 대의원 1/3 이상의 소집요구에 따라 조합장이 소집하는 것으로 규정되어 있음에도 불구하고, 이러한 소집절차를 거치지 아니하고 조합장이 아닌 자(丙)가 추진위원장으로서 조합원들에게 소집통지를 하여, 개최된 위 조합총회는 적법한 임시총회로 볼 수 없다고 보았다.

결론적으로 원심은 이 사건 재건축조합 설립은 그 절차상 무효이고, 피고조합(乙)이 이를 다투고 있는 이상 그 확인을 구할 이익도 있다고 할 것이므로, 원고(甲)의 이 사건 청구는 이유 있어 이를 인용하였다. 이에 1심은 모두 취소되었고, 피항소인(乙)은 대법원에 상고하였다.

(3) 대법원 판결의 요지

대상판결에서는 1심과 원심에서 논의하지 않았던 재건축결의 내용에 관한 것으로서 재건축 비용분담에 관한 사항을 정하지 아니한 재건축결의는 무효라고 하여 판단하였다.[1] 즉 재건축의 실행단계에서 다시 비용 분담에 관한 합의를 하지 않아도 될 정도로 그 분담액 또는 산출기준을 정하였다는 점을 인정할 만한 자료가 없기 때문에 위 재건축결의는 효력이 없다고 하여 재건축 비용의 분담에 관한 사항을 정하지 않은 재건축결의는 무효라고 판단하였다.

그리고 동일한 조합원에 의해 새로 설립된 재건축조합이 비록 관할청의 조합설립 인가를 받았다 하더라도 이 사안에서의 인가처분 행위는 공법상의 관계에서이

1) 대법원 1998. 6. 26. 선고 98다15996 판결; 대법원 2002. 3. 15. 선고 2001다77819 판결.

지 주택조합과 조합원 사이의 내부적인 관계에까지 영향을 미치는 것은 아니라고 하였다. 그 결과 새로운 조합을 설립하는 형식을 취하였다 하더라도 그 실질은 조합장의 개임 등을 내용으로 하는 피고조합 총회결의에 해당하여, 당해 조합 규약상 조합총회는 조합원 또는 재적 대의원 1/3 이상의 소집요구와 조합장의 총회 소집 공고를 조합장이 아닌 자격 없는 부위원장(丙)에 의하여 조합원들에게 소집통지하여 개최되었으므로 임시총회 소집절차에 하자가 있다고 하여 피항고인(乙)의 상고를 모두 기각하였다.

Ⅲ. 평 석

1. 논 점

대상판례는 두 개의 내용을 논점으로 하고 있다. 하나는 재건축사업을 시작할 시점에 재건축에 동의할 것인가의 여부를 결정하는 중요한 요소 중 하나로서 재건축비용분담에 관한 사항을 정하지 않은 재건축결의에 관한 것이고, 다음은 재건축사업을 위하여 조합을 결성하고 조합규약에 따라 조합이 설립되었음에도 불구하고 목적한 재건축사업이 제대로 진행되지 않다는 이유로 규약에 따른 소집절차를 결하여 재건축추진위원회를 구성하여 관할청의 조합설립인가까지 취득한 재건축사업조합 사이의 효력에 관한 것이다. 따라서 재건축정비사업에 있어서 재건축결의의 중요성과 「집합건물법」상의 재건축조합과 「도시정비법」상의 재건축사업조합의 법적 성질을 살펴보고자 한다.

2. 재건축

(1) 재건축사업

재건축 필요가 있는 경우 관리단은 재건축추진위원회를 구성하여 재건축 개요와 자본운영계획서를 마련하고 관리단집회를 소집하여 재건축 여부를 결의하고, 한편 재건축추진위원회는 재건축결의와 함께 재건축조합을 결성하여 조합을 중심으로 실행하게 된다.

재건축은 1984. 4. 10. 「집합건물법」이 제정되어 아파트, 연립주택 등 집합건물의 경우 단독주택과 달라 다른 구분소유자의 협조 없이 단독으로 자신의 구분소유 부분만을 대상으로 재건축을 할 수 없는 문제를 해결하여 건물 전체에 대한 재건축을 추진할 수 있는 근거를 마련하였고(동법 제47조 제1항), 그 후 1987. 12. 폐지된 「주택건설촉진법」(현 주택법) 제3조(용어의 정의)를 개정하면서 재건축사업 추진을 위한 법적 근거가 되었다.[2] 그 후 도시정비법」이 제정되면서(2002. 12. 30.) 사적인 사업이 공적인 사업으로 변경되는 경우, 즉 도시정비구역 또는 정비구역 밖이지만 일정규모 이상인 집합건물의 재건축사업 추진의 경우에는 주로 「도시정비법」, 「건축법」 등의 적용을 받는다.

재건축사업은 정비기반시설은 양호하나 노후·불량건축물에 해당하는 공동주택이 밀집한 지역에서 주거환경을 개선하기 위한 사업을 의미한다(도시정비법 제2호 다목). 이러한 재건축사업은 「집합건물법」상의 재건축결의(동법 제47조)와 재건축합의(동법 제49조), 매도청구권(동법 제48조), 그리고 「도시정비법」상의 재건축조합 설립인가(동법 제35조 제2항, 제36조), 매도청구소송(도시정비법 제64조 제1항 제1호)에서 그 근거를 찾을 수 있다. 공적 사업으로서의 재건축사업에 대한 전체적인 진행은 일반적으로 「도시정비법」에 따라 ① 사업준비단계 → ② 사업시행 단계 → ③ 관리처분단계 → ④ 완료의 순서로 진행된다.

(2) 재개발사업 및 리모델링과의 구분

재개발사업이란 정비기반시설이 열악하고 노후·불량건축물이 밀집한 지역에서 주거환경을 개선하거나 상업지역·공업지역 등에서 도시기능의 회복 및 상권활성화 등을 위하여 도시환경을 개선하기 위한 사업이며(동법 제2조 제2호 나목), 재건축사업과 함께 도시기능의 회복이 필요하거나 주거환경이 불량한 지역을 계획적으로 정비하고 노후·불량건축물을 효율적으로 개량하여 도시환경을 개선하고 주거생활의 질을 높이기 위한 「도시정비법」상의 정비사업 중 하나이다. 우리나라의 재개발사업은 1971년의 구 「도시계획법」에 재개발사업의 집행절차에 관한 규정이 신설되고, 1973년에 「주택개량촉진에 관한 임시조치법」이 제정되는 한편, 서울에서 청운지구를 비롯한 195개 지역이 재개발지구로 지정되면서 본격화하기 시작했고, 그 후 「도시재개발법」을 거쳐서, 2002. 12. 30.에 「도시재개발법」의 폐지와 함께 「도시정비법」이 새로 제정되어 정비사업의 근거를 이루고 있다.[3]

---

2) 부산지방법원, 『판사들이 들려주는 재개발, 재건축이야기』, 부산지방법원, 2010, 19면.

3) 부산지방법원, 『판사들이 들려주는 재개발, 재건축이야기』, 18면.

리모델링은 「주택법」상의 용어로서 건축물의 노후화 억제 또는 기능 향상 등을 위하여 대수선(건축법 제2조(정의) 제1항 제9호)을 하거나 사용승인일부터 15년이 지난 공동주택을 각 세대의 주거전용면적의 30퍼센트 이내에서 증축(세대수 증가형 리모델링, 수직증축형 리모델링)하는 방법으로 그 기능 및 성능을 사용목적에 적합하도록 유지 또는 개량하거나 불필요한 성능과 기능을 삭제 또는 추가하는 행위(주택법 제2조 제25호)를 말한다. 재건축사업이 주로 「도시정비법」 등의 규율을 받게 되면서 재건축사업 시행시 임대주택 건설의무, 재건축 초과이익환수 등에 더해 재건축부담금까지 재건축조합이 부담하게 되면서 그 수익성이 나빠졌다. 이에 비해 리모델링 사업의 경우 그 근거 법률이 「건축법」, 「주택법」이지만, 일정 규모 미만인 경우에는 관계 행정청의 규제를 받지 않아 과거 본 사업의 이점을 누릴 수 있었지만, 현재는 「주택법」 등에 의한 관계 행정청의 규제들이 많아졌다.

3. 재건축결의와 재건축비용분담

(1) 재건축결의의 내용

1) 의의와 결의사항

재건축결의란 기존 건축물을 철거하여 그 대지에 구분소유권의 목적이 될 새 건물을 짓기 위한 사업(재건축사업)을 시행하기 위해 구분소유자들이 모여 재건축사업 시행 결의를 하는 공식적인 의사결정을 의미한다. 이 결의는 법적으로 집합건물의 재건축을 진행하기 위한 첫 단계이자 가장 중요한 절차이며, 재건축을 가능하게 하는 개념이자 그 계기를 제공하며, 그 근거는 「집합건물법」 제47조 제1항에서 찾을 수 있다. 그리고 그 결의에는 ① 새 건물의 설계 개요, ② 건물의 철거 및 새 건물의 건축에 드는 비용을 개략적으로 산정한 금액, ③ 재건축 비용의 분담에 관한 사항, ④ 새 건물의 구분소유권 귀속에 관한 사항들이 내용으로 포함되어 있어야 하며(집합건물법 제47조 제2항 제1호~제4호), 이는 「도시정비법」에서 요구하는 '재건축사업 시행을 위한 토지등소유자의 동의서'에 포함되어야 할 내용들과 겹친다(동법 제27조 제4항).

그리고 재건축사업을 시행하면 찬성자가 있는 반면 반대자도 있기 마련이어서 「집합건물법」에서는 다수결의 원리에 따라 일정 비율 이상의 찬성결의가 있는 경우 한하여 재건축찬성자가 재건축을 시행할 수 있도록 하는 것이 재건축결의의 의미가 있다. 이와 동시에 재건축결의는 재건축에 반대하는 사업구역 내 사람들에 대한 매도청구의 요건과 근거도 된다.[4)]

2) 재건축결의의 특별 의결정족수

재건축결의는 재건축사업의 시작점이라 할 수 있다. 또한 해당 정비사업지구의 재건축결의는 「집합건물법」 제47조(재건축결의) 제2항에서 구분소유자 5분의 4 이상 및 의결권 5분의 4 이상의 동의(도시정비법 제36조의2(토지등소유자가 시행하는 재개발사업에서의 토지등소유자의 동의자 수 산정에 관한 특례))를 요하고 있으며, 다만 재건축 내용이 단지 내 다른 건물의 구분소유자에게 특별한 영향을 미칠 때에는 그 구분소유자의 승낙을 받아야 한다(동조 제1항). 구분소유자의 의결권은 규약에 특별한 규정이 없는 한 각 구분소유자가 가지는 전유부분의 면적비율에 따른다(동법 제37조 제1항, 제12조). 또한 전유부분을 여럿이 공유하는 경우에는 공유자는 관리단집회에서 의결권을 행사할 1인을 정해야 하며, 구분소유자의 승낙을 받아 동일한 전유부분을 점유하는 자가 여럿인 경우에는 해당 구분소유자의 의결권을 행사할 1인을 정하여야 한다(동법 제37조 제2항, 제3항).

이처럼 재건축결의에 특별 의결정족수를 규정한 뜻은 구분소유자들로 하여금 상당한 비용을 부담하면서 재건축에 참가할 것인지, 아니면 시가에 의하여 구분소유권 등을 매도하고 재건축에 참가하지 않을 것인지를 선택하는 기준이 되는 것이기 때문에, 재건축비용은 재건축결의의 내용 중 가장 중요하고 본질적인 부분으로서, 재건축의 실행단계에서 비용 분담에 관한 합의를 다시 하지 않아도 될 정도로 그 분담액 또는 산출기준을 정하여야 하고 이를 정하지 아니한 재건축결의는 특별한 사정이 없는 한 무효이다.

(2) 재건축비용 분담을 정하지 않은 재건축결의

1) 재건축비용의 중요성

재건축비용은 이미 서술했듯이 재건축결의의 내용에 포함되어야 하는 중요한 요소이다. 그 범위는 기존 건물의 철거비, 새로운 건축의 신축비 등 기타 재건축사업을 진행하는 데 필요한 비용 일체를 의미하며, 재건축사업구역 내의 토지등소유자가 상당한 비용을 부담하면서 재건축에 참가할 것인지 아니면 시가에 의하

4) 대법원 2000. 11. 10. 선고 2000다24061 판결, 「집합건물법」 제48조, 「도시정비법」 제64조.

여 소유권을 매도하고 재건축에 참가하지 않을지 선택하는 기준이 된다(집합건물법 제47조 제3항, 제48조, 도시정비법 제27조 제4항 제2호).

재건축사업은 통상 '① 사업준비 ② 사업시행 ③ 관리처분 ④ 완료'의 순서로 진행되는데, 사업준비 단계에서 재건축결의가 이루어지며 사업에의 참가 여부가 결정된다고 볼 수 있다. 예컨대 공동주택 재건축사업의 경우, 몇 평형대의 주택을 얼마나 건설해야 하는지는 위의 과정 중 사업시행 단계에서 결정되고, 이에 따른 공사비용은 시공사 선정, 조합과 시공사와의 건설도급계약이 체결된 후에야 계산할 수 있어서 재건축결의 당시에는 재건축정비사업에 대한 정확한 비용산정이 불가능하다. 따라서 재건축결의 당시에는 앞으로 발생할 수익이나 비용을 어떤 기준으로 하겠다는 분배 기준만을 합의할 수 있고, 각 소유자별로 얼마의 비용을 부담하게 되는지는 사업 진행에 따라 나중에 알게 된다. 그 정확한 비용산정은 불가능하지만 재건축의 실행단계에서 다시 비용 분담에 관한 합의를 하지 않아도 될 정도로 그 분담액 또는 산출기준을 정하면 족하다.[5)]

2) 비용 분담에 관한 사항을 정하지 않은 재건축결의는 무효

① 대법원 2009. 6. 25. 선고 2006다64559 판결 [조합총회결의무효확인]

본 판례의 요지에서 재건축비용의 개산액과 분담에 관한 사항은 구분소유자들로 하여금 상당한 비용을 부담하면서 재건축에 참가할 것인지, 아니면 시가에 의하여 구분소유권 등을 매도하고 재건축에 참가하지 않을 것인지를 선택하는 기준이 되는 것이므로 **재건축결의에서 누락하여서는 아니 되는 것**이기는 하나, 이를 정하는 방법은 재건축의 실행단계에서 다시 비용분담에 관한 합의를 하지 않아도 될 정도로 그 분담액 또는 기준을 정하면 충분하다고 할 것이라고 판시하였다.

재건축비용 분담의 정도와 관련하여 재건축결의 전후로 구분소유자들로부터 제출받은 '재건축결의 및 사업계획 동의서'에 나타나는 사실로부터 알 수 있는데, 그 내용은 ① 신축건물의 대지면적, ② 규모, ③ 건물연면적 등, ④ 신축건물의 설계 개요와 ⑤ 이 사건 재건축에 소요되는 총비용이 구체적으로 제시되어 있고, 비용분담에 관하여는 ① '신축건물의 건축비는 잉여 건축물의 매각(분양)대금으로 충당하고, 부족분은 조합원 입주평형에 따라 공정하게 부담한다'고 기재되어 있는 사실, ② 총회 당시 조합원들에게 배포된 '창립총회 회의자료'에는, '사업성 검토'

5) 대법원 2002. 3. 15. 선고 2001다77819 판결.

라는 항목으로 이 사건 재건축사업에 적용될 용적률과 일반분양가, 평당 건축비에 따른 조합원들의 추가부담금이 예시되어 있고, '사업계획안'의 항목으로 ○○ 아파트의 건축 규모와 내역이 각 예시되어 있으며, 이 사건 재건축에 참여를 희망한 2개 사업단으로부터 각 제시받은 건축비용의 명세 또한 그 내용에 포함되어 있는 사실, ③ 그 다음 총회에서 결의된 피고 조합의 정관은, 비용분담에 관하여 조합은 사업시행에 필요한 비용에 충당하기 위하여 조합원에게 경비를 부과·징수하되, 그 경비는 면적, 이용상황을 고려하여 공평하게 부과하며, 조합원이 출자한 종전의 주택 면적을 기본으로 산정한 주택의 분양대상면적과 사업시행 후 조합원이 분양받을 주택의 규모에 차이가 있을 때에는 일반분양을 위하여 산정하는 단위면적당 가격을 기준으로 환산한 금액으로 비용을 부담하는 것으로 정하고 있는 사실 등의 내용을 볼 때 판례에서 언급한 재건축비용의 범위와 관련하여 이러한 정도는 재건축 실행단계에서 다시 비용분담에 관한 합의를 하지 않아도 될 정도라 보고 있다.

② **대법원 2007. 10. 11. 선고 2005다58786 판결 [소유권신탁등기절차이행등]**

본 판례에서 재건축비용분담과 관련해서는 '「집합건물법」 제47조 제2항에 의하면 재건축의 결의는 구분소유자 및 의결권의 각 4/5 이상의 다수에 의한 결의에 의하도록 규정되어 있고, 같은 조 제3항, 제4항에 의하면 재건축결의를 할 때에는 건물의 철거 및 신건물의 건축에 소요되는 비용의 분담에 관한 사항과 신건물의 구분소유권의 귀속에 관한 사항을 정하여야 하며, 위와 같은 사항은 각 구분소유자 간의 형평이 유지되도록 정하지 아니하면 아니 된다고 규정하고 있는바, 위 재건축 비용의 분담에 관한 사항은 구분소유자들로 하여금 상당한 비용을 부담하면서 재건축에 참가할 것인지, 아니면 시가에 의하여 구분소유권 등을 매도하고 재건축에 참가하지 않을 것인지를 선택하는 기준이 되는 것이고, 재건축결의의 내용 중 가장 중요하고 본질적인 부분으로서, 재건축의 실행단계에서 다시 비용분담에 관한 합의를 하지 않아도 될 정도로 그 분담액 또는 산출기준을 정하여야 하고 **이를 정하지 아니한 재건축결의는 특별한 사정이 없는 한 무효이**다'고 판시하였다.

본 판례에서 인정했던 재건축비용 분담에 관한 사항의 내용으로서 ① '신축건물의 건축비는 잉여건축물의 매각(분양)대금으로 충당하고, 부족분이 생길 경우

조합원의 입주평형에 따라 공정하게 분담한다.', ② '신축건물의 구분소유권 귀속은 현행 소유 대지 지분비율에 따라 형평이 유지되도록 배분하고, 토지는 사업완료 후 배분 평형에 따라 공유지분으로 등기하며, 건물은 조합원 각자의 명의로 소유권보존등기를 마친다. ③ 상가조합원에게 우선 분양하고 남은 잔여 상가, 부대시설은 관계 법령에 따라 일반 분양한다'는 내용의 동의서와 ④ 여러 가지 평당 분양단가와 예상 용적률에 따른 조합원들의 분담액이 가정적으로 예시되어 있었던 사실, ⑤ 한편 원고 조합의 정관에는 사업시행에 필요한 자금은 조합원이 출자한 토지, 조합원들의 분담금 및 신축 건축물의 분양수입금 등으로 충당하기로 되어 있고, 그 분담금은 무상 분양면적과 실제 분양받은 면적에 차이가 있을 경우 그 면적에 대하여 일반분양에 적용되는 단위면적당 가격을 기준으로 환산한 금액으로 정하도록 되어 있는 사실 등이 있다면 재건축의 실행단계에서 다시 비용 분담에 관한 합의를 하지 않아도 될 정도라 봤다.

(3) 소 결

재건축결의는 집합건물의 재건축을 진행하기 위한 첫 단계이자 가장 중요한 절차이다. 그리고 「도시정비법」에서도 토지등소유자에 의한 조합설립을 위한 동의를 요한다. 조합설립을 위한 동의는 「도시정비법 시행령」 제30조 제1항에서 조합설립 인가신청시 토지등소유자의 동의서를 포함하여 신청하여야 한다고 규정하고 있으며, 그 내용으로는 ① 건설되는 건축물의 설계 개요, ② 공사비 등 정비사업비용에 드는 비용, ③ 정비사업비의 분담기준, ④ 사업 완료 후 소유권의 귀속에 관한 사항 그리고 ⑤ 조합 정관이 포함되어야 한다고 규정하고 있는데(동조 제2항), 이는 「집합건물법」 제47조 제3항에서 요구하는 재건축결의의 내용과 대부분 일치하고 있다. 따라서 아파트 등과 같은 공동주택 및 기타 집합건물 재건축의 경우에 「집합건물법」에 근거하며 「도시정비법」상 토지등소유자에 의한 조합설립을 위한 동의라는 점은 집합건물 관리단에 해당한다고 볼 수 있다.

따라서 대상판결도 재건축 비용의 분담에 관한 사항은 재건축결의의 내용 중 가장 중요하고 본질적인 부분으로서, 재건축의 실행단계에서 다시 비용 분담에 관한 합의를 하지 않아도 될 정도로 그 분담액 또는 산출기준을 정하여야 하고 이를 정하지 아니한 재건축결의는 특별한 사정이 없는 한 무효임을 확인하고 있다. 이에 따라 재건축비용부담을 정하지 않은 재건축결의는 무효이며, 그 결의는 피고조합에 의한 특별의결정족수(구분소유자 및 의결권의 각 4/5)를 요한다.

4. 재건축조합

(1) 재건축조합의 법적 지위

집합건물 관리단은 건물의 재건축을 위한 재건축조합을 설립할 수 있다. 여기서 재건축조합이란 건물의 노후, 멸실 기타 사유로 기존의 건물을 철거하고 새로운 건물을 건축하기 위해 결성된 구분소유자 단체를 말한다.[6] 이러한 재건축조합은 「도시정비법」상의 정비사업조합(동법 제38조 제3항)과 구분해야 한다. 따라서 재건축결의의 주체는 구분소유자 집회인 집합건물의 관리단이라 볼 수 있는데, 「집합건물법」 제47조 제1항에서 '... 관리단집회는 그 건물을 철거하여 그 대지를 구분소유권의 목적이 될 새 건물의 대지로 이용할 것을 결의할 수 있다'고 하여 이 점에서 집합건물의 관리단이 재건축 주체임을 알 수 있다. 그리고 집합건물의 재건축권이 건물의 사실적 처분행위에 속한다고 볼 때, 재건축주체로서의 관리단은 구분소유자여야 하며 집합건물의 점유자는 재건축결의권의 주체로서 관리단의 구성원이 될 수 없다.[7]

이러한 재건축조합은 집합건물 관리단의 법적 성질과 관련되어 「민법」상 비법인사단에 해당하므로[8] 「집합건물법」 제49조에 의한 합의내용이 구성원인 조합원의 이해관계에 미치는 영향에 비추어 재건축결의시의 의결정족수를 규정한 같은 법 제47조 제2항을 유추적용하여 조합원 5분의 4 이상의 결의가 필요하다.

결국 재건축조합의 법률적 성질은 통상 비법인사단으로서의 지위를 가지며, 「도시정비법」상 '정비사업조합'의 전단계 단체로 보는 것이 옳을 것이다. 동법에 의하면 재건축을 위한 조합설립인가와 등기를 할 때 법인으로서 성립하고 그 명칭 또한 '정비사업조합'이라 해야 함을 규정하고 있다(동법 제38조).

(2) 재건축 정비사업조합 설립인가의 법적 성격

구 「주택건설촉진법」이 적용되던 당시 대법원은 관할시장 등의 재건축조합설립인가와 관련하여 불량・노후한 주택의 소유자들이 재건축을 위하여 행한 관할

---

6) 박종두, 『집합건물법』(제2판), 삼영사, 371면.
7) 박종두, 위의 책, 371면.
8) 대법원 2005. 4. 21. 선고 2003다4969 전원합의체 판결 참조.

청의 인가를 재건축조합 설립행위를 보충하여 그 법률상 효력을 완성시키는 보충행위(대법원 2000. 9. 5. 선고 99두1854 판결)라 보았다가 「도시정비법」이 시행된 후에는 단순히 사인들의 조합설립행위에 대한 보충행위로서의 성질을 갖는 것에 그치는 것이 아니라 법령상 요건을 갖출 경우 「도시정비법」상 주택재건축사업을 시행할 수 있는 권한을 갖는 행정주체(공법인)로서의 지위를 부여하는 일종의 설권적 처분의 성격을 갖는다고 판시하였다.[9] 이 판결 이후에는 조합설립인가처분의 법적 성격을 일관되게 설권적 처분으로 보고 있다.[10] 이와 더불어 「도시정비법」 제16조(조합의 설립인가 등)와 제18조(조합의 법인격 등)에 따라 관할청의 설립인가와 설립등기를 함으로써 공법인이 된다.

대상판결의 경우는 동일 조합원에 의해 재차 재건축조합이 설립되어 2개의 조합조직이 병존하는 형태이고, 결국 이는 조합장 개임사건에 불과하다 보았다. 따라서 대상판결의 사안에서 행해진 관할청의 인가행위는 그 대상이 되는 기본행위를 보충하여 법률상 효력을 완성시키는 보충행위로서의 법적 성질을 가진다. 따라서 조합 내부간 사정에 대하여는 공법적 성격을 갖는 관할청의 인가행위는 영향을 미치지 않는다(대법원 1995. 12. 12. 선고 95누7338 판결, 2000. 9. 5. 선고 99두1854 판결 등 참조)고 보아 조합설립행위에 하자가 있을 때에는 그에 대한 인가가 있다 하더라도 기본행위인 조합설립이 유효한 것으로 될 수 없고, 따라서 그 기본행위는 적법유효하나 보충행위인 인가처분에만 하자가 있는 경우에는 그 인가처분의 취소나 무효확인을 구할 수 있다.

Ⅳ. 결 론

대상판결은 기존 조합원들의 협의로 다시 새로운 재건축조합이 설립됨으로써 조합과 조합원 간 법적 분쟁이 문제로 되었던 사안이다. 우선 재건축 비용분담과 관련해서 볼 때, 「집합건물법」 제47조 제3항에서는 재건축결의의 내용으로서 ① 새 건물의 설계 개요, ② 건물의 철거 및 새 건물의 건축에 드는 비용을 개략적으로 산정한 금액, ③ 재건축 비용의 분담에 관한 사항, ④ 새 건물의 구분소유권

9) 대법원 2009. 9. 24. 선고 2008다60568 판결.

10) 차흥권, 『재개발 재건축 실무해설』, 법률신문사, 2021, 175면; 대법원 2023. 8. 18. 선고 2022두51901 판결 참조.

귀속에 관한 사항을 정하여야 함을 규정하고 있다. 이 중에서 재건축비용 분담에 관한 사항은 재건축사업을 추진하려는 집합건물의 구분소유자들 또는 토지소유자 등의 입장에서는 당해 정비사업에의 참여 여부를 결정하는 가장 중요한 요소로서 그에 관한 사항을 정하지 않은 재건축결의는 무효라 보아야 할 것이다. 이러한 점을 판단한 대상판례는 기존 대법원의 입장과 다르지 않으며, 이러한 입장은 그 이후에도 계속 나타나고 있다.

그리고 대상판결의 경우 재건축사업을 진행하는 과정에서 두 개의 재건축조합이 병존하고 있는데, 두 조합 간 차이는, 전자의 경우는 관할청의 조합설립인가를 받지 못하였고 후자는 관할청의 재건축사업조합 설립인가를 받았다는 점에서 일견 관할청에 의한 조합설립인가의 법적 성격이 쟁점인 듯이 보인다. 그러나 대상판결의 내용은 본질적으로 조합장 개임에 관한 것으로서, 조합규약에 따르면 조합장이 총회소집 권한이 있는데도 불구하고 그러한 자격 없는 자에 의해 총회가 소집되고 심지어 새로운 조합이 설립된 것으로서 조합의 임시총회 소집절차에 하자가 있음을 의미한다. 「민법」상 비법인사단으로서의 재건축조합과 「도시정비법」상의 재건축 '정비사업조합'(동법 제38조)은 공법인으로서 상호 법적 성격이 다르다. 본 판결의 대상으로 된 재건축결의의 주체는 「민법」상 비법인사단으로서의 조합이다. 따라서 여기서는 비법인사단으로서의 조합과 조합원 간의 법률문제로 귀결되며 '인가의 유무에 따라 기본행위의 효력이 문제되는 것은 구 「주택건설촉진법」(2003. 5. 29. 법률 제6916호 주택법으로 전문 개정되기 전의 것)과 관련한 공법상의 관계에서이지 조합과 조합원 사이의 내부적인 관계에까지 영향을 미치는 것은 아니다'고 판시한 대법원 판례(대법원 2002. 3. 11. 자 2002그12 결정)와 같은 취지이다.

이상의 내용을 종합하면 재건축비용 분담에 관한 사항을 정하지 아니한 피고조합의 재건축결의는 무효이지만, 대상판결에서의 관할시장 등에 의한 재건축조합설립인가 자체는 불량·노후한 주택의 소유자들이 재건축을 위하여 한 재건축조합설립행위를 보충하여 그 법률상 효력을 완성시키는 보충행위일 뿐이므로 그 기본되는 조합설립행위에 하자가 있을 때에는 그에 대한 인가가 있다 하더라도 기본행위인 조합설립이 유효한 것으로 될 수 없고, 따라서 그 기본행위는 적법·유효하나 보충행위인 인가처분에만 하자가 있는 경우에는 그 인가처분의 취소나 무효확인을 구할 수 있다. 따라서 대상판결에서 말하는 관할청에 의한 인가행위는 공법상의 관계가 아닌 조합과 조합원 사이의 내부적인 관계에 영향을 미치지 못하는 보충행위일 뿐이라서 그 취소나 무효를 구할 수 있다. 따라서 재건축비용 분담을 정하지 않은 재건축결의는 피고조합이 다시 보완하면, 즉 비용분담에 관한 사항을 정하면 재건축사업을 계속 추진할 수 있다고 볼 수 있다.

재건축결의가 있은 후 재건축불참자에 대하여 매도청구권이 행사된 경우 매매 시가의 기준

－대법원 1996. 1. 23. 선고 95다38172 판결－

박 신 욱*

Ⅰ. 사실관계의 정리

1. 기초사실

11개 동으로 구성된 아파트의 구분소유권자 424인(전유부분 면적 약 5,969평) 중 344인(전유부분 약 4,849평)은 1989년 8월 9일 서면으로 노후한 아파트 11개 동을 철거하고, 그 대지 위에 새로운 아파트를 건축하여 재건축사업에 참여한 구분소유권자에게 이를 분양하는 내용의 재건축사업 결의를 하였다. 결의의 내용에 따르면, 분양방법은 각 구분소유권자가 현재 소유하고 있는 아파트의 전용면적과 공용면적의 합산면적인 건물면적에 따라 새로 건축되는 아파트의 평형과 그 대지지분을 정하여 분양하게 된다. 동시에 이 사업을 추진하기 위하여 재건축사업에 참여한 구분소유자들로 구성된 조합을 설립하여 승인을 얻은 후, 조합명의로 「집합건물의 소유 및 관리에 관한 법률(법률 제19282호)」(이하 '집합건물법')[1] 제48조에 따른 구분소유권 등의 매도청구를 추진하기로 결의하였다. 이러한 결의에 찬성한 구분소유권자들은 관할 구청장에게 원고조합 명의로 주택조합설립인가를 신청하여 그 인가를 받았으며, 같은 해 9월 5일 총회를 열어 같은 의결사항을 확인하고, 9월 6일 원고조합의 정관을 제정하였다.

원고조합은 이 사건 사업지구 내에 재건축결의 전부터 X 부동산을 소유하고

* 경상국립대학교 법과대학 부교수

1) 2010년 3월 31일 법률 제10204호로 개정되기 전의 집합건물법 제48조와 개정 후의 집합건물법 제48조는 내용상 큰 차이가 존재하지 않는다.

있던 피고 A와 1991년 Y 부동산의 소유권을 이전받은 B에 대하여 1993년 8월 13일, 같은 해 9월 6일 및 21일에 재건축사업에 참가할 것인지 여부에 대한 회답을 촉구하였다. 이러한 촉구에도 불구하고 A와 B는 회답하지 않았으며, 이에 따라 원고조합은 1993년 9월 25일 이들을 상대로 집합건물법 제48조에 근거한 매도청구를 하기로 결의하고, 1993년 11월 18일 지방법원에 이들을 상대로 매도청구권의 행사를 원인으로 한 소유권이전등기철자이행 등의 소를 제기하였다.

이 사건 소장 부본이 B에게 송달되기 전 1993년 12월 7일 B는 자신의 처 C에게 소유권을 이전하였으며, 이에 원고조합은 1994년 1월 19일 다시 C에게 재건축사업에 참가할 것인지 여부에 대한 회답을 촉구하였다. 1994년 1월 30일 재건축사사업에 대한 승인을 받게 되었다.

2. 원심법원의 판단[2)]

원심법원은 재건축사업결의가 1989년 8월 9일 유효하게 이루어졌다고 판단하였다. 또한 원고조합은 1993년 8월 13일 피고 A와 B에게 재건축사업에 참가할 것인지 여부에 대한 회답을 촉구하였으나, 재건축사업에 참가하겠다는 의사를 회답하지 않았기 때문에 최고일로부터 2개월이 지난 1993년 10월 13일에 피고 A와 B는 해당 재건축사업에 참가하지 아니하는 것으로 확정되었다고 판단하였다. 나아가 원고조합은 집합건물법 제48조 제4항에 따른 매도청구권의 의사표시가 포함된 원고조합의 소장 부본이 A에게 송달된 1993년 12월 2일 그리고 C에게 송달된 1994년 4월 2일에 각 사건 부동산에 대한 매매가 성립되었으며, 이에 따라 이들은 소유권이전등기절차를 이행할 의무가 있다고 판단하였다.

원심법원은 피고들의 항변에 대해서도 판단하였다. 이 중 동시이행과 관련하여, 피고 A에 대해서는 1993년 12월 2일을 기준으로 X 부동산 시가 상당액인 3억원, 피고 C에 대해서는 1994년 4월 2일을 기준으로 Y 부동산 시가 상당액인 4억원을 지급하기 전에는 이 사건 청구에 응할 수 없다고 피고들은 항변하였다. 이에 제1심 감정인의 감정결과에 의하면 1993년 12월 2일을 기준으로 한 X 부동산의 시가는 1억 5천만원, Y 부동산의 시가는 1억 4천6백만원이며, 이를 기준으로 원고조합이 매매대금을 제공하였으며, 이를 피고들이 거절하자 이미 공탁하였음

2) 서울고등법원 1995. 6. 28. 선고 94나24567, 24574, 24581 판결.

을 이유로 원심법원은 피고들의 이러한 항변을 받아들이지 않았다.

3. 대법원의 판단[3)]

대법원은 집합건물에 관하여 집합건물법 제47조에 따른 재건축결의가 있은 후, 그 재건축결의에 참가하지 않은 자에 대하여 집합건물법 제48조 제4항에 따른 매도청구권이 행사된 경우, 그 계약체결의 시기와 매매 시가의 기준에 대하여 다음과 같이 판시하였다.

> 그 매도청구권 행사의 의사표시가 도달함과 동시에 재건축에 참가하지 않은 자의 구분소유권 및 대지사용권에 관하여 시가에 의한 매매계약이 성립하게 되는 것인바, 이 때의 시가란 매도청구권이 행사된 당시의 구분소유권과 대지사용권의 객관적 거래가격으로서, 노후되어 철거될 상태를 전제로 한 거래가격이 아니라 그 건물에 관하여 재건축결의가 있었다는 것을 전제로 하여 구분소유권과 대지사용권을 일체로 평가한 가격, 즉 재건축으로 인하여 발생할 것으로 예상되는 개발이익이 포함된 가격을 말한다.

특히 대법원은 이러한 판결에 대한 이유에서 원고조합은 재건축에 참가하지 아니한 피고에 대하여 1993년 12월 2일에 매도청구권이 행사되었다는 점을 우선 확인하였다. 이후 제1심 감정인이 어떠한 방식으로 가격을 산정하였는지를 다음과 같이 확인하였다.

> 제1심 감정인 소외 1은 매도청구권이 행사된 시점에서의 피고 소유의 이 사건 아파트에 대한 시가를 감정함에 있어서, 먼저 그 대지사용권과 구분소유권의 가격을 원가방식에 의하여 산정한 후, 재건축이 추진되거나 진행 중에 있는 인근아파트의 거래사례를 분석하고 그 거래 사례와 이 사건 아파트와의 지역 요인과 개별 요인을 비교한 다음, 이 사건 아파트의 재건축으로 인하여 발생할 것으로 예상되는 개발이익을 산정하여, 그 산정된 개발이익을 원가방식에 의하여 산정한 위 대지사용권과 구분소유권의 가격에 더하는 방법으로 평가하였음을 알 수 있는바 [...]

이러한 산정방식에 대하여 대법원은 집합건물법 제48조 제4항에 근거하고 있는 매도청구권이 존재하는 이유에 비추어 볼 때 합리성이 있는 것으로 판단하였다.

---

3) 대법원 1996. 1. 23. 선고 95다38172 판결.

Ⅱ. 평 석

1. 서 설

우리나라는 1960년대 이후 급속한 산업화를 통해 압축 성장을 이루었다. 이러한 성장을 가능하게 한 배경과 이유 등은 상당히 많겠지만, 인구와 산업 그리고 자본이 특정 도시로 집중화되는 현상은 빼놓을 수 없는 경제성장의 배경이다.[4] 이러한 상황에서 아파트로 대표되는 집합건물은 거주와 관련하여 우리에게 피할 수 없는 선택지였다. 통계청의 자료에 따르면 2024년 기준으로 아파트에 거주하는 국민은 59.2%에 이르고 있다.[5] 단독주택 거주 비율이 11%라는 점을 감안한다면 집합건물의 중요성은 더 이상 논의의 가치가 없을 정도이며, 이에 따른 분쟁의 발생도 피할 수 없다. 특히 재건축과 관련된 논의와 분쟁 등은 우리 사회에 중요한 화두가 된 지 오래이다. 집합건물이 1970년대 이후로 집중적으로 건설되었으며, 당시의 건축공법이나 건축자재의 질을 감안한다면 현 시점에서 재건축은 피할 수 없는 상황이기 때문이다. 재건축과 관련하여 다양한 분쟁이 보고되고 있지만, 그중에서 집합건물법 제48조와 관련한 분쟁은 순수한 의미의 사적자치와 그 한계에 대해 고민할 수 있는 기회를 제공하고 있다. 유사한 목적과 형태를 갖고 있는 규정으로는 「주택법(법률 제20048호)」 제22조, 「도시 및 주거환경정비법(법률 제20955호)」(이하 '도시정비법') 제64조 등이 존재한다.

95다38172 판결 역시 같은 맥락에서 평가할 수 있을 것이다. 특히 해당 판결에서는 매도청구권의 행사로 인해 매매계약이 성립하는 시점과 관련하여 "매도청구권 행사의 의사표시가 도달함과 동시에 재건축에 참가하지 않은 자의 구분소유권 및 대지사용권에 관하여 시가에 의한 매매계약이 성립"한다는 점을 명확하게

4) 석준호, "인구의 수도권 집중 현상이 우리나라 경제성장에 미치는 영향 분석", 「통계연구」 제29권 제3호, 국가통계연구원, 2024, 1면 이하.

5) https://kosis.kr/statHtml/statHtml.do?sso=ok&returnurl=https%3A%2F%2Fkosis.kr%3A443%2FstatHtml%2FstatHtml.do%3Flist_id%3DS1_8_001%26obj_var_id%3D%26seqNo%3D%26tblId%3DDT_KHFC_027%26vw_cd%3DMT_ZTITLE%26orgId%3D321%26path%3D%25EA%25B8%2588%25EC%259C%25B5%2520%253E%2520%25EC%25A3%25BC%25ED%2583%259D%25EA%25B8%2588%25EC%259C%25B5%25EB%25B0%258F%25EB%25B3%25B4%25EA%25B8%2588%25EC%259E%2590%25EB%25A6%25AC%25EB%25A1%25A0%25EC%258B%25A4%25ED%2583%259C%25EC%25A1%25B0%25EC%2582%25AC%2520%253E%25202019%25EB%2585%2584%7E%26conn_path%3DK1%26itm_id%3D%26lang_mode%3Dko%26scrId%3D%26 (2025년 8월 7일 검색).

함과 동시에 그 시가를 산정하는 방식에 대해 정의하고 있다. 이하에서는 매도청구권이 어떠한 의미를 갖고 있는지에 대해 기능적으로 확인함과 동시에 위헌성 여부에 대해 적시하고, 시가 산정과 관련한 기준이 갖는 의미를 분석하는 것으로 평석에 갈음하도록 한다.

2. 매도청구권의 의미

(1) 형성권으로서의 매도청구권

매도청구권 혹은 반대의 개념으로 매수청구권은 우리 민법과 집합건물법 등에 규정되어 있지만 일반적인 채권과는 다른 종류 청구권이다. 예를 들어 우리 민법 제283조 및 제643조에 근거한 지상권자와 임차인이 갖게 되는 갱신청구권과 이에 따른 매수청구권이 대표적이다. 이에 대해 우리 대법원은 계약이 종료 시에 계약 목적 대지 위에 존재하는 지상물의 잔존가치를 보전하는 것이 국민경제적 요청에 부합할 뿐만 아니라, 토지 소유자의 배타적 소유권의 행사르 인하여 지상권자 혹은 임차인을 보호하기 위하여 우리 민법이 이러한 규정을 두고 있다는 점을 확인하였다. 나아가 소유자는 지상권자와 임차인이 행사하는 갱신청구권을 거부할 수 있지만, 이후 이들이 행사하는 매수청구권에 따라 소유자가 지상물을 매수하는 것은 강제된다는 점을 함께 밝힌 바 있다. 즉, 이러한 매수청구권은 형성권의 일종으로 볼 수 있는 것이다.[6] 또한 매수청구권에 따른 매수가격은 "건물 자체의 가격 외에 건물의 위치, 주변 토지의 여러 사정 등을 종합적으로 고려하여 매수청구권 행사 당시 건물이 현존하는 대로의 상태에서 평가된 시가 상당액을 의미"한다고 판단함으로써, 95다38172에서 보이는 기준과 동일한 시점에서의 가격을 그 기준으로 설정한 바 있다.[7]

(2) 주택법 및 도시정비법에 근거한 매도청구권과의 차이

우선 집합건물법에 따른 재건축결의는 "구분소유자의 5분의 4 이상 및 의결권의 5분의 4 이상의 결의"를 그 요건으로 하고, 이에 따른 결의가 있는 경우, 그 결의를 위한 집회를 소집한 자가 그 결의에 찬성하지 아니한 구분소유자에 대하여 그 결의 내용에 따른 재건축에 참여할 것인지 여부에 대해 서면으로 회답을

6) 대법원 1996. 3. 21. 선고 93다42634 전원합의체 판결.
7) 대법원 2008. 5. 29. 선고 2007다4356 판결.

촉구하게 된다. 이러한 촉구를 받은 구분소유자는 촉구를 받은 날부터 2개월 이내에 회답하여야 하며, 그 기간 내에 회답하지 않았거나 재건축에 참가하지 아니하겠다는 뜻을 회답한 구분소유자에게 구분소유권과 대지사용권을 시가로 매도할 것을 청구하게 된다(집합건물법 제47조 및 제48조). 앞서 적시한 바와 같이 주택법 제22조 및 도시정비법 제64조에서도 매도청구권을 규정하고 있다. 주택법의 경우, 기본적으로 30세대 이상의 주택건설사업계획의 승인을 받으려는 자를 기준으로 대지의 소유권 확보 및 매도청구권 등에 관한 요건이 규정되어 있다. 이에 따라 주택건설사업계획의 승인을 받으려는 자가 원칙적으로 주택건설사업의 해당 대지면적의 80퍼센트 이상을 사용할 수 있는 권원을 확보하게 되면, 해당 주택건설대지 중 사용할 수 있는 권원을 확보하지 못한 대지의 소유자에게 그 대지를 시가로 매도할 것을 청구할 수 있도록 규정하고 있다(주택법 제21조 및 제22조). 다만 집합건물법은 "1동"을 기준으로 집합건물에 관한 소유와 관리에 관한 법률이기 때문에 최근 이루어지는 대단위 재건축에 있어 큰 의미를 갖지 않는다고 평가할 수 있다. 또한 주택법은 "주택의 건설과 공급"을 법률의 중요한 목적으로 설정하고 있기 때문에 집합건물 등의 재건축과 관련하여 현 시점에서 더 중요한 의미를 갖는 법률은 도시정비법으로 이해된다.

도시정비법은 "도시기능의 회복이 필요하거나 주거환경이 불량한 지역을 계획적으로 정비하고 노후·불량건축물을 효율적으로 개량하기 위하여 필요한 사항을 규정함으로써 도시환경을 개선하고 주거생활의 질을 높이는 데 이바지함을 목적"으로 제정되었으며, 제64조에서 매도청구권을 규정하고 있다. 특히 도시정비법 제2조 제2호 다목에 따른 재건축사업의 경우, 다음 그림과 같은 도시정비법에 따른 일련의 단계를 거치게 된다.

〈그림〉 도시정비법에 따른 정비절차

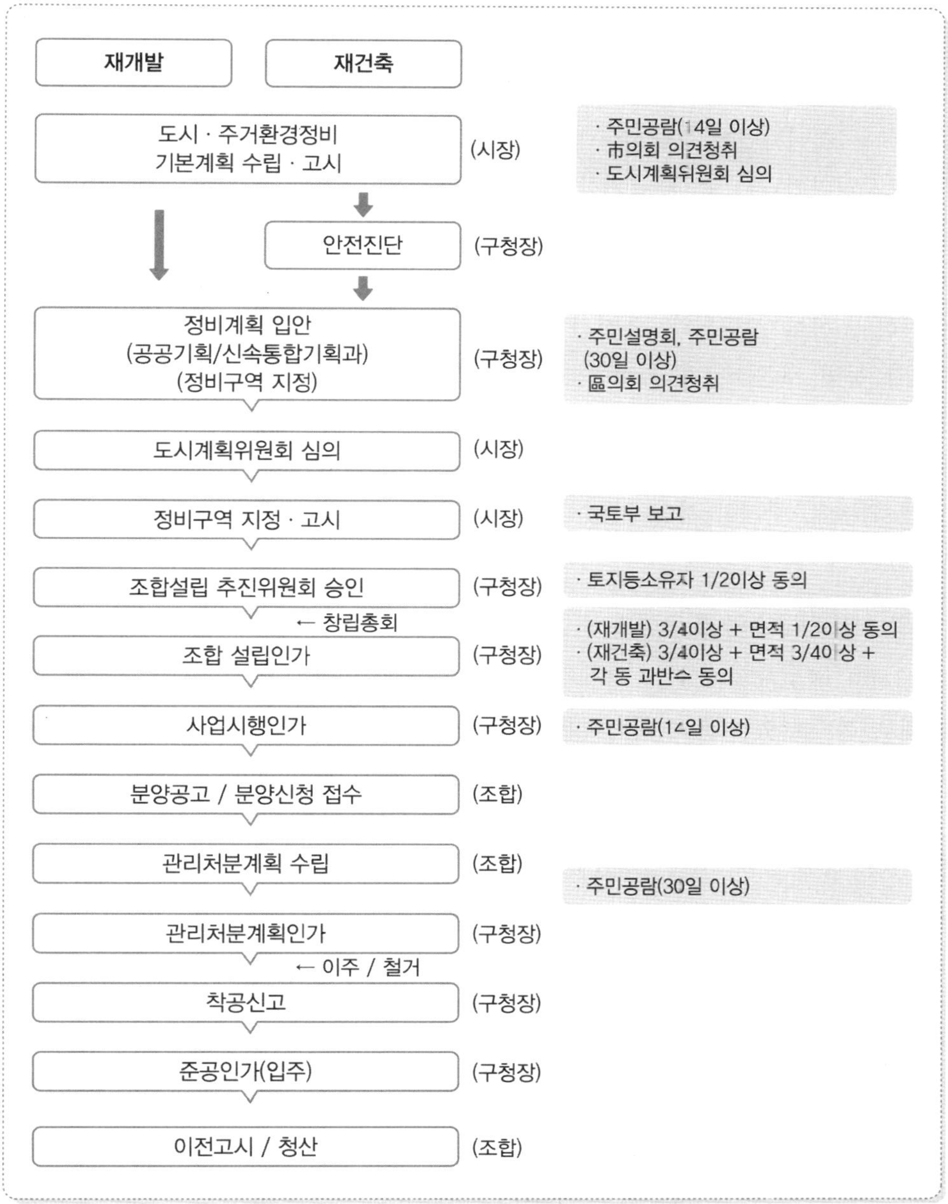

출처: https://www.mydailybyte.com/post/%EC%9E%AC%EA%B0%9C%EB%B0%9C%EC%9E%AC%EA%B1%B4%EC%B6%95%EA%B3%BC%EC%A0%95-2505

특별시장・광역시장・특별자치시장・특별자치도지사 또는 시장은 관할 구역에 대하여 도시・주거환경정비기본계획을 10년 단위로 수립하여야 한다(도시정비법 제4조 이하). 이들은 이러한 기본계획에 적합한 범위 내에서 정비구역을 정하게 되는데, 이를 위한 정비계획을 입안하게 된다(도시정비법 제8조 이하). 이러한 정비계획에는 정비사업이 포함되는데 그중 하나가 재건축사업이다. 이러한 과정 속에서 도시정비법 제12조에 근거한 재건축사업을 위한 재건축진단[8]이 실시되게 된다. 공동주택이 정비구역으로 지정되고 정비사업의 내용에 포함되게 되면, 도시정비법 제31조에 근거한 조합설립추진위원회가 설립되며, 이후 동법 제35조 이하에 근거한 조합이 설립된다. 조합설립을 위해서는 원칙적으로 주택단지의 공동주택의 각 동별 구분소유자의 과반수동의와 주택단지의 전체 구분소유자의 100분의 70 이상 및 토지면적의 100분의 70 이상의 토지소유자의 동의가 요구된다(도시정비법 제35조 제3항). 이후 도시정비법 제50조 이하에 규정된 사업시행계획을 인가받게 되는데, 이러한 사업시행을 위한 매도청구권이 도시정비법 제64조에 규정되어 있는 것이다.

(3) 매도청구권의 필요성과 소유자에 대한 재산권 침해 여부

이러한 매도청구권 혹은 매수청구권은 기본적으로 소유자의 소유권을 제한하는 형태로 볼 수 있는데, 이러한 형성권으로서의 매도청구권을 인정할 수밖에 없었던 이유는 무엇인가라는 의문의 제기는 피할 수 없다.

이와 관련하여 우선 집합건물법 제정이유서를 살펴볼 필요가 있다. 이에 따르면, 1960년대 후반 이후 우리나라의 경제발전과 인구의 도시집중으로 인하여 공동주택이 급격히 증가하였으며, 이에 따라 종래와는 다른 형태인 공동이용을 전제로 하는 새로운 생활관계를 규율할 규정이 필요했다. 매도청구권 역시 이러한 필요성의 맥락에서 "구분소유자가 그 대지에 대한 권리를 상실한 때에는 구분소유자 또는 대지의 권리자에게 각 대지 또는 구분소유권의 매수청구권을 인정함으로써 구분건물의 철거라는 국민경제적 손실을 방지하고 건물입주자들의 주거생활

---

8) 2024년 12월 3일 법률 제20549호로 도시정비법이 개정되면서 안전진단이 재건축진단으로 용어가 변경되었다. 기본적으로 재건축사업을 진행하기 위해서는 도시정비법 제12조 제7항 및 도시정비법 시행령 제10조 제3항 제5호에 따라 재건축진단을 받아야 하며 현재로서는 안전등급이 D(미흡) 또는 E(불량)인 건축물이 그 대상이 될 수 있다. 이러한 기준을 위해 「주택 재건축 판정을 위한 재건축진단 기준(국토교통부고시 제2025-284호)」이 마련되어 있다.

을 보호"하기 위한 규정으로 이해할 수 있는 것이다.[9] 더욱이 만약 구분소유자 전원의 합의가 없이는 집합건물에 대한 재건축을 시행할 수 없게 된다면, 건물이 붕괴되는 등의 특단이 사정이 없는 한 새로운 건물을 건축하는 것은 불가능하게 될 것이다. 이로 인하여 재건축을 원하는 여타의 구분소유자에게 불이익이 될 뿐만 아니라 토지의 효율성을 높일 수 있는 기회가 침해된다는 점도 매도청구권의 필요성에 대한 근거로 제시되고 있다.[10]

다만 적시한 바와 같이 이러한 매도청구권의 행사로 인하여 행사의 상대방인 소유자의 소유권 상실이라는 결과를 초래하는 만큼 과도한 소유권의 제한 혹은 재산권의 본질적 내용의 침해라는 비판이 존재할 수밖에 없었다. 이에 대해 집합건물법 제48조와 유사한 규정이었던 舊 주택법 제18조의2의 위헌 여부에 대한 우리 헌법재판소의 결정을 확인해 볼 필요가 있다.[11]

이 사건 법률조항이 민간사업자에게 주택건설사업에 필요한 토지를 매수할 수 있게 한 것은 [...] 공공복리를 달성하기 위한 것으로서 입법목적의 정당성이 인정되고, 공용수용의 효과를 부여하기 위하여 필요한 공공필요성의 요건도 갖추었다고 할 것이다. 또한 [...] 위 목적을 달성하기 위하여 민간주택건설사업자에게 시가로 매도청구할 수 있는 권리를 부여하는 것은 적절한 수단이라고 할 수 있다. 이 사건 법률조항은 매도청구권의 요건을 엄격하게 제한함으로써 통상의 공용수용보다 완화된 소유권 박탈제도라고 볼 수 있고, 그 매도청구권 행사와 관련해서 상대방의 이익도 충분히 보장하고 매도청구권의 행사로 인한 기본권 침해를 최소화하고 있으므로, 기본권 침해의 최소성원칙에 위반된다고 보기 어렵고, 매도청구권을 행사할 경우에는 시가에 따른 대금을 지급하도록 하여 정당한 보상을 보장하고 있으므로, 매도청구의 대상 토지에 대한 재산권을 본질적으로 침해한다고 보기 어렵다.

이를 집합건물법 제48조에 적용해본다면, 공공복리를 달성하기 위한 입법목적의 정당성, 수단의 적절성, 피해의 최소성 및 법익의 균형성이라는 일련의 심사단계를 충분히 통과할 수 있으리라 생각된다. 마찬가지로 현재 도시정비법 제64조

9) https://likms.assembly.go.kr/bill/billDetail.do?billId=009849 (2025년 8월 7일 검색).

10) 류광해, "재건축조합원의 제명과 매도청구권", 「법학연구」 제23권 제1호, 충남대학교 법학연구소, 2012, 41면; 김길찬 · 박경미 · 엄선용 · 이명훈, "주택재건축사업의 매도청구권 행사절차의 문제점 분석", 「한국콘텐츠학회 논문지」 Vol. 11 No. 7, 한국콘텐츠학회, 2011, 509면.

11) 헌법재판소 2009. 11. 26. 선고 2008헌바133 결정.

와 유사한 구조였던 舊 도시정비법(법률 제9444호) 제39조 위헌성 여부에 대한 헌법재판소의 결정은 집합건물법 제48조 역시 헌법에 부합된다는 점을 명확하게 보여주고 있으며,[12] 다수설 역시 규정의 합헌성에 대해 찬성하고 있는 것으로 파악된다.[13]

다만 "매도청구를 둘러싼 법률관계는 사법상의 법률관계이지만, 매도청구권의 행사에 의하여 조합설립에 동의하지 않은 상대방은 토지 및 건축물의 매도를 강요당하여 재산권을 잃게 되므로 그 실질이 헌법 제23조 제3항의 공용수용과 유사하다"고 언급하고 있는 헌법재판소의 결정은 사인(私人)에 의한 수용이 어디까지 인정될 수 있는가에 대한 의문을 강제한다. 우리 헌법 제23조에서는 공용수용의 요건으로 "공공필요"를 제시하고 있다.[14] 여기서의 공공필요는 "국민의 재산권을 그 의사에 반하여 강제적으로라도 취득해야 할 공익적 필요성"으로 해석되며,[15] 이는 공익성과 필요성이라는 요소로 구성된다. 물론 우리 헌법재판소는 사인에게도 공익성과 필요성이라는 요건하에서 헌법상 공용수용권이 허용된다는 점을 밝히고 있으나, 동시에 다음과 같은 한계도 지적한 바 있다.[16]

공익성의 정도를 판단함에 있어서는 공용수용을 허용하고 있는 개별법의 입법목적, 사업내용, 사업이 입법목적에 이바지하는 정도는 물론, 특히 그 사업이 대중을 상대로 하는 영업인 경우에는 그 사업 시설에 대한 대중의 이용·접근가능성도 아울러 고려하여야 한다. [...] 사업시행자가 사인인 경우에는 위와 같은 공익의 우월성이 인정되는 것 외에도 사인은 경제활동의 근본적인 목적이 이윤을 추구하는 일에 있으므로, 그 사업 시행으로 획득할 수 있는 공익이 현저히 해태되지 않도록 보장하는 제도적 규율도 갖추어져 있어야 한다.

해당 사안에서는 고급골프장 사업과 같이 공익성이 낮은 사업에 대해서까지도 시행자인 민간개발자에게 수용권한을 부여하는 舊「지역균형개발 및 지방중소기업 육성에 관한 법률(법률 제7695호)」제19조 제1항이 헌법 제23조 제3항에 위배

---

12) 헌법재판소 2010. 12. 28. 선고 2008헌마571 결정.

13) 류광해, 48면; 이희훈, "共同住宅의 再建築上 賣渡請求權에 대한 硏究", 「토지공법연구」 제35집, 한국토지공법학회, 2007, 257면 이하.

14) 장인애, "공용수용에서 사인수용의 법적 문제", 「토지공법연구」 제71집, 한국토지공법학회, 2015, 207면 이하.

15) 헌법재판소 1995. 2. 23. 선고 92헌바14 결정; 헌법재판소 2000. 4. 27. 선고 99헌바58 결정; 헌법재판소 2011. 4. 28. 선고 2010헌바114 결정.

16) 헌법재판소 2014. 10. 30. 선고 2011헌바129, 172(병합) 결정.

되어 헌법불합치결정이 이루어졌다. 같은 맥락에서 앞서 소개한 헌법재판소 2008헌바133 결정 등을 "현대사회에서의 공용수용권의 확대현상과 '공공필요'의 개념의 확장현상을 반영하고 있는 것으로 보이지만 한편으로는 공용수용권의 남용우려와 국민의 재산권의 침해에 대한 우려를 가지게 하는 결정례들"이라고 평가한 비판은 상당한 의미가 있다.[17] 또한 "구분소유자 중 다수의 이익"을 단순히 "공익성"과 동치시키는 것은 사유재산제도에 대한 심각한 침해를 일으킬 수 있음을 유념해야 한다. 더욱이 대부분의 재건축은 사업성과 영리성을 그 목적으로 하고 있음은 부인할 수 없는 사실이다.[18]

이러한 비판과 우려에도 불구하고 집합건물법 제48조에 근거한 매도청구권은 다음과 같은 이유로 소유자의 재산권을 침해하기보다는 일정한 정도로 제한하고 있다고 평가해야 한다. 첫째, 집합건물법 제47조에서는 재건축의 목적을 "건물 건축 후 상당한 기간이 지나 건물이 훼손되거나 일부 멸실되거나 그 밖의 사정으로 건물 가격에 비하여 지나치게 많은 수리비·복구비나 관리비용이 드는 경우" 혹은 "부근 토지의 이용 상황의 변화나 그 밖의 사정으로 건물을 재건축하면 재건축에 드는 비용에 비하여 현저하게 효용이 증가하게 되는 경우"로 비교적 명확하게 한정하고 있다. 둘째, 구분소유자의 5분의 4 이상 및 의결권의 5분의 4 이상의 결의라는 매우 높은 기준을 통해 재건축을 결의할 수 있도록 하고 있다는 점도 고려해야 한다. 이는 舊「주택법」 제18조의2에 규정된 "사업부지 사용권 확보율을 80%"로 제한한 규정과 비교할 수 있는 합리적인 기준이라고 볼 수 있다. 셋째, 집합건물을 토지와 동일시 할 수는 없겠지만 대지사용권 등을 전제로 할 때, 우리 헌법재판소가 지속적으로 언급하고 바와 같이, 토지의 특수성을 고려해야하기 때문이다. 토지의 경우, 사유재산제도가 존중되어야 함에도 불구하고 "그 사회적 기능이나 국민경제의 측면에서 다른 재산권과 같게 다룰 수 있는 성질의 것이 아니므로 공동체의 이익이 보다 더 강하게 관철될 것이 요구"될 수밖에 없다.[19] 넷째, 소위 "알박기"로 통칭되던 투기세력을 근절할 수 있는 방법 중 하나

17) 정하명, "사인수용에 대한 미국연방정부와 주정부의 법적 대응", 「공법학연구」 제11권 제4호, 한국비교공법학회, 2010, 401면 이하.

18) 성중탁, "매도청구권제도의 위헌성에 관한 소고", 「성균관법학」 제24권 제2호, 성균관대학교 법학연구원, 2012, 158면.

19) 헌법재판소 1989. 12. 22. 선고 88헌가13 결정; 헌법재판소 1999. 4. 29. 선고 94헌바37외66건(병합) 결정.

라는 점도 고려해야 한다. 이러한 투기세력으로 인해 재건축을 통해 쾌적한 주거환경을 조성하는 것 자체가 불가능해지거나, 예상하지 못했던 비용의 증가가 이루어지는 등의 어려움이 과거에 빈번히 발생했던 점 등을 감안한다면 현재 집합건물법 제48조에 근거한 매도청구권이 갖는 의미는 적지 않다고 평가할 수 있다. 다만 이러한 기본권 제한성을 감안하여, 매도청구권과 관련한 분쟁을 해결하기 위하여 집합건물법 제48조 등을 적용하는 과정에서 그 행사요건을 엄격하게 해석해야 할 뿐만 아니라 유추 혹은 확장해석은 반드시 경계하여야 할 것이다.[20]

3. 개발이익이 포함되어야 하는지 여부

대법원의 판결에서는 시가 산정과 관련하여 제1심 감정인의 평가가 합리적이라고 판단하였다. 이러한 판단은 집합건물법 제48조 제4항을 해석함에 있어 매우 중요한 기준이 되었는데, 왜냐하면 집합건물법 제48조 제4항에서는 "시가"만을 그 기준으로 제시하고 있기 때문이다. 감정인은 이와 관련하여 다음과 같이 몇 가지 명확한 기준을 제시하고 있다.

첫째, 시가의 평가시점이다. 감정인은 시가의 평가시점을 매도청구권이 행사된 시점의 시가로 평가하였다. 둘째, 평가의 방식은 원가방식, 비교방식 및 수익방식 모두를 활용한 것으로 보인다. 우선 감정인은 대지사용권과 구분소유권의 가격을 원가방식에 의하여 산정하였다. 「감정평가에 관한 규칙(국토교통부령 제1253호)」(이하 '시행규칙') 제2조에 따르면 시장가치는 감정평가의 대상이 되는 대상물건이 통상적인 시장에서 충분한 기간 동안 거래를 위하여 공개된 후 그 대상물건의 내용에 정통한 당사자 사이에 신중하고 자발적인 거래가 있을 경우 성립될 가능성이 가장 높다고 인정되는 대상물건의 가액을 말한다. 이러한 시장가치는 다양한 방식으로 평가될 수 있는데, 원가방식, 비교방식 그리고 수익방식이 제시되고 있다(시행규칙 제11조). 특히 원가방식은 "원가법 및 적산법 등 비용성의 원리에 기초한 감정평가방식"으로 정의되고 있다. 비용성의 원리라 함은 대상물건의 가치를 다시 만드는데 드는 비용을 기준으로 평가하는 것을 말한다. 여기에 포함되는 원가법은 「감정평가 실무기준(국토교통부고시 제2023－522호)」(이하 '실무기준')에 따르면 "대상물건의 재조달원가에 감가수정(減價修正)을 하여 대상물건의 가액을

20) 대법원 2023. 11. 2. 선고 2022다290327, 290334 판결.

산정"하는 방식을 말한다. 이후 판례에서는 "재건축이 추진되거나 진행 중에 있는 인근아파트의 거래 사례를 분석하고 그 거래 사례와 이 사건 아파트와의 지역 요인과 개별 요인을 비교"한 방식을 언급하고 있다. 이는 실무기준에서 대표적인 비교방식으로 제시하는 "거래사례비교법"으로 이해된다. 거래사례비교법이라 함은 "대상물건과 가치형성요인이 같거나 비슷한 물건의 거래사례와 비교하여 대상물건의 현황에 맞게 사정보정(事情補正), 시점수정, 가치형성요인 비교 등의 과정을 거쳐 대상물건의 가액을 산정하는 감정평가방법"을 말한다. 마지막으로 판례에서는 감정인이 "개발이익을 산정하여, 그 산정된 개발이익을 원가방식에 의하여 산정한 위 대지사용권과 구분소유권의 가격에 더하는 방법으로 평가"하였다고 적시하고 있다. 이는 수익방식의 대표적인 방식으로 이해된다. 이러한 감정인의 평가방식은 「감정평가 및 감정평가사에 관한 법률(법률 제19403호)」 및 이에 따른 시행규칙과 실무기준에 따라 이루어진 것으로, 대법원 역시 이를 합리성이 있는 것으로 판단한 것이다.

물론 이와 관련하여 논의의 여지가 있는 것은 "시가"에 "개발이익"이 포함될 수 있는지에 관한 점이다. 특히 선행연구에서는 다음과 같이 시가에 개발이익이 포함되어서는 안 된다는 주장이 소개되고 있다.[21]

토지로부터 발생하는 불로소득이 아무런 제한장치 없이 토지소유자에게 곧바로 귀속됨으로써 부동산투기를 유발하는 폐단이 발생하는 등 사회·경제적으로 바람직하지 않은 문제들이 파생되므로 사회 정의 차원에서 개발이익은 전면적으로 환수되어야 한다[...]

선행연구에서는 이후 해외 각국의 사례들을 소개하고 있는데, 이러한 소개에 이어 "토지 공개념(Public concept of land)"이라는 의식이 지배하고 있는 독일, 영국, 프랑스에서는 대체로 개발이익을 배제하고 있으나, 일본의 경우에는 원칙적으로 개발이익이 상당히 반영되어 보상된다고 분석하고 있다.[22]

생각건대, 매도청구권이 행사되는 상황에서 시가를 평가함에 있어 개발이익이 포함되어야 하는지 여부와 관련하여 감정인의 평가와 이를 합리적으로 판단한 대법원의 판단이 틀렸다고 보기는 어려워 보인다. 이러한 평가는 해당 사안에 대한

21) 성중탁, "매도청구권 행사에 따른 매매가격 산정시 개발이익 포함여부에 관한 연구", 「인권과 정의」 Vol. 430, 대한변호사협회, 2012, 149면.
22) 성중탁, 위의 논문, 151면 이하.

대법원의 판단이 집합건물법 제48조의 해석과 관련되어 있기 때문이다. 그러나 소유자가 소유권을 상실하는 경우, 집합건물법 제48조에 근거한 매도청구권에 따른 "매매가격"과 「공익사업을 위한 토지 등의 취득 및 보상에 관한 법률(법률 제20452호)」에 따른 "보상액"에는 개발이익이라는 차이가 존재할 수밖에 없는데 이러한 차이가 과연 합리적인 차별인지에 대해서는 지속적으로 논의될 수밖에 없어 보인다. 더욱이 주택법 제22조 및 도시정비법 제64조에 따른 매도청구권은 더 큰 논쟁이 발생할 수 있는데, 왜냐하면 「개발이익 환수에 관한 법률(법률 제19430호)」 혹은 「재건축초과이익 환수에 관한 법률(법률 제19850호)」의 존재로 인하여 매도청구의 상대방에게 그 매매가격에 과연 개발이익 전부를 반영하는 것이 합리적이지 않을 수도 있기 때문이다.

4. 결 어

본 평석은 한국집합건물법학회가 추진하고 있는 집합건물 관련 판례 평석집을 준비하는 과정에서 작성되었다. 그러하기에 2025년을 기준으로 비교적 오래된 판결인 95다38172 판결을 다루었는데, 이는 집합건물법 제48조가 갖는 그 중요성에도 불구하고, 95다38172 판결의 존재로 인하여 "시가"라는 가격산정에 있어서의 시점과 그 기준이 실무에서 명확하게 활용되고 있기 때문이다. 평석에서는 형성권으로서 매도청구권이 집합건물법에만 존재하는 것이 아니라는 점을 부각시키고자 하였으며, 집합건물법 제48조에 근거한 매도청구권은 소유자의 재산권을 침해하기보다는 일정한 정도로 제한하고 있다고 평가해야 하지만, 이를 적용 및 해석함에 있어서는 유추 및 확장해석 등을 경계해야 한다는 점을 지적하였다. 마지막으로 개발이익을 시가에 포함할 것인지 여부에 대한 95다38172 판결은 일면 타당하다고 볼 수 있지만, 수용과의 관계 혹은 개발이익을 환수하고 있는 다른 법률과의 관계를 고려할 때 향후 지속적인 쟁점이 될 수 있음을 확인하였다.

무효인 재건축결의 및 이에 기한 매도청구의 사후 추완

– 대법원 2000. 11. 10. 선고 2000다24061 판결 –

부 종 식*

Ⅰ. 序

재건축은 건물의 노후화로 인한 안전상의 문제를 해소하거나, 또는 건물의 이용가치를 높이기 위하여 시행되는 집합건물 소유자 다수의 집단적 결단이다. 그러나 재건축은 단순히 건축행위에 그치지 않고 복잡한 법적·행정적 절차를 거쳐야 하며, 상당한 비용과 장기간의 시간이 소요되는 사업이므로, 이에 참여하는 구분소유자들 사이의 이해관계 충돌이 필연적으로 발생한다.

특히 재건축은 공용부분의 변경을 넘어 건물의 철거 및 신축이라는 본질적 변화를 수반하기 때문에, 집합건물의 존속을 원하거나 사업에 반대하는 소수 구분소유자의 권리보호 문제와 직결된다. 따라서 재건축결의의 효력은 다수의 구분소유자가 원하는 재건축사업의 추진 필요성과 이에 반대하는 소수 구분소유자의 권리보호 사이의 균형을 어떻게 조율할 것인가 하는 점에서 중요한 법적 의미를 갖는다.

아울러 재건축에서의 매도청구권은 반대하는 구분소유자의 의사와 무관하게 그 지분을 강제로 매수하는 제도로서, 사실상 소유권을 박탈하는 효과를 가지기 때문에 그 인정 여부와 행사 요건에 대하여는 특히 신중한 접근이 요구된다. 매도청구권이 정당하게 행사되기 위해서는 법이 정한 요건을 충족하는지 여부를 엄격히 심사하여야 하며, 절차적 정당성이 결여된 경우 그 권리 행사는 정당화될 수 없다.

* 법무법인(유한) 라움 대표변호사, 법학박사

이에 본 평석에서는 대상판결을 중심으로, 주된 쟁점인 ① 각 동의 건물마다 별도의 재건축결의가 필요한지, ② 하자 있는 재건축결의나 그에 기한 매도청구권의 행사가 사후적으로 추완될 수 있는지라는 쟁점을 검토하고, 나아가 재건축 제도에서 다수결 원리와 소수자 권익 보호의 조화를 어떻게 구현할 것인지에 대해 살펴보고자 한다.

Ⅱ. 사안의 개요 및 소송의 경과

1. 사안의 개요

(1) 이 사건 원고 재건축조합(이하 '원고 조합'이라 함)은 서울 동대문구 소재 OO연립주택과 또 다른 △△연립주택 및 부속 상가의 구분소유자들로 이루어진 조합으로서, 주택건설촉진법에 근거하여 관할관청으로부터 1997. 9. 19. 주택조합 설립인가를 받았다.

(2) 한편, 원고 조합은 전체 조합원의 5분의 4 이상은 재건축에 동의하였으나, 연립주택의 각 동별로 그 구분소유자 5분의 4 이상의 재건축결의를 받은 것은 아니었고, 전체 동 중 4개의 동은 구분소유자 5분의 4 이상의 요건을 갖추지 못하였다.

(3) 원고 조합은 1997. 9. 20. 재건축에 찬성 동의를 하지 않은 구분소유자들인 피고들에게 재건축에 참여할 것인지 여부를 회답해 줄 것과 그렇지 않을 경우, 원고 조합이 매수지정자로서 집합건물의 소유 및 관리에 관한 법률(이하 '집합건물법'이라 함)에 따른 매도청구권을 행사하겠다는 취지의 최고서를 보냈고, 피고들은 1997. 9. 27. 재건축에 불참하겠다는 취지의 회신을 하였다.

(4) 원고 조합은 피고들을 상대로 매도청구권을 행사한다는 의사표시가 기재된 이 사건 소를 제기하였고, 1997. 11. 13.부터 같은 달 18.무렵까지 피고들에게 소장부본이 모두 송달이 되었다.

2. 소송의 경과

(1) 1심판결(서울지방법원 북부지원 1999. 3. 25. 선고 97가합14303 판결) – 청구 기각

1심판결은, 하나의 단지 내에 여러 동의 건물 전부를 일괄하여 재건축하고자 하는 경우, 각각의 건물마다 그 구분소유자의 5분의 4 이상의 다수에 의한 재건축결의가 있어야 함에도 불구하고 피고들이 소유하고 있는 건물에 관하여는 구분소유자 5분의 4 이상이 찬성하지 않았다는 이유로 매도청구권을 인정하지 않아 원고조합의 청구를 기각하였다.

(2) 환송 전 원심판결(서울고등법원 2000. 3. 31. 선고 99나22122 판결) – 청구 인용

대상판결의 원심판결은, 이 사건 소 제기 이후 주택건설촉진법 제44조의3 제7항이 신설되었는데, 동법에 의하면 각 동별 구분소유자의 3분의 2 이상의 결의와 단지 내 건물 소유자 전원의 5분의 4 이상의 결의가 있으면 재건축결의가 되는 것으로 변경되었다면서 이 사건에서 각 동별 3분의 2 이상의 결의가 있고 단지 내 소유자 전원의 5분의 4 이상 결의가 있는 이상 매도청구권을 인정하고 원고조합의 청구를 인용하였다.

(3) 대상판결(대법원 2000. 11. 10. 선고 2000다24061 판결) – 파기환송(청구 기각 취지)

대상판결은, 집합건물법 제48조의 매도청구권은 재건축결의가 유효하게 성립하여야 비로소 발생하는 것이므로 재건축결의가 법이 정한 정족수를 충족하지 못하였다는 등의 사유로 무효인 경우에는 매도청구권을 행사할 수 없고, 무효인 재건축결의 이후 법 규정의 신설로 '주택단지 안의 각 동별 구분소유자 및 의결권의 각 3분의 2 이상의 결의와 주택단지 안의 전체 구분소유자 및 의결권의 5분의 4 이상의 결의'를 요하는 것으로 정족수가 완화되기는 하였으나(1999. 2. 8. 법률 5908호로 신설된 주택건설촉진법 제44조의3 제7항), 이러한 조항이 신설되었다고 하더라도 무효이던 종전의 재건축결의나 그 재건축결의에 기한 매도청구권의 행사가 소급하여 유효하게되는 것은 아니라면서 원고 조합의 청구를 기각하는 취지에서 원심 판결을 파기하고 환송하였다.

(4) 환송 후 원심판결 – (재결의에 의한) 청구 인용

파기환송 뒤인 2001. 7. 12. 원고 조합은 다시 임시총회를 개최하여 신건물의 개요, 건물의 철거 및 신건물의 건축에 소요되는 비용의 개산액, 위 비용의 분담에 관한 사항, 신건물의 구분소유권의 귀속에 관한 사항 등을 정하여 '다시 재건축결의'를 하였고, 그 결과 각 동별 구분소유자 및 의결권의 3분의 2 이상, 주택단지 안의 전체 구분소유자 및 의결권의 5분의 4 이상의 재건축결의 찬성으로 매도청구권을 인정하고 원고 조합의 청구를 인용하였다.

(5) 환송 후 상고심 판결 – 상고 기각

기존의 쟁점이 되었던 부분에 대해서는 별도 판단하지 않고 추가 쟁점(안전진단이 매도청구권 행사의 요건인지 여부 및 재건축결의시 필요한 재건축 비용의 분담에 관한 사항의 정도)에 대해서만 판시한 후, 상고 기각 판결을 하였다. 이로써 환송 후 원심판결인 원고 조합의 청구 인용의 판결이 확정되었다.

Ⅲ. 평 석

1. 각 동의 건물마다 별도의 재건축결의가 필요한지

하나의 단지 내에 있는 여러 동의 건물 전부를 일괄해서 재건축하고자 할 경우에, 재건축결의는 개개의 각 동별로 하여야 하고 따라서 각 동별 구분소유자 및 의결권의 각 5분의 4 이상의 재건축 찬성 결의가 있어야 한다는 것이 대법원 판례의 일관된 태도이다.[1] 이러한 태도는 하나의 단지가 아니라 여러 개 단지의 여러 동을 모아 재건축하는 경우에도 마찬이다.[2]

이러한 판례는 집합건물법이 '1동'의 건물을 전제로 하고 있는 점, 단지 전체에 대하여는 단지관리단이라는 별도의 단체를 규정하고 있는 점, 수인이 구분소유하고 있는 1동의 건물에 관하여 재건축이 필요하게 된 경우에 물리적으로 일체불가분인 그 건물을 기준으로 해야 한다는 점, 한 단지 내의 각 동의 건물이 반드시 동시에 재건축의 실질적 요건을 갖춘다고도 보기 어렵다는 점 등을 주된 근거로

---

1) 대법원 2000. 11. 10. 선고 2000다24061 판결; 2000. 6. 23. 선고 99다63084 판결; 2000. 2. 11. 선고 99두7210 판결; 1998. 10. 2. 선고 98다20608 판결; 1998. 3. 13. 선고 97다41868 판결 등.

2) 대법원 2024. 3. 14. 선고 2023다311078 판결. 이 판결은 3개의 연립, 전체 7개 동인 사례였음.

한다.[3)]

이에 대해서는 공동주택의 경우에는 각 동별 관리단이 결성되어 활동하는 경우가 거의 없고 하나의 단지 내에서 동별 재건축결의 정족수를 가린다는 것은 의제적이라고 비판하는 견해도 존재한다.[4)]

대상판결은 기존의 판례와 마찬가지의 입장으로 보인다. 대상판결은 2개의 연립주택과 부속 상가가 모여 '연합 재건축 주택조합'을 결성하고, 주택건설촉진법에 따라 관할관청으로부터 이러한 주택조합의 설립인가까지 받았던 사안이다. 다만, 사안에서 조합설립 인가가 있던 1997. 9. 19. 당시에는 주택건설촉진법에 재건축결의에 대한 규정이나 매도청구권에 관한 규정이 없었기 때문에(관련 규정인 제44조의3 제7항 규정이 1999. 2. 8. 신설됨) 부득이 집합건물법상 재건축 관련 규정을 따를 수밖에 없었던 것이다.

그렇다면 비록 복수의 주택단지나 다수의 동이 '연합'의 형태로 재건축을 추진한다고 하더라도, 그러한 특수성을 반영한 별도의 법적 규율이 당시에는 존재하지 않았던 이상, 재건축결의의 요건은 결국 집합건물법의 규정에 다라 검토될 수밖에 없고 동법이 원칙적으로 '1동'의 건물을 전제로 하고 있으므로, 논리적으로는 각 동의 건물별로 별도의 재건축결의를 거쳐야 한다는 결론에 이르게 된다.

결국 위와 같은 논리에 선다면, 대상판결의 판시, 즉 재건축결의가 흠결된 동에 대한 원고조합의 매도청구를 기각하는 취지로 파기환송한 판단은 불가피한 귀결로 이해된다.

2. 하자 있는 재건축결의나 그에 기한 매도청구권의 행사가 사후적으로 추완될 수 있는지

대상판결은 재건축결의가 법이 정한 정족수를 충족하지 못하였다는 등의 사유로 무효인 경우에는 매도청구권을 행사할 수 없다고 판시함으로써 집합건물법 제48조 소정의 매도청구권은 유효한 재건축결의를 전제로 하는 것임을 명확히 하였다. 따라서 재건축결의에 무효 또는 부존재 사유가 존재할 경우, 이를 근거로 한 매도청구권의 행사 역시 법적 효력을 발생할 수 없는 것이다.

3) 최경식, 「집합건물의 재건축요건에 관한 연구」, 강남대학교 박사학위논문, 2010, 71면; 서울지방법원 동부지원, 「재건축 · 재개발 사업의 법적문제에 관한 연구」, 1996, 20면.

4) 이영동, 「집합건물의 재건축결의에 관한 민사법적 연구」, 부산대학교 석사학위논문, 2001, 38면.

이는 매도청구권을 재건축결의의 효과로 보는 다수의 견해와 일치한다.[5)]

한편, 당초 재건축결의 당시에는 위 1.항과 같은 경위로 무효인 재건축결의였으나 이후 결의 요건이 완화됨으로써 무효로 평가되었던 당초 결의가 사후적으로 당연히 유효한 결의로 전환 또는 추완될 수 있는지 여부에 대하여, 환송 전 원심 판결은 "현재 시행 중인 집합건물의 소유 및 관리에 관한 법률 제47조, 제48조, 주택건설촉진법 제44조의3 제7항에 의하면"이라면서 재건축결의의 효력 판단에 있어 당초 결의 당시의 법령이 아닌, 사후적으로 완화된 법령을 적용함으로써 판결 시점에는 재건축결의가 유효하다고 보았고, 그 전제 위에서 매도청구를 인용하는 결론에 이르렀다.

그러나 대상판결은 이러한 원심의 결론을 뒤집고 재건축결의를 완화하는 조항이 추후 신설되었다고 하더라도 당초 무효이던 종전의 재건축결의나 그 재건축결의에 기한 매도청구권의 행사가 소급하여 유효하게 되는 것은 아니라고 판시하면서 추완을 부정하였다.

위와 같은 쟁점은 당초 재건축결의에 정족수 흠결로서 무효인 하자가 있었으나 이후 일부 구분소유자의 재건축에 대한 추가 동의로 유효한 것으로 추완될 수 있는지와는 다른 쟁점이기는 하나, 이를 유사한 연장선상에서 논의하는 견해도 있다. 즉, ① 추완을 인정하는 것이 다수의 이익에 부합하고, 사회경제적으로도 바람직하다는 점, ② 민사재판은 변론종결시를 기준으로 소송물의 당부를 판단하는 것이 원칙이므로 하자의 치유를 인정해야 한다는 점 등에서 추완을 긍정하는 견해와 ① 단체법적 원리가 적용되는 의결권의 법리에 비추어 당초 정족수 미충족으로 의결이 성립하지 못한 것을 추후 일부 의결권자들에 의해 번복하여 하자가 추완된다는 법리는 허용할 수 없고, ② 일단 부결되거나 성립된 결의는 의결권자 모두에게 그 효력이 미치는 것인데, 일부 의결권자의 의사 번복으로 그 내용을 뒤집을 수 있다면 당초 결의의 유·무효를 신뢰하였던 다른 의결권자들의 의결권을 침해함은 물론 의결정족수 제도의 취지를 몰각시키는 결과가 된다는 점 등에서 추완을 부정하는 견해가 있고, 대상판결도 부정설의 입장에서 판시한 것으로 본다.[6)]

---

5) 윤경, "재건축결의의 요건과 하자의 치유", 「대법원판례해설」, 2003, 510면; 이계열, 「집합건물의 재건축과 매도청구권에 관한 연구」, 경기대학교 석사학위논문, 2004, 24면 등.

6) 윤경, 상게 논문, 516－518면.

우선 위 쟁점은 무효행위의 추인(민법 제139조)와는 전혀 별개의 쟁점이다. 왜냐하면 대상판결의 사안은 추인의 당사자들인 당해 건물(연립 및 상가) 구분소유자들이 '추인행위'를 한 것이 아니라 단지 법률이 완화되었을 뿐이기 때문이다. 그렇다면 이제 추완을 인정할 근거는 무엇인지, 그 실익은 무엇인지, 다수인 원고 조합의 편에 설 것인지가 중요한 쟁점이 될 것인데, 사실 이러한 추완이라는 것은 법적 근거를 갖고 있지 않으며, 추완이 필요한 이유로 삼고 있는 '다수의 이익', '사회경제적 바람직'이라는 것도 명확한 개념이라고 할 수 없다. 오히려 추완을 허용함으로 얻는 실익보다는 구성원 간의 토론을 통한 재건축결의의 의미를 퇴색시키고 소송경제적 편의주의에 따라 구성원의 의사가 왜곡될 우려가 훨씬 크다고 할 것이다.[7] 그 결과 소수의 의견은 무시되고 다수의 의견대로 재건축이 진행될 것이 명백한 상황에 이르게 되었다.

그런데 대상판결은 무효였던 당초 재건축결의를 단순히 법령이 완화되었다고 하여 법적 근거도 없이 유효로 전환, 즉 추완하는 것은 허용되지 않는다는 점을 분명히 함으로써 이후 매도소송도 허용하지 않았고, 결국 소송 편의주의가 아닌 소수 구분소유자의 권리보호에 중점을 둔 것으로 의미가 있는 판결이라고 할 것이다.

사실 민법상 무효행위의 추인 이론에 비추어 본다면, 구분소유자들이 관리단집회를 통한 토론과 의사결정 절차를 거쳐 종전의 결의를 재차 추인하면 된다. 이러한 추인의 절차가 비록 소송경제와는 맞지 않을 수 있으나 그럼에도 불구하고 다수의 의사와 소수의 권익 사이의 균형을 도모함으로써, 재건축결의를 정당하고 합리적인 것으로 확립하는 데 중요한 실익이 있다고 할 것이다.

3. 결 론

재건축은 단순한 건축행위를 넘어 다수 구분소유자의 이해관계와 소수자의 권리보호가 교차하는 복합적 법률관계로서, 그 결의와 매도청구권의 행사 요건에 관한 법적 엄격성이 필수적이다. 대상판결은 바로 이러한 지점에서 중요한 의미를 지닌다.

첫째, 대법원은 집합건물법이 '1동'을 단위로 재건축결의를 예정하고 있다는 점

---

7) 윤경, 전게 논문, 518면.

을 명확히 함으로써, 복수 동 건물을 일괄하여 재건축하는 경우에도 각 동별로 재건축결의를 거쳐야 함을 확인하였다. 이는 연합 재건축의 실무적 필요와 효율성보다도, 집합건물법이 예정하고 있는 법리적 구조와 구분소유자 개별의 권리를 중시한 판단으로 평가할 수 있다.

둘째, 대상판결은 하자 있는 재건축결의나 그에 기한 매도청구권의 행사가 사후적으로 추완될 수 없음을 분명히 함으로써, 절차적 정당성과 의결정족수 제도의 본질을 훼손하지 않고 소수 구분소유자의 권익을 보호하는 데 초점을 맞추었다. 이는 단순히 소송경제적 편의나 다수의 이해에 따라 무효행위를 추완하거나 소급적으로 유효화하는 것을 허용하지 않음으로써, 재건축결의가 갖는 집단적 의사형성과정의 의미를 재확인한 것이다.

셋째, 나아가 본 판결은 재건축제도의 본질적 긴장관계, 즉 다수결 원리에 따른 사업추진의 필요성과 소수 권리자의 보호라는 두 축 사이에서, 입법적 보완 이전의 법체계 속에서는 어디까지나 법이 정한 요건과 절차에 충실할 것을 요구하는 판시로 이해된다. 이는 재건축이라는 사회경제적으로 중대한 사업이 결국 법적 안정성과 정당성 위에서 추진되어야 한다는 점을 명확히 한 것이다.

결국 대상판결은 재건축결의와 매도청구권 행사에 관한 법리를 정립함에 있어, 소수 구분소유자의 권리 보호와 절차적 정당성을 우선적으로 고려한 판례로서 그 의미가 있다고 할 것이다.

집합건물법상 재건축결의와 조합설립행위의 분리

- 대법원 2006. 2. 23. 선고 2005다19552,19569 판결 -

최 영 동*

Ⅰ. 사안의 개요 및 소송의 경과

1. 사안의 개요

이 사건 아파트 단지는 아파트 상가 합하여 51개동, 구분소유권 갯수 2,499개(주택 2,450세대, 상가 49세대)로 이루어졌다. 이 사건 아파트 단지 내 건물들이 건축 후 오랜 기간의 경과로 노후하고 그 관리에 비용이 많이 들게 되자 일단의 구분소유자들은 1993. 2. 19.부터 재건축추진위원회를 결성하고 다른 구분소유자들로부터 재건축결의서를 받는 등 재건축사업을 추진하였다.

1995. 7. 1.에는 A아파트재건축조합(이하 '구 조합'이라고 한다)의 설립을 위한 창립총회를 개최하여 조합장 등 임원을 선출하고, 조합규약을 채택하였으며, 1996. 10. 28. 강남구청에 조합설립인가를 신청하였다. 관할관청인 강남구청장은 이 신청서류의 보완을 요구하였다가, 보완을 하자 다른 사유로 설립인가를 유보하였다. 그 후 조합 내부의 내분으로 재건축추진위원회의 대표자가 불분명해진 상태에서 수차 신청이 있었고, 그 때마다 추진위원회 대표권의 흠결 등의 사유로 신청서류가 반려되었다.

위와 같이 재건축사업을 실질적으로 주도할 수 있는 구 조합 집행부의 선임 등에 관한 분쟁이 계속되고 재건축조합설립인가 신청이 여러 차례 반려되어 재건축사업의 추진 자체가 어렵게 되자, 이 사건 아파트의 각 동별 대표자로 구성된 입

---

* 법무법인 로원 대표변호사

주자 대표회의의 회장이던 B는 새롭게 이 사건 아파트의 재건축을 추진할 재건축 조합을 설립하기 위하여 2001. 1. 6. 재건축조합 창립총회 준비위원회를 조직한 후 위 창립총회 준비위원회 명의로 "2001. 2. 18. 오후 3:00 C학교 강당에서 이 사건 아파트 등의 재건축결의, 甲 조합의 조합규약 결의, 조합장 선출, 임원 선출의 인준 등을 안건으로 甲 조합의 창립총회를 개최한다"는 취지의 공고문을 아파트 단지 내에 있는 게시판과 일간신문을 통해 공고하고, 이 사건 아파트의 각 구분소유자들에게 창립총회의 개최 일시, 장소 및 안건과 재건축사업계획안 및 추진일정 등이 기재된 책자를 창립총회 개최 1주일 전까지 등기우편으로 발송하였고, 재건축에 동의하는 구분소유자들로부터 신축건물의 설계의 개요, 건물의 철거 및 신축건물의 건축에 소요되는 비용의 개산액, 건물의 철거 및 신축건물의 건축에 소요되는 비용의 분담에 관한 사항, 신축건물 구분소유권의 귀속에 관한 사항에 관한 내용과 甲 조합의 설립 및 甲 조합 대표자 선출의 동의에 관한 사항 등을 각 기재한 재건축결의·조합규약·대표자선정 동의서(이하 '이 사건 재건축결의서'라고 한다)를 징구하였다.

위 창립총회 준비위원회는 2001. 2. 18. 서울 강남구 역삼동에 있는 C 학교 강당에서 이 사건 아파트의 구분소유자들 중 일부가 참석하거나 또는 참석한 것으로 간주되는 가운데 甲 조합의 설립 및 재건축결의 등을 위한 창립총회를 개최하였는데 1,373세대의 소유자가 총회에 참석하여, 이 사건 창립총회의 안건 중 이 사건 아파트 등의 재건축결의와 甲 조합의 설립 및 조합규약에 관하여는 참석자 전원이 찬성하였고, D가 이 사건 창립총회 참석자 과반수의 찬성으로 조합장으로 선출되었으며, 甲 조합의 임원의 선출에 관하여는 지명된 부조합장, 이사, 감사 등이 참석자들 대다수의 찬성으로 인준되었다.

이 사건 창립총회 이후에도 이 사건 아파트 및 상가의 구분소유자들이 재건축결의서를 甲 조합에 제출하고 조합원으로 가입함에 따라 甲 조합은 2001. 3. 23. 재건축에 동의한 이 사건 아파트 및 상가의 구분소유자 2,012명(아파트 세대수 1,977개, 조합원 수 1,974명+상가조합원 수 38명)을 조합원으로 하여 강남구청장으로부터 조합설립인가를 받았고, 조합설립인가 당시 이 사건 아파트 및 상가의 각 동별 재건축 동의율은 2/3(66%) 이상이 되었고, 전체 동의율은 80.6%(동의 세대수 합계 2,015/전체 구분소유자 2,499×100)로 4/5(80%) 이상이 되었다.

그러나 乙은 이 사건 아파트의 재건축에 찬성하지 아니하였고, 甲 조합은

2001. 4. 10. 乙에게 집합건물법 제48조의 규정에 따라 재건축에의 참가 여부를 회답하여 줄 것과 만약 동의를 하지 아니할 경우 매도청구권을 행사하겠다는 취지를 담은 최고서를 발송하였고, 乙은 최고서를 수령한 후 최고기간이 경과하도록 참가의 뜻을 밝히지 아니하였다.

이에 甲 조합은 2001. 6. 15. 乙을 상대로 그들 소유의 별지 목록 기재 각 부동산에 관한 소유권이전 및 명도를 구하는 이 사건 소송을 제기하였다.

甲 조합이 2001. 3. 23. 설립인가를 받은 후 구분소유자들이 추가로 조합원으로 가입하여 2001. 10. 19.자 변경인가 당시 조합원수 2,482명에 달하였고, 당심 변론종결일 현재 乙을 제외한 거의 모든 구분소유자들이 재건축에 동의하고 있으며, 甲 조합은 2002. 1. 14. 강남구청장으로부터 주택건설사업계획승인을 받았다.

2. 소송의 경과

(1) 원심(서울고등법원 2005. 3. 8. 선고 2002나49646, 2002나49653(병합) 판결)의 판단 – 청구인용

피고는, 이 사건 아파트의 재건축결의를 위해 개최된 이 사건 창립총회의 정당한 소집권자는 집합건물법 제32조, 제33조의 규정에 따라 관리단집회에서 선임된 관리인이나 또는 구분소유자 및 의결권의 각 1/5 이상을 가진 자라야 할 것인데, 이 사건 창립총회를 소집한 B는 관리단집회에서 관리인으로 선임된 바 없고, 구분소유자 및 의결권의 각 1/5 이상의 발의요건을 충족하지 못하였으므로 창립총회 결의는 무효라고 주장하였다.

원심은 "법률적으로는 재건축결의를 위한 관리단집회와 주택재건축을 추진하기 위한 단체로서 구 주택건설촉진법에 의해 그 설립이 필수적인 주택재건축조합의 창립총회는 구별되는 것이고(재건축결의를 위한 관리단집회와 주택재건축조합의 설립을 위한 창립총회가 반드시 함께 개최되어야 하는 것도 아니다), 원고 조합의 조합장 및 임원 선출 결의와 조합 규약의 결의가 유효하여 원고 조합이 비법인사단으로서의 실체를 갖추었는지 여부는 관리단집회의 하자 유무와는 별개로 원고 조합의 설립을 위한 창립총회의 하자 유무에 의하여 판단하여야 할 것이다."라고 하면서 창립총회를 소집한 B가 관리단집회에서 관리인으로 선임되지 않았고, 구분소유자 5분의 1 이상의 발의를 얻지 않았더라도 "B가 중심이 되어 원고 조합의 설립을 위한 창립총회 준비위원회를 조직한 후 위 창립총회 준비위원회 명의로 창립총회의 개최 일시, 장소 및 결의 안건 등에 관하여 이 사건 아파트의 게시판 및 일간신문에 공고하고 각 구분소유자들에게 통지한 이 사건 창립총회의 소집권자나 소집절차 등에 어떠한 하자가 있다고 보기도 어렵다"고 하면서 피고 청구를 배척하고 원고 청구를 인용하였다.

(2) 대상판결 – 상고 기각

집합건물의 구분소유자들이 재건축사업을 추진하는 과정에서 집합건물의 소유 및 관리에 관한 법률(이하 '집합건물법'이라 한다) 제47조의 재건축결의를 위한 집회와 구 주택건설촉진법(2002. 12. 30. 법률 제6852호로 개정되기 전의 것, 이하 '주촉법'이라 한다) 제44조의 재건축조합 설립을 위한 창립총회를 함께 개최하는 경우에는 외형상 1개의 집회로 보이더라도 거기서 이루어지는 결의는 법률적으로 각 건물별로 구성된 관리단집회가 개별로 한 재건축결의와 구분소유자들을 조합원으로 한 1개 재건축조합의 설립행위로 구분되는 것이고, 재건축결의가 재건축조합 설립행위의 일부를 이루는 것은 아니므로, 재건축결의를 위한 관리단집회로서는 요건을 갖추지 못하여 재건축결의가 무효라고 하더라도 이로써 곧 재건축조합 설립을 위한 창립총회의 결의까지 당연히 무효로 된다고 할 수는 없다.[1)]

원고 조합의 2001. 2. 18. 창립총회 당시 집합건물법에 정한 관리단집회의 소집절차 요건을 갖추지 못하였음이 명백한 이 사건에서, 원심이 관리단집회로서의 하자 유무와는 별개로 원고 조합의 설립을 위한 창립총회의 하자 유무를 심리하여 그에 따라 창립총회의 결의가 유효한지 여부를 판단한 조치는 위 법리에 따른 것으로 정당하고, 거기에 재건축결의 또는 창립총회의 주체에 관한 법리를 오해한 위법이 없다.

Ⅱ. 평 석

1. 서 론

집단적 결의와 집단적 결의를 실천에 옮길 단체의 설립행위가 같은 것이 아니

---

1) 대법원 2005. 7. 8. 선고 2005다21036 판결 참조.

고 구별되는 두 개의 행위임은 분명해 보인다. 대상판결인 대법원 판례도, 고등법원 판례도 이 두 개의 행위가 한번에 이루어졌을지라도 구별되는 두 개의 행위이므로 성립요건이나 효력요건을 구별 분리하여 살펴봐야 한다고 한 것이다. 집단적 결의인 재건축결의가 관리단집회의 소집권의 하자로 무효가 되었다고 하더라도, 이와 별개로 재건축조합 창립총회 소집권에 하자가 있다고 할 것은 아니고, 창립총회의 소집권을 관리단집회 소집권과 분리하여 고유한 하자가 있는지를 살펴봐야 한다는 것이다.

여기에 이르는 과정에서 두 가지 음미해보고 싶은 쟁점이 있다. 하나는 한 번에 이루어진 재건축결의와 조합설립이라는 두 법률행위가 완전히 독립적인 것인지, 서로 연관성은 없는지. 두 번째는 집합건물법상 재건축결의가 일응 무효가 되었더라도 확정적 무효가 된 것이라고 볼 수는 없고 추가 동의로 유효가 될 수 있기 때문에 조합이라는 단체 설립이 유효하다는 발상이 아무 문제가 없는지이다.

2. 재건축결의와 조합설립 법률행위의 독립성

먼저 첫 번째 쟁점을 살펴보고자 한다. 대상판결에 의하면, 집단적 결의인 재건축결의가 관리단집회의 소집권의 하자로 무효가 되었다고 하더라도, 이와 별개의 법률행위인 재건축조합 창립총회 소집권에 하자가 있다고 할 것은 아니고, 창립총회의 소집권을 관리단집회 소집권과 분리하여 고유한 하자가 있는지를 살펴봐야 한다는 것이다. 일단 두 개의 서로 다른 법률행위라면 성립요건 중 절차적 요건이 서로 다를 수 있어서 어느 하나가 무효라고 하더라도 다른 하나는 유효일 수 있다. 절차적 요건에 대해서는 맞는 말인데, 내용적 요건에서는 조금 다를 수 있다.

재건축결의가 추후 보완 완성될 수 있다고 가정할 것이 아니라 어찌하였든 현재 시점에서 재건축결의가 실패했다는 점에서 출발해야 한다. 현재 재건축결의가 무산되어 재건축을 할 수 없는 상태인데도, 재건축을 추진하기 위한 단체 설립은 유효하고 그 단체가 존속하고 있는 상황이라는 점에서 출발해야 한다. 이 지점에서 출발한다면, 단체의 설립 목적은 달성할 수 없으나 단체는 존속하고 있다는 모순점이 눈에 보인다. 그리고 다수의 구분소유자들이 목적을 달성할 수 없는 단체의 구성원으로 남아 있다는 사실이 보인다.

재건축결의와 단체설립의 의사가 서로 연관되어 있지 않고 각각 독립하여 있다고 생각한다면, 단체에 구성원으로 남아 있는 것은 단체 설립에 찬성했으니 당연한 결과이며 재건축이 가능한가 아닌가와는 무관하다고 할 것이다. 그런데 실제로 그러한가? 당사자들의 의사가 재건축이 되든 안되든 단체를 설립하고자 하는 것이었을까? 그것은 아니었을 것이다.

대상판결 스스로도 이 부분에 대해 명확한 판단을 주저하고 있다. 대상판결을 읽어보면, "재건축결의가 무효가 되어 재건축을 할 수 없는 상태이지만 이와는 별개로 단체는 설립되어 유지된다"는 결론과 "재건축결의가 무효가 되어 재건축을 할 수 없는 상태라면 단체 설립이 무효일 수 있으나 재건축결의를 확정적 무효라고 할 수 없기 때문에 단체 설립은 유효하다"라는 모순되는 2가지 근거를 모두 채용하고 있다. 이 모순되는 부분을 명확하게 해소했으면 더 좋았을 것인데 이 부분에 대한 명시적 판단은 없다. 또한 대법원 판례는 은연중 재건축 조합이 추가 동의를 얻어 재건축결의에 성공할 것이라는 미래 확신을 전제로 하고 있는 것으로 보인다. 판례는 이러한 부분에 열린 자세를 취해야 한다. 재건축결의가 당장은 실패했더라도 장래에는 성공할 것이라고 단정지을 것이 아니며, 재건축결의가 장래에 성공할 수 있다면 그 때 이의 추진 단체를 설립하여도 충분할 것이다. 재건축결의의 성공은 확정적 성공이지만, 재건축결의의 실패는 아직 실패라고 할 수 없다는 논리는 공평하지 못하다.

재건축결의와 재건축을 목적으로 하는 단체 설립을 구분하면서 절차적 요건이 구분된다는 법리 – 창립총회의 소집권을 관리단집회 소집권과 분리하여 각각 고유한 하자가 있는지를 살펴봐야 한다는 법리 – 에 그칠 것이 아니라 두 개의 법률행위가 어떤 원리로 서로 완전한 독립성을 가지고 있는지에 대하여 그 이유를 설시했어야 한다.

현행 도시정비법상 재건축조합의 설립에는 몇 가지의 동의를 필요로 한다. 정관, 국토교통부령에서 정하고 있는 서류에 대한 동의, 시도조례로 정한 서류에 대한 동의, 국토교통부령에서 정하고 있는 서류에는 재건축 동의서도 포함되는데, 동의서의 동의사항의 주요 내용은 신축건축물의 설계 개요, 공사비 등 정비사업에 드는 비용, 이에 대한 비용의 분담, 신축건축물 구분소유권의 귀속에 관한 사항이다. 국토교통부령이 정하고 있는 재건축 동의서의 동의사항은 집합건물법 제47조 제3항의 재건축결의의 4가지 동의사항과 거의 비슷하다.

현행 도시정비법상 조합 설립 동의를 받을 때, 신축건축물의 설계 개요, 공사비 등 정비사업에 드는 비용, 이에 대한 비용의 분담, 신축건축물 구분소유권의 귀속에 관한 사항에 미비한 점이 있고 그 미비한 점이 중대 명백해서 무효가 되면 정관에 동의했다고 하더라도 조합 설립은 무효가 된다.[2)]

현행 도시정비법상 조합설립동의에 대한 판례와 이 사건을 비교해보자. 물론 현행법은 조합설립동의에 기초한 인가처분을 강학상 특허로 보고 있어 조금 다른 측면이 있기는 하다. 그러나 양자는 충분히 비교할 수 있다. 현행법상 조합설립과정을 보면, 동의의 하자가 단체 설립의 하자로 귀결된다. 동의의 유사품인 재건축결의와 단체설립의 독립성을 강조하면서 재건축결의의 하자가 단체 설립의 하자로는 귀결될 수 없다는 대상판결의 논리와는 정반대가 되는 것이다. 현행 도시정비법은 재건축결의와 같은 내용의 것을 조합설립시 동의해야 한다고 하면서, 이 동의와 정관에의 동의를 하나의 묶음으로 묶어 조합설립의 요건으로 삼고 있다. 법령에 의해 하나로 묶인 것이다. 법령이 이렇게 하나로 묶은 이유는 서로 연관되어 있기 때문일 것이다. 반면 대상판결은 재건축결의와 조합설립은 서로 독립해 있으므로 각각의 요건만 충족하면 각각이 유효하게 성립한다고 보고 있다. 그러나 정말 서로 아무 연관이 없을까? 위에서 보듯이 당사자들의 의사는 재건축이 가능하기 때문에 그 가능한 재건축을 추진하기 위해 단체를 설립하는 것이지, 재건축이 불가능하더라도 단체를 설립하는 것은 아니다. 이런 측면에서 보면, 재건축결의가 무효라면 재건축을 목적으로 하는 단체의 설립은 일응 목적달성이 불가능한 상태이고 단체의 목적달성이 불가능한 경우 원시적 불능으로서 무효라고 해야 하지 않을까? 두 개의 법률행위이기는 하지만 완전한 독립성을 갖는다기보다는 서로 연관되어 있고, 재건축결의가 유효하게 성립함을 전제로 하여 이를 수행한 도구로서의 단체를 설립한 것이므로 둘 사이를 완전히 절연시켜 각각의 요건과 효과를 판단한 것은 오히려 현실감이 떨어지는 판단일지도 모른다.

목적달성이 불가능하다면, 그 의사표시는 무효이며, 단체 설립을 위한 의사표시라 하더라도 마찬가지이다. 이 부분에 대한 설시가 부족한 것은 상당히 아쉽다.

대상판결은 단체설립의 의사표시는 사원간의 결속력을 부여하는 정관에 대한 동의이므로 이에 대한 동의에 해당하는 의사표시만 있으면 충분하지 그 외는 필요 없다고 생각하는 것 같다. 재건축결의는 단체 설립의 동기일 뿐이고 단체 설

2) 대법원 2010. 1. 28. 선고 2009두4845 판결.

립의 의사표시의 효과의사는 아니라는 것이다. 이런 사고방식 때문에 두 개의 법률행위가 하나의 행위로 이루어졌을지라도 각각을 따로 따로 요건 충족이 되어야 하는지를 살펴봐야 한다는 논리로 귀결된 것이기는 하다. 그러나 두 개의 법률행위라고 하더라도 서로 연관성이 있다면 그 연관성만큼 서로의 법률행위의 효력에도 영향을 줄 수 있다. 논리로 설득했다기보다는 결론을 선언한 것처럼 느껴져서 대상판결에 상당한 아쉬움을 느끼게 된다.

다른 한편 재건축결의와 조합설립이 서로 연관되어 있음을 인정하는 듯한 설시가 뒤이어 나온다. 조합설립이 유효한 이유를 재건축결의가 무효임이 확정되지 않았기 때문에 아직 기회가 있다는 논리이다. 재건축결의는 완전히 불가능한 것이 아니라 추후 보완하여 완성할 수 있으니 목적 달성이 불가능한 경우라고 볼 수 없다면 단체 설립이 곧바로 무효가 되는 것은 아니라는 논리이다. 기회를 주기 위해 재건축결의가 무효임이 확정되지 않았다고 한 것인지도 모른다. 이것이 두 번째 쟁점이므로 이 부분에 대하여는 뒤에서 살펴보기로 한다.

3. 집합건물법상 재건축결의가 무효라고 하더라도 유동적 무효인지

대상판결은 관리단집회의 결의가 무효라고 하더라도 그것만으로는 재건축결의가 완전히 종국적으로 무효가 되는 것은 아니라고 한다. 여기서 대상판결 중 위의 논리를 설시한 부분은 아래와 같다.

> "당초 무효인 재건축결의가 그 후의 일부 구분소유자의 재건축에 대한 추가동의로 유효하게 될 수 없음은 상고이유로 주장하는 바와 같으나, 재건축에 동의할 것인가는 구분소유자들로서는 쉽게 결정할 수 없는 사안이라는 점과 반드시 서면에 의한 동의가 강제되는 것은 아니더라도 실무상 비법인사단으로서의 재건축조합 설립을 통한 재건축의 경우 서면에 의하여 재건축동의의 의사표시가 이루어지고 있다는 점에 비추어, 유효한 재건축결의가 있었는지의 여부는 반드시 최초의 관리단집회에서의 결의에만 한정하여 볼 것은 아니고 비록 최초의 관리단집회에서의 재건축동의자가 재건축에 필요한 정족수를 충족하지 못하였다고 하더라도 그 후 이를 기초로 하여 재건축 추진과정에서 구분소유자들이 재건축에 동의하는 취지의 서면을 별도로 제출함으로써 재건축결의의 정족수를 갖추게 된다면 그로써 관리단집회에서의 결의와는 별도의 재건축결의가 유효하게 성립한다고 보아야 할 경우가 있고, 그와 같은 서면결의를 함에 있어서는 따로 관리단집회를 소집·개최할 필요가 없다 할 것이다."[3)]

---

3) 대법원 1999. 8. 20. 선고 98다17572 판결; 대법원 2005. 6. 24. 선고 2003다55455 판결 등 참조.

대상판결은 2001. 2. 18.에 있었던 관리단집회 겸 창립총회 당시 재건축결의로서의 요건인 5분의 4 이상의 동의를 얻지 못하였다고 하더라도 추후 서면을 걷어 원고 조합의 창립총회 당시 제출된 서면과 합하여 5분의 4 이상이 되면 재건축결의로서 유효하다고 한다. 실제로 이 사건 조합은 추가 동의서를 걷어 재건축결의의 정족수를 충족시켰다.

그런데 추가로 서면 동의서를 더 걷는다면 유효한 재건축결의가 이루어질 수 있다는 말은 소집권자에 하자가 있어서 무효가 되었든 정족수 미달로 부결되었든 가리지 않고 관리단집회에 제출된 서면결의서를 서면동의서로 전환시킨 후 이에 더하여 추가 동의를 얻는다면 구분소유자 5분의 4 이상의 동의를 충족시킬 수 있다는 의미이다. 집합건물법상 집회에서의 결의의 효력과 서면동의의 효력 사이의 관계에 대한 대상판결의 해석은 여러모로 동의하기 어렵다.

집회의 결의와 동의는 구별된다. 집회의 결의는 장소적 시간적으로 집중된 어느 한 지점이 존재한다. 안건을 상정하고 찬성과 반대의 토론을 거쳐 최종결론에 이른다. 찬성의견을 가지고 왔던 사람이 반대의견으로 돌아서고, 반대의견을 가지고 왔던 사람이 찬성의견으로 바뀔 수 있다. 그리고 그 의견을 집약하여 하나의 결론을 도출해 낸다(이것을 변증법적 과정이라고 부른다). 이것이 집회에서의 결의이다. 반면 동의는 시간적 장소적으로 집약된 한 지점이 존재하지 않는다. 기간의 제한조차 없다. 최초의 동의와 최후의 동의의 시간적 차이가 몇 달 몇 년이 걸려도 상관없다. 토론도 없고, 동의가 집약되는 시점을 정할 필요도 없다. 다만, 재건축 동의는 일반적인 동의와 달리 의사의 확실성을 위해 서면을 요구하는 특수성이 있으나 서면으로 동의를 하든 어떤 형식의 동의를 하든 동의는 결의와는 분명한 차이가 있는 것이다.

물론 관리단집회가 위와 같은 아이디얼한 모습을 보여주지는 것은 아니다. 그러나 이와 같은 가능성을 항상 열어두어야 한다. 집회를 해봐야 서면과 다를 것이 없다고 생각한다면 집회 결의와 서면 동의를 구별할 이유가 없을 것이다.

집합건물법에 의하면 관리단의 집합적 의사는 집회결의가 원칙이다. 예외적으로 집회에 갈음하여 서면 동의를 허용하고 있는데, 서면 동의는 관리단집회 의결정족수 중 가장 많은 찬성을 요하는 5분의 4 이상의 동의에 의한다. 집회결의시는 4분의 3을 요건으로 하는 사안에 대하여도 서면동의로 갈음할 때는 5분의 4 이상의 동의를 요하는 것으로 요건을 강화하고 있다. 서면동의도 관리단집회를 갈음하는 것은 관리단집회를 열지 않고 서면동의만을 할 경우를 상정한 것이다. 관리단집회와 서면동의를 합쳐서 5분의 4 이상의 찬성이 있는 경우는 상정해보지 못했을 것이다.

관리단집회를 열고 부결된 후 부결된 안건을 서면동의방식으로 다시 한번 결의하는 것이 가능한지? 그리고 관리단집회 결의시의 찬성과 서면동의를 합쳐서 하나로 융합하여 동의요건을 충족시키는 것도 가능한가?

먼저 첫 번째 질문에 대해 답하면, 가능하다. 일사부재의의 원칙이 적용되지 않기 때문이다. 두 번째는 어떠할까? 관리단집회는 어느 한 시점, 어느 한 장소에서의 집약된 의사이다. 이 시간이 지나면, 그 장소를 벗어나면, 다른 장소, 다른 시간에서의 의사표시로 사용될 수 없다. 1회 관리단집회에서 100명의 구분소유자 중 40명만 찬성하여 부결되었는데, 2회 관리단집회에서 같은 안건을 상정한 후, 40명 찬성은 그대로 유효하니, 나머지 60명만 의결에 참여하여 추가하면 된다. 이렇게 하지는 않는 것이다. 왜냐하면 40명의 찬성 의사는 1회 관리단집회의 시간과 장소를 벗어난 순간 효력을 잃는 것이고 다른 곳에서는 사용할 수 없기 때문이다. 조금 변형해보자. 5분의 4의 찬성을 요하는 안건에 대해, 관리단집회에서 구분소유자의 2분의 1(50%)이 찬성에 거수하여 관리단집회에서는 부결이 선언되었지만, 집회가 끝난 후 추가로 30%의 서면동의를 얻어 50%의 찬성 거수에 30%의 서면동의를 더하여 5분의 4의 동의가 있었다고 할 수 있을까? 이것도 아니다. 여기서 한단계 더 변형해보자. 2분의 1이 거수한 것이 아니라 서면결의서를 제출했다면 어떻게 될까? 역시 이것도 아니다. 1회 관리단집회에서의 찬성 의사를 2회 관리단집회에서 찬성 의사로 보고 더 이상 의사를 묻지 않는 방식의 결의가 허용되지 않듯이 1회 관리단집회에 제출된 서면결의서는 관리단집회에서 부결된 이상 2회 관리단집회에서 사용될 수 없다. 2회 관리단집회에 갈음하여 걷은 서면동의는 2회 관리단집회와 동일시되므로 1회 관리단집회에서의 서면결의+2회 관리단집회를 갈음한 서면동의=5분의 4의 동의(?) 이렇게 합성될 수 없다. 서면이라는 공통점에 주목할 것이 아니라 1회 결의와 2회 결의가 합성된다는 점에 주목해야 한다.

관리단집회 결의에 갈음하는 서면동의 즉 집회와 동일시되는 서면 동의도 집회 현장에서의 거수나 투표 찬반 의사와 마찬가지로 평등하게 취급되어야 한다. 이와 같은 원리에 비추어 보면 부결된 집회에 제출된 서면결의서는 다음 번 집회의 결의에 갈음한 서면동의로 사용될 수 없다.

그런데 대상판결은 물론이고 여타 대법원 판결은 이에 대해 관리단집회에 제출된 서면결의서에 더하여 추가로 서면동의를 받으면 재건축결의의 요건을 갖출 수 있다고 생각하는 것 같다. 서면결의는 서면동의이기도 하다는 생각이다. 그럼 현장에서의 찬성은 서면동의로 계산될 수 없는데 서면결의만은 서면동의로 계산될 수 있는 이유는 무엇인가? 단지 서면이냐 아니냐의 차이가 있기 때문에?

원칙적으로 관리단집회에 현출된 의사는 집회라는 시간과 장소에 한정하여 효력이 있다. 따라서 관리단집회에 현출된 의사인 서면결의서는 다른 집회에서 사용될 수 없다. 다른 집회 결의에서 사용될 수 없다면, 집회 결의에 갈음하는 서면동의에도 사용될 수 없어야 한다. 집회 현장에서의 의사표시를 서면결의서라는 형태로 대신할 수 있게 하고 또 다시 서면결의서를 서면동의로도 사용할 수 있게 한다면 결국 집회결의와 동의의 차이는 소멸하게 된다.

토론에 의한 상호 침투와 의견 형성의 변증법적 과정은 부인되고, 모든 구분소유자는 고정불변의 의사를 가지며 이것이 전달만 되면 충분한 것이 되고 만다. 사실 이것이 현실일지도 모른다. 그리고 대상판결은 이에 따르고 있다. 그러나 역동적인 당사자의 참여를 법 제도 자체에서 구조적으로 부인하는 것이 합당한지는 의문이다.

재건축결의의 무효가 아직 확정되지 않았고 추가 동의에 의해 완성될 수 있기 때문에 단체도 존속할 수 있다는 것은 무효일 때는 유동적 무효이고, 유효일 때는 확정적 유효라는 이중논리에 근거하고 있다는 점에서도 받아들이기 어렵다. 가능한 한 유효로 해석해야 할 이유가 없기 때문이다.

대상판결 중 이와 같은 판단 부분[4]은 닫혀있는 사고에 기반한데다 결의와 동의의 구조적 차이를 무너뜨리고, 집회에서의 재건축결의가 부결되었거나 무효가 되었더라도 확정적 부결, 확정적 무효가 아니라는 자기 모순을 감당해야 하는 것으로 찬성할 수 없다.

4) "유효한 재건축결의가 있었는지의 여부는 반드시 최초의 관리단집회에서의 결의에만 한정하여 볼 것은 아니고 비록 최초의 관리단집회에서의 재건축동의자가 재건축에 필요한 정족수를 충족하지 못하였다고 하더라도 그 후 이를 기초로 하여 재건축 추진과정에서 구분소유자들이 재건축에 동의하는 취지의 서면을 별도로 제출함으로써 재건축결의 정족수를 갖추기 된다면 그로써 관리단집회에서의 결의와는 별도의 재건축결의가 유효하게 성립한다고 보아야 할 경우가 있다"라는 판결 부분.

4. 결 론

대상판결은 재건축결의와 단체설립을 구분하고, 재건축결의 중 서면결의 부분을 서면 동의로 전환시키는 것을 가능하게 하여 재건축이 가능하도록 돕는 역할을 하고 있다. 서면결의나 서면동의나 별반 차이가 없다는 점에서 실용적인 판결이다. 그 실용적인 면은 이해하나 결의와 동의의 구별점을 소멸시키고, 예외적으로 허용되는 편법을 일반화시켰다는 점에서 전폭적으로 지지하기 어려운 판결이다.

수탁자의 집합건물 관리비 납부의무 판결로 살펴본 신탁등기의 대항력의 의미

– 대법원 2025. 2. 13. 선고 2022다233164 판결 –

오 상 민*

Ⅰ. 서 설

최근 대법원은 수탁자인 부동산 신탁회사의 집합건물 관리비 납부의구가 문제된 사건에서 기존 대법원 판결의 결론과 정반대로 수탁자인 부동산 신탁회사의 집합건물 관리비 납부의무를 인정하였다. 다만 최근 대법원 판결은 기존 대법원 판결을 전원합의체 판결로서 변경하는 방식이 아닌 신탁법(2011. 7. 25. 법률 제10924호로 전부개정되어 2012. 7. 26. 시행된 신탁법을 의미하며, 이하 '현행 신탁법')의 해석론을 통하여 구 신탁법(2011. 7. 25. 법률 제10924호로 전부개정되기 전 신탁법을 의미하며, 이하 '종전 신탁법')의 해석론과 전혀 다른 결론을 도출했다는 점에서 의미가 있으며, 이러한 최근 대법원 판결의 결론은 매우 타당하다고 생각한다. 이하에서는 종전 신탁법과 현행 신탁법의 관련 신탁법 조항에 대한 검토와 기존 대법원 판결과 최근 대법원 판결의 차이점을 차례로 검토하며, 나아가 현재 부동산 신탁회사에서 논의되고 있는 대응방안에 대하여 살펴보도록 하겠다.

* 와이앤에스 법률사무소 대표변호사, 법학박사(수료)

Ⅱ. 기존 대법원 판결의 내용: 대법원 2012. 5. 9. 선고 2012다13590 판결

1. 사실관계

원고는 서울 송파구 송파동에 소재하고 있는 집합건물의 입주자대표회의로서 이 사건 건물의 관리주체이고, 피고 신탁회사는 2007. 9. 19. 위탁자 H와 이 사건 건물 중 9개 호실에 대하여 '위탁자' H, '수탁자' 피고, '신탁원본의 우선수익자' S상호저축은행, '신탁원본 및 신탁수익의 수익자' H, '채무자'를 소외 회사로 하는 부동산 담보신탁계약을 체결하고 그 무렵 신탁등기를 마쳤다. 이 사건 신탁등기 신청서에 첨부된 신탁계약서는 이 사건 신탁등기 경료 당시 신탁원부에 포함되어 이 사건 건물의 등기부에 편철되었는바, 이 사건 신탁계약 중 신탁부동산의 관리에 관하여, "위탁자는 신탁부동산을 사실상 계속 점유·사용하고, 신탁부동산에 대한 보존·유지·수선 등 실질적인 관리행위와 이에 소요되는 일체의 비용을 부담한다(제9조 제1항). 신탁부동산 및 신탁이익에 대한 제세공과금, 유지관리비 및 금융비용 등과 기타 신탁사무의 처리에 필요한 제비용 및 신탁사무 처리에 있어서 수탁자의 책임 없는 사유로 발생한 손해는 위탁자가 부담한다(제14조 제1항)."고 규정하고 있다. 원고는 이 사건 건물의 관리규약을 근거로 피고에게 관리비를 부과하였고, 피고가 이를 납부하지 않자 원고는 피고를 상대로 이 사건 관리비 청구소송을 제기하였다.

2. 원심 및 대법원 판결

서울고등법원[1]은 "일단 부동산의 신탁에 있어서 수탁자 앞으로 소유권이전등기를 마치게 되면 대내외적으로 소유권이 수탁자에게 완전히 이전되고, 위탁자와의 내부관계에 있어서 소유권이 위탁자에게 유보되어 있는 것은 아니라 할 것이며, 이와 같이 신탁의 효력으로서 신탁재산의 소유권이 수탁자에게 이전되는 결

1) 서울고등법원 2012. 1. 13. 선고 2011나59065 판결: 해당 사건의 제1심 법원은 피고 신탁회사가 원고인 집합건물의 관리주체에게 관리비를 지급하여야 할 의무가 있다고 판시하며 원고 승소 판결을 내렸으나, 신탁회사가 신탁등기의 대항력을 항변하지 않아 이에 대한 판단이 이루어지지 않았으므로 제1심 법원의 판단(서울동부지방법원 2011. 6. 23. 선고 2010가합8738 판결)은 논의에서 제외하도록 하겠다.

과 수탁자는 대내외적으로 신탁재산에 대한 관리권을 갖는 것이고, 다만 수탁자는 신탁의 목적 범위 내에서 신탁계약에 정하여진 바에 따라 신탁재산을 관리하여야 하는 제한을 부담함에 불과하다고 할 것이므로, 특별한 사정이 없는 한 이 사건 각 상가의 수탁자인 피고는 이 사건 소유권이전등기를 마친 후에는 그 소유자로서 이 사건 건물의 관리주체인 원고에게 소정의 연체료를 포함한 이 사건 각 상가의 미납관리비 및 이에 대한 지연손해금을 지급할 의무가 있다."고 판시한 후, "이 사건 신탁계약에 의하면 위탁자가 신탁부동산인 이 사건 각 상가의 관리비를 부담하도록 규정되어 있는 사실, 이 사건 신탁등기 신청서에 첨부된 이 사건 신탁계약서가 이 사건 신탁등기 경료 당시 신탁원부에 포함되어 이 사건 건물의 등기부에 편철된 사실은 앞서 본 바와 같고, 신탁 조항은 신탁자와 수탁자 간의 계약이므로 이로써 제3자의 권리에 영향을 줄 수 없지만 그것이 등기가 된 경우에는 그 후에 신탁부동산에 관하여 이해관계를 맺은 제3자에게 대항할 수 있으므로 피고는 등기된 이 사건 신탁계약에 따라 위탁자가 원고에게 이 사건 각 상가의 관리비 납부의무를 부담한다고 대항할 수 있다 할 것이므로 피고가 관리비 납부의무를 부담하지 않는다는 피고의 위 주장은 이유 있다."고 판시하여 원고의 청구를 기각하였다.

이와 같은 서울고등법원의 판결에 대하여 대법원은 "신탁법 제3조(현행 신탁법 제4조)는 '등기 또는 등록하여야 할 재산에 관하여는 신탁은 그 등기 또는 등록을 함으로써 제3자에게 대항할 수 있다.'고 규정하고, 부동산등기법 제123조, 제124조(현행 부동산등기법 제81조)는 신탁의 등기를 신청하는 경우에는 ① 의탁자, 수탁자 및 수익자 등의 성명, 주소, ② 신탁의 목적, ③ 신탁재산의 관리방법, ④ 신탁종료사유, ⑤ 기타 신탁의 조항을 기재한 서면을 그 신청서에 첨부하도록 하고 있고 그 서면을 신탁원부로 보며 다시 신탁원부를 등기부의 일부로 보고 그 기재를 등기로 본다고 규정하고 있다. 따라서 위의 규정에 따라 등기의 일부로 인정되는 신탁원부에 신탁부동산에 대한 관리비 납부의무를 위탁자가 부담한다는 내용이 기재되어 있다면 수탁자는 이로써 제3자에게 대항할 수 있다."고 판시하여 원심인 서울고등법원의 판단을 정당한 것으로 인정하였다. 즉, 대법원은 신탁등기의 대항력의 의미를 수탁자가 위탁자로부터 수탁 받은 재산이 신탁재산임을 제3자에게 대항할 수 있을 뿐만 아니라 신탁원부에 기재되어 등기가 된 신탁계약의 내용에 대해서 제3자에게 대항할 수 있다고 판시하여 신탁등기의 대항력의 의미를 확장하고 있다.

이는 대법원 1975. 12. 23. 선고 74다736 판결을 통하여 대법원이 신탁등기의 대항력의 의미를 확장한 판결을 처음 판시한 이후 대법원의 일관된 입장이기도 하다.[2)]

Ⅲ. 최근 대법원 판결의 내용

1. 최근 대법원 판결의 내용도 기존 대법원 판결의 내용과 크게 다른 것이 없이 위탁자가 담보대출을 받기 위해 미분양호실을 담보신탁하기로 하고 수탁자인 부동산 신탁회사와 부동산 담보신탁계약을 체결하고 그에 따른 소유권이전등기 및 신탁등기를 완료하였고 부동산 담보신탁계약에는 신탁부동산에 대한 관리비 납부의무는 위탁자가 부담한다고 규정되어 있는데, 이와 같은 신탁계약의 내용은 신탁등기 시 신탁원부에 반영되어 공시되어 있었다.

2. 이러한 상황에서 원고인 집합건물 관리단은 신탁부동산의 대내외적 완전한 소유자인 수탁자를 상대로 관리비를 청구하는 소송을 제기하였는데, 제1심(서울중앙지방법원 2021. 6. 16. 선고 2020가단5326560 판결)과 제2심(서울중앙지방법원 2022. 4. 22. 선고 2021나40098 판결) 법원은 기존 대법원 판결의 법리에 따라 원고의 청구를 기각하였다.

3. 하지만 대법원은 기존 대법원 판결은 종전 신탁법 제3조 재1항이 적용되는 것이고, 이 사건은 현행 신탁법 제4조 제1항이 적용되는 것인데, 종전 신탁법 제3조 제1항과 현행 신탁법 제4조 제1항의 해석이 서로 다르기 때문에 종전 신탁법 제3조 제1항의 해석을 적용한 기존 대법원 판결을 이 사건에 원용하는 것은 적절하지 않다면서 원심판결을 파기환송하였다.

---

2) 대법원 1975. 12. 23. 선고 74다736 판결: 신탁법 3조 부동산등기법 123조, 124조에 비추어 보면 수탁자가 그의 지위에서 신탁재산의 관리로서 제3자와의 사이에 전세권을 설정하고 위탁자와의 약정으로 “신탁이 종료한 때에는…신탁 재산에 부대하는 채무는 수익자가 변제하여야 한다”는 신탁조항이 신탁원부에 기재되어 신탁등기가 경료된 경우에 전세계약의 기간만료로 인한 전세금반환채무는 신탁계약이 종료한 후에 있어서는 신탁자인 수익자에 있어 수탁자에게 대하여 그 반환을 청구할 수 없다.

Ⅳ. 최근 대법원 판결에 대한 검토

1. 종전 신탁법과 현행 신탁법의 규정 비교

1. 기존 대법원 판결과 최근 대법원 판결에서 문제가 되는 신탁법 규정은 신탁의 공시와 대항력에 관한 규정인데, 종전 신탁법에서는 제3조 제1항 그리고 현행 신탁법에서는 조문의 위치와 내용이 변동되어 제4조 제1항이 이에 해당한다. 이하에서 아래 도표를 통해 양 조문의 내용을 비교하여 살펴보도록 하겠다.

종전 신탁법 제3조 제1항(신탁의 공시)	현행 신탁법 제4조(신탁의 공시와 대항)
① 등기 또는 등록하여야 할 재산권에 관하여는 신탁은 그 등기 또는 등록을 함으로써 제삼자에게 대항할 수 있다.	① 등기 또는 등록할 수 있는 재산권에 관하여는 신탁의 등기 또는 등록을 함으로써 그 재산이 신탁재산에 속한 것임을 제3자에게 대항할 수 있다.

2. 현행 신탁법 제4조 제1항이 종전 신탁법 제3조 제1항과 달리 가장 핵심적으로 변경된 사항은 종전 신탁법 제3조 제1항은 "(중략) 신탁은 그 등기 또는 등록을 함으로써 제삼자에게 대항할 수 있다."고 규정한 반면 현행 신탁법 제4조 제1항은 "(중략) 신탁의 등기 또는 등록을 함으로써 그 재산이 신탁재산에 속한 것임을 제3자에게 대항할 수 있다."고 규정한 것이다.

2. 최근 대법원 판결의 해석론

1. 기존 대법원 판결은 종전 신탁법 제3조 제1항의 해석론에 대하여 "신탁계약의 내용이 신탁원부에 반영되어 있으면 신탁법 제3조 제1항 및 부동산등기법 제123조와 제124조(현행 부동산등기법 제81조)에 따라서 제3자에게 대항할 수 있다."고 판시했으나, 최근 대법원 판결은 현행 신탁법 제4조 제1항의 해석론에 대하여 "(중략) 신탁의 등기 또는 등록을 함으로써 그 재산이 신탁재산에 속한 것임을 제3자에게 대항할 수 있다."라고 변경된 부분에 초점을 맞추어 신탁원부에 반영된 신탁계약의 내용에 거의 무제한적인 대항력을 인정했던 기존 대법원 판결과 달리 이러한 현행 신탁법 제4조 제1항 규정의 취지는 어떠한 재산에 신탁의 등기 또는 등록을 하면 그 재산이 수탁자의 다른 재산과 독립하여 신탁재산을 구성한다는

것을 제3자에게 대항할 수 있다는 의미이며, 따라서 신탁법 제4조 제1항이 적용되는 신탁계약에서는 특별한 사정이 없는 한 신탁계약의 내용이 신탁원부에 기재되어 부동산등기법 제81조 제3항에 따라 등기기록의 일부로 보게 되더라도 위와 같은 신탁재산의 구성에 관한 사항 외에는 이로써 제3자에게 대항할 수 없다고 판시하였다.

2. 따라서 최신 대법원 판결은 기존 대법원 판결을 변경하지 않고 신탁의 공시와 대항에 관한 신탁법 조항의 내용변경에 따른 해석론의 변경으로 기존 대법원 판결을 변경한 것과 같은 효과를 발생하게 되었다.

3. 소 결

1. 일단 최근 대법원 판결은 기존 대법원 판결이 너무나도 지나치게 신탁원부에 반영된 신탁계약의 내용에 대하여 신탁계약 내용의 의미나 효력 유무 등을 따지지 않고 거의 무제한적으로 제3자에게 대항력을 인정해 비판이 많았다는 점에서 최근 대법원 판결은 매우 고무적이며 환영할 만한 판결이다.

2. 특히 ① 신탁업계에서 신탁원부에 신탁계약 내용을 요약해서 기재하던 관행에서 신탁계약 전체를 계약서 하나로 통으로 반영하고, ② 현행 신탁법에서 종전 신탁법에 없는 유한책임신탁 제도와 규정이 새롭게 신설되었으며, ③ 기존 대법원 판결이 집합건물의 황폐화를 가속화시키고 활성화를 저해하고 있다는 비판으로 인해 종전 대법원 판결은 법리적으로나 현실적으로 많은 비판에 직면하고 있었다.

3. 이러한 종전 대법원 판결에 대해 ① 제1설은 종전 대법원 판결과 동일하게 신탁등기의 대항력을 넓게 인정하는 견해, ② 제2설은 신탁등기의 대항력을 넓게 인정하는 것은 당사자가 임의로 대세효를 창설하여 마치 채권의 물권화를 인정하는 것과 동일하다는 비판과 함께 최근 대법원 판결과 같이 신탁재산임을 공시하는 효력에 불과하다면 신탁등기의 대항력을 좁게 인정하는 견해, ③ 제3설은 기본적으로 제2설의 견해를 지지하지만 부동산등기법 제81조 제3항의 내용이 함께 변경되지 않는 한 신탁원부에 반영된 개별적인 신탁계약의 내용에 따라 신탁등기의 대항력을 인정하자는 절충적인 견해로 나누어진다.

4. 종전 대법원 판결이 제1설의 입장이었다면 최근 대법원 판결은 제2설의 입장으로 변경되었는데, 기존 대법원 판결을 파기하여 변경하는 방법이 아닌 현행

신탁법의 내용이 종전 신탁법의 내용과 달라져 달라진 현행 신탁법의 해석에 따라 신탁등기의 대항력의 의미를 축소하였다는 점에서 일정 부분 한계를 가지고 있다는 점을 부인할 수 없다. 또한 부동산 신탁에 있어서 현행 신탁법 제4조 제1항의 규정과 함께 논의될 수밖에는 없는 부동산등기법 제81조 제3항의 의미에 대하여 아무런 언급이 없다는 점 또한 다소 아쉬운 점으로 남는다. 이하에서는 최근 대법원 판결의 한계에 대하여 살펴보도록 하겠다.

Ⅴ. 최근 대법원 판결의 한계

1. **첫째**, 최근 대법원 판결은 판결문에서도 인정하는 바와 같이 현행 신탁법이 적용되는 신탁계약에 한해 최근 대법원 판결의 해석론이 적용된다는 점이다. 즉 현행 신탁법은 2011. 7. 25. 법률 제10924호로 전부개정되어 2012. 7. 26.부터 시행되었기 때문에 2012. 7. 26.부터 체결된 신탁계약에 한하여 최근 대법원 판결의 해석론이 적용된다.

2. **둘째**, 현행 신탁법 부칙 제2조는 “이 법은 특별한 규정이 있는 경우를 제외하고는 종전의 규정에 따라 생긴 효력에는 영향을 미치지 아니한다.”라고 현행 신탁법 효력의 불소급 원칙을 규정하고 있어 종전 신탁법이 적용되는 2012. 7. 26. 이전에 체결된 신탁계약은 여전히 종전 신탁법이 적용되고 따라서 기존 대법원 판결의 해석론의 적용을 받게 된다는 점이다.

3. **셋째**, 국회의 입법 자료 등을 살펴보면 종전 신탁법 제3조 제1항을 현행 신탁법 제4조 제1항으로 변경한 것이 기존 대법원 판결의 해석론을 최신 대법원 판결의 해석론으로 변경하기 위한 사정을 염두에 둔 의도적인 개정은 아니라는 점을 알 수 있다. 그러나 현행 신탁법 제4조 제1항이 신탁의 공시와 대항력의 범위를 ‘신탁’이라고 규정한 종전 신탁법과 달리 ‘신탁재산에 속한 것임’으로 한정한 것은 명백하므로 이와 같은 점에서 최신 대법원 판결의 해석론이 법률해석의 한계를 벗어난 것으로 보기는 어렵다.

4. **넷째**, 일본 신탁법도 1922년 처음 제정된 이후 2006년 전면 개정되고 2007년부터 시행되어 ‘신(新)신탁법’이라는 이름으로 불리고 있으며, 우리나라 신탁법이 2011년 전면 개정 시 가장 많이 참고한 법률이기도 하다. 일본 신(新)신탁법도 종전 신탁법과 달리 신탁등기의 대항력에 관하여 “해당 재산이 신탁재산에 속하

는 것을 제3자에게 대항할 수 있다"고 변경하였다.

일본 종전 신탁법 제3조 (신탁의 공시와 대항)	일본 현행 신탁법 제14조 (<u>신탁재산에 속한</u> 재산의 대항요건)
① 登記又ハ登錄スヘキ財産權ニ付テハ信託ハ其ノ登記又ハ登錄ヲ爲スニ 非サレハ之ヲ以テ第三者ニ對抗スルコトラ得ス。	登記又は登錄をしなければ權利の得喪及び變更を第三者に對抗することができない財産については、信託の登記又は登錄をしなければ、当該財産が信託財産に屬することを第三者に對抗することができない。
등기 또는 등록해야 하는 재산권에 관하여 신탁에 관한 등기 또는 등록을 하지 않으면 제3자에게 신탁을 대항할 수 없다.	등기 또는 등록을 하지 아니하면 권리의 득실 및 변경을 제3자에게 대항할 수 없는 재산에 관하여는 신탁의 등기 또는 등록을 하지 아니하면 <u>해당 재산이 신탁재산에 속하는 것</u>을 제3자에게 대항할 수 없다.

하지만 일본은 신탁등기와 관련한 부동산등기법 규정이 과거 우리나라 부동산등기법[3]과 같이 "신탁등기를 신청할 때에는 ① 위탁자, 수탁자, 수익자의 성명과 주소(법인은 그 명칭 및 사무소), ② 신탁의 목적, ③ 신탁재산의 관리방법, ④ 신탁종료의 사유, ⑤ 기타 신탁조항이 기재된 서면을 첨부하여야 하고, 이렇게 첨부된 서면을 신탁원부라고 하며, 신탁원부는 등기부의 일부로 간주되고 그 기재사항은 등기로 간주한다."는 규정을 두고 있었지만, 이를 개정하여 일본의 현행 부동산등기법 제97조 제1항 제11호는 신탁등기 사항의 하나로 '그 밖의 신탁조항'을 규정하고 있고, 같은 조 제3항은 "등기관은 제1항 각호에 해당하는 사항을 명시하기 위하여 법무성령(부동산등기규칙)으로 정하는 바에 의한 신탁목록을 작성할 수 있다."고 규정하고 있다. 그리고 법무성령(부동산등기규칙) 제176조 제1항은 "등기관은 신탁의 등기를 할 때에는 법 제97조 제1항 각호에 해당하는 등기사항을 기록한 신탁목록을 작성하고 해당 목록에 목록 번호를 붙인 후 해당 신탁등기

3) 우리나라 부동산등기법 제81조와 같은 규정은 부동산등기법이 1960. 1. 1. 처음 제정 및 시행된 이후부터 다소 표현의 차이는 있지만 꾸준히 유지되어 왔는데, 부동산등기법 제81조 제1항은 "등기관에게 신탁계약의 각 조항 등을 기록한 신탁원부를 작성"하도록 규정하고 있고, 같은 조 제3항은 "이와 같이 작성된 신탁원부를 등기기록의 일부로 본다."고 규정하기 때문에, 대법원은 이러한 부동산등기법의 규정을 근거로 신탁원부에 기재되어 등기가 된 신탁계약의 내용에 대해서는 제3자에 대한 대항력을 가지는 것으로 판단하고 있다. 대법원이 신탁등기의 대항력의 의미를 확장하는 또 다른 이유는 종전 신탁법 제3조 제1항 및 부동산등기법 제81조와 유사한 그 당시 규정에 대하여 대법원이 처음으로 판시한 판결(대법원 1975. 12. 23. 선고 74다736 판결)이 있기 때문이다.

의 말미에 신탁목록 번호를 기록해야 한다."고 규정하고 있다.

이와 같은 일본의 부동산등기법은 등기관이 우리나라의 '신탁원부'에 해당하는 '신탁목록'을 작성하고 해당 신탁목록에 '그 밖의 신탁조항'을 기재한다는 점에서 우리나라 부동산등기법과 일견 유사하지만, 우리나라 부동산등기법과 다르게 등기관이 '신탁목록'을 의무적으로 작성하여야 할 필요성이 없으며, 설령 '신탁목록'을 작성하여도 '신탁목록'을 "등기 내지 등기기록의 일부로 본다."는 규정이 없고, '신탁목록'의 효력에 대한 별다른 규정이 없다는 점이다. 따라서 일본과 같은 부동산등기법의 개정이 없이 이와 같은 최신 대법원 판결의 해석론이 부동산등기법과 충돌이 발생하지 않는가라는 문제제기가 있을 수 있다.

Ⅵ. 부동산 신탁회사의 대응방향

1. 최신 대법원 판결로 인해 수탁자인 부동산 신탁회사가 위탁자에게 내부적인 구상관계로서 관리비를 구상 청구하는 것과 별개로 기존에는 위탁자의 채권자에 불과한 관리단으로부터 직접적인 채권채무 관계가 인정되고 나아가 수탁자의 채권자로서 신탁재산에 대한 보전처분 및 강제집행이 가능하게 되었다는 점에서 부동산 신탁회사들 나름대로 최신 대법원 판결에 따른 대응방안을 모색 중에 있다.

2. 종전 대법원 판결이 선고되기 전 일부 부동산 신탁회사들은 신탁부동산의 대내외적인 완전한 소유자로서 직접 관리비를 납부하고 추후 신탁사무처리비용으로 신탁재산으로부터 수탁자가 대납한 관리비를 추후 회수하기도 하였는데, 종전 대법원 판결에 따라 부동산 신탁회사들이 자신들의 고유계정에서 대납하는 사례는 점점 줄어들고 있으며 심지어 부동산 신탁회사들이 대납하여야 할 사례들을 신탁계약에 모두 규정한 뒤 신탁원부에 반영하여 자신들의 대납의무를 사전에 면책을 받거나 유예를 받으려는 시도가 빈번하게 이루어지고 있었다.

3. 물론 이러한 부동산 신탁회사들의 업무처리는 금융감독원과 같은 감독기관이 수탁자인 부동산 신탁회사가 자신들의 고유계정에서 지출한 사항에 대해서는 일단 손실로 간주하고 주기적인 업무보고를 요구하고 있으며 대표이사의 경영성과로 반영하고 있어서 부동산 신탁회사들 입장에서는 자신들의 고유계정에서 위탁자나 수익자의 비용을 대납하는 것을 극도로 꺼려하고 있고, 점점 더 신탁의 본질에는 맞지 않는 신탁업무처리가 만연하게 된 측면도 있다.

4. 여하튼 부동산 신탁회사들은 일단 신탁기간 중에 수탁자인 부동산 신탁회사의 관리비 납부의무까지 면제될 수 있는지 여부는 일단 논외로 하여도 부동산 신탁회사들로서는 신탁보수가 적고 인건비도 나오지 않는 담보신탁을 빨리 해제 또는 중도해지 처리하여 신탁부동산의 소유권을 다시 위탁자로 귀속시켜서 수탁자의 관리비 납부의무를 위탁자에게 승계하는 방안을 모색하고 있다. 이 경우 우선수익자가 있는 경우에는 수탁자가 신탁부동산의 소유자 및 근저당권설정자, 우선수익자를 채권자 및 근저당권자 그리고 위탁자를 채무자로 하는 근저당권을 설정한 뒤 담보신탁을 빨리 해제 또는 중도해지 처리하여 신탁부동산의 소유권을 귀속시키는 방안을 모색하고 있다.

5. 아울러 수탁자인 부동산 신탁회사에게 관리비 납부의무가 발생할 가능성을 우려하여 장래에 발생할 신탁사무처리비용에 대한 사전 구상채권을 원인으로 신탁법 제46조 제4항에 따라 위탁자 또는 수익자에게 담보를 담보신탁의 해지 또는 중도해지 전 담보를 요구하거나 신탁재산의 귀속과 동시에 수탁자 앞으로의 담보권 설정을 요구하는 것도 고려하고 있다.

Ⅶ. 결 론

1. 이 사건 최신 대법원 판결은 결론적으로 매우 타당하다고 판단된다. 다만 종전 대법원 판결을 변경한 것이 아니라 종전 신탁법 제3조 제1항이 현행 신탁법 제4조 제1항으로 변경된 것에 따른 해석론의 변경으로서 종전 대법원 판결을 변경한 것과 같은 효과를 가져왔기 때문에 시기 적으로 최신 대법원 판결을 적용하는데 일정 부분 한계가 발생하는 문제점이 발생하기는 하였다.

2. 또한 현행 부동산등기법 제81조 제3항 '제1항의 신탁원부는 등기기록의 일부로 본다.'는 규정의 의미와 현행 신탁법 제4조 제1항의 관계에 대하여 명확히 정리하지 않은 점은 다소 아쉬운 점으로 남는다.

3. 마지막으로 수탁자인 부동산 신탁회사가 자신의 책임을 면책하거나 감면하는 방법으로 두 가지 방법을 주로 사용하는데, 하나는 이 사건에서 논의되는 신탁등기의 대항력을 이용하는 방법과 다른 하나는 신탁계약이 아닌 당사자 사이의 개별 약정으로 신탁재산 범위 내에서 책임을 부담한다는 '유한책임특약'(또는 '책임한정특약') 조항을 삽입하는 것이다. 특히 이러한 '유한책임특약'은 계약자유의 원

칙이라는 대원칙하에서 차후에 그 효력을 부정하기가 쉽지 않은 것이 현실이다. 또한 이러한 '유한책임특약'의 체결이 수탁자인 부동산 신탁회사가 '갑'의 지위에서 이루어진다는 점 그리고 현행 신탁법에서 새롭게 신설된 '유한책임신탁'을 회피하기 위한 수단으로 이루어진다는 점에서 앞으로 이에 대한 개선이 필요하다고 보인다.

저자 약력

[집필순]

■ **강혁신**

일본 국립치바대학교 법학박사
법무부 '집합건물의 소유 및 관리에 관한 법률' 개정위원 역임
현재 조선대학교 법사회대학 법학과 교수
(사)한국집합건물법학회 회장

[주요저서]

『현대공동주택관리론』(공저)(2014)
『マンション区分所有法の課題と展開』(공저)(2023) 외 다수

■ **송재일**

서울대학교 법학박사
법무부 '집합건물의 소유 및 관리에 관한 법률' 개정위원 역임
현재 명지대학교 법학과 교수
(사)한국집합건물법학회 이사
서울시 집합건물분쟁조정위원회 위원

[주요저서 · 논문]

『프랑스민법전』(공저)(2023)
「미국 집합건물법제의 동향과 쟁점－집합건물의 유형을 중심으로－」(2023)
「집합건물에서 신탁(信託)의 법적 쟁점과 동향」(2024) 외 다수

■ **정구태**

고려대학교 법학박사
고려대학교 법학연구원 전임연구원 역임
현재 조선대학교 공공인재법무학과 교수
한국사법학회 · 한국가족법학회 · 한국재산법학회 편집이사

[주요논문]

「2022년 상속법 관련 주요 판례 회고」(사법, 2023)
「2023년 상속법 관련 주요 판례 회고」(안암법학, 2024) 외 다수

■ **이영창**

서울대학교 석사(수료)
사법연수원 28기(수료)
서울지방법원 판사 역임
대법원 재판연구관 역임
사법정책연구원 선임연구위원 역임
현재 서울고등법원 판사

[주요저서]

『보전소송』(진원사, 2011)
『만화로 배우는 민법 판례』(박문각, 2009) 외 다수

■ **변우주**

경북대학교 법학박사
한국감정원 임대차분쟁조정위원 역임
현재 동아대학교 법학전문대학원 교수
한국토지법학회 부회장
(사)한국집합건물법학회 감사

[주요논문]

「공동주택관리의 투명성 확보방안」(2016)
「집합건물의 공용부분의 하자와 민사책임」(2021) 외 다수

■ **정의진**

서울대학교 박사과정(수료)
재판연구원 역임
서울중앙지방법원 판사 역임
현재 이화여자대학교 법학전문대학원 조교수

[주요논문]

「구분소유자의 권리에 대한 단체법적 규율의 정당성과 그 한계」(법조, 2025)
「공동저당에서 동순위 채권자의 취급 문제」(민사법학, 2025) 외 다수

■ 김 화

독일 함부르크대학교 법학박사
대법원 재판연구관(전문직) 역임
전남대학교 법학전문대학원 교수 역임
현재 이화여자대학교 법학전문대학원 교수

[주요저서]

「매수인의 추완이행청구권의 제한원칙에 관한 고찰」(민사법학 제70호, 2015)
「약관에 있어서 효력유지적 축소해석－독일법상의 논의를 중심으로－」(민사법학 제82호, 2018) 외 다수

■ 이준형

서울대학교 법학박사
법무부 민법, 주택임대차보호법, 집합건물법 등 개정위원 역임
현재 한양대학교 법학전문대학원 교수
한국사법학회 회장

[주요저서]

『채무불이행과 부당이득의 최근 동향』(공저)(박영사, 2013)
『집합건물법에 따른 법무부 표준관리규약 해설』(공저) (법무부, 2016)
『자율과 정의의 민법학』(공저)(박영사, 2021)

■ 유수완

한양사이버대학교 디지털건축공학사
한양대학교 법학석사
현재 법무법인 트라이윈스 파트너 변호사
서울시 집합건물분쟁조정위원회 위원
(사)한국집합건물법학회 일반이사

[주요논문]

「주거용 건축물의 생태면적률 증진을 통한 도시의 녹색혁명」(建築 Vol.69 No.01, 2025. 1.)

■ 이제우

러시아 상트페테르부르크 국립대학교 법학박사
성남시 임대주택분쟁조정위원 역임
(사)한국집합건물법학회 기획이사 역임
현재 경기대학교 법학과 부교수

[주요논문]

「가계약의 법적 성질과 입법론적 검토」(민사법학 제100호, 2022. 9.)
「HUG 임대보증금보증과 임차인의 권리」(감정평가학논집 제24권 제1호, 2025. 4.) 외 다수

■ 이춘원

성균관대학교 법학박사
현재 광운대학교 법학부 교수
(사)한국집합건물법학회 고문
(사)한국부동산법학회 명예회장
(사)한국채무자회생법학회 회장

■ 김봉수

고려대학교 법학박사
현재 대구가톨릭대학교 법학과 교수

[주요저서]

『민법총칙 · 물권법』(2021)
『채권법』(2020) 외 다수

■ 김세준

동국대학교 법학박사
현재 성신여자대학교 법과대학 교수
(사)한국집합건물법학회 상임이사

[주요저서 · 논문]

『처음 만나는 민법』(박영사, 2025)
「집합건물 공용부분의 배타적 사용관계」(토지법학, 2024) 외 다수

■ 모승규

고려대학교 법학박사
법무부 전문위원(집합건물법 담당) 역임
현재 법제처 사무관
(사)한국집합건물법학회 상임이사

[주요논문]

「2023년 개정 집합건물법의 주요 내용 및 개정동향에 관한 소고」(2023) 외 다수

■ 손홍락

동아대학교 법학박사(수료)
현재 동아대학교 법학전문대학원 교수
(사)한국집합건물법학회 총무이사

■ **서종희**

연세대학교 법학박사
법무부 민법 개정위원회 위원
교육부 학교안전공제 보상재심사위원회 위원
현재 연세대학교 법학전문대학원 교수
한국소비자법학회 판례연구회 회장

[주요저서]

『불법행위손해배상청구와 소멸시효』(2023)
『소멸시효의 기산점과 소멸시효완성의 효과』(2023) 외 다수

■ **오재욱**

서울시립대학교 법학과 졸업
사법연수원 43기 수료
현재 법무법인 에셀 파트너 변호사
(사)한국집합건물법학회 회원

■ **김영두**

연세대학교 법학박사
법무부 '집합건물의 소유 및 관리에 관한 법률' 개정위원
현재 충남대학교 법학전문대학원 교수
한국집합건물진흥원 이사장

[주요저서]

『집합건물법연구』(2008)
『집합건물법개론』(2023) 외 다수

■ **진도왕**

미국 위스콘신주립대학교 법학박사(SJD)
현재 인천대학교 법학부 교수
인천광역시 집합건물관리지원단 위원

[주요논문]

「집합건물법상 구분소유권 제한과 공동의 이익」(2025)
「집합건물법상 구분소유권 종료제도에 관한 서론적 고찰」(2025) 외 다수

■ **이지은**

고려대학교 법학박사
SK하이닉스(주) 법무팀 사내변호사 역임
현재 경북대학교 법학전문대학원 조교수

[주요논문]

「상가건물임대차보호법상 계약갱신거절권과 즉시해지권」(2021)
「물권법정주의와 담보지상권에 관한 소고」(2024) 외 다수

■ **오민석**

성균관대학교 법학학사
국토교통부 하자심사분쟁조정위원 역임
중앙공동주택관리분쟁조정위원 역임
현재 법무법인 산하 대표변호사

[주요저서]

『알기 쉬운 공동주택관리』(2015)
『공동주택관리규약 준칙 해설』(2015)
『아파트변호사 오민석의 공동주택 이야기』(2015)

■ **박근웅**

연세대학교 법학박사
현재 부산대학교 법학전문대학원 교수
(사)한국집합건물법학회 편집이사

[주요논문]

「건설도급계약의 특수한 위약금과 민법 제398조 개선방안」(건설법무 제10권, 2024)
「공유물에 관한 법률관계」(토지법학 제40권 제1호, 2024) 외 다수

■ **권성환**

한국외국어대학교 박사과정(수료)
제51회 사법시험 합격(사법연수원 41기)
현재 법무법인(유한) 강남 변호사
서울시 집합건물분쟁조정위원회 위원
경기도 집합건물관리지원단 위원

■ **김성욱**

고려대학교 법학박사
(사)한국집합건물법학회 회장 역임
법무부 남북법령연구특별분과위원회 위원 역임
현재 제주대학교 법학전문대학원 교수
제주지방노동위원회 공익위원

[주요저서]

『민사법 사례연습』(2021)
『집합건물법의 쟁점과 최신판례』(2025)

■ **이선희**

서울대학교 법학박사
법무부 '집합건물의 소유 및 관리에 관한 법률' 개정위원 역임
(사)한국집합건물법학회 회장 역임
서울고등법원 등 각급법원 판사 역임
현재 성균관대학교 법학전문대학원 교수(원장)

[주요저서 · 논문]
『독점규제법상 부당한 공동행위에 대한 손해배상청구』(2013)
「미국 주거용 집합건물의 선언증서(Declaration)에 관한 연구」(2013)
「집합건물법상 분쟁조정제도의 개정방향」(2017) 외 다수

■ **김건호**

서울대학교 법과대학원 석사과정(수료)
서울시 집합건물관리지원단 위원 역임
현재 법무법인 제이앤 파트너 변호사(집합건물분쟁연구소장)
서울시 집합건물분쟁조정위원회 위원

[주요저서]
『집합건물 관리단집회 성공법칙』(공저) (2024)

■ **김중길**

독일 바이로이트대학교 법학박사
대법원 재판연구관 역임
현재 국립금오공과대학교 교양학부/교육대학원 조교수

[주요논문]
「부동산취득시효의 효과와 제3자의 권리－취득시효 완성의 법적 성질로서 '원시취득' 의미를 다시 생각함－」(2023) 외 다수

■ **김성은**

연세대학교 법학박사
(사)한국집합건물진흥원 전문위원
현재 국립순천대학교 법학전공 조교수

[주요논문]
「재건축부담금의 성질과 정당성에 대한 검토」(2021)
「구분소유자 아닌 대지 공유자와 구분소유자 간의 부당이득반환청구 문제」(2023)

■ **김대경**

독일 뮌헨대학교 법학박사
현재 제주대학교 법학전문대학원 교수
(사)한국집합건물법학회 회원
한국민사법학회 회원
한국재산법학회 회원

[주요논문]
「제조물책임소송상 입증책임」
「계약해제시 가액반환의무와 위험부담」 외 다수

■ **권형필**

조선대학교 회계학과
현재 법무법인(유한) 로고스 파트너 변호사
서울시 집합건물분쟁조정위원회 위원

[주요저서]
『입주자대표회의 분쟁사례』(2021)
『집합건물법의 관리단 분쟁사례』(2022)

■ **최민수**

독일 괴팅엔대학교 법학박사
대법원 재판연구관 역임
현재 국립경국대학교 인문사회 · IT대학 법학전공 교수
(사)한국집합건물법학회 이사

[주요저서]
『경북도민이 꼭 알아야 할 생활법률 사례집』(공저)(2017) 외 다수

■ **한재범**

한양대학교 공학박사
(사)도시계획가협회 이사 역임
현재 법무법인 제이앤 변호사
(사)한국집합건물법학회 이사

[주요저서]
『집합건물 관리단집회 성공법칙』(2024) 외 다수

■ **이재민**

서울대학교 법과대학 졸업
현재 법무법인(유한) 로하나 변호사

■ **고철웅**

일본 도쿄대학교 법학박사
대법원 재판연구관 역임
현재 한남대학교 사회과학대학 법무법학전공 부교수
(사)한국집합건물법학회 국제이사
한국토지법학회 학술이사

[주요논문]

「인격권 개념의 입법에 관한 소고」(2022) 외 다수

■ **김상헌**

제주대학교 법학박사
창원지방법원 진주지원 판사 역임
현재 제주대학교 법학전문대학원 교수

[주요저서]

『민법총칙』(공저)(2017)
『친족상속법』(공저)(2018)

■ **신국미**

고려대학교 법학박사
현재 청주대학교 인문사회대학 학장
한국재산법학회 부회장
한국부동산법학회 부회장

[주요논문]

「전차인의 법적 지위에 관한 연구」(2006)
「유치권자에 의한 경매(민법 제322조)에 관한 의문」(2008)
A Study on the Korean Cases Governed by the United Nations Convention on Contracts for the International Sale of Goods (CISG) (2012) 외 다수

■ **장병일**

독일 튀빙엔대학교 법학박사
한독사회과학회 회장 역임
남북법령연구특별위원회 위원(법무부 통일법무과) 역임
현재 동아대학교 법학전문대학원 교수
(사)한국토지법학회 편집위원장

[주요저서 · 논문]

『독일 통일 후 물권적 법률관계 정리』(2018)
「독일에 있어서 주거소유자총회의 디지털화-코로나 바이러스의 대유행과 관리단집회-」(2021)

■ **박신욱**

독일 프라이부르크대학교 법학박사
현재 경상국립대학교 법과대학 부교수

[주요논문]

「구분소유자의 공용부분 사용에 따른 부당이득의 성립에 관한 검토」(2021)

■ **부종식**

고려대학교 법학박사
(사)한국지식산업센터연합회 고문 역임
현재 법무법인(유한) 라움 대표변호사

[주요저서]

『집합건물분쟁114』(2021) 외 다수

■ **최영동**

중앙대학교 법학석사
법무부 '집합건물의 소유 및 관리에 관한 법률' 개정위원 역임
현재 법무법인 로운 대표변호사
(사)한국집합건물법학회 회원

[주요저서]

『아파트소송』(2015)
『재개발재건축 개론』(공저)(2017) 외 다수

■ **오상민**

고려대학교 법학석사
한양대학교 법학박사(수료)
현재 와이앤에스 법률사무소 대표변호사

[주요논문]

「부동산등기법상 신탁등기의 대항력에 관한 검토」(저스티스, 2016)
「집합건물에서 신탁회사의 관리비 납부의무-최근 하급심 법원과 대법원 판례의 흐름을 중심으로-」(집합건물법학, 2024)

편집대표

강혁신

편집위원

김건호, 손홍락, 진도왕, 한재범

집합건물법 대표판례평석

2025년 11월 15일 초판 인쇄
2025년 11월 20일 초판 1쇄 발행

편저자 한국집합건물법학회
발행인 배 효 선

발행처 도서출판 法 文 社

주 소 10881 경기도 파주시 회동길 37-29
등 록 1957년 12월 12일/제2-76호(윤)
전 화 (031)955-6500~6 FAX (031)955-6525
E-mail (영업) bms@bobmunsa.co.kr
(편집) edit66@bobmunsa.co.kr
홈페이지 http://www.bobmunsa.co.kr
조 판 법 문 사 전 산 실

정가 38,000원 ISBN 978-89-18-91640-8